ANDREAS ALFÖLDI
DAS FRÜHE ROM UND DIE LATINER

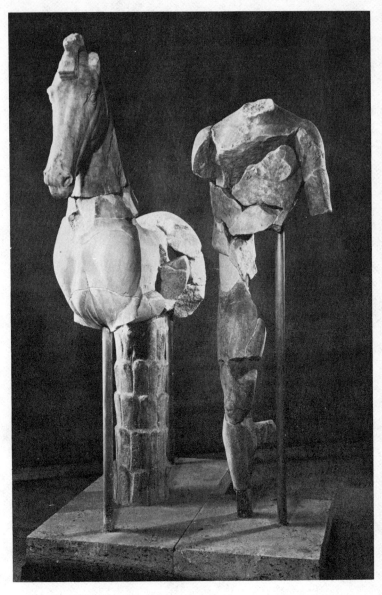

Titelbild: Marmorgruppe der Dioskuren vom Forum Romanum

ANDREAS ALFÖLDI

DAS FRÜHE ROM UND DIE LATINER

Aus dem Englischen übersetzt
von
FRANK KOLB

1977
WISSENSCHAFTLICHE BUCHGESELLSCHAFT
DARMSTADT

Der vorliegende Band bietet die vollständige Übersetzung der Originalausgabe ›Early Rome and the Latins‹ (Ann Arbor, Michigan 1965); er erscheint mit freundlicher Genehmigung der University of Michigan Press, Ann Arbor, Michigan/USA. Zusätzlich wurden die griechischen und lateinischen Zitate ins Deutsche übersetzt — wenn nicht anders vermerkt, ebenfalls von Frank Kolb.

CIP-Kurztitelaufnahme der Deutschen Bibliothek

Alföldi, Andreas
Das frühe Rom und die Latiner. — Darmstadt:
Wissenschaftliche Buchgesellschaft, 1977.
Einheitssacht.: Early Rome and the Latins (dt.)
ISBN 3-534-07538-2

Bestellnummer 7538-2

© der deutschen Ausgabe 1977 by Wissenschaftliche Buchgesellschaft, Darmstadt
© of the original edition 1965 by University of Michigan Press, Ann Arbor, Michigan/USA
Satz: Maschinensetzerei Janß, Pfungstadt
Druck und Einband: Wissenschaftliche Buchgesellschaft, Darmstadt
Printed in Germany
Schrift: Linotype Garamond, 9/11

ISBN 3-534-07538-2

MEMORIAE VENERANDAE

A. DEGRASSI
P. DE FRANCISCI
G. LUGLI
D. MUSTILLI

ET VIRIS ILLUSTRISSIMIS

M. PALLOTTINO
P. ROMANELLI

OB MERITA EORUM IN
PRIMORDIIS URBIS ROMAE
ELUCIDANDIS EXCELLENTIA

D. D. D.

INHALT

Vorwort zur deutschen Ausgabe XI

Vorwort XIII

Abkürzungen XV

Einleitung 1

I. Nomen Latinum: die besondere Struktur des Latinerbundes und seine geschichtliche Entwicklung 7
Die dreißig Abteilungen der *prisci Latini* S. 15 — Das sakrale Mahl der dreißig Gemeinden auf dem heiligen Berg der Latiner S. 23 — Die Umgestaltung des Bundes S. 27 — Das Latinerfest S. 30 — Die Versammlungen der Latiner auf den Wiesen am Fuße des Albanerberges S. 34 — Verfassung und Leitung des Latinerbundes S. 36 — Die Exekutivorgane des Latinerbundes S. 40

II. Realität und Fiktion: das letzte Jahrzehnt des 6. Jahrhunderts in Latium 44
Der gegen Porsenna neuformierte Latinerbund und sein Zentrum Aricia S. 44 — Die kymäische Chronik und die römische Geschichtsschreibung S. 51 — Porsenna in Rom S. 71 — Der Dianatempel auf dem Aventin als latinisches Bundesheiligtum und seine lokalen Nachfolger S. 82

III. Die annalistische Fiktion: die Latiner als römische Untertanen in der Königszeit 95
Die angebliche römische Oberhoheit S. 95 — Die schriftlichen Bündnisverträge Roms mit den Latinern S. 107 — Das *foedus Cassianum* in den Annalen S. 110 — Was spricht gegen die Theorie der Annalisten? S. 113

Inhalt

IV. Fabius Pictor und die Rückdatierung der römischen Eroberung Mittelitaliens in die dunkle Vorzeit . . .   119
Die Fälschung von Zahlen und Daten S. 121 — Die charakteristischen Topoi in der Darstellung der angeblichen Expansion unter den Königen S. 127 — Die angebliche Unterwerfung ganzer Völker durch die römischen Könige S. 131 — Hegemonie als Leitmotiv S. 135 — Die legalistische Fiktion in den Annalen S. 140 — Hellenistische Manierismen in Pictors Darstellung: seine Frauengestalten S. 142 — 1. Tarpeia S. 146 — 2. Tullia S. 147 — 3. Lucretia S. 147 — 4. Verginia S. 148 — 5. Cloelia S. 149 — 6. Die Mutter des Coriolanus S. 150 — 7. Die Gattin des Arruns von Clusium S. 151 — Die mangelnde Objektivität Pictors: sein Haß gegen die Claudier S. 154 — Die Verantwortlichkeit des Fabius Pictor S. 159

V. Die Etruskerherrschaft in Latium und Rom   167
Die etruskische Besetzung Kampaniens S. 172 — Die Unterwerfung der Latinergemeinden durch die Etrusker S. 175 — Die etruskische Herrschaft in Rom S. 181 — Etruskische Mächte im Kampf um den Besitz Roms S. 189 — Die Reihe der Rom beherrschenden Etruskerstaaten S. 193 — Tarquinii (?) S. 193 — Caere S. 195 — Vulci S. 197 — Veii S. 213 — Clusium S. 217

VI. Alba Longa und Lavinium, die alten Vororte des Latinerstammes   218
1. Alba Longa S. 218 — 2. Lavinium S. 225 — Der Glaube an die trojanische Herkunft und das Ritual der 'trojanischen' Gottheiten in Lavinium S. 228 — Neue archäologische Zeugnisse für das Bundesheiligtum in Lavinium S. 238 — Die *Penates* als Dioskuren in Lavinium und Rom S. 241 — Der Mythos von der Bache mit den dreißig Frischlingen und seine Umgestaltungen S. 243 — Trojanische Legende und Etruskerherrschaft in Latium S. 249

VII. Topographie und Archäologie gegen literarische Fiktion.   257
Die Etrusker an der Tibermündung S. 257 — Die sakrale

Grenze des *ager Romanus* in der Frühzeit S. 263 — Die Landbezirke innerhalb und außerhalb der sakralen Grenze des *ager Romanus* S. 269 — Der Traum von der «Grande Roma dei Tarquinii» S. 282

VIII. Der Aufstieg Roms während der frühen Republik. . 299
Südetrurien und Rom nach dem Ende der Königszeit S. 299 — Die Anfänge der römischen Seemacht S. 308 — Der erste und zweite Vertrag zwischen Karthago und Rom S. 310 — Die keltischen Invasionen S. 314 — Die Kriege der frühen Republik mit Volskern und Äquern S. 322 — Die latinischen Stadtstaaten und die römische Republik bis zur Eroberung Latiums 338 v. Chr. S. 332 — Bundesgenossen und Rivalen der aufstrebenden römischen Macht: Gabii und Tusculum, Tibur und Praeneste S. 334 — Gabii S. 334 — Tusculum S. 336 — Praeneste und Tibur S. 340 — Der Latinerbund von der Schlacht am See Regillus bis zu seiner Auflösung (338 v. Chr.) S. 345 — Der Aufstieg Roms zur Herrschaft über Latium S. 351 — Die Beziehungen der Latiner zu Rom während der frühen Republik: politische, rechtliche und soziale Aspekte S. 365

Anmerkungen 371

Literaturverzeichnis. 583

Register 591

Tafelteil

VORWORT ZUR DEUTSCHEN AUSGABE

Dieses Buch ist aus meiner Vortragsreihe anläßlich der 'Jerome Lectures' an der American Academy in Rom und an der University of Michigan im Jahre 1961 hervorgegangen und erschien 1965 in englischer Sprache im Verlag der Michigan University Press (Ann Arbor). Die in den folgenden Jahren daran anknüpfende lebhafte Diskussion in der Forschung und die Auswertung der in der Zwischenzeit neu entdeckten archäologischen Zeugnisse haben bei der Vorbereitung der deutschen Ausgabe die Frage aufgeworfen, ob die Auseinandersetzung mit der Kritik und die Einarbeitung des neuen Materials eine Neugestaltung des Buches erforderlich machten oder ob der ursprüngliche Text fast unverändert übersetzt und die Stellungnahme zu anderen Auffassungen wie auch die Interpretation der Neufunde gesondert veröffentlicht werden sollten. Da m. E. die Ergebnisse der Forschung seit 1964 die in diesem Buch erzielten Resultate keineswegs ad absurdum führen, sondern eher bestätigen, schien es mir richtiger, dem deutschsprachigen Leser den ursprünglichen Text — mit vereinzelten Abänderungen — darzubieten. Der weiteren Stützung und Vertiefung der in diesem Buch gebotenen Rekonstruktion der Geschichte des frühen Rom dienen zwei weitere in der Zwischenzeit von mir publizierte Bände, die unlängst in der ›Indogermanischen Bibliothek‹ des Universitätsverlags C. Winter, Heidelberg, erschienen sind und auf die in dieser deutschen Übersetzung an den passenden Stellen verwiesen wird. Der eine jener beiden Bände trägt den Titel ›Das frühe Rom. Kritik und Forschung seit 1964‹, der andere behandelt ›Die Struktur des voretruskischen Römerstaates‹.

Eine deutsche Übersetzung dieses Buches hatte bereits der C. Winter-Verlag anfertigen lassen; sie erschien aber weder dem Verlag noch dem Verfasser zur Veröffentlichung geeignet. So bat ich meinen ehemaligen Assistenten in Princeton, Dr. Frank Kolb, diese Aufgabe zu übernehmen. Er hat — unter gelegentlicher Hinzuziehung jener früheren Übersetzung — nicht nur den englischen Text übersetzt und Verweise auf die beiden oben erwähnten neueren Abhandlungen eingefügt, sondern desgleichen die griechischen und lateinischen Zitate ins Deutsche übertragen, so daß auch der jener alten Sprachen unkundige Leser sich eine genaue Vorstellung von der Quellenlage machen kann.

Es bleibt mir noch die angenehme Aufgabe, all denen, die bei dem Zustandekommen der deutschen Fassung meines Buches geholfen haben, sehr herzlich zu danken. Namentlich seien genannt: Prof. Karl Schefold (Basel), der den Antrag für den Druck dieser Übersetzung bei der Wissenschaftlichen Buchgesellschaft gestellt hat; die Michigan University Press; und der C. Winter-Verlag, der von jeglicher materiellen Forderung Abstand nahm, um die Publikation zu erleichtern; mein Freund Frank Kolb (Berlin), der durch seine fachkundige Bearbeitung und durch sein Mitdenken mit dem Autor diesem Unternehmen den nötigen Schwung verlieh; die Wissenschaftliche Buchgesellschaft, die durch die Aufnahme des Buches in die ›Billige Wissenschaftliche Reihe‹ den Erwerb des Bandes durch einen jeden an diesem Thema Interessierten ermöglicht hat.

Spiez, im Mai 1976

VORWORT

Dieses Buch ist aus den Jerome Lectures hervorgegangen, die im Sommer 1961 an der American Academy in Rom und im Herbst desselben Jahres an der University of Michigan gehalten wurden. Dem Kommitee der Jerome Foundation möchte ich meinen herzlichen Dank aussprechen für die ehrenvolle Ernennung zum Jerome Lecturer und die Publizierung der Vorlesung in der vorliegenden, erweiterten Fassung. Dank schulde ich vor allem Dean Ralph A. Sawyer und Professor Gerald F. Else für viele Gefälligkeiten. Die großzügige Gastfreundschaft von Harlan H. Hatcher, Präsident der University of Michigan, hat mir die Wochen in Ann Arbor unvergeßlich gemacht.

Nicht weniger denkwürdig waren die beiden Monate, die ich an der American Academy in Rom zubrachte. Mein besonderer Dank gilt hier Professor Thomas R. S. Broughton, Director of Studies, und Richard A. Kimball, Direktor der Academy, die keine Mühe gescheut haben, mir den Aufenthalt angenehm zu machen und meine Aufgabe zu erleichtern.

Der Band enthält auch Untersuchungsergebnisse aus der Zeit vor der Vorbereitung der Jerome Lectures. Sie wurden durch ein jährliches Reisestipendium des Institute for Advanced Study in Princeton ermöglicht, dieser einzigartigen Heimstätte für Geistes- und Naturwissenschaftler, mit der verbunden zu sein ich seit 1955 die Ehre habe.

Die vorliegende Neubehandlung von Entstehung und Aufstieg der römischen Macht in Latium hätte nicht unternommen werden können ohne die Unterstützung vieler italienischer Freunde und Kollegen. Das Buch ist Attilio Degrassi, Pietro de Francisci, Giuseppe Lugli, Domenico Mustilli, Massimo Pallotino und Pietro Romanelli gewidmet, deren Lebensarbeit viel dazu beitrug, den Weg zu einem neuen Verständnis der frühen römischen Geschichte zu ebnen. Dank für wesentliche Hilfe schulde ich Ferdinando Castagnoli, Gianfilippo Carettoni, Lucos Cozza, Enrico Paribeni und Carlo Pietrangeli (Rom), Guido Achille Mansuelli (Bologna) und Werner Johannowsky (Neapel).

Lucy T. Shoe-Meritt (Princeton) hat mir durch ihre eingehenden Kenntnisse der Architekturprofile wertvolle Hinweise gegeben. Stephan Foltiny beriet mich in allen Fragen der eisenzeitlichen Kultur.

Denys E. R. Haynes (London), Ernest Nash und Helmut Sichtermann (Rom), Arthur Suhle (Berlin), Jacques Yvon (Paris), Attilio Stazio und Enrica Pozzi (Neapel) sowie Enrico Leuthold (Mailand) haben mir Fotografien und Gipsabgüsse zugänglich gemacht oder mir erlaubt, Objekte aus wichtigen Sammlungen zu reproduzieren. Viele der Fotografien auf den Tafeln stammen von Andreas Alföldi Jr.

Judith E. Sachs (Princeton), Inez Longobardi und Hans Völker (Rom) haben mir Bücher besorgt und gaben mir bibliographische Hinweise.

Das ganze Manuskript lasen J. Frank Gilliam (New York), Jacques Heurgon (Paris) und Otto Skutsch (London); einzelne Kapitel daraus lasen Frank E. Brown (New Haven), Jean Béranger (Lausanne), Konrad Kraft (Frankfurt a. M.), Herbert Nesselhauf (Freiburg i. Br.), Hans-Georg Pflaum (Paris), Wolfgang Schmid und Johannes Straub (Bonn) sowie Lily Ross Taylor (Bryn Mawr). Natürlich teilen sie nicht die Verantwortung für meine Fehler.

Endlich möchte ich meinen Freunden J. Frank Gilliam und Otto Skutsch danken, ebenso Mrs. J. B. Greene und Miss Elisabeth Horton, der Sekretärin unseres Institutes, die sich alle sehr bemüht haben, meine in englische Worte gefaßte ungarische Ausdrucksweise verständlich zu machen. Jean Béranger hatte die große Freundlichkeit, die Zitate aus antiken Autoren zu überprüfen.

Meine Dankesschuld an alle Erwähnten ist sehr groß.

ABKÜRZUNGEN

AJA	American Journal of Archaeology
Ant. cl.	Antiquité classique (Brüssel)
Arch. Anz.	Archäologischer Anzeiger (gedruckt im Jahrbuch des Deutschen Archäologischen Instituts)
Arch. cl.	Archaeologia classica (Rom)
Athen., n. s.	Athenaeum (Pavia), nuova serie
BEFAR	Bibliothèque des Écoles Françaises d'Athènes et de Rome
K. J. Beloch, RG	Idem, Römische Geschichte (Berlin-Leipzig 1926— nur der 1. Bd. erschienen)
T. R. S. Broughton, MRR	Idem, The Magistrates of the Roman Republic (Philological Monographs, publ. by the Amer. Philol. Assoc. XV 1—2, New York 1954 and 1952)
Bull. Com.	Bulletino della Commissione Archaeologica comunale (Rom)
CAH	Cambridge Ancient History
CIL	Corpus Inscriptionum Latinarum (Berlin)
Cl. Phil.	Classical Philology (Chicago, Ill., 1906—)
Cl. Q.	Classical Quarterly (London-New York)
CRAI	Comptes-Rendus de l'Académie des Inscriptions et Belles-Lettres (Paris)
A. Degrassi	siehe ILLRP
A. Degrassi, Inscr. It. XIII 1	Idem, Inscriptiones Italiae XIII 1, *Fasti consulares et triumphales* (Rom 1947)
G. De Sanctis, St. d. R. 1^1	Idem, Storia dei Romani 1 (Florenz 1907)
G. De Sanctis St. d. R. 1^2	Idem, Storia dei Romani 1, teilweise gekürzter Wiederabdruck desselben Werkes (Florenz 1956)

Abkürzungen

G. De Sanctis St. d. R. 2¹	Idem, 2. Band desselben Werkes (Florenz 1907)
G. De Sanctis St. d. R. 2²	Idem, teilweise gekürzter Wiederabdruck des 2. Bandes (Florenz 1956)
G. De Sanctis St. d. R. IV 2, 1	Idem, Bd. 4, Teil 2, erste Hälfte (Florenz 1953)
H. Dessau	Vgl. ILS
DH	Dionysi Halicarnassensis Antiquitatum Romanarum quae supersunt, ed. C. Jacoby, vol. 1—4 und Suppl. (Lipsiae 1885—1925).
Dict. d. ant.	Dictionnaire des antiquités grecques et romaines, réd. par Ch. Daremberg et Edm. Saglio (Paris 1877—)
F. Gr. Hist.	Die Fragmente der griechischen Historiker, hrsg. von F. Jacoby (Berlin und Leiden 1926—)
GGA	Göttinger gelehrte Anzeigen
J. Heurgon, Rech.	Idem, Recherches sur l'histoire, la religion et la civilisation de Capoue préromaine des origines à la deuxième guerre punique (Paris 1942)
J. Heurgon, La vie quotid.	Idem, La vie quotidienne chez les Étrusques (Paris 1961)
H. R. Rel. 1²	Historicorum Romanorum reliquiae, ed. H. Peter, 2. Auflage des 1. Bandes (Leipzig 1914)
ILLRP	Inscriptiones Latinae liberae rei publicae, fasc. prior, cur. A. Degrassi (Florenz 1957)
ILS	Inscriptiones Latinae selectae, ed. H. Dessau (Berlin 1892—1916)
JdI	Jahrbuch des Deutschen Archäologischen Instituts (Berlin)
JHS	Journal of Hellenic Studies (London)
JRS	Journal of Roman Studies (London)
J. Marquardt, St.-V.	Idem, Die römische Staatsverwaltung (Leipzig, Bd. 1², 1884; Bd. 2², 1884; Bd. 3², 1885)

Abkürzungen

S. Mazzarino, Dalla mon.	Idem, Dalla monarchia allo stato repubblicano (Catania 1945)
Ed. Meyer, GdA 2²	Idem, Geschichte des Altertums, Bd. 2, 2. Aufl. (Stuttgart 1893)
Mél.	Mélanges d'archéologie et d'histoire de l'École Française de Rome (Paris)
Mommsen, RF 1—2	Th. Mommsen, Römische Forschungen 1 (Leipzig 1864); 2 (Leipzig 1879)
Mommsen, Ges. Schr.	Idem, Gesammelte Schriften, 8 Bde. (Berlin)
Mommsen St. R. $1^3.2^3.3$	Idem, Das römische Staatsrecht (Leipzig), Bd. 1, 3. Aufl. 1887; Bd. 2, 3. Aufl. 1887; Bd. 3, 1888
Mommsen, RG	Idem, Römische Geschichte, Bd. 1, 7. Aufl. (Berlin 1888)
Mon. Ant.	Monumenti antichi (Mailand 1890—)
Mus. Helv.	Museum Helveticum (Basel 1944—)
K. O. Müller-W. Deecke	Idem, Die Etrusker (Stuttgart 1877), Bd. 1 bis 2
N. Chron.	The Numismatic Chronicle (London 1866—)
B. G. Niebuhr, RG 1²	Idem, Römische Geschichte, Bd. 1, 2. Aufl., 1823
H. Nissen, It. Lk. II 1; II 2	Idem, Italische Landeskunde, Bd. II 1 und II 2 (Berlin 1902)
N. Sc.	Atti della R. Accademia dei Lincei, Notizie degli Scavi di antichità (Mailand 1876—)
E. Pais, St. crit. 1	Idem, Storia critica di Roma, Bd. 1 (Rom 1913)
E. Pais, St. d. R. 1³	Idem, Storia di Roma, Bd. 1, 3. Aufl. (Rom 1926)
PBSR	Papers of the British School at Rome
L. Pareti, St. d. R.	Idem, Storia di Roma, Bd. 1 (Rom 1952)
Philol.	Philologus (Berlin 1846—)
RE	Pauly's Realencyclopädie der classischen Altertumswissenschaft, in neuer Bearbeitung, von G. Wissowa, W. Kroll und anderen (Stuttgart 1893—)

RVV	Religionsgeschichtliche Versuche und Vorarbeiten (Gießen 1903—)
Rend. Pont. Acc.	Rendiconti della Pontificia Accademia Romana di Archeologia (Rom 1921—23—)
R. Et. Gr.	Revue des études grecques (Paris 1888—)
R. Et. Lat.	Revue des études latines (Paris 1928—)
Rh. Mus.	Rheinisches Museum für Philologie (Bonn und Frankfurt 1827—)
RM	Deutsches Archäologisches Institut. Römische Abteilung. Mitteilungen (München, 1886—)
A. Schwegler, RG 1—3	Idem, Römische Geschichte (Tübingen) Bd. 1, 1853; Bd. 2, 1856; Bd. 3, 1858
A.-N. Sherwin-White, R. Citiz.	Idem, Roman Citizenship (Oxford 1939)
SBBayr. Ak.	Sitzungsberichte der bayerischen Akademie der Wissenschaften
SB Heid.	Sitzungsberichte der Heidelberger Akademie der Wissenschaften
SDHI	Studia et documenta historiae et iuris (Rom 1935—)
St. Etr.	Studi etruschi (Florenz 1927—)
Stud. Rom.	Studi Romani (Rom 1953—)
SMSR	Studi e materiali per lo studio della storia degli religioni (Rom)
W. Schulze, ZGLEN	Idem, Zur Geschichte lateinischer Eigennamen (Abh. Ges. Wiss. Göttingen n. F. 5, 5, 1904)
L. R. Taylor, Vot. Distr.	Ead., The Voting Districts of the Roman Republic (Papers and Monographs of the American Academy in Rome, Bd. 20, 1960)
TAPA	Transactions and Proceedings of the American Philological Association (Hartford 1871—)
Varro, *LL*	M. Terenti Varronis De lingua Latina quae supersunt, rec. G. Goetz et Fr. Schoell (Lipsiae 1910)

Varro *RR*	M. Terenti Varronis Rerum rusticarum libri tres, post H. Keil iterum ed. G. Goetz (Lipsiae 1912)
G. Wissowa, RuK²	Idem, Religion und Kultus der Römer, 2. Aufl. (München 1912)

EINLEITUNG

Die Geschichte des frühen Rom ist nicht in zeitgenössischen Darstellungen erhalten. Die auf uns gekommenen antiken Berichte gehören einer viel späteren Epoche an und sind nur mit größter Vorsicht zu verwerten. Das archäologische Material aber bietet lediglich einen unendlich kleinen Ausschnitt des einst Vorhandenen. Wir sind also bei unserer Arbeit auf eine heterogene, bruchstückhafte Überlieferung angewiesen, deren Zuverlässigkeit immer wieder zu überprüfen ist, ehe sie zur historischen Rekonstruktion verwendet werden kann.

Dieser Mangel an ausführlichen Zeugnissen erklärt die Schwierigkeiten, die mit jedem Versuch, die Geschichte jener Zeit zu schreiben, verbunden sind. Aber diese Schwierigkeiten sind nicht so unüberwindlich, wie sie denjenigen Gelehrten erschienen, die es vorzogen, die Frühzeit gar nicht zu behandeln und ihre Darstellung der römischen Geschichte mit der gallischen Katastrophe zu beginnen.

Jüngste Ausgrabungen in der 'Ewigen Stadt' und in Latium haben uns neue Anhaltspunkte für die Beurteilung der Frühzeit geliefert. Verbesserte Methoden bei der Auswertung der literarischen und monumentalen Quellen haben es ermöglicht, das von den Annalisten gezeichnete, nebelhaft verschwommene Bild zu korrigieren und zu ergänzen. Neue Untersuchungen über architektonische Technik und moderne stratigraphische Ausgrabungen brachten bisher unbekannte Einzelheiten über Geschehen, Machtverhältnisse und Organisation in diesem Gebiet zutage. Der Fortschritt in der typologischen und chronologischen Einordnung von Fundgruppen hat neue Einsichten in die kulturellen, wirtschaftlichen und politischen Entwicklungen eröffnet. Kunstdenkmäler, Münzen und Gemmen, deren historischer Aussagewert zumeist übersehen wurde, bringen in einigen Fällen unerwartete Hilfe und runden das Bild der literarischen Überlieferung ab. Religiöse Riten lassen Überreste früher politischer Institutionen erkennen. Soziologie und Ethnologie verhelfen uns zum Verständnis archaischer sozialer Strukturen. Fahrten zu historischen Stätten und Wanderungen entlang den antiken Straßen Latiums spielten eine wichtige Rolle bei der Vorbereitung dieser Vorlesungen. Zwar wäre es mir unmöglich, mit dem überragenden anthropogeographischen Wissen eines Thomas Ashby und J. B. Ward Perkins, eines Giuseppe Lugli und Ferdinando Castagnoli in Wettbewerb zu treten — oder auch mit Louise Hollands einzigartigem Spürsinn für hydrogeographische Faktoren. Ich hoffe aber, daß langjähriger Militärdienst in meiner Jugend mir die Fähigkeit vermittelt hat, strategische Möglichkeiten zu erkennen, die Probleme der Kommunikation in Kriegszeiten zu verstehen und die Bedeutung eines Handelsstraßennetzes richtig einzuschätzen.

In den 150 Jahren seit B. G. Niebuhr hat jede Generation die literarische Tradition immer wieder von neuem gründlich durchforscht und zu ihrer korrekten Interpretation beigesteuert. Die umfassenden prosopographischen Arbeiten von Friedrich Münzer und Matthias Gelzer haben den Gelehrten ein neues Werkzeug an die Hand gegeben, um die Verläßlichkeit biographischer Angaben zu überprüfen. Aber zwei Haupttendenzen bestimmten die Bewertung der literarischen Zeugnisse. Zunächst ließ ein radikaler Skeptizismus, der fast zur Manie wurde, die Historiker die Glaubwürdigkeit aller schriftlichen Nachrichten über die frühen Jahrhunderte leugnen. Dann ebbte der Skeptizismus ab, und ihm folgte eine Welle der Vertrauensseligkeit, in der man alles zu akzeptieren bereit war, was früher verworfen wurde. Es gab natürlich einige führende Köpfe, die nicht in diesen beiden Strömungen mitschwammen — vor allem Theodor Mommsens Genius, der scharfe Logik mit nüchternem, praktischem Verstand vereinigte; dann Gaetano De Sanctis in Italien und einige andere Historiker, deren Namen wir später noch zu nennen haben werden. Aber auch sie waren nicht in der Lage, die Entwicklung der Forschung aufzuhalten. Die gegenwärtige Situation kann mit den Worten beschrieben werden, die kürzlich ein tüchtiger junger Gelehrter äußerte: „Der Höhepunkt der kritischen Geschichtsbetrachtung, etwa durch Ettore Pais repräsentiert, scheint vorbei zu sein. Es mag sein, daß wir in ein neues Zeitalter des Glaubens eintreten."

Einleitung

Ich habe mich nach besten Kräften bemüht, ohne Vorurteile an die Probleme heranzugehen und selbst jede Nachricht der schriftlichen Tradition erneut zu überprüfen. Die Ergebnisse stehen als Ganzes gesehen im Widerspruch zu den beiden erwähnten konträren Betrachtungsweisen. Manchmal geht die Rehabilitierung der antiken Überlieferung über das Vertrauen der Gutgläubigen noch hinaus, manchmal wird mehr davon aufgegeben, als die Vertreter der Hyperkritik für möglich gehalten hätten. Abgesehen von solchen Extremfällen bestätigt meine Untersuchung eine Tatsache, die schon lange erkannt, aber in den letzten Jahren aus den Augen verloren worden ist: daß nämlich eine wirkliche Basis für die Rekonstruktion der römischen Geschichte nur in den Konsulnlisten der Republik zu finden ist, während der annalistischen Erzählung über die Königszeit eine echte Grundlage fehlt. Ich habe also versucht, jedes Zeugnis für die Zeit nach der Flucht der Tarquinier nach Möglichkeit zu halten, habe aber nicht die Schilderung der Annalisten über die Königszeit übernommen — abgesehen von einigen wertvollen Nachrichten, die zusammen mit dem Unbrauchbaren erhalten sind.

In Vorlesungen vor einem breiteren Publikum erwartet man kein Eingehen auf jedes Detail der Beziehungen des frühen Rom zur Außenwelt. Um aber den Weg zur historischen Rekonstruktion zu bahnen, wurde mehr Raum für die vorbereitenden Kapitel benötigt als für die Darstellung der eigentlichen Ereignisse. Ich fand es auch nötig, wichtige Äußerungen antiker und verdienter moderner Autoren ausführlich zu zitieren, teils um meine eigenen Argumente zu stützen, teils um eine Vorstellung von den wechselnden Tendenzen und dem Fortgang der Forschung zu vermitteln.

Zu den bedeutendsten Schwierigkeiten, die bei einem Überblick über dieses Thema zu bewältigen sind, gehört die Unmenge von Veröffentlichungen. Viele ältere Abhandlungen sind durch jüngere Beiträge überholt, viele moderne Publikationen wiederholen nur, was schon oft gesagt worden ist. Um einen allgemeinen Eindruck von der Anzahl der Veröffentlichungen zu geben, weise ich auf die Feststellung R. Werners hin, dessen umfangreiches Buch zum gleichen Thema 1964 in München erschienen ist (R. Werner, Der Anfang der römischen Republik, München 1964). Dr. Werner hat nach

Einleitung

eigener Aussage mehr als 600 Arbeiten allein zum Übergang von der Monarchie zur Republik herangezogen. Wenn wir die für das vorliegende Buch verwerteten Untersuchungen zur Archäologie, Numismatik, Epigraphik, Ethnologie, Prähistorie und Religionsgeschichte hinzunehmen, so kommen wir auf annähernd 1000 benutzte Publikationen.

Da die eigenen Gesichtspunkte sich entwickeln und mit dem Fortschreiten der Arbeit reifen, mag es bisweilen vorgekommen sein, daß wir eine der unseren ähnliche Meinung übersehen haben, wenn die betreffende Arbeit in einem früheren Stadium unserer Untersuchungen herangezogen wurde. Ich kann nur hoffen, daß Unterlassungen dieser Art nicht allzu häufig sind. Bücher und Artikel, die sich als wertlos für unsere Nachforschungen erwiesen, wurden stillschweigend übergangen. Einige ältere Werke jedoch, die sonst oft vergessen werden, sind systematisch zitiert — vor allem A. Schweglers ›Römische Geschichte‹ (erschienen 1853 ff.), welche die erste vollständige Zusammenstellung des in der griechischen und römischen Literatur überlieferten Quellenmaterials bietet.

Schließlich sei eine kurze, skizzenhafte Vorwegnahme der Ergebnisse gestattet. Das königszeitliche Rom, nach den Annalen die Vormacht in Mittelitalien, erweist sich lediglich als kräftiger Vasall südetruskischer Staaten, die sich diesen wichtigen Umschlagplatz am Unterlauf des Tiber gegenseitig streitig machen. Das gewaltig unterschätzte Rom des 5. Jahrhunderts v. Chr. hingegen wird Schauplatz einer spektakulären Entwicklung. Während dieser seiner kritischen Periode nimmt Rom an Umfang und Schlagkraft zu und überschattet allmählich die anderen Latinerstaaten. Auch der Schock der gallischen Katastrophe kann den Aufstieg nicht hemmen.

Das mag eine Enttäuschung für diejenigen sein, die noch an die hegemoniale Stellung Roms im 7. und 6. Jahrhundert v. Chr. glauben. Aber die Tatsache, daß Roms Aufstieg später begann, als die Annalen uns glauben lassen wollen, schmälert nicht die Größe der 'Ewigen Stadt' als Herrscherin über die Mittelmeerwelt.

Haec est in gremium victos quae sola recepit,
humanumque genus communi nomine fovit,
matris, non dominae ritu.

[Als einzige nahm diese (i. e. Rom)
die Besiegten in ihren Schoß auf,
und wie eine Mutter, nicht wie eine
Herrin, umhegte sie das Menschen-
geschlecht mit einem gemeinsamen
Namen.]

(Claudian, *De cons. Stil.* 3, 150 ff.)

Princeton
The Institute for Advanced Study Ostern 1963

1. Kapitel

NOMEN LATINUM: DIE BESONDERE STRUKTUR
DES LATINERBUNDES
UND SEINE GESCHICHTLICHE ENTWICKLUNG

Gemeinhin nimmt man an, daß die Organisation des Latinerstammes,[1] wie wir sie in historischen Zeiten vor uns sehen, natürlich gewachsen sei, wie eine Pflanze, die kaum mehr als Sonne und Regen braucht, um sich aus einem winzigen Samenkorn in ständigem Wachstum immer weiter zu entwickeln. Und sie soll auf dem Boden Latiums erstmals das Tageslicht erblickt haben — als ob die einzelnen Stammesteile keine gemeinsame Geschichte und keine gemeinsame politische und soziale Entwicklung durchlebt hätten, bevor sie Italien betraten.

Bedeutende Gelehrte glauben,[2] daß die Keime, aus denen der Bund der Latiner nach einer langen Periode der Unruhen und Erschütterungen in Latium entsproß, kleine Dorfgemeinden gewesen seien, „jede ein winziger *populus*", miteinander vereinigt in verschiedenen religiösen Bünden, deren jeder ein eigenes Kultzentrum besaß. Diese kleinen Dorfgemeinden — so wird behauptet — wuchsen Schritt für Schritt in geradliniger Entwicklung zu beachtlichen, sich ihrer politischen Autonomie voll bewußten Stadtstaaten heran. Man nimmt an, daß es, bevor der Prozeß des Synoikismos beträchtliche Fortschritte gemacht hatte, keine großen und bedeutenden politischen Bünde, keine alle latinischen *populi* umfassende Vereinigung geben konnte, daß aber andererseits der den *populi Latini* innewohnende spontane Drang zur Gruppierung um Kultzentren schließlich den Gesamtverband der Latiner in Gestalt des Bundes vom Albanerberg ins Leben gerufen habe. Die Zusammenkünfte auf diesem Berg und die Versammlungen auf einer großen Wiese an seinem Fuße gelten als Manifestationen zweier verschiedener Vereinigungen, während sie in Wahrheit nur jeweils einen Aus-

Anmerkungen zum ersten Kapitel s. S. 371 ff.

schnitt aus der Tagesordnung des großen Jahrestreffens der Latiner darstellten. Wir werden darauf noch zurückkommen.

Dieses Bild von der Entwicklung des Latinerbundes ist in Analogie zum ionischen Bund und zur delphischen Amphiktyonie entworfen worden. Zugegeben, es gibt Parallelen zwischen dem Leben griechischer Staatenbünde und dem des Latinerbundes; dazu gehört etwa das Recht der einzelnen Mitgliedstaaten, untereinander Krieg zu führen und Verträge zu schließen, sowie der Gottesfriede an den Tagen der gemeinsamen jährlichen Opfer und Spiele. Aber die meisten griechischen Staaten hatten das Stadium der Wanderungen und des Stammeslebens bereits ein Jahrtausend vor den Latinern überwunden; als Unterabteilungen fest ansässiger Stämme waren sie bereits in mykenischer Zeit autonome Staaten *(poleis)* geworden. Allenfalls die später in Griechenland eingedrungenen Dorier sind den italischen Viehzüchtern und Kriegern in manchen Punkten vergleichbar, weil auch sie Relikte des bewegten Lebens ihrer Wanderzeit und ihrer alten sozialen und politischen Struktur bewahrt haben.

Die gemeinsamen religiösen, aber politisch bedeutungslosen Feiern der latinischen Städte stellten in Wahrheit nicht die erste Phase eines beginnenden Zusammenschlusses dar, sondern sind im Gegenteil als religiöse Überreste längst verschwundener politischer Gebilde zu betrachten.

Die Vernachlässigung der dem Beginn der literarischen Überlieferung vorausgehenden Phase latinischer Stammesgeschichte weckte noch eine andere falsche Vorstellung. Alle die verschiedenen Vereinigungen, Verbindungen und Zusammenkünfte der latinischen Staaten werden heute für selbständige Bünde gehalten.[3] Das ist bestenfalls die halbe Wahrheit. Natürlich war in der politischen Realität das Verhältnis der einzelnen Stammeseinheiten zueinander ständigem Wechsel unterworfen. Aber als z. B. Rom in der Mitte des 5. Jahrhunderts v. Chr. — und nicht unter dem letzten König, wie die römischen Annalen vorgeben —[4] mit der Ausrichtung des Latinerfestes auf dem *mons Albanus* betraut wurde, spiegelte sich darin zwar gewiß seine wachsende Macht; jedoch bedeutete das weder eine Neugründung noch war es Zeichen einer hegemonialen Stellung. Als ferner Ardea die — vorher von Lavinium wahrgenommene — ehrenvolle Aufgabe erhielt, das Bundesheiligtum der Venus zu betreuen, war das eine späte Entwicklung ohne politische Hintergründe oder Vorteile; zudem löste Ardea in anderer Beziehung Lavinium nicht ab, denn dort wurden weiterhin, bis zum Ende des Altertums, die Bundesopfer für die alten Stammesgötter dargebracht.[5] Wenn in der Folgezeit der heilige Hain der Diana in Aricia das politische Zentrum der Latiner wurde, so war dies in der Tat eine echte Neugestaltung, aber die latinischen Staaten, die sich um Aricia sammelten, waren weiterhin dieselben, mit Ausnahme von ein oder zwei, die zu diesem Zeitpunkt gerade unter der Herrschaft eines fremden Eroberers standen.[6] Als Rom später versuchte, den Hain der Diana am Lago di Nemi durch den Hain derselben Gottheit am Aventin zu ersetzen, war das ein Versuch, Aricia in der Führung der Latiner abzulösen — nach Möglichkeit *aller* Latiner; der in diesem Zusammenhang erwähnte Bund ist auch diesmal keine Neugründung, sondern immer noch die Vereinigung der latinischen Staaten — und zwar grundsätzlich *aller* Latiner. Überhaupt sehe ich nirgendwo ein Anzeichen dafür, daß eine innerhalb Latiums gebildete Bundesorganisation nicht das *nomen Latinum*, d. h. die Gesamtheit der Latiner, hätte umfassen wollen. Die Kulte, um die sich jede dieser Vereinigungen konstituierte, wurden nicht aufgegeben, als der politische Hintergrund verschwand, sondern ihre Beachtung war für die Latiner weiterhin verpflichtend; so sind sie als Relikte früher Entwicklungsstufen für den Historiker von unschätzbarem Wert, und ihre Aussagekraft wird auch dadurch nicht geschmälert, daß bisweilen der eine oder andere bedeutende latinische *populus* an einer solchen Gründung keinen Anteil nehmen konnte bzw. wollte[7] oder einzelne nur bei den gemeinsamen Opfern der Latiner auf dem Albanerberg, in Lavinium usw. vertreten waren, aber bei den anschließenden politischen Beratungen fehlten.[8]

Natürlich verschob sich von Zeit zu Zeit der politische Schwerpunkt innerhalb Latiums. Auch die Zahl derer, die sich an den politischen und religiösen Handlungen des Bundes beteiligten, war nicht immer dieselbe und von der jeweiligen politischen Lage der einzelnen Staaten abhängig: die steigende Anzahl der Bundeskulte zeigt, wie die politische Bedeutung des einen schwinden und von der eines anderen überschattet werden konnte; und schließlich waren auch der Besitz der Vormachtstellung innerhalb Latiums und die Geschicke des Bundes selbst Veränderungen unterworfen. Aber diese mannigfaltigen Entwicklungen und Verschiebungen waren — das sei nochmals betont — stets nur die wechselnden Erscheinungsformen ein und desselben Gebildes, der latinischen Nation.

Nur wenige Gelehrte haben bemerkt, daß die ursprüngliche Stammesorganisation das eigentliche Rückgrat des Latinerbundes war,[9] daß der Zusammenhalt des *nomen Latinum* anfänglich nicht auf geschriebenen Verträgen beruhte, sondern dem Bewußtsein der Verwandtschaft entsprang, und daß dieser gesellschaftliche Organismus sich in prähistorischer Zeit gebildet hat, Jahrhunderte vor der Entstehung des Stadtstaates und der Gründung Roms. Das Bewußtsein der Stammesverwandtschaft war in der Tat eine wirksame Kraft im Leben Latiums. Dafür sorgten die Gemeinsamkeit der Sprache und der jährlichen Opfer an die Stammesgötter, der gemeinsame Ursprungsmythos von der Bache, die durch göttliche Eingebung den Ahn des Stammes dazu brachte, ihr nach Alba Longa, seinem künftigen Sitz als König der Latiner, zu folgen,[10] und schließlich die Beschränkung des Rechts auf Eheschließung und Handel innerhalb Latiums auf die Stammesmitglieder. Auch vergaßen die Latiner nicht ihre auf der Dreiteilung beruhende Gliederung in dreißig Einheiten.[11] Das alte Stammeskönigtum war noch im 5. Jahrhundert v. Chr. im Amt des *dictator Latinus* greifbar, wenn auch in einer abgeschwächten Form, indem die Ausübung der obersten Gewalt *(imperium)* jeweils auf ein einziges Jahr beschränkt war.[12]

Die römischen Historiker der späten Republik erklärten die besondere Struktur und Organisation des Latinerbundes gerne als Nachahmung fortgeschrittener griechischer Institutionen. Die griechischen Stämme hatten gemeinsame Heiligtümer, schreibt Dionysios von Halikarnassos,[13] „wo sie sich mit ihren Frauen und Kindern zur festgesetzten Zeit versammelten, gemeinsame Opfer darbrachten und Feste feierten, die verschiedensten Wettkämpfe veranstalteten und den Göttern gemeinsame Gaben überreichten. Nachdem sie die Schauspiele gesehen, das Fest gefeiert und die anderen Beweise gegenseitiger Verbundenheit ausgetauscht hatten, bildeten sie ein Schiedsgericht und verhandelten Streitigkeiten, wenn es Unstimmigkeiten zwischen verschiedenen Städten gegeben hatte. Und sie berieten auch gemeinsam über Kriege gegen äußere Feinde sowie über die Erhaltung des gegenseitigen Einvernehmens."

Aber die Wurzeln, aus denen alle diese den griechischen und römischen Bundesversammlungen gemeinsamen Züge entsprangen, sind deutlicher zu erkennen, wenn man die gleichen Phänomene in einer anderen Umwelt betrachtet, in der die archaische Struktur der alten indogermanischen Viehzüchtergesellschaften, die sich auf ugrische, türkische und mongolische Völker vererbte, isoliert von der südlichen Kulturwelt fast unversehrt bis ins 18. Jahrhundert erhalten blieb. Ich meine die Reiterhirten Nordasiens.[14] Hier kann man sehr gut beobachten, daß die einzelnen Gebiete des öffentlichen Lebens in primitiven Gesellschaften noch nicht — wie in unserer Zeit — mehr oder weniger säuberlich voneinander getrennt ihr Eigenleben führen. Sie sind im Gegenteil eng miteinander verknüpft und bilden ein untrennbares Ganzes. Das geheiligte Ritual, die Formen der sozialen Organisation, das wirtschaftliche Leben mit seiner Produktion und den Schutzmaßnahmen zu deren Erhaltung, die Art der Kriegführung und die Regierungsmethoden bilden einen einzigen Komplex, der emotionell verankert ist in einem theriomorphen Entstehungsmythos des Volkes und der dramatischen Aufführung dieses Mythos' bei den großen jährlichen Zusammenkünften der Stammesangehörigen, bei denen Opfer dargebracht und Spiele veranstaltet werden, wo die jungen Leute sich nach Lebensgefährten umsehen, bei denen die Verteilung der Weidegründe zwischen den Sippen besprochen wird, Beratungen über Krieg und Frieden stattfinden und Pläne für Raubzüge geschmiedet werden. Die Untersuchung dieser Rinderhirten- und Kriegergesellschaften lehrt uns noch etwas: Wenn ihre Staatsorganisation infolge einer vernichtenden Niederlage im Krieg zertrümmert wurde, konnte der Eroberer auf einer mythischen Basis eine neue begründen. Die neugeschaffene Vereinigung bezog ihren inneren Zusammenhalt aus der Vorstellung einer gemeinsamen Abstammung der typisierten Anzahl der Volksabteilungen von einem kosmischen Riesen; man ließ den Stammbaum der Herrscherfamilie mit der

Erschaffung von Himmel und Erde beginnen, was natürlich ebenso eine sakrale Fiktion war wie die vorherigen Ursprungsmythen. Infolgedessen konnte selbst die Vernichtung von Staaten und Gesellschaftsverbänden die mythische Verankerung des Organisationsschemas in Eurasien bis zum vorigen Jahrhundert nicht beseitigen. Diese Austauschbarkeit der jeweiligen Bestandteile einerseits und das Fortbestehen des Schemas andererseits erklärt, wieso die 'dreißig Gemeinden' des Albanerbundes wenigstens im Prinzip immer dreißig blieben. Das sakral verankerte Grundschema verlor hier ebensowenig seine Gültigkeit, wenn der alte Rahmen durch neuen Zuwachs gesprengt wurde, wie im vergleichbaren Fall der drei Sippenverbände der *comitia curiata* und der dreißig *curiae* der römischen Bürger, welche für kleine Verbände entworfene, einfache Organisationsformen waren, aber noch beibehalten wurden, als Rom bereits Hauptstadt der Ökumene war.

Wir behaupten, daß der Zusammenhalt der latinischen Nation zum guten Teil auf solchen archaischen Stammesbindungen beruhte, obwohl sich die Einheit des Stammes mit dem Beginn des seßhaften Lebens in Latium allmählich auflösen mußte. Die Hauptmerkmale des gemeinsamen Stammeslebens verschwanden jedoch nicht, als die beweglichen Einheiten des wandernden Stammes zur festen Niederlassung übergingen und später die Stadtstaaten die Dorfgemeinschaften ablösten. Das Bewußtsein des gemeinsamen Ursprungs, der Gebrauch einer gemeinsamen Sprache, die alten Riten und die ungeschriebenen Gesetze ererbter Sitten und Gebräuche ermöglichten in historischer Zeit, diese alten Strukturen für neue Vereinigungsbestrebungen fruchtbar zu machen.

Die historische Entwicklung vollzog sich somit notwendigerweise im Zusammenspiel prähistorischer Elemente altertümlichen Stammeslebens einerseits und ständig wechselnder Umweltbedingungen andererseits. Obwohl z. B. die alte Stammesmetropole ihre politische Macht an neue städtische Zentren abgeben mußte, blieb sie infolge des Fortbestehens ihrer religiösen Bedeutung weiterhin ein ideeller Mittelpunkt, und die zentrifugale Tendenz zum Partikularismus trat zumindest teilweise wieder hinter der Notwendigkeit einer Einheitsfront zurück, wenn äußerer Druck dies erzwang. Wenn auch ferner innerhalb Latiums die Herrschaftsaspirationen aufstrebender Mächte Versuche einer erneuten engeren Verbindung zunichte machten und später die römische Oberherrschaft an die Stelle des selbständigen Bundes der Latiner trat, blieb der Stamm doch ein beachtenswerter politischer Faktor und hatte bedeutenden Anteil an der Eroberung und Beherrschung der Mittelmeerwelt, welche ohne die großartige Konzentration aller physischen und geistigen Kräfte dieses Stammes nicht hätte verwirklicht werden können. Wir werden im folgenden alle diese Entwicklungsstufen verfolgen, und zwar vom 7. Jahrhundert v. Chr. an, wo erstmals die nackten Umrisse historischer Ereignisse sichtbar werden, bis 338 v. Chr., als Latium den Interessen und Zielen des römischen Staates dienstbar gemacht wurde.

Die in neueren Werken anzutreffende Mißachtung der Stammesbande und der voritalischen Phase der latinischen Geschichte geht — wie ich glaube — nicht zuletzt auf eine allgemeine Tendenz der prähistorischen Forschung zurück, eines neuen Zweiges der Geschichtswissenschaft, der eindrucksvolle Ergebnisse in der Erweiterung unseres Faktenwissens durch neues Ausgrabungsmaterial vorzuweisen hat, der aber immer noch der Gefahr ausgesetzt ist, exakte typologische und stratigraphische Resultate mit vorgefaßten Theorien zu vermengen. Die neuesten Bestrebungen auf diesem Gebiet gehen dahin, die Existenz von Wanderungen in vorgeschichtlichen Zeiten zu leugnen bzw. ihre Bedeutung völlig herabzumindern.[15]

Diese modische Auffassung kann für weite Gebiete Europas, die zu spät durch schriftliche Überlieferung ins Licht der Geschichte treten, als daß wir die in frühester Zeit dort lebenden Völker identifizieren könnten, nicht direkt widerlegt werden. Aber es gibt ein Gebiet am Rande des Ausstrahlungsbereiches der griechischen Kultur, wo von der Eisenzeit an die Wellen neu eindringender Völker klar unterschieden werden können. Es handelt sich um das Karpatenbecken in Südosteuropa. Hier findet man die Spuren der im 8. Jahrhundert aus Nordasien eingewanderten Kimmerier und die der Skythen, die im 6. Jahrhundert aus derselben Umgebung dorthin gelangten; man kann auch die Gräberfelder und Siedlungen der Kelten erfassen, die das Donautal von Westen her schon zu jener Zeit überfluteten, in der sie Rom eroberten, und noch anhaltender ein Jahrhundert später, als auch Delphi geplündert wurde. In späthellenistischer Zeit erkämpften sich iranische Nomaden, die das Donautal entlang aus dem Osten eindrangen, ihren Weg in dieses Gebiet; es waren die sarmatischen *Roxolani* und *Jazyges,* die die fruchtbaren Ebenen des heutigen Rumänien und Ungarn besetzten. In der Kaiserzeit erfolgte der Ansturm germanischer Stämme, die in Wellen aus Skandinavien heranfluteten. Nach ihnen kamen Hunnen, Awaren, Kutrigur-Bulgaren, slawische Völker, Ungarn und noch später weitere Völkerschaften aus Sibirien, dem Kaukasus, Nordeuropa und Südrußland.

Mit den Kimmeriern überschwemmten natürlich nicht zum erstenmal wandernde Stämme diesen Kreuzweg der Völker. Lange bevor jene berittenen Bogenschützen dort eindrangen, tränkten bereits Neuankömmlinge aus allen Himmelsrichtungen den fruchtbaren Boden mit dem Blut der dort ansässigen Siedler, mit denen sie sich aber auch vermischten. Die Funde bezeugen das unwiderlegbar seit dem Neolithikum. Wer aber zu der Annahme neigt, daß Westeuropa keine derartigen Erschütterungen kannte, braucht nur Caesars Kommentare über seinen gallischen Krieg zu lesen, um festzustellen, wie unglaublich rasch in diesem Gebiet ansässige Völker den Entschluß zur Abwanderung faßten, wenn ihre Lebensbedingungen sich verschlechterten. Es ist deshalb abwegig, die Tatsache der Wanderungen zu leugnen, auch wenn sie auf der Apenninhalbinsel wesentlich seltener waren als in Südosteuropa, das immerzu unter ihnen litt.

Das Bestreben, die Bedeutung der Wanderungen zu leugnen,[16] hat die Historiker veranlaßt, nach anderen Gründen für die Anwesenheit der alten Völker Italiens Ausschau zu halten. Ein so bedeutender Forscher wie M. Pallottino erklärt jetzt die Entstehung der Latiner als Ergebnis der Verschmelzung mehrerer lokaler Gruppen, wodurch die *cultura di Lazio* entstanden sein soll, die materielle Kultur der Eisenzeit in Latium. Die Aufstellung dieser Behauptung wurde durch die unhaltbare Ansicht erleichtert, daß die Einwanderung der Latiner schon um 2000 v. Chr. stattgefunden habe, und durch die Hypothese, daß sie in kleinen Gruppen einsickerten.

Ich bin überzeugt, daß die Latiner in Wahrheit ihre Heimat Latium fast tausend Jahre später von jenseits der Alpen kommend besetzten. Ihre Einwanderung kann durchaus schubweise erfolgt sein, aber es war auch in diesem Falle ein zusammenhängender Vorgang,[17] der die Gesamtheit der Latiner erfaßt hat. Ihre neue Heimat ist ein klar umgrenztes Viereck zwischen Etrurien, Kampanien, dem Kamm des Apennin und dem Meer.[18] Die Verwandtschaft ihres Dialektes mit den übrigen italischen Sprachen wie auch sein Eigencharakter zeigen einerseits, daß die Eroberer die dünne bronzezeitliche Bevölkerungsschicht ihres Gebietes vollständig absorbierten, und andererseits, daß die geographische Trennung von ihren italischen Verwandten vor Beginn der Schriftlichkeit lange genug dauerte, um die Herausbildung einer eigenen Sprache zu ermöglichen. Wenn *Latinus,* 'Mann vom flachen Lande', hier zu ihrem Namen wurde, so bedeutet das nicht, daß ihre Gemeinschaft vorher nicht bestanden hätte,[19] mag sie sich auch in der neuen Umgebung fortgebildet und verändert haben. Ihr Fall ist analog dem der Samniten, die viel später, von den Bergen kommend, das Gebiet von Capua mit der fruchtbaren Ebene südlich von Latium besetzten und danach *Campani* benannt wurden. In der neuen Umwelt haben der Einfluß des Griechentums und der nunmehr politisch unterjochten, aber kulturell überlegenen Etrusker sowie die aus ihrer Eigenstaatlichkeit resultierenden politischen Erfahrungen aus den Samniten eine neue Nation geformt. In beiden Fällen erhält mithin ein italisches Volkstum mit eisenzeitlicher Kultur, in einen neuen geographischen Rahmen versetzt und von neuen Nachbarn umgeben, seine endgültige Prägung; die Vermischung mit der vorgefundenen Bevölkerung konnte auf seine Eigenart abfärben, sie jedoch nicht erst begründen.

Die dreißig Abteilungen der 'prisci Latini'

Der Name der 'alten latinischen Gemeinden', *prisci casci populi Latini,* wie Ennius sie bezeichnet,[20] *prisci Latini,* wie sie gewöhnlich genannt werden, ist mehrdeutig. Manchmal meint er die ältesten Latiner im allgemeinen,[21] manchmal diejenigen Städte, die man für Gründungen der Vormacht Alba Longa hielt.[22] In anderen Fällen wieder ist er die Bezeichnung für diejenigen latinischen Städte, die

338 v. Chr. von Rom erobert[23] und durch diesen Namen als die 'echten Latiner' von den neuen 'latinischen Kolonien' Roms, welche in der Folgezeit außerhalb des eigentlichen Latium gegründet wurden, unterschieden werden sollten. Damit ist der Sinn des Adjektivs *prisci* klar: Sie sind die 'alten' im Gegensatz zu den neuen, ebenso wie der ältere König Tarquinius in den Annalen *Priscus* genannt wird, um ihn von dem gleichnamigen jüngeren zu unterscheiden.

Mit jenem feststehenden Ausdruck ist nun aber die Vorstellung verbunden, daß die Städte der *prisci Latini* immer dreißig an der Zahl sind — d. h. nicht etwa eine zufällige Vereinigung, sondern ein organisierter Bund, der in der annalistischen Überlieferung Rom entweder Widerstand leistet oder ihm ergeben ist.[24] In Wahrheit war — wie noch gezeigt werden soll[25] — Rom eines der dreißig Mitglieder des Bundes; es wurde erst von der annalistischen Fiktion neben und über den Bund gestellt, in der Absicht, die römische Oberherrschaft möglichst weit bis in die graue Vorzeit hinaufzurücken; auch hat Alba während seiner Vormachtstellung über die Latiner, die es dann an Rom abgegeben haben soll, keine dreißig Kolonien gegründet,[26] sondern war ebenfalls nur eines der dreißig Glieder des Stammes, obwohl es doch einst den Stammeskönig der Latiner beherbergt hatte.

Die römischen Historiker der späten Republik haben mehrfach versucht, die Liste der dreißig Mitglieder des Latinerbundes zu rekonstruieren. Leider bestand damals noch nicht die Verpflichtung zu sorgfältiger, exakter Nachforschung,[27] und so sind die angefertigten Listen nichts als oberflächliche Kompilationen. Trotzdem enthalten sie Bruchstücke wertvoller Überlieferung.[28]

Die verlorene Quelle, die Dionysios von Halikarnassos benutzte,[29] nannte 47 Völker, die angeblich am Fest des Juppiter Latiaris auf dem Albanerberg teilnahmen. Diese Zahl ist meiner Überzeugung nach frei erfunden, um die Macht des letzten römischen Königs ins rechte Licht zu rücken, der — so wird behauptet — durch List und Ansehen alle hernikischen und die beiden mächtigsten volskischen Städte, Ecetra und Antium, bewog, sich für immer seinem neugegründeten (!) Bund anzuschließen; dieselben fremdstämmigen Gemeinden sind auch unter den oben erwähnten 47 Städten aufgeführt. Diese Angabe ist von modernen Gelehrten ernst genom-

Die dreißig Abteilungen der *prisci Latini* 17

men worden.³⁰ Schon die besondere Struktur der italischen Volksbünde schließt jedoch die Zulassung von Fremden zu den Opfern, die für das Wohl der Nation vollzogen wurden, von vorneherein aus. Wir wissen ferner, daß die Herniker nie ihre eigenen Stammesversammlungen aufgaben, die zweifellos mit einem entsprechenden Ritual verbunden waren. Zudem war Antium zur Zeit jenes Königs höchstwahrscheinlich noch in den Händen der Latiner, weil die Volsker erst eindrangen, als die Etruskerherrschaft in Latium einige Zeit nach dem Ende seiner Regierung zusammenbrach;³¹ und schließlich ist die Oberherrschaft der Tarquinier über Latium ebensowenig historisch³² wie die Behauptung der römischen Annalen, daß das Latinerfest auf dem Albanerberg durch den letzten römischen König begründet wurde. Obwohl wir die genaue Anzahl der Mitglieder des Hernikerbundes nicht kennen, ist die frei erfundene Zahl von 47 Staaten, die an dem Albanerbund des Superbus beteiligt gewesen sein sollen, nur erklärbar, wenn dabei zu den 30 latinischen und zwei volskischen Städten auch noch 15 Hernikergemeinden gerechnet wurden.

Dionysios hat in seine Erzählung der römischen Geschichte zu Beginn des 5. Jahrhunderts v. Chr. eine Aufzählung der Mitgliedstaaten des Latinerbundes eingeschoben,³³ der sich damals zum Krieg gegen Rom rüstete. Er nahm die Liste aus einer annalistischen Quelle, deren Absicht es war, die Überlegenheit Roms über die Gesamtheit der Latiner durch deren vollständige Aufzählung zu beleuchten;³⁴ der Autor dieser Quelle zählte auch Rom zu den dreißig latinischen Staaten, weil er 29 Namen ohne Erwähnung Roms angab — wobei er sogar irrtümlicherweise Laurentum und Lavinium als zwei verschiedene Gemeinden aufführte. Niemand hat, seit Mommsen dieses erkannte, bezweifelt, daß die Liste von einem Annalisten künstlich zusammengeflickt wurde. Aber dieser Mann kannte noch die Anzahl der Bundesmitglieder, und einige der aufgeführten Namen haben beachtlichen Zeugniswert.

Eine weitere Liste, von Plinius d. Ä. in seiner *naturalis historia*³⁵ überliefert, zählt die dreißig Gemeinden als die einst von Alba Longa beherrschten *(populi Albenses)*³⁶ auf, wobei offenbar die seltsame Annahme zugrunde liegt, daß sie alle mit dem alten Hauptort verschwanden, und übersehen wird, daß dies in Wahrheit der Kern des latinischen Volkes war. Auch diese Liste ist eine 'gelehrte' Konstruktion.[37] Trotzdem enthält sie wichtige Spuren der archaischen Zeit — neben der Erwähnung von Städten, die in der frühen Geschichte Latiums eine Rolle spielten, aber dann bedeutungslos wurden *(Alba Longa, Aefulae, Bola, Carventum, Corioli, Fidenae, Long[ul]a, Castrimoenium, Nomentum, Pedum, Politorium, Sassula, Vitellia)*, sowie einigen Namen, die aufgrund eines geographischen Irrtums hineingerieten *(Hortenses, Sicani, Velienses)*[38], und endlich einigen völlig unbekannten Orten *(Accienses, Abolani, Macnales, Olliculani, Octulani, Vimitellari, Venetulani)*[39], die bedeutsam für uns wären, wenn sie ins südliche Latium gehörten, das seit der Flucht der Tarquinier von den Volskern besetzt war. Besonderes Interesse aber verdienen in dieser Liste die kleinen *populi* ohne städtisches Zentrum, wie die *Tolerienses* und *Tutienses* in den Flußtälern von Tolerus und Tutia,[40] und vielleicht die *Bubentani*, falls sie derselben Gattung zuzurechnen sind. Unter diesen winzigen ländlichen Gebieten sind die um Rom gelegenen für uns am aufschlußreichsten, weil ihre offenkundige Unabhängigkeit natürlich vor ihrer Unterwerfung durch Rom anzusetzen ist. Als autonome Bundesmitglieder neben Rom sind sie nur zu einer Zeit denkbar, als dessen Macht noch im Keimen begriffen war und die Stadt in der Verborgenheit eines Kranzes kleiner benachbarter Gemeinden ihr Dasein fristete, mithin im 8. und 7. Jahrhundert v. Chr. Die kleinen *populi*, von denen hier die Rede ist und die in der Liste des Plinius vorkommen, sind die *Forcti* und *Sanates*,[41] deren Existenz um 450 v. Chr. durch eine Bestimmung des Zwölftafelgesetzes, die ihre Rechtsstellung im römischen Staat regelt, bezeugt ist; ferner die *Latinienses*, die gegenüber dem Vatikanhügel am latinischen Ufer des Tiber siedelten,[42] und schließlich die *Querquetulani*, die Κορκοτουλανοί des Dionysios, die man nicht mit den römischen Antiquaren auf dem Cäliushügel zu suchen hat, sondern außerhalb Roms in Richtung auf die *porta Querquetulana*[43] und nicht weit von dieser entfernt.

Das Auftauchen dieser winzigen *populi* in der Mitgliederliste der Stammesorganisation beleuchtet nicht nur das früheste Stadium der latinischen Geschichte, sondern auch die wichtige Tatsache, daß die Mitglieder des Latinerbundes ursprünglich keine städtischen Ge-

Die dreißig Abteilungen der *prisci Latini* 19

meinden waren, sondern Gruppen von Hirtenkriegern, die sich innerhalb eines vom Stammeskönig zugewiesenen Gebietes bewegten. Die Namen einiger dieser Gruppen gerieten, auch nachdem sie ein städtisches Zentrum hatten, nicht in Vergessenheit: Bezeichnungen wie 'Ardea der *Rutuli*', 'Suessa der *Pometini*', vielleicht auch 'Lavinium der *Laurentes*' sind Beispiele dafür.[44]

Außerhalb dieser vollständigen Aufzählungen aller dreißig Gemeinden werden einzelne von ihnen noch besonders als Angehörige des heiligen Latinerbundes bezeugt: Rom[45], Ardea[46], Laurentum-Lavinium[47], Lanuvium[48], Labici, Gabii, Bovillae[49], Cabum[50], Caenina[51].

Es ist ein beklagenswerter Verlust, daß die Liste der Latinerstaaten, die sich um 505 v. Chr. gegen die Bedrohung durch Porsenna zusammenschlossen,[52] durch denselben Grammatiker, der einen Teil davon vor dem Vergessenwerden bewahrte, verstümmelt worden ist. Nur die Namen von Tusculum, Aricia, Lanuvium, Laurentum-Lavinium, Cora, Tibur, Pometia und Ardea sind erhalten. Obwohl Rom und vielleicht noch einige andere Städte im nördlichen Latium vom Angreifer überrannt worden waren und beim Abschluß des Bündnisses nicht vertreten sein konnten, war es offensichtlich die Absicht seiner Initiatoren, alle Latiner darin zu vereinigen. Und in der Tat wurde das Zentrum dieses Bundes, Aricia, als der Vorort aller Latiner betrachtet. Als daher Rom seine Stammesgenossen veranlaßte, das Bundesheiligtum der Diana von Aricia nach Rom zu verlegen, bezweckte es damit, die Rivalin aus dieser Rolle zu verdrängen.[53] Beide Dianakulte bewahrten ihren Bundescharakter auch noch viel später,[54] d. h. ihre Pflege oblag stets der Gesamtheit der latinischen Staaten.

An diesem Punkte stellt sich die Frage, was denn mit den neuen, vom Bund im 5. und 4. Jahrhundert v. Chr. gegründeten Gemeinwesen, den *coloniae Latinae* in der ursprünglichen Bedeutung des Wortes, geschah, wenn doch der Latinerbund einerseits alle latinischen Staaten umfassen sollte, andererseits aber die Mitgliederzahl auf dreißig beschränkt war? Diese Neugründungen gehörten ebenso zum *nomen Latinum* wie die alten Staaten und konnten schwerlich aus der heiligen Gemeinschaft des Volkes ausgeschlossen werden. In der Liste des Dionysios sind Cora, Norba, Setia, Satricum, Velitrae und Circei solche Bundesgründungen des 5. und 4. Jahrhunderts. Da die Liste eine ziemlich späte Kompilation ist, bezeichnen ihre Namen gewiß nicht die vor der volskischen Eroberung dort bestehenden Gemeinwesen, sondern nur die neu angelegten Kolonien des Bundes. Die volskische Eroberung des südlichen Latium um 500 v. Chr. muß einen bedeutenden Teil der 'dreißig' vernichtet haben; so kann die dadurch entstandene Lücke im Gesamtbestand lange Zeit die Mitgliedsstaaten davor bewahrt haben, die heilige Zahl zu überschreiten. Durch den Aufstieg neuer Führungsmächte wurde das alte Schema gleichfalls nicht zerstört. Wir haben schon erwähnt, daß der Bund weiterhin der der 'dreißig' blieb, als Lavinium Alba verdrängte, und daß nach dem Übergang der Führung erst auf Aricia und dann auf Rom die alten Vororte im Bund verblieben, freilich in ihrer Funktion auf die *sacra* beschränkt. Das alte Organisationsschema fiel auch nicht gleich den neuen Entwicklungen zum Opfer. Es ist kein bloßer Zufall, daß die Zahl der römischen Kolonien mit latinischem Recht noch 209 v. Chr. genau dreißig betrug.[55] In der Zeit des Zweiten Punischen Krieges war es natürlich nur noch eine symbolische Geste der römischen Politik, an der aus der ehrwürdigen latinischen Vergangenheit überkommenen geheiligten Zahl festzuhalten. Immerhin zeigt sich darin die Beharrlichkeit dieser Idee, wenn sie auch im Verschwinden begriffen und den Erfordernissen einer neuen Welt nicht mehr angemessen war. Ihre Lebenskraft im späten 3. Jahrhundert setzt voraus, daß vor Latiums endgültiger Eroberung durch Rom 338 v. Chr. der Latinerbund immer noch an der Zahl von dreißig Mitgliedern festhielt,[56] auch wenn bedeutungslose Staaten unter irgendeinem Vorwand gezwungen wurden, das ihnen turnusgemäß zustehende Oberkommando über die Bundesarmee den stärkeren Mächten zu überlassen.

Dasselbe hartnäckige Festhalten an jener veralteten Organisationsform in einer völlig veränderten Umwelt zeigt die entsprechende Entwicklung in Rom. Für die angemessene Beurteilung dieses Parallelismus ist es nötig zu wissen, daß die Idee der Einheit in der archaischen Mentalität nicht die der modernen analysierenden Wissenschaft war, welche die Grundgesetze der Natur aus ihrer Wirkung heraus zu enthüllen versucht, sondern Einheit bedeutete damals ein durchgehendes Gestaltungsprinzip. Um es mit E. Cassirer[57] zu formulieren: Die Welt ist für primitive Gesellschaften wie ein Kristall, der in immer kleinere Einheiten zerspalten werden kann, wobei aber auch die kleinsten Teilchen dieselben charakteristischen Gestaltungsformen enthalten wie die größten. Daher wird das Organisationsschema totemistischer Gesellschaften in ihren einzelnen Gliedern stets genau widergespiegelt. Das gilt auch für unseren Vergleich.

Die dreißig lateinischen Gemeinwesen besaßen fraglos dieselbe dreiteilige Gliederung[58] wie Rom, wo die dreißig *curiae* der Bürgersippen Unterabteilungen der drei Geschlechterverbände waren. Sie bildeten den Rahmen für die Rekrutierung einer Legion von 3000 Fußsoldaten und 300 Reitern. Der Senat sowie die Kollegien und Bruderschaften der alten Priestertümer waren in ihrer Zusammensetzung auf dieses System der Dreiteilung abgestimmt; die frühen Kolonien zeigen noch Spuren dieses Schemas. Die dreißig *curiae* entschieden in der Zeit der späten Republik immer noch über lebenswichtige Staatsangelegenheiten; sie behielten ihre alte Verfassung mit gleichen Rechten für jedes Mitglied bei und kannten bei ihren gemeinsamen Mahlzeiten und Opfern an *Iuno Quiritis* keine Klassenunterschiede.

Denselben Organisationstypus gab es natürlich in anderen lateinischen Gemeinden — wenn wir auch nur über wenige Nachrichten verfügen, bezweifelt doch niemand deren allgemeine Gültigkeit — und ebenso bei anderen italischen Völkern.[59] Der Ursprung dieser gesellschaftlichen und politischen Gestaltungsform ist jedoch viel älter als die Einwanderung der Latiner nach Italien, und ihre Verbreitung geht weit über den Bereich der indogermanischen Völkerfamilie hinaus.[60] Dies muß besonders betont werden angesichts der Meinung bedeutender Gelehrter, es handele sich hier um eine relativ späte Entwicklung, die sich erst auf dem Boden Latiums vollzogen habe. Sie übersehen oder verkennen dabei die Spuren einer prähistorischen Vergangenheit, die im Organismus des Bundes der dreißig lateinischen Völker noch in der Zeit der römischen Oberhoheit erkennbar sind.

Zu diesen einen zusammenhängenden Komplex bildenden Überresten gehören der Ursprungsmythos, der den gemeinsamen Kult der

Latiner auf ihre gemeinsame Herkunft zurückführt, und die Riten, welche das daraus resultierende Zusammengehörigkeitsgefühl stärken und festigen sollen. Beide Elemente beruhen in Theorie und Praxis auf der Gliederung in dreißig Teile. Wir haben schon betont, daß die politischen und geschäftlichen Vereinbarungen sowie die Heiraten, die bei dem großen jährlichen Treffen zustande kamen, herkömmliche Begleiterscheinungen der Kulthandlungen und gemeinsamen Feste waren.

Der Ursprungsmythos[61], der Aufschluß über die Ankunft der Latiner in ihrer endgültigen Heimat gab, ist in seiner primären Gestalt nicht erhalten; aber wir kennen seine Grundform in Italien und anderswo gut genug, um seine ursprünglichen Züge ermitteln zu können: Eine weiße Bache veranlaßte als Botin der Gottheit den Ahnherrn des wandernden Stammes, ihr zu folgen. An der Stelle, wo sie haltmachte und dreißig Frischlinge gebar, errichtete der Ahnherr und König der Latiner seinen Sitz und wies in seinem Umkreis den dreißig Stammesteilen ihr Siedlungsland zu. — In der ursprünglichen Version der Erzählung machte das Tier auf seinem Weg in Alba Longa halt. Später, wie wir sehen werden, als Lavinium an Stelle des ersten Königssitzes Vorort der Latiner wurde, behaupteten die *Laurentes,* die Bache sei durch göttliche Lenkung nicht nach Alba, sondern zu ihrer Stadt geführt worden; und ein griechischer Historiker berichtete, daß er dort gegen Ende des 4. Jahrhunderts v. Chr. die Bronzestatue einer Sau mit dreißig saugenden Ferkeln gesehen habe. Die dreißig *populi* der Latiner, die sich jährlich auf dem Albanerberg versammelten und ihre Vertreter auch zu den Feiern im heiligen Bezirk von Lavinium entsandten, feierten das Andenken und verehrten die Gottheit ihres ersten Königs und Ahnherrn, indem sie diese mythische Begründung ihrer Zusammengehörigkeit lebendig erhielten. Die urtümlichen Vorstufen ihrer Versammlungen sind nirgends so klar erkennbar wie in dem Ritus, dem wir uns nun zuwenden.

Das sakrale Mahl der dreißig Gemeinden auf dem heiligen Berg der Latiner

Die Gottheit, welcher der gemeinsame Kult der Latiner auf dem Albanerberg galt, war Juppiter Latiaris.[62] Aber es wäre falsch, sich das Wesen dieses Gottes ähnlich dem des Zeus im klassischen Griechenland oder dem des Juppiter im republikanischen Rom vorzustellen. In einem antiquarischen Bericht, der unbeeinflußt von der tendenziösen Annalistik einen beim Latinerfest üblichen Brauch erläutert, heißt es, daß diese feierliche Handlung das Andenken an die alten Könige Aeneas und Latinus ehre, und ferner, daß Latinus zum Juppiter Latiaris geworden sei.[63] Diese Nachricht kann nicht einfach beiseite geschoben werden. Obwohl ursprünglich der zu Alba gehörige Ahnherr nicht Aeneas, sondern Silvius war — diesen ganzen Problemkreis werden wir im sechsten Kapitel eingehend behandeln —, und Latinus mit Lavinium, und nicht mit Alba, in Beziehung gebracht wurde, wird sich die Gleichsetzung des Stammvaters der Nation mit Juppiter Latiaris als eine alteingewurzelte Vorstellung erweisen, die schon vorhanden gewesen sein muß, als Alba Longa noch in Blüte stand. Ferner wird die Identifizierung des ersten Königs mit dem obersten Gott nicht nur durch den Mythos, sondern auch durch das religiöse Brauchtum des zweiten Bundeskultes der Latiner in Lavinium bezeugt, der ebenfalls in erster Linie Aeneas und Latinus galt.[64] Es ist höchst unwahrscheinlich, daß die religiöse Grundlage des Stammeskultes in Alba von der in Lavinium, wo sie spätestens seit dem 6. Jahrhundert v. Chr. faßbar wird, verschieden war, und es braucht kaum hinzugefügt zu werden, daß die Verehrung des göttlichen Urahnen die nächstliegende Form religiöser Betätigung im Stammesleben ist.

Beim Latinerfest finden wir ebenso wie bei den römischen *Lupercalia* nebeneinander den vergöttlichten Stammeskönigen zugedachte Sühneriten und ein Freudenfest, bei dem lärmend das Erwachen der Natur begrüßt wurde. Der heilige Berg wurde von den leitenden Würdenträgern mit Milch besprengt, um die Fruchtbarkeit zu steigern.[65] Alle Anwesenden wurden bei einem Festmahl bewirtet, zu dem jede Gemeinde etwas beisteuern mußte; einige brachten Lämmer, andere Käse, Milch und dergleichen.[66] Am letzten Tag der *feriae* wurden die feierlichen Opfer für das Wohl aller Latiner dargebracht. Die Frauen der benachbarten Städte führten die Opfertiere zu den Altären auf dem Gipfel des Berges.[67] Mehrere Stiere wurden geschlachtet,[68] unter ihnen ein weißer,[69] dessen Fleisch feierlich unter die Mitgliedsstaaten verteilt wurde.[70] Das war der Höhepunkt der Zeremonien, und ihm wurde besondere Sorgfalt gewidmet; wenn nämlich die Veranstalter vergaßen, einer der latinischen Gemeinden das ihr zustehende kleine Stück zu geben, war eine Wiederholung des ganzen Festes wahrscheinlich.[71]

Das Recht, diesen Anteil am Fleisch des auf dem Albanerberg geopferten weißen Stieres verlangen zu können *[carnem petere]**, galt in spätrepublikanischer Zeit als Zeichen der gehobenen Stellung der Latiner im römischen Imperium, als ein rechtlich festgelegtes Privileg. Man vergaß aber nicht, daß dieses Vorrecht ursprünglich religiöser Natur war, „ein alteingewurzelter kultischer Brauch" *[vetus superstitio]*.[72] Plinius d. Ä. nennt die zur Teilnahme an diesem Ritus berechtigten Gemeinwesen „die albensischen, welche Fleisch auf dem Albanerberg zu erhalten pflegten" *[carnem in monte Albano soliti accipere populi Albenses]*. Varro bezeichnet sie korrekter als *Latini populi* [latinische Gemeinden], und in der Tat, die als Inhaber dieses Rechtes gemeinsam mit Rom zufällig erwähnten Städte — Ardea, Lavinium, Lanuvium, Labici, Gabii und Bovillae —[73] sind genau die latinischen Staaten im Bereich der albanischen Hügel.

Wichtig bei diesem Ritual der Fleischverteilung ist, daß jede Stadt ihren festgesetzten Anteil erhielt [μέρος τὸ τεταγμένον], den Anteil, der ihr zustand [μοῖραν ἣν ἑκάστην δεήσει λαμβάνειν].[74] Wir halten es für naheliegend, daß diese *portiunculae*, die jeder Gemeinde zugesprochen wurden, nicht einfach gleich schwere Stücke waren, sondern genau festgelegte Teile des weißen Stieres, d. h. die wohlschmeckenden bzw. weniger genießbaren wurden je nach Ansehen und Macht zugewiesen.

Diese Sitte feierlicher Mahlzeiten und ihr magisch-religiöser Hintergrund sind jedem geläufig, der sich mit Sozialanthropologie

---

* Eckige Klammern bezeichnen stets Zusätze des Verfassers oder Übersetzungen fremdsprachiger Texte. (Anm. d. Übers.)

befaßt hat.[75] In ihrer primitivsten Form bedeuteten sie Teilhabe an der vitalen Kraft des tiergestaltigen Stammvaters durch Aufnahme eines Teiles seines Körpers und zugleich eine Erneuerung der Bande der Verwandtschaft. Der beim Latinerfest zu beobachtende Zusammenhang zwischen den sakralen Mahlzeiten und der Stammesgliederung ist auch in den Hirtenkriegerkulturen Eurasiens zu finden. Das eindrucksvollste Beispiel stellen die Oghuz-Türken dar, über die uns der mittelalterliche persische Gelehrte Raschid al-Din berichtet.[76] Die Oghuz hatten vierundzwanzig Sippen; diese waren in sechs Verbänden zusammengefaßt, welche als Nachkommenschaft der sechs Söhne des Urkönigs galten. Jede dieser Stammesgruppen hatte einen Jagdvogel als besonderen Schutzgeist. Bei den Festen und Mahlzeiten der Oghuz mußte jede der sechs Gruppen immer das gleiche Stück des Ochsen essen, den der Stamm bei dieser Gelegenheit verzehrte; diese Teile waren also jedem der aus je vier Sippen bestehenden sechs Verbände besonders zugewiesen.

Der Ursprung dieser Fleischverteilung unter die Sippen ist offenkundig in eben jenem Teil der Welt zu suchen. Unter den harten Lebensbedingungen der öden Steppen war die Beteiligung von Verwandten und Nachbarn am Fleisch eines Tieres, das ein Jäger erlegt oder sein Besitzer geschlachtet hatte, lebenswichtig für die Gemeinschaft und daher durch Brauch geheiligt und genau festgelegten Regeln unterworfen.[77] Außerdem macht der Genuß des Fleisches vom selben Tier in der epischen Dichtung dieser Völker aus tödlichen Feinden Freunde und Bundesgenossen.[78] Die Verteilung von Fleisch bei feierlichen Anlässen ist verbunden mit Friedens- und Bruderschaftsbezeugungen.[79]

Das ist die geistige und soziale Umwelt, die man für die Beurteilung der Mentalität und der Lebensgewohnheiten der indogermanischen Stämme bei ihrer Einwanderung nach Italien berücksichtigen muß. Eine enge Analogie zur rituellen Fleischverteilung unter den Mitgliedern des Latinerbundes bieten die Satzungen der Priesterschaft der *fratres Atiedii* im umbrischen Iguvium: Die zwanzig Unterabteilungen dieser altertümlichen Bruderschaft erhielten bei ihren feierlichen Mahlzeiten jeweils dieselbe Fleischmenge.[80] Die entsprechenden Bräuche der dreißig römischen *curiae* müssen hier ebenfalls angeführt werden, weil, wie wir sahen, die einzelnen Teile dieselbe soziale und religiöse Struktur besaßen wie das sie umfassende Ganze. Die *curiae* hatten nicht nur ihre eigenen religiösen Pflichten, sondern auch ihre gemeinsamen Mahlzeiten, die schon im Altertum mit den συσσίτια der Dorier verglichen wurden.[81] „Die gemeinsamen Mahlzeiten des Italos", die von einem syrakusanischen Historiker des 5. Jahrhunderts v. Chr. erwähnt werden,[82] weisen darauf hin, daß diese Art religiös-politischen Brauchtums unter den italischen Völkern weit verbreitet war. Auch finden wir in der antiken Welt noch schwache Spuren der ursprünglichen Bedeutung der gemeinsamen Mahlzeiten. Das bestialische Treiben der Bacchantinnen, die in ihrer Raserei Tiere zerrissen und das rohe Fleisch verschlangen, bedeutete sakramentale Teilhabe am Wesen ihres Gottes.[83] Der Glaube, daß jeder, der das Fleisch des menschlichen Opfers für Zeus Lykaios — einst göttlicher Ahn einer arkadischen 'Wolfs'-Sippe — genieße, auch zum Wolf werde, zeigt die uralte Vorstellung, daß man durch Teilnahme an der gemeinsamen kultischen Mahlzeit dem tiergestaltigen, mächtigen Urahn ähnlich werde.[84] Die rituellen Mahlzeiten archaischer Bruderschaften in Rom beim Fest der *Lupercalia* und des Herkules an der *ara maxima* waren verbunden mit der dramatischen Aufführung des Ursprungsmythos, was in irgendeiner Form auch für das Latinerfest vorausgesetzt werden muß. Die Begründung einer verschworenen Gemeinschaft durch die magische Zeremonie des wechselseitigen Bluttrinkens ist eine andere Spielart derselben primitiven Vorstellung; sie ist noch deutlich faßbar in der rituellen Einweihung der Genossen Catilinas.[85]

Die Vorstellung, daß der Stamm stets in seiner Gesamtheit auftritt, kommt in dem Begriff *nomen Latinum* zum Ausdruck. Auch wenn Alba und Rom durch die Fälschung der Annalisten bewußt aus dem Kreis der dreißig Städte herausgenommen werden, stellen letztere für unsere Quellen den ganzen Stamm der Latiner dar.[86] Sie opfern jährlich auf dem Albanerberg für das Wohl aller Latiner.[87] Nur die Existenz eines Stammesbewußtseins vermag ferner zu erklären, warum ein Vertrag mit den latinischen Staaten „jede Person latinischer Herkunft" einschloß.[88] Der Begriff *nomen Latinum* bezeichnet ursprünglich den Stamm, der jede Gruppe und jedes Individuum latinischer Abkunft umfaßt, ebenso wie das *nomen*

Etruscum, nomen Hernicum und *nomen Volscum* jeweils die Gesamtheit des betreffenden Volkes meint.[89] Das hohe Alter dieser Idee zeigt die Terminologie der umbrischen Tafeln von Iguvium. Sie rufen den Zorn des Himmels auf die feindseligen Nachbarn herab, um sie vollständig zu vernichten, und nennen diese Völker *tuscom, naharcom, iabuscom nomen*.[90] Alle diese in früheste Zeiten zurückreichenden Erscheinungen rechtfertigen die Annahme, daß die Organisation der dreißig Volksteile nicht das Ergebnis einer späteren Entwicklung war, sondern Überbleibsel eines uralten Systems. Im übrigen zerstörte der eindrucksvolle Aufstieg Roms während der ersten Jahrhunderte der Republik zwar nicht die alte Verfassung des Latinerbundes, aber er veränderte doch ihr eigentliches Wesen. Ein klarer Beweis dafür ist das *nomen Latinum*, dessen Gehalt 338 v. Chr. eine gewaltsame Umdeutung erfuhr: Rom als Sieger über seine Stammesgenossen verblieb nur deshalb weiter im Kreise der *populi Latini* beim Latinerfest, weil Alba Longa nicht länger eine politische Kraft war, die Roms neue Souveränität beeinträchtigen konnte. Aber ansonsten löste die neue Vormacht sich vom *nomen Latinum*; die herrschende Macht konnte nicht länger auf derselben Stufe mit den Unterworfenen stehen. Seitdem umfaßte das *nomen* nur noch die *socii nominis Latini* [die latinischen Bundesgenossen],[91] die zu einer privilegierten, aber der herrschenden Gemeinde unterworfenen Gruppe wurden. Die Zahl von dreißig Mitgliedern wurde beibehalten, aber Rom war darin nicht mehr einbegriffen.

Die Umgestaltung des Bundes

Die Entwicklung, die zur Umgestaltung des Latinerbundes führte, ging teils auf die allmähliche Verlagerung des Gemeindelebens von Stammesgruppen auf Stadtstaaten zurück, teils auf die Auswirkungen der etruskischen Besetzung Latiums und den damit verbundenen Einfluß der etruskischen Kultur. Die Anpassung der latinischen Stammesgemeinschaft an die Anforderungen, die ein Bund von Stadtstaaten stellte, erfolgte nach dem Vorbild der Verfassung des etruskischen Bundes.[92]

Der Bund der zwölf Etruskerstädte stammt, wie wir annehmen

müssen, aus Kleinasien,[93] wo er dem ionischen Bund nachgestaltet worden war.[94] In Italien diente er als Basis für die Eroberung des größten Teiles der Halbinsel und als Rahmen für die Begründung zweier neuer *dodekapoleis* in der Poebene und in Kampanien. Der Bund wurde anfänglich von einem König geleitet, später von einem Jahresbeamten, der *sacerdos* oder *praetor* genannt wurde und die religiösen sowie die profanen Amtspflichten und Vollmachten des Königs erbte,[95] wenn auch seine Tätigkeit auf ein Jahr beschränkt war. Die umfassende Macht des nationalen Königtums spiegelte sich später noch in der Tatsache wider, daß es eine das Territorium des gesamten Bundes umgebende Grenzlinie gab.[96]

Die zwölf Städte stellten in jährlichem Turnus den Exekutivbeamten des Bundes; auch die Latiner folgten diesem Verfahren.[97] Ebenso wie in Latium versammelten sich bei den Etruskern die Vertreter der Mitgliedsstaaten und mit ihnen eine beträchtliche Volksmenge alljährlich an einem zentral gelegenen, heiligen Ort, dem *fanum Voltumnae* [Heiligtum des Voltumna].[98] Die Etruskerstaaten brachten — wie die Latiner — ihrem höchsten Gott feierliche Opfer für das Wohl des Volkes dar; ebenso wählten sie bei diesem Anlaß ihre leitenden Beamten, besprachen Angelegenheiten von gemeinsamem Interesse und hielten Markt und öffentliche Spiele ab. In Notfällen wurden außerordentliche Versammlungen abgehalten, mit denen gleichfalls ein Markt verbunden war.[99]

Die Umgestaltung der latinischen Stammesversammlung nach etruskischem Vorbild ist nicht etwa auf irgendwelche allgemeinen kulturellen Einflüsse zurückzuführen; sie war vielmehr die unvermeidliche Konsequenz der etruskischen Herrschaft, die rund eineinhalb Jahrhunderte dauerte. Ohne Erlaubnis und Oberaufsicht der Etrusker ist das Weiterbestehen der Versammlung kaum denkbar. Die etruskischen Stadtherrscher in Latium konnten beim Latinerfest nicht fehlen — was die Annalen auf die etruskischen Könige von Rom beschränken. Der etruskische Einfluß auf den Bundeskult der Latiner ist klar erkennbar an der Identifikation des Stammesgottes *Indiges* mit dem aus Westkleinasien nach Italien verschlagenen trojanischen Helden Aeneas, worauf wir in unserem sechsten Kapitel noch eingehen werden. Eine derart weitgehende Anpassung an die etruskischen Sieger konnte nicht auf die religiöse Sphäre beschränkt bleiben.

Das wichtigste Ergebnis der Angleichung der latinischen Bundesorganisation an etruskische Gepflogenheiten war der Übergang von Brauch und Gewohnheitsrecht zu geschriebenen Verträgen und einer präzisen Gesetzgebung. Die vorher durch die gefühlsmäßigen und rituellen Bande der Verwandtschaft garantierte wechselseitige Privilegierung latinischer Staaten und Personen latinischer Herkunft wurde nun zum latinischen Bundesrecht. Was wir in einer späten, ihres ursprünglichen Gehalts beraubten Form als *ius Latii* kennen, gewährleistete noch im 5. Jahrhundert v. Chr. die gleichen Rechte aller Bundesmitglieder einschließlich Roms. Wir können das nicht im einzelnen beweisen, weil unsere Quellen uns im Stich lassen. Aber die politischen Beziehungen zwischen den latinischen Staaten, die sich im 5. Jahrhundert des Ansturms der Bergstämme zu erwehren hatten, setzen die Existenz des *ius aequum* voraus, wie wir noch sehen werden.

Veranschaulicht wird das tiefe Eindringen etruskischer Vorbilder in die Organisation des Latinerbundes durch die Übernahme der etruskischen Herrschaftsinsignien. Bekanntlich [100] ging den Regenten der zwölf Städte in der Öffentlichkeit ein *lictor* voran, der ein Beil trug, das in einem Rutenbündel steckte. Wenn die zwölf Staaten eine gemeinsame militärische Aktion unternahmen, wurden die zwölf Beile der zwölf Könige (oder später der republikanischen Magistrate) dem Manne übergeben, der den Oberbefehl erhielt. Als die Römer mächtig genug waren, um Latium zu unterwerfen und an Ansehen mit dem etruskischen Bund in Wettbewerb zu treten, führten sie die zwölf *fasces* der etruskischen Oberbefehlshaber als Symbol der Macht ihrer eigenen Konsuln ein. Diese aus feindseliger Rivalität entstandene parallele Symbolik taucht, wie ich glaube, erst im 4. Jahrhundert v. Chr. auf; aber sie zeigt trotzdem, daß noch zu dieser Zeit die Bundesorganisation der Etrusker das erklärte Vorbild der herrschenden Macht Latiums war.

Wir haben es hier natürlich nicht mit einer isolierten Entwicklung zu tun. Auch die Sabiner hatten jährliche Treffen, und zwar im heiligen Hain der Feronia, der vor nicht langer Zeit glücklicherweise entdeckt worden ist. Er liegt auf einer Hochebene, die groß genug ist, um Zehntausenden Platz zu bieten, freien Blick nach allen Richtungen gewährt und auch für einen Heeresaufmarsch geeignet ist, da nahende Feinde und gegnerische Truppenbewegungen von dort leicht auszumachen sind.[101] Dieser Ort war nicht nur die heilige Stätte der Feronia, sondern auch ein sehr belebter Handelsplatz, wo Kaufleute, Handwerker und Landleute zusammenkamen; diese 'Messen' (ἀγοραί) von Feronia waren berühmt.[102] Selbstverständlich fanden bei dieser Gelegenheit auch militärische und politische Beratungen statt. Ebenso hatten die Herniker eine 'Versammlung aller Herniker-Gemeinden' *[concilium populorum Hernicorum omnium]*; jedes Jahr versammelten sie sich an einem für die Abhaltung von Spielen geeigneten Platz (*circus* genannt), wo sie politische Fragen erörterten und Entscheidungen fällten — gewiß schon viel früher als im späten 4. Jahrhundert v. Chr., für das uns das erste Zeugnis vorliegt.[103] Die Versammlungen der Volsker und Äquer waren ebenfalls zugleich religiös, politische und wirtschaftliche Zusammenkünfte;[104] auch bei den Samniten und anderen Völkern der gleichen italischen Gruppe fehlte diese Einrichtung nicht.[105] Alle diese jährlichen Treffen zeigen den gleichen komplexen Charakter wie das der Latiner.

Das Latinerfest

Wir haben bereits die tendenziösen Versuche der Annalisten erwähnt, die ursprüngliche Verbindung der *feriae Latinae* mit der Stammesorganisation zu verschleiern; dabei trennten sie Rom von seinen latinischen Stammesgenossen, über die es schon geraume Zeit vor dem Beginn annalistischer Geschichtsschreibung herrschte.[106] Von daher rührt die falsche Behauptung, daß römische Könige, Tarquinius d. Ä. oder der letzte Tarquinier, dieses Fest für die Latiner begründet hätten; so sollte der Eindruck vermittelt werden, diese seien schon damals Untertanen Roms gewesen.[107] Die Antiquare sind weniger voreingenommen und schreiben den Ursprung des gemeinsamen Festes den alten Latinern oder einer der mythischen Gestalten ihrer sagenhaften Vergangenheit zu.[108]

Das Latiar, wie man die Riten auf dem *mons Albanus* nannte,[109] wurde offenbar zu Frühlingsanfang abgehalten. Nachdem Rom die Oberaufsicht übernommen hatte, oder jedenfalls nach 338 v. Chr., hing der Zeitpunkt seiner Feier vom Amtsantritt der römischen Konsuln ab,[110] die ihn durch Edikt festsetzten.[111] Es ist nicht unwahrscheinlich, daß in archaischer Zeit die Festlichkeiten, Beratungen und Vergnügungen sich über drei Tage hinzogen, wie es 168 v. Chr. der Fall war.[112] Das Ende der Feier wurde durch Entzünden eines großen Feuers auf dem Gipfel des Berges bei Anbruch der Dunkelheit angezeigt.[113]

Nach dem Ende des Festes waren zwei weitere Tage *dies religiosi*, an denen die Leiter der latinischen Staaten keine Amtshandlungen vornehmen durften[114] — hauptsächlich, damit die Versammlung ungestört auseinandergehen konnte. Das war eine verständliche Verlängerung des Gottesfriedens, der während der Feierlichkeiten in Latium herrschen mußte. Das Verbot von Feindseligkeiten an diesen Tagen erklären unsere Quellen als einen religiösen Bann, was ein weiterer Beweis dafür ist, daß dieser Brauch in eine entfernte Vergangenheit zurückreichte, als noch keine Gesetze die zwischenstaatlichen Beziehungen in Latium regelten und nur abergläubische Furcht böse Absichten im Zaume halten konnte.[115] In diesen frühen Zeiten, und vor allem nach der Auflösung des Stammeskönigtums, war Krieg der Normalzustand in Latium; andernfalls wäre die Ausrufung eines sakralen Waffenstillstandes sinnlos gewesen.[116] Bis zum Ende latinischer Unabhängigkeit hatte der Bund kein Gesetz, das den latinischen Staaten verboten hätte, nach Belieben gegeneinander Krieg zu führen.[117]

In den späteren Jahrhunderten der Republik, mit denen unsere Kenntnis des Ablaufs der *feriae Latinae* einsetzt, wurde das Fest von den Römern für die Latiner ausgerichtet.[118] Die römischen Annalen wollen uns, wie wir sahen, glauben machen, daß diese Hegemoniestellung Roms schon unter den etruskischen Königen bestand. In Wahrheit war es nicht Rom, sondern Lavinium, das von Alba Longa die Führung des Bundes übernahm; und anschließend löste Aricia zusammen mit Tusculum Lavinium als führende Macht ab. Wir hoffen, in diesem Buch zeigen zu können, daß römische Ansprüche auf eine Vormachtstellung in Latium erst nach dem Sturz des Tarquinius erhoben wurden, als Albas Macht schon nicht mehr existierte. Wie A. N. Sherwin-White beobachtet hat,[119] verlieh im übrigen die Kontrolle des Latiar in der damaligen Situation keine politische Hegemonie in Latium, sondern nur ein erhöhtes Ansehen.

Wenn wir das Datum des römischen Aufstiegs in Latium so weit herabsetzen müssen, gewinnt Mommsens Beobachtung[120], daß die Liste der römischen Präfekten der *feriae Latinae* erst 451 v. Chr. beginnt, neue Bedeutung. Das ist gerade der Zeitpunkt, als die römische Expansion nach Süden hin das Gebiet der albanischen Hügel erreicht;[121] wir müssen daher mit A. Degrassi annehmen, daß die römische Oberaufsicht über das Latinerfest wirklich erst mit dem Dezemvirat begann.

Weitere Veränderungen in der Veranstaltung des Festes könnte man für das Jahr 338 v. Chr. erwarten, als die siegreichen Römer ihre Beziehungen zu den latinischen Staaten gänzlich neu gestalteten. Aber auf dem Boden von Alba Longa, wo keine politische Macht vorhanden war, welche die jährlichen Versammlungen hätte überschatten können, machte Rom der Anhänglichkeit seiner Stammesgenossen an die Wiege der Nation Konzessionen. Zunächst schloß es den Kreis der Festteilnehmer: Von diesem Jahr an wurden keine neuen Staaten mehr zugelassen, auch wenn sie den 'latinischen' Rechtsstatus erhielten. Noch erstaunlicher ist die bisher übersehene Tatsache, daß die Opfer auf dem Albanerberg auch nach 338 v. Chr. noch von den Magistraten der Mitgliedsstaaten reihum vollzogen wurden und nicht, wie in Lavinium, nur von den römischen Konsuln. Der zwingende Beweis ist die Rolle Lanuviums im Jahre 176 v. Chr., als diese Stadt nicht nur die Opfertiere stellte, sondern ihr Beauftragter auch das Ritual vollzog und für das Wohl aller Latiner betete.[122]

Die Zulassung der latinischen Staaten zu den Sühneopfern an Juppiter Latiaris auch nach 338 v. Chr. in Fortsetzung der früheren Praxis ist deshalb recht bemerkenswert, weil der römische Staat sein Wohl in gleichem Maße von dem Gott auf dem Albanerberg abhängig machte wie von seinem eigenen Juppiter Capitolinus und dem Juppiter Indiges von Lavinium. Diese Haltung äußert sich in der peinlichen Sorgfalt, mit der Rom über den tadellosen Vollzug der Feierlichkeiten auf dem Berg wachte.

Die Konsuln hatten an den drei eben erwähnten religiösen Stätten das Wohl des römischen Staates zu sichern — durch die *votorum nuncupatio* [öffentliches Aussprechen von Gelübden] auf dem Kapitol, die Durchführung des Latiar auf dem Albanerberg[123] und die Staatsopfer in Lavinium. Alle drei religiösen Verpflichtungen hatten eindeutigen Vorrang vor den profanen Geschäften: Die Konsuln durften auch in Notzeiten nicht in die Provinzen abreisen, ehe sie nicht diesen rituellen Obliegenheiten nachgekommen waren.[124] Aber auch alle anderen römischen Magistrate hatten bei der Feier auf dem Albanerberg anwesend zu sein; nicht einmal die Volkstribunen, die sonst während ihres Amtsjahres die Stadt nicht verlassen durften, waren ausgenommen;[125] wenn die Konsulwahlen sich aus irgendeinem Grunde verzögerten und niemand da war, der die *feriae Latinae* abhalten konnte, wurde *ad hoc* ein Diktator ernannt.[126] Die Magistrate aller latinischen Städte waren verpflichtet, sich den römischen Magistraten bei dieser Gelegenheit anzuschließen.[127]

Die beklemmende Ehrfurcht, die der alte Gott von Alba einflößte, muß auch in der späten Republik noch sehr groß gewesen sein. Schlechte Vorzeichen, die sich während des Festes ereigneten, galten als besonders unheilverkündend.[128] Um den Juppiter der Latiner nicht zu erzürnen, wurde jedes Detail im Programm des *Latiar* von den Römern mit äußerst gewissenhafter Sorgfalt beachtet. Wenn etwa das Fest durch Magistrate angekündigt wurde, deren Bestallung durch irgendeinen Formfehler nichtig war, waren ihre rechtmäßigen Nachfolger verpflichtet, die ganze Feier sofort zu wiederholen.[129] Sogar Caesar, der persönlich frei von abergläubischen Hemmungen war, hielt es für nötig, das Latinerfest durchzuführen, als er vor dem Beginn des Feldzuges gegen Pompeius hastig in elf Tagen die dringendsten Staatsgeschäfte zu erledigen suchte.[130] Man glaubte eben fest, daß Unterlassungen dieser Art in der Vergangenheit schlimme Gefahren mit sich gebracht hätten.[131] Der Senat ordnete die Wiederholung alles dessen an, was im Zusammenhang mit dem Latinerfest nicht den Satzungen gemäß durchgeführt worden war.[132] Alle diese Vorkehrungen des römischen Staates, die natürlich noch zusätzlich betont wurden, um die Treue der Latiner zu bestärken, bezeugen den durch die erwähnten abergläubischen Ängste gefestigten Stammeszusammenhang in historischer Zeit.

Während der *feriae Latinae* wurden Freudenfeste in allen latinischen Städten abgehalten — obwohl wir nur für Rom Nachrichten darüber besitzen.[133] Hier wurde ein Wagenrennen auf dem kapitolinischen Hügel veranstaltet mit einer merkwürdigen, archaischen Ehrung für den siegreichen Wagenlenker.[134] Juppiter Latiaris wurde bei dieser Gelegenheit mit einem Menschenopfer versöhnt.[135] Diese seltsamen Züge bestätigen den prähistorischen Ursprung der Veranstaltungen, die das selbst keineswegs jüngere Hauptfest begleiteten.

Die Versammlungen der Latiner auf den Wiesen am Fuße des Albanerberges

Ein zuverlässiger Autor berichtete, daß vor 340 v. Chr. die Abgesandten der Latinerstaaten ihre jährlichen Versammlungen regelmäßig an der Quelle des Baches Ferentina am Fuße des Albanerberges abhielten.[136] Die genaue Lage dieses Treffpunktes ist noch nicht bekannt. Aber G. De Sanctis hat gewichtige Argumente für eine Lokalisierung an der Südseite des Berges vorgebracht, wo eine von der Via Appia durchquerte Senke sich als günstiges Gelände für eine große Menschenansammlung anbot.[137]

Die antiken Autoren brachten die Zusammenkünfte *ad caput aquae Ferentinae* mit Romulus[138], Tullus Hostilius[139], Tarquinius Priscus[140] und Superbus[141] in Verbindung, was lediglich bedeutet, daß sie eine alte Einrichtung waren. Die moderne Forschung versteht sie entweder als Versammlungen eines besonderen, neugegründeten Latinerbundes oder setzt sie in Beziehung zu dem unter der Leitung von Aricia am Ende des 6. Jahrhunderts umgestalteten Bund. Keiner der beiden Vorschläge ist ganz zutreffend.

Wenn diese Versammlungen zu einem neuen, besonderen Bund gehört hätten, wäre der Kult der Göttin *Ferentina* ein Bundeskult gewesen und nach dem Erlöschen der angeblich selbständigen politischen Organisation zweifellos weiterhin als solcher beachtet worden, wie es bei allen anderen alten Bundeskulten geschah. Aber das unterblieb. Das Ritual, das hier vollzogen wurde und uns aus einer beiläufigen Erwähnung in einer legendären Erzählung bekannt ist, hatte nichts mit dem *nomen Latinum* zu tun; es könnte eine alte annalistische Erfindung sein.[142] Obwohl es einen heiligen Hain an der Quelle gegeben haben muß,[143] werden in den Berichten über die Versammlungen *ad caput Ferentinae* keine religiösen Feiern des Bundes erwähnt;[144] es wird nur von Heeresaufmärschen, Märkten und politischen Treffen[145] berichtet. Man könnte mit Mommsen annehmen, daß das Heer sich dort schon in sehr früher Zeit sammelte, während die religiösen Pflichten der Latinerversammlungen anderswo erfüllt wurden. Aber die geographische Lage des *caput aquae Ferentinae* spricht gegen ein so frühes Datum; sie paßt eher zu einem Ausfalltor an der Hauptstraße zu den Volskern, mit denen man im 5. Jahrhundert v. Chr., und nicht etwa in der Königszeit, Krieg geführt hat. Eben diese Datierung ergibt sich auch bei einer Betrachtung der dort abgehaltenen politischen Versammlungen. Die führenden Politiker der Latiner brauchten, wenn sie ihre Beauftragten wählten, über Krieg und Frieden entschieden und diplomatische Aktionen berieten, keine ausgedehnte Ebene für ihre Tagungen. Zweifellos wurden die politischen Beratungen, solange die alten Zentren Alba, Lavinium, Aricia und Tusculum die Führung hatten, zusammen mit den religiösen Veranstaltungen auf deren Staatsgebiet abgehalten. Erst als jene Städte an Bedeutung verloren hatten und auf den Vollzug der heiligen Riten *[ad sacra]* beschränkt waren, d. h. nach der Entstehung der Republik, konnte das *caput Ferentinae* eine Rolle spielen. In dieser Epoche der Volskerkriege, als Rom — wie wir noch sehen werden — zwar schon zur Macht drängte, aber noch weit von der Hegemonie in Latium entfernt und nicht mehr als ein bedeutendes Mitglied des Bundes war, wurde dessen politisches Zentrum in das neutrale Gebiet des schon zum gewohnten Ausgangspunkt für Angriffe der latinischen Bundesarmee gewordenen *lucus Ferentinae* verlegt.

Wir müssen annehmen, daß die Versammlungen beim *caput aquae Ferentinae* regelmäßig zu Frühlingsanfang einberufen wurden und — wie ihre Vorläuferinnen — zeitlich mit den gemeinsamen Opfern der Latiner auf dem Albanerberg oder in Lavinium zusammenfielen, von ihnen also nur geographisch getrennt waren. Diese Trennung des religiösen und des profanen Programms der Stammesversammlung ist ein völlig neues Stadium der geschichtlichen Entwicklung. Anstelle der urtümlichen emotionalen Faktoren bestimmen von nun an politische und juristische Erwägungen das Leben des Bundes.

Verfassung und Leitung des Latinerbundes

Als die Latiner in Latium einwanderten, war die Grundlage ihres gemeinsamen Daseins die natürliche Bindung verwandtschaftlicher Beziehungen. Sitte, Brauch und Kräfteverhältnis regelten das Zusammenleben, nicht schriftliche Abmachungen. Als dann die Stammeseinheiten über das ganze Land hin in ihren jeweiligen geographischen Siedlungsgebieten Wurzeln schlugen und eine neue, selbständigere Existenzform begründeten, ging dies eher auf ihr natürliches Wachstum als auf eine Weiterentwicklung der Bundesverfassung zurück. Noch später, als diese Siedlungen zu städtischen Zentren wurden, war Latium den Etruskern untertan, die den Latinerstädten schwerlich volle politische Autonomie zugestehen konnten. Aber der etruskische Bund stellte zumindest ein Vorbild für die weitere Entwicklung in Latium dar. Wie in Etrurien besaßen auch in Latium in der Zeit von 505 bis 338 v. Chr. die Mitgliedsstaaten eine auffallend große individuelle Handlungsfreiheit. Wie in Etrurien waren lokale Kriege ebenso wie Sonderverträge zwischen den latinischen Staaten an der Tagesordnung.[146] Auch in Latium hing die Teilnahme einer Stadt an einer Gemeinschaftsaktion des Bundes von ihrer jeweiligen Entscheidung ab.[147]

Sogar die jährlich wechselnden Exekutivbeamten des Latinerbundes wurden nicht vom Bund bestimmt, sondern reihum von den Städten gestellt. Sie wurden von den lokalen Amtsträgern der jeweils zuständigen Stadt gewählt, und diese verliehen der Wahl auch Rechtskraft, indem sie mittels *auspicium* und *augurium*, dem Ritus der Vogelschau nach etruskischem Muster, den Willen der Götter erforschten; schließlich wurden sie durch die Akklamation des Bundesheeres als rechtmäßige Führer anerkannt,[148] genauso wie die frühen römischen Magistrate — und sicherlich auch die der anderen Latiner — von ihren Vorgängern ernannt, durch *auspicium* bestätigt und als gesetzmäßige Führer von den Bürgersippen in den *comitia curiata* anerkannt wurden. Eine Änderung des Systems der turnusmäßigen Bestallung trat ein, als zwei Prätoren als Jahresbeamte anstelle des einen Oberkommandierenden die Leitung des Bundes übernahmen. Die beiden Prätoren wurden nämlich aus verschiedenen Städten genommen.[149]

Die Organisation des Bundes weist zu der Zeit, als der *lucus Ferentinae* sein Versammlungsort war, dieselben Verwaltungsorgane und Amtsträger auf, wie sie die einzelnen Städte besaßen. Neben den Exekutivbeamten leitete ein Bundesrat *[concilium Latinorum]* die Geschäfte des Bundes; er trat jedes Jahr[150] zusammen, konnte aber jederzeit einberufen werden, wenn eine wichtige Entscheidung zu fällen war.[151] Die Mitglieder des Rates waren führende Adlige der latinischen Staaten.[152] Theoretisch sollte jeder dem *nomen Latinum* angehörende Einzelstaat im Bund vertreten und bei dessen Tagungen anwesend sein;[153] in Wirklichkeit lösten sich jedoch mächtige Städte vom Bund und wurden zu Rivalen.

Das am *lucus Ferentinae* versammelte *concilium* entschied über lebenswichtige gemeinsame Angelegenheiten, vor allem über Krieg und Frieden.[154] In dieser Hinsicht, und nur in dieser, griff der Bund zwischen 505 und 338 v. Chr. in die Souveränität seiner Mitgliedsstaaten ein. Wie Mommsen[155] erkannt hat, beruhte die Rekrutierung und Zusammensetzung des Bundesheeres auf einer einheitlichen, vom Bunde angeordneten Vermögensschätzung *[census]*. Das zeigt die Ähnlichkeit zwischen dem römischen Censusverfahren vor der Trennung des Zensoramtes von der ordentlichen Magistratur und dem bis in weit spätere Zeit in Städten latinischer Rechtsstellung gültigen System. Diese timokratische Basis ist, wie wir hinzufügen müssen, nichts anderes als die sogenannte servianische Verfassung, die folglich keine spezifisch römische, sondern eine Bundeseinrichtung war; für die Organisation und Mobilisierung des Bundesheeres besaß sie in einer Zeit, als die Nation nur durch eine echte Konzentration ihrer Kräfte überleben konnte, entscheidende Bedeutung. Politischer Weitblick und Klugheit der Vertreter der Latiner sind für uns auch greifbar in der systematischen Anlage eines Netzes von Bundeskolonien zur Zeit der Volskerkriege, was im 8. Kapitel behandelt werden soll.[156]

Einige uns überlieferte Bundesgesetze, die höchstwahrscheinlich im 5. Jahrhundert v. Chr. verabschiedet wurden, veranschaulichen die vorrangige Bedeutung des Bundes gegenüber den einzelnen Stadtstaaten in dieser Epoche. Das *ius exilii* beweist, daß das latinische Bundesgebiet eine ebenso genaue Abgrenzung besaß wie das gesamte Territorium der zwölf Städte Etruriens. Das *ius sedis mutandae* bestätigt, daß es in der betreffenden Zeit eine Art Bundesbürgerrecht gab. Die Grundrechte der Latiner, *conubium* und *commercium*, bezeugen die Gleichheit der Rechtsstellung aller Latiner einschließlich Roms. Diese grundlegenden Rechtsbegriffe bedürfen aber noch einiger Erläuterungen.

Das Privileg jedes Latiners, seinen Wohnsitz innerhalb Latiums frei zu wählen *[ius sedis mutandae]*, wird sich im Verlaufe unserer Untersuchung als Hauptgrund dafür erweisen, daß ein freier Mann latinischer Herkunft vor 338 v. Chr. in der Regel ablehnte, das römische Bürgerrecht anzunehmen; die Darstellung der Ereignisse wird zeigen, daß die Möglichkeit, jede beliebige latinische Stadt zum Aufenthalt zu wählen, noch immer sehr viel mehr bedeutete als 'ein Römer zu werden'.[157]

Wie die latinischen Grundrechte ihres eigentlichen Sinnes entkleidet werden konnten, als ihr ursprünglicher politischer Hintergrund verschwand, wird deutlich im Falle des *ius exilii*, das früher alles andere als 'Exil' bedeutete.[158] Die Möglichkeit, die das *ius sedis mutandae* bot, stand natürlich auch allen Personen offen, die aus politischen Gründen ihre Heimat verlassen mußten oder sich einer Strafe zu entziehen suchten. In einem solchen Falle ermöglichte es das *ius sedis mutandae* jedem Latiner, dem zu Hause Verfolgung drohte, sich gefahrlos und ohne Rechtsminderung in einer anderen latinischen Stadt niederzulassen. Aber das *ius exilii* war auch in der Strafgesetzgebung des Bundes begründet. „Nach einem alten ehrwürdigen Rechtssatz des latinischen Stammes", so Mommsen[159],

konnte kein Bürger in dem Staat, wo er frei gewesen war, Knecht werden oder innerhalb dessen das Bürgerrecht einbüßen; sollte er zur Strafe die Freiheit und, was dasselbe war, das Bürgerrecht verlieren, so mußte er ausgeschieden werden aus dem Staat und bei Fremden in die Knechtschaft eintreten. Diesen Rechtssatz erstreckte man auf das gesamte Bundesgebiet; kein Glied eines der Bundesstaaten sollte als Knecht leben können innerhalb der gesamten Eidgenossenschaft. Anwendungen davon sind die in die zwölf Tafeln aufgenommene Bestimmung [451 v. Chr., ein wichtiger *terminus ante quem* für das der römischen Gesetzgebung voraufgehende Bundesgesetz], daß der zahlungsunfähige Schuldner, wenn der Gläubiger ihn verkaufen wolle, verkauft werden müsse jenseits der Tibergrenze, das heißt außerhalb des Bundesgebietes, und die Klausel des zweiten Vertrages zwischen Rom und Karthago, daß der von den Karthagern gefangene römische Bundesgenosse frei sein solle, sowie er einen römischen Hafen betrete.

Zu den gemeinsamen Privilegien aller Latiner gehörte ursprünglich auch das Recht, mit Angehörigen anderer latinischer Staaten gesetzlich gültige Geschäfte zu tätigen *[ius commercii]*[160] und rechtmäßige Ehen zu schließen *[ius conubii]*.[161]

Als nach der Lockerung der Stammesorganisation Fehden zwischen einzelnen Stammesgruppen an der Tagesordnung waren, bildeten die Stammesfeste, welche beibehalten wurden, für die Angehörigen der verschiedenen latinischen Staaten die wichtigste Gelegenheit zum Abschluß von Geschäften. Die Waffenruhe an diesen Tagen ermöglichte es sogar nichtlatinischen Kaufleuten,[162] Handel mit der versammelten latinischen Bevölkerung zu treiben. Wir wissen weder etwas über die Entwicklung, durch welche die Möglichkeit von Geschäftsbeziehungen zwischen allen Latinern auf das ganze Jahr ausgedehnt wurde, noch ist uns bekannt, wie und wann die allgemeine Gültigkeit dieser normalisierten Beziehungen auf die latinischen Stammesangehörigen beschränkt wurde. Aber es leuchtet ein, daß die rechtliche Fixierung des *ius commercii* in Latium nur durch eine übergeordnete Instanz erfolgen konnte, und diese wiederum konnte nur das *concilium Latinorum* sein, das im Hain der Ferentina zusammentrat.

Das *ius conubii* machte eine ähnliche Entwicklung durch. In der Stammeszeit wurden Heiraten zwischen Angehörigen der verschiedenen Stammesteile sicherlich durch abergläubische, vom Mythos geheiligte Verbote kontrolliert — wie bei allen Völkern in diesem Entwicklungsstadium. Die Sage vom Raub der Sabinerinnen bezeugt, daß dem System der zweigeteilten Gesellschaft, welches die

Quirinalsiedlung mit derjenigen am Palatin verband, der Brauch der Exogamie geläufig war; dies mag den Zustand widerspiegeln, der einst bei allen Latinern bestand.[163] Nachdem die Stammeseinheit politisch zerbrochen war, war Heirat zwischen Personen zweier verschiedener Heimatstädte noch bei den Jahrestreffen möglich.[164] Die Eheschließungsform der sogenannten *coëmptio*, bei der die Ehe als geschäftliche Transaktion zustande kam, reicht gewiß in diese Zeit, ja noch weiter zurück. Auch hier ist der Übergang zu der Gewohnheit, Ehen während des ganzen Jahres zu schließen, und zur gesetzlichen Kodifikation anstelle von Brauch und Sitte für uns nur in den Endergebnissen faßbar. Mir wenigstens scheint, daß 451 v. Chr., als das *conubium* zwischen Patriziern und Plebejern in Rom durch eine Bestimmung der Zwölftafeln aufgehoben wurde, die Regulierung von Heiraten zwischen Latinern durch den Bund bereits erfolgt war.[165]

Als Rom 338 v. Chr. den Bund auflöste, wurden die früher für den ganzen latinischen Bundesbereich gültigen Privilegien auf römische Bürger beschränkt. Die jährlichen politischen Beratungen der Latiner wurden abgeschafft, *conubium* und *commercium* wurden nur den Staaten gewährt, die willens waren, die Last des römischen Bürgerrechtes zu tragen, das damals noch nicht so begehrt war wie später. Eine Ausnahme machte man mit den wenigen Staaten, die noch stark genug waren, sich eine Art Unabhängigkeit zu sichern, wie Tibur und Praeneste, oder die, wie Lavinium, für das nationale Empfinden bedeutend genug waren, um mit Hochachtung behandelt zu werden.[166]

Die Exekutivorgane des Latinerbundes

Es ist bemerkenswert, daß die Latiner im 7. und 6. Jahrhundert v. Chr. trotz der Etruskerherrschaft, die in diesem Zeitraum das Land meist fest im Griff hatte, wenigstens die religiösen Feiern ihres Stammes anläßlich ihrer jährlichen Versammlungen auf dem Albanerberg und in Lavinium fortsetzen konnten. Auf diese Weise blieb der Stammeszusammenhang erhalten, obwohl das latinische Königtum unter etruskischer Herrschaft keine Überlebenschance besaß. Wir müssen den Niedergang des Königssitzes von Alba Longa, einer natürlichen Festung in beherrschender Lage, und die Begründung eines neuen, in der Ebene gelegenen Zentrums, Lavinium, der veränderten politischen Situation zuschreiben.

Wenn die Stammesorganisation unter den Etruskern funktionierte, muß sie eine Art Exekutive besessen haben, selbst wenn deren Tätigkeit nichts mit Politik zu tun hatte, sondern sich auf die Ankündigung der *feriae Latinae* und die Durchführung der gemeinsamen Opfer beschränkte. Wir wissen, daß es im etruskischen Bund einen solchen Beauftragten gab, der für eine ähnliche Einrichtung in Latium als Vorbild dienen konnte. Der wichtigste Magistrat des etruskischen Bundes war nicht nur *praetor*, sondern auch *sacerdos Etruriae*, Oberpriester des Bundes.[167] Wir wissen ferner, daß der Exekutivbeamte des Latinerbundes, der den heiligen Hain von Aricia als Bundesheiligtum weihte, ursprünglich nicht *dictator*, sondern *dicator Latinus* genannt wurde —[168] auch er ein Amtsinhaber mit religiösen Funktionen. Wir sind also zu der Annahme berechtigt, daß der jährlich wechselnde oberste Amtsträger des Latinerbundes unter etruskischer Herrschaft geschaffen wurde, und zwar nach dem Vorbild des *sacerdos Etruriae*.[169] In dem Moment, als der Latinerbund seine Handlungsfreiheit wiedergewann (im letzten Jahrzehnt des 6. Jahrhunderts), konnte der *dicator-dictator Latinus* politische und militärische Funktionen übernehmen, wie sie auch der *sacerdos-praetor* der Etrusker innehatte.[170]

Wenn nun die Priorität des Diktatoramtes im Bund feststeht, dann kann die Diktatur in den einzelnen latinischen Städten[171] nur dessen Nachahmung sein. Ebenso begründet ist die Annahme, daß auch in Rom beim Beginn der republikanischen Magistratur um 504 v. Chr. die ersten Namenspaare der *fasti* nicht die zweier Konsuln, sondern die eines jährlichen *dictator* und seines *magister equitum* waren. Mit anderen Worten: das außerordentliche Amt der römischen Diktatoren späterer Zeit ist nur eine neue Entwicklungsphase, die das frühere Bestehen des regulären Amtes eines jährlichen Diktators voraussetzt.[172]

Der alte Name des römischen Diktators war *magister populi*, d. h. er war Führer des *populus*, der Gesamtheit der Römer einschließlich der Aristokratie.[173] Seine Befugnisse waren als unmittelbare Fortsetzung der Königsgewalt uneingeschränkt und umfassend. Daß sein Amt älter war als alle übrigen römischen Magistraturen, geht eben aus der Tatsache hervor, daß diese zusammenfassend *magistratus* genannt wurden, also eine von *magister (populi)* abgeleitete Bezeichnung erhielten.[174] Aus demselben Grunde war die Ernennung zum Diktator niemals an die voraufgehende Bekleidung eines anderen Amtes gebunden,[175] denn die Diktatur bestand, ehe die anderen Ämter geschaffen wurden. Das wird auch durch die Tatsache bestätigt, daß nur ein Diktator den Jahresnagel in die Mauer der *cella Minervae* im kapitolinischen Tempel schlagen durfte;[176] zweifellos deshalb, weil der Jahresdiktator diese Pflicht nach der Vertreibung des letzten Königs übernommen hatte. Aberglaube verhinderte, daß zum Vollzug dieses Rituals ein anderer Amtsträger bestellt wurde, und zwar auch dann, wenn im Falle einer Epidemie die gleiche magische Handlung dazu dienen sollte, die Krankheit 'festzunageln'.

Ein hervorragender Gelehrter, dem andere gefolgt sind,[177] hat angenommen, daß die römische Diktatur als ein demokratisiertes Königtum schon früher entstanden sei. Aber wir werden sehen, daß die etruskische Königsherrschaft in Rom immer wieder gewaltsam unterbrochen wurde; es gab keine friedliche Entwicklung, die eine solche gemäßigte Autokratie hätte hervorbringen können. Die souveräne Amtsgewalt des Diktators, das *imperium*, war vielmehr die uneingeschränkte königliche Gewalt, welche um 504 v. Chr. von den 300 Reitern der adligen Leibwache übernommen wurde, die dann das Patriziat begründeten, d. h. den geschlossenen Kreis der potentiellen Träger des *imperium*. Diese Gruppe monopolisierte von nun an das königliche Privileg, ihre Handlungen durch *augurium* und *auspicium*, welche die Zustimmung der Gottheit einholten, zu legalisieren.

Die Ernennung des Diktators des Bundes, wie sie von einem gelehrten Antiquar beschrieben wird, unterschied sich — abgesehen von seiner Entsendung aus stets anderen Mitgliedsstaaten — nicht von der *creatio* der frühen Magistrate Roms durch ihre Vorgänger.[178] Nach seiner Designation in seiner Heimatstadt bedurfte der *dictator Latinus* nur noch der durch *auspicium* eingeholten Einwilligung der Götter; nach diesem Muster stellte sich die Annalistik auch die Investitur des Königs vor, wie z. B. die Beschreibung der Einsetzung des Numa bei Livius zeigt. Nachdem die Zustimmung der Götter feststand, wurde der Diktator dem Bundesheer vorgestellt, dessen Akklamation seiner Wahl ebenso Rechtskraft verlieh wie die Anerkennung der Wahl römischer Magistrate ursprünglich durch die Beifallskundgebungen der *comitia curiata* erfolgte.[179]

Die Befugnisse des Bundesdiktators werden von unseren Quellen kaum erwähnt; daß sie aber gewiß von derselben Art wie die des römischen Amtsträgers waren, legt eine Reihe von Übereinstimmungen nahe: Der Leiter des Bundes berief die Versammlungen[180] wie der römische Magistrat den Senat oder das Volk. Der Triumphzug des siegreichen römischen Feldherrn wies dieselben etruskischen Elemente auf wie der Festzug des Bundesfeldherrn, der dem Juppiter Latiaris seinen Dank abstattete; und dergleichen Parallelen gibt es mehr.[181]

Wir besitzen keinen Hinweis auf den Zeitpunkt, zu dem die Diktatur des Bundes in das kollegiale Amt zweier *praetores* umgewandelt wurde.[182] Ein erster Ansatz zu einer solchen Doppelbesetzung läßt sich in Rom in jenen Jahrzehnten erkennen, als die *Fabii* und *Quinctii* Jahr für Jahr das höchste Amt innehatten, wie denn auch diese beiden Sippen vom Staat beauftragt waren, gemeinsam das Ritual des Luperkalienfestes[183] zu vollziehen. Jedenfalls wurde in Rom spätestens um 450 durch das Militärtribunat eine Art von Kollegialität eingeführt. Andererseits wurde die reguläre Diktatur in den anderen Latinerstädten viel länger beibehalten, so daß das Datum der Änderung in der Leitung des Bundes durch solche Parallelen nicht erschlossen werden kann.

Der Latinerbund hatte seine Blüte im ersten Jahrhundert der Republik. Er bewahrte die Nation vor der Unterwerfung durch die Bergstämme, die das südliche Latium eroberten. Rom war damals noch nicht die Hegemonialmacht, obwohl sein Aufstieg innerhalb des Bundes schon begonnen hatte. Gerade der durch den Latinerbund gewährte Schutz ermöglichte Rom den nötigen Reifungsprozeß, der es dann befähigte, seine neue Rolle auszufüllen. Diese Entwicklung wird in allen Einzelheiten in den folgenden Kapiteln geschildert, in denen die Probleme jeweils von einem verschiedenen Gesichtspunkt her in Angriff genommen werden sollen.

2. Kapitel

REALITÄT UND FIKTION: DAS LETZTE JAHRZEHNT DES 6. JAHRHUNDERTS IN LATIUM

Der gegen Porsenna neuformierte Latinerbund und sein Zentrum Aricia

In einer 1960 erschienenen Untersuchung[1] habe ich eine archaische Statuengruppe behandelt, die auf der Rückseite eines Denars des *P. Accoleius Lariscolus*, eines Abkömmlings der einheimischen Aristokratie von Aricia, dargestellt ist (Tafel I 1—2). Seine Karriere in Rom, die 43 v. Chr. mit dem Amt des *IIII vir monetalis* oder *quaestor* begann, verdankte er sicher den Beziehungen seiner Familie zu Oktavian. Es konnte nachgewiesen werden, daß es sich bei den drei Göttinnen, deren Einheit in der Dreiheit durch die einfache Symbolik eines über ihren Nacken gelegten, horizontalen Balkens verdeutlicht wird, um Hekate in der Mitte, die Jägerin Diana mit dem Bogen auf der rechten und — höchstwahrscheinlich — die Mondgottheit mit einer Mohnblume in der Hand auf der linken Seite handelt. Diese Kombination, so nehmen wir an, ist nicht das Ergebnis des religiösen Synkretismus am Ende der Republik, sondern stammt aus dem archaischen Griechenland. Der Zypressenhain hinter der Gruppe ist zweifellos der berühmte Hain der Diana *[nemus Dianae]* in Aricia, deren am 13. August gefeiertes Fest in der Kaiserzeit *Hecateides idus* genannt wurde. Die Dreigestaltigkeit der latinischen Diana, und besonders der Diana von Aricia, wurde auch durch Ausdrücke wie *tria virginis ora Dianae* [die drei Gesichter der Jungfrau Diana] charakterisiert; sie wurde ferner angerufen als *tergemina Hecate* [dreifache Hekate], *diva triformis* [dreigestaltige Göttin], *potens trivia* [mächtige Göttin der Wegkreuzungen], *Diana triplex* [dreifache Diana], d. h. sie war die griechische Ἑκάτη τριοδῖτις.

Anmerkungen zum zweiten Kapitel s. S. 395 ff.

Wie wir weiterhin gezeigt haben, mag die Existenz dieses archaischen Bildnisses in Aricia die späte literarische Legende über seine Herkunft hervorgerufen haben: Orestes soll es von Tauris mitgebracht haben, woraus sich die grausamen Riten der Diana erklären lassen. — Der ikonographische Ursprung der Darstellung, wie wir ihn in unserer Untersuchung rekonstruiert haben, ist in Griechenland zu suchen; die stilistischen Einzelheiten lassen jedoch eindeutig erkennen, daß der Entwurf von einem etruskischen Künstler stammt. Besonders wichtig für die Datierung der Gruppe ist die Haartracht der Diana-Hekate, die auf der Vorderseite der Münze deutlich wiedergegeben, aber auch bei den Göttinnen auf der Rückseite erkennbar ist: Die beiden Reihen runder Locken, die auch die kurzen Haare am Nacken abgrenzen, kommen in dieser Verbindung in der griechischen Kunst selten ohne Haarflechten vor. Dieses besondere Merkmal erscheint aber ziemlich häufig in der letzten Phase der archaischen etruskischen Plastik und Malerei gerade seit dem Ende des 6. Jahrhunderts v. Chr. Die damit gewonnene Datierung wird sich im folgenden noch als wichtig erweisen. — Diese griechische Dreiheit, die Latium durch etruskische Vermittlung erreichte, muß auch eine frühe *interpretatio Latina* erfahren haben. Während der Tempel der *Diana Nemorensis*, der später den Kult unter freiem Himmel im heiligen Hain ersetzte, hauptsächlich der göttlichen Hüterin des weiblichen Lebens gewidmet war, scheint die *Diana triformis* in der archaischen Religion der Latiner die himmlische Herrin einer kriegerischen, dreigeteilten Männergesellschaft gewesen zu sein.

Die Statuengruppe verdankt ihre besondere historische Bedeutung der Tatsache, daß durch einen einzigartigen Zufall die Weihinschrift des heiligen Hains, in dem sie errichtet wurde, erhalten ist — oder doch jedenfalls der wichtigste Teil davon. Die Inschrift wurde offensichtlich zur selben Zeit wie das Kultbild dort aufgestellt, und sie spricht von der Begründung eines Bundeskultes der Diana von Aricia, mithin von einem politischen Ereignis, das in gleichem Maße Bedeutung für das Schicksal Latiums wie Etruriens und Kampaniens haben sollte. Diese berühmte Inschrift wurde von Cato, der sie an Ort und Stelle abschrieb, in den *Origines* festgehalten. Ihr Text ist durch den Grammatiker Priscian[2] überliefert, der ihn zweimal im gleichen Wortlaut ausgeschrieben hat. Es heißt da:

Cato Censorius ibidem (sc. in II Originum): Lucum Dianium in nemore Aricino Egerius Baebius[3] Tusculanus dedicavit dictator[4] Latinus. hi populi communiter: Tusculanus, Aricinus, Lanuvinus, Laurens, Coranus, Tiburtis, Pometinus, Ardeatis Rutulus. [Cato Censorius überliefert ebenda (d. h. im zweiten Buch seiner Origines): Das Heiligtum der Diana im Hain bei Aricia weihte Egerius Baebius aus Tusculum als latinischer dictator. Folgende Gemeinden waren beteiligt: Tusculum, Aricia, Lanuvium, Lavinium, Cora, Tibur, Pometia, Ardea Rutulorum.]

Eine Reminiszenz an den von Cato überlieferten Text findet sich auch in der pseudo-wissenschaftlichen Erklärung eines Sprichwortes bei Festus[5]:

Manius Egeri < us lucum > Nemorensem Dianae consecravit, a quo multi et clari viri orti sunt et per multos annos fuerunt; unde proverbium 'Multi Mani Ariciae'. [Manius Egerius, dessen Nachkommenschaft lange Zeit hindurch zahlreiche berühmte Männer aufwies, weihte den Hain der Diana Nemorensis. Von daher rührt das Sprichwort: 'Viele Manier (eigentlich: Manen) in Aricia.']

Das Datum dieses von Cato vor dem Vergessenwerden bewahrten Dokumentes ist oft erörtert worden. Ein Teil der Gelehrten hat es der Königszeit Roms zugeordnet, spätestens der Zeit des Servius Tullius.[6] Andere wollten ihm ein jüngeres Entstehungsdatum zuweisen, bisweilen sogar das 4. Jahrhundert v. Chr.[7] Wieder andere hingegen kamen zu dem Schluß, daß die Zusammensetzung der Verbündeten am ehesten in die politische Situation am Ende des 6. Jahrhunderts passe.[8] Daß letztere Annahme richtig ist, kann an dem Bericht über das Leben des Tyrannen Aristodemos, des 'Verweichlichten', von Kymä gezeigt werden, denn diese Darstellung erhellt die Folge der Ereignisse, durch welche die Latiner zum Abschluß jenes Bündnisses veranlaßt wurden. Wie noch gezeigt werden soll, besitzen wir darüber eine hellenistische Version der Lokalchronik von Kymä, die älter als die römische Annalistik und von ihr unabhängig ist, die aber auch von ihr — oder genauer gesagt, von einigen ihrer griechischen Quellen — herangezogen wurde.[9] Die für uns bedeutsamen Abschnitte dieser Erzählung, die in einem

Exkurs des Dionysios von Halikarnassos (VII 3—11) erhalten ist, berichten folgendes: Im zwanzigsten Jahr, nachdem die Kymäer die etruskischen Eindringlinge vor ihrer Stadt 524 v. Chr. besiegt hatten, erschienen Gesandte aus Aricia in Kymä und baten um Hilfe gegen ein etruskisches Heer, das ihre Stadt belagerte. Aristodemos, der Held des früheren Sieges, wurde mit einem kleinen kymäischen Heer auf dem Seeweg den Einwohnern von Aricia zu Hilfe geschickt. Er kam rechtzeitig, und obwohl die Verteidiger von Aricia in der folgenden Schlacht hinter ihre Mauern zurückgetrieben wurden, tötete Aristodemos den etruskischen Oberbefehlshaber und errang einen glänzenden Sieg, wie schon 524 v. Chr. — Wenn man das Datum der ersten Schlacht akzeptiert — und niemand verwirft es —, dann wäre es ein Fehler, die Datierung der zweiten Schlacht, die deutlich auf dem zuverlässigen Bericht über das Leben des Tyrannen von Kymä beruht, abzulehnen. Noch die entstellte, späte Version seiner Lebensbeschreibung wie auch die Erzählung der Annalisten, die letzten Endes aus derselben Quelle stammt, zeigen klar, daß sich Aristodemos in jungen Jahren in der ersten Schlacht auszeichnete und daß er den zweiten Erfolg im reifen Mannesalter, auf dem Höhepunkt seiner politischen Laufbahn errang.

Ein großer Gelehrter wie G. de Sanctis glaubte,[10] daß das zweite der beiden Daten das Ergebnis einer Verschmelzung der kymäischen Chronologie mit derjenigen der römischen Geschichtsschreibung sei. Obwohl diese Annahme weitgehend akzeptiert wurde, entbehrt sie jeder Grundlage.[11] Beide Daten stammen aus kymäischen Quellen und sind als historisch zu betrachten.[12] Auch die Annalisten erzählten diese Ereignisse, wie wir schon feststellten, datierten sie aber einige Jahre zurück, offensichtlich in der Absicht, sie in Übereinstimmung mit dem Zeitpunkt der Einweihung des kapitolinischen Tempels zu bringen, die sie in das erste Jahr der Republik setzten. In der annalistischen Version ist der Befehlshaber der besiegten etruskischen Armee der Sohn desselben Königs Porsenna, der Rom damals unterjocht hat. Wir dürfen die Geschichtlichkeit dieser Personen nicht leugnen, ebensowenig wie das später noch zu behandelnde ungefähre Datum von Porsennas Erfolgen und Mißerfolgen.[13]

Diese Zeugnisse erhellen den Zweck der Erneuerung des Latinerbundes um ein neues Zentrum, den heiligen Hain von Aricia. Das Fehlen Roms in diesem reorganisierten Stammesbund geht nicht auf das Bestreben der Latiner zurück, Roms Joch abzuschütteln;[14] dieses Joch lastete noch gar nicht auf ihnen.[15] Auch handelte es sich nicht um einen lokal begrenzten religiösen Bund, wie oft angenommen wird; das neue Bündnis war vielmehr die Antwort auf eine ernste politische Krise.[16] Rom war damals in der Hand des Königs von Clusium, dessen Angriff ganz Latium bedrohte. Der Entschluß der Latiner, ihren religiösen und politischen Mittelpunkt nach Aricia zu verlegen, muß unmittelbar nach der Eroberung Roms durch Porsenna getroffen worden sein, jedoch bevor sein Heer vor den Mauern von Aricia[17] besiegt worden war. Rom, das nur 26 km nördlich von Aricia liegt, war die strategische Basis für Porsennas Operationen gegen die Latiner.

Auch die Zahl der am Bunde von Aricia beteiligten bzw. nicht beteiligten latinischen Städte war nicht durch lokale machtpolitische Überlegungen bedingt, sondern durch die Kriegssituation, die einen Anschluß teils erforderlich, teils unmöglich machte. Catos Liste der beteiligten Städte wird zwar von der Mehrheit der Historiker für vollständig gehalten,[18] doch der Verfasser teilt die Meinung kompetenter Gelehrter,[19] daß sie Lücken aufweist. Der Eindruck der Vollständigkeit wurde verstärkt durch die exakte Wiederholung der Liste bei Priscian. Aber auch heute wird ein Zitat, das ein zerstreuter Gelehrter beim Abschreiben unvollständig wiedergegeben hat, dadurch nicht besser, daß er die mangelhafte Abschrift nochmals benutzt. Die wirren Fragmente 25 und 141 der *Origines*[20] zeigen, daß Priscians Wiederholungen nicht auf mehrfacher Einsicht des Originals beruhen, sondern auf seinen eigenen Auszügen. Wahrscheinlich beendete er die Abschrift mit *Ardeatis Rutulus*, weil er nur an der Form des Adjektivs *Ardeatis* interessiert war.[21] Außerdem berichteten die römischen Historiker der Zeit nach Cato, daß *alle* Latiner [ὅσοι τοῦ Λατίνων μετεῖχον γένους][22] sich gegen (Porsenna und) Rom erhoben. Livius[23], der dabei den alten latinischen Stammesbund vor Augen hat, die *populi Albenses, carnem in monte Albano soliti accipere* [die albensischen Gemeinden, welche auf dem Albanerberg Fleisch zu erhalten pflegten],[24] drückt den gleichen Gedanken aus, wenn er sagt *triginta iam coniurasse populos* [daß sich bereits dreißig Gemeinden verschworen haben], womit er die dreißig Gemeinden meint, die sich angeblich gegen Rom erhoben. Die Aufzählung dieser Städte bei Dionysios[25] im gleichen Zusammenhang ist natürlich eine späte Kompilation — er gibt 29 Städte,[26] nimmt also das Fehlen Roms, des dreißigsten Mitgliedsstaates, an —, aber sie bezeugt die Ansicht der antiken Autoren, daß ganz Latium sich Aricia anschloß, soweit es nicht von Porsenna erobert war. Das ist der Bund, den Rom — nicht ohne etruskische Hilfe, wie ich meine — am See Regillus besiegte, nämlich Ciceros *Latini omnes* (Pro Balbo 23, 53). Die Weihinschrift meint also den Bund, an dessen Spitze der *dictator Latinus* stand,[27] der das *nomen Latinum* repräsentierte.[28] Zwar liest die beste Priscianhandschrift[29] nicht *dictator*, sondern *dicator*, aber das schmälert nicht die Tatsache, daß dieser Amtsträger Exekutivorgan des Bundes war.[30] Wir können mit S. Mazzarino zugeben, daß der ursprüngliche Titel *dicator* lautete, ebenso wie *zilaϑ*, d. i. die Bezeichnung für den obersten Magistrat des etruskischen Bundes, im Lateinischen zunächst mit *sacerdos* [Priester] übersetzt wurde,[31] später dann mit *praetor Etruriae*.

Es kann reiner Zufall sein, daß der in der Inschrift genannte Diktator, Egerius Baebius, aus Tusculum kam, denn der jährliche Leiter des Bundes wurde aus allen Städten reihum gewählt.[32] Aber die Bedeutung Tusculums in dieser Zeit wird von unseren literarischen Quellen stark hervorgehoben.[33] In jedem Falle war die Verlegung des Bundesheiligtums auf das Territorium von Aricia eine Folge der Fortverlagerung der politischen Macht von Alba Longa und Lavinium.[34] Die Annalisten unterstreichen nun zwar die führende Stellung eines Tusculaners (Königs oder Feldherrn) im Lager der Latiner, aber sie betonen gleichermaßen die besondere Rolle Aricias in dieser Zeit,[35] die durch den wichtigen Sieg des Aristodemos vor den Mauern der Stadt noch verstärkt wurde.[36] Von den anderen in der Weihinschrift genannten Staaten befanden sich, wie H. Last bemerkt,[37] Lavinium, Ardea, Lanuvium, ferner die im Rücken von Aricia gelegenen Cora und Pometium und schließlich Tusculum „auf einer geschlossenen Linie an den Grenzen des römischen Territoriums von einem Punkt bei Ostia aus bis nach Gabii".

Er hat auch gesehen, daß der Ring durchbrochen und Tibur abgeschnitten war, falls Praeneste mit Labici und Pedum fehlte, und daß eine Lücke zwischen der Westgrenze von Tibur und dem Fluß bestanden hätte, wenn Nomentum und Crustumerium diese nicht ausfüllten. Für das sehr wichtige Praeneste aber wäre die Lage gefährlich gewesen, wenn es abseits geblieben wäre. Die durchs Landesinnere verlaufende Verbindungslinie der Etrusker nach Kampanien, die über Tiber—Anio—Tibur—Praeneste und durch die Flußtäler von Tolerus und Liris führte, wäre unterbrochen und Praeneste von den Verbündeten Porsennas durch Tibur abgeschnitten worden für den Fall, daß es sich auf die Seite Porsennas gestellt hätte. Daher war es für Praeneste geraten, sich Kymä und dem Bund von Aricia anzuschließen. Und höchstwahrscheinlich gehörte Praeneste in diesen Jahren wirklich dem Latinerbund an. Livius [38] vermerkt unter dem Jahr 499 v. Chr.: „Praeneste ging von den Latinern zu den Römern über." Wir glauben daher, daß Praeneste in der Tat bis zu diesem Zeitpunkt auf der Seite der Latiner stand, zusammen mit Labici, Pedum [39] und anderen Städten, deren Namen schwerlich ausfindig zu machen sind, die sich aber sehr wohl als Gruppe umreißen lassen. Dionysios [40] nennt insbesondere Antium, Kymä und Tusculum als Bundesgenossen von Aricia gegen Lars Arruns. Das stillschweigende Einverständnis von Antium erleichterte sicherlich die Landung der kymäischen Flotte.

Aricia blieb nicht lange Mittelpunkt des Latinerbundes; der Schwerpunkt der Macht in Latium verschob sich bald wieder, diesmal nach Rom, Praeneste und Tibur.[41] 495 v. Chr. besiegten die Römer die Aurunker bei Aricia.[42] Wenn der Bericht wahr ist — was für den Sieg wohl zutrifft, für den Völkernamen weniger wahrscheinlich ist —, haben möglicherweise auch andere latinische *populi* Aricia geholfen. Aber einige Jahrzehnte später erscheinen die Römer als Herren von Aricia und dessen Nachbarn Ardea [43] und ziehen aus dem Streit zwischen den beiden ihren Vorteil. Das Heiligtum der *Diana Nemorensis* blieb berühmt, aber seine politische Bedeutung erlosch für immer.[44]

Die Schlacht von Aricia im letzten Jahrzehnt des 6. Jahrhunderts war, wie oft betont wurde, ein entscheidender Schlag gegen die etruskische Herrschaft in Latium.[45] Aber machte sie ihr wirklich ein Ende? Es wird häufig übersehen, daß in Wirklichkeit zwei etruskische Parteien über die Köpfe der Latiner hinweg um die Vorherrschaft in Latium stritten: die Tarquinier und der südlichste Teil Etruriens sowie Kymä und der Bund von Aricia einerseits und Porsenna, der sich nach seiner schweren Niederlage mit dem von ihm unterworfenen Rom geeinigt hatte, andererseits. Die kampanischen Niederlassungen des etruskischen Bundes waren noch nicht zerstört, und etruskische Brückenköpfe in Latium wurden dringend benötigt für die Verbindung zwischen ihnen und dem Mutterland. Wir müssen annehmen, daß Rom einer dieser Brückenköpfe war. Und ist es nicht bemerkenswert, daß Aristodemos — worauf E. Gabrici verwiesen hat [46] — es vorzog, den Entsatz von Aricia durch ein heimliches Einschleusen seiner Armee über den Seeweg zu versuchen, statt den Marsch quer durch das Land zu wagen? Dieses strategische Vorgehen scheint vorauszusetzen, daß zwischen seiner Heimatstadt und dem Ziel seiner Expedition Etrusker oder etruskerfreundliche Streitkräfte standen. Eine Generation später, 474 v. Chr., verfuhren die Etrusker ähnlich, als sie beim Angriff auf Kymä Latium zur See umgingen — offenbar, weil sie inzwischen ihre latinischen Bundesgenossen verloren hatten.

Die Niederlage bei Aricia war ein harter Schlag für die Etrusker, aber sie stellt doch eher ein Vorspiel zur Befreiung Latiums als eine plötzliche und endgültige Vertreibung der etruskischen Oberherren dar.

Die kymäische Chronik und die römische Geschichtsschreibung

Jedem, der sorgfältig die ersten Bücher des Dionysios und Livius liest, wird das Fehlen einer fundierten Vorstellung von der Geographie Latiums auffallen. Sie war schon in den Geschichtswerken, auf denen die Erzählung der augusteischen Autoren beruht, nicht vorhanden. Abgesehen von der Erwähnung einiger weniger, alter latinischer Niederlassungen in der Nähe von Rom gehören sogar die kärglichen geographischen Angaben für die Königszeit zur Pseudohistorie, wie in den nächsten Kapiteln unserer Untersuchung gezeigt werden soll.[47] Daraus kann man mit Sicherheit schließen, daß die griechische Stadt Kymä weit außerhalb des engen Horizontes der Pontifikalannalen lag, deren Interesse sich auf die nächste Umgebung beschränkte, und auch, daß die mündliche und schriftliche Überlieferung der Familiengeschichte innerhalb der Adelssippen, die Fabius Pictor und seine Nachfolger heranzogen, keine Nachrichten über die Geschichte dieser kampanischen Stadt enthielt. Die Frage ist also, wie die Lebensbeschreibung des kymäischen Tyrannen Aristodemos des 'Verweichlichten' in die Geschichtsschreibung der späten römischen Republik eingehen konnte.

Die Existenz einer kymäischen Lokalchronik wurde durch den bedeutenden Philologen F. Jacoby bestritten.[48] Er nahm in seine große Sammlung nur diejenigen Fragmente auf, die den Namen eines lokalen Autors trugen. Die anonymen Bruchstücke wurden nicht berücksichtigt. Das ist ein fragwürdiges Verfahren, denn gefälschte Autorennamen kommen vor — wie Jacoby selbst sehr wohl wußte —, und Fragmente, deren Herkunft nicht angegeben ist, können aus einer solchen lokalen Quelle stammen. Jacoby hat drei angeblich kymäische Fragmente in sein Werk aufgenommen: Das erste bezieht sich auf die entartete, luxuriöse und sexuell ausschweifende Lebensweise der Kymäer, das zweite auf die Sibylle von Kymä und das dritte auf den griechischen Ursprung der Römer. Wir geben den Originaltext der Fragmente wieder, weil ihr Wortlaut dem Leser ermöglicht, sich sofort ein Urteil über den Charakter der Angaben zu bilden.

fr. 576, 1: καὶ Κυμαῖοι δὲ οἱ ἐν Ἰταλίᾳ ὥς φησιν Ὑπέροχος ἢ ὁ ποιήσας τὰ εἰς αὐτὸν ἀναφερόμενα Κυμαϊκά, διετέλεσαν χρυσοφοροῦντες καὶ ἀνθιναῖς ἐσθῆσι χρώμενοι καὶ μετὰ γυναικῶν εἰς τοὺς ἀγροὺς ἐξιόντες ἐπὶ ζευγῶν ὀχούμενοι. (Athen., Deipnosoph. 12, 37, p. 528 D-E). [Hyperochos bzw. der Verfasser der ihm zugeschriebenen 'Kymäischen Chronik' berichtet, daß die Bewohner der Stadt Kymä in Italien goldenen Schmuck und mit Blumenmustern verzierte Gewänder trugen und in Begleitung von Frauen auf Wagengespannen zu ihren Äckern ausfuhren.]

fr. 576, 2: Τὴν δὲ ἐπὶ ταύτῃ χρησμοὺς κατὰ ταὐτὰ εἰποῦσαν ἐκ Κύμης τῆς ἐν Ὀπικοῖς εἶναι, καλεῖσθαι δὲ Δημὼ συνέγραψεν Ὑπέροχος ἀνὴρ Κυμαῖος. χρησμὸν δὲ οἱ Κυμαῖοι τῆς γυναικὸς ταύτης ἐς οὐδένα εἶχον ἐπιδείξασθαι, λίθου δὲ ὑδρίαν ἐν Ἀπόλλωνος ἱερῷ δεικνύουσιν οὐ μεγάλην, τῆς Σιβύλλης ἐνταῦθα κεῖσθαι φάμενοι τὰ ὀστᾶ. (Pausan. X

12, 8). [Der Historiker Hyperochos aus Kymä verzeichnet, daß die nächste Frau, welche entsprechende Orakel verkündet habe, aus dem opischen Kymä stammte und Demó hieß. Die Kymäer können keine Orakel jener Frau vorweisen, zeigen aber heute noch im Heiligtum des Apollon eine kleine Steinurne und behaupten, daß sich darin die sterblichen Überreste der Sibylle befinden.]

fr. 576, 3: < *Hyperochos* > *historiae Cumanae compositor Athenis quosdam profectos Sicyonem Thespiasque; ex quibus porro civitatibus, ob inopiam domiciliorum, conpluris profectos in exteras regiones, delatos in Italiam, eosque multo errore nominatos Aborigines; quorum subiecti qui fuerint † caeximparum † viri, unicarumque virium imperio montem Palatium, in quo frequentissimi consederint, appellavisse a viribus regentis Valentiam: quod nomen adventu Euandri Aeneaeque in Italiam cum magna Graece loquentium copia interpretatum dici coeptum Rhomen* (Fest., p. 328, 5 Linds.). [Hyperochos, Verfasser einer Geschichte von Kymä, überliefert, daß einst einige Einwohner Athens nach Sikyon und Thespiae gezogen seien; aus diesen Städten wiederum seien aus Mangel an Wohnstätten mehrere zu fernergelegenen Ländern aufgebrochen, nach Italien gelangt und irrtümlich 'Ureinwohner' genannt worden. Die ihrer ... (?) ... einzigartig kraftvollen Herrschaft Unterworfenen sollen den *mons Palatius*, auf dem jene sich in besonders großer Zahl niedergelassen hatten, wegen der Kraft ihres Herrschers *Valentia* genannt haben; diese Bezeichnung sei nach der Ankunft des Euander und Aeneas, welche von einer beträchtlichen Schar griechisch sprechender Einwanderer begleitet wurden, übersetzt worden, so daß man dazu überging, den Ort *Rhomē* zu nennen.]

Aufgrund dieser 'Hyperochos' zugeschriebenen Fragmente schließt Jacoby[49] mit Recht, daß der kymäische Autor später lebte als man gemeinhin annahm. Sein zweifelhafter Name und der Inhalt des ersten Zitates zeigen, daß wir es hier nicht mit einer alten Chronik Kymäs zu tun haben, dessen politische Unabhängigkeit 421/420 v. Chr. ein Ende fand, sondern mit einem literarischen Produkt im Stile eines Amelesagoras oder Kephalon, mit einem Werk, dem der altertümliche apollinische Name Hyperochos Autorität verschaffen sollte. Jacoby sieht sein Urteil durch den Inhalt der Fragmente bestätigt. Die Sibylle von Kymä ist die letzte in jener Reihe legendärer Prophetinnen. Die *Aborigines* und Arkader, auch die Erklärung des Namens *Rhomē* als Übersetzung eines ursprünglichen *Valentia* lassen auf Kenntnis der lateinischen Sprache schließen und beweisen, daß das Werk für ein römisches Publikum bestimmt war. Die Römer stehen im Mittelpunkt des Interesses; die Reihe ihrer Vorfahren wird über Trojaner und Arkader hinaus noch um attische Ahnen bereichert, nach demselben Schema, in dem die Abstammung des Tarquinius Priscus von dem korinthischen Adligen Demaratos, die schon Polybios aus den frühen Annalisten kannte, konzipiert ist.

Obwohl diese scharfsinnigen Beobachtungen Jacobys einige wichtige Tatsachen zutage gefördert haben, wird das Urteil dieses hervorragenden Gelehrten in seiner Bedeutung abgeschwächt durch seine Mißachtung all der anderen kymäischen Nachrichten, die ohne Autorenangabe überliefert sind. Diese anonymen Fragmente betreffen Leben und Persönlichkeit des Tyrannen Aristodemos des 'Verweichlichten' und können ihre Quelle nur in der kymäischen Überlieferung haben.

Aus derselben Quelle wie 'Hyperochos' mag eine andere Anekdote stammen, die ebenfalls den verweichlichenden Luxus der Kymäer beschreibt. Sie berichtet von der heroischen Xenokrite, der Geliebten des Aristodemos, die an seiner Ermordung beteiligt war, und ist in Plutarchs Schrift ›Über die Frauentugenden‹ *[De mulierum virtutibus,* c. 26] überliefert. Der Tyrann soll bewußt die Verweichlichung der männlichen Jugend Kymäs gefördert haben. Er ließ sie langes Haar und goldenen Schmuck tragen und zwang gleichzeitig die Mädchen, ihr Haar abzuschneiden, Knabentracht und kurze Unterkleidung zu tragen. — Das entscheidende Merkmal auch dieser Erzählung ist das Fehlen wirklich geschichtlicher Einzelheiten, obwohl deren Kenntnis in der Charakterisierung des Aristodemos greifbar ist, der sein Haar lang trägt wie ein Knabe und sich durch Umsicht und Tüchtigkeit in nicht näher bezeichneten „Kriegen gegen Barbaren" einen Namen macht. Und ebenso wie er in der zuverlässigen Schilderung seiner Taten bei Dionysios (DH VII 3—11) die zweite große Gelegenheit zur Auszeichnung zwanzig Jahre nach den ersten bedeutenden Erfolgen erhält, so erringt Aristodemos in der Xenokrite-Episode Plutarchs die ersten kriegerischen Erfolge im frühen Mannesalter und seinen zweiten großen Sieg auf dem Höhepunkt seiner Karriere. Für den Autor der

Xenokrite-Geschichte ist allein die malerische, aufregende und pikante Geschichte der τρυφή [Schwelgerei] des Tyrannen von Bedeutung, der die glücklichen Jahre seiner schrankenlosen Alleinherrschaft mit einem furchtbaren Ende bezahlt. Die Tyrannentopik, die in Athen zur Zeit der Bedrohung durch den Perserkönig überaus lebendig war und sich in der klassischen Tragödie widerspiegelt,[50] zeigt sich in der bei Plutarch überlieferten romanhaften Darstellung von ihrer frivolen Seite, was natürlich ganz dem Geschmack des Publikums in hellenistischer Zeit entsprach.[51]

Die vollständige Vernachlässigung historischer Fakten zugunsten phantasievoller Geschichtchen, die auch für 'Hyperochos' bezeichnend ist, war der ursprünglichen Version der *Kymaïka* fremd. Der Vergleich mit der wesentlich wertvolleren Biographie des Aristodemos im 7. Buche des Dionysios von Halikarnassos wird das auf den ersten Blick klarmachen. Die Darstellung, die Athenaios und Plutarch benutzten, war schon durch die römische Annalistik beeinflußt: Bei Plutarch wird Aristodemos nicht den Latinern, sondern den Römern zu Hilfe geschickt; die Etrusker greifen nicht die Latiner in Aricia an, sondern versuchen, die Tarquinier nach Rom zurückzubringen. Wie wir im nächsten Kapitel sehen werden, beruhen diese Nachrichten auf den aller Vernunft widersprechenden Behauptungen der Annalisten, die ihre Darstellung über den Angriff Porsennas mit der unzutreffenden Feststellung beginnen, er sei von den Tarquiniern zum Krieg veranlaßt worden, habe sich aber von ihnen abgewandt und auf die Seite Roms gestellt. Sie können diese unerklärliche Wendung der Ereignisse nur durch die wundersame Wirkung römischer *virtus* auf den Eroberer begründen, der dadurch bewogen wurde, seinen Verbündeten und Schützling Superbus fallenzulassen. Die Tatsache, daß Kymä mit den Latinern gegen Porsenna kämpfte und den vertriebenen römischen König als Bundesgenossen bei sich aufnahm, spricht entschieden gegen einen solchen Gesinnungswandel des Königs von Clusium, von dem vielmehr Superbus vertrieben wurde, so daß er im Süden Latiums Schutz suchen mußte.

Außerdem sahen wir schon, daß die Annalisten auch die *Kymaïka* auswerteten. Sie berichten folgendermaßen über die Intervention des Aristodemos:

1. Aristodemos besiegt die Etrusker, die Aricia belagern:

Liv. II 14, 5—9 (508 v. Chr.): *Omisso Romano bello Porsinna, ne frustra in ea loca exercitus adductus videretur, cum parte copiarum filium Arruntem Ariciam oppugnatum mittit. Primo Aricinos res necopinata perculerat; arcessita deinde auxilia et a Latinis populis et a Cumis tantum spei fecere ut acie decernere auderent. Proelio inito, adeo impetu se intulerunt Etrusci ut funderent ipso incursu Aricinos; Cumanae cohortes arte adversus vim usae declinavere paululum, effuseque praelatos hostes conversis signis ab tergo adortae sunt. Ita in medio prope iam victores caesi Etrusci. Pars perexigua, duce amisso, quia nullum propius perfugium erat, Romam inermes et fortuna et specie supplicum delati sunt. Ibi benigne excepti divisique in hospitia. Curatis volneribus, alii profecti domos, nuntii hospitalium beneficiorum; multos Romae hospitium urbisque caritas tenuit: his locus ad habitandum datus, quem deinde Tuscum vicum appellarunt.*

[Nach Abbruch des Krieges gegen die Römer entsandte Porsenna, der den Eindruck vermeiden wollte, er habe diesen Feldzug vergeblich unternommen, seinen Sohn Arruns mit einem Teil seiner Truppen zum Angriff auf Aricia. Die Ariciner wurden von der unerwarteten Attacke zunächst völlig überrumpelt; die Ankunft von Hilfstruppen der latinischen Gemeinden und Kymäs flößte ihnen dann jedoch so viel Mut ein, daß sie eine offene Feldschlacht wagten. Kaum war das Gefecht im Gange, als die Etrusker derart kraftvoll auf den Gegner einstürmten, daß sie durch ihr bloßes Anrennen die Ariciner bereits in die Flucht schlugen. Das Hilfskontingent aus Kymä hingegen setzte Kriegslist gegen rohe Gewalt ein, wich ein wenig zur Seite aus, schwenkte dann ein und griff den in aufgelöster Schlachtordnung vorbeigestürmten Gegner im Rücken an. So wurden die Etrusker, welche dem Sieg bereits greifbar nahe waren, in die Zange genommen und niedergemetzelt. Nur ganz wenige konnten sich, nach dem Verlust ihres Führers, nach Rom als dem nächstgelegenen Zufluchtsort durchschlagen, waffenlos und — wie es ihre Notlage und äußere Verfassung bedingten — als Schutzflehende. Dort wurden sie wohlwollend aufgenommen und als Gastfreunde einquartiert. Nach Ausheilen ihrer Wunden kehrten einige in ihre Heimat zurück und priesen die ihnen erwiesene gastfreundliche Behandlung; viele bewog die fürsorgliche Gastlichkeit Roms zum Bleiben, und man wies ihnen eine Wohngegend zu, welche nach ihnen 'etruskisches Stadtviertel' genannt wurde.]

Dion. Hal. V 36, 1—4 (506 v. Chr.):
Οἱ δὲ τὸν τέταρτον ἐνιαυτὸν ἄρξαντες ὕπατοι Σπόριος Λάρκιος καὶ Τίτος Ἑρμίνιος ἄνευ πολέμου τὴν ἀρχὴν διετέλεσαν. ἐπὶ τούτων Ἄρρους

ὁ Πορσίνου τοῦ Τυρρηνῶν βασιλέως υἱὸς τὴν Ἀρικηνῶν πόλιν δεύτερον ἔτος ἤδη πολιορκῶν ἐτελεύτησεν. εὐθὺς γὰρ ἅμα τῷ γενέσθαι τὰς Ῥωμαίων σπονδὰς τὴν ἡμίσειαν τῆς στρατιᾶς μοῖραν παρὰ τοῦ πατρὸς λαβὼν ἐστράτευσεν ἐπὶ τοὺς Ἀρικηνοὺς ἰδίαν κατασκευαζόμενος ἀρχὴν καὶ μικροῦ δεήσας τὴν πόλιν ἑλεῖν, ἐλθούσης τοῖς Ἀρικηνοῖς ἐπικουρίας ἔκ τε Ἀντίου καὶ Τύσκλου καὶ τῆς Καμπανίδος Κύμης. παραταξάμενος ἐλάττονι δυνάμει πρὸς μείζονα τοὺς μὲν ἄλλους ἐτρέψατο καὶ μέχρι τῆς πόλεως ἤλασεν, ὑπὸ δὲ Κυμαίων, οὓς ἦγεν Ἀριστόδημος ὁ Μαλακὸς ἐπικαλούμενος, νικηθεὶς ἀποθνήσκει, καὶ ἡ στρατιὰ τῶν Τυρρηνῶν μετὰ τὴν ἐκείνου τελευτὴν οὐκέτι ὑπομείνασα τρέπεται πρὸς φυγήν. πολλοὶ μὲν δὴ αὐτῶν διωκόμενοι ὑπὸ τῶν Κυμαίων διεφθάρησαν, ἄλλοι δὲ πλείους σκεδασθέντες ἀνὰ τὴν χώραν εἰς τοὺς ἀγροὺς τῶν Ῥωμαίων οὐ πολὺ ἀπέχοντας κατέφυγον ὅπλα τ' ἀπολωλεκότες καὶ ὑπὸ τραυμάτων ἀδύνατοι ὄντες προσωτέρω χωρεῖν. οὓς ἐκ τῶν ἀγρῶν οἱ Ῥωμαῖοι κατακομίζοντες εἰς τὴν πόλιν ἁμάξαις τε καὶ ἀπήναις καὶ τοῖς ἄλλοις ὑποζυγίοις ἡμιθνῆτας ἐνίους, καὶ φέροντες εἰς τὰς ἑαυτῶν οἰκίας τροφαῖς τε καὶ θεραπείαις καὶ τοῖς ἄλλαις φιλανθρωπίαις πολὺ τὸ συμπαθὲς ἐχούσαις ἀνελάμβανον. ὥστε πολλοὺς αὐτῶν ταῖς χάρισι ταύταις ὑπαχθέντας μηκέτι τῆς οἴκαδε ἀφίξεως πόθον ἔχειν, ἀλλὰ παρὰ τοῖς εὐεργέταις σφῶν βούλεσθαι καταμένειν. οἷς ἔδωκεν ἡ βουλὴ χῶρον τῆς πόλεως, ἔνθα οἰκήσεις ἔμελλον κατασκευάσασθαι, τὸν μεταξὺ τοῦ τε Παλατίου καὶ τοῦ Καπετωλίου τέτταρσι μάλιστα μηκυνόμενον σταδίοις αὐλῶνα, ὃς καὶ μέχρις ἐμοῦ Τυρρηνῶν οἴκησις ὑπὸ Ῥωμαίων καλεῖται κατὰ τὴν ἐπιχώριον διάλεκτον. ... [Das vierte Konsulpaar, Spurius Larcius und Titus Herminius, konnte seine Amtszeit ohne Krieg zu Ende führen. Unterdessen starb Arruns, der Sohn des Etruskerkönigs Porsenna, im zweiten Jahr seiner Belagerung Aricias. Sofort nach dem Vertragsabschluß mit den Römern hatte er nämlich von seinem Vater die Hälfte des Heeres erhalten und war gegen Aricia gezogen, um sich einen eigenen Herrschaftsbereich zu verschaffen. Es fehlte auch nicht viel, daß er die Stadt eingenommen hätte, welche Hilfskontingente aus Antium, Tusculum und dem kampanischen Kymä erhielt. Er nahm mit seiner zahlenmäßig schwächeren Streitmacht die offene Feldschlacht gegen den überlegenen Gegner auf, schlug den größten Teil der Feinde in die Flucht und trieb sie bis zu den Stadtmauern zurück, wurde dann jedoch von den Kymäern unter Führung des Aristodemos, genannt der 'Verweichlichte', besiegt und fiel im Kampf. Das Etruskerheer gab nach dem Verlust seines Führers den Kampf auf und wandte sich zur Flucht. Viele wurden von den verfolgenden Kymäern niedergemetzelt; die Mehrzahl aber, in alle Winde zerstreut, floh, ohne Waffen und von Wunden erschöpft, unfähig, sich weit fortzubewegen, in das nahegelegene römische Gebiet. Die Römer schafften die Flüchtigen, manche von ihnen halbtot, auf Lastkarren, vierrädrigen Wagen oder sonstwie mit Hilfe von Zugtieren von ihren Äckern in die Stadt, brachten sie in ihre Privathäuser, ernährten und pflegten sie und sorgten auch durch sonstige menschenfreundliche, mitleidige Behandlung dafür, daß jene wieder zu Kräften kamen. Viele von ihnen verloren aufgrund dieser ihnen erwiesenen Wohltaten das Verlangen nach Rückkehr in die Heimat und zogen es vor, bei ihren Wohltätern zu bleiben. Ihnen wies der Senat ein Quartier in der Stadt zu, wo sie sich niederlassen konnten, und zwar das sich über annähernd vier Stadien erstreckende Tal zwischen dem Palatin und dem kapitolinischen Hügel. Diese Gegend wird noch heute von den Römern im Volksmund 'das etruskische Viertel' genannt...]

2. Tarquinius Superbus fand seine letzte Zuflucht bei Aristodemos:

Cic., Tusc. III 12, 27: *Tarquinio vero quid imprudentius, qui bellum gereret cum iis, qui eius non tulerant superbiam? Is cum restitui in regnum nec Veientium nec Latinorum armis potuisset, Cumas contulisse se dicitur inque ea urbe senio et aegritudine esse confectus.* [Kann man sich in der Tat etwas Törichteres vorstellen als das Verhalten des Tarquinius, der gegen jene Krieg führte, welche seine Überheblichkeit nicht länger zu ertragen gewillt waren? Als er seine königliche Herrschaft weder mit Unterstützung der Veienter noch der Latiner hatte zurückerlangen können, soll er sich nach Kymä begeben haben und in dieser Stadt an Altersschwäche und Gram gestorben sein.]

Liv. II 21, 5 (495 v. Chr.): *Insignis hic annus est nuntio Tarquini mortis. Mortuus Cumis, quo se post fractas opes Latinorum ad Aristodemum tyrannum contulerat.* [Dieses Jahr ist durch die Meldung vom Tod des Tarquinius gekennzeichnet. Er starb in Kymä, wo er sich nach dem Zusammenbruch der latinischen Macht in den Schutz des Tyrannen Aristodemos begeben hatte.]

Dion. Hal. VI 21, 3:
Ταρκύνιος δ' ὁ βασιλεύς ... οὔτε Λατίνων ὑποδεχομένων αὐτὸν ἔτι ταῖς πόλεσιν, ... εἰς τὴν Καμπανίδα Κύμην ᾤχετο πρὸς Ἀριστόδημον τὸν ἐπικληθέντα Μαλακὸν τυραννοῦντα τότε Κυμαίων. παρ' ᾧ βραχύν τινα ἡμερῶν ἀριθμὸν ἐπιβιοὺς ἀποθνήσκει καὶ θάπτεται ὑπ' αὐτοῦ. τῶν δὲ σὺν ἐκείνῳ φυγάδων οἱ μὲν ἐν τῇ Κύμῃ κατέμειναν, οἱ δὲ εἰς ἄλλας τινὰς πόλεις σκεδασθέντες ἐπὶ ξένης τὸν βίον κατέστρεψαν. [Der König Tarquinius begab sich, als auch die latinischen Städte ihn nicht mehr aufnahmen, in das kampanische Kymä zu dem dort herrschenden Tyrannen

Aristodemos, genannt 'der Verweichlichte'. Bei diesem verstarb er nach kurzer Zeit und wurde von ihm begraben. Von denen, die mit ihm geflüchtet waren, blieben die einen in Kymä, der Rest verteilte sich auf andere Städte und verbrachte sein Leben in der Fremde.] Vgl. auch VIII 64, 2 und *De viris ill.* 8, 6.

3. Rom, 492 v. Chr. von einer Hungersnot bedrängt, versucht vergeblich, von Kymä Getreide zu erhalten:

Liv. II 34, 3—5: *Ventumque ad interitum servitiorum utique et plebis esset, ni consules providissent, dimissis passim ad frumentum sectandum, non in Etruriam modo dextris ab Ostia litoribus laevoque per Volscos mari usque ad Cumas, sed in Siciliam quoque: adeo finitimorum odia longinquis coegerant indigere auxiliis. Frumentum Cumis cum coemptum esset, naves pro bonis Tarquiniorum ab Aristodemo tyranno, qui heres erat, retentae sunt; in Volscis Pomptinoque ne emi quidem potuit: periculum quoque ab impetu hominum ipsis frumentatoribus fuit; ex Tuscis frumentum Tiberi venit: eo sustentata est plebs.* [Gewiß wären Sklaven und Plebs verhungert, wenn nicht die Konsuln dafür Sorge getragen hätten, daß Getreideeinkäufer nach allen Himmelsrichtungen ausgesandt wurden, und zwar nicht nur in die rechts von Ostia gelegenen Küstengegenden Etruriens sowie in die entgegengesetzte Richtung an der volskischen Küste entlang nach Kymä, sondern auch nach Sizilien. So zwang der Haß der Nachbarn, in weit entfernten Gegenden Hilfe zu suchen. Als in Kymä Getreide gekauft worden war, hielt der Tyrann Aristodemos, welcher von den Tarquiniern als Erbe ihrer Güter eingesetzt worden war, als Ersatz für deren Verlust die Schiffe zurück. Bei den Volskern und im Pomptinischen Gebiet gelang es nicht einmal, Getreide zu kaufen; die Einkäufer wurden sogar von einer wütenden Volksmenge an Leib und Leben bedroht. Aus Etrurien kam Getreide den Tiber herab; dadurch konnte die Plebs am Leben erhalten werden.]

Dion. Hal. VII 1, 3: ταῦθ'ἡ βουλὴ μαθοῦσα πρέσβεις διεπέμπετο πρὸς Τυρρηνοὺς καὶ Καμπανοὺς καὶ τὸ καλούμενον Πωμεντῖνον πεδίον σῖτον ὅσον ἂν δύναιντο πλεῖστον ὠνησομένους. 2, 1—4: Οἱ μὲν οὖν ἐπὶ Σικελίας πλέοντες πρέσβεις ... μετὰ θέρος ἐπανῆλθον εἰς Ἰταλίαν πολλὰς κομίζοντες ἀγοράς. οἱ δ'εἰς τὸ Πωμεντῖνον ἀποσταλέντες πεδίον ὀλίγου μὲν ἐδέησαν ὡς κατάσκοποι ὑπὸ τῶν Οὐλούσκων ἀναιρεθῆναι διαβληθέντες ὑπὸ τῶν ἐκ Ῥώμης φυγάδων, χαλεπῶς δὲ πάνυ διὰ τὴν προθυμίαν τῶν ἰδιοξένων αὐτὰ διασῶσαι δυνηθέντες τὰ σώματα, δίχα τῶν χρημάτων ἀνέστρεψαν εἰς τὴν Ῥώμην ἄπρακτοι. ὅμοια δὲ τούτοις συνέβη παθεῖν καὶ τοῖς εἰς τὴν Ἰταλιῶτιν ἀφικομένοις Κύμην. καὶ γὰρ αὐτόθι

60 Das letzte Jahrzehnt des 6. Jahrhunderts in Latium

πολλοὶ Ῥωμαίων διατρίβοντες, οἱ σὺν τῷ βασιλεῖ Ταρκυνίῳ διασωθέντες
ἐκ τῆς τελευταίας μάχης φυγάδες, τὸ μὲν πρῶτον ἐξαιτεῖσθαι παρὰ τοῦ
τυράννου τοὺς ἄνδρας ἐπεχείρησαν ἐπὶ θανάτῳ, ἀποτυχόντες δὲ τούτου
ῥύσια κατασχεῖν ταῦτα τὰ σώματα παρὰ τῆς ἀπεσταλκυίας πόλεως
ἠξίουν, ἕως ἀπολάβωσι τὰς ἑαυτῶν οὐσίας, ἃς ἔφασαν ὑπὸ Ῥωμαίων
ἀδίκως δεδημεῦσθαι, καὶ ταύτης ᾤοντο δεῖν τῆς δίκης τὸν τύραννον
αὐτοῖς γενέσθαι κριτήν. ὁ δὲ τυραννῶν τότε τῆς Κύμης Ἀριστόδημος
ἦν ὁ Ἀριστοκράτους, κτλ. [Als der Senat dies erfahren hatte, schickte
er Gesandte zu den Etruskern und Kampanern und in die sogenannte
Pomptinische Ebene, welche möglichst viel Getreide einkaufen sollten.
2, 1—4: Die per Schiff nach Sizilien Entsandten ... kehrten am Ende des
Sommers nach Italien zurück und brachten große Mengen von Lebensmitteln mit. Diejenigen aber, welche in die Pomptinische Ebene geschickt
worden waren, wären beinahe von den durch römische Verbannte aufgehetzten Volskern als Kundschafter getötet worden; mit Mühe vermochten sie, mittels der Fürsprache ihrer Gastfreunde das nackte Leben
zu retten und kehrten unverrichteter Dinge, des zum Getreidekauf bestimmten Geldes beraubt, nach Rom zurück. Ähnliches stieß denen zu,
welche in das italische Kymä kamen. Dort nämlich verweilten zahlreiche
römische Flüchtlinge, welche sich gemeinsam mit König Tarquinius aus
der Entscheidungsschlacht hatten retten können. Sie versuchten zunächst,
beim Tyrannen der Stadt die Ermordung der Gesandten zu erreichen.
Als sie mit dieser Forderung nicht durchdrangen, wollten sie jene als
Geiseln zwecks Erpressung ihrer Heimatstadt zurückhalten, bis ihnen
selbst ihre Besitztümer zurückerstattet würden, welche die Römer ihrer
Ansicht nach ungerechterweise konfisziert hatten. Richter in diesem
ihrem Rechtsstreit sollte nach ihrem Willen der Tyrann sein. Es herrschte
aber damals über Kymä Aristodemos, der Sohn des Aristokrates ... usw.]

(Die folgenden Sätze über den Ursprung des Spottnamens entsprechen Plutarch, De mulier. virt. 26)12, 1—3:

Ἐπὶ δὲ τοῦτον δὴ τὸν Ἀριστόδημον ἔτος ὁμοῦ τι τεσσαρεσκαιδέκατον
ἤδη τυραννοῦντα Κύμης οἱ σὺν Ταρκυνίῳ φυγάδες καθιστάμενοι τὴν
κατὰ τῆς πατρίδος ἐβούλοντο συντελέσασθαι δίκην. οἱ δὲ πρέσβεις τῶν
Ῥωμαίων τέως μὲν ἀντέλεγον, ὡς οὔτ'ἐπὶ τοῦτον ἥκοντες τὸν ἀγῶνα
οὔτ'ἐξουσίαν ἔχοντες, ... ὡς δ'οὐδὲν ἐπέραινον, ἀλλ' ἐγκεκλικότα τὸν
τύραννον ἑώρων ἐπὶ θάτερα μέρη διὰ τὰς σπουδὰς καὶ τὰς παρακλήσεις
τῶν φυγάδων, αἰτησάμενοι χρόνον εἰς ἀπολογίαν, καὶ διεγγυήσαντες
τὰ σώματα χρημάτων ἐν τῷ διὰ μέσου τῆς δίκης οὐδενός ἔτι φυλάττον
τος αὐτοὺς ἀποδράντες ᾤχοντο. θεράποντας δ'αὐτῶν καὶ τὰ ὑποζύγια

καὶ τὰ ἐπὶ τῇ σιτωνίᾳ κομισθέντα χρήματα ὁ τύραννος κατέσχε. ταύταις μὲν οὖν ταῖς πρεσβείαις τοιαῦτα παθούσαις ἀπράκτοις ἀναστρέψαι συνέβη, ἐκ δὲ τῶν ἐν Τυρρηνίᾳ πόλεων οἱ πεμφθέντες κέγχρους τε καὶ ζέας συνωνησάμενοι ταῖς ποταμηγοῖς σκάφαις κατεκόμισαν εἰς τὴν πόλιν. αὕτη βραχύν τινα χρόνον ἡ ἀγορὰ Ῥωμαίους διέθρεψεν. (Vgl. noch Plut., Poplic. 3, 1—2). [Vor diesem Aristodemos, der schon fast vierzehn Jahre über Kymä herrschte, wollten nun die mit Tarquinius Verbannten den Prozeß gegen ihr Vaterland durchführen. Die römischen Gesandten widersetzten sich einstweilen jenem Verlangen mit dem Argument, sie seien nicht dieses Rechtsstreites wegen gekommen und besäßen auch keine diesbezüglichen Vollmachten ...; als sie aber damit nichts erreichten, vielmehr mitansehen mußten, wie der Tyrann dem Drängen und Bitten der anderen Seite nachzugeben geneigt war, baten sie sich Zeit für die Vorbereitung einer Verteidigungsrede aus, hinterlegten eine Geldsumme als Kaution und konnten, während der Prozeß ruhte, unbewacht entweichen. Ihre Diener und Gespanne sowie das zur Getreidebeschaffung mitgebrachte Geld behielt der Tyrann.

Nach solchen gefahrvollen Erlebnissen mußten also jene Gesandtschaften unverrichteter Dinge zurückkehren, während die zu den Etruskerstädten Entsandten dort Hirse und Spelt einkauften und auf Flußkähnen nach Rom brachten. Diese Lebensmittel reichten für kurze Zeit zur Ernährung der römischen Bevölkerung.]

Es ist schon längst erkannt worden, daß der knappere Livius und der wortreiche Dionysios aus der gleichen annalistischen Quelle geschöpft haben. A. Klotz [52] z. B. hat Tubero für ihre gemeinsame Quelle gehalten. Aber es ist unwahrscheinlich, daß dieser als erster die kymäische Chronik heranzog. Andererseits ist die Xenokrite-Episode Plutarchs nachannalistisch, denn sie kehrt die Rolle des Aristodemos um, indem sie ihn zum Verbündeten der römischen Republik statt der Tarquinier macht; und da die drei von F. Jacoby anerkannten Fragmente des 'Hyperochos' fast nichts von den Fakten mitteilen, die den römischen Historikern bekannt waren, können sie nicht aus der Quelle der Annalisten stammen. Die Benutzung der echten *Kymaïka* ist bei diesen offensichtlicher als beim 'Hyperochos' F. Jacobys.

Eine dritte Version dieser Ereignisse steht der ursprünglichen kymäischen Quelle näher als der Autor der romantischen *Kymaïka* und jene Verarbeitung der kymäischen Überlieferung über Aristodemos mit dem dürftigen Material der römischen Annalisten. Diese älteste Version liegt in dem erwähnten Exkurs des Dionysios vor. Glücklicherweise fügte Dionysios jenen Bericht über den steilen Aufstieg und tragischen Sturz des Tyrannen so nachlässig in seine annalistische Erzählung der römischen Geschichte ein, daß Anfang und Ende wie auch der Grad der Ausführlichkeit und der Stil der fremden Darstellung unschwer zu erkennen sind. Das ist bereits von W. Christ bemerkt worden, der folgende Punkte hervorhob[53]: Dionysios beschreibt (VII 2 und 12) die Feindseligkeit der Verbannten gegen die römischen Gesandten eingehender als Livius;[54] andererseits erwähnt Dionysios nicht die Beschlagnahme der Lastschiffe. Aber seine Erzählung stimmt im ganzen mit der des Livius überein. Sein Bericht über diese Ereignisse beginnt im 2. Kapitel von Buch VII und wird nach einer Unterbrechung erst im 12. Kapitel wieder aufgenommen, so daß das 12. Kapitel in der Erzählung genau dort anschließt, wo das 2. Kapitel aufhörte. Dazwischen ist die Biographie des Aristodemos eingeschoben (VII 3—11). Dionysios macht selbst auf seinen langen Exkurs aufmerksam und entschuldigt sich dafür (VII 2,5). Es ist auf den ersten Blick ersichtlich, daß die Geschichte vom Schicksal des Tyrannen zwar reich an historischen Details ist, jedoch keine direkte Beziehung zur römischen Geschichte aufweist und Dionysios sie daher nicht seinen römischen Quellen entnommen haben kann. Die von Dionysios abgeschriebene Vorlage war eine griechische,[55] und seine Benutzung einer griechischen Quelle wird deutlich im Tadel Macers, Gellius' und der anderen römischen Annalisten (VII 1, 4—6) wegen ihrer Mißachtung der griechischen historischen Literatur: οὐκέτι μὴν παρὰ τῶν Ἑλληνικῶν ἐξετάσαι συγγραφέων [sie ziehen nicht mehr die griechischen Geschichtsschreiber zu Rate] — was er offenbar in dem stolzen Gefühl sagt, selbst dazu imstande zu sein.

In diesem Einschub findet sich keine Spur des hochtrabenden, aber hohlen Wortschwalls des Rhetors aus Halikarnassos, dessen glatter, gefälliger Stil ein Beispiel echt hellenistischer Erzählungskunst ist. Die Grausamkeit des Tyrannen ist noch nicht durch die Schauermärchen späterer Legendenbildung und die Übertragung des topischen Tyrannenbildes ins Absurde verzerrt, und der Bericht über seinen Versuch, die Jugend durch Luxus zu verderben (VII

9, 3), ist zwar eine Übertreibung, geht aber noch nicht ins Maßlose. Die kymäische Herkunft der Geschichte liegt auf der Hand. Sie enthält wertvolle Angaben, auch wenn sie von Lokalpatriotismus gefärbt ist: Die Größe des ersten etruskischen Invasionsheeres wird ungeheuer übertrieben, um den Glanz des mit einem winzigen Heer errungenen kymäischen Erfolges zu erhöhen (VII 3, 2); andererseits wird die Stärke des Entsatzheeres, das mit Aristodemos gegen die vor Aricia liegenden Etrusker geschickt wurde, auf ein Minimum reduziert, erneut in der Absicht, die Heldenhaftigkeit des über einen so starken Feind errungenen Sieges zu unterstreichen (VII 5, 3). Die Erzählung, wie die Flüsse bei Kymä auf wunderbare Weise ihren Lauf umkehrten, um so den Unwillen der Götter gegen die Eindringlinge zu zeigen, spiegelt sicherlich eine volkstümliche kymäische Legende wider.

Die Erinnerung an die Größe Kymäs und die Genugtuung der wieder zur Macht gelangten Aristokraten kennzeichnen diesen Bericht. Die farbige Schilderung plötzlicher Aufstände und überraschender politischer Umwälzungen in der Stadt, welche Aristodemos auf den Gipfel menschlichen Erfolges heben, um ihn dann um so tiefer in den Abgrund zu stürzen, entbehrt nicht des Beigeschmacks alexandrinischer Darstellungskunst. Aber sie ist gekennzeichnet durch völlige Gleichgültigkeit gegenüber den Ereignissen in Rom. Die Welt um und nördlich von Kymä ist die Welt der Barbaren.

Schon Ed. Meyer hat erkannt,[56] daß dieser Bericht letztlich auf einer kymäischen Lokalchronik beruht; aber er unterschätzte unserer Überzeugung nach die Verläßlichkeit der Zeitangaben und verkannte die eminente Bedeutung dieser Überlieferung über die Geschichte Latiums in jener Zeit. Wir geben im folgenden eine Übersetzung jenes Berichtes:

VII 3, 1 In der vierundsechzigsten Olympiade, als Miltiades Archon in Athen war, schlossen sich die Tyrrhener, die das Land am Ionischen Meerbusen bewohnt hatten, aber von dort im Laufe der Zeit von Galliern verdrängt worden waren, mit den Umbrern, Dauniern und anderen Barbaren zusammen und gingen daran, Kymä zu erobern, die griechische Stadt im Land der Opiker, die von Eretriern und Chalkidiern gegründet worden war; sie konnten freilich keinen anderen Grund als Rechtfertigung ihrer Feindseligkeit anführen als den Reichtum der Stadt. 2 Denn Kymä war zu jener Zeit in ganz Italien wegen seiner Reichtümer, seiner Macht und anderer Vorzüge berühmt; die Stadt besaß den fruchtbarsten Teil der kampanischen Ebene und war Herrin der besten Häfen um Misenum herum. In den Genuß dieser Güter nun wollten sich die Barbaren bringen, und sie zogen gegen die Stadt mit einem Heer von nicht weniger als 500 000 Mann Fußsoldaten und 18 000 Reitern. Als sie ihr Lager nicht weit von der Stadt aufgeschlagen hatten, ereignete sich ein Vorzeichen, welches außergewöhnlicher war als alle sonst aus der griechischen oder der barbarischen Welt bekannten. 3 Die Flüsse nämlich, die in der Nähe ihres Lagers vorbeiflossen und von denen der eine Volturnus, der andere Glanis heißt, änderten ihren natürlichen Lauf, wandten sich in die entgegengesetzte Richtung und flossen lange Zeit von der Mündung zu den Quellen hin. 4 Als die Kymäer von diesem Vorzeichen erfuhren, faßten sie endlich Mut zum Kampf gegen die Barbaren, in der Gewißheit, daß der Himmel die wegen ihrer Übermacht übermütigen Feinde erniedrigen und ihre eigene Lage, die schlimm schien, bessern werde. Nachdem sie also die junge Mannschaft in drei Abteilungen gegliedert hatten, verteidigten sie mit der einen die Stadt, mit der anderen bewachten sie die Schiffe, und die dritte stellten sie vor den Mauern auf, um den Angriff der Feinde zu erwarten. Ihr Heer bestand aus 600 Reitern und 4500 Fußsoldaten; und mit so wenigen hielten sie dem Angriff so vieler Zehntausende stand.

4,1 Als die Barbaren sahen, daß der Gegner sich zum Kampf stellte, stießen sie ihr Kriegsgeschrei aus und stürzten sich ohne Ordnung ins Handgemenge, wie es Barbarenart ist, Fußsoldaten und Reiter gemischt, in der Erwartung, die Feinde völlig zu vernichten. Der Ort vor der Stadt, wo sie zusammenstießen, war ein von Bergen und Seen begrenzter Engpaß, der es den Kymäern ermöglichte, ihre Tapferkeit zu entfalten, während er für die ungeheuren Massen der Barbaren verderblich war. 2 Denn viele von ihnen wurden von den eigenen Leuten über den Haufen gerannt und niedergetrampelt, vor allem an den sumpfigen Rändern des Sees. So wurde der größere Teil von ihnen vernichtet, ohne mit der Schlachtreihe der Griechen überhaupt in Berührung gekommen zu sein. Ihr riesiges Fußheer besiegte sich selbst, zerstreute sich, ohne irgend etwas geleistet zu haben, und floh in alle Richtungen. Die Reiter jedoch kämpften und machten den Griechen sehr zu schaffen. Aber da sie wegen des engen Geländes ihre Feinde nicht umzingeln konnten und auch der Himmel den Griechen mit Blitz, Regen und Donner half, ergriff sie Furcht, und sie wandten sich zur Flucht. 3 In dieser Schlacht aber kämpften alle kymäischen Reiter glänzend und wurden einhellig als die eigentlichen Sieger anerkannt; Aristodemos, mit dem Beinamen 'der Verweichlichte', zeichnete sich jedoch vor allen anderen aus, denn er allein stellte sich dem gegnerischen Oberbefehlshaber und erschlug ihn und viele andere tapfere Männer. Nach Beendigung des Krieges opferten die Kymäer den Göttern zum Dank für den Sieg und bereiteten den in der Schlacht Gefallenen ein prächtiges Begräbnis; als aber der Preis für die größte Tapferkeit verliehen werden sollte, gerieten sie in heftigen Streit darüber, wem der erste Platz gebühre. 4 Die unparteiischen Richter nämlich wollten Aristodemos diese Ehre zuerkennen, und das Volk war auf seiner Seite. Aber die Machthaber gaben die Auszeichnung an Hippomedon, den Befehlshaber der Reiterei, und der ganze Rat trat für ihn ein. Die Kymäer wurden nämlich damals von der Aristokratie beherrscht, und das Volk hatte auf viele Dinge keinen Einfluß. Als es infolge der Streitigkeiten zu Unruhen kam, redeten die älteren Männer, aus Furcht, daß die Rivalität zu Gewaltanwendung und Blutvergießen führen könne, beiden Seiten zu, sich zu einigen und beiden Männern die gleiche Ehre zu gewähren. 5 Von da an wurde Aristodemos zum Führer des Volkes, und nachdem er sich die Fähigkeit der politischen Rede zu eigen gemacht hatte, verführte er die Massen mit seinen Ansprachen, verbesserte ihre Lage durch volksfreundliche Maßnahmen, prangerte die Machthaber an, die sich am Besitz der Allgemeinheit bereicherten, und unterstützte viele Arme mit eigenem Geld. Dadurch wurde er bei den führenden Leuten der Aristokratie ebenso verhaßt wie gefürchtet.

5,1 Im zwanzigsten Jahr nach der Schlacht gegen die Barbaren kamen Gesandte von Aricia als Schutzflehende zu den Kymäern und ersuchten um deren Hilfe gegen die Tyrrhener, die sie bedrängten. Denn Porsenna, der König der Tyrrhener, hatte — wie schon berichtet — nach dem Friedensschluß mit Rom seinen Sohn Arruns mit dem halben Heer ausgesandt, da der Jüngling sich selbst eine Herrschaft gründen wollte. Arruns belagerte nun damals Aricia, dessen Einwohner er hinter ihre Mauern zurückgetrieben hatte, und erwartete, die Stadt binnen kurzem auszuhungern. 2 Als diese Gesandtschaft kam, glaubten die Führer der Aristokratie, die den Aristodemos haßten und ihm den Umsturz der herrschenden Regierung zutrauten, eine gute Gelegenheit gefunden zu haben, ihn unter einem trügerischen Vorwand loszuwerden. Sie überredeten also das Volk, Aricia 2000 Mann zu Hilfe zu schicken, und ernannten Aristodemos zum Feldherrn, angeblich wegen seiner glänzenden militärischen Erfolge. Danach ergriffen sie Maßnahmen, um ihn entweder im Kampf gegen die Tyrrhener oder auf See umkommen zu lassen. 3 Denn als der Rat sie ermächtigt hatte, die Truppen für die Waffenhilfe auszuheben, da nahmen sie keine Leute von Rang und Ansehen, sondern wählten die Ärmsten und Gewissenlosesten aus der Masse des Volkes, Leute, von denen sie ständig Aufruhr fürchten mußten, und füllten damit das Hilfskorps auf. Dann ließen sie zehn alte, kaum seetüchtige Schiffe zu Wasser, die von den ärmsten Kymäern befehligt wurden, und verluden die Truppen darauf, wobei sie allen den Tod androhten, die dem Aufgebot nicht Folge leisteten.

6,1 Aristodemos sagte zwar, daß er die Absichten seiner Feinde genau kenne, die ihn angeblich Aricia zu Hilfe, in Wahrheit aber ins offene Verderben schicken wollten, nahm das Kommando jedoch an. Eilig ging er mit den Gesandten von Aricia in See, brachte die Seereise unter größten Schwierigkeiten und Gefahren hinter sich und landete ganz in der Nähe von Aricia. Dort ließ er eine hinreichende Anzahl von Leuten zur Bewachung der Schiffe an Bord, legte gleich in der ersten Nacht den nicht allzu langen Weg vom Meer zur Stadt zurück und kam überraschend im Morgengrauen dort an. 2 Als er sein Lager aufgeschlagen und die Bürger, die hinter die Mauern geflüchtet waren, überredet hatte, wieder nach draußen zu kommen, forderte er die Tyrrhener sofort zum Kampfe heraus. Bei dem heftigen Gefecht wichen die Einwohner von Aricia nach kurzer Zeit zurück und flohen hinter die Mauern, aber Aristodemos hielt mit einer kleinen Schar ausgesuchter Kymäer der ganzen feindlichen Macht stand, und als er den Feldherrn der Tyrrhener mit eigener Hand erschlagen hatte, trieb er die übrigen in die Flucht und errang einen großen Sieg.

Um dem Leser die Beurteilung dieses wertvollen Zeugnisses zu erleichtern, wird es unten im griechischen Wortlaut abgedruckt. Der Originaltext verrät deutlich den 'tragischen' Stil der hellenistischen Geschichtsschreibung,[57] mit seinem bunten Gemälde unerhörter Ereignisse und den überraschenden Umschwüngen im Geschick des Helden, den Tyche niedertritt, als er sich auf dem Höhepunkt seiner Laufbahn zügelloser Verschwendung und verbrecherischer Grausamkeit hingibt. Der Originaltext zeigt darüber hinaus, daß dieser barocke Stil noch nicht durch die seuchenartige Verbreitung der Schuldeklamation beeinträchtigt ist; er ist ein frühes, unverfälschtes Beispiel dieses Genres.

F. Jacoby[58], der die kymäische Herkunft dieses Berichtes energisch bestritt, war offensichtlich wegen seiner literarischen Form voreingenommen und hatte natürlich insoweit recht, als der Text in der vorliegenden Form alles andere als eine trockene Chronik ist. In seiner gegenwärtigen Gestalt ist er eher eine romanhafte Erzählung, die Dionysios möglicherweise aus Timaios übernahm, dessen Neigung zu sensationeller Dramatik, theatralischem Ausnützen der abergläubischen Furcht seiner Zeitgenossen und eindrucksvoller Schilderung prachtvoller Verschwendung von Polybios scharf gerügt wurde;[59] dafür spricht auch, daß Timaios von Dionysios tatsächlich als Quelle benutzt wurde.[60] Mag nun aber der Bericht von ihm oder einem anderen Geschichtswerk derselben Epoche entlehnt sein, er beruht jedenfalls auf der Lokaltradition von Kymä.[61] Wir können hier auf die genaue Bestimmung der literarischen Form jener ursprünglichen kymäischen Quelle, die für immer verloren ist, verzichten, denn für uns sind nur die in der erhaltenen hellenistischen Fassung bezeugten Tatsachen wichtig. Der griechische Originaltext lautet folgendermaßen:

VII 3, 1—6, 2: Ἐπὶ τῆς ἑξηκοστῆς καὶ τετάρτης ὀλυμπιάδος ἄρχοντος Ἀθήνησι Μιλτιάδου Κύμην τὴν ἐν Ὀπικοῖς Ἑλληνίδα πόλιν, ἣν Ἐρετριεῖς τε καὶ Χαλκιδεῖς ἔκτισαν, Τυρρηνῶν οἱ περὶ τὸν Ἰόνιον κόλπον κατοικοῦντες ἐκεῖθέν θ' ὑπὸ τῶν Κελτῶν ἐξελασθέντες σὺν χρόνῳ, καὶ σὺν αὐτοῖς Ὀμβρικοί τε καὶ Δαύνιοι καὶ συχνοὶ τῶν ἄλλων βαρβάρων ἐπεχείρησαν ἀνελεῖν οὐδεμίαν ἔχοντες εἰπεῖν πρόφασιν τοῦ μίσους δικαίαν ὅτι μὴ τὴν εὐδαιμονίαν τῆς πόλεως. ἦν γὰρ Κύμη κατ'ἐκείνους τοὺς χρόνους περιβόητος ἀνὰ τὴν Ἰταλίαν ὅλην πλούτου τε καὶ δυνάμεως ἕνεκα καὶ τῶν ἄλλων ἀγαθῶν γῆν τε κατέχουσα τῆς Καμπανῶν πεδιάδος τὴν πολυκαρποτάτην καὶ λιμένων κρατοῦσα τῶν περὶ Μισηνὸν ἐπικαιροτάτων. τούτοις ἐπιβουλεύσαντες τοῖς ἀγαθοῖς οἱ βάρβαροι στρατεύουσιν ἐπ'αὐτήν, πεζοὶ μὲν οὐκ ἐλάττους πεντήκοντα μυριάδων, ἱππεῖς δὲ δυοῖν χιλιάδων ἀποδέοντες εἶναι δισμύριοι. ἐστρατοπεδευκόσι δ'αὐτοῖς οὐ μακρὰν ἀπὸ τῆς πόλεως τέρας γίνεται θαυμαστόν, οἷον ἐν οὐδενὶ χρόνῳ μνημονεύεται γενόμενον οὔτ' Ἑλλάδος οὔτε βαρβάρου γῆς οὐδαμόθι. οἱ γὰρ παρὰ τὰ στρατόπεδα ῥέοντες αὐτῶν ποταμοί, Οὐολτοῦρνος ὄνομα θατέρῳ, τῷ δ'ἑτέρῳ Γλάνις, ἀφέντες τὰς κατὰ φύσιν ὁδοὺς ἀνέστρεψαν τὰ νάματα καὶ μέχρι πολλοῦ διετέλεσαν ἀπὸ τῶν στομάτων ἀναχωροῦντες ἐπὶ τὰς πηγάς. τοῦτο καταμαθόντες οἱ Κυμαῖοι τότ' ἐθάρρησαν ὁμόσε τοῖς βαρβάροις χωρεῖν ὡς τοῦ δαιμονίου ταπεινὰ μὲν τἀκείνων μετέωρα θήσοντος, ὑψηλὰ δὲ τὰ δοκοῦντα εἶναι σφῶν ταπεινά. νείμαντες δὲ τὴν ἐν ἀκμῇ δύναμιν ἅπασαν τριχῇ, μιᾷ μὲν τὴν πόλιν ἐφρούρουν, τῇ δ' ἑτέρᾳ τὰς ναῦς εἶχον ἐν φυλακῇ, τῇ δὲ τρίτῃ πρὸ τοῦ τείχους ταξάμενοι τοὺς ἐπιόντας ἐδέχοντο. τούτων ἱππεῖς μὲν ἦσαν ἑξακόσιοι, πεζοὶ δὲ τετρακισχίλιοι καὶ πεντακόσιοι. καὶ οὕτως ὄντες τὸν ἀριθμὸν ὀλίγοι τὰς τοσαύτας ὑπέστησαν μυριάδας.

Ὡς δὲ κατέμαθον αὐτοὺς οἱ βάρβαροι μάχεσθαι παρεσκευασμένους, ἀλαλάξαντες ἐχώρουν ὁμόσε τὸν βάρβαρον τρόπον ἄνευ κόσμου πεζοί τε καὶ ἱππεῖς ἀναμὶξ ὡς ἅπαντας ἀναρπασόμενοι. ἦν δὲ τὸ πρὸ τῆς πόλεως χωρίον, ἐν ᾧ συνέμισγον ἀλλήλοις, αὐλὼν στενὸς ὄρεσι καὶ λίμναις περικλειόμενος, τῇ μὲν ἀρετῇ τῶν Κυμαίων σύμμαχος, τῷ δὲ πλήθει τῶν βαρβάρων πολέμιος. ἀνατρεπόμενοι γὰρ ὑπ'ἀλλήλων καὶ συμπατούμενοι πολλαχῇ μὲν καὶ ἄλλῃ, μάλιστα δὲ περὶ τὰ τέλματα τῆς λίμνης, οὐδ'εἰς χεῖρας ἐλθόντες τῇ φάλαγγι τῶν Ἑλλήνων αὐτοὶ δι'αὑτῶν οἱ πλείους διεφθάρησαν. καὶ ὁ μὲν πεζὸς αὐτῶν στρατὸς ὁ πολὺς περὶ ἑαυτῷ σφαλείς, ἔργον δὲ γενναῖον οὐδὲν ἀποδειξάμενος, ἄλλος ἄλλῃ διασκεδασθεὶς ἔφυγεν. οἱ δὲ ἱππεῖς συνῆλθον μὲν ὁμόσε καὶ πολὺν τοῖς Ἕλλησιν οὗτοι παρέσχον πόνον. ἀδύνατοι δ'ὄντες κυκλώσασθαι τοὺς πολεμίους διὰ στενοχωρίαν, καί τι καὶ τοῦ δαιμονίου κεραυνοῖς καὶ ὕδασι καὶ βρονταῖς συναγωνισαμένου τοῖς Ἕλλησι, δείσαντες εἰς φυγὴν τρέπονται. ἐν ταύτῃ τῇ μάχῃ πάντες μὲν οἱ τῶν Κυμαίων ἱππεῖς λαμπρῶς ἠγωνίσαντο, καὶ τῆς νίκης οὗτοι μάλιστα ὡμολογοῦντο αἴτιοι γενέσθαι, ὑπὲρ ἅπαντας δὲ τοὺς ἄλλους Ἀριστόδημος ὁ Μαλακὸς ἐπικαλούμενος. καὶ γὰρ τὸν ἡγεμόνα τῶν πολεμίων οὗτος ἀπέκτεινε μόνος ὑποστὰς καὶ ἄλλους πολλοὺς καὶ ἀγαθούς . . .

Εἰκοστῷ δ'ὕστερον ἔτει τῆς πρὸς τοὺς βαρβάρους μάχης ἦλθον ὡς τοὺς Κυμαίους Ἀρικηνῶν πρέσβεις σὺν ἱκετηρίαις ἀξιοῦντες αὐτοὺς βοηθῆσαι σφίσιν ὑπὸ Τυρρηνῶν πολεμουμένοις. μετὰ γὰρ τὰς διαλλαγάς, ἃς ἐποιήσατο πρὸς τὴν Ῥωμαίων πόλιν ὁ βασιλεὺς τῶν Τυρρηνῶν Πορσίνας, τὸν υἱὸν Ἄρροντα δοὺς τὴν ἡμίσειαν τῆς στρατιᾶς ἔπεμψεν ἰδίαν ἀρχὴν κτήσασθαι βουλόμενον, ὡς ἐν τοῖς πρὸ τούτου δεδήλωκα λόγοις. ὃς ἐπολιόρκει τότε τοὺς Ἀρικηνοὺς καταπεφευγότας εἰς τὸ τεῖχος καὶ οὐ διὰ μακροῦ λιμῷ τὴν πόλιν αἱρήσειν ᾤετο. ταύτης τῆς πρεσβείας ἀφικομένης οἱ προεστηκότες τῆς ἀριστοκρατίας μισοῦντες τὸν Ἀριστόδημον καὶ δεδιότες, μή τι κακὸν ἐξεργάσηται περὶ τὴν πολιτείαν, κάλλιστον ὑπέλαβον εἰληφέναι καιρὸν ἐκποδὼν αὐτὸν ποιήσασθαι σὺν εὐσχήμονι προφάσει. πείσαντες δὴ τὸν δῆμον ἀποστεῖλαι Ἀρικηνοῖς δισχιλίους ἄνδρας ἐπὶ συμμαχίαν, καὶ στρατηγὸν ἀποδείξαντες τὸν Ἀριστόδημον ὡς δὴ τὰ πολέμια λαμπρόν, τὰ μετὰ ταῦτ'ἔπραττον, ἐξ ὧν ἢ κατακοπήσεσθαι μαχόμενον ὑπὸ τῶν Τυρρηνῶν αὐτὸν ὑπελάμβανον ἢ κατὰ πέλαγος διαφθαρήσεσθαι. γενόμενοι γὰρ ὑπὸ τῆς βουλῆς κύριοι καταλέξαι τοὺς ἐπὶ τὴν συμμαχίαν ἐξελευσομένους τῶν μὲν ἐπισήμων καὶ λόγου ἀξίων οὐδένα κατέγραψαν, ἐπιλέξαντες δὲ τοὺς ἀπορωτάτους τε καὶ πονηροτάτους τῶν δημοτικῶν, ἐξ ὧν ἀεί τινας ὑπώπτευον νεωτερισμούς, ἐκ τούτων συνεπλήρωσαν τὸν ἀπόστολον. καὶ ναῦς δέκα παλαιὰς κάκιστα πλεούσας καθελκύσαντες, ὧν ἐτριηράρχουν οἱ πενέστατοι Κυμαίων, εἰς ταύτας αὐτοὺς ἐνεβίβασαν θάνατον ἀπειλήσαντες ἐάν τις ἀπολειφθῇ τῆς στρατείας.—Ὁ δ' Ἀριστόδημος τοσοῦτον εἰπὼν μόνον, ὡς οὐ λέληθεν αὐτὸν ἡ διάνοια τῶν ἐχθρῶν, ὅτι λόγῳ μὲν ἐπὶ συμμαχίαν αὐτὸν ἀποστέλλουσιν, ἔργῳ δ'εἰς προῦπτον ὄλεθρον, δέχεται μὲν τὴν στρατηγίαν, ἀναχθεὶς δ'ἅμα τοῖς πρέσβεσι τῶν Ἀρικηνῶν διὰ ταχέων καὶ τὸ μεταξὺ πέλαγος ἐπιπόνως καὶ κινδυνωδῶς διανύσας ὁρμίζεται κατὰ τοὺς ἔγγιστα τῆς Ἀρικείας αἰγιαλούς. καὶ καταλιπὼν ἐν ταῖς ναυσὶ φυλακὴν ἀποχρῶσαν ἐν τῇ πρώτῃ νυκτὶ τὴν ἀπὸ θαλάσσης ὁδὸν οὐ πολλὴν οὖσαν διανύσας ἐπιφαίνεται τοῖς Ἀρικηνοῖς περὶ τὸν ὄρθρον ἀπροσδόκητος. θέμενος δὲ πλησίον αὐτῶν τὸν χάρακα καὶ τοὺς καταπεφευγότας εἰς τὰ τείχη πείσας προελθεῖν εἰς ὕπαιθρον προὐκαλεῖτο τοὺς Τυρρηνοὺς εὐθὺς εἰς μάχην. γενομένου δ'ἐκ παρατάξεως ἀγῶνος καρτεροῦ οἱ μὲν Ἀρικηνοὶ βραχὺν πάνυ διαμείναντες χρόνον ἐνέκλιναν ἀθρόοι, καὶ γίνεται πάλιν εἰς τὸ τεῖχος αὐτῶν φυγή· ὁ δ' Ἀριστόδημος σὺν τοῖς περὶ αὐτὸν λογάσι Κυμαίων ὀλίγοις οὖσι πᾶν τὸ τοῦ πολέμου βάρος ὑποστὰς καὶ τὸν ἡγεμόνα τῶν Τυρρηνῶν αὐτοχειρίᾳ κτείνας τρέπει τοὺς ἄλλους εἰς φυγὴν καὶ νίκην ἀναιρεῖται πασῶν λαμπροτάτην.

Die grundlegende Bedeutung dieses Berichts für die römische Geschichtsschreibung kann gar nicht genug hervorgehoben werden. Als Fabius Pictor daranging, die griechische Welt davon zu überzeugen, daß das römische Volk keine Barbarenhorde sei, sondern eine ruhmreiche Geschichte hinter sich habe,[62] da besaß er keine verläßlichen Quellen für die älteste Phase der römischen Geschichte. Die griechische Welt ignorierte das frühe Rom fast gänzlich. Aber es gab *eine* griechische Stadt, deren Interessensphäre in der vorklassischen Zeit bis nach Latium reichte: Kymä. Es war naheliegend, daß die Griechen, welche Pictor bei seinem Werk zur Seite standen,[63] ihm die überaus wertvolle Überlieferung der kymäischen Chronik zur Verfügung stellten, sei es nun in der gerade behandelten Form oder in einer anderen. Das ermöglichte ihm, das Ende der Königszeit zu datieren und etwas Licht in das Dunkel zu bringen, welches die Geburt der Republik umgab.[64] Wahrscheinlich hatten griechische Historiker, Timaios und andere, die an der Vergangenheit Roms interessiert waren,[65] den Weg gebahnt. Aber wesentlich ist, daß die kymäische Chronik das eigentliche chronologische Gerüst für die Geschichte Latiums am Ende des 6. Jahrhunderts lieferte.

Die Datierung des kymäischen Sieges über die etruskischen Angreifer ins Jahr 524 v. Chr. hat in neueren Behandlungen dieses Gegenstandes keine einheitliche Beurteilung gefunden. Manche Gelehrte nehmen sie, wie wir, als gesichert hin,[66] andere halten die ganze Episode einschließlich des Datums für fragwürdig.[67] Einige glauben, daß es sich bei den Siegen, die in dem von Dionysios herangezogenen kymäischen Bericht auf 524 und 504 v. Chr. angesetzt werden, in Wirklichkeit um eine einzige Schlacht handelte,[68] eine Auffassung, die aus methodischen Erwägungen abzulehnen ist. Die ursprüngliche Quelle des Einschubs im 7. Buche des Dionysios datiert die Schlacht von Aricia εἰκοστῷ δ'ὕστερον ἔτει τῆς πρὸς τοὺς βαρβάρους μάχης [in das 20. Jahr nach der Schlacht gegen die Barbaren] (VII 5, 1). Ebenso schildert die Anekdote von Xenokrite (Plut. De mulier. virt. 26) Aristodemos zur Zeit seiner ersten Erfolge gegen die Barbaren noch als ganz jungen Mann und setzt seine Ernennung zum Führer des Entsatzheeres für Aricia auf den Höhepunkt seiner Karriere, nachdem er bereits die höchsten Ämter in seiner Heimatstadt bekleidet hatte. Wenn Dionysios sagt, daß die römische Gesandtschaft an Aristodemos, die um Getreide bat (nach der annalistischen Tradition 492 v. Chr.), ins vierzehnte Jahr nach der Schlacht von Aricia fiel (VII 12, 1), so folgt er wieder jener Chronologie, die sich aus der Identifikation des zweiten von Aristodemos getöteten etruskischen Feldherrn mit dem Sohne des Königs Porsenna ergibt. Die Differenz von drei bis vier Jahren zwischen der griechischen und der römischen Chronologie sowie einzelne Abweichungen können die grundsätzliche Echtheit des Datums und das zeitliche Verhältnis zwischen den beiden erwähnten kriegerischen Ereignissen nicht in Frage stellen. Wir besitzen vier verschiedene voneinander unabhängige Zeugnisse, die dieses Ergebnis jeweils stützen:

1. die aus der Stilanalyse gewonnene Datierung des Kultbildes im Hain der Diana *[lucus Dianius]* von Aricia;[69]

2. die zugleich mit dieser Statue errichtete Inschrift, die Cato d. Ä. abschrieb;[70]

3. die Einweihung des kapitolinischen Tempels, die man zur Zeit des Appius Claudius auf 509 oder 508 v. Chr. setzte, indem man die jährlich in die Tempelmauer eingeschlagenen Nägel zählte.[71]

4. Das Einsetzen der Konsularfasten *[fasti consulares]* setzt das Ende der tarquinischen Herrschaft voraus. Die nochmalige Überprüfung der Namen, welche die Liste für das erste Jahrzehnt der Republik aufführt, wird zeigen, daß die Angaben zur Chronologie des Aristodemos passen. Diese Übereinstimmung erweist, daß nicht nur die Schlacht von Aricia, sondern auch das sich daraus ergebende militärische und politische Bild der Wahrheit entspricht. König Porsenna gehört nicht in die Welt der Erfindung, sondern zur Geschichte, auch wenn seine Gestalt von Legenden umgeben ist. Weitere Beweise dafür liefern die folgenden Betrachtungen.

Porsenna in Rom

Wie ich gezeigt zu haben glaube, war der Sieg des Aristodemos über die Etrusker vor den Mauern von Aricia auch den frühesten römischen Geschichtsschreibern bekannt, die diese Angabe letztlich der kymäischen Chronik verdankten. Sie verbanden sie ganz richtig mit dem Angriff des Königs von Clusium, Lars Porsenna,[72] der Rom unterwarf.

Diese Eroberung, der zunächst harte Unterdrückung, später aber Aussöhnung folgte, hatten die Römer noch in der Kaiserzeit in Erinnerung. Zwei offene Eingeständnisse der Unterwerfung sind oft behandelt worden.

In foedere, quod expulsis regibus populo Romano dedit Porsenna, nominatim comprehensum invenimus ne ferro nisi in agri cultu uteretur [In dem Friedensvertrag, den Porsenna dem römischen Volk nach Vertreibung der Könige gewährte, finden wir die ausdrückliche Bestimmung, daß die Römer außer beim Ackerbau kein Eisen verwenden dürften],

stellt Plinius d. Ä. fest;[73] *sedem Iovis Optimi Maximi*, schreibt Tacitus,[74] ... *quam non Porsenna dedita urbe nec Galli capta temerare potuissent* [die Heimstatt des Iuppiter Optimus Maximus ..., welche weder Porsenna nach Übergabe der Stadt noch die Gallier nach deren Einnahme hatten entweihen können]. Nicht einmal die römische Geschichtsschreibung, deren Darstellungsziel das glanzvolle Bild eines von frühester

Zeit an mächtigen und ruhmvollen Rom war, hat diese Tatsache schweigend übergehen können. Sie gesteht freimütig sowohl die Größe der Gefahr [75] als auch die schwere Niederlage ein, die es Porsenna ermöglichte, den Brückenkopf der Stadt auf dem Ianiculum zu besetzen.[76] Die Annalisten erkennen auch die Belagerung der Stadt an und die Hungersnot, die sie hervorrief,[77] den erniedrigenden Waffenstillstand,[78] der die Römer zwang, die Kinder des Adels als Geiseln auszuliefern,[79] und die Notwendigkeit, den siegreichen Feind mit Lebensmitteln und Ausrüstungsgegenständen für die Fortsetzung der Offensive südlich von Rom auszustatten.[80] Auch der Verlust der sieben Gaue *[septem pagi]* nördlich des Tiber an die Veienter wird festgehalten.[81] Ein weiteres Zugeständnis, daß Rom längere Zeit zum Reich des Königs von Clusium gehörte, liegt in der Erzählung des Dionysios,[82] der römische Senat habe Porsenna den Elfenbeinthron, das Zepter, das Triumphalgewand und den goldenen Kranz angeboten, d. h. die Symbole des Königtums, durch deren Verleihung angeblich auch die Herrschaft des Tarquinius Priscus über Etrurien von seiten des etruskischen Bundes anerkannt worden war.

Obwohl die ernste Lage der Römer nicht geleugnet werden konnte, wurde die Katastrophe durch die zu Herzen gehenden Geschichten über die heldenhaften Gegner des Eroberers getarnt:

tunc illa tria Romani nominis prodigia atque miracula, Horatius Mucius Cloelia, qui nisi in annalibus forent, hodie fabulae viderentur [Damals traten jene drei wundervollen Heldengestalten des römischen Volkes hervor, nämlich Horatius, Mucius und Cloelia, welche uns heute ohne die annalistische Überlieferung wie Märchengestalten erscheinen würden.].[83]

Aber die Tatsache, daß die Annalisten die Erwähnung der Niederlage nicht umgehen konnten, und ihr Versuch, die Eroberung Roms mit romantischen Ausschmückungen zu bemänteln,[84] machen ersichtlich, daß Fabius Pictor und seine Nachfolger den siegreichen Feldzug Porsennas in ihren griechischen Quellen vorfanden; diese aber konnten sie nicht einfach beiseite schieben.

In der annalistischen Erzählung werden dem letzten römischen König und seinen Anhängern im Kriege Porsennas gegen Rom zwei gegensätzliche und in sich widerspruchsvolle Rollen zugeschrieben.

Porsenna beginnt sein Unternehmen, so heißt es, um dem Superbus wieder zur Macht zu verhelfen, da dieser *eiusdem sanguinis nominisque* [vom selben Blut und Stamm] sei.[85] Wenn das stimmte, wäre es nach der Eroberung Roms für Porsenna ein leichtes gewesen, die Tarquinier wieder einzusetzen.[86] Statt dessen will man aus psychologischen Gründen den Leser glauben machen, Porsenna habe, tief beeindruckt durch den Heldenmut der Römer, seinen Plan aufgegeben und die Tarquinier im Stich gelassen, die dann zu den Latinern geflohen seien. Diese dramatische Wendung der Ereignisse ist eine literarische Erfindung, die den patriotischen Gefühlen späterer Generationen schmeichelte. Die Tatsachen sahen anders aus. In der historischen Tradition, die auf der kymäischen Chronik beruht, schloß Superbus sich den Latinern an, vor allem Tusculum, der — nach Aricia — bedeutendsten latinischen Stadt, und fand Zuflucht in Kymä, nachdem Rom den Latinerbund besiegt hatte.[87] Diese Version enthüllt durch ihre klare innere Logik den wahren Verlauf der Ereignisse. Porsenna hat nie mit den Tarquiniern gemeinsame Sache gemacht. Die Vorstellung der späteren römischen Geschichtsschreiber, daß beide Könige gemeinsam die etruskische Sache vertraten, ist irrig; vielmehr standen sich hier zwei etruskische Parteien gegenüber. Superbus floh vor dem siegreichen Herrscher von Clusium, der sein Feind war; er wurde von den Gegnern Porsennas, dem Bunde von Aricia und Kymä, aufgenommen.

Eine zweite, wirklich dramatische Wendung der Dinge vollzog sich als Folge des schweren Rückschlages, den Porsenna vor den Mauern von Aricia in Kauf nehmen mußte. Die vollständige Niederlage seines Heeres macht es verständlich, daß Porsenna den unterworfenen Römern tatsächlich Zugeständnisse machte, ja sogar ein Bündnis mit ihnen schloß. Rom, das zweifellos eine fortschrittlichere, unabhängige Selbstverwaltung erstrebte, konnte mit dieser Rückendeckung seinen neuen politischen Aufbau verwirklichen und zugleich der Bedrohung durch seine latinischen Feinde die Stirn bieten. Aber auch der König muß aus diesem südlichen Vorposten seines Machtbereiches Nutzen gezogen haben. Daher ist die Annahme begründet, daß die Römer in der Hungersnot des folgenden Jahrzehnts mit seiner Unterstützung Hirse und Spelt aus Etrurien erhielten.[88]

Alles deutet auf eine mehr als nur vorübergehende Verbindung zwischen Rom und Clusium hin: *Romanis pax fida ita cum Porsenna fuit* [die Römer hatten somit einen sicheren Frieden mit Porsenna].[89] Ein bemerkenswerter Zug in der literarischen Tradition, nämlich die volle Sympathie und Bewunderung der besiegten Römer für ihren furchtbaren Feind, könnte seine Erklärung in einem über längere Zeit währenden Bündnis zwischen dem König und der jungen Republik finden.[90] Die Behauptung, daß in Rom in späterer Zeit eine Statue Porsennas neben der *curia* stand,[91] ist natürlich nicht zu beweisen, aber auch nicht unbedingt falsch. Die echte, volkstümliche Sage, die den Ursprung der staatlichen Versteigerungen aus dem Akt des *bona Porsennae vendere* herleitet, wie er sich in der Freude nach dem Ende der Belagerung Roms abspielte, bezeugt die Dankbarkeit der Römer gegen ihn.[92] Es scheint — mir zumindest — ganz glaubhaft, daß sein Grabmal bei Clusium den Römern wirklich bekannt war.[93] Wir können nicht bezweifeln, daß die Römer ihn für den König von Clusium hielten,[94] und wir können mit ziemlicher Gewißheit annehmen, daß er damals den etruskischen Bund führte.[95]

Hinzu kommt eine weitere bemerkenswerte Tatsache. Wenn wir von den erfundenen Namen der Konsulliste für die ersten Jahre der Republik — worauf wir noch zurückkommen werden — einmal absehen, so finden wir am Anfang der *fasti* zwei Etrusker als Amtsträger: Sp. Larcius und T. Herminius.[96] Da die Nachkommen der *Larcii* in der römischen Politik später keine Rolle mehr spielten und wir in den *fasti* nur noch *einen* weiteren *Herminius* (cos. 448 v. Chr.) finden, kann ihre Existenz ebensowenig wie die des vier Jahre später amtierenden Diktators T. Larcius auf Fiktion beruhen. Unmittelbar nach der Vertreibung der Tarquinier scheinen sie als Vertrauensleute Porsennas fungiert zu haben. Es gab vielleicht noch mehr Vertreter Porsennas in Rom: Die etruskischen *Volumnii, Aquilii, Manlii*, die alle in den nächsten Jahrzehnten an der Spitze des römischen Staates stehen, können nur bei einer früheren Einwanderung dieser Sippen aus dem äußersten Süden Etruriens oder einer späteren aus Vulci oder Clusium nach Rom gekommen sein. Und wenn der kulturelle Einfluß Etruriens in der ersten Hälfte des 5. Jahrhunderts nicht endet, so ist das nicht etwa einem Fortbestand des Königtums zuzuschreiben,[97] sondern der Verbindung zwischen Clusium und Rom.

Eine wesentliche Frage hinsichtlich der Vorgeschichte der Eroberung Roms durch Porsenna muß ungelöst bleiben. Unsere römischen Quellen behaupten, daß vor diesem Angriff Veii und Tarquinii ein Heer gesandt hätten, um den römischen König wiedereinzusetzen.[98] Daß Superbus nicht nur politisch von Veii abhängig war, sondern auch religiöse und künstlerische Anregungen aus dieser Stadt empfing, ist sehr wahrscheinlich und mit Recht behauptet worden.[99] Andererseits ist eine Einmischung von seiten Tarquiniis und Veiis nur als Angriff auf Porsenna denkbar, und das scheint im Lichte der späteren Ereignisse kaum glaubhaft. Die annalistische Überlieferung enthält im übrigen eine merkwürdige Nachricht, die mit dem Gedanken einer nationalen Erhebung gegen die Fremdherrschaft unvereinbar ist: Die Befreier Brutus und Collatinus sollen selbst der etruskischen Dynastie angehört haben. Wenn das wahr wäre, würde es auf eine Palastrevolution vor der Invasion aus dem Norden hindeuten. In Wahrheit ist aber die Rolle des Brutus literarische Fiktion.

In jedem Falle war die 'Befreiung' Roms von den Tarquiniern ein Werk Porsennas, wie schon K. O. Müller und Ed. Meyer erkannten.[100] Wir brauchen nicht auf sämtliche verschiedenen Ansichten über die Gründe und Ereignisse einzugehen, die zum Sturz der Monarchie in Rom führten.[101] Die stark voneinander abweichenden Meinungen enthalten alle ein Körnchen Wahrheit. Wenn etwa G. De Sanctis[102] im Sturz der Monarchie das Ergebnis einer langen politischen Entwicklung sieht, oder G. Giannelli[103] mit vielen anderen einen Staatsstreich der Aristokratie, so heben sie nur jeweils verschiedene innenpolitische Faktoren hervor, die alle zum selben Ergebnis beitrugen. Die nationale Unabhängigkeit war jedoch nicht das eigentliche Ziel,[104] sondern nur die Folge jener Kette von politischen Ereignissen in Rom. Es war zu dieser Zeit in Mittelitalien eine allgemeine Tendenz, daß die Herrschaft der Aristokratie die der Könige ersetzte; sobald der Thron einmal vakant war, ergriff eine kriegerische Adelsschicht die Gelegenheit, die Lenkung des Staates zu übernehmen.

Es ist von höchster Bedeutung für die Lösung dieser schwierigen

76 Das letzte Jahrzehnt des 6. Jahrhunderts in Latium

Fragen, daß wir nunmehr einen festen Pfad gewonnen haben, auf dem wir uns einen Weg durch den Sumpf einer trügerischen Überlieferung bahnen können, die den Zeitpunkt der Neuordnung des Latinerbundes und der Vernichtung des Heeres Porsennas bei Aricia überlagert hat. Daß unsere Datierung der Flucht der Tarquinier vor Porsenna und der Einrichtung eines neuen Regimes in Rom zutrifft, wird auch durch den Zeitpunkt der Einweihung des kapitolinischen Tempels bestätigt.[104a] Eine berühmte Stelle bei Plinius d. Ä.[105] teilt uns mit, daß 304 v. Chr. der Ädil Cn. Flavius 204 Jahre bis zu diesem Ereignis zurückzählte. Mommsen[106] hat gesehen, daß die römische Jahreszählung nicht mit der Begründung der Republik und der Befreiung von der Königsherrschaft begann, sondern mit diesem religiösen Ereignis. Aber andererseits hat Kr. Hanell[107] erkannt, daß nicht nur Cn. Flavius die Jahresnägel in der Wand des kapitolinischen Tempels zählte, sondern jemand anders nach dieser Nagelzählung noch die Anzahl der Paare eponymer Magistrate in den Konsularfasten berechnete. Dabei trat eine 'Lücke' am 'Anfang' der republikanischen Ära zutage, da die Nägel in der Kapitolsmauer ein etwas höheres Datum als die Magistratspaare in den *fasti* ergaben. Die Entdeckung dieser Lücke durch die Priester, die für die *fasti* verantwortlich waren, erklärt, warum gerade die ersten Jahre am Anfang der Konsulliste mit gefälschten Namen ausgefüllt sind: Die Zahl von 204 Nägeln wurde als gesichert hingenommen; die Liste der Konsulpaare wurde daher willkürlich vervollständigt, indem man Amtsträger hinzufügte, welche den Gentilnamen einer wichtigen Sippe aus der neuen plebejischen Nobilität und der alten, patrizischen *gens Valeria* trugen. Hinzu kam noch der Name des M. Horatius, weil man annahm, er habe das Heiligtum geweiht und den ersten Nagel in seine Mauer geschlagen. In Wahrheit hat er nur den Tempel nach dem Galliersturm neu geweiht, wie wir später sehen werden. Es war vielmehr der letzte Tarquinier, der im Jahre 509/08 v. Chr. das von ihm selbst errichtete Bauwerk dedizierte. Wenn wir die gefälschten Namen ausscheiden, müssen wir die Flucht der Tarquinier gemäß der kymäischen Chronologie auf 505 v. Chr. herabrücken und die Schlacht von Aricia mit der folgenden Aussöhnung zwischen Porsenna und Rom auf 504 v. Chr.

Porsenna in Rom 77

Der Fall des M. Horatius erfordert weitere Klärung. Wir wissen, daß die Alten seinen Namen auf dem Architrav unter dem Giebel des Heiligtums [108] lasen und diese Einsetzung des Namens eines Jahresmagistrates statt desjenigen des letzten Königs als Resultat einer *damnatio memoriae* betrachteten. Unsere Quellen [109] schwanken in der Datierung der Weihung des Kapitols zwischen dem ersten und dem dritten Jahr der Republik. Fabius Pictor setzte sie mit Antias in das Jahr, das umgerechnet 509 v. Chr. ergibt, Piso und Macer in das folgende.[110] Dieses Schwanken kann nicht auf allgemeine chronologische Überlegungen zurückgehen, sondern nur auf unterschiedliche Bemühungen, das Datum mit der Eroberung Roms in Übereinstimmung zu bringen. Diese Männer *wußten*, daß Rom vom Feind erobert worden war, und versuchten, die Weihung in die Zeit vor oder nach der Besetzung zu rücken. Für die Jahre nach 509 oder 508 waren noch keine Magistrate verzeichnet, sondern es bestand eine 'Lücke', die nach 304 v. Chr. mit erfundenen Namen und Triumphen ausgefüllt wurde. Die frühesten römischen Geschichtsschreiber nahmen an, daß es im ersten Jahr nach der Vertreibung der Tarquinier einen Versuch von seiten Veiis und Tarquiniis gegeben habe, sie zurückzuführen; deshalb wurde der Kampf gegen Porsenna in das zweite bzw. dritte Jahr der neuen Ära gesetzt.[111]

Wie verläßlich sind diese Listen überhaupt? Eine Reihe vorzüglicher Gelehrter [112] leugnet die Authentizität des ersten Teils der *fasti consulares*, andere verteidigen sie.[113] Jedenfalls muß man mit weitreichenden Manipulationen rechnen, wie die Aufnahme plebejischer Namen in die frühen Konsullisten zeigt; in der betreffenden Zeit war noch kein Plebejer zum Konsulat wählbar.[114] Da erwiesenermaßen [115] das Patriziat nichts anderes war als die Adelsreiterei, welche die Leibwache der etruskischen Könige bildete, und ihm nur die Familien dieser Reiter angehörten (ganz so wie in der herrschenden Aristokratie des äolischen Kymä), kann man sich nicht mehr auf eine Übergangszeit berufen, während der noch Plebejer zur jährlichen Leitung des Staates zugelassen waren. Die Wahlqualifikation der *equites* als solcher sowie ihr ausschließliches Recht, den Götterwillen durch *auspicia* zu erforschen und das *imperium* zu erhalten, stellen einfach eine Usurpation königlicher Rechte durch diese Klasse dar, ein Vorgang, der nur unmittelbar nach der Vertreibung des Königs und seiner Familie vorstellbar ist. Die Opposition der *plebs*, geleitet von den Häuptern einflußreicher Sippen,[116] die durch diesen *numerus clausus* von der Macht ausgeschlossen waren, setzte bald danach ein, aber nicht etwa mit dem Ziel, diese königlichen Privilegien zurückzugewinnen, sondern um erstmals daran teilzuhaben. Die plebejischen Namen im ersten Teil der Liste müssen folglich spätere Einfügungen sein. Andere, ähnliche Abänderungen kann man vermuten. Es ist sehr wahrscheinlich, daß der König zuerst durch den *magister populi* ersetzt wurde, die Diktatur also eine normale Magistratur darstellte.[117] Da aber der *dictator* den militärischen und politischen Repräsentanten der Adelsreiterei, den *magister equitum*, neben sich hatte, haben wir auch hier Namenspaare. Diese konnten von späteren Generationen, denen der ursprüngliche Hintergrund nicht mehr klar war, als Konsulpaare gedeutet werden. Andererseits weist die Rolle des *magister equitum* als des Vertreters des Patriziates neben dem *magister* des ganzen, auch den Senat umfassenden *populus* auf den Ursprung dieser Einrichtung in der Zeit nach dem Sturz des Königtums hin.

Trotz solcher und anderer eventueller Interpolationen ist der Kern der Liste alt und echt, wie schon Mommsen erkannt hat. C. Cichorius[118] hat im ältesten Teil der Konsulfasten eine beträchtliche Anzahl von eponymen Magistraten festgestellt, deren Familien später entweder ausstarben oder in Bedeutungslosigkeit absanken. Er hat damit gezeigt, daß zu der Zeit, als die Listen interpoliert wurden, niemand mehr da war, der ein Interesse daran hätte haben können, solche unbedeutenden oder vergessenen Namen in die *fasti* einzuschmuggeln. Namen dieser Art sind die schon erwähnten *Larcii* und der *Herminius* von 506, 501, 498 und 490 v. Chr., daneben aber eine weit größere Anzahl von Persönlichkeiten, die hauptsächlich in den zwei Jahrzehnten vor dem Dezemvirat aufgeführt werden. Wie jedoch Ed. Meyer[119] betont hat, kann man an einer Stelle statt kleinerer, willkürlicher Änderungen eine Fälschung in größerem Maßstab nachweisen, und zwar am Anfang der Eponymenliste, wo in den drei ersten Jahren neben M. Horatius, dessen Fall wir schon erwähnten, unechte Namen eingeschmuggelt wurden, um die Lücke zwischen dem letzten König und den ersten Amtsträgern der Republik zu überbrücken.

Bis zu einem gewissen Grade können Art und Zeitpunkt dieser Fälschungen geklärt werden. Zunächst ist deutlich, daß sie von plebejischen Redaktoren der Priesterannalen stammen, denn sie waren dem Verfasser des ältesten annalistischen Werkes bekannt, der diesen angeblichen, frühen Amtsträgern mit plebejischen Namen erfundene Heldentaten zuschrieb, wie er denn auch sonst sein mageres Quellenmaterial durch irgendwelche neuerfundenen und legendären Geschichten 'ergänzte'. Der Titel *Brutus* einer *fabula praetexta* des Accius verrät, daß der Befreier damals schon eine allgemein bekannte Gestalt in Rom war; die rührende Geschichte von Lucretia, die man mit Brutus verband, wurde von Fabius Pictor erzählt;[120] Horatius Cocles scheint von Pictor und Ennius[121] verherrlicht worden zu sein; auch Cloelia[122] gehört zu diesen alten Wundergestalten.

Lange vor den Annalisten, nämlich als die plebejischen *Iunii Bruti* sich in der mittleren Republik hervortaten, wurde der Name ihres erfundenen Ahnen wie auch der des ersten Valerius in die Liste eingeschmuggelt.[123] Später kam dann der 'Vater der Lügen', Valerius Antias, dem wir das meiste von dem zuschreiben müssen, was über die frühesten *Valerii* berichtet wird: die drei aufeinander folgenden Konsulate des Valerius Poplicola in den ersten drei Jahren der Republik, das Konsulat seines Bruders im vierten Jahr, sein eigenes wieder im fünften Jahr und auch die heroischen Taten der Valeria als Geisel Porsennas.[124] Sehr nützlich für das Aufdecken falscher Namen in den *fasti* ist auch die von anderen Gelehrten[125] bestätigte Entdeckung Mommsens[126], daß die *cognomina* der frühen Konsuln in unseren Listen Zusätze aus der späten Republik sind. Diese Beobachtung kann mit den Ergebnissen einer Untersuchung des Verfassers verknüpft werden,[127] worin gezeigt wurde, daß die *cognomina* in unseren Listen ursprünglich Spitznamen der Magistrate waren, sehr oft mit komischem oder herabsetzendem Unterton. Solche Spottnamen hatten natürlich nichts mit den in der Jugend von den Eltern gegebenen Namen zu tun und waren in jenen frühen Zeiten nicht vom Willen der Sippen abhängig, sondern wurden auf dem Forum oder im Felde den führenden Männern von der Masse angehängt. Später natürlich, als die kriegerischen Viehzüchter der einst kleinen Siedlungen am Palatin und Quirinal die Vormacht in Mittelitalien darstellten, waren die rohen Spitznamen der herrschenden Sippen trotz ihrer nicht eben ehrenden Bedeutung geheiligt durch Alter und ruhmvolle Geschichte und hatten einen ehrwürdigen Klang — wie wir es ähnlich bei den seltsamen Tiergestalten der mittelalterlichen Heraldik feststellen. So kam es, daß die fürstlichen *gentes* dieser Zeit die *cognomina* ihrer Ahnen zur Unterscheidung der verschiedenen Zweige ihrer Sippen benutzen konnten.

Einer dieser Beinamen war Brutus, der „Dumme"; er kam offenbar in der zweiten Hälfte des 4. Jahrhunderts in Gebrauch und wurde entweder 304 v. Chr. oder nicht lange danach heimlich in die *fasti* eingeschmuggelt. Später, vor allem nach den Kriegen mit Hannibal, als die Nobilität nicht mehr den Kern des Heeres bildete, sondern einen Kreis von fürstlichen Familien, welche die Mittelmeerwelt regierten, versuchten diese allmächtigen Sippen, die Lächerlichkeit der Spottnamen durch pietätvolle, beschönigende Erklärungen zu bemänteln, deren Naivität an Kindermärchen erinnert. Eine davon ist die annalistische Erzählung von Brutus, in der betont wird, er sei kein Tölpel gewesen, sondern habe seine Klugheit hinter scheinbarer Dummheit verborgen, um sich vor dem Argwohn des grausamen Tyrannen zu schützen. Wie er durch dieses Verhalten *magister equitum* werden konnte, rechte Hand des Königs und zweiter Mann im Staate, versteht man nicht recht.[128]

Ähnlich verhält es sich mit dem Fall des Valerius *Poplicola*[129]. Es ist nicht zu entscheiden, wann der Spitzname dieser hochberühmten Sippe wirklich aufkam; sicher ist nur, daß er spät in die *fasti* eingefügt wurde. Es kann nicht bezweifelt werden, daß die Erklärung, der Name sei *populi colendi causa* [wegen seines Dienstes am Volk] verliehen worden, falsch ist. Das gemeine Volk *[plebs]* wurde in diesen frühen Zeiten nicht *populus* genannt: der archaische Titel *magister populi*, das häufige Vorkommen dieses Begriffes in den Iguvinischen Tafeln u. a. m. zeigen, daß *populus* im alten Latein und in anderen verwandten Dialekten die Gesamtheit des Volkes einschließlich der Aristokratie bezeichnete. Also ist auch die auf dem Namen beruhende Fabel, welche die Deutung *plebicola* voraussetzt, eine Fälschung.

Es scheint nicht unangebracht, kurz auf diese Idealgestalten einzugehen, die so anziehend auf die begeisterungsfähige Jugend wirken. Seit Niebuhr muß jeder Historiker sich damit abfinden, sie aus der Geschichte zu verbannen. Auch brauchen Lehrer, die in ihren Schülern hohe Gesinnung wecken wollen, keine Bedenken zu haben, diese Geschichten wegzulassen; sie sind nur ein schwaches Echo der wirklichen Größe der Römer. Der jüngere Balbus, der in das Lager des Pompeius vor Dyrrhachium eindrang, um den Weg für das neue Kaiserreich freizumachen, führte ein ebenso wagemutiges Unternehmen aus wie der legendäre Scaevola, der in das Lager Porsennas schlich. Scaeva und viele andere Zenturionen Caesars vollbrachten weit kühnere Taten als es der einsame Kampf des Cocles gegen die Übermacht war. Und wieviel bewundernswertere militärische Eigenschaften als der farblose Romanheld Brutus besaßen Männer von Fleisch und Blut wie der Cunctator, der ältere Africanus oder Caesar! Und noch turmhoch über ihren erstaunlichen Leistungen steht die unbeugsame Entschlossenheit des römischen Volkes angesichts der Invasion Hannibals, die mit der vernichtenden Kraft eines reißenden Stroms ganz Italien verwüstete.

Jenes dichte Netz von Legende und Fiktion füllte die 'Lücke' zwischen der Weihung des Kapitols und dem wirklichen Beginn der Amtsführung von Jahresmagistraten. Daß diese Lücke von den Annalisten wahrgenommen werden konnte, erklärt sich aus ihrer Kenntnis der etruskischen Unternehmungen und der Gegenmaßnahmen der Latiner, wie sie die kymäische Chronik schilderte. Deren Angaben, die noch vor Pictor von griechischen Historikern benutzt wurden, stellen für uns — das sei nochmals betont — eine wirkliche Grundlage dar, auf der wir den Übergang von der Monarchie zur Republik rekonstruieren können.

Der Dianatempel auf dem Aventin als latinisches Bundesheiligtum und seine lokalen Nachfolger [129a]

Aventinum aliquot de causis dicunt, sagt Varro (L. L. 5, 43), *... alii A⟨d⟩-ventinum ab adventu hominum, quod com⟨m⟩une Latinorum ibi Dianae templum sit constitutum.* [Über die Herkunft des Namens *Aventinus* gibt es verschiedene Theorien ... andere leiten *A⟨d⟩-ventinus* von der Ankunft *(adventus)* von Menschen ab, weil dort der Tempel der Diana als Bundesheiligtum der Latiner errichtet worden sei.] Die römischen Historiker schreiben die Gründung dieses Bundesheiligtums, wie so mancher anderer nützlicher Einrichtungen der Republik, dem guten alten König Servius Tullius zu, der durch diplomatisches Geschick und Überredungskunst erreichte, daß die latinischen Staaten ihre jährlichen Zusammenkünfte auf den Aventin verlegten und der Gottheit dort einen Tempel bauten.[130] Die Existenz eines solchen Bundesheiligtums ist nie in Frage gestellt worden und kann auch nicht bezweifelt werden. Aber das angebliche Datum der Gründung entspringt dem allgemeinen Bestreben der römischen Geschichtsschreiber, die Hegemonie Roms über Latium in möglichst frühe Zeit zurückzuverlegen.[131] Wie man die angebliche frühe Stiftung dieses religiösen Zentrums der Latiner zu deuten habe, erfahren wir von Livius: *ea erat confessio caput rerum Romam esse* [dies war das Eingeständnis, daß Rom die Vormacht sei] (I 45, 3). Dionysios[132] berichtet, er habe in seiner Jugend die Stele mit der Gründungsurkunde gesehen, die in archaischer Schrift abgefaßt war, „wie man sie früher in Griechenland benutzte". Diese Stele stand tatsächlich im Tempel der Diana auf dem Aventin, wie die Erwähnung des Dokumentes bei römischen Antiquaren erweist.[133] Mommsen[134] hat einleuchtend argumentiert, daß die Ritualvorschriften des Altars der Diana auf dem Aventin *[ara Dianae in Aventino]*, die von so vielen Dianaheiligtümern in der römischen Welt übernommen wurden, aus dieser *lex dedicationis* [Gründungsstatut] *arae Dianae Aventinensis* stammten. Der Name des sagenhaften Königs stand gewiß nicht am Anfang dieses Textes; dort hätte die Neugier des älteren Cato, der den Namen Egerius Baebius auf der Inschrift im

Hain von Aricia entdeckte,[135] den Namen eines anderen *dictator Latinus* finden können.

Jedenfalls steht die Einrichtung des Dianatempels als Bundesheiligtum — und darum geht es uns hier — zweifelsfrei fest.[136] Sogar die naive Anekdote, daß die Opferung eines besonders kräftigen Stieres für Diana auf dem Aventin von einem Römer statt von einem — überlisteten — Latiner vollzogen wurde,[137] um hierdurch gemäß dem Willen des Schicksals die römische Herrschaft über Latium zu garantieren, scheint ein vorliterarisches Zeugnis für die Existenz dieses Bundesheiligtums oder auch ein Nachhall des römischen Versuchs zu sein, das politische Zentrum der Latiner vom Hain von Aricia nach dem Aventin zu verlegen. Das Gründungsdatum des neuen Bundesheiligtums kann auf Grund einer glänzenden Beobachtung von E. Pais und G. Wissowa festgelegt werden. Wir geben das Ergebnis der Schlußfolgerungen Wissowas mit dessen eigenen Worten wieder [138]:

Daß dieses Heiligtum (auf dem Aventin) auf Betreiben des Servius Tullius auf gemeinsame Kosten der Latiner und Römer als Bundesheiligtum gegründet wurde, ist einstimmige Überlieferung des Altertums ... Daß gerade Diana als Bundesgottheit verehrt wurde, erklärt man durch die Annahme, daß das Bundesheiligtum der kleinasiatischen Jonier, der ephesische Artemistempel, zum Vorbilde gedient habe, und diese Meinung hat wohl dazu geführt, daß man später, als man das Bedürfnis fühlte, ein Kultbild der Göttin im aventinischen Tempel aufzustellen, für dieses — durch Vermittlung des massaliotischen Tochterkultes — den Typus der ephesischen Artemis wählte (Strab. IV 180). Der tatsächliche Grund aber für die Verehrung der Diana als Bundesgottheit war kein anderer als der, daß das aventinische Heiligtum eine Filiale des aricinischen war und durch seine Gründung der sakrale Mittelpunkt des Bundes von Aricia nach Rom verlegt wurde ... Auch der ursprünglich an die Lokalität von Aricia gebundene Gottesdienst der Egeria ist mit nach Rom übertragen worden [139] ... Der Stiftungstag des Tempels fällt auf denselben Tag, an dem auch im Haine von Aricia das Fest der Göttin begangen wurde (Stat. *silv.* III 1, 60), nämlich den 13. August ... und dieser Tag wurde in Italien allenthalben gefeiert (Stat. *silv.* III 1, 59 f.: *omnisque pudicis Itala terra focis Hecateidas excolit idus*). Die Bedeutung des Heiligtums geht auch daraus hervor, daß sein Tempelstatut (*lex dedicationis*, vgl. Fest. p. 165 b 25), wahrscheinlich das älteste überhaupt bekannte, in der

84 Das letzte Jahrzehnt des 6. Jahrhunderts in Latium

Weise vorbildlich für alle späteren wurde, daß man für alle allgemeinen und stets wiederkehrenden Bestimmungen einfach darauf verwies mit der Formel *ceterae leges huic arae titulisque eaedem sunto, quae sunt arae Dianae in Aventino* [die übrigen Vorschriften für diesen Altar und die Inschriften sollen dieselben sein wie beim Altar der Diana auf dem Aventin] (CIL XII 4333 u. a. m.) ...

So wird man als sicher annehmen dürfen, daß durch die Übertragung dieses Dianakultes nach dem Aventin zugleich die sakrale Vorstandschaft dieses Bundes an Rom überging, ... so spiegelt sich hier in der Aufnahme der dem römischen Staatskulte bisher fremden Diana der Beginn des Aufgehens der Latiner in Rom wider, wie durchweg die Erweiterung des römischen Götterkreises der fortschreitenden Ausdehnung der römischen Herrschaft parallel läuft.[140]

Die Folgerungen Wissowas sind von den meisten modernen Historikern akzeptiert worden, die freilich mit wenigen Ausnahmen [141] auch an die Geschichtlichkeit des überlieferten Gründungsdatums des Heiligtums auf dem Aventin, d. h. an ein Werk des Servius Tullius, glauben möchten.[142] Einige von ihnen vermuteten, daß das Heiligtum in Aricia erst nach der Regierungszeit dieses Königs begründet worden sei, und versuchten, das zeitliche Verhältnis zwischen den beiden Kulten umzukehren, mithin den vom Aventin als den ursprünglichen und älteren zu betrachten.[143] Diese These wurde jedoch zwingend widerlegt [144] und Wissowas Ergebnisse erneut bekräftigt.

Wenn so die Priorität von Aricia und seiner Diana als Zentrum des Latinerbundes gegenüber dem Aventin sichergestellt ist, bleibt noch eine kleine, aber entscheidende Einzelheit zu korrigieren, die für die Beziehung zwischen den Bundeskulten von Aricia und Rom wichtig ist. Wissowa hat, wie wir sahen, den Tempel auf dem Aventin als eine „Filiale" des Heiligtums von Aricia angesehen. Das wäre eine ganz selbstverständliche Annahme, wenn die römische Einrichtung ein lokaler, nur für Rom gedachter Ableger des religiösen Zentrums von Aricia wäre. Aber der Aventin war, wie sein Vorgänger, ein latinisches Bundesheiligtum der Diana *[commune Latinorum Dianae templum]*, und der Bund konnte stets nur *einen* solchen Mittelpunkt für seine Bundesfeierlichkeiten haben. Nur in *einer* Stadt konnten die Vertreter der verbündeten Städte und die jährlichen Magistrate des Bundes ihre rituellen Pflichten am Tage des Dianafestes erfüllen, der zugleich der Tag für die Feiern im Rahmen der lokalen Dianakulte in den einzelnen latinischen Städten war. Dies führt zu wichtigen Folgerungen. Es leuchtet ein, daß der Aventin nur zu einer späteren Zeit als Aricia Mittelpunkt des Latinerbundes sein konnte. Wie das Hervortreten des ursprünglichen *lucus Dianius* auf das zeitweilige politische Übergewicht Aricias zurückging, so war auch seine Ablösung durch eine konkurrierende Einrichtung derselben Art politisch begründet. Sie konnte erst stattfinden, nachdem die frühere Vormacht durch einen Rivalen überwunden worden war, und da wir nun wissen, daß Aricias Aufstieg zur Führung des Latinerbundes in das letzte Jahrzehnt des 6. Jahrhunderts gehört, muß seine Verdrängung durch Rom in spätere Zeit fallen. Rom konnte Aricias Platz erst nach dem Sieg am See Regillus einnehmen, und nicht bereits um die Mitte des 6. Jahrhunderts oder unter Servius Tullius, wie die Annalisten uns glauben lassen wollen. «La construction du temple de Diane», schrieb A. Merlin 1906,[145] «commémorait les premiers progrès des armes romaines, prélude des triomphes futurs; elle proclamait la soumission des Latins, reconnaissant la souveraineté [wir würden nur sagen: die ‹prépondérance›] de la République, mais non pas encore leur conquête et leur absorption.»

Zahlreiche archäologische Entdeckungen in der Ewigen Stadt veranlassen zu dem Urteil, daß ein um die Mitte des 6. Jahrhunderts errichteter Tempel nichts Außergewöhnliches für Rom darstellen würde. Aber der Aventin lag nicht innerhalb, sondern außerhalb der heiligen Grenzlinie, und das ist ungewöhnlich für einen hochoffiziellen Kult von eminenter politischer Bedeutung. Da wir die Niederlage der Latiner (496 v. Chr.) als *terminus post quem* sichergestellt haben und sehen werden, daß der Aventin nur vor 456 v. Chr. Bundesmittelpunkt werden konnte, ist das Gründungsdatum innerhalb dieser zeitlichen Begrenzungen, dem Sieg am See Regillus und dem Dezemvirat, zu suchen — vermutlich näher dem ersten als dem zweiten Ereignis. Wir glauben nicht, daß das Heiligtum sofort einen Tempel erhielt; der *lucus Dianius* von Aricia mit seinem Kultbild unter freiem Himmel konnte durch die Weihung eines anderen Haines ersetzt werden, und auch die Gründungsurkunde sprach ja von einem *Altar*. Das Gebäude scheint also erst später hinzugekommen zu sein.[146]

Die Anlage eines Bundesheiligtums auf dem Aventin ist der Hauptgrund dafür, daß der Hügel außerhalb der heiligen Stadtgrenze blieb: das Bundeszentrum mußte exterritoriale Rechte genießen. Der Bundeskult der Diana auf dem Hügel *Corne* bei Tusculum,[147] der auch einen Versuch darzustellen scheint, die Führungsrolle im Bund zu erringen, und wohl in die zweite Hälfte des 5. Jahrhunderts gehört, lag ebenfalls außerhalb der eigentlichen Stadt. Ebenso können die dreizehn großen, archaischen Altäre, die außerhalb von Lavinium entdeckt worden sind,[148] mit einiger Sicherheit als aus dem 6. Jahrhundert stammende Reste des Bundesheiligtums von Lavinium angesehen werden.[149]

Das späte Gründungsdatum des Heiligtums auf dem Aventin ist bedeutsam für die Geschichte des frühen Rom. Dieser Hügel wurde von 456 v. Chr. an Sitz der religiösen und politischen Organisation der römischen *plebs,* einer revolutionären Gemeinschaft, die nicht unter Servius Tullius, sondern erst nach dem Sturz des Königtums entstand. Die Rolle des Dianahaines als Bundesheiligtum geht zweifellos der plebejischen Niederlassung auf dem Aventin voraus. Glücklicherweise ist das Datum dieses ersten großen Wagnisses der plebejischen Revolution,[150] die nach 504 v. Chr. begann und dann ständig an Kraft gewann, in der Erinnerung der Römer bewahrt worden, weil damit grundlegende Entwicklungen verknüpft waren, die den politischen Kampf bis 287 v. Chr. bestimmten. Obwohl die literarischen Zeugnisse oft Genauigkeit vermissen und uns über vieles im unklaren lassen, ragen die entscheidenden Fakten dennoch wie Felsen aus dem dunklen Meer des Vergessens heraus.

Die *plebs* nahm den Aventin als Bollwerk gegen das herrschende Patriziat einige Jahre vor der Mitte des 5. Jahrhunderts in Besitz, und die Zuweisung von Landlosen durch diese revolutionäre Organisation wurde bald darauf vom Staate offiziell anerkannt, als die Führer der *plebs* sich mit der Aristokratie aussöhnten.[151] Erst danach wurde der Aventin Zentrum der revolutionären Plebejer, die eine eigene politische Organisation aufbauten, welche dann Schritt für Schritt in den patrizischen Staat eingebaut wurde und schließlich mit ihm verschmolz.[152] Der Aventin, der 456 v. Chr. als

Der Dianatempel auf dem Aventin

militärischer Stützpunkt der *plebs* besetzt worden war, verwandelte sich allmählich in deren Verwaltungszentrum, nachdem die plebejische Organisation anerkannt und legalisiert worden war.

Zum besseren Verständnis des Staatsstreiches von 456 v. Chr. müssen wir natürlich die Wurzeln der 'popularen' Bewegung freilegen. Sie war eine gewaltsame Reaktion gegen die Bildung des Patriziates,[153] das sich, wie wir schon feststellten, nach der Flucht der Tarquinier die Privilegien des *auspicium* und *imperium* und damit den ausschließlichen Anspruch auf die Bekleidung der Ämter angeeignet hatte. Diese Bewegung konnte zwar auf Unterstützung durch die unteren Schichten des Volkes rechnen, aber sie wurde nicht von Fremden und reichen Kaufleuten oder Freigelassenen und Arbeitern in Gang gesetzt; letztere waren noch viele Jahrhunderte später mißachtet und politisch rechtlos.[154] Die Bedrohung der späten Republik durch das städtische Proletariat, welche die Darstellung der Frühzeit in unseren relativ späten Quellen und in modernen Werken beeinflußt hat, ist aus unseren Überlegungen zu verbannen. Im archaischen Rom existierte sie nicht. Dort wurde der Aufstand der unteren Schichten in Wahrheit durch die Angehörigen jener mächtigen römischen Sippen gelenkt,[155] die aus dem Kreis des Patriziates ausgeschlossen waren, aber trotzdem die Führung des Staates anstrebten. Auch der gewöhnliche Bürger erhielt natürlich als Lohn für seine Unterstützung Vergünstigungen und Schutz von seinem Patron, aber sogar unsere späte Überlieferung verrät noch die entscheidende Tatsache, daß der Hauptzweck der plebejischen Bewegung die stufenweise Zulassung ihrer Führer zur Staatslenkung war. Wir beobachten keinen Abbau sozialer Schranken, keine Beteiligung der Massen an den Privilegien der Aristokratie, als dann die *plebs* ihr Ziel erreicht hatte; wir stellen nur die Anerkennung der Volkstribunen *[tribuni plebis]* und später[156] der *aediles* als staatliche Amtsträger fest sowie die allmähliche Eingliederung der sozial führenden Schicht der *plebs* in die Adelsreiterei. Der Kampf dieser wichtigen sozialen Gruppe gegen das Patriziat begann gewiß nicht erst ein halbes Jahrhundert nach dessen Machtergreifung um 504 v. Chr. Bei der Aussöhnung unter dem Dezemvirat können die Plebejer bereits die Früchte ihrer politischen Anstrengungen ernten. Bei Beginn des neuen Regimes unter und nach

88 Das letzte Jahrzehnt des 6. Jahrhunderts in Latium

Porsenna hatten die *equites* den doppelten Vorteil einer überlegenen militärischen Schlagkraft und einer festen sozialen Grundlage für die Rekrutierung ihres Gefolges, wohingegen die besonderen taktischen Schritte für den Gegenstoß des Fußvolkes in den nächsten Jahrzehnten erst noch entwickelt werden mußten. Als der Aventin auf Dauer besetzt wurde, war diese Entwicklung schon recht fortgeschritten.

In späterer, uns besser bekannter Zeit war der politische und administrative Mittelpunkt der *plebs* nicht der Tempel der Diana, sondern der von Ceres, Liber und Libera auf dem Aventin.[156a] Die literarische Tradition datierte das Gelübde des Diktators Postumius Albinus, der Ceres einen Tempel zu bauen, in das Jahr 496 v. Chr. und die Weihung des Heiligtums auf 493 v. Chr. Das Datum ist von vielen Gelehrten anerkannt worden,[157] aber andere haben mit gewichtigen Argumenten einen entgegengesetzten Standpunkt vertreten.[158] Es ist ihnen nicht entgangen,[159] daß A. Postumius Albinus als führender Vertreter der seit kurzem herrschenden Aristokratie wohl der letzte gewesen wäre, der der revolutionären Opposition ein ständiges Zentrum errichtet hätte. Sein Sieg am See Regillus war vielmehr der Beweis dafür, daß die Reiterklasse die Fähigkeit zur Staatslenkung besaß. Die *Dioscuri*, denen er auf dem Schlachtfeld einen Tempel auf dem Forum gelobte, waren nichts anderes als die göttlichen Patrone der Adelsreiterei, und hier stützen die archäologischen Zeugnisse das traditionelle Gründungsdatum des Heiligtums[160]. Die Statuengruppe der göttlichen Jünglinge mit ihren Pferden, die beim Tempel nahe dem See Juturna *[lacus Iuturnae]* auf dem Forum stand, ist bei Ausgrabungen wiederentdeckt worden (Titelbild und Tafel II). Sie ist das Werk eines griechischen Künstlers aus der Magna Graecia, und wir stimmen W. Amelung zu, daß es aus dem 5. Jahrhundert stammt; die Stützen in Gestalt von Palmstämmen unter den Pferden sind spätere Zutat. Folglich ist die Legende von ihrem Erscheinen fast gleichzeitig mit dem von ihnen angekündigten großen Sieg des Postumius Albinus entstanden. Aber unglaubhaft erscheint die Vorstellung, daß ein Vorkämpfer der *equites*-Patrizier den Cerestempel für die Plebs gelobt und erbaut, damit also für die gefährliche Opposition einen Zufluchtsort geschaffen haben sollte, der außerhalb des Auf-

Der Dianatempel auf dem Aventin 89

sichtsbereiches[161] der patrizischen Magistrate lag. Wie De Sanctis schon vor langer Zeit gezeigt hat, kann diese Gründung nur von den *populares* in Angriff genommen worden sein, nicht von ihren Gegnern.

Die gleichen Gründe kann man gegen die Annahme einer legalen und administrativen Rolle des Cerestempels im 5. Jahrhundert geltend machen. Sie würde eine Einrichtung späterer Zeiten vorwegnehmen. Natürlich gab es, ehe das Heiligtum erbaut wurde und sogar ehe die politische Bewegung der *plebs* begann, in der archaischen Rechtspraxis der Römer bereits die Geldbußen und Enteignungen in Form einer Weihung *[sacratio]* an Ceres.[162] Aber dieser altehrwürdige Brauch hat nichts mit der Errichtung des Tempels zu tun, der nicht der alten Agrargöttin der Römer, sondern einer fremden Trias geweiht war. Die Enteignung des Vermögens des Spurius Cassius zugunsten der Ceres und seine Verwendung für die Errichtung einer Kultstatue der Göttin war schon der gemeinsamen Quelle des Livius und Dionysios verdächtig.[163] Ebenso weigerten sich die alten Rechtsdeuter *[iuris interpretes]*,[164] die angebliche Vorschrift der *leges Valeriae-Horatiae* von 449 v. Chr. anzuerkennen, die die Unverletzlichkeit der Volkstribunen schützte *sanciendo ut qui tribunis plebis aedilibus* — die es meiner Meinung nach noch nicht gab — *iudicibus decemviris nocuisset, eius caput Iovi sacrum esset, familia ad aedem Liberi Liberaeque venum iret* [durch die gesetzliche Sanktion, daß das Leben desjenigen, welcher Volkstribunen, Ädilen, Richtern oder Dezemvirn Schaden zufüge, dem Juppiter geweiht und seine Hausgenossen beim Tempel des Liber und der Libera verkauft werden sollten].[165] Es kann in der Tat nicht bezweifelt werden, daß die *sacrosanctitas* der Volkstribunen in der Frühzeit nicht durch gesetzliche Regelungen des patrizischen Staates geschützt war, sondern durch einen von der Gesamtheit der Plebejer ausgesprochenen Fluch: Jeder, der einen Volkstribunen angriff, verfiel damit der revolutionären Lynchjustiz.[166] Eine weitere Vorschrift der erwähnten Gesetze, die den Cerestempel betrifft, ist eine klare Fälschung:

Institutum etiam ab iisdem consulibus, ut senatus consulta in aedem Cereris ad aediles plebis deferrentur, quae antea arbitrio consulum supprimebantur vitiabanturque [Dieselben Konsuln ordneten an, daß die

Senatsbeschlüsse, deren Inhalt zuvor von den Konsuln willkürlich verheimlicht und verfälscht zu werden pflegte, zu den Aedilen der Plebs in den Tempel der Ceres gebracht werden sollten.].[167]

Die Vorstellung, daß der Senat vor 287 v. Chr. sein Archiv der Aufsicht und Kontrolle seiner Widersacher anvertraut hätte, die als Verwaltungsorgane noch gar nicht erkannt waren und ihren Sitz *extra pomerium* hatten, ist absurd. Sogar 304 v. Chr. verursachte die Publikation solcher Dokumente durch den Aedil Cn. Flavius noch große Bestürzung, und die Verfälschung dieser Protokolle durch die Konsuln ging weiter, wie z. B. die willkürlichen Abänderungen bei einer politisch hochwichtigen Entscheidung durch Pompeius im Jahre 52 v. Chr. beweisen. Darüber hinaus spielten die *senatus consulta* noch nicht die Rolle als Verwaltungsakte, die ihnen später zukam; die senatorische Jurisdiktion hatte im 5. Jahrhundert noch keinen Vorrang vor den jeweiligen Anordnungen der Magistrate. Und die Gesetzestexte, die die *plebs* betrafen, wurden noch nicht im Heiligtum der Ceres aufbewahrt, sondern in dem der Diana, wo die *lex Icilia de Aventino publicando* sich auch später noch befand.[168] Mit anderen Worten, der Cerestempel bestand zur Zeit des Dezemvirates noch nicht. Außerdem liefert das besondere Ritual des Heiligtums einen anderen *terminus post quem* für seine Gründung.

Der Cereskult hatte in Rom offenbar alte, einheimische Wurzeln,[169] aber die Trias Ceres-Liber-Libera gehörte zu den *peregrina sacra*,[170] und man vergaß nie, daß sie aus Griechenland kam. Wie der Cereskult nach Rom gelangte, ist von I. Scott Ryberg[171] an den kleinen *arulae* aus Terrakotta in frührömischen Funden aufgezeigt worden. Solche Altärchen tauchen zuerst als typische Weihgaben in den sizilischen Dianaheiligtümern auf und verbreiten sich von dort über die *Magna Graecia* nach Kampanien und Rom.[172] Die ununterbrochene Reihe[173] griechischer Priesterinnen dieses Kultes, die ihre Gebete auf griechisch sprachen und den *Graecus ritus* des Kultes vollzogen, kann nur so gedeutet werden, daß von der Einrichtung des Heiligtums an eine kontinuierliche Tradition bestand. Livius bemerkt zum Jahre 428 v. Chr.[174]:

datum inde negotium aedilibus, ut animadverterent, ne qui nisi Romani di NEU QUO ALIO MORE QUAM PATRIO COLERENTUR. [Die

Aedilen wurden beauftragt, darauf zu achten, daß nur römische Götter verehrt und nur die althergebrachten, einheimischen Riten vollzogen würden.]

Wenn das eine verläßliche Nachricht sein sollte, so wären die Aedilen als Hüter des Tempels dreier fremder Gottheiten in erster Linie verpflichtet gewesen, die religiöse Grundlage ihrer eigenen politischen Organisation zu beseitigen. Aber nicht Ceres und ihre Begleiter, sondern Apollo muß die erste griechische Gottheit gewesen sein, die aufgrund der Befragung der sibyllinischen Bücher nach Rom kam.[175] Die Errichtung seines Tempels wurde 433 v. Chr. gelobt, und 431 v. Chr. wurde er geweiht. Noch 399 v. Chr., als die griechischen Götter, die offiziell als Beschützer des römischen Staates anerkannt waren, zum erstenmal durch ein *sellisternium* [Götterbewirtung] geehrt wurden,[176] waren Ceres, Liber und Libera nicht darunter. Jene erste Auswahl von sechs Paaren olympischer Götter mag die Aufnahme der Ceres in die *sellisternia* bis 217 v. Chr. verhindert haben. Gerade um 400 v. Chr. stellen wir einen neuen Höhepunkt griechischen Einflusses in Rom fest.[177] *Iuno Regina,* durch *evocatio* von Veii auf den Aventin nach Rom gebracht, wurde seit 396 v. Chr. nach dem *Graecus ritus*[178] verehrt. Der Bau des Cerestempels kann nicht viel später erfolgt sein,[179] aber ein festes Datum vor oder nach der gallischen Katastrophe ist nicht fixierbar.

Der Tempel der Ceres war im 'toskanischen' Stil gebaut,[180] aber dieser Stil war in Latium gebräuchlich, bis der Hellenismus ihn schließlich verdrängte.[181] Wäre der Tempel von Ceres, Liber und Libera ein jüngerer Zeitgenosse des kapitolinischen Tempels gewesen, so wäre seine Dekoration wahrscheinlich Künstlern aus Veii oder Vulci anvertraut worden. Aber wir wissen, daß er das Werk zweier griechischer Künstler war, des Damophilos und des Gorgasos. Ihre Heranziehung und die Einführung des griechischen Rituals, dessen Ausübung griechischen Priesterinnen aus Süditalien übertragen wurde,[182] fallen nicht zufällig zusammen.

In unserem Falle hat die Übernahme eines griechischen Kultes mit all seinem Zubehör einen besonderen und sehr bedeutsamen Hintergrund, nämlich seine Verbindung mit der *plebs*. Da die Getreideversorgung vor allem für die Armen lebenswichtig war, erschien modernen Gelehrten [183] die Korngöttin als die gegebene Schutzpatronin der Plebejer. Aber warum wurde nicht die altrömische Bauerngottheit Ceres mit Tellus für diesen Zweck gewählt statt einer fremden Trias mit fremdem Ritual? Wir verstehen dies sofort, wenn wir den politischen Hintergrund kennen. In einer Untersuchung über das Vereinsrecht im republikanischen Rom [184] werde ich zeigen, daß selbständige, spontan entstandene politische Organisationen, die außerhalb des offiziellen Rahmens standen, dort nie gestattet wurden, obwohl man seit Mommsen allgemein das Gegenteil angenommen hat. Diese völlige Beschränkung der freien politischen Vereinsbildung hatte hauptsächlich zur Folge, daß die von den Privilegien der herrschenden Aristokratie Ausgeschlossenen sich zur Verwirklichung ihrer politischen und sozialen Wünsche zwangsläufig unter dem Deckmantel religiöser Vereinigungen zusammenschließen mußten, die zwar nicht gern gesehen, aber doch nicht offiziell verboten waren. Während die autochthonen Kulte von Anfang an durch die Magistrate und offiziellen Staatspriester kontrolliert wurden, waren die Fremdkulte dieser Aufsicht nicht unterworfen und konnten so ihre mystische Anziehungskraft frei entfalten. Wie sich später Gottheiten aus Kleinasien, Syrien, Ägypten und Persien als zu diesem Zweck geeignet erwiesen, so boten sich anfangs griechische Kulte als getarnte Sammelpunkte verbotener politischer und sozialer Bestrebungen an. Der Unterschied liegt darin, daß bei dem zeitlich früheren Versuch die revolutionäre Bewegung, die sich des Kultes der Ceres, Liber und Libera als Basis ihres politischen Zusammenschlusses bediente, erfolgreich war, während spätere Bestrebungen, die die Kultvereinigungen von Bacchos, Sabazios, Bellona und Isis als Rahmen für die politische Organisation der Unterdrückten benutzten, nacheinander vom Staat vernichtet werden konnten. Der eigentliche Unterschied zwischen diesen späteren Vereinigungen sozial Unzufriedener und den beiden kultischen Mittelpunkten der Plebs auf dem Aventin liegt jedoch in der Tatsache, daß die Eingeweihten des Bacchus und der oben erwähnten hellenistisch-orientalischen Götter sich zunächst nur aus dem Elend ihres Schicksals zu den trostspendenden Lehren jener Geheimkulte flüchteten und erst allmählich, mit dem Wachsen ihrer Kultgemeinschaften, zu einer politischen Gefahr wurden; die

Bewegung der Plebs war im Gegensatz dazu nicht das Ergebnis solcher verborgener religiöser Gärung, sondern entzündete sich als Reaktion auf die Machtübernahme durch die berittene Leibgarde der Tarquinier. Es war ein Teil des Heeres, der sich erhob, und seine politische Stärke wuchs im selben Maße wie die militärische Bedeutung der schwerbewaffneten Infanterie in den letzten Jahrzehnten des 5. Jahrhunderts v. Chr. zunahm.[185] In diesem Falle suchte die Opposition erst in einer relativ späten Phase der Entwicklung Schutz und Zuflucht bei einem fremden Kult — vielleicht eine Lehre, die man aus dem Schicksal populärer Bewegungen in anderen Städten zog.

In jedem Falle ging die Einführung des neuen Kultes der Ceres, Liber und Libera auf dem Aventin noch immer von einer revolutionären Vereinigung aus,[186] und der Kult verlor nie seinen ausgesprochen plebejischen Charakter.[187] Er wurde zwar in Opposition zum patrizischen Staatskult gegründet, war ihm aber gleichzeitig nachgebildet, wie ja auch die politische Führung der Plebs in rivalisierender Parallele zur patrizischen Verwaltung geschaffen wurde. Dies ist von der modernen Forschung bereits erkannt worden, und es genügt hier, kurz die wesentlichen Züge dieser Organisation ins Gedächtnis zu rufen. Die ursprüngliche Zahl der Volkstribunen betrug zwei — wie die der obersten patrizischen Magistrate.[188] Die plebejischen Versammlungen und ihre Abstimmungsverfahren waren denen des Staates nachgebildet.[189] L. R. Taylor erinnerte mich daran, daß ebenso wie das Kapitol, das Bollwerk der etruskischen Könige und ihrer patrizischen Nachfolger, auch der Stützpunkt der Plebs auf dem Aventin aus den Stimmbezirken der *tribus* ausgeklammert war. Ferner ist die Trias vom Aventin mit zwei weiblichen Gottheiten neben einer männlichen eine Nachbildung der kapitolinischen Trias und zugleich eine Herausforderung gegenüber der Staatsreligion der herrschenden Aristokratie.[190] Das *epulum Iovis* [Festmahl Juppiters] der *ludi plebeii* ahmt die gleiche Zeremonie der *ludi Romani* nach,[191] und die *ludi Ceriales* sind den 'römischen' Spielen nachgebildet.[192]

Auch topographische Einzelheiten sind aufschlußreich. Der Tempel lag am Fuße des Aventinhügels gegenüber dem *circus maximus*. Die Wahl des Platzes mag von der Tatsache beeinflußt worden sein, daß in der *vallis Murcia* ländliche Kulte ihre Heimat hatten,[193] aber das war sicherlich nicht die entscheidende Überlegung. Obwohl es eigentlich am Fuße des Hügels lag, befand sich das *templum Cereris* doch mit dem Hügel zusammen außerhalb der heiligen Grenzlinie der Stadt.[194] Die Zeit der militärischen Bereitschaft der Plebs gegenüber den Patriziern war offenkundig schon vorüber, als der Ort für den Bau ausgesucht wurde; die Revolution war bereits offiziell geduldet — nämlich nach dem Dezemvirat —, aber sie vermied vorsichtigerweise, ihr Zentrum direkt in die Stadt zu verlegen.

Der Aventin, der im frühen 5. Jahrhundert v. Chr. mit Wäldern bedeckt war,[195] lag noch außerhalb der Stadt. Das ist die einzig mögliche Erklärung für seine Wahl als Sitz des Latinerbundes, der Exterritorialität benötigte.[196] Wenn aber der Hügel, obwohl er nach dem Galliereinfall von der sogenannten servianischen Mauer miteingeschlossen wurde,[197] weiterhin außerhalb des Rechtsbereiches *intra pomerium* verblieb, so geht das auf die Rücksichtnahme gegenüber dem plebejischen 'Staat im Staate' zurück. Da — wie wir sahen — Versammlungs- und Vereinsfreiheit in der Stadt nicht gegeben waren, war es dem Staat nur dann möglich, eine verbotene Vereinigung *[illicita coitio]* zu dulden, wenn er sie außerhalb des geographischen Bereiches der Strafgewalt seiner Magistrate beließ. Die politische Weisheit der Römer zeigt sich auch in diesem klugen Kompromiß: die theoretisch aus der Stadt ausgeschlossenen Gegner blieben praktisch durch deren Mauern geschützt, und ihr Versammlungszentrum blieb unbehelligt, weil es nicht innerhalb der heiligen Grenzlinie lag.

3. Kapitel

DIE ANNALISTISCHE FIKTION:
DIE LATINER ALS RÖMISCHE UNTERTANEN
IN DER KÖNIGSZEIT[1]

Die angebliche römische Oberhoheit

Wenn wir den Annalisten glauben, war Rom von der Stunde seiner Entstehung an Herrin über die Latiner. Strabos Quelle stellte fest, daß die 'Latiner' seit Romulus und seinen Nachfolgern Untertanen [ὑπήκοοι] Roms seien.[1a] Plutarch[2] glaubte, daß sie (die Latiner in ihrer Gesamtheit) ein Bündnis mit dem Gründer Roms schlossen. Der Gedanke, daß auf der einen Seite Rom *allein* und auf der anderen die *Gesamtheit* der Latiner seit damals Partner oder Gegner gewesen seien, bleibt der Grundtenor in der Pseudohistorie der römischen Königszeit. Romulus, so erfahren wir, war schon potentieller Herrscher über den alten Hauptort des Latinerstammes, obwohl er das Erbe Numitors nicht antreten wollte, sondern statt dessen den Albanern die Jahresdiktatur auferlegte.[3]

Der Anspruch auf Oberhoheit über alle Latiner wird nicht durch eine Unterwerfung in der Frühzeit begründet, sondern durch eine schlaue, aber gleichwohl durchsichtige, juristische Fiktion. Diese Fälschung, ein πρῶτον ψεῦδος der römischen Annalen, wurde wie ein Spinnennetz über alle Unabhängigkeitskämpfe der Latiner mit Rom bis zu ihrer endgültigen Unterwerfung ausgebreitet. Wir glauben jedoch, den Ariadnefaden dieses Netzes in unserer Hand zu halten und so den Weg durch jenes Labyrinth von Geschichtsfälschungen finden zu können. Die Theorie einer römischen Herrschaft über die Latiner seit Romulus und seinen ersten Nachfolgern war zwar ein sehr simples Schema, das aber nicht etwa stückwerkhaft angewendet wurde, sondern als feste Doktrin, die man am Verlauf der Geschichte ständig belegte. Die Hegemoniestellung der aufstrebenden römischen Macht in republikanischer Zeit wird dadurch in die Königszeit zurückprojiziert.

Zum Verständnis dieser Theorie ist es nötig, die ihr zugrunde liegende Vorstellung, daß Rom wie auch alle anderen Latinerstädte eine von Alba Longa gegründete *colonia* war, näher zu prüfen. Es ist natürlich erwiesen, daß die Gräber der frühen Eisenzeit auf dem Albanerberg zum gleichen Kulturkreis gehören wie die in Rom;[4] aber das bedeutet nur, daß sie alle latinisch sind, nicht, daß Rom von Alba gegründet wurde. Es ist auch wahr, daß Alba einst Sitz des Stammesherrschers der Latiner war, aber diese Rolle gehört in die vorstädtische Phase Latiums; die einzelnen Gruppen des Stammes, der sich stets aus 30 Abteilungen zusammensetzte — einer durch Religion, Sitte und Nützlichkeit gleichermaßen geheiligten Anzahl —, gab es gewiß schon zur Zeit der latinischen Einwanderung. Die ältesten Siedlungen der latinischen Viehzüchter waren immer noch Teile der militärischen Organisation des gesamten Stammes und keine *coloniae*, selbständige Tochtergemeinden, die von einem Zentrum aus gegründet worden wären wie die späteren römischen Kolonien. Sie begannen ihre Existenz keineswegs als städtische Gemeinwesen.

Die annalistische Vorstellung von den *coloniae Albenses* ist daher unhistorisch. Die gesamte Geschichte der latinisch-römischen Beziehungen in der Königszeit ist jedoch auf dieser Fiktion aufgebaut. Rom war eine echte Kolonie der Albaner,[5] so behaupten die Annalen, ebenso wie alle dreißig Städte der *prisci Latini*, die daher die *populi Albenses* waren.[6] Nach Dionysios war Rom schon unter König Tullus bedeutender als seine Mutterstadt und brachte sie unter seine Herrschaft. In der dritten Generation seit seinem Bestehen wurde Rom so mächtig, daß viele Latinerstädte es vorzogen, von den Römern statt von ihrem Ursprungsort Alba beherrscht zu werden.[7] Im Kriege Roms gegen die Latiner unter Tullus stellten sich alle *populi Albenses* geschlossen gegen Rom, das allein stand,[8] was nach den pseudohistorischen Darstellungen von da an immer, in Wirklichkeit jedoch nur im 4. Jahrhundert v. Chr. der Fall war. Livius hat, obwohl weit nüchterner und knapper, diese Vorstellung aus derselben Quelle[9] entnommen wie der weitschweifige Rhetor aus Halikarnassos.

Die annalistische Fiktion stellt die Entwicklung so dar, als ob die Herrschaft über Latium nicht durch einen blutigen Sieg über die Latiner und vor allem über ihren Vorort Alba Longa zustande gekommen wäre, sondern durch einen Entscheidungskampf zwischen den römischen und albanischen Drillingen, ein Duell von mythischem Zuschnitt, nach Sagenart ausgeschmückt.

Cupido imperii duos cognatos ... populos ad arma stimulat [10] *... Ineamus aliquam viam,* ist der Grundgedanke, *qua utri utris imperent sine magna clade ... decerni possit.* [Die Begierde nach Herrschaft treibt zwei blutsverwandte ... Volksteile zum Krieg gegeneinander ... Laßt uns einen Weg finden, wie ohne großes Blutvergießen ... darüber entschieden werden kann, wer über wen herrschen soll.] [11]

Und vor dem Dreierkampf wurde vereinbart, daß die Herrschaft über die Stadt der Besiegten der Siegespreis sein solle:

Priusquam dimicarent, foedus ictum inter Romanos et Albanos est his legibus ut cuiusque populi cives eo certamine vicissent, is alteri populo cum bona pace imperitaret [12]. [Bevor es zum Entscheidungskampf kam, schlossen Römer und Albaner einen Vertrag, welcher festlegte, daß diejenige Gemeinde, deren Bürger diesen Kampf für sich entschieden, in sicherem Frieden über die andere herrschen solle.]

In der Tat verfährt der römische König nach dem Kampf mit den Albanern nach Gutdünken,[13] genauso wie es die Römer auch später mit ihren unterworfenen Verbündeten, den *socii*, taten.[14] Schon Varro [15] benutzte diesen Bericht. Die angebliche Umsiedlung der Bürger Albas nach Rom bekräftigte noch zusätzlich die Rechtlichkeit der Nachfolge Roms als Vormacht anstelle von Alba Longa, einer Nachfolge, die in Wirklichkeit nie angetreten worden ist. Um die Mitte des 5. Jahrhunderts v. Chr.,[16] als die Römer ihren Einfluß auf das Gebiet von Alba ausdehnten, war der alte Vorort schon zu einer bedeutungslosen Siedlung herabgesunken. Rom soll bereits im Kriege mit den Albanern unter Tullus ein Heer von *socii* nach dem aus späterer Zeit bekannten Muster gehabt haben, und natürlich auch nachher unter Tarquinius Priscus und Superbus.[17]

Die reichlich spitzfindige juristische Fiktion, die diesen falschen Zeugnissen zugrunde liegt, spricht sehr klar aus dem Bericht des Dionysios.[18] Danach waren die Städte der Latiner erstmals unter

König Tullus uneins mit den Römern, weil sie nach der Zerstörung Albas dem Sieger die Führerstellung nicht überlassen wollten. Fünfzehn Jahre nach der Vernichtung Albas schickte der römische König Gesandte an die dreißig Städte, die einst Kolonien und Untertanen Albas gewesen waren [εἰς τὰς ἀποίκους τε καὶ ὑπηκόους αὐτῆς], und forderte sie auf, seinen Befehlen zu gehorchen, da die Römer in der Herrschaft über das latinische Volk die Nachfolge der Albaner angetreten hätten und daher Anspruch auf alles erheben würden, was die Albaner besessen hätten. Er wies darauf hin, daß es zwei Mittel gebe, durch die man Eigentümer des Besitzes anderer werden könne; die eine dieser Möglichkeiten sei Gewalt, die andere freiwillige Unterwerfung. Die Römer hätten auf beide Arten die Herrschaft über die Städte erworben, die vorher Alba besessen habe. Denn als die Albaner Feinde der Römer geworden seien, hätten letztere sie mit Waffen bezwungen, und als sie ihre Heimatstadt verloren hätten, hätten die Römer sie in ihr eigenes Gemeinwesen aufgenommen. Die Folgerung sei daher nur angemessen, daß die Albaner freiwillig wie gezwungen den Römern die Herrschaft über ihre Untertanen überlassen hätten.

Der eigentliche Urheber dieser Geschichtsfälschung hatte nur eines übersehen: Rom wurde als eine der dreißig Kolonien betrachtet, und gleichwohl strebte es angeblich die Herrschaft über *alle dreißig*, nicht etwa nur über 29 Städte an.

Diese historische Fiktion ist natürlich nicht von Dionysios erfunden worden. Auch Livius kannte und übernahm sie, indem er König Superbus die folgenden Worte in den Mund legte [19]:

Posse quidem se vetusto iure agere quod, cum omnes Latini ab Alba oriundi sint, in eo foedere teneantur, quod ab Tullo res omnis Albana cum colonis suis in Romanum cesserit imperium; ceterum se utilitatis id magis omnium causa censere ut renovetur id foedus, secundaque potius fortuna populi Romani ut participes Latini fruantur quam urbium excidia vastationemque agrorum, quas Anco prius patre deinde suo regnante perpessi sint, semper aut exspectent, aut patiantur. [Er könne sich bei seinem Vorgehen unstreitig auf altes Recht berufen, da alle Latiner aus Alba stammten und somit an jenen Vertrag gebunden seien, durch den seit Tullus das Gebiet von Alba mit seinen *coloniae* in den römischen Herrschaftsbereich eingegliedert sei. Im übrigen trete er mehr um des Nutzens aller willen für eine Erneuerung jenes Vertrages ein; die Latiner könnten so am günstigen Geschick Roms teilhaben und ihren Nutzen daraus ziehen, anstatt ständig die Vernichtung ihrer Städte und Verwüstung ihrer Felder, wie sie ihnen unter der Herrschaft erst des Ancus und dann seines eigenen Vaters zuteil geworden seien, befürchten oder über sich ergehen lassen zu müssen.]

Und zum Jahr 340 v. Chr. nimmt Livius auf dieses alte Bündnis Bezug:

Haecine foedera, Tullus, Romanus rex, cum Albanis, patribus vestris, Latini, haec L. Tarquinius vobiscum postea fecit? [Latiner, schloß nicht der römische König Tullus diese Verträge mit euren Vorfahren, den Bewohnern von Alba, und ist nicht später L. Tarquinius jenes Bündnis mit euch eingegangen?] [20]

Alle folgenden Kriege Roms mit den Latinern werden folglich so dargestellt, als hätte die überlegene Macht Roms die vereinigten Latiner gegen sich gehabt, so etwa unter König Ancus [21], der sie natürlich wieder zu Gehorsam zwang, und unter Tarquinius d. Ä., der den Bund erneut unterwarf, obwohl fünf mächtige etruskische Städte diesem halfen; die Römer plünderten deren Gebiet [22]: Rom — das wollte die ursprüngliche Quelle unserer Überlieferung damit demonstrieren — war an Macht bereits über die vereinten Kräfte Mittelitaliens hinausgewachsen, nicht nur über die seiner latinischen Stammesgenossen.

Offensichtlich ohne darauf zu achten, daß er vorher das Bestehen eines latinischen Bundes vorausgesetzt hatte, beschreibt Dionysios [23] die Maßnahme des Königs Servius Tullius, der, von großen griechischen Vorbildern angeregt, erfolgreich alle Städte des latinischen Stammes in einem Bund vereinigte, [24] dessen Zentrum der Hain der Diana in Rom war und der unter der unumschränkten Führung Roms stand: *Ea erat confessio caput rerum Romam esse* [dies war das Eingeständnis, daß Rom die Vormacht sei], wie Livius sagt. Die Folgen dieser Feststellung werden zweimal in derselben Weise mißachtet: Erstens finden wir die Latiner unter Superbus nicht auf dem Aventin, sondern beim *caput aquae Ferentinae* am Albanerberg versammelt; [25] zweitens heißt es, daß die angebliche Unterwerfung der Herniker und der beiden bedeutendsten volskischen Städte die Entstehung eines 'neuen' Zentrums auf dem *mons Al-*

banus unter Roms Leitung zur Folge gehabt habe, wo sich die Latiner zusammen mit den neuen, abhängigen Verbündeten trafen.[26] Das „neue" Zentrum war aber in Wirklichkeit damals schon sehr alt. Eine andere Tradition möchte Servius Tullius[27] die Gründung des Kapitols als eines Bundesheiligtums zuschreiben — was es jedoch nie war.

Der letzte König wird als Herrscher über die Gesamtheit der Latiner dargestellt, über das *omne nomen Latinum*,[28] obwohl *nomen* alle Teile des Stammes umfaßte, also auch Rom. Die Latiner wählten Superbus unter höchst feierlichen Formen[29] zu ihrem Herrscher auf Lebenszeit,[30] wie sie es auch mit Tarquinius d. Ä. und Servius Tullius getan hatten. Die Vorstellung, daß Rom ein Mitglied des Latinerbundes war, und der Gedanke, daß Rom einsam an der Spitze der Latiner stand, wechseln sich in diesem Bericht ständig ab.[31]

Ferner hat es König Superbus in den Annalen nicht mit einzelnen latinischen Städten zu tun, sondern mit der *Latinorum gens*, dem Latinerstamm. Sein Schwiegersohn aus Tusculum ist unbestritten die angesehenste Persönlichkeit im Latinerstamm *[longe princeps Latini nominis]*, und er befiehlt den Stammesmitgliedern wie seinen Dienern: *Latinorum proceres in diem certam ut ad lucum Ferentinae conveniant, indicit.* [Die führenden Männer der Latiner hieß er, sich an einem bestimmten Tag im Hain der Ferentina zu versammeln.] Er hat sogar die Kühnheit, die Gesamtheit der Latiner, den Bund, der ihm sklavisch gehorcht, zu verspotten *[ludificari ... omne nomen Latinum]*. Der einzige, der ihm entgegenzutreten wagt, wird von dem hinterlistigen Tyrannen ermordet.[32] Die Überlegenheit Roms wird veranschaulicht durch die Vollmacht des Königs, seine eigenen Truppen beliebig mit den latinischen Kontingenten zu mischen:

indictum ... iunioribus Latinorum, ut ex foedere die certa ad lucum Ferentinae armati frequentes adessent. qui ubi ad edictum Romani regis ex omnibus populis convenere, ne ducem suum neve secretum imperium propriave signa haberent, miscuit manipulos ex Latinis Romanisque, ut ex binis singulos faceret binosque ex singulis; ita geminatis manipulis centuriones imposuit.[33] [Der Jungmannschaft der Latiner befahl er, sich vertragsgemäß an einem bestimmten Tag bewaffnet und in großer Zahl

Die angebliche römische Oberhoheit   101

beim Hain der Ferentina einzufinden. Sobald sie auf das Geheiß des römischen Königs hin aus allen Gemeinden zusammengeströmt waren, bildete er aus Latinern und Römern gemischte Manipeln, indem er aus je zwei Einheiten eine und aus den einzelnen jeweils zwei machte, damit die Latiner weder eigene Anführer noch ein besonderes Oberkommando noch eigene Feldzeichen hätten. Die solchermaßen verdoppelten Manipeln unterstellte er dem Kommando von Centurionen.]

Aber in Wirklichkeit hatten die Latiner damals auch im Heerwesen volle Autonomie und kämpften sogar viel später noch in eigenen Formationen;[34] dabei führten sie Krieg, mit wem sie wollten.[35] Auch die militärische Organisation Roms in archaischer Zeit, welche systematisch die in den römischen Gentiltribus ausgehobenen Wehrfähigen auf die taktischen Unterabteilungen der Legion verteilte,[36] spricht entschieden gegen eine derartige Vermischung von Römern und Latinern. Dieser ganze Traum einer mit dem Nimbus hohen Alters glorifizierten römischen Machtstellung steht sogar in seltsamem Gegensatz zu den eigenen Berichten der Annalisten: Derselbe König, der unbestrittener Herr so vieler Völker gewesen sein soll, führte einen siebenjährigen 'Froschmäusekrieg' mit einem nahen Nachbarn, Gabii (die einzige Grundlage dieser Erzählung ist die Existenz eines alten *foedus Gabinum*), ohne imstande zu sein, diese kleine Stadt zu erobern.[37]

Die Fiktion, daß Rom auf der Rechtsbasis eines alten *foedus* über die Latiner herrschte, wird in der literarischen Tradition der Römer auch bei der Darstellung der Ereignisse nach der Flucht der Tarquinier aufrechterhalten.[38] Die Römer begannen allein, ohne die geringste Hoffnung auf Hilfe von außen — so heißt es —, einen gefährlichen Krieg und gewannen ihn brilliant[39] gegen τὸ κοινὸν τῶν Λατίνων [den Latinerbund], die *triginta populi* [dreißig Gemeinden]. Die besiegten Latiner bestritten nicht länger die Oberhoheit [περὶ τῆς ἀρχῆς] der Römer und strebten nicht mehr nach Gleichberechtigung [περὶ τῶν ἴσων], sondern waren bereit, für alle Zukunft sowohl Bundesgenossen wie auch Untertanen zu sein [συμμάχους δὲ καὶ ὑπηκόους], wobei sie den Senat an die treuen Dienste erinnerten, die sie schon in der Vergangenheit dem römischen Volk erwiesen hatten.[40] Die Unterwerfung wird als ein voller Erfolg gewertet: *numquam alias ante publice privatimque Latinum nomen Romano imperio coniunctius fuit* [Zu keinem anderen Zeitpunkt war der Latinerstamm der römischen Herrschaft enger verbunden, sowohl was die zwischenstaatlichen als auch die privaten Beziehungen angeht],[41] lange Zeit hindurch mit beständiger Zuverlässigkeit *[numquam ambigua fide]*[42].

Die Methode, mittels derer der Leser überzeugt werden soll, ist recht durchsichtig. Die Erzählung von dem großen Kampf Latiums mit Volskern und Äquern im 5. Jahrhundert v. Chr., der nach dem Angriff der Kelten zu Ende ging, zeigt die ständige Verwendung einiger weniger Kunstgriffe und Motive, mit denen der trockene Katalog von Kriegen, den Pictor in den *annales maximi* der Pontifices vorfand, lebendiger gestaltet wurde:

a) Die Latiner oder die Herniker oder beide berichten den Römern von einem Angriff der Volsker oder Äquer, oft beider zugleich; Rom greift für sie ein, schützt sie und übt an den Feinden Vergeltung für den Angriff; so in den Jahren:

495 v. Chr.	DH VI 27, 2. Liv. II 22, 4; 24, 1. Im selben Jahr besiegt Rom auch die Aurunker bei Aricia, Liv. II 26, 4 ff.
494 v. Chr.	DH VI 34, 3 f.; 36, 3. Liv. II 30, 8.
489 v. Chr.	Diesmal kann Rom seiner Pflicht nicht nachkommen.
482 v. Chr.	DH VIII 83, 4.
481 v. Chr.	DH IX 1, 2.
479 v. Chr.	DH IX 14, 1. Liv. II 48, 4.
474 v. Chr.	DH IX 35, 6. Liv. II 53, 4—5.
466 v. Chr.	DH IX 60, 2 f. 7. Liv. III 2, 1.
464 v. Chr.	DH IX 62, 1 ff. Liv. III 4, 10 f.
463 v. Chr.	Rom kann seinen Verbündeten diesmal nicht helfen. DH IX 67, 4. Liv. III 6, 4 ff.: ... *socii pro tristi nuntio tristiorem domum referentes, quippe quibus per se sustinendum bellum erat quod vix Romanis fulti viribus sustinuissent.* [Die Bundesgenossen mußten eine noch traurigere Botschaft in ihre Heimat mitnehmen als sie selbst nach Rom gebracht hatten; denn sie mußten sich nun allein in einem Krieg behaupten, den sie gar mit römischer Unterstützung nur mühsam durchgestanden hätten.]
462 v. Chr.	Liv. III 8, 6; vgl. 7, 3—5. DH IX 70, 3.
458 v. Chr.	DH X 22, 4 ff.
457 v. Chr.	DH X 26, 4.
455 v. Chr.	DH X 43, 1 ff. Liv. III 31, 3.

Die angebliche römische Oberhoheit 103

450 v. Chr. DH XI 23, 2.
449 v. Chr. Liv. III 57, 8. Die Römer erobern auch die verlorene bewegliche Habe ihrer Untertanen und Bundesgenossen zurück, Liv. III 63, 4; vgl. IV 29, 4 (431 v. Chr.).
424 v. Chr. Liv. IV 36, 4.
418 v. Chr. Liv. IV 45, 6.
413 v. Chr. Liv. IV 51, 7—8.
409 v. Chr. Liv. IV 55, 1.
386 v. Chr. Die Latiner und Herniker werden befragt *cur per eos annos militem ex instituto non dedissent* [warum sie in jenen Jahren nicht die festgesetzten Truppenkontingente gestellt hätten], Liv. VI 10, 6. Die vollständige Unterordnung der *socii* wird oft betont, bis zum großen Aufstand von 340 v. Chr., so etwa Liv. VII 42, 8.
353 v. Chr. Liv. VII 19, 6 ff.

Wir haben diese Liste aus einem ganz besonderen Grund aufgestellt: sie zeigt, daß es für die Annalisten keinen turnusmäßigen Wechsel des Oberkommandos im Bunde oder auch nur einen jährlichen Wechsel zwischen Rom und dem Bunde gab; die Latiner haben nichts mitzubestimmen oder zu unternehmen; sie berichten nur den Anmarsch der Feinde, Rom handelt.

b) In diesen Kriegen — so berichten die Annalen — stehen den Römern nach Gutdünken außer ihren eigenen Kräften die Hilfstruppen der Latiner und Herniker zur Verfügung; z. B. in den Jahren:

491 v. Chr. DH VI 91, 1.
480 v. Chr. Die latinischen und hernikischen Untertanen Roms bieten doppelt so viele Soldaten an wie die Römer verlangt haben. Rom entläßt mit Dank die Hälfte ihres Kontingents. DH IX 5, 2; vgl. 13, 1.
478 v. Chr. Die *socii* stellen ein Heer von derselben Größe wie das römische ins Feld. DH IX 16, 3—4.
475 v. Chr. Die Konsuln ziehen gegen Veii *accitis Latinorum Hernicorumque auxiliis* [nachdem Hilfstruppen von den Latinern und Hernikern angefordert worden waren], Liv. II 53, 1. Vgl. DH IX 34, 3.
468 v. Chr. Die Hilfstruppen [τὰ συμμαχικά] erscheinen aus freien Stücken in Rom, noch bevor sie von dem Feldzug informiert worden sind. DH IX 57, 1. Vgl. Liv. II 64, 8 ff.

467 v. Chr. Die Äquer müssen auf Verlangen ebenfalls Hilfstruppen stellen. DH IX 59, 5. Vgl. Liv. III 1, 8; 2, 2 f.

464 v. Chr. Liv. III 5, 8: *venissetque in periculum summa rerum, ni T. Quinctius peregrinis copiis, cum Latino Hernicoque exercitu subvenisset* [der Staat wäre in Existenzgefahr geraten, wenn nicht T. Quinctius mit auswärtigen Truppen, nämlich einem Heer von Latinern und Hernikern, zu Hilfe geeilt wäre]. *Ibid.* 5, 15: *Cohortes inde Latinae Hernicaeque ab senatu gratiis ob impigram militiam actis remissae domos.* [Den latinischen und hernikischen Truppen dankte der Senat für ihre vorbildliche militärische Pflichterfüllung und entließ sie in ihre Heimatgemeinden.]

460 v. Chr. Ein ähnlicher Fall wie 464: Liv. III 19, 8.

459 v. Chr. Die Verpflichtung der Bundesgenossen gründet sich auf den Bündnisvertrag: *Hernici et Latini iussi milites dare ex foedere, duaeque partes sociorum in exercitu, tertia civium fuit* [den Hernikern und Latinern wurde befohlen, vertragsgemäß Hilfskontingente zu stellen, so daß das Heer zu zwei Teilen aus Bundesgenossen und einem Teil aus Bürgern bestand] (Liv. III 22, 4).

450 v. Chr. Die Verbündeten senden die gleiche Anzahl Soldaten nach Rom wie die römische Bürgerarmee umfaßt. DH XI 23, 2.

431 v. Chr. Liv. IV 26, 12: *Hernicis Latinisque milites imperati: utrimque enixe oboeditum dictatori est* [den Hernikern und Latinern wurde die Entsendung von Truppen auferlegt; beide Stämme kamen dem Befehl des Diktators eilfertig nach].

349 v. Chr. Rom befiehlt wieder seinen Verbündeten, Soldaten zu stellen *(imperare milites)*, Liv. VII 25, 5.

c) Abgesehen von der offensichtlichen Auffassung, daß die jährlichen Kontingente der latinischen Bundesgenossen nur die normale Verstärkung des römischen Heeres waren — sie wurden es in Wirklichkeit erst viel später —, geben die Annalen vor, es sei den Latinern nicht erlaubt gewesen, aus eigener Initiative Krieg zu führen: Nach der Schlacht am See Regillus *tutius visum est defendi inermes Latinos, quam pati retractare arma* [... schien es für die Sicherheit Roms angebrachter, waffenlose Latiner zu verteidigen als ihnen den Gebrauch von Waffen zu gestatten] (Liv. II 30, 9). Wir nennen als Beispiele:

Die angebliche römische Oberhoheit 105

495 v. Chr. Der Senat nimmt das Angebot der Latiner, Rom im Kriege zu helfen, nicht an: „Die eigenen Kräfte reichen, um die Aufständischen zu bestrafen." DH VI 25, 3 ff.

489 v. Chr. In einer ernsten Situation erlaubt Rom den Latinern ausnahmsweise, ihre Jungmannschaft in einem latinischen Heer unter eigenen Kommandeuren zu formieren: „Denn durch den Bündnisvertrag war das verboten." DH VIII 15, 2.

474 v. Chr. Die Latiner handeln aus eigener Initiative und besiegen den Feind ohne römische Hilfe. DH IX 35, 6. Die stolzen Worte bei Liv. II 53, 4—5, die erklären, warum die Römer auch noch eingriffen, obwohl die Volsker und Äquer bereits geschlagen waren: *mos, credo, non placebat, sine Romano duce exercituque socios propriis viribus consiliisque bella gerere* [Ich glaube, es paßte ihnen nicht, daß die Bundesgenossen, nur auf ihre eigene Streitkraft und Kampfestaktik gestützt, ohne römischen Oberkommandierenden und römische Truppen Kriege führten], mögen aus Valerius Antias[43] stammen, aber die dahinterstehende Vorstellung ist älter.

460 v. Chr. Nach dem Staatsstreich des Appius Herdonius lesen wir bei Livius (III 19, 8): *et qui antea Latinos ne pro se quidem ipsis, cum in finibus hostem haberent, attingere arma passi sumus, nunc, nisi Latini sua sponte arma sumpsissent, capti et deleti eramus.* [Wir, die wir zuvor die Latiner nicht einmal zur Selbstverteidigung gegen einen in ihr Gebiet eingedrungenen Feind Waffen anrühren ließen, wir wären jetzt erobert und vernichtet worden, wenn nicht dieselben Latiner unaufgefordert zu den Waffen gegriffen hätten.]

340 v. Chr. Einer der Führer der Latiner bei ihrem Aufstand soll nach Liv. VIII 4, 8 gesagt haben: *qui ne nostrorum quidem finium nobis per nos tuendorum ius antea dabant* [... die uns zuvor nicht einmal das Recht gewährten, selbst unser eigenes Territorium zu verteidigen].

d) Um die souveräne Verfügungsgewalt Roms über die *socii* seit ältester Zeit zu unterstreichen, behauptete man, wie wir sahen, daß Superbus Latiner und Römer in den Manipeln mischte.[44] Offenbar stellte man sich vor, das sei bis 340 v. Chr. so üblich gewesen, wie Livius (VIII 6, 15) nahelegt:

curam acuebat quod adversus Latinos bellandum erat, ... institutis ante omnia militaribus congruentes: ... collegaeque iisdem in praesidiis, saepe

106   Die Latiner als römische Untertanen in der Königszeit

iisdem manipulis permixti fuerant. [Die Situation erschien um so bedrohlicher, als ausgerechnet die Latiner zu bekämpfen waren, ... da doch gerade deren militärische Organisation der römischen entsprach: ... Gemeinsam hatten sie die Wachtposten gestellt, häufig denselben Manipeln angehört.]

— Die absolute Obergewalt der herrschenden Macht wird auch durch ein Beispiel anderer Art für 459 v. Chr. verdeutlicht, in dem versichert wird, daß die latinischen Kontingente dem römischen Befehlshaber völlig untergeordnet sind. Liv. III 22, 4—5:

duae ... partes sociorum in exercitu, tertia civium fuit. Fabius non permixtam unam sociorum civiumque sed trium populorum tres separatim acies ... instruxit. [Das Heer setzte sich zu zwei Teilen aus Bundesgenossen zusammen, den dritten stellten die Bürger. Fabius stellte nicht eine einzelne, aus Bundesgenossen und Bürgern zusammengesetzte Schlachtreihe auf, sondern drei getrennte Heeresgruppen, je eine aus jeder der drei Völkerschaften.]

DH X 22, 2 drückt dasselbe aus: die Konsuln μερισάμενοι τριχῇ τάς τε οἰκείας καὶ τὰς παρὰ τῶν συμμάχων δυνάμεις [sie teilten die eigenen und die bundesgenössischen Einheiten in drei Gruppen etc.].[45] Auch sein Bericht beruht wieder auf derselben Quelle, die Livius benutzte.

e) Zu dieser angeblichen Unterwerfung der Latiner seit König Tullus gehört die Einstufung der frühen *coloniae Latinae* als solche minderer Rechtsstellung — wie es für die Zeit nach 340 v. Chr. zutrifft, als der Bund aufgelöst und die Latinerstädte degradiert wurden. Aber die Kolonien des Bundes waren in archaischer Zeit keineswegs minderberechtigt gegenüber den römischen, wie wir in dem weiter unten gegebenen Überblick sehen werden.[46]

Die Absichten der Quelle, die die mindere Stellung der frühen latinischen Kolonien seit 340 v. Chr. in die Zeit des Königs Tullus zurückdatiert hat, werden dadurch offenbar, daß die Abhängigkeit der Latiner 340 v. Chr. ausdrücklich nicht auf die gerade erfolgte Unterwerfung zurückgeführt, sondern von der alten Oberhoheit Roms unter den Königen hergeleitet wird: *Haecine foedera* — so lesen wir in der Rede des Konsuls —

Tullus, Romanus rex, cum Albanis, patribus vestris, Latini, haec L. Tarquinius postea vobiscum fecit? Non venit in mentem pugna apud Regillum lacum? Adeo et cladium veterum vestrarum et beneficiorum nostrorum erga vos obliti estis? [Latiner, schloß nicht der römische König Tullus diese Verträge mit euren Vorfahren, den Bewohnern von Alba, und ist nicht später L. Tarquinius jenes Bündnis mit euch eingegangen? Erinnert ihr euch nicht an die Schlacht am See Regillus? Habt ihr eure früheren Niederlagen gegen uns sowie die Wohltaten, die wir euch erwiesen haben, bereits so sehr aus eurem Gedächtnis verdrängt?]

(Liv. VIII 5, 9—10). Und ein *praetor Latinus* meint (ibid. 4, 7 ff.): *quis dubitat exarsisse eos, cum plus ducentorum annorum morem solveremus?* [47] [Wer könnte bezweifeln, daß jene zornentbrannt sind, weil wir einen länger als 200 Jahre währenden Zustand beendet haben?]

Die schriftlichen Bündnisverträge Roms mit den Latinern

Die latinische Stammesgemeinschaft hatte prähistorische Wurzeln. Sie beruhte auf gemeinsamer Herkunft und Sprache, gemeinsamer Religion und Geisteswelt sowie gemeinsamen, althergebrachten Institutionen, nicht aber auf politischen Verträgen und schriftlichen Vereinbarungen. Die römischen Annalen jedoch erheben den Anspruch, daß Rom schon zur Gründungszeit unabhängig von Stammesbindungen gewesen sei und unter seinem dritten König den latinischen Stamm unterworfen habe; sie können dabei aber den eigenen latinischen Ursprung der Stadt nicht verleugnen und ihre Zugehörigkeit zur alten Stammesorganisation nicht gänzlich verbergen. In dem Bestreben, uns glauben zu machen, daß Roms angeblich frühzeitige Oberhoheit durch feierliche Verträge legalisiert gewesen sei, setzen die Annalen auch für *foedera* frühester Zeit, die teils mythisch, teils historisch sind, zwei Partner voraus: die Gesamtheit der Latinerstädte einerseits und Rom andererseits.

Diese willkürliche Gegenüberstellung, die für den fraglichen, weit zurückliegenden Zeitraum nicht zutreffen kann und lediglich das Machtverhältnis zur Zeit des Friedensvertrages von 338 v. Chr. in die dunkle Frühzeit zurückverlegt, erscheint erstmals auf den Goldmünzen *(aurei)* mit dem Doppelkopf der *Penates* auf der Vorderseite und der Darstellung eines rituellen Vertragsschlusses auf der

Rückseite (Taf. IV 1—2), die noch vor der im Zweiten Punischen Krieg um 217 begonnenen Denarprägung und gleichzeitig mit den *quadrigati* geprägt worden sind. Wie an anderer Stelle gezeigt wurde,[48] sind die beiden handelnden Personen dieser Szene der alte König Latinus, der das *nomen Latinum* verkörpert, und Aeneas, der Ahnherr der Römer.[49] Diese Darstellung kannte Vergil, der seinen Aeneas dieses Bündnis[50] als ein *foedus aequum* [Bündnis zwischen Gleichberechtigten] bezeichnen läßt:

paribus se legibus ambae / invictae gentes aeterna in foedera mittant. / sacra deosque dabo; socer arma Latinus habeto, / imperium sollemne socer. [Es mögen bei gleichen Gesetzen / unbesiegt beide Völker zu ewigem Bunde sich finden. / Götter und Kult bringe ich; in Krieg und Frieden die höchste / Macht behalte Latinus, mein Schwäher (Götte).]

Die auf diesen Goldmünzen entworfene Lektion wurde den Latinern in den nach dem Ersten Punischen Krieg erneut wachsenden Spannungen mit Karthago erteilt, um sie an ihre Verpflichtungen zu erinnern. Diese ernste, feierliche und hochoffizielle Mahnung an heilige Verpflichtungen ist dadurch besonders bemerkenswert, daß sie sich nicht auf die *foedera* der römischen Könige oder den Vertrag von 493 v. Chr. bezieht, womit die annalistische Überlieferung den Anspruch auf römische Oberhoheit begründet, sondern auf einen mythischen Pakt. Mir scheint daher, daß der Anspruch der Annalen in der Zeit, in der jene Goldmünzen geprägt worden sind, noch nicht formuliert war, sondern erst in dem Geschichtswerk ausgesprochen wurde, das Pictor in den nächsten Jahrzehnten auf griechisch verfaßte.

Der erste Vertrag, den die Annalen erwähnen, ist alles andere als ein Vertrag auf Gegenseitigkeit *(foedus aequum)*; er wird als Unterwerfungsakt verstanden, gegen den die Latiner sich erheben:

igitur Latini, cum quibus Tullo regnante ictum foedus erat, sustulerant animos, et, cum incursionem in agrum Romanum fecissent, repetentibus res Romanis superbe responsum reddunt[51]. [Die Latiner, mit denen unter der Herrschaft des Tullus ein Vertrag geschlossen worden war, zeigten sich also überheblich; als sie in römisches Gebiet eingefallen waren und die Römer Schadenersatz verlangten, gaben sie eine hochmütige Antwort.]

Derselbe Vertrag wird auch so beschrieben: *quod... res omnis Albana cum coloniis suis in Romanum cesserit imperium*[52] [wodurch das gesamte Gebiet von Alba mit seinen *coloniae* dem römischen Machtbereich eingegliedert wurde]; er ist von Rom diktiert: *in eo foedere superior Romana res erat*[53]. [In diesem Bündnis war Rom der überlegene Partner.] Das klingt wirklich nicht wie ein *foedus aequum*!

Das viel behandelte *foedus Cassianum* von 493 v. Chr. ist in den Annalen nichts als eine Bestätigung der römischen Hegemonie[54] und wird den Besiegten als eine unerwartete besondere Gunst gewährt.[55] Wenn Livius von dem „alten Vertrag" mit den Latinern spricht, der 358 v. Chr. erneuert wurde, meint er nichts anderes als den erwähnten erfundenen Unterwerfungsakt unter Tullus.[56] Freilich ist ihm die Widersprüchlichkeit der angeblich gleichzeitigen Existenz eines auf gleichem Recht beruhenden Bündnisses und einer Unterjochung der Latiner nicht entgangen. Er legt einem der Führer der Latiner während des Krieges von 340 v. Chr. die Worte in den Mund: *si... sub umbra foederis aequi servitutem pati possumus* [wenn... wir unter dem Schein eines zu gleichem Recht geschlossenen Bündnisses eine sklavische Stellung erdulden können];[57] und dann wieder[58]: *si foedus, si societas aequatio iuris est* [wenn denn Vertrag und Bündnis Gleichberechtigung bedeuten...]. Die ursprüngliche 'Gleichheit' bedeutete natürlich etwas ganz anderes, nämlich die gleiche Rechtsstellung aller Latiner einschließlich Roms; sie zeigte sich noch im 5. Jahrhundert v. Chr. in der gleichmäßigen Aufteilung der Beute und der Teilnahme der Latiner an der Gründung von Bundeskolonien. Diese sind nicht zu verwechseln mit den später von Rom gegründeten, geringere Rechte genießenden latinischen Kolonien.[59] Aber sogar in diesen späteren, sogenannten latinischen Kolonien ist das Zugeständnis, daß ihre Angehörigen von der römischen Rechtsprechung wie römische Bürger behandelt werden sollen, ein Rest der ursprünglichen *aequatio iuris*;[60] und diese kommt auch in der Zulassung der Aristokratie der latinischen Bundesgenossen zur kurulischen Magistratur in Rom zum Ausdruck.[61]

110   Die Latiner als römische Untertanen in der Königszeit

Das 'foedus Cassianum' in den Annalen [61a]

Nach dem siegreichen Krieg mit den Latinern am See Regillus war eine Neuordnung nötig. Um einen *modus vivendi* mit Rom zu finden, mußten die um Aricia und Tusculum gescharten Latinergemeinden darauf verzichten, den Tarquiniern Asyl zu gewähren. Die Wiederzulassung Roms zum Bunde war von höchster Bedeutung angesichts der gemeinsamen Feinde östlich von Latium. Aber die unbestrittene Herrschaft Roms, wie sie die Annalen suggerieren möchten, war noch weit von ihrer Verwirklichung entfernt. Was ist nun angesichts der Entstellungen in unseren römischen Quellen der wirkliche Inhalt des Bündnisses gewesen? [62]

Der Vertrag von 493 v. Chr. soll von Spurius Cassius abgeschlossen worden sein, der damals zum zweiten Male Konsul war. Die *Cassii* der historischen Zeit waren Plebejer, die im 5. Jahrhundert v. Chr. nicht Konsuln sein konnten. Aber die plebejischen *Cassii* erscheinen, wie Mommsen[63] gezeigt hat, erst nach 171 v. Chr. auf der politischen Bühne, zu spät, als daß erfundene Ahnen in die Magistratsliste hätten eingeschmuggelt werden können, wie es durch die *Iunii* und *Marcii* ein Jahrhundert früher geschehen war. Folglich können wir die Möglichkeit nicht ausschließen, daß der Vertrag in den Pontifikalannalen unter dem betreffenden Jahr kurz erwähnt wurde.[64] Auch daß der Name des Sp. Cassius allein in dem Vertrag erschienen sein soll,[65] könnte durchaus dem Umstand zuzuschreiben sein, daß die Diktatur als *normales* Jahresamt noch nicht durch das Konsulat ersetzt war. Da aber die ganze Tätigkeit des Cassius in den Annalen bloße literarische Erfindung ist und nicht einmal Züge einer 'echten Legende' aufweist, muß auch der Inhalt des Vertrages mit Vorsicht betrachtet werden. Kein Zweifel — Cicero hat einen der alten, auf Bronze aufgezeichneten Verträge mit den Latinern gesehen;[66] aber er kannte auch die Annalen, die ein solches Dokument dem Sp. Cassius zuschrieben.[67] Und das *foedus Latinum*, das Verrius Flaccus[68] zitiert, kann nur einer fehlerhaften Abschrift oder Zusammenfassung in einem literarischen Text entstammen: Es enthält das Wort *pecunia*, obwohl die Römer vor 269/268 v. Chr.[69] die Geldwirtschaft noch nicht eingeführt hatten; seine Erwähnung schließt schon eine Anspielung auf das *foedus*

Das *foedus Cassianum* 111

von 338 v. Chr. aus, geschweige denn gar auf 493 v. Chr.! Überdies muß der Text, den Dionysios (VI 95, 2) bietet, eine spätere Zutat zu den Bemerkungen sein, die in den echten *fasti* den Namen der eponymen Magistrate hinzugefügt waren (so Mommsen): Dionysios erwähnt vorher die Erneuerung des Latinerbündnisses unter der Diktatur des A. Postumius Albus, und das kann nicht so bald in derselben politischen Situation zum zweiten Mal geschehen sein. Er schreibt (VI 21, 2):

ἀνθ' ὧν εὕροντο παρὰ τῆς βουλῆς τὴν ἀρχαίαν φιλίαν καὶ συμμαχίαν καὶ τοὺς ὅρκους τοὺς ὑπὲρ τούτων ποτὲ γενομένους διὰ τῶν εἰρηνοδικῶν ἀνενεώσαντο. [Dafür erlangten sie vom Senat die Erneuerung des alten Freundschafts- und Kampfbündnisses und ließen durch die Fetialen die einst darauf geschworenen Eide erneuern.]

Die Bestimmungen des Vertrages des Spurius Cassius bei Dionysios VI 95, 2 verdienen nicht das Vertrauen, das ihnen von vielen Historikern entgegengebracht wird, da sie Merkmale einer späteren Zeit als des 5. Jahrhunderts tragen. Sie lauten:

1. „Friede soll sein zwischen den Römern und allen Latinergemeinden, solange Himmel und Erde ihren Platz behalten. Sie sollen weder Krieg gegeneinander führen noch von anderswo Feinde herbeiholen, noch sicheren Durchzug denen gewähren, die Krieg gegen einen von ihnen führen wollen." Wir wissen jedoch,[70] daß es in Wirklichkeit in dem latinischen *foedus* keine Regelung gab, welche die Mitglieder des Bundes gehindert hätte, Krieg zu führen, mit wem sie wollten. Was das Verbot angeht, fremde Truppen gegen andere Mitglieder des Bundes in Anspruch zu nehmen, so wäre diese Klausel ein Jahrhundert später sinnvoll gewesen, als die Latiner versuchten, mit volskischer, hernikischer und sogar keltischer Hilfe das römische Joch abzuwerfen; oder auch nach 348 v. Chr., als Rom in der Tat die Karthager aufforderte, die rebellischen Verbündeten zu überfallen.[71] Eine solche Vorschrift würde also zu den Verträgen von 358 oder 338 v. Chr. passen, nicht aber zu den Vereinbarungen nach der Schlacht am See Regillus.

2. „Sie sollen einander im Kriegsfalle mit allen ihren Kräften beistehen, und jeder soll gleichen Anteil an der Kriegsbeute haben,

die im gemeinsamen Krieg gewonnen wird." Die gegenseitige Hilfe der Römer und Latiner hing jedoch im 5. Jahrhundert nicht von einem *foedus* ab, sondern von den jeweiligen Entscheidungen des Bundes, wie gleich gezeigt werden soll. Beiderseitige Hilfeleistungen, wie sie hier vorgesehen sind, müssen 338 v. Chr. vereinbart worden sein. Dasselbe gilt für die gleichmäßige Verteilung der Beute zwischen den Römern und dem Latinerbund, denn sie setzt die römische Oberhoheit voraus, die sich erst allmählich nach dem Sieg gegen Volsker und Äquer entwickelte und dann 338 v. Chr. endgültig gesichert wurde.[72] Roms Vormachtstellung im Bunde stand schon um 400 v. Chr. fest, wie wir sehen werden,[73] aber 493 v. Chr. waren die Machtverhältnisse für Rom bei weitem noch nicht so günstig.

3. „Streitigkeiten über private Verträge sollen binnen zehn Tagen in der Stadt, in der sie abgeschlossen wurden, entschieden werden." Ein so hoch entwickeltes Prozeßwesen, bei dem es besonderer Richter — wie etwa des *praetor peregrinus* — bedarf, ist erst viel später denkbar, frühestens nach den Zwölftafeln.[74] Die dahinter stehenden Begriffe *commercium* und *conubium*, die in dieser Klausel auf dem inneren Frieden als dem *Normalzustand* beruhen, hatten in archaischer Zeit eine wesentlich andere Bedeutung.[75] Handelsgeschäfte und Heiraten zwischen Bürgern verschiedener Latinerstaaten waren damals allein bei den jährlichen großen Zusammenkünften des Stammes möglich, an jenen Tagen, an denen alle Stammesangehörigen unter dem Schutz eines heiligen Friedens standen.[76]

Wir sind daher der Ansicht, daß die Versuche Belochs und anderer,[77] das Datum des Vertrages herunterzusetzen, nur deswegen mißglückten, weil sie die Gestalt des Sp. Cassius in das 4. Jahrhundert zu rücken suchten, statt seinen Namen und die Geschichtlichkeit der Aussöhnung zwischen Römern und Latinern nach der Schlacht am See Regillus unangetastet zu lassen. Es gibt zudem einige Anachronismen im Text des Dionysios, die auf eine spätere Entstehung des Vertrags hindeuten.

Was spricht gegen die Theorie der Annalisten?

Mit seinem überlegenen Scharfsinn hat Mommsen die geschichtsverfälschende Tendenz der Annalen erkannt, die Roms Herrschaft über Italien, wie sie zu ihrer eigenen Zeit bestand, in längst vergangene Zeiten zurückprojizierten. Er hat seine Ansichten mit derselben Präzision und Klarheit ausgesprochen, die wir an seinem ganzen, großartigen Lebenswerk bewundern.[78] Aber warum zog er nicht die Konsequenzen aus seinen Einsichten, warum nahm er die anachronistische Vorstellung einer angeblichen römischen Oberhoheit hin, als er die politischen Beziehungen zwischen Rom und Latium rekonstruierte? Die Beantwortung dieser Frage ist nicht schwierig. Mommsen glaubte, daß bei den Latinern schon lange vor der Gründung Roms Stammesbindungen keine Rolle mehr spielten. Er erkannte daher nicht, daß die Annahme einer römischen Herrschaft über Latium in so früher Zeit chronologisch absurd ist, und hielt nicht ernsthaft Ausschau nach Zeugnissen, die gegen die annalistische Fiktion sprechen.

Die latinische Einwanderung war eine der Folgen der illyrischen Vorstöße nach Südeuropa. Ihre Spuren sind nicht nur in den Mythen und bestimmten Einrichtungen der Republik bewahrt, sondern auch in den eisenzeitlichen Funden in Latium, die stark auf einen gemeinsamen Ursprung bestimmter zentraleuropäischer, mittelitalischer und balkanischer Fundgruppen hindeuten. Noch wichtiger für unser Problem ist die Tatsache, daß der latinische Stammesbund als politische Organisation trotz verschiedener Umgruppierungen und wechselnder Mittelpunkte von machtpolitisch unterschiedlicher Bedeutung bis 340 v. Chr. fortbestand und auch danach noch ein Schattendasein bei den jährlichen Festlichkeiten führte. Andererseits können wir Schritt für Schritt verfolgen, wie der alte Stammesverband und mit ihm die Machtbestrebungen verschiedener politischer Kräfte in Latium infolge der schnell wachsenden Macht der Ewigen Stadt und des von ihr ausgeübten Drucks bedeutungslos wurden. Dieselbe Entwicklung zeigt jedoch auch, daß das blühende, aber kleine Rom der Tarquinier noch nicht seine späte historische Rolle einer frei waltenden, souveränen Macht in Latium spielte. Die überlegene Stellung von Lavinium im archaischen Latium, die in einem unserer nächsten Kapitel geschildert wird,[79] verdeutlicht dies.

Überaus wertvolle Nachrichten über Struktur und Funktion des Latinerbundes während der frühen Republik enthält ein Fragment des Cincius,[80] eines Antiquars der frühaugusteischen Zeit. Die Hauptpunkte seines Berichtes sind:

1. Die latinischen *populi* hielten bis 340 v. Chr. ihre regelmäßigen jährlichen Treffen außerhalb des römischen Territoriums, *sub monte Albano* [am Fuße des Albanerberges], ab. Der Zusammenhang läßt unmißverständlich erkennen, daß Rom einer dieser *populi* war.[81]

2. Bei diesen Treffen gab es Verhandlungen über Probleme von gemeinsamem Interesse *(populos Latinos ... consulere solitos)*, natürlich zumeist über politische und militärische Fragen.

3. Die *populi* hatten gemeinsame Magistrate *(imperium communi consilio administrare)*. Wie wir sahen, stand zunächst der *dictator Latinus*, später zwei Prätoren an der Spitze des Latinerbundes.

4. Die Magistrate des Bundes wurden vom Bund bestimmt, und zwar reihum aus den Mitgliedstaaten, zu denen auch Rom gehörte: *quo anno Romanos imperatores ad exercitum mittere oporteret iussu nominis Latini* [... in welchem Jahr auf Geheiß des Latinerstammes römische Feldherren zum Bundesheer geschickt werden mußten]. Dieser hochbedeutsame Satz ist von M. Zöller und A. Rosenberg richtig dahingehend ausgelegt worden, daß vor 340 v. Chr. Rom nur dann das jährliche Oberhaupt des Bundes stellte, wenn es nach der üblichen Regelung an der Reihe war. Diese Tatsache widerlegt die Fiktion, daß die Latinerstädte damals insgesamt unter der Herrschaft Roms standen, wie es später der Fall war. A. Schwegler und G. De Sanctis versuchten, die Stelle so zu interpretieren, als spiele sie auf einen Wechsel in der Bundesführung zwischen Gesamtlatium einerseits und Rom andererseits an. Aber dafür bietet der eben zitierte Abschnitt keinen Anhaltspunkt. Auch haben die Römer nicht die Kontrolle über die verbündeten Streitkräfte; diese werden im Gegenteil *communi consilio, iussu nominis Latini* [in gemeinsamer Planung, auf Geheiß des Latinerstammes] geführt. Mommsen und Gelzer sehen hier überhaupt

Die Theorie der Annalisten 115

kein Anzeichen eines regelmäßigen Wechsels, sondern glauben, *quo anno* bedeute, daß Rom — und nur Rom — im Kriegsfall einen Befehlshaber, und zwar stets einen Römer, zur Bundesarmee sandte. Die oberste Entscheidung lag jedoch nach Cincius nicht bei Rom, sondern beim *nomen Latinum*. Das Bundesheer wurde von ganz Latium gestellt, *a communi Latio missus*.[82] Das *communi consilio* ausgeübte *imperium* war die normale Bundesmagistratur, deren Inhaber den Bund einberief, bei Beratungen den Vorsitz hatte, den Bundesgöttern Opfer darbrachte und auch die Streitkräfte befehligte. Die Beschränkung dieses Amtes auf den Kriegsfall durch Mommsen ist irrig. Außerordentliche Bundesmagistrate für den Notfall, in Analogie zur römischen Diktatur, gab es für das *nomen Latinum* nicht. Niemand kann ernsthaft glauben, daß die Magistrate des Bundes immer aus Rom kamen; da sie das *imperium* über den Bund besaßen, konnten sie in Krieg und Frieden tätig werden.[83] Die Namen der latinischen Diktatoren und Prätoren, die für den Bund Siege errangen, sind von den römischen Annalen verschwiegen worden, weil sie die Darlegungen der Annalisten widerlegt und gestört hätten.[84]

Da Rom die auf dem Territorium der Latinerstädte eingeholten *auspicia* als legal betrachtete,[85] müssen auch die Bundesmagistrate, die in irgendeiner latinischen Stadt mit dem *imperium* des Bundes ausgestattet wurden, von den Römern anerkannt worden sein.

Die oben zitierte Notiz jenes römischen Antiquars, welcher nicht der wahrheitsverdrehenden Tendenz der Annalen folgte, enthüllt, daß Rom nicht dem Latinerbund unabhängig gegenüberstand, sondern eines seiner Mitglieder war. Wie wir noch sehen werden, spiegeln auch die rituellen Verpflichtungen der Römer in den verschiedenen Bundesheiligtümern der Latiner entsprechende Bindungen an die Latinerstädte, die Zugehörigkeit Roms zu ihrem Kreis wider. Varro[86] beschrieb daher das Bundesheiligtum auf dem Aventin korrekt als *commune Latinorum Dianae templum* [der den Latinern gemeinsam gehörende Dianatempel].

Der Bund der Latiner war viel lockerer und gewährte seinen Mitgliedern viel mehr Freiheit, als die annalistische Tradition erkennen läßt.[87] Die Proklamierung eines Gottesfriedens an den Tagen des großen Jahrestreffens[88] zeigt klar, daß Angehörige des

Bundes bisweilen Krieg gegeneinander führten, und anläßlich einer gespannten Lage des römischen Staates bekennen auch die Annalen die schlichte Wahrheit:

in foedere Latino nihil esse quod bellare cum quibus ipsi velint, prohibeantur (sc. a Romanis). [Im lateinischen Bundesvertrag gebe es keine Bestimmung, wonach die Latiner (von den Römern) daran gehindert werden könnten, Krieg zu führen, mit wem sie wollten.] [89]

Ein besonderes Beispiel für solche lokalen Kriege führt Livius [90] für die erste Hälfte des 5. Jahrhunderts v. Chr. an:

Aricini atque Ardeates de ambiguo agro cum saepe bello certassent, multis invicem cladibus fessi iudicem populum Romanum cepere. [Nachdem die Bewohner von Aricia und Ardea wegen eines Gebietsstreites zahlreiche Kriege miteinander geführt und sich gegenseitig hohe Verluste zugefügt hatten, beugten sie sich erschöpft dem Richterspruch des römischen Volkes.]

Solche internen Auseinandersetzungen passen ferner zu den Sonderverträgen zwischen den Latinerstädten, wie etwa zu dem alten *foedus* zwischen Rom und Gabii [91] oder dem zwischen Ardea und Rom.[92] Noch 348 v. Chr. unterscheidet der erste Karthagervertrag die Latinerstädte, die ein solches besonderes *foedus* mit Rom haben, von den anderen Städten, die auf keinen derartigen Vertrag verweisen können: ἐὰν δέ τινες Καρχηδονίων λάβωσί τινας πρὸς οὓς εἰρήνη μέν ἐστιν ἔγγραπτος Ῥωμαίοις, μὴ ὑποτάττονται δέ τι αὐτοῖς ... [Falls nun die Karthager Angehörige von solchen Gemeinden gefangennehmen, welche zwar einen schriftlich fixierten Friedensvertrag mit den Römern haben, ihnen aber nicht untertan sind ...] (Polyb. III 24, 6).[93] Wir stimmen Täubler zu, daß diese lokalen Kriege und Verträge den Prozeß gefördert haben könnten, in dessen Verlauf Rom — nachdem in dem langen Kampf mit Volskern und Äquern die Gemeinden des Albanergebirges ausgeblutet waren — die anderen Latinerstädte einzeln unter seinen Einfluß brachte, bis hin zur endgültigen Unterwerfung 340 v. Chr. Dieser römische Aufstieg ist aber nicht die Erneuerung einer alten Oberhoheit, sondern ein erstmaliger Erfolg.

F. Münzers Urteil über die Verläßlichkeit unseres Quellenmaterials für die frühe römische Geschichte gilt auch in diesem besonderen Falle. Er schreibt [94]:

Die Bedenken gegen die Glaubwürdigkeit der älteren römischen Geschichte beruhen zum Teil weniger auf der Unwahrscheinlichkeit des Berichtes als auf der Einseitigkeit der Berichterstattung. Die Dinge werden ausschließlich von einem ganz bestimmten Standpunkt aus betrachtet ... So ist jede andere Auffassung als die römische hinsichtlich der Beziehungen zwischen Rom und dem Auslande unterdrückt und verstummt; die Römer, die sich schließlich allen ihren Feinden überlegen gezeigt haben, sehen diese Überlegenheit und die Minderwertigkeit und Unterordnung des Fremden von vornherein als feststehend an ... Es ist notwendig, sich von dem Banne dieser Anschauungsweise zu befreien ... Aber im allgemeinen hat jede römische Tradition das Bestreben, den Anteil der Latiner und sonstigen Bundesgenossen an Roms Aufsteigen nach Möglichkeit zu verdunkeln und zu verschweigen ...[95]

Derselbe Gelehrte hat auch klar gezeigt, daß noch bis ins 4. Jahrhundert v. Chr. — und vorher selbstverständlich in noch stärkerem Maße — die Adelsschicht der anderen Latinerstädte von der herrschenden Schicht in Rom als ihresgleichen anerkannt wurde.[96] Aber nach der Unterwerfung gewährten die Römer selbst den hervorragendsten Männern aus den Nachbarstädten nur noch zögernd die gleichen Rechte und die gleiche Stellung.[97] Die Verachtung für die munizipale Oberschicht, wie sie sich in den Annalen widerspiegelt, charakterisiert die römische Haltung nach der Unterwerfung nicht minder deutlich als es die Worte des Konsuls T. Manlius von 340 v. Chr. tun, mit denen er die Forderungen der Latiner erwiderte[98]:

qui adeo non tenuit iram, ut, si tanta dementia patres conscriptos cepisset, ut ab Setino homine leges acciperent, gladio cinctum in senatum venturum se esse palam diceret et quemcumque in curia Latinum vidisset sua manu interempturum. Et conversus ad simulacrum Iovis 'audi, Iuppiter, haec scelera' inquit, 'audite Ius Fasque. Peregrinos consules et peregrinum senatum in tuo, Iuppiter, augurato templo captus atque ipse oppressus visurus es?' [Dieser ließ seinem Zorn freien Lauf und verkündete öffentlich: Falls der Senat so vom Wahnsinn besessen sei, daß er sich von einem Mann aus Setia Bedingungen vorschreiben lasse, werde er, mit seinem Schwert bewaffnet, in den Senat kommen und eigenhändig jeden Latiner töten, den er in der Kurie erblicke. Und zur Statue des Iuppiter gewandt, rief er aus: „Vernimm diesen Frevel, o Iuppiter, und auch ihr Ius und Fas, vernehmt die Schande! Sollst du, Iuppiter, gefangen und überwältigt in deinem eigenen Tempel, Auswärtige als Konsuln und Senatoren erblicken?"]

Cicero, ein Abkömmling der alten munizipalen Aristokratie, wurde von der Oligarchie als *inquilinus urbis Romae* verspottet, als „in Rom zur Miete wohnend". Aber diese Verachtung ist ein spätes Entwicklungsstadium und nicht die Einstellung des 5. Jahrhunderts v. Chr.

4. Kapitel

FABIUS PICTOR UND DIE RÜCKDATIERUNG
DER RÖMISCHEN EROBERUNG MITTELITALIENS
IN DIE DUNKLE VORZEIT [1]

„Die größte Tugend, die bei der Erforschung der Geschichte des frühen Rom erforderlich ist", schrieb der leider der Forschung entrissene Pl. Fraccaro [1a], „ist die Fähigkeit, den größten Teil der Nachrichten, die die Alten uns hinterlassen haben, beiseite zu schieben; gleich dahinter kommt die Fähigkeit, den Rest zu deuten und zu erläutern." Nur sehr widerwillig lassen wir die Masse der schriftlichen Zeugnisse beiseite, aber mit gutem Gewissen. Seit Niebuhr ist nicht mehr bezweifelt worden, daß die angeblichen Eroberungen der Könige zum größten Teil eindeutige Fälschungen oder zumindest mit Argwohn zu betrachten sind. Wenn ungeachtet dieser grundlegenden Einsicht in die Unzuverlässigkeit unserer Quellen in jüngster Zeit so viele vergebliche Versuche gemacht worden sind, einen guten Teil davon für die Rekonstruktion dieser weit zurückliegenden Epoche zu retten, so war das, meine ich, die Folge davon, daß man mit irrigen Vorstellungen an die literarische Tradition herantrat.

Die übliche Methode, mit der man an diese Darstellungen ständiger, von keinen Rückschlägen begleiteter Siege, die mit Romulus begonnen haben sollen, herangeht, besteht in der Aussonderung der plausiblen, verwertbaren Fakten und der ausdrücklichen oder stillschweigenden Ausschaltung all jener Nachrichten, die töricht erscheinen. Dieses Verfahren wäre auch gewiß angebracht, wenn das betreffende Quellenmaterial gleichsam aus den natürlichen Überresten des Lebens im frühen Latium bestünde, welche vom reißenden Strom der Zeit zusammen mit Geröll und Schlamm von den Höhen längst vergangener Zeiten in die Niederung unserer Gegenwart hinabgespült worden wären, wenn mithin das ausgetrocknete

Anmerkungen zum vierten Kapitel s. S. 423 ff.

Flußbett der Antike ein unter Kieselsteinen und Sand verborgenes unschätzbares Material bewahrt hätte, so daß der Historiker es lediglich aus der Masse nutzlosen Schutts herauszusuchen brauchte. Aber die annalistischen Erzählungen sind ihrem Wesen nach keineswegs eine gleichsam von der Natur geschaffene, rein zufällige Materialanhäufung; sie gleichen eher einem kunstvoll entworfenen Mosaikboden, dessen Komposition bewußt den Stil antiker Kunst kopiert, aber nur einige wenige wirklich alte Mosaiksteine enthält und die ursprüngliche Anlage des Ganzen durch eine neue, frei erfundene völlig ersetzt hat. Bevor wir also erneut darangehen, den Haufen wertloser Nachrichten auf Brocken glaubwürdiger Fakten hin durchzukämmen, müssen wir versuchen, die Konturen des geschichtsverfälschenden Konzepts in den Griff zu bekommen. Dabei wird ein festes Darstellungsschema zutage treten, das auf einer vorgefaßten Theorie aufbaut, denn die Darstellung der königszeitlichen Eroberungen beruht nicht auf bekannten Tatsachen, sondern auf einem ausgeklügelten Plan, in dem die Etappen eines schnellen, expansiven Wachstums schon festgelegt waren. Sie ist nicht das Werk eines ungeschickten Schreiberlings, sondern der raffinierte Entwurf eines weitsichtigen Politikers. Dieser Mann war Fabius Pictor, der erste Historiker Roms, der in griechischer Sprache für Griechen schrieb und sie davon überzeugen wollte, daß sein Volk keine soeben erst mit roher Gewalt zur Macht gekommene Barbarenhorde sei, sondern ein hochzivilisiertes Gemeinwesen mit ruhmvoller Vergangenheit, das seit Jahrhunderten schon Herrin Mittelitaliens war. Die Annalisten nach ihm stellten keine eigenen Forschungen über die römische Vergangenheit an, sondern suchten dem Entwurf des Fabius Pictor eine gefälligere Form zu geben, indem sie seine Erzählung breiter ausführten, die von ihm angegebene Anzahl der erschlagenen Feinde noch um einiges vermehrten und phantasievolle Einzelheiten hinzufügten. Sie kritisierten einzelne Teile seines Werkes, fügten seinem Bild einige neue Gesichtspunkte ein, übernahmen jedoch das Gerüst, das er für die früheste römische Geschichte geschaffen hatte. Auch Livius, der gegen die Lügen und Entstellungen seiner Vorgänger protestierte, tat das nicht als wahrer Forscher, der das tatsächliche Geschehen ermitteln wollte, sondern aus reiner Ehrlichkeit. Er versuchte, der Wahrheit so nahe wie möglich zu kommen, indem er in zweifelhaften Fällen auf den *scriptorum longe antiquissimus Fabius* zurückgriff, aber er ging keinen Schritt weiter. Wir müssen folglich die wesentlichen Züge des Gesamtbildes freilegen, das Fabius entworfen hat und das dann zur kanonischen Darstellung des Aufstiegs Roms wurde. Zunächst lassen uns die Zahlen, die das Wachstum des frühen Rom illustrieren sollen, erkennen, mit welchen Mitteln dieser schöpferische Geist seine Pseudogeschichte der aufstrebenden Römermacht gestaltete.

Die Fälschung von Zahlen und Daten

Die Eintragung der den Staat leitenden Jahresmagistrate war seit Beginn der Republik stets Pflicht der *pontifices*. Staatsverwaltung und Privatwirtschaft bedurften gleichermaßen dieser Datierungsmethode, die jedem einzelnen Jahr mit Hilfe der Konsulnamen eine eindeutige Bezeichnung gab. Die Staatspriester trugen also jährlich die neuen Namen in die ständig wachsende Magistratsliste ein und ließen auch immer mehr Einzelheiten über die Ereignisse des Jahres mit einfließen. Aber der Gedanke an einen systematischen historischen Überblick lag außerhalb des Gesichtskreises dieser priesterlichen Amtsträger, und sie dachten ebensowenig daran, die Eponymenliste in den Rahmen der griechischen Chronologie einzubauen. Das war nicht ihre Sache, sondern wurde später von Historikern und Antiquaren besorgt.[2]

Die Vorstellung, daß Rom von dem homerischen Helden Aeneas gegründet wurde, der nach dem Fall Trojas nach Westen floh, oder aber von seinem Sohn bzw. Enkel, stammt spätestens aus dem 6. Jahrhundert v. Chr.[3] Die verschiedenen Versionen dieser Geschichte wurden schon vor Entstehung der römischen Annalen von griechischen Geschichtsschreibern erzählt.[4] Wie F. Jacoby gezeigt hat, verknüpfte der bedeutendste Vorgänger der römischen Historiker, Timaios von Tauromenion, in seiner griechischen Universalgeschichte die Gründung der Stadt mit der Flucht des Aeneas aus Troja, setzte aber in seinem Werk über Pyrrhos Roms Gründung in enge Beziehung zu der Karthagos und bestimmte folglich als *beider* Gründungsdatum das Jahr 814/13 v. Chr. Durch diesen Kunstgriff und seine dramatische Auswertung schuf er sich in der frühen Geschichte der beiden Völker einen malerischen Hintergrund für den großen Kampf zwischen Rom und Karthago im Mittelmeerraum, dessen Anfang er noch selbst erlebte.[5] Eine Generation nach Timaios beendete Fabius Pictor sein Werk, in welchem er seine chronologischen Spekulationen auf jenem von Timaios erfundenen Synchronismus aufbaute. Das Datum 814/13 v. Chr. setzte die Zeit der Gründung Roms auf mehr als dreieinhalb Jahrhunderte nach dem Fall Trojas fest; Rom konnte nun nicht mehr unmittelbar von Aeneas, sondern mußte von einem seiner späteren Nachkommen gegründet worden sein.

Zwei weitere wichtige Konsequenzen ergaben sich für die fiktive Chronologie. Pictor versuchte, die Dauer der Königszeit (von Timaios' Gründungsdatum bis zum Beginn der Republik) mit der Summe der Regierungsjahre der sieben Könige in Übereinstimmung zu bringen. Die eigentlich mythische Vorstellung von sieben Königen ergab, in die Realität übertragen, sieben Generationen. Pictor verkürzte daher die Zeittafel des Timaios um zwei Generationen. Sein Gründungsdatum war 747 v. Chr., und er gab es nach Art der griechischen Chronographen mit Ol. 8, 1 an.[6]

Es ist zu betonen, daß vorher kein solches Datum festgelegt war. Die Dichter Naevius und Ennius verbanden, obwohl sie nach Pictor schrieben, die Anfänge Roms immer noch unmittelbar mit Aeneas und seiner Familie, und die späteren Annalisten korrigierten und änderten ohne Hemmungen Pictors Angabe.[7] Der Spekulation war keine Grenze gesetzt, eben weil es vor Pictors Zeit kein festes, überliefertes Datum gab.

Die Rechnereien aufgrund der von Timaios geschaffenen Chronologie ergaben eine große Lücke zwischen der Eroberung Trojas im 12. Jahrhundert v. Chr. — so wurde sie von den hellenistischen Chronographen datiert — und der willkürlich ins 8. Jahrhundert v. Chr. verlegten Gründung Roms. Um diesen leeren Raum zu überbrücken und trotzdem die Gründer Roms mit dem trojanischen Helden zu verknüpfen, erfand Pictor die Herrschaft der Aeneadendynastie in Alba Longa, dessen letzte 'Kolonie' dann Rom sein sollte. Der Name des ersten Königs von Alba, *Silvius,* gehört zum echten Sagengut; die Nachfolger jedoch, alle *Silvii,* tragen ausnahmslos erdichtete Beinamen. Am Ende finden wir dann wieder den Abglanz eines alten Mythos': *Numitor* und *Amulius*, Vorfahren des Romulus, wurden an die albanische Dynastie angehängt, um die Herkunft des römischen Gründerheros zu verklären. Cato d. Ä. und andere ersannen weitere Namen und Zeitangaben für die albanische Königsliste, aber das Fundament dieses Kartenhauses hatte der erste Annalenverfasser gelegt.[8]

Fabius Pictor war aber auch bestrebt, Glauben an die Genauigkeit seiner Angaben zu wecken, und synchronisierte daher seine fingierten Königsjahre mit bedeutenden Ereignissen der griechischen Geschichte.[9] Er täuschte ferner höchste Präzision vor: Der Raub der Sabinerinnen durch die Gefährten des Romulus geschah z. B. im vierten Monat nach der Gründungszeremonie;[10] dabei zählte er offenbar vom 21. April bis zum 21. August, also vom Fest der *Palilia* bis zu den *Consualia*. Zweifellos machte er sich ebenso einer bewußten Täuschung schuldig, wenn er versicherte,[11] daß das römische Territorium von Servius Tullius in sechsundzwanzig *tribus* aufgeteilt wurde, die mit den vier städtischen *tribus* insgesamt dreißig ergaben. Livius hingegen teilt unter dem Jahr 495 v. Chr. mit[12]: *Romae tribus una et viginti factae* [in Rom wurden 21 Tribus eingerichtet]; und auch dieses Datum ist noch zu früh, weil Livius' Feststellung die Einverleibung von Gebieten voraussetzt, die erst ein Jahrhundert später erworben wurden.

Bei der Behandlung der Königszeit haben wir uns immer zu vergegenwärtigen, daß der Bericht, den wir besitzen, niemals ein echtes chronologisches Gerüst hatte und daß daher die scheinbar exakten Daten, die uns vorgesetzt werden, nicht richtig sein können. Livius[13] war erbost über die wüsten Übertreibungen der späteren Annalisten, die Pictor zu überbieten suchten: *audet tamen Antias Valerius concipere summas ... exsequendo subtiliter numerum* [Dennoch wagt es Valerius Antias, die Zahl (der Gefallenen) zu bestimmen, wobei er detaillierte Summen angibt]. Aber ist diese Differenz zwischen den Zahlangaben eines älteren Annalisten, der behauptet, 8000 Etrusker seien beim Sieg des Romulus über Veii auf dem Schlachtfelde umgekommen, und den späteren, die von 14 000 berichten, wirklich entscheidend?[14] Oder ist es nicht gleichgültig, ob, wie bei Pictor, 40 Talente aus der Beute von Pometia zur

Gründung des Kapitols verwendet werden oder 40 000 Pfund Silber,[15] wie Piso eindrucksvoller angibt, wo doch der bescheidenere Betrag ebenso fiktiv ist wie der imposantere? Die Tendenz ist in beiden Fällen dieselbe — das angebliche, erstaunliche Wachsen der Stadt mit dem Schein der Wirklichkeit zu umgeben. Der von Pictor vollzogene erste Schritt bildete den entscheidenden Anstoß auch für die unmöglichsten Übertreibungen der späteren Zeit. Wichtig ist dabei die Feststellung, daß die Wahrheit *absichtlich* entstellt wurde. Wir lesen in den Annalen zum Jahr 494 v. Chr., daß die Römer allein, ohne ihre Verbündeten, zum erstenmal zehn Legionen aufboten.[16] Der Erfinder dieser Zahl wußte ohne Zweifel, daß eine so große Armee frühestens 349 v. Chr. einberufen werden konnte, und sogar damals hielt man ein solches Heer noch für ungeheuer groß [17]:

... senatus anxius ... contendere omnes imperii vires consules dilectu habendo iussit: ... decem legiones scriptae dicuntur ... quem nunc novum exercitum, si qua externa vis ingruat, hae vires populi Romani, quas vix terrarum capit orbis, contractae in unum haud facile efficiant. [Der besorgte Senat ... befahl den Konsuln, im Rahmen einer Aushebung ihre Amtsgewalt voll auszuschöpfen: ... zehn Legionen sollen aufgestellt worden sein; ... diese für ein neu aufgestelltes Heer unerhört große Zahl ließe sich heute, wenn man bei einem Angriff seitens einer auswärtigen Macht die fast den Erdkreis überschreitenden Machtmittel des römischen Volkes auf ein Ziel hin zusammenzöge, nur mit Mühe erreichen.]

Statt weitere Einzelbeispiele anzuführen, halten wir es für ergiebiger, fortlaufende Zahlenreihen zu behandeln, die das den Täuschungsmanövern zugrundeliegende System enthüllen, nämlich die statistischen Angaben über den schnellen Bevölkerungszuwachs. Die Annahme der gemeinsamen Quelle des Livius und Dionysios, daß der Zensus vom König Servius Tullius eingeführt wurde und Grundlage der sozialen und militärischen Struktur der Republik blieb, muß aus Pictor stammen. *Census in civitate ... non erat; ab Servio Tullio est facta* [Die Gemeinde kannte ... noch keine Bürgerliste; sie wurde erst von Servius Tullius eingeführt], schreibt Livius (IV 4, 2); τιμήσεις δ'ἐγένοντο τῶν βίων καὶ τάξεις τῶν εἰς τοὺς πολέμους εἰσφορῶν, ὡς Τύλλιος ὁ βασιλεὺς ἐνομοθέτησε [Vermögensschätzungen wurden durchgeführt und die Kriegsbeiträge

Die Fälschung von Zahlen und Daten 125

abgestuft, wie es der König Tullius gesetzlich festlegte], sagt Dionysios (V 20, 1)[18]. Wichtig ist die Beobachtung, daß schon vor der angeblichen Einführung des Zensus für die Zeit seit Romulus genaue Zahlen genannt werden. Dionysios[19] teilt uns mit, daß Romulus die Stadt mit 3000 Fußsoldaten und 300 Reitern begründet habe. Plutarch[20] gibt die Zahl von 1000 Herdstellen, aber wir erfahren, daß Romulus die Einwohner der von ihm eroberten Städte nach Rom brachte und ihnen Landanteile sowie volles Bürgerrecht verlieh. Die neue Stadt breitete sich aus wie ein Waldbrand. Als die Römer sich noch unter Romulus mit den Sabinern aussöhnten, betrug ihre Gesamtstärke 6000 Fußsoldaten und 600 Reiter[21]. Nachdem Antemnae und Caenina erobert waren, wurden ihre Einwohner nach dem bewährten Muster behandelt; 2500 Personen wurden „am 1. April" aus Fidenae[22] nach Rom gebracht. Cameria erlitt nach seiner Eroberung dasselbe Schicksal: 4000 Bürger wurden sofort in die römischen *tribus* und *curiae* eingeschrieben.[23] Sogar die Etrusker von Veii sollen in dieser großzügigen Weise behandelt worden sein; einer riesigen Anzahl ihrer Kriegsgefangenen, die es vorzogen, in Rom zu bleiben, wurden Bürgerrecht und Landanteile verliehen.[24]

Auf diese Weise wurde das Heer durch den Gründer bald verdoppelt,[25] und die Stadt wuchs mit erstaunlicher Schnelligkeit. Im Sabinerkrieg hatte Romulus schon 20 000 Fußsoldaten und 800 Reiter[26]; als er starb, zählte das römische Heer 46 000 Legionare und 1000 Reiter[27]. Weitere neue Legionen und Reiterabteilungen wurden von König Tullus nach der Eroberung von Alba Longa aufgestellt.[28] Ancus Marcius verpflanzte angeblich die Bevölkerung einiger weiterer Latinerstädte,[29] und die damit gegebene Zuwachsrate ist atemberaubend. So wurde es dem Erfinder dieser Statistik möglich, die Zahl der Bürger unter Servius Tullius auf über 80 000 zu erhöhen.

Für die Zeit dieses Herrschers erwähnt Eutropius (1, 7) 83 000 und Dionysios (IV 22, 2) 84 700 Einwohner. Livius berichtet über den ersten *census*[30] dieses Königs: *adicit scriptorum antiquissimus Fabius Pictor, eorum qui arma ferre possent, eum numerum fuisse* [Fabius Pictor, der älteste (römische) Geschichtsschreiber, fügt hinzu, dies sei die Anzahl der waffenfähigen Männer gewesen].

Diese prahlerisch vorgetäuschte Genauigkeit beweist, daß die Aneinanderreihung unaufhörlich wachsender Zahlen das Werk des *scriptorum antiquissimus* war, der seine Rechenkunststücke mit Romulus begann, unter Servius Tullius die erwähnte enorme Zahl erreichte und seine fälschenden Übertreibungen auch danach im gleichen Stil fortsetzte. Die Zensuszahlen der frühen Republik sind schon von K. J. Beloch[31] gesammelt worden. Danach besitzen wir die folgenden Angaben:

508 v. Chr. 130 000 DH V 20, 1. Plut., *Poplic.* 12 ,4.

503 v. Chr. 120 000 Hieron., Chron., Ol. 69, 1.

498 v. Chr. 150 700 DH V 75, 3; vgl. VI 63, 4 (wo 130 000 überliefert ist).

493 v. Chr. 110 000 DH VI 96, 4; vgl. IX 25, 2.

474 v. Chr. 103 000 DH IX 36, 3.

465 v. Chr. 104 714 Liv. III 3, 9.

459 v. Chr. 117 319 Liv. III 24, 10; vgl. 22, 1; Eutr. 1, 16, 3.

392 v. Chr. 152 573 Plin., *n. h.*, XXXIII 1, 16, 3.

„Es ist ersichtlich, daß diese Zahlen hoch übertrieben sind", bemerkte Beloch[32]; aber der Zweck dieser Übertreibung wird nur dann klar, wenn man sich vor Augen hält, daß sie durch ständiges Überbieten der unter Servius Tullius genannten Zahl von 80 000 Bürgern zustande kam. Um diese Fälschungen früher Zensuszahlen richtig einzuschätzen, ist es wichtig zu wissen, daß nicht einmal die Angaben für die erste Hälfte des 3. Jahrhunderts v. Chr. verläßlich sind,[33] wenn auch nicht so grotesk entstellt wie die der Frühzeit. Es ist einfach unmöglich, daß die Bevölkerungszahl in den Jahren der unerhört starken Expansion zwischen 293 und 264 v. Chr., als das römische Territorium verdreifacht wurde, konstant blieb. Dieser angebliche Stillstand resultiert aus den übertrieben hohen Angaben über das Bevölkerungswachstum in der frühesten Zeit Roms: Pictor sah sich gezwungen, ein geringeres Tempo einzuschlagen, um seine erfundenen Zahlenangaben mit den wirklich bekannten Verhältnissen seiner eigenen Zeit in Einklang zu bringen.[34]

Er selbst überlieferte die zuverlässigen Zahlen der Krieger Italiens im Jahr 225 v. Chr.,[35] und das muß der Ausgangspunkt gewesen sein für den Entwurf seiner Scheinstatistiken, deren Pseudowissenschaftlichkeit den angeblichen Aufstieg des frühen Rom glaubwürdig verdeutlichen sollte.

Die charakteristischen Topoi in der Darstellung der angeblichen Expansion unter den Königen

„Von Anfang an, gleich nach der Gründung", schreibt Dionysios, „begann Rom, sich die Nachbarvölker einzuverleiben, die ebenso zahlreich wie kriegerisch waren; es schob seine Grenzen ständig vor und unterwarf alle Nebenbuhler." Diese prahlerische Verkündigung ist nicht von Dionysios von Halikarnassos erfunden worden.[36] Auch für Livius nahm Roms Macht ihren Anfang mit der Entstehung der Stadt: *iam res Romana adeo erat valida, ut cuilibet finitimarum civitatum bello par esset*. [So stark war der römische Staat bereits, daß er einer jeden der Nachbargemeinden im Krieg gewachsen war.] [37] Nicht nur die eroberten Latinerstädte wurden von Romulus mit höchster Milde behandelt, sogar die Sabiner und die etruskischen Vejenter wurden sofort in die Tribus der Bürger aufgenommen.[38] Wir wissen,[39] daß die Gründungssage in den Annalen auf Pictor zurückgeht, und alle Zeugnisse deuten darauf hin, daß die Schablone des erstaunlichen Wachstums Roms im wesentlichen von demselben Autor herrührt.

Einige der vorgeblichen Eroberungen des Romulus wurden lediglich aus den Namen kleiner, alter Städte in der Nachbarschaft Roms herausgesponnen,[40] die dem Mann, der sie als erster in sein Gemälde der Herrschaft des Romulus einfügte, wohlbekannt waren. Eine davon ist Caenina, dessen besondere Kulte von den römischen *sacerdotes Caeninenses* betreut wurden.[41] Da der Vollzug ihres Rituals in Pictors Version der Gründungssage [42] eingeflochten ist, müssen wir annehmen, daß diese Erfindung ebenfalls auf den ersten Annalisten zurückzuführen ist. Unter den anderen Städten, deren Eroberung dem Gründer zugeschrieben wird, kennzeichnen einige den Beginn der Expansion nach Etrurien. Crustumerium ist ein aufschlußreicher Fall. Die Nachrichten über seine Besetzung durch Romulus,[43] Tarquinius d. Ä.[44] und dann wieder 494 v. Chr.[45] sind alle falsch; da es nördlich von Fidenae lag, kann es nur nach der Einnahme dieser Stadt in den letzten Jahrzehnten des 5. Jahrhunderts v. Chr., nicht lange vor dem Fall von Veii, erobert worden sein.[46] Nicht weniger charakteristisch sind die Nachrichten über zwei Nachbarstädte unmittelbar südlich von Crustumerium, Fidenae und Ficulea.[47] Das etwa 8 km nördlich von Rom an der alten, von der Tibermündung herkommenden Salzstraße gelegene Fidenae war ein Brückenkopf von Veii, der die römische Expansion nach Etrurien behinderte. Die Annalisten berichten, daß dieses Bollwerk unter Romulus eingenommen wurde, aber sie schreiben seine Eroberung desgleichen Tullus Hostilius, Ancus Marcius und Tarquinius Priscus zu und erzählen sogar, daß es 498 v. Chr. nochmals unterworfen wurde; am Vorabend des großen Zusammenstoßes Roms mit dem Latinerbund von Aricia kann die Eroberung von Fidenae jedoch unmöglich stattgefunden haben. In der Tat setzt, wie bereits De Sanctis erkannt hat, die Geschichte von der Katastrophe der Fabii an der Cremera — einem Bach, der, von Westen kommend, gegenüber von Fidenae in den Tiber mündet — voraus, daß Fidenae selbst zwei Jahrzehnte später noch nicht in römischem Besitz war. Seine angebliche Unterwerfung durch König Ancus, welcher Stollen unter den Mauern der Stadt graben ließ, ist deutlich eine schematische Kopie der historischen Eroberung von Veii. Diese Art von Fälschung, die ein historisches Ereignis bereits an einem weiter zurückliegenden Zeitpunkt stattfinden läßt, ist ein anschauliches Beispiel für die Methoden Pictors. Er kannte die Besitzungen seiner Sippe an der Cremera; er muß ebenso gewußt haben, wann Fidenae gefallen ist. Ficulea verlor seine Unabhängigkeit um dieselbe Zeit wie Fidenae,[48] und nicht unter König Tarquinius Priscus.

Die ärgste Entstellung der Wahrheit ist aber die Behauptung, schon Romulus sei Sieger über Veii gewesen, eine Stadt, deren Macht noch in der ersten Hälfte des 5. Jahrhunderts v. Chr. der Roms überlegen war, wie wir in den folgenden Kapiteln sehen werden. In Wahrheit konnte diese etruskische Festung erst 396 v. Chr., und auch da nur nach schwerem Kampf, von Rom überwältigt werden. Als Vorspiel zur angeblichen Niederwerfung

Die Darstellung der angeblichen Expansion 129

aller Etrusker unter den Königen Priscus und Servius Tullius soll Veii unter Ancus erneut besiegt worden sein. Unter dem 'ersten Jahr der Republik', als in Wirklichkeit König Superbus noch herrschte, und erneut fünf Jahre später, als Porsennas eiserner Griff Rom umklammerte, wurden gefälschte Triumphe über Veii in die Annalen eingetragen. Dann wurde — entsprechend dem eben erwähnten Beispiel Fidenaes — die lange Belagerung Veiis um 400 v. Chr. auf 483—474 v. Chr. vordatiert,[49] um die historische Niederlage des Fabierheeres an der Cremera mit einem Erfolg auszugleichen.

Diese Vordatierungen und die damit verbundene Verdoppelung historischer Ereignisse haben schon oft die Aufmerksamkeit moderner Gelehrter erregt. Es handelt sich aber nicht um einen planlos angewendeten Kunstgriff, der das Gerippe der dürftigen Eintragungen in den *annales maximi* der Priester mit 'Fleisch' umgeben soll, sondern vielmehr um das Ergebnis eines systematischen Vorgehens im Rahmen eines sorgfältig ausgeklügelten Planes. Einige wenige bezeichnende Beispiele mögen das beleuchten.

Es ist schon längst erkannt worden,[50] daß der Bericht über die beiden Tarquinier entweder dieselben Erfolge zweimal verzeichnet oder sie so aufteilt, daß der jüngere das vollendet, was der ältere begonnen hat. Die eindrucksvollsten Beispiele für das letztgenannte Verfahren sind die Errichtung des kapitolinischen Tempels, auf die wir noch zurückkommen werden, und der Bau der *cloaca maxima*.[51] Wir wissen, daß schon das Werk des Fabius Pictor dieses Bild der aufeinander abgestimmten Taten der beiden Tarquinier enthielt. Pictor war es ferner, der Mastarna, den aus Vulci stammenden Eroberer Roms, mit Servius Tullius, dem guten alten König der authentischen römischen Legende, identifizierte. Er kombinierte offenbar die etruskische Überlieferung über Mastarna, der einen Tarquinier auf dem römischen Thron ablöste, mit der kurzen Einleitung der 304 v. Chr. erstmals veröffentlichten Konsulnlisten, die vermutlich die Taten des letzten Königs in Kürze aufführten. Da er keine anderen Informationen über den Vorgänger Mastarnas besaß als dessen Namen,[52] verteilte er die *res gestae* des letzten Königs auf beide Tarquinier; und da er in der Liste der legendären sieben Könige keinen anderen Platz für die Doppelgestalt Servius Tullius-Mastarna fand, schob er sie zwischen seine beiden Tarquinier ein.

Das gleiche willkürliche Verfahren kommt auch in der Verdoppelung des Dezemviratsjahres zum Vorschein, der wir uns weiter unten zuwenden werden, und ferner in der Vorverlegung und Wiederholung der römischen Leistungen und Erfolge, die in den Priesterannalen für die Jahre um 400 v. Chr. verzeichnet waren und nun ein erstes Mal bereits unter der Regierung des letzten Königs und am Anfang der Republik erscheinen. Darunter fallen die Anfänge der Kolonisation, die Einrichtung der Landbezirke mit Gentilnamen und eine stattliche Reihe gefälschter Siege.

In der Chronologie der ersten Phase der römischen Geschichte wird dieselbe hemmungslose Zuhilfenahme von Fiktionen deutlich. Wir haben gesehen, wie kühn Pictor das von Timaios vorgeschlagene Gründungsdatum um zwei Generationen herabrückte,[53] um eine angemessene Zeitspanne für die Herrschaft der sieben Könige zu erhalten; wie er weiterhin die Lücke, die Timaios geschaffen hatte, als er den Zeitpunkt der Gründung Roms von Aeneas' Ankunft hinunter auf 814/13 v. Chr. verschob, ausfüllte, indem er zwischen die Ankunft des Aeneas und die Entstehung seiner Vaterstadt die Dynastie von Alba Longa einschob. Frei erfundene Berechnungen kennzeichnen auch sein Spiel mit der Zahlenmagie: Aeneas herrschte drei Jahre in Lavinium; Alba wurde 30 Jahre später von seinem Sohn gegründet; das Regiment der albanischen Könige dauerte 300 Jahre. Die erste Epoche der legendären Geschichte Roms, die Regierungszeit des gegensätzlichen Paares Romulus und Numa, berechnete er so, daß sie genau ein etruskisches *saeculum* füllte.[54] Wenn er das Jahr 747 v. Chr. als Gründungsdatum Roms wählte, so stützte er sich wieder auf ein Jahrhundertdatum, diesmal auf 348 v. Chr., das Jahr der *ludi saeculares*.[55] Um den Aufstieg Roms in die Geschichte der zivilisierten Welt einzuordnen, ließ er nach Art des Timaios[56] die Taten der erwachenden römischen Macht mit herausragenden Ereignissen in Griechenland zusammenfallen. Die Frucht dieser verantwortungslosen Spekulationen bildete dann das Rückgrat der römischen Chronologie. Später wurden die vier Diktatorenjahre in die Konsulnlisten des 4. Jahrhunderts v. Chr. interpoliert und zu Pictors Gründungsdatum addiert; Polybios gibt das Jahr 751 v. Chr., die augusteischen *fasti* 752 v. Chr. und Varro 753 v. Chr.[57] an.

Die angebliche Unterwerfung ganzer Völker durch die römischen Könige

In der Erzählung der Annalisten erreichten die Eroberungen der letzten Könige ungeheure Ausmaße. Um ihre Bedeutung aufzubauschen und gleichzeitig das Fehlen exakter geographischer Angaben zu vertuschen, werden keine Städte, sondern ganze Völkerschaften genannt: die Gesamtheit der Latiner, Sabiner, Volsker — und sogar der Etrusker. Wenn wir die Namen einiger unbedeutender Orte beiseite lassen, die aufgeführt sind, um Roms Oberhoheit über die Latiner zu betonen, so bildet nur die Nennung des alten Vorortes Alba Longa eine Ausnahme. Wo eine recht sorgfältig zusammengestellte Liste der latinischen Stützpunkte geboten wird,[58] soll diese dem Nachweis dienen, daß die ganze Nation gegen Rom vereinigt war, und daß Rom, dank seiner Überlegenheit über diese vereinten Kräfte, den Ruhm des Sieges mit niemandem zu teilen brauchte. Alle dreißig Latinerstädte zusammen führten Krieg gegen den römischen König Tullus, der nach seinem Sieg mit allen Latinern einen Waffenstillstand schloß.[59] Auch König Ancus war der Gesamtheit der Latiner überlegen[60] und ebenso sein Nachfolger, der erste Tarquinier,[61] dem sich alle Latiner ergaben und der sie mit edler Mäßigung behandelte, als sie alle seine Forderungen erfüllten. Servius Tullius brauchte nicht einmal zu den Waffen zu greifen; sein Ansehen und sein diplomatisches Geschick genügten, um das Zentrum des Latinerbundes auf den Aventin zu verlegen[62]: *ea erat confessio caput rerum Romam esse* [dies war das Eingeständnis, daß Rom die Vormacht war].[63] Der älteste Annalist könnte die ursprüngliche Quelle für die Darstellung des Dionysios und Livius sein, wonach König Superbus den Bund der Latiner durch List und Drohungen unterdrückte. Aber Cicero folgt einer anderen Version, wenn er sagt[64]: *omne Latium bello vicit* [ganz Latium unterwarf er im Krieg].

Auch nach der Königszeit, in den ersten Jahrzehnten der Republik, soll den Annalen zufolge eine absolute Oberhoheit Roms über die *triginta populi* der Latiner bestanden haben, zu einer Zeit also, als nur das Überleben in dem harten Kampf gegen sie das Ziel sein konnte.[65] Unser letztes Kapitel wird zeigen, wie das Licht wahrer Geschichte im 5. Jahrhundert v. Chr. diesen trüben Schleier zu durchdringen beginnt und wie im Gefolge der echten Fakten auch die Namen der latinischen Gegner auftauchen.[66]

Nicht nur die Latiner hat Rom nach der Behauptung der Annalisten unterworfen, sondern auch die Sabiner, und zwar seit Romulus.[67] Tullus kämpfte gegen das ganze Volk der Sabiner, nicht etwa gegen einzelne Städte,[68] und natürlich gewann er den Krieg, ebenso wie nach ihm Ancus [69], Tarquinius d. Ä.[70] und Superbus[71]. 'Die Sabiner' sollen römische Bürger geworden sein und Tribut gezahlt haben.[72] Zum Beginn der Republik, seit 504 v. Chr., wird immer wieder von der Unterwerfung 'der Sabiner' berichtet,[73] die sich stets in feierlichster Form ergeben.

Die verblüffendste Erfindung unter diesen vordatierten Eroberungen ist die angebliche Unterwerfung der Etrusker. Die Tatsache, daß nicht die Römer, sondern die Etrusker die Eroberer waren, ist vollständig unterdrückt. Lucumo, ein fremder Einwanderer, wird großmütig zu den höchsten Stellungen in der Stadt zugelassen. Er wird, wie sein Vorgänger, als Lohn für seine Verdienste zum König erhoben. Nicht einmal die weithin bekannte Einnahme Roms durch Porsenna wird zugegeben. Wenn Livius die Eroberung Etruriens durch König Priscus [74] unterdrückt hat, so deshalb, weil er nicht an sie glaubte. Da aber dieses Ereignis von Ennius [75] erwähnt wird, muß es aus Pictor stammen, auf den sich Ennius, was die Königszeit betrifft, gestützt zu haben scheint. Der wortreiche Bericht des Dionysios über diese angeblichen Erfolge [76] spiegelt die Tendenz wider, die Fabius Pictors Darstellung dieser weit zurückliegenden Epoche bestimmte. Die Etrusker beschlossen, daß alle ihre Städte gemeinsam Krieg gegen den römischen König führen sollten; dennoch wurden sie entscheidend geschlagen.[77] Später brach der König den Kampfgeist der Etrusker durch einen glänzenden Sieg, und die Bundesversammlung der Etrusker entschloß sich, um Frieden zu bitten, und erkannte die Niederlage an. Man akzeptierte alle Bedingungen, die der Sieger stellte. Tarquinius gewährte ihnen gnä-

Die angebliche Unterwerfung ganzer Völker 133

dig eigene Gesetzgebung und Selbstverwaltung und erfreute sich unumschränkter Herrschaft über alle etruskischen Staaten.[78] Als er von ihnen die *insignia* der höchsten Gewalt erhielt, machte er davon nicht in der Weise Gebrauch, als ob diese Ehrungen ihm gälten, sondern er überließ Senat und Volk die Entscheidung, ob er sie annehmen solle oder nicht. Und er trug die Abzeichen der Macht über die Etrusker[79] erst nach deren einstimmiger Billigung. Diese absurde Geschichte fand Dionysios in den meisten älteren römischen Geschichtswerken (ὡς οἱ πλεῖστοι γράφουσι τῶν Ῥωμαϊκῶν συγγραφέων: DH III 62, 1).

Eine so faustdicke Lüge sollte jedem eine Warnung sein, der die Unterwerfung der Latiner durch Rom seit dem 7. Jahrhundert v. Chr. als historisch betrachten möchte. Die juristisch gefärbte Argumentation, mit der die Fälschungen untermauert werden, ist hier ebenso vorhanden wie in der annalistischen Erzählung von der römischen Herrschaft über die Latiner seit den ersten Königen.

Nach dem Tode des Priscus erhoben sich, wie Dionysios mitteilt,[80] die Etrusker gegen Rom, aber nach 20 Jahren ununterbrochenen Krieges wurden sie alle von Servius Tullius zur Kapitulation gezwungen.[81] Auch der letzte römische König herrschte über alle Etrusker[82] — die gemeinsame Quelle von Dionysios und Livius nahm sogar an, daß nicht nur Etrurien, sondern auch Kampanien von Rom unterworfen war.[83]

Schwieriger aufzudecken ist die Entstellung der Beziehungen Roms zu Volskern und Äquern, Stämmen, die nicht so weit entfernt waren wie die Staaten Nord- und Mitteletruriens. Aber die vage Nennung von *Volsci* und *Aequi* als angeblich in der Königszeit besiegten Gegnern entspringt der bereits bekannten Tendenz,[84] denn diese Völker waren, wie wir sehen werden, den Etruskern untertan, nicht den Römern.[85] Gemäß den Fälschungen der Annalisten hat bereits König Ancus die Volsker besiegt;[86] König Priscus schlug sie und die Äquer,[87] und unter Superbus waren sie völlig von Rom abhängig,[88] nachdem sie den besten Teil ihres Territoriums verloren hatten.

Als weiteres Mittel, die unaufhaltsame römische Expansion zu veranschaulichen, wählte der erste Annalist die Vordatierung der späteren Kolonisation. Die von strategischen Gesichtspunkten geleitete Ansiedlung der dreißig Einheiten der einwandernden Latiner verstand er als systematische Kolonisation, die von Lavinium und Alba Longa ausging — wie denn auch die römischen Könige Kolonien um diese Städte herum gegründet haben sollen. Aber der Plan einer tatsächlichen Kolonisation ist sicher nicht von den Römern zwecks Kontrolle ihrer angeblichen Untertanen entwickelt worden, sondern vom Latinerbund, der sich ein Netzwerk militärischer Stützpunkte im Kampf gegen die Volsker, Äquer und Sabiner im 5. Jahrhundert v. Chr. schaffen wollte, als die Herrschaft der Etrusker über Latium und die genannten Berghirtenstämme sich gelockert hatte.[89]

Wenn die Kolonisation unter den Königen auch vollständig erfunden ist, so verdienen doch die dabei zuletzt aufgeführten Beispiele einige Aufmerksamkeit. Fabius Pictor, so scheint mir, wollte die römische Besetzung Latiums bis an die Grenze Kampaniens mit der Behauptung beweisen, König Superbus habe Kolonien in Suessa Pometia, Signia und Circeii gegründet. Was die erste dieser Städte angeht, so hatte er einen schriftlichen Abriß der *res gestae* des letzten Königs vor sich, in dem erwähnt war, daß dieser Herrscher den Bau des kapitolinischen Tempels aus der Beute von Pometia finanziert habe.[90] Aber er verdoppelte die über Superbus erzählte Geschichte, indem er sie mit geringen Veränderungen in den *res gestae* des Priscus wiederholte;[91] dieselbe Stadt wird dort *Apiolae* genannt,[92] was einfach eine Übersetzung von *Pometia* ins Griechische ist.

Das war keine Erfindung des vielgeschmähten Valerius Antias, wie Niebuhr meinte. Die griechische Übersetzung des lateinischen Namens *Pometia* macht es wahrscheinlicher, daß Pictor in seinen griechischen Annalen diese Fälschung produzierte[93] und daß er der Urheber der erwähnten Verdoppelung war. Ein römischer Durchbruch in die pomptinische Ebene in so früher Zeit, als die Städte des Bundes von Aricia, zu dem Pometia gehörte, noch nicht erobert waren, kann nicht historisch sein;[94] dasselbe gilt für die Behauptung, Pometia sei 505 v. Chr. eine *colonia Latina* geworden.[95]

Ebenso unhistorisch ist die Kolonisation von Signia und Circeii durch Superbus. Das volskische Signia,[96] nahe der wichtigen, durch die Täler von Tolerus und Liris laufenden etruskischen Verbindungslinie nach Kampanien gelegen, kann so früh noch nicht römisch gewesen sein. Gabii lag viel näher bei Rom und wurde nach der annalistischen Tradition nur durch eine List des Tyrannen erobert — *minime arte Romana, fraude et dolo* — in Wahrheit jedoch sogar noch später.[97] Signia kann auch nicht im zweiten Jahr der Republik, vor dem Sieg über den Latinerbund, römische Kolonie geworden sein.[98] Noch absurder ist die angebliche Koloniegründung in Circeii an der Pforte von Latium nach Kampanien; die Stadt wurde erst 393 v. Chr. erobert, als die Latiner Rom nicht länger Widerstand leisten konnten und die Volsker zusammengebrochen waren.[99] Auch die Belagerung von Ardea durch Superbus ist nicht historisch: Pictor brauchte sie [100] sowohl für die Lucretialegende wie für seine groteske Demonstration römischer Macht in der Frühzeit.

Hegemonie als Leitmotiv

Der Ehrgeiz der Römer, eine führende Macht in Latium zu werden, erwachte erst im 5. Jahrhundert v. Chr.,[101] und mit der Unterwerfung aller Latiner 340—338 v. Chr. erreichte er sein Ziel. Im Anfangsstadium des römischen Aufstiegs bedeutete die Bezeichnung der Stadt als *caput rerum* [102] die Führung in Latium, und einen Nachhall dieses noch bescheidenen Anspruches hat Pictor bewahrt.[103] Die Geschichte von dem Menschenhaupt, das man unversehrt auffand, als die Fundamente des Kapitols gelegt wurden, und das die kommende Größe der Stadt ankündigte, muß so alt sein wie die volkstümliche Erklärung des Wortes *Capitolium* als *caput Oli* [Haupt des Olus], worunter man den Kopf der aus Vulci stammenden Heldenfigur des etruskischen Rom, Aulus Vibenna, verstand. Ein anderes, noch klareres Beispiel für das anfängliche Ziel des römischen Imperialismus ist die bäuerlich-primitive Anekdote von dem ungewöhnlich großen, gehörnten Rind, dessen Opferung im heiligen Hain der Diana auf dem Aventin nach dem Willen der Götter die Führung der Latiner (oder Sabiner) verhieß *[cuius civitatis eam civis Dianae immolasset, ibi fore imperium].*[104] Die lokale Begrenzung der römischen Ambitionen spiegelt sich auch deutlich in jener Erzählung wider, wonach eine Quadriga aus Terrakotta, die in Veii für den kapitolinischen Tempel hergestellt wurde und im Brennofen zu wundersamer Größe anschwoll, den Vorzeichendeutern die zukünftige Überlegenheit Roms im Wettstreit mit Veii verriet.[105] Es gab für die Idee der 'Hegemonie' im frühen Rom kein ideologisches Fundament, nichts, was dem klassischen griechischen ἀριστεῖα καὶ πρωτεῖα [Führungsstellung des Besten] oder der römischen *virtus*, wie sie von Livius und anderen in augusteischer Zeit verkündet wurde,[106] als theoretischer Rechtfertigung einer Eroberungspolitik entsprochen hätte. Die Hegemonie fußte vielmehr auf dem Recht des Stärkeren, wie es in archaischen Gesellschaften zu herrschen pflegt: *se in armis ius ferre,* sagen die Gallier bei Livius,[107] *et omnia fortium virorum esse* [Sie würden mit Waffengewalt über Recht und Unrecht entscheiden, und alles gehöre den Tapferen].

Ganz verschieden von diesem urtümlichen und ursprünglichen Machtgedanken ist der Kampf um die Vorherrschaft, wie ihn die römischen Könige nach Dionysios führen, der dieses Motiv bis zum Überdruß wiederholt.[108] Seit der Zeit des Tullus Hostilius kann keine der Latinerstädte die Oberherrschaft Roms über die Nation bestreiten.[109] Die Latiner sind unter Priscus noch Rivalen Roms im Wettbewerb um die Oberhoheit, werden aber zusammen mit ihren mächtigsten Nachbarn, den Etruskern und Sabinern, zum Gehorsam gezwungen.[110] Oberherrschaft ist das Ziel der Stadt unter Servius Tullius.[111] Der Etruskerbund will sie ihm nicht zugestehen, aber nach langem, hartem Kampf bitten die Etrusker demütig um Verzeihung für den Aufstand und nehmen das römische Joch hin.[112]

Einige Jahre nach der vernichtenden Niederlage durch Porsenna, so erfahren wir, gewann das römische Gemeinwesen seine Stärke zurück und strebte wieder nach der Hegemonie. Durch einen Sieg ermutigt, verlangten die Sabiner von Rom die Übergabe der Führerstellung, wurden aber ein weiteres Mal zur Unterwerfung gezwungen.[113] Solche prahlerischen Ansprüche werden gegenüber Latinern[114] und Sabinern[115] wieder und wieder erhoben. Alle Kriege werden um die Oberherrschaft geführt [ὑπὲρ ἀρχῆς καὶ δυναστείας].[116] Der Krieg gegen die Aurunker soll solch ein Wettbewerb um die Krone der Tapferkeit gewesen[117] und um der Hegemonie willen begonnen worden sein. Auch als man von den

Hegemonie als Leitmotiv   137

Volskern schwer bedroht war, erinnerte man sich der Berufung Roms, über die Herrschenden zu herrschen und denen zu befehlen, die anderen befehlen.[118]

Die bei Dionysios überstrapazierte Idee der Hegemonie begegnet in abgeschwächter Form auch bei Livius. Die Römer kämpften immer „für Freiheit und Herrschaft" *[pro libertate et imperio]*: 'Freiheit' bedeutet ihre eigene Unabhängigkeit, und 'Herrschaft' ist das den Nachbarn auferlegte Joch.

Es ist offenkundig, daß beiden Autoren eine gemeinsame Quelle zugrunde liegt. Beim Wettkampf der albanischen und römischen Drillinge entspricht dem ἀγὼν τῆς ἡγεμονίας (Kampf um die Hegemonie) des Dionysios (III 14, 2) bei Livius *ut Romanus Albano imperet* [damit Rom über Alba herrsche] (I 25, 12) oder auch *ibi imperium fore, unde victoria fuerit* [die Seite werde herrschen, welche den Sieg errungen habe] (I 24, 2). Die tyrannische Herrschaft des Dezemvirates wird von Livius so beschrieben (III 38, 2): *contemni coepti erant a finitimis populis, imperiumque ibi esse, ubi non esset libertas, indignabantur.* [Die Nachbargemeinden begannen, die Römer zu verachten, und hielten es für unwürdig, daß diejenigen herrschten, welche selbst nicht frei seien.] Die gleiche Geschichte wird von Dionysios in einer langatmigen Tirade ausgesponnen (XI 3, 1):

καὶ τὸ ἐλεύθερον (ἐν Ῥώμῃ) ἅπαν ἀπολωλεκυίας ἀφορμὴν κρατίστην ὑπολαβόντες ἔχειν οἱ πολέμῳ κρατηθέντες ὑπ'αὐτῆς τάς τε ὕβρεις ἃς ὑβρίσθησαν ἀποτίσασθαι καὶ τὰ ἀπολωλότα ἀναλαβεῖν. [Und da die Römer ihre Freiheit gänzlich verloren hatten, hielten die von ihnen im Krieg Besiegten den Zeitpunkt für gekommen, das erlittene Unrecht zurückzuzahlen und die verlorenen Gebiete wiederzugewinnen.]

Es ist klar, daß der anmaßende Rhetor und der zurückhaltende Historiker letztlich auf dieselbe Quelle zurückgehen, nämlich auf Pictor.

Der große Kampf mit den Bergstämmen im 5. Jahrhundert v. Chr., als Rom allmählich an Bedeutung zunahm, war noch kein Unternehmen, das man mit Livius *de imperio certare* [um die Herrschaft kämpfen] nennen dürfte. Es ging um das nackte Überleben, nicht um die Oberherrschaft. Aber nach dem Keltensturm, als Rom sich daran machte, alle Nachbarn zu unterjochen, kam das Schlagwort *cum externis de imperio certare* [119] der Wirklichkeit schon näher. Als einige Jahrzehnte später die Gesandten der Kampaner den Senat um Hilfe gegen die Samniten angingen, sagten sie zu Recht [120]:

subactis his gentibus quae inter nos vosque sunt, quod propediem futurum spondet et virtus et fortuna vestra, continens imperium usque ad nos habebitis. [Wenn ihr die zwischen unseren Gebieten siedelnden Stämme unterworfen haben werdet — wie es eure Tapferkeit und euer günstiger Stern für die nächste Zukunft versprechen —, dann werdet ihr einen zusammenhängenden, bis an unser Territorium sich erstreckenden Herrschaftsbereich besitzen.]

Und 340 v. Chr. bedeutete die römische Herrschaft über die Latiner wirklich *pro imperio agere*.[121] *De imperio certare* [122] traf in der Tat für den Krieg gegen Samnium zu. Die Zeiten hatten sich geändert.

Das annalistische Bild des frühen Rom kam — wie schon längst erkannt wurde — dadurch zustande, daß diese Historiker mit einem Auge in die Vergangenheit blickten und mit dem anderen auf den späteren Ruhm der Beherrscherin der Mittelmeerwelt.[123] Das neue Imperium bedurfte eines alten Stammbaumes [124] als Rechtfertigung seines ungeheuren Wachstums.[125] Man verfiel auf die hochmütige Idee des 'führenden Volkes der Erde' *[princeps terrarum populus]* [126], das von Anfang an die Nachbarvölker an sich zog und jeden Rivalen bezwang,[127] wie die Gottheit es angeordnet hatte.[128] Der Gründer, selbst ein göttliches Wesen, wählte für seine Stadt die bestmögliche Lage, im Herzen ganz Italiens.[129] Ancus baute für das zukünftige Zentrum der Welt den Hafen von Ostia,[130] wie denn auch lange zuvor schon Herkules seinen Kult an der Stätte Roms für das Volk gestiftet hatte, das einst die *oikumene* regieren sollte.[131] Die Stadtmauern wurden von Romulus, im Bewußtsein der großen Bestimmung seiner Nachkommen,[132] nicht für eine Handvoll Menschen erbaut, sondern für eine zahlreiche Bevölkerung.[133] Die Götter offenbarten dem Erbauer des Kapitols die kommende Größe des römischen Imperiums [134] *[movisse numen ad indicandam tanti imperii molem traditur deos]*. Wir haben schon

Hegemonie als Leitmotiv 139

gesehen, daß dies aus Pictor stammt, ebenso wie der die Ewigkeit der Stadt verkündende Vogelflug *[perpetuitatis auspicium]*.[135] Der Zensus wird von Servius Tullius mit dem Blick auf kommende große Ereignisse eingeführt: *rem saluberrimam tanto futuro imperio* [für ein künftiges Reich von solcher Größe werde dies sehr nützlich sein].[136] Unter den Tarquiniern sind die Römer *victores omnium circa populorum* [Sieger über alle umwohnenden Völkerschaften].[137] Und auch nach der Vertreibung des letzten Königs fahren die Annalen unverändert fort, von Zeit zu Zeit die kommenden großen Geschehnisse anzukündigen.[138] Vom Gipfel der römischen Herrschaft über die Mittelmeerwelt herab verkünden die Annalisten die Anfänge Roms als Geburt einer Weltmacht, und von diesem Standpunkt konnten sie nicht mehr herunter, als mit Beginn der Republik die wirkliche Geschichte Roms den Nebel der Mystifikation zu zerstreuen begann.

Obwohl diese Dinge bereits mehr als einmal hervorgehoben worden sind, war es nötig, hier nochmals an sie zu erinnern. Sie geben uns Aufschluß darüber, daß die Geschichte des frühen Rom in den Annalen kein Zufallsprodukt ist, sondern auf einem festen Plan beruht. Im wesentlichen ist schon Ennius, ein jüngerer Zeitgenosse des Fabius Pictor, diesem Plan gefolgt, wie man aus Fr. Leos Bemerkung über die ›Annalen‹ des Dichters entnehmen kann [139]:

Es ist keine bloße Chronik, eine in Versen aufgezeichnete Folge zufälliger Ereignisse; vielmehr die konsequent und unaufhaltsam aus unscheinbarem Anfang emporsteigende Entwicklung der Nation. Diesem Stoff entspricht auch die Komposition; wenigstens gilt das für die erste Hälfte des Gedichts; deren drei Triaden stellen die erste den von den Königen gelegten Grund der künftigen Macht, die zweite die Ausbreitung des römischen Namens über Italien dar, die dritte die Verteidigung des italischen Reichs gegen den Nebenbuhler und dessen Niederwerfung nach einer Peripetie aus dem nahe drohenden Untergange. Danach kam in der zweiten Hälfte der Aufstieg zum Weltreich.

Romulus' Worte bei Livius *mea Roma caput orbis terrarum sit* [mein Rom soll die Hauptstadt des Erdkreises sein] scheinen von Ennius [140] zu kommen, aber die Vorstellung selbst stammt von Pictor. Sogar die Form des Gedichtes und sein Titel *Annales* mögen von den ersten 'Annalen' angeregt worden sein.

Die legalistische Fiktion in den Annalen

Um die Behandlung des Latinerbundes in der literarischen Tradition zu verstehen, muß man berücksichtigen, daß die juristische Betrachtungsweise der Annalen, die wir zuvor zu erklären versuchten, nicht auf das eigene Volk beschränkt ist. Die von König Tullus besiegten Sabiner z. B. zeichneten die Friedensbedingungen auf Stelen auf, die in ihren Tempeln errichtet wurden.[141] Ein schematisch verwendetes Darstellungsmotiv sind Volksversammlungen, welche die Entwicklung des Geschehens vorantreiben. So treten etwa die Volsker zusammen, um einen gemeinsamen Kriegsplan gegen Rom auszuarbeiten.[142] Die Magistrate der einzelnen Städte treffen sich gemeinsam mit einer großen Menge des gemeinen Volkes. Die Abstimmung erfolgt nach zahlreichen Reden. Die Herniker führen ein juristisches Streitgespräch mit dem Senat über die Gültigkeit eines Vertrages zwischen ihnen und König Tarquinius.[143] Dieselben parlamentarischen Verfahrensformen, die das Verhältnis zu den Latinern kennzeichnen, werden auch auf die Bundesversammlung Etruriens übertragen.[144] Das gibt der historischen Fiktion einen quasi-juristischen Charakter, wie es die Konstantinische Schenkung und viele andere gefälschte, gesetzliche Verfügungen späterer Zeit tun. Mit der minuziösen Beschreibung der Rechtsformen, in denen Rom in der Frühzeit seiner Geschichte die Hegemonie übernahm, beabsichtigt man, der politischen Theorie mehr Präzision, Gewicht und Glaubwürdigkeit zu verleihen. Zu diesem Zweck wird das Zentrum des Latinerbundes auf dem Aventin aus dem 5. Jahrhundert v. Chr. zurück in die Zeit des Servius Tullius verlegt, wohingegen das älteste Stammeszentrum auf dem Albanerberg als Schöpfung des Superbus betrachtet wird.

Weitere Bruchstücke ergänzen dieses Bild einer ganz bestimmten Tendenz.[145] Das unverhältnismäßige Wachstum der Stadt wird durch die kluge, humane Politik der Könige seit Romulus erklärt, die die Bevölkerung der eroberten Städte in Massen nach Rom brachten, ihnen alle bewegliche Habe beließen, ihnen neue Häuser bauten und sie in die Bürgerschaft aufnahmen, ja sogar ihren Adel zum Patriziat zuließen, wie das Beispiel der *familiae Albanae* zeigt. Dieses Verfahren steht natürlich in krassem Widerspruch zu den rauhen Sitten der Frühzeit, als der Besiegte nicht nur seinen Besitz, sondern auch seine Freiheit oder gar sein Leben verlor. Das Prinzip des *exemplo maiorum augere rem Romanam victos in civitatem accipiendo* [... nach dem Vorbild der Vorfahren die Macht Roms durch Aufnahme der Besiegten in die Bürgerschaft vermehren] [146] wurde sicher fälschlich auf jene frühen Zeiten übertragen, um den Griechen Respekt einzuflößen: *materia crescendi per summam gloriam suppeditat* [das für weiteres Wachstum unter ruhmvollen Begleitumständen benötigte Menschenmaterial steht zur Verfügung].

Zu dieser Tendenz gehört die Aufzählung von Bündnissen als Nachweis für die Authentizität der eigenen Darstellung. Romulus schließt z. B. ein *foedus* mit Titus Tatius,[147] einen Nichtangriffspakt mit dem Vorort der Latiner, Alba Longa.[148]

Romulus schuf ein Gesetzeswerk, das in die Sammlung der *leges regiae* [königliche Gesetze] einging.[149] Numa ordnete die religiösen Einrichtungen in seinen *commentarii* [schriftlich fixierte Entwürfe].[150] Diese Tendenz erreicht den Gipfel der Absurdität mit der Vorstellung, die Republik sei durch die schriftlich niedergelegten Anordnungen eines Königs legalisiert worden: *duo consules inde comitiis centuriatis a praefecto urbis ex commentariis Servi Tulli creati sunt, L. Iunius Brutus et L. Tarquinius Collatinus.* [Daraufhin wurden vom Stadtpräfekten gemäß dem Verfassungsentwurf des Servius Tullius unter Beteiligung der Centuriatskomitien zwei Konsuln gewählt, L. Iunius Brutus und L. Tarquinius Collatinus.][151] Der Grund für diese merkwürdige Behauptung wird aus Livius' Geschichte des Servius Tullius klar[152]:

id ipsum tam mite ac tam moderatum imperium tamen, quia unius esset, deponere eum in animo habuisse quidam auctores sunt, ni scelus intestinum liberandae patriae consilia agitanti intervenisset. [Obwohl seine Herrschaft nun so milde und gemäßigt war, beabsichtigte er dennoch, wie einige Schriftsteller behaupten, sie niederzulegen, weil sie eine Alleinherrschaft sei. Aber Verwandtenmord verhinderte die Ausführung jener Pläne, das Vaterland in einen Freistaat zu verwandeln.]

Der Drang zu verfassungsmäßiger Legitimierung manifestiert sich in der Übertragung der Abzeichen der etruskischen Könige an

Priscus und in dem Angebot derselben an Porsenna durch den römischen Senat.[153]

Wir brauchen die Frage nach dem ursprünglichen Erfinder dieser fiktiven Rechtsakte nicht zu stellen. In diesem Zusammenhang dürfte der Hinweis genügen, daß die späteren Annalisten, deren Berichte über den Latinerbund wir besitzen, dieselbe Art von Erfindungen in ihren Nachrichten über Roms übrige Nachbarn zur Königszeit verwenden. Wir wissen, daß schon Fabius Pictor die politischen Reformen des Servius Tullius beschrieb,[154] und ich habe anderswo gezeigt, daß er hinsichtlich der Münzprägung bewußt eine Angabe des Timaios verfälschte, indem er absichtlich die römische Bronzeprägung, die erst zu Lebzeiten seines Vaters begonnen hatte, als eine Schöpfung dieses legendären Königs ausgab.[155] Man muß daher annehmen, daß diese ganze juristische Verbrämung im wesentlichen sein Werk ist.

Hellenistische Manierismen in Pictors Darstellung: seine Frauengestalten [155a]

Die schriftstellerische Kunst des Livius kann den Leser immer wieder ergötzen, aber selten ist das persönliche Element so zu Herzen gehend wie in der Anekdote, in der die Zulassung der Plebejer zum Konsulat, mithin ein epochaler Wendepunkt der römischen Geschichte, von einem belanglosen Familienereignis hergeleitet wird. Livius schreibt [156]:

M. Fabius Ambustus war ein sehr einflußreicher Mann, nicht nur unter seinen patrizischen Standesgenossen, sondern auch bei der *plebs*, denn die Angehörigen dieser Klasse spürten, daß er keineswegs auf sie herabblickte. Er verheiratete seine ältere Tochter mit Servius Sulpicius, die jüngere mit C. Licinius Stolo, einem bedeutenden Mann, obschon er Plebejer war. Und die bloße Tatsache, daß er eine solche Verbindung nicht ablehnte, hatte dem Fabius Ansehen beim niederen Volk eingebracht. Zufällig vertrieben sich die beiden Schwestern *Fabiae* im Hause des damaligen Konsulartribunen Servius Sulpicius die Zeit mit Schwatzen, wie es Frauen zu tun pflegen, als der Liktor des Sulpicius, der vom Forum zurückkam, in der üblichen Weise mit dem Stab an die Tür klopfte. Daraufhin wurde die jüngere Fabia, die den Brauch nicht kannte, bleich,

Hellenistische Manierismen in Pictors Darstellung 143

und die ältere lachte erstaunt über die Unwissenheit der Schwester. Dieses Lachen aber nagte nun im Herzen der anderen, denn die Gefühle einer Frau werden durch Kleinigkeiten beeinflußt. Ich glaube auch, daß die Menge der Personen, die den Magistrat begleiteten und ihm seine Wünsche von den Augen ablasen, ihr die Ehe ihrer Schwester glücklich erscheinen und sie ihre eigene bereuen ließ, eine Folge jenes bekannten falschen Stolzes, der es einem so schwer macht, die Überlegenheit sogar des nächsten Verwandten zu erdulden. Sie litt noch unter ihrem verwundeten Stolz, als ihr Vater sie zufällig traf und fragte, ob alles in Ordnung sei. Sie hätte gern den Grund ihres Kummers verborgen, der sich allzuwenig mit schwesterlicher Liebe vertrug und ihrem Gatten kaum Ehre machte. Er brachte sie aber durch vorsichtiges Nachforschen zu dem Eingeständnis, daß sie unglücklich darüber sei, mit einem Manne unter ihrem Stand verheiratet zu sein und in ein Haus eingeheiratet zu haben, dem nie hohe Ehrenämter und Einfluß zuteil werden könnten. Ambustus tröstete seine Tochter daraufhin und sprach ihr Mut zu: Sie werde binnen kurzem in ihrem Hause dieselben Würden haben, die sie bei ihrer Schwester sehe. Von diesem Augenblick an begann er, zusammen mit seinem Schwiegersohn Pläne zu schmieden...

Dann folgt die Geschichte, wie Fabius Ambustus durch seine politische Aktivität, unterstützt durch C. Licinius und L. Sextius, die Zulassung der Plebejer zum Konsulat erreichte.

Der Kern dieser Familiengeschichte klingt echt. Aber wenn sie es ist, könnte sie nur im engsten Kreis der Fabierfamilie bewahrt worden sein. Wir haben also guten Grund anzunehmen, daß es ein Mitglied dieser *gens* war, nämlich Fabius Pictor, der sie in die Literatur einführte, sicherlich nicht in der hübschen Form, die Livius ihr gegeben hat, aber doch mit allen wesentlichen Zügen. Wir nehmen das mit um so größerer Zuversicht an, als Pictor die Zulassung der Plebejer zum Konsulat für einen der bedeutenden Wendepunkte der römischen Geschichte hielt und sie in das 22. Jahr nach der Einnahme der Stadt durch die Gallier datierte.[157]

Als Einleitung zu der oben wiedergegebenen Anekdote bemerkt Livius[158]: *parva, ut plerumque solet, rem ingentem moliundi causa intervenit* [ein belangloser Vorfall hatte, wie es so häufig geschieht, gewaltige Folgen]. Dieser kurze Satz,[159] der die philosophische Begründung der ganzen Geschichte darstellt, muß schon zu Pictors Bericht gehört haben. Livius verwendet diesen Gedanken natürlich auch anderswo,[160] aber er übernahm ihn jeweils in dem gegebenen Zusammenhang von seinen Vorgängern. Griechische Denker seit Solon haben sich sehr bemüht, die Kräfte zu erkennen, welche die einschneidenden Veränderungen in ihren Staatsverfassungen verursachten.[161] Die dabei von ihnen entdeckten grandiosen Verkettungen von Ursache und Wirkung wurden in hellenistischer Zeit durch unwesentliche Vorkommnisse und subjektive Beweggründe als schicksalsbestimmende Faktoren ersetzt, ebenso wie in Skulptur und Malerei die majestätische Offenbarung göttlicher Größe den scharf beobachteten, gewöhnlichen Erscheinungen des Alltagslebens wich. Gedankliche Tiefe, ein Privileg weniger, trat zurück hinter der oberflächlichen Denkweise des einfachen Mannes auf der Straße.

Die Historiker wurden in dieser neuen Haltung durch die Konzessionen bestärkt, die sogar die Philosophen zu machen bereit waren. Platon gibt zu,[162] daß, wenn der Staatskörper krank ist — freilich nur in diesem Falle —, ein kleiner Anstoß von außen die Lawine der Revolution auslösen kann. Auch Aristoteles erwähnt unter den verschiedenen Ursachen für den Umsturz von Regierungen Liebesaffären und andere Privatangelegenheiten wichtiger Personen. Seine Begründung [163] ist schon dieselbe, die wir bei Livius vorfinden: Γίγνονται μὲν οὖν αἱ στάσεις οὐ περὶ μικρῶν, ἀλλ' ἐκ μικρῶν, στασιάζουσι δὲ περὶ μεγάλων. [Parteikämpfe entstehen nicht um unbedeutender Ziele willen, wohl aber aus geringfügigen äußeren Anlässen; gestritten wird jedoch um bedeutende Dinge.]

Wenn in der folgenden Epoche des Hellenismus solche Trivialitäten von den Historikern vorzugsweise als Gründe für gewaltsame Veränderungen im öffentlichen Leben aufgegriffen wurden, so ging das darauf zurück, daß sie von nun an den unterhaltsamen Stil der zeitgenössischen Belletristik übernahmen, statt hohe wissenschaftliche oder moralische Maßstäbe anzulegen. Der Leser sollte nicht mehr in die erhabene Sphäre der Kontemplation erhoben, sondern auf den bewegten Schauplatz der geschilderten Ereignisse hinuntergezogen und dabei in Emotionen und Erregungszustände versetzt werden.

P. Scheller [164] hat vor langer Zeit schon gezeigt, daß die dramatische Technik und die Kunstgriffe, die die tragischen Dichter entwickelt und die zeitgenössischen Rhetoren benutzt hatten, auch von der hellenistischen Geschichtsschreibung übernommen worden sind. „Diese Darstellungsweise", so F. W. Walbank [165], nennt Polybios „tragisch", und sie teilte sicher viele ihrer Eigenarten mit der Tragödie, obwohl sie in der Tat auch manche andere Bestandteile aufweist, wie das Element des Wunderbaren und des Monströsen (τὸ τερατῶδες), das Aristoteles gerade aus der Tragödie verbannte, ferner das Triviale, die Verführungsszenen, die sentimentalen Nachtszenen, eingehende Beschreibungen von Kleidern, Liebesglut und so fort.

Hier und da erscheint, wie die Gelehrten längst erkannt haben, dieser dramatisierende Stil auch in den römischen Annalen.[166] A. Momigliano bemerkte zu diesen romanhaften Zügen der römischen Annalistik [167]:

Ich weiß, daß es — um De Sanctis' Worte zu wiederholen — als « una pedanteria appena credibile » erscheinen mag, wenn man darauf hinweist, daß unsere Quellen nur von *gesta virorum* [Taten von Männern] sprechen, während Frauen in unseren Legenden die Hauptrolle spielen.[168] Aber dieser Ausdruck wird eben in unseren Quellen verwendet, und ich halte es nicht für unmöglich, daß es bei den Männermahlzeiten üblich war, Frauen unerwähnt zu lassen. Wenn dem so war, dann sind Cloelia, Lucretia und Verginia keine Gestalten aus der Welt der Balladen.

In der Tat haben diese Genrebilder weiblicher Tugend nichts mit echten Epen der latinischen Vergangenheit zu tun. Eher stellen sie eine Übertragung der alexandrinischen Romantik auf römische Stoffe dar und vermitteln, mit national gefärbtem Heroismus durchsetzt, dem Leser politische Belehrung und moralische Befriedigung.

Sehr wichtig ist aber meiner Meinung nach die Tatsache, daß alle diese gefühlsbetonten Anekdoten nicht in wahlloser Anordnung erzählt werden, sondern systematisch an den kritischen Stellen der römischen Geschichte eingebaut sind; dort dienen jene Episoden, in deren Mittelpunkt widerwärtige oder liebenswerte Frauen stehen — wie etwa die beiden *Fabiae* —, dem Zweck, grundlegende Veränderungen und prekäre Ereignisse im staatlichen Leben einzuleiten. Dieses Verfahren kann mit folgenden Beispielen belegt werden:

1. Tarpeia

Es gab in Rom eine alte Tradition,[169] daß der kapitolinische Hügel 'unter Romulus' von den Sabinern besetzt worden sei. Fabius bot diesen Vorfall so dar, daß die sabinische Eroberung nicht der Unterlegenheit der römischen Krieger zuzuschreiben war, sondern dem Verrat eines Mädchens, das sich von dem goldenen Schmuck hatte verführen lassen, den die Sabiner trugen und den sie ihm zu geben versprachen. Pictor beschrieb in diesem Abschnitt die verderbliche Wirkung der Habgier und malte dies in den Farben der klassischen Tragödie aus.[170] Demonike, die sich durch ein goldenes Armband verführen ließ, mag das literarische Vorbild für den Verrat der Tarpeia gewesen sein. Es muß unsere Aufmerksamkeit erregen, daß Pictor den Sabinern entarteten Luxus zuschreibt, und das nicht nur an dieser Stelle.[171] Krieger, die Goldschmuck zur Schau trugen, waren in den Augen der Alten verweichlichte Barbaren, wohingegen das bäuerliche Volk der Sabiner sonst als Prototyp unverdorbener Einfachheit und Rechtschaffenheit galt. Schon Cato d. Ä. führte ihre altertümlichen Sitten auf ihre angebliche spartanische Herkunft zurück.[172] Es ist daher klar, daß der Herabsetzung der Sabiner bei Pictor eine bestimmte Absicht zugrunde liegt. Den Schlüssel zur Erklärung dieses Vorurteils scheint sein Haß gegen eine fürstliche römische Familie sabinischen Ursprungs, die als politische Rivalen der Fabier bekannten *Appii Claudii*, zu bieten. Diesem Gefühl ließ Fabius Pictor, wie wir sehen werden, in seinem Werk freien Lauf.[173]

Die Rolle der Tarpeia zeigt, wie Pictor mit spannenden Anekdoten in hellenistischer Manier volkstümlichen Überlieferungen, die allmählich verblaßten, neues Leben einhauchte.[174] Es ist aber auch ersichtlich, daß er auf Objektivität keinen besonderen Wert legte. Piso Censorius mag berechtigten Anlaß gehabt haben,[175] Pictor wegen seiner verfälschenden Darstellung des Schicksals der Tarpeia zu tadeln, wenn er auch selbst keinen verläßlicheren Bericht an seine Stelle setzen konnte.

2. Tullia

Die furchtbare Untat der verruchten Tochter des guten, alten Königs ist im Stil einer hellenistischen Kurzgeschichte geschildert,[176] die Livius mit folgenden Worten als solche charakterisiert (I 46, 3): *tulit et Romana regia sceleris tragici exemplum* [auch im römischen Königshaus ereignete sich ein beispielhaft tragisches Verbrechen]. Die übereinstimmenden Darstellungen bei Diodor, Dionysios und Livius[177] verraten, daß die Anekdote zumindest in ihren Grundzügen aus den frühen Annalen stammt. Die Verursachung eines entscheidenden Umsturzes im Staatsleben durch eine Frau wird in ähnlicher Weise wie bei den beiden *Fabiae* ausgeführt. Der Mörder handelt *muliebribus instinctus furiis* [angestachelt durch die rasende Leidenschaft eines Weibes],[178] und Livius gibt den Hinweis *initium turbandi omnia a femina ortum est* [von einer Frau ging all jenes Unheil aus].[179]

3. Lucretia [180]

In den Annalen verursacht die Schändung der Lucretia den Sturz der Tarquinier und das Ende des Königtums. Ein so profunder Kenner der Quellen wie Fr. Münzer nahm noch an, daß diese Erzählung einen wahren Kern enthalte.[181] Es ist jedoch, hoffe ich, im zweiten Kapitel klar geworden, daß der letzte König nicht durch einen Aufstand der Bürger gestürzt, sondern von einer fremden Macht vertrieben wurde.[182] Jeder Versuch, Lucretia für die Geschichte zu retten, ist daher von vornherein zum Scheitern verurteilt. Die Ereignisse, die den Hintergrund für Lucretias Vergewaltigung abgeben, die Belagerung von Ardea und der nächtliche Besuch des lüsternen Königssohnes im Hause seines keuschen Opfers,[183] waren in Pictors Annalen geschildert; der Höhepunkt dieser Erzählung, die Tragödie der Lucretia, konnte darin nicht fehlen. Es hat wenig Sinn, eine dichterische Behandlung desselben Themas in der griechischen Literatur zu suchen, wie es W. Soltau[184] tut. Es genügt, daran zu erinnern, daß diese Neigung zu dramatischer Gestaltung eine vorherrschende Tendenz in der griechischen Geschichtsschreibung darstellt, seit dieser Stil im Kreise des Isokrates geboren wurde.[185]

4. Verginia

Hier steht dasselbe Motiv wie bei der Lucretia-Anekdote im Vordergrund: Die lüsterne Gier eines bösen Mannes kann ein ganzes Staatswesen in Aufruhr bringen:

sequitur aliud in urbe nefas ab libidine ortum, haud minus foedo eventu quam quod per stuprum caedemque Lucretiae urbe regnoque Tarquinios expulerat, ut non finis solum idem decemviris qui regibus, sed causa etiam eadem imperii amittendi esset.[186] [Erneut sah die Stadt ein aus sexueller Begierde herrührendes Verbrechen, welches einen nicht weniger grauenhaften Ausgang nahm als die Schändung und Ermordung der Lucretia, die zur Vertreibung der Tarquinier aus Stadt und Herrschaft geführt hatte; so wurde den Dezemvirn nicht nur dasselbe Ende zuteil wie den Königen, sondern auch die Ursache für den Verlust der Herrschaft war dieselbe.]

Dieselbe Begründung kehrt bei Dionysios wieder und beweist so die gemeinsame Quelle [187]:

Ποιήσομαι δὲ τὸν περὶ αὐτῶν (scil. τῶν δέκα) λόγον οὐκ ἀπὸ τῶν τελευταίων ἀρξάμενος, ἃ δοκεῖ τοῖς πολλοῖς αἴτια γενέσθαι μόνα τῆς ἐλευθερίας, λέγω δὲ τῶν περὶ τὴν παρθένον ἁμαρτηθέντων Ἀππίῳ διὰ τὸν ἔρωτα. [Ich werde nun meine Erzählung über sie (die Dezemvirn) nicht mit dem beginnen, was sich zuletzt zugetragen hat und den meisten als die alleinige Ursache der Befreiung von jenen erscheint, nämlich die Geschichte von der Schändung der Jungfrau durch den in Liebe entbrannten Appius.]

Wir werden weiter unten sehen,[188] daß der Dezemvir Appius Claudius mit den in der griechischen Literatur gebräuchlichen Mitteln als wollüstiger, grausamer Tyrann dargestellt wurde, denn er und alle Claudier der frühen römischen Geschichte wurden von Fabius Pictor diffamiert, weil die beiden fürstlichen Häuser zu dessen Lebzeiten zutiefst miteinander verfeindet waren. Wie weit Pictor in der Mißachtung objektiver Tatsachen gehen konnte, zeigt seine Verfälschung der Chronologie des Dezemvirates. Um seinen Gefühlen durch die Aufzählung möglichst vieler gehässiger Einzelheiten in seiner feindseligen Schilderung des Dezemvirn Appius freieren Lauf lassen zu können, dehnte er die Amtsdauer der zehn Männer um ein weiteres Jahr aus.[189] Dieses zweite Dezemvirat ist vor der Zeit der jüngeren Annalisten erfunden worden, und daher ist die Wiederholung der Geschichte von Superbus und Lucretia in den Gestalten des Appius Claudius und der Verginia nicht — wie man vermutet hat [190] — eine Erfindung dieser jüngeren Autoren.

Eine weitere kluge Bemerkung A. Momiglianos [191] muß hier angeführt werden:

Coriolanus, der rücksichtslose Patrizier, gehört zur *gens Marcia*, die in historischer Zeit plebejisch war; Verginia ist Patrizierin, aber ihr Verlobter ist Plebejer. Die Mehrzahl der anderen „poetischen" Geschichten ist nicht von den politischen Leidenschaften gefärbt, die man normalerweise den Römern des 5. und 4. Jahrhunderts v. Chr. zuschreiben würde. Das ist noch kein Beweis, aber es macht das 3. Jahrhundert zum wahrscheinlicheren Datum für die Entstehung dieser Legenden in ihrer vorliegenden Form.

Die 'friedliche Koexistenz' von Patriziern und Plebejern, die Momigliano beobachtet hat, bestimmt auch die Atmosphäre in der Episode der beiden Fabierinnen. Die liberale Haltung der Fabier, die Pictor propagierte, hat in all den hier besprochenen gefühlsbetonten Geschichten ihre Spuren hinterlassen.

5. Cloelia

Die hübsche Anekdote von der mutigen römischen Jungfrau und dem ritterlichen König von Clusium [192] wurde zusammen mit den sie begleitenden Geschichten [193] erfunden, um „die Schmach der Unterjochung Roms durch die Etrusker" zu verschleiern.[194] Diese Tarnung hat der erste Annalist für seine griechischen Leser konzipiert. Es ist kein bloßer Zufall, daß die Tapferkeit der Cloelia wieder mit den künstlerischen Mitteln und malerischen Motiven der hellenistischen Literatur geschildert wird.[195]

150 Die Rückdatierung der römischen Eroberung Mittelitaliens

6. Die Mutter des Coriolanus

In seiner klassischen Abhandlung[196] über Coriolanus schreibt Mommsen[197]:

Durch die ganze Erzählung geht ein romantischer und humaner Zug, vor allen Dingen aber eine Frauenhuldigung, wie sie ihres Gleichen nicht hat vielleicht in der gesamten antiken Überlieferung ... Vor allem aber, wenn im übrigen die römischen Annalen in ihren älteren Bestandteilen durchaus den Satz bestätigen, daß die Frau nicht der Bürgerschaft und dem Staate angehört, sondern dem Hause, und selbst Frauennamen darin so gut wie völlig mangeln, so ist diese Erzählung umgekehrt das Werk eines römischen Frauenlob.

Der Name des Mannes, der dem schönen Geschlecht diese einzigartige Huldigung erwies, wird von Livius überliefert[198]: Er fand die Geschichte *apud Fabium longe antiquissimum auctorem*.

Im gleichen Zusammenhange wird berichtet, wie und warum die Sitte aufkam, die *ludi Romani* in manchen Jahren mehrmals zu feiern. Darüber konnte man schon in Pictors Annalen lesen.[199] Seine Erklärung war die, daß einmal vor Beginn der Spiele ein Sklave mit einem Folterkreuz auf der Schulter mit Peitschenhieben durch die Arena getrieben wurde. Dieses unschöne Vorspiel erregte den Zorn des höchsten Gottes, und er konnte nur durch die Wiederholung der Spiele besänftigt werden. Mommsen[200] hat erkannt, daß diese Geschichte zum ursprünglichen Bestand der Annalen gehörte, und bemerkte auch:

Der Ausgangspunkt aber ist wohl ohne Zweifel auch hier, wie so oft, etymologische Ätiologie: man suchte für die *instauratio ludorum* (wie die Wiederholung genannt wurde) nach dem historischen Ausgangspunkt und zugleich nach einer Erklärung des Namens und fand sie in dieser Anekdote, wonach die erste Instauration den Namen empfing ἀπὸ τοῦ σταυροῦ [vom Kreuz].[201]

Die kindische etymologische Spielerei *stauros-instaurare* wurde für ein griechisch geschriebenes Werk erfunden, nämlich für die Annalen des Fabius Pictor.

Derselbe große Historiker, dem wir diese Erkenntnis verdanken, hat auch den Beweis geführt, daß die Geschichte von Coriolanus von einem Priester der *gens Marcia* willkürlich in das magere Gerippe der Priesterchronik [202] eingefügt wurde.[203] Kein Plebejer konnte natürlich vor dem Beginn des 3. Jahrhunderts, als die Plebejer erstmals zum Pontifikat zugelassen wurden, seinen Stammbaum durch einen solchen Schwindel veredeln. Die furchtbare Verwüstung durch die Volsker muß freilich geschichtlich sein. Die Römer haben nie selbst Niederlagen erfunden, die ihren Ruhm hätten verdunkeln können, und gerade um diese Zeit, etwa 480 v. Chr., war die Angriffskraft der Volsker auf ihrem Höhepunkt.[204] Die in die Darstellung der Fakten eingewobenen Erfindungen der Annalisten sind leicht zu fassen. Es wird behauptet, die Volsker hätten Rom nie demütigen können, wenn es ihnen nicht zufällig gelungen wäre, einen bedeutenden römischen Heerführer auf ihre Seite zu bringen. Dieser römische General war es, der ihnen beinahe die widerstandslose Eroberung Roms ermöglicht hätte. Aber in letzter Minute warf eine römische Matrone ihre einzigartige moralische Kraft in die Waagschale und verjagte den Alptraum vollständiger Vernichtung.

Es ist sehr gut möglich, daß ein alexandrinischer Autor dem Fabius Pictor die Anregung gab, dieses erhabene Bild einer römischen Mutter zu entwerfen. In den Inhaltsangaben des Scholiasten zu den *Aitia* des Kallimachos findet sich das Thema der moralischen Überlegenheit und größeren Vaterlandsliebe einer römischen Mutter gegenüber ihrem Sohn, der in einer kritischen Situation das *imperium* besitzt.[205] Es mag sein, daß der verstorbene J. Stroux recht hatte mit der Annahme,[206] daß Kallimachos dieses 'Aition' in dem auch Pictor zugänglichen Geschichtswerk des Timaios vorfand.

7. Die Gattin des Arruns von Clusium

Dionysios begründet den Einfall der Gallier nach Italien mit folgender Geschichte [207]:

Ein gewisser Lucumo, ein Fürst der Tyrrhener, vertraute, als er im Sterben lag, seinen jungen Sohn einem redlichen Manne namens Arruns an, der für die Erziehung des Knaben sorgen sollte. Nach dem Tode des Fürsten übernahm Arruns diese Aufgabe und erwies sich als sorgfältig und gerecht

152   Die Rückdatierung der römischen Eroberung Mittelitaliens

in der Ausübung seiner Vormundschaft. Als der Knabe erwachsen war, übergab Arruns ihm den ganzen von seinem Vater hinterlassenen Besitz. Diesen Dienst vergalt der Jüngling ihm aber nicht durch gleiche Gesinnung. Arruns hatte eine schöne, junge Frau, die er sehr liebte und die sich bis zu diesem Zeitpunkt immer als züchtig erwiesen hatte. Aber der junge Mann verliebte sich in sie, verdarb sie an Geist und Körper und suchte nicht nur im geheimen, sondern auch öffentlich ihre Nähe. Arruns war bekümmert über die Verführung seiner Frau und das mutwillige Unrecht, das beide ihm angetan hatten. Aber da er keine Gelegenheit fand, sich an ihnen zu rächen, bereitete er eine Reise ins Ausland vor, angeblich zu Handelszwecken. Als der Jüngling seine Abreise begrüßte und alles für die Handelsgeschäfte Nötige bereitstellte, lud Arruns viele Häute voll Wein und Olivenöl und viele Körbe voll Feigen auf seine Wagen und brach nach Gallien auf.

Die Gallier kannten damals keinen Wein aus Trauben und kein Öl, wie es unsere Olivenbäume hervorbringen, sondern benutzten als Wein eine übelriechende Flüssigkeit aus in Wasser verfaulter Gerste und als Öl altes Fett von abstoßendem Geruch und Geschmack. Daher bereitete es ihnen ein wunderbares Vergnügen, als sie zum erstenmal Früchte genossen, die sie nie zuvor kennengelernt hatten, und sie fragten den Fremden, wie und von welchen Leuten diese Dinge hergestellt würden. Der Etrusker erzählte ihnen, das Land, das solche Früchte hervorbringe, sei groß und fruchtbar und von nur wenigen Leuten bewohnt, die im Kriege nicht mehr taugten als Frauen. Er riet ihnen, diese Erzeugnisse nicht länger von anderen zu kaufen, sondern die jetzigen Eigentümer zu vertreiben und die Früchte als eigenen Besitz zu genießen. Die Gallier ließen sich durch diese Worte überzeugen und kamen nach Italien und zu den als Clusiern bezeichneten Etruskern, von denen der Mann gekommen war, der sie zum Krieg überredet hatte.

Diese Geschichte ist auch in anderen Quellen[208], unabhängig von Dionysios, erhalten. Mommsen glaubte, sie stamme von einem jüngeren Annalisten — offenbar, weil er sie nicht ernst genug fand. H. Peter zeigte jedoch,[209] daß schon Cato d. Ä. sie kannte, und J. Heurgon schloß mit Recht aus einer Stelle bei Polybios,[210] daß auch dieser Autor mit ihr vertraut war. Hinter beiden steht Pictor als gemeinsame Quelle. Wir können die Möglichkeit nicht ausschließen, daß dieser die frivole Geschichte nicht selbst erfunden hat, sondern bei einem griechischen Autor las. Aber der Einfall, dem Rachedurst eines betrogenen Gatten so verheerende Wirkungen zuzuschreiben, paßt gut zu Geisteshaltung und Geschmack des ersten römischen Geschichtsschreibers, der jeden Wendepunkt der nationalen Geschichte durch ursächliche Verknüpfung mit ungestümen Gefühlsausbrüchen und wilden Leidenschaften dramatisierte. Er verwendete solche Darstellungsmittel sogar, um Vorfälle der jüngsten Vergangenheit spannend auszugestalten. W. W. Tarn [211] und F. W. Walbank [212] haben auf einige wundersame Vorkommnisse und erstaunliche Frauengestalten [213] in seinem Werk hingewiesen, die das bestätigen. Sein Interesse an großartigen Frauen ging nicht — oder nicht nur — auf persönliche Neigung zurück, es entsprach auch dem Geschmack der Zeit. Nichts kann das besser verdeutlichen als die Tatsache, daß der römische Staat während des Ersten Punischen Krieges den Kopf seiner trojanischen Ahnherrin *Ilia* oder *Rhome* auf seine Münzen prägen ließ (Taf. XV 5—7). Das war als Antwort an den Feind gedacht, als polemische Entgegnung auf die Abbildung der Dido auf Münzen des unter karthagischer Herrschaft befindlichen Teils der Magna Graecia, die ein oder zwei Generationen früher geprägt worden waren (Taf. XV 1—4).[214] Diese offizielle Konfrontation der Dido mit Ilia-Rhome, die eine Herausforderung Karthagos durch die römische Regierung darstellte, konnte sehr wohl Dichter veranlassen, das Thema poetisch auszugestalten. Zu dieser polemischen Gegenüberstellung trug etwa zur gleichen Zeit auch Timaios bei, der die Gründungsdaten der beiden feindlichen Städte synchronisierte. Aber die römischen Dichter machten von seinem Datum keinen Gebrauch und verlegten den mythischen Ursprung des großen Kampfes um die Beherrschung der Mittelmeerwelt in die Zeit der Eroberung Trojas zurück. Es könnte Naevius gewesen sein, der das Zusammentreffen des trojanischen Helden Aeneas, des Ahnherrn der Römer, mit Dido, der Gründerin und Königin von Karthago, als poetisches Motiv erdachte. Er beging nicht — wie Pictor — eine historische Fälschung, als er in den Mittelpunkt des furchtbaren Konfliktes eine sentimentale Liebesgeschichte stellte.

Die mangelnde Objektivität Pictors:
sein Haß gegen die Claudier [214a]

Der Schurke, der Verginia in den Tod trieb, war ein Appius Claudius. Und nicht nur er, sondern alle Mitglieder seiner Sippe werden in den Annalen in den düstersten Farben gemalt. Diese ständige Diffamierung beginnt mit der Einwanderung des Attius Clausus, des Ahnherrn der *Claudii*, aus seiner sabinischen Heimat, die 504 v. Chr. erfolgt sein soll.[215] Er wird als Überläufer, *transfuga* [216], beschrieben, der bei einem bevorstehenden Zusammenstoß für Rom die besseren Aussichten sieht und sein eigenes Volk in der Not verläßt. Er geht mit einer stattlichen Zahl von Klienten zum Feind über; der alte Landbezirk, der nach ihm *tribus Claudia* heißt, soll das ihnen zugewiesene Territorium gewesen sein. G. Wissowa meinte,[217] daß die Einwanderung der *Claudii* ursprünglich ohne festes Datum überliefert war — worin wir ihm zustimmen — und daß sie erst später mit dem Zeitpunkt der Einrichtung der claudischen Tribus verknüpft wurde. Fr. Münzer[218] versuchte, die historische Echtheit des Berichtes zu verteidigen, mußte aber zugeben, daß dabei eine Schwierigkeit auftaucht: die patrizischen *Claudii* gehörten zu den *tribus Quirina* und *Palatina*, nicht zur *Claudia*. Wir müssen dem hinzufügen, daß die *Palatina*, eine *tribus urbana*, in historischer Zeit ihre ursprüngliche soziale Zusammensetzung völlig verlor und vornehmlich Abkömmlinge von Sklaven aufnahm, so daß also die Eingliederung von Patriziern in diese *tribus* nur in weit zurückliegender Zeit erfolgt sein kann.

Mommsen sah deutlicher den Hintergrund dieser Geschichte. Er erkannte,[219] daß die Eingliederung der *Claudii* in die Bürgerschaft unmöglich so spät erfolgt sein konnte, da sie zu den fürstlichen Geschlechtern gehörten, von denen eine Anzahl in unmittelbarer Nachbarschaft der Stadt gelegener Landbezirke ihren Namen erhalten hat, und weil ferner ein Claudier bereits 495 v. Chr. das Konsulat bekleidete, die Familie also damals schon sehr vornehm und alteingesessen gewesen sein muß. Wir können nun noch einen Schritt weitergehen: Im siebenten Kapitel wird gezeigt werden, daß die *tribus gentiliciae* — unter ihnen auch die *tribus Claudia* nördlich des Anio — erst einige Jahre nach 426 v. Chr. und nicht

Die mangelnde Objektivität Pictors 155

schon 495 v. Chr. eingerichtet wurden.[220] Ferner ist die Behauptung der Annalen zurückzuweisen, Attius Clausus sei unmittelbar nach seiner Ankunft ein führendes Mitglied der Aristokratie geworden *(haud ita multo post in principum dignationem pervenit)*[221]. Ein Nichtpatrizier konnte in republikanischer Zeit niemals Mitglied dieser Klasse werden.[222] Da nun nicht nur der erste uns bekannte Appius Claudius 495 v. Chr. Konsul war, sondern seine Söhne ebenfalls 471, 460 und 451 v. Chr. dieses Amt bekleideten, gehörten die Claudier offensichtlich zum alten Kern der patrizischen Familien, deren Kreis um 504 v. Chr. geschlossen gewesen sein muß.

Wir hoffen, in einer früheren Untersuchung erwiesen zu haben, daß der Patriziat begründet wurde, als nach der Flucht der Tarquinier die 300 adligen Reiter ihrer Leibwache die Regierung übernahmen und mit ihr das sakralrechtliche Privileg der Verleihung und Bekleidung des *imperium*, d. h. das ausschließliche Recht, die Götter zu befragen und die jährlichen Amtsträger durch *augurium* und *auspicium* rechtmäßig einzusetzen.[223] Sogar einige Zweige derjenigen Familien, die von nun an für die Magistratur qualifiziert waren, wurden von der neuen Kaste ausgeschlossen. Die Zulassung neueingewanderter Fremder konnte also gar nicht in Betracht kommen.

Wir besitzen zudem Beweise dafür, daß die *Claudii* in diesem entscheidenden Stadium schon Mitglieder der alten führenden Klasse waren. Ein Zweig ihrer Familie, der noch sehr viel später das Erbrecht am Besitz der patrizischen Claudier für den Fall besaß, daß diesen direkte Nachkommen fehlten, gelangte nicht in den Patriziat, als dessen Kreis geschlossen wurde.[224] Das bedeutet, daß 504 der plebejische wie der patrizische Zweig der Claudier römisch war und beide zur sozialen Oberschicht gehörten. Schließlich hat wiederum Mommsen gezeigt,[225] daß die Masse der patrizischen Familien, die sogenannten *gentes minores*, es nie bis zur Würde eines *princeps senatus* bringen konnte. Diese war der höchsten Aristokratie vorbehalten, den *gentes maiores*, denen neben den *Aemilii, Fabii, Manlii* und *Valerii* auch die um 504 schon führende *gens* der *Claudii* angehörte.[226]

Die stiefmütterliche Behandlung der *gens Claudia* in den Annalen ist verständlich, wenn sie auf jemanden zurückgeht, dessen

Familie in politischer Rivalität zu den Claudiern stand und der daher das Ansehen der Gegner dadurch zu mindern trachtete, daß er sie als späte Einwanderer, sabinische Flüchtlinge und als zwar fürstliche, aber nicht zur *echten* Aristokratie gehörige Familie schilderte. Zudem wird schon der erste Claudius als unnachgiebiger Feind des einfachen Bürgers diffamiert, ein Vorwurf, der in der Spätrepublik aktuell war, aber nicht in die Zeit um 500 v. Chr. paßt. Mommsen hat schon vor 100 Jahren gezeigt,[227] daß dieses düstere Bild nicht den Tatsachen entspricht. Attius Clausus soll ein rücksichtsloser Feind des gemeinen Mannes gewesen sein. Die *insita superbia animo* [angeborene hochmütige Gesinnung],[228] die *natura inmitis et efferatus hinc plebis odio, illinc patrum laudibus* [sein grausamer und durch den Haß der Plebs einerseits sowie die Lobhudeleien des Senats andererseits zu noch größerer Zügellosigkeit angestachelter Charakter], seine *horrida et atrox sententia* [seine fürchterliche und grausige Meinungsäußerung] im Senat [229] charakterisieren ihn als überheblichen, unbarmherzigen Führer der radikalen Reaktionäre. Die zitierten Ausdrücke werden in dieser oder ähnlicher Form für nahezu jeden Claudier in den Annalen verwendet. Schon ihr Ahnherr wird als gewalttätig bezeichnet, *vehementis ingenii vir*; seine angebliche Widerwärtigkeit wird noch durch den Kontrast zu seinem Konsulatskollegen Servilius unterstrichen, der ein Gemäßigter war, *lenibus remediis aptior* [zu milderen Maßnahmen neigend].[230]

Sein Sohn C. Claudius, cos. 460 v. Chr., wird ebenfalls als hartnäckiger Feind der *plebs* gekennzeichnet [231] [ἔμφυτον τὸ πρὸς τοὺς δημοτικοὺς ἔχοντα μῖσος],[232] obwohl er nicht so gründlich verunglimpft wird wie sein Bruder, der Dezemvir Appius Claudius; dieser ist der *carnifex,* der Henker des römischen Volkes, ein Ausbund an Unverschämtheit, verbrecherischer Gier und Verworfenheit.[233] Die farbige Schilderung seiner Abscheulichkeit sollte der Diffamierung seiner ganzen Sippe als der *familia superbissima et crudelissima* [überaus hochmütige und grausame Sippe][234] dienen.

Die Untaten dieses angeblichen Missetäters erreichen im zweiten Jahr des Dezemvirates ihren Höhepunkt. Mommsen schreibt[235]:

Der im persönlichen, nicht im Standesinteresse gefällte ungerechte Richterspruch, das Auftreten des willfährigen gelegenheitmachenden Dienstmannes, die begehrliche Wollust, vor der das Bürgermädchen Rettung ihrer Ehre nur im Tod findet — das alles sind die wohlbekannten Züge des antiken Tyrannenbildes; wie denn überhaupt gegen die zweiten Decemvirn die Beschuldigung der angemaßten Tyrannei in bestimmtester Weise von Livius an vielen Stellen vorgebracht wird.

Der eben zitierte, große Historiker hielt das zweite Jahr des Dezemvirates jedoch für historisch und machte den späteren Annalisten den Vorwurf, den Bericht darüber durch derartige Verleumdungen verunstaltet zu haben.[236] Es ist jedoch inzwischen erkannt worden,[237] daß dieses zweite Jahr eingeschoben wurde, um Raum für die Geschichte der Verginia zu gewinnen, die, mit den gebräuchlichen Mitteln der literarischen Invektive ausgestaltet, die *Claudii* verunglimpfen sollte. Diese Entdeckung legt die Wurzeln des Diffamierungsfeldzuges frei, die in die Anfänge der römischen Historiographie zurückreichen. Sie zeigt auch, wie hemmungslos der Mann gewesen sein muß, der diese Anekdote erfand.

Der Sohn des Dezemvirn Appius wird in den Annalen gleichfalls nicht mit Glacéhandschuhen angefaßt. Er wird gebrandmarkt als *inde ab incunabulis inbutus odio tribunorum plebisque* [von der Wiege an voller Haß auf Tribunen und Plebs] (Liv. IV 36, 5). Und auch der Enkel des Dezemvirn wird als ein Mann voller Haß und Herrschsucht vorgestellt.[238] Diese Verdammung in Bausch und Bogen war nun bei der ehrwürdigen Gestalt des Appius Claudius Caecus kaum möglich.[239] Trotzdem wurde in den Annalen der Versuch gemacht, ihn zu diskreditieren. Er schmeichelt der Menge und ist ein Feind des Senates, ein Revolutionär [πολλὰ τῶν πατρῴων νομίμων ἐκίνησε].[240] Seine frevelhaften Reformen im Kult des Herkules an der *ara maxima*, der unerhörte Akt, Söhne von Freigelassenen zum Senat zuzulassen, die unschickliche Mißachtung dieser ehrwürdigen Körperschaft in Finanzangelegenheiten, seine illegale Bewerbung um das Konsulat während seiner Zensur — das sind die wichtigsten Anklagen gegen ihn. Widersprüchlich ist die Verlängerung der Liste seiner Vergehen um eine angebliche Feindschaft gegenüber der *plebs*, wie sie für alle Claudier typisch ist; er, der Vorkämpfer der Freigelassenen, soll sich gegen die Zulassung der Plebejer zur Magistratur gewehrt haben.

Wie schon erwähnt, entging es Mommsens Scharfsinn nicht, daß die ständigen Attacken gegen die *Claudii* auf literarischer Erfindung beruhen. Er schrieb diese Bosheiten einem demagogischen Annalisten der nachgracchischen Zeit zu.[241] Was er beanstandete, war jedoch eher das konsequente Ausschlachten einer schon bestehenden Tendenz, denn er spricht von der „durch die ältere Annalistik sich hindurchziehende(n), den Claudiern feindliche(n) Verdrehung und Erdichtung überhaupt"[242]. Nach Mommsen hat dann H. Peter[243] diese Machenschaften als das Werk des Fabius Pictor entdeckt und auch erkannt, daß es die Rivalität zwischen den beiden fürstlichen Häusern war, die diesen indirekten Angriff auslöste.

Die Spannungen zwischen den beiden Sippen mögen eine sehr weit zurückreichende Geschichte haben. Für uns werden sie erstmals in dem Widerstand des Quintus Fabius Rullianus[244] gegen die liberalen Reformen des Appius Claudius Caecus greifbar. Dieser Zusammenstoß mag noch eine Generation später im Elternhause des Fabius Pictor Nachwirkungen gehabt haben. Aber zu Fabius Pictors Lebzeiten gab es einen Claudius, dessen unerfreuliche Persönlichkeit und verheerende Fehlleistungen alle die abstoßenden Züge aufwiesen, die einen Claudius in den Annalen kennzeichnen. Dieser Erzschurke war P. Claudius Pulcher[245], cos. 249 v. Chr., der durch seine vernichtende Niederlage in einer Seeschlacht und mehr noch durch sein anschließendes arrogantes Gebaren alle Römer gegen sich aufbrachte. Die Unverschämtheit dieses Mannes und seine rücksichtslose Strenge werden nicht nur von Diodor gerügt.[246] In den Worten eines Naevius-Fragmentes[247] *superbiter contemptim conterit legiones* [voll Hochmut und Verachtung verheizt er Legionen] hat C. Cichorius[248] eine Anspielung auf Pulcher erkannt. Man hat angenommen,[249] daß die Dichterworte eine bittere Reaktion auf ein dem Dichter selbst widerfahrenes Unrecht darstellen. Aber die Berichte über diesen Claudius zeigen die gleiche Animosität wie die literarischen Porträts seiner Ahnen. Seine zynische Mißachtung der göttlichen Warnung, als vor der unglückseligen Schlacht die Hennen nicht fressen wollten; die Überheblichkeit seiner Schwester; sein intrigenhafter Versuch, den gegen ihn angestrengten Prozeß zu verhindern; der Verstoß gegen die Vätersitten *[mores maiorum]*, indem er einen abhängigen Gefolgsmann, der die für die höchste staatliche Würde nötige soziale Stellung nicht besaß, für das Amt des Diktators benannte — alle diese Züge wurden betont, um Antipathie und Verachtung gegen die Claudier hervorzurufen. Der Mann, der dies konzipierte, war Fabius Pictor.[250]

Die Verantwortlichkeit des Fabius Pictor

Die Königszeit war im Rom des 5. Jahrhunderts v. Chr. noch in lebendiger Erinnerung. Die Väter und Großväter der damals Lebenden kannten sie noch aus eigener Anschauung. Aber es gab niemanden, dem daran gelegen gewesen wäre, das vorhandene Wissen schriftlich festzuhalten.[251] Für die Fixierung der wichtigsten zeitgenössischen Ereignisse wurde wenigstens eine schwache Vorsorge getroffen. Listen der Jahresmagistrate wurden angelegt und darin einige für das öffentliche Interesse wichtige Fakten verzeichnet.[251a] Rom war sicherlich weder die einzige noch die erste Stadt, die solche jährlichen Aufzeichnungen einführte. Daher ist die Kombination einer Liste eponymer Beamter mit kurzen Bemerkungen über Kriege, Triumphe, Hunger, Seuchen, Vorzeichen und dergleichen wahrscheinlich in Nachahmung eines in anderen — etruskischen oder latinischen — Städten üblichen Brauches erfolgt.

Diese Akten mit den Magistratsnamen und den anmerkungsweise hinzugefügten Ereignissen waren nicht zur Veröffentlichung gedacht, sondern dienten im 5. Jahrhundert v. Chr. der Benutzung durch die Amtspersonen und den Stand, dem sie angehörten,[252] waren also allein den Patriziern zugänglich. Sie bildeten den Kern der ursprünglichen *annales maximi,* die dem *pontifex maximus* anvertraut waren.[253] Der lakonische Stil ihrer Notizen hatte großen Einfluß auf die Anfänge der Historiographie. Die kurzen Bemerkungen des Naevius über die Kriegshandlungen der Jahre 263, 257 und 241 v. Chr. geben noch einen Eindruck davon.

Von welcher Beschaffenheit die in dieser Chronik festgehaltenen Vorgänge — abgesehen von Kriegen und Koloniegründungen — waren, kann durch einige Beispiele verdeutlicht werden:

426 v. Chr.: A. Cornelius Cossus erwirbt die *spolia opima,* indem er den König von Veii erschlägt.[254]

458 v. Chr.: Das Kapitol wird von Verbannten mit Unterstützung von Sklaven erobert, aber sofort zurückgewonnen.[255]

Seit 436 v. Chr.: Vorzeichen, die Mißernte und Pest ankündigen.[256] Feierliche Gebete an die Götter.[257]

Seit 399 v. Chr.: Die rituellen Göttermahlzeiten *[lectisternia]* werden von nun an vermerkt.[258]

Während des 5. Jahrhunderts v. Chr. wurde auch der Bau von Tempeln notiert. Leider sind einige dieser Eintragungen (etwa der Bau der Heiligtümer für Diana und Ceres) Fälschungen, aber andere sind fraglos echt.

Die Sonnenfinsternis vom 21. Juni 400 wurde festgehalten.[259]

Diese Beispiele zeigen, daß der ursprüngliche Text während des Galliersturmes nicht verlorenging und daß er auch schon mit Anmerkungen versehen war. Abgesehen von diesen Zeugnissen wird die Erhaltung des ältesten Teils der *annales maximi* auch durch ihre spätere Benutzung bestätigt; so etwa 331 v. Chr., als jemand als Mittel zur Beseitigung eines Staatsnotstandes das Einschlagen eines Nagels in die Wand eines Heiligtums entdeckte. Die Annalen berichteten, daß dies während einer Sezession der *plebs* im 5. Jahrhundert v. Chr. geschehen war[260]. Eine andere Konsultation im Jahre 252 v. Chr. enthüllte die bewegten Schicksale der Männer, die unmittelbar nach der Einnahme von Veii mit einem kostbaren Geschenk zum Apollon von Delphi gesandt worden waren.[261] Der Umfang der jährlichen Notizen wuchs im 4. Jahrhundert und noch stärker dann im 3. Jahrhundert v. Chr. Im Jahre 296 v. Chr. hielt man es für angebracht, die Aufstellung eines Kunstwerkes durch die Ädilen zu erwähnen.[262] In den beiden ersten Jahrhunderten der Republik hatte — wie gesagt — nur die Aristokratie Zugang zu dieser Chronik. Der Unwille und Zorn der Patrizier im Jahre 304 v. Chr., als Cn. Flavius die Chronik veröffentlichte,[263] zeigt, daß deren Benutzung bis dahin ihr Vorrecht gewesen war.

Nach der Publikation dieser mit Anmerkungen versehenen Konsullisten im Jahre 304 v. Chr. konnte jeder, der daran Interesse hatte, sich für den Eigengebrauch eine Abschrift machen. Es kann kaum bezweifelt werden, daß mit den *fasti* auch die hinzugefügten Bemerkungen in den im Umlauf befindlichen Abschriften enthalten waren. Mir scheint, daß anläßlich der Publikation der Chronik um

304 v. Chr. die *res gestae* des letzten Königs, welche Fabius Pictor benutzte, zusammen mit den gefälschten Namen aus den ersten Jahren der Republik an den Anfang der *fasti* gestellt wurden. Eine solche Ergänzung ist verständlich, wenn sie für die zum Verkauf an die Öffentlichkeit bestimmten Listen vorgenommen wurde; sie bleibt schwer begreiflich, wenn sie nur für die Archive des Oberpriesters vorgesehen war. Ebenso wurden die 'gefälschten' plebejischen Konsulate der frühen Republik sicherlich deshalb zu Beginn des 3. Jahrhunderts v. Chr. eingefügt, um die angebliche ruhmreiche Vergangenheit der betreffenden Familien in der Öffentlichkeit zu verbreiten und nicht, um sie in den Archiven verborgen zu halten.[264] Eine solche revidierte Fassung der *annales maximi* ist von der Forschung schon postuliert worden.[265] Die Abschriften dieser Ausgabe der Priesterannalen, die in begrenzter Zahl unter der Nobilität kursierten, waren nicht für einen breiten Leserkreis bestimmt.[266]

Ernstzunehmende Historiker[267] haben vermutet, daß diese vor Fabius Pictor bestehende Chronik schon einen kurzen Abriß der Herrschaft der sieben Könige enthielt. Es mag sein, daß die *Zahl* der Könige erwähnt war, weil Pictor mit ihr als einer feststehenden Größe operiert; aber kaum mehr als die Zahl kann vorgekommen sein, denn vor Pictor war auch nicht die Spur eines chronologischen Gerüstes für die Zeit vor Porsennas Einfall vorhanden. Da vor ihm die Stadtgründung in die Jahre unmittelbar nach der Zerstörung Trojas gesetzt wurde, hätte jeder König nahezu 100 Jahre regieren müssen, bis man zum 6. Jahrhundert v. Chr. kam.[268] Die Priester hatten keinen Grund, eine solche Pseudohistorie der Vorzeit zu schaffen; ihre Aufgabe war nur, jährlich die jeweiligen Ereignisse festzuhalten *[memoriae publicae retinendae causa]*. Der Zweck ihrer Aufzeichnungen änderte sich freilich, als diese außerhalb ihrer Amtsräume zugänglich wurden. Anreiz zu heimlichen Zusätzen gaben jedoch immer noch lediglich die innenpolitischen Verhältnisse, vor allem die Ziele der neuen plebejischen Nobilität. Die Beziehungen des Staates zur Außenwelt lagen noch außerhalb des Gesichtskreises dieser mächtigen Emporkömmlinge. Und wer hätte um 300 v. Chr. in Rom geglaubt, daß die Latiner schon seit Jahrhunderten römische Untertanen seien oder daß Etrurien im 6. Jahrhundert v. Chr. von den Römern erobert worden war? Aber im Laufe des 3. Jahrhunderts v. Chr. erfaßte der politische Horizont der Römer immer weitere Gebiete der Mittelmeerwelt, und damit war die Szenerie für eine völlig neue politische Betrachtungsweise geschaffen — und für Fabius Pictor.

Dieser Mann war ein Abkömmling der ältesten römischen Aristokratie.[269] M. E. muß er um 260 v. Chr.[270] geboren sein. Wahrscheinlich war er im Krieg gegen die Kelten in Oberitalien schon Militärtribun (225—222 v. Chr.). Nach der katastrophalen Niederlage von Cannae wurde er vom Senat nach Delphi geschickt, um in dieser gefährlichen Lage den Rat des Apollon einzuholen.[271] Man hat vermutet, daß er zu dieser Mission ausgewählt wurde, weil er Experte für religiöse Angelegenheiten und einer der *decemviri sacris faciundis* war,[272] aber mir scheint seine Aufgabe eher in der diplomatischen Erkundung der Lage im hellenistischen Osten bestanden zu haben als in einer religiösen Obliegenheit. Durch seine Kenntnis der griechischen Literatur und Mentalität war er dafür qualifiziert. Obwohl er natürlich das Orakel mit betonter Pietät befragte, wie er selbst berichtete, waren seine Informationen über die antirömische Stimmung unter den Griechen, die von den griechischen Historikern Hannibals genährt wurde, der regierenden Körperschaft gewiß wichtiger. Der ganze Tenor und die Tendenz seines Werkes vermitteln den Eindruck, daß seine Annalen — griechisch für Griechen geschrieben — als Antwort auf die Propaganda des Todfeindes in Griechenland und den hellenistischen Königreichen gedacht waren. Sinn hatten sie nur, wenn sie als Pictors eigener Beitrag zu den Kriegsanstrengungen sobald wie möglich nach seiner Rückkehr aus Griechenland veröffentlicht wurden, nicht erst später, als der Krieg vorbei war.[273]

Die Grundlage für Pictors Darstellung bildeten die mit dem Beginn der Republik einsetzenden Fasten.[274] Die Autorität der *annales maximi* war so groß, daß jede andere Anordnung ausgeschlossen war; sogar die epischen Dichter seiner Zeit, Naevius[275] und Ennius[276], gaben Konsulatsjahre an, erwähnten kurz Kriege, Vorzeichen und die anderen Einzelheiten, die sie in der Priesterchronik fanden. Für die Geschichte der Königszeit besaß Pictor nicht die Priesterannalen als Grundlage, aber er glich seine Erzählung ihrem knappen Stil an.[277]

Diese lakonische Ausdrucksweise galt den großen Meistern des rhetorischen Stils, Cicero und seinen Freunden,[278] als primitiv, wie denn auch der alte Cato die *annales maximi* als dürftig und langweilig kritisierte. Dieser einfache, sachliche Stil war jedoch keineswegs trocken, *sine ullis ornamentis*. Die farbige Erzählung des Gründungsmythos' und der *pompa circensis*[279] zeigen, daß Pictor durchaus Talent zu literarisch unterhaltsamer Darstellung besaß. Auch seine Fähigkeit zu durchgehender Planung und dramatischer Gestaltung sticht hervor.

Daß er griechisch schrieb und die moderne Technik der hellenistischen Historiographie benutzte, war keine unbedachte oder unverantwortliche Entscheidung. Ich zitiere Kr. Hanell[280]:

Die Geschichtsschreibung entstand in Rom als unmittelbare Folge des furchtbaren Kampfes mit Karthago. Dieser Konflikt war gleichzeitig ein Kampf zwischen den Römern und den Griechen der Magna Graecia. Die römische Geschichtsschreibung entstand als eine Antwort an die Griechen Siziliens im Ersten Punischen Krieg.

Einer dieser sizilischen Autoren widmete der Entwicklung Roms mehr Aufmerksamkeit als die übrigen, und sein Werk bahnte den Weg für Pictor: es war Timaios von Tauromenion.[281]

Timaios hat sich zweimal der Darstellung der römischen Vergangenheit und der römischen Eigenart zugewandt: einmal in seiner Universalgeschichte und das andere Mal in seinen Büchern über Pyrrhus, die er am Ende seines langen Lebens dem größeren Werk anhängte.[282] Er behandelte gewiß ausführlich die Anfänge Roms. Seine Erzählung von der Ankunft des Herkules an der Stelle, wo später Rom gegründet wurde,[283] und seine Beschreibung des sonderbaren Wettkampfes beim Fest des *equus October*[284] verdeutlichen ebenso sein lebhaftes Interesse an der mythischen Vorgeschichte und an seltsamen Bräuchen wie auch seine Forschungen über erhaltene trojanische Relikte in Lavinium[285] und seine Schilderung typisch etruskischer Einrichtungen.[286] Aber weder er noch irgendein anderer der griechischen Historiker, die gelegentlich Bemerkungen über die Gründung Roms oder seine wechselvolle Geschichte fallen ließen, schrieb eine Geschichte der römischen Königszeit. Es ist sogar möglich, daß Timaios keinen römischen König außer Romulus erwähnte.[287] Die 'Geschichte' der Könige mußte erst noch von einem Römer geschrieben werden. Wir sahen schon, daß Fabius Pictor seine Annalen zunächst schrieb, um der Propaganda der griechischen Geschichtsschreiber Hannibals, des Silenos, Chaireas, Sosylos und anderer, entgegenzutreten. Der Haß, der durch diese feindselige Agitation gegen Rom geweckt wurde, war in der Tat eine mächtige Waffe.[288] Ein römischer Gegenschlag war unbedingt nötig,[289] um den Griechen zu zeigen, daß die respektablen Einrichtungen und großen Errungenschaften des römischen Volkes denen der Griechen gleichkamen und daß die Römer eigentlich sogar Griechen waren.[290] Pictor war entschlossen, das um jeden Preis zu beweisen.

Eine Untersuchung über Pictors Darstellung der im letzten Teil seines Werkes behandelten Ereignisse hat gezeigt, daß er ein Staatsmann von echtem Format war.[291] Er rechtfertigte in klarer und bestechender Weise aufgrund der Erfahrungen des großen Krieges den römischen Imperialismus *ex eventu:* Alle Schritte der römischen Regierung seit Messana wurden einer einheitlichen Handlungsweise zugeschrieben. Rom mußte handeln, so behauptete Pictor, weil es bedroht war. Aber sogar die 'Alten' haben bemerkt, daß er vor Entstellungen der Wahrheit nicht zurückschreckte, um die römische Sache zu verteidigen.[292] Für freie Erfindung und willkürliche Gestaltung gab es aber natürlich in der dunklen Epoche zwischen der Gründung der Stadt und dem Beginn der Republik weit mehr Spielraum als in der Darstellung jüngster Ereignisse. Er bot, wie wir sahen, eine politische und juristische Dokumentation für die These, daß der Aufstieg der römischen Macht im Einklang mit dem Willen der Götter erfolgte, die von der Geburtsstunde Roms an seine zukünftige Größe ankündigten.[293] Die daraus zwangsläufig folgende, mit Romulus beginnende Oberhoheit Roms über Latium gehörte zu diesem Programm und wurde ohne viel Rücksicht auf die Wirklichkeit entwickelt und mit Beispielen 'belegt'.

Was Fabius Pictor aus der frühen römischen Geschichte gemacht hat, kann in gewisser Weise mit dem Werk des Mannes verglichen werden, der 600 Jahre später die sogenannte Historia Augusta kompilierte und dabei ebenfalls ein nationales Anliegen verfolgte, wenn auch auf niedrigerem Niveau und mit viel weniger Talent als

Fabius Pictor. Dieser Schreiberling hatte für die erste Hälfte seiner Erzählung einen zusammenhängenden, verläßlichen Bericht zur Verfügung. Soweit dieser reichte, griff er nur gelegentlich zu freien Erfindungen und Entstellungen des Originals. In der zweiten Hälfte seiner Sammlung jedoch, wo er sich nur auf dürftige Chroniken stützen konnte, füllte er viele Lücken mit Klatsch und Fiktion, wobei er einen bestimmten Zweck verfolgte. Im Falle Pictors überwogen die willkürlichen Erfindungen in der ersten Hälfte der Annalen, wo er kaum irgendwelche Quellen zur Verfügung hatte. Die Fälschungen lassen dann mit dem Beginn der *fasti consulares* stark nach, denn nun konnte er sich auf eine verläßliche chronologische Basis stützen, und hier kannte er die geschichtlichen Tatsachen.

Verschiedene Umstände wirkten zusammen, um seinem Werk ungeheure Bedeutung zu verleihen. Er wurde zum 'weitaus ältesten' römischen Historiker, *longe antiquissimus auctor,* παλαιότατος γὰρ ἀνὴρ τῶν τὰ Ῥωμαϊκὰ συνταξαμένων.[294] Da er keine Vorgänger hatte, waren seine Möglichkeiten zu freier Erfindung unbegrenzt. Jeder Annalist nach ihm verließ sich in seinem Werk direkt oder doch letztlich auf ihn. Sein Bild vom frühen Rom bildete das Gerüst aller späteren Darstellungen,[295] wie J. Heurgon richtig erkannte[296]: ... « qui, le premier, donna de l'histoire romaine un récit que ses successeurs purent bien développer, rectifier ou déformer selon leur temperament et leur passions, mais qu'il avait fixé *ne varietur* dans ses cadres chronologiques et ses données essentielles. »

Seine Verantwortung für die Entstellung der frührömischen Geschichte wiegt schwer, wird aber durch besondere Umstände gemildert. Die Kunst der Rhetorik, die das gesamte geistige Leben des Hellenismus überwucherte, pflegte die Erfindung als geistige Waffe des Redners, Anwaltes, Politikers und natürlich als wichtigstes Werkzeug der Belletristik. Leider wurde auch die Geschichtsschreibung als Zweig der Rhetorik betrachtet, und sie sogar *par excellence*.[297] Auch erschien den 'Alten' Parteilichkeit für das eigene Vaterland keineswegs als etwas Verwerfliches.[298] Überdies haben gewiß die spielerischen und romantisch-malerischen Geschichten des Timaios über die Ursprünge vieler Völker der lebhaften Phantasie Pictors noch Auftrieb gegeben; und ein ansprechendes literarisches

Gewand war ein unerläßliches Erfordernis, wenn man für ein griechisches Publikum schrieb.[299]

Da er unter dem Druck einer tödlichen Gefahr schrieb, hatte Pictor nicht die Muße des alten Cato, nach vergessenen Zeugnissen der Vergangenheit zu forschen und Wallfahrten zu historischen Stätten Latiums zu unternehmen. Er mußte schnell handeln. Es ist auch möglich, daß es nicht nur sein eigener Entschluß war, die Annalen zu schreiben. Er könnte vom Senat dazu ermutigt oder gar beauftragt worden sein, als er nach seiner Rückkehr aus Delphi über die Lage im Ausland berichtete.

Was er lieferte, war keine ehrenrührige Fälscherarbeit. Er konstruierte aus dem Wenigen, das Legende und blasse Erinnerung bieten konnten, eine irreale, aber ehrwürdige Kindheit der neuen Führungsmacht der Mittelmeerwelt. Manche Entstellungen der Wahrheit in seinem Werk entsprangen persönlicher Voreingenommenheit; aber in erster Linie handelte es sich um eine *pia fraus* ['frommen' Betrug], begangen im Interesse des Staates, mit dessen Schicksal seine Familie seit vielen Jahrhunderten eng verbunden war. Es war nicht seine Schuld, daß seine Darstellung des frühen Rom kanonisch wurde. „Wenn die Völker die römische Herrschaft hinnehmen", verkündet Livius im Vorwort seines großen Werkes, „müssen sie auch die Göttlichkeit des Romulus akzeptieren." Plutarch erwähnt unmittelbar vor einer ähnlichen Feststellung,[300] daß er sich auf die Erzählungen des Diokles und Pictor verlasse, wenn er die Anfänge Roms erzähle. War es vielleicht Pictor, der zuerst diese hochtrabenden Worte prägte? Er tat es bei anderer Gelegenheit, als er die Geschichte von dem menschlichen Haupt einfügte, das bei den Aushebungen für das Fundament des Kapitols gefunden wurde: er ließ durch jenes die zukünftige Bedeutung des Ortes ankündigen. Wer jedenfalls konnte ihm später, nach dem Sieg über Hannibal, zu widersprechen wagen? Sogar die Latiner hinderten Furcht und Respekt daran, die Fälschung aufzudecken.

Sein Scheinbild der Anfänge Roms hat die Jahrhunderte überdauert; doch es darf uns jetzt nicht länger täuschen. Wir können nun versuchen, aus den bruchstückhaften Zeugnissen, die wir besitzen, die Umrisse der wahren Entwicklung in Latium von der grauen Frühzeit bis zur Unterwerfung der Latiner nachzuzeichnen.

5. Kapitel

DIE ETRUSKERHERRSCHAFT
IN LATIUM UND ROM[1]

Livius sagt [1a]: *Tuscorum ante Romanum imperium late terra marique opes patuere,* „weit reichte die Macht der Etrusker zu Wasser und zu Lande, bevor die römische Herrschaft entstand". *Tuscos autem omnem paene Italiam subiugasse manifestum est,* „es ist unbezweifelbar, daß die Etrusker fast ganz Italien unterwarfen", bemerkt Servius zu einer Vergilstelle.[2] Diese und andere, ähnliche Feststellungen gehen nicht nur auf eine verläßliche Quelle zurück — nämlich die *Origines* des älteren Cato[3] —, sondern werden auch durch die archäologischen Forschungen unserer Zeit vollauf bestätigt.

Dieses bedeutende Volk von Seeleuten und Kriegern, von Handwerkern und Kaufleuten, von glänzenden Organisatoren und Technikern, das von den indogermanischen Viehzüchtern so verschieden war, kam nicht lange nach diesen aus Kleinasien[4] in die Apenninhalbinsel und ließ sich in der heutigen Toskana nieder, dem reichen, hügeligen Land, das seitdem ihren Namen trägt. Tief beeinflußt von griechischer Kultur und zugleich mit den Griechen Unteritaliens und Siziliens um die Seeherrschaft ringend,[5] verdanken die Etrusker ihren erstaunlich leichten Sieg über die Italiker ihrer geistigen, technischen und strategischen Überlegenheit,[6] der die dort ansässigen indogermanischen Völker mit ihrer eisenzeitlichen Kultur, zerfallenden Stammesstruktur und den primitiven Befestigungsanlagen ihrer Hirtendörfer nichts Gleichwertiges entgegenzusetzen hatten.

Die Unterwerfung der Völker im eigentlichen Etrurien war ein großangelegtes kriegerisches Unternehmen[7] der gesamten Nation, die ihre Übersiedlung aus Kleinasien nur im Heeresverband vollzogen haben kann. Ein solches gemeinsames Vorgehen muß auch zur

Anmerkungen zum fünften Kapitel s. S. 446 ff.

Eroberung Kampaniens und danach der Poebene geführt haben. Es ist unmöglich, sich Erfolge dieses Ausmaßes ohne eine einheitliche Planung vorzustellen, obwohl dies seltsamerweise von bedeutenden Gelehrten leidenschaftlich bestritten worden ist;[8] sie meinten, die Expeditionen in die Poebene oder die Eroberung der kampanischen Ebene seien das Werk einzelner Städte oder Fürsten und ihrer Gefolgsleute gewesen.

Natürlich war vor und nach solchen bedeutenden gemeinschaftlichen Unternehmen der Partikularismus bestimmend, wie dies in Griechenland vor und nach den Perserkriegen oder im Latium des 5. Jahrhunderts der Fall war, wo Bundesaktionen und lokale Kriege zwischen den latinischen Städten gleichermaßen an der Tagesordnung waren. Die Geschichte Roms unter etruskischer Herrschaft wird uns zeigen, daß schon im 6. Jahrhundert v. Chr. immer wieder blutige Kriege zwischen den etruskischen Staaten wüteten. Die großen Taten der Helden von Caere und Vulci, wie sie in einem neuentdeckten *elogium* und in den Kampfdarstellungen der *tomba François* von Vulci erscheinen, spiegeln diesen Zustand wider.[9] Aber diesen Zeiten der Auflösung folgten vereinte Aktionen, und die Hilflosigkeit der Bundesorgane im Zeitalter der römischen Vorherrschaft darf uns nicht dazu verleiten, ihre Rolle zur Zeit der etruskischen Suprematie zu unterschätzen.

Der Bund der zwölf Etruskerstaaten überlebte sogar das Ende seiner politischen Bedeutung, und bei den großen Jahresversammlungen wurden außer den feierlichen Opfern und allen Arten von Spielen auch noch unter römischer Herrschaft politische Beratungen der führenden Männer jener Städte abgehalten, wenn sich auch deren Entscheidungen auf schmeichelhafte Ehrendekrete für ihre Eroberer beschränkten.[10] Aber vor dieser Epoche des Verfalls war der Bund

mindestens imstande, militärische Aktionen zu unternehmen, die Politik seiner Städte zu kontrollieren, Zwangsmaßnahmen gegen sie zu ergreifen und, wenn nötig, ihnen Hilfe zu leisten. Wir erkennen (aus den Quellen), wie der Bund seine für die Gesamtnation gültigen, politischen und militärischen Grundsätze in seinen Beschlüssen zum Ausdruck brachte. Außerdem sollte man beachten, daß trotz des fehlgeschlagenen Versuchs von seiten des Bundes, eine eigene Politik ins Werk zu setzen, die Existenz

Die Etruskerherrschaft in Latium und Rom

eines *nomen Etruscum,* einer etruskischen Nation, von den Feinden anerkannt und beachtet wurde.[11]

Es war gewiß ein — wenn auch einmaliges und kurzes — Wiederaufleben jener umfassenden gemeinsamen Organisation, die den Bund der glorreichen Vergangenheit zweifellos kennzeichnete, als man die Beiträge einzelner etruskischer Staaten zur Invasionsflotte des älteren Scipio im Jahre 205 v. Chr. festsetzte und einsammelte, die in Bauholz, Masten, hölzernen Schiffsrümpfen, Segeltuch, eisernem Zubehör, Waffen, Getreide und anderen Lebensmitteln bestanden (Liv. XXVIII 45, 14—18).

Niemand bestreitet heute mehr die Behauptung unserer Quellen, daß dieser nationale Bund ursprünglich von Königen auf Lebenszeit regiert wurde. Auch kann kein Zweifel sein, daß sie ihre überwältigenden Erfolge errangen, als die Einheit des Bundes noch gefestigt war, und daß der Niedergang auf die Auflösung der Zentralgewalt infolge der Rivalität zwischen den einzelnen Bundesmitgliedern zurückging.[12] Aber sogar in späterer Zeit blieb noch ein Abglanz des alten Königtums erhalten in Gestalt des religiösen Repräsentanten und zugleich höchsten Vertreters der Nation, des *sacerdos* oder *praetor Etruriae.* Jährlich aus den zwölf *lucumones,* den Oberhäuptern der Mitgliedsstaaten, reihum gewählt, hatte er den Vorsitz beim *concilium omnis Etruriae,* der Ratsversammlung der Nation, die einmal oder notfalls mehrmals im Jahr tagte.[13] Bezeichnender Ausdruck der einstigen königlichen Macht des *zilath mechl rasnal* — so lautete der etruskische Titel des *praetor Etruriae* — waren die zwölf Scharfrichter, die ihm in der Öffentlichkeit voranzogen und Rutenbündel trugen, in denen Beile steckten. Sie repräsentierten die vereinte Macht der zwölf Städte.[14]

Die altehrwürdige Organisation der zwölf Städte [15] bestand bis zum Ende des Altertums fort, obwohl ihre Zahl in römischer Zeit auf fünfzehn erhöht wurde. Wenn ihre Funktion auch auf die jährlichen Opfer für das Wohl der etruskischen Nation und des römischen Imperiums sowie auf die traditionelle Abhaltung von Spielen und offizielle Loyalitätsbekundungen beschränkt war, so wurde die Bundestradition doch ungebrochen bewahrt und auch fernerhin von derselben alten Aristokratie gepflegt, die einst auch bei ihrer Entstehung Pate gestanden hatte. Die Erinnerung an die glorreiche

Vergangenheit des Bundes blieb erhalten. Folglich kann die Versicherung unserer Quellen, daß sowohl bei der Eroberung und Kolonisation Kampaniens,[16] auf die wir weiter unten zurückkommen werden, wie auch bei der Besetzung der Poebene [17] jeder der zwölf Staaten eine Tochterstadt in dem neueroberten Gebiet gegründet habe, nicht als mythische Erzählung oder literarische Erfindung beiseite geschoben werden. Ganz im Gegenteil, diese vernünftige Verteilung von Risiko und Gewinn war die richtige Methode, solche gewaltigen Aufgaben, wie sie der Bund plante und ausführte, zu bewältigen. Die imposanten Ausmaße dieser beiden Unternehmungen sind im Lichte der jüngsten archäologischen Entdeckungen über die Kolonisation der Poebene erst so recht klar geworden; denn gerade diese Eroberung war aufgrund der reichen Erfahrungen der früheren geplant und mit verfeinerten technischen Mitteln durchgeführt worden.

Die Eroberung und sofortige Kolonisation der heutigen Lombardei [18] beruhte in der Tat auf einem umfassenden strategischen Entwurf und wurde mit erstaunlichem technischem Geschick verwirklicht — was ohne zentrale Lenkung und Koordination ganz undenkbar ist.

Einer der wichtigsten archäologischen Beweise dafür, daß die Gründung der neuen Städte im Norden zu einem bestimmten Zeitpunkt *ex novo* erfolgte, ist die Anlage des heutigen Marzabotto.[19]

Die Stadtplanung ist anscheinend umfassend, denn die Heiligtümer zeigen die gleiche exakte Ausrichtung nach Norden hin (wie die Wohnviertel); dieselben religiösen Vorschriften bestimmten die Anlage der heiligen Burg der Stadt wie auch die der Wohnhäuser, obwohl der Gefälleunterschied zwischen der Ebene von Misano und der Tempelterrasse ca. 14 m beträgt ... Der gesamte Plan zeigt eine deutliche Verwandtschaft [20] mit der griechischen Methode der Stadtgründung, läßt aber zugleich erkennen, daß die Basis des etruskischen Städtewesens im Gegensatz zu den politischen Städtegründungen der griechischen Welt eine religiöse war ... Der Schöpfer des Stadtplanes von Marzabotto entwarf einen Grundriß, der auf rein abstrakten Überlegungen beruhte und alle private Initiative den im Gesamtplan festgelegten Regeln, d. h. den Erfordernissen des öffentlichen Interesses, unterwarf. Privatpersonen konnten in der neuen Stadt Parzellen je nach ihren finanziellen Mitteln kaufen; daher ist das Innere der *insulae* [Häuserblocks] nicht symmetrisch aufgeteilt, wie die Gräben zeigen, die die Grenzen der Einzelgrundstücke bezeichnen. Die Regelmäßigkeit in der Gesamtanlage der Stadt erzwang natürlich auch Regelmäßigkeit bei der Anordnung der Häuser; aber jede Parzelle ist verschieden ausgenutzt.

Die Aufreihung der Bauten mit industriellem Charakter entlang der Nord-Süd-Straße ... beweist, daß der Schöpfer des Stadtplanes eine Aufgabenteilung zwischen den verschiedenen Stadtteilen beabsichtigte.[21]

Den gleichen Eindruck erwecken die neuentdeckten Spuren des Stadtgrundrisses von Spina, der etruskischen Handelsmetropole an der Pomündung, mit ihren sich rechtwinklig schneidenden Straßen.[22] Besonders hervorstechend an diesem großartigen Projekt ist die Regulierung der Wasserstraßen. Spina war — wie später Venedig — auf Lagunen erbaut, und Schiffe konnten gleich an den Lagerhäusern löschen.[23] Kanalisation, Entwässerung der Sumpfgebiete, Regulierung der Wasserläufe sowie der Wasserspiegel von Seen begleiteten überall die etruskische Landnahme in Italien. In der Poebene war die Lösung hydrotechnischer Probleme von besonderer Bedeutung und ist vom Bund sicherlich geplant worden, bevor er sich auf dieses große Abenteuer einließ.

Die ungeheuren Massen von Schlamm und Geröll, die alljährlich durch die Nebenflüsse des Po von den Bergen herabgeschwemmt werden, haben Spina zugeschüttet und schon in augusteischer Zeit [24] die Stadt vom Meer abgeschnitten, so daß sie erst im Zeitalter der Luftfotografie identifiziert werden konnte. Aus demselben Grund können wir auch noch nicht die Lage einer jeden der zwölf etruskischen Städte nördlich und südlich des Po bestimmen, was jedoch kein Anlaß ist, ihre Existenz zu bezweifeln.[25] Einige von ihnen waren aber nicht, wie Marzabotto und Spina, auf noch unbesiedeltem Boden gegründet; in Felsina etwa haben die Etrusker eine blühende Siedlung der Villanovazeit unter ihre Herrschaft gebracht. Letztere Methode der Eroberung und Besiedlung war in der ersten Phase der etruskischen Landnahme und Kolonisation sowohl im eigentlichen Etrurien wie auch in Latium und anderswo die vorherrschende.

Die etruskische Besetzung Kampaniens

Die Geschichte Latiums in der Zeit, als die Etrusker ihre Herrschaft über diesen Teil Italiens ausdehnten, ist nicht weniger durch den Mangel an Nachrichten als durch die bewußte Entstellung der Tatsachen bei Fabius Pictor verdunkelt. Pictor, der die frühe römische Geschichte zur Bühne für den systematischen Aufstieg einer römischen Großmacht umgestaltete, schwieg natürlich von der erdrückenden Überlegenheit der Etrusker und ihrer schnellen Expansion in ganz Italien, denn die von ihm erfundene römische Eroberung Mittelitaliens unter den Tarquiniern hätte sich angesichts des bestimmenden Einflusses der Etrusker im selben Gebiet als unmöglich enthüllt.

Trotz dieses Versagens der literarischen Quellen können wir glücklicherweise wenigstens in Umrissen die Ereignisse rekonstruieren, die zur etruskischen Besetzung des latinischen Gebietes führten. Zeitpunkt und besondere Umstände der Eroberung Kampaniens durch die Etrusker tragen nämlich zur Klärung der Frage bei, wann und wie Latium unterworfen wurde.

Die neuere Forschung seit Niebuhr hat stets auf den unleugbaren Tatbestand verwiesen, daß mit der Entstehung der neuen etruskischen *dodekapolis* in der kampanischen Ebene die Eroberer notwendigerweise einen Zugang von ihrem weiter nördlich gelegenen Territorium zu ihrem südlichen Kolonialgebiet offenhalten mußten und daß dieser Zugang eben über den Boden Latiums führte, welches das natürliche geographische Bindeglied zwischen Etrurien und Kampanien war. Latium mußte also, sobald die zwölf Städte südlich von ihm gegründet waren, zum Tummelplatz der von beiden Seiten einwirkenden politischen Kräfte werden.

Wir besitzen einen literarischen Bericht über das Eindringen der Etrusker in Kampanien. Er ist jedoch in entstellter Form überliefert, und es gab bislang keine verläßlichen archäologischen Zeugnisse, die uns eine Entscheidung zwischen den chronologischen Alternativen, die der Bericht offenläßt, ermöglicht hätten. Es handelt sich um die von Velleius Paterculus [26] erörterten Ausführungen des älteren Cato über das Gründungsdatum von Capua, der Hauptstadt der neuen *dodekapolis*. Führende Forscher haben in den letzten eineinhalb Jahrhunderten hoffnungslos voneinander abweichende Daten vorgeschlagen. Einige wenige Beispiele sollen dies verdeutlichen: M. Pallottino möchte das Ereignis in das Jahr 471 v. Chr. setzen;[27] T. J. Dunbabin meint, daß die Etrusker den äußersten Punkt ihres Vorstoßes nach Süden, nämlich Fratte bei Salerno, kurz vor 530 v. Chr. erreichten;[28] B. G. Niebuhr und von den neueren Forschern J. Heurgon rücken den großen Eroberungszug ins Jahr 524 v. Chr.;[29] eine beträchtliche Anzahl bekannter Gelehrter, von denen A. Boethius die ausführlichste Argumentation liefert, bevorzugt ein Datum um 600 v. Chr.;[30] G. De Sanctis und F. Castagnoli glauben, daß die Eroberung schon in der zweiten Hälfte des 7. Jahrhunderts vollzogen war.[31] L. Pareti schließlich neigt dazu, die Anfänge Capuas auf etwa 680 v. Chr. zurückzuverlegen.[32] Neuere Grabungen, auf deren Resultate wir sogleich zurückkommen werden, brachten das überraschende Ergebnis, daß die frühesten Datierungen der Wahrheit am nächsten kommen.

Velleius Paterculus las in seiner Quelle, daß nach Meinung Catos die etruskische Stadt Capua 260 Jahre lang bestanden habe, bevor sie dem römischen Imperium einverleibt wurde; folglich würde ihre Gründung ins Jahr 471 v. Chr. fallen. Die Samniten haben aber schon 423 v. Chr. oder sogar 437 v. Chr. die alte herrschende Schicht der Stadt vernichtet, und der römische Autor kann nicht ernsthaft geglaubt haben, daß eine so bedeutende Stadt sich in nur 34 bzw. 48 Jahren entwickelt haben sollte. Andererseits betont L. Pareti mit Recht, daß Cato als wirklicher Kenner der Entstehungsgeschichte der italischen Städte kaum einen solchen Unsinn geschrieben hätte, daß also die Quelle des Velleius Catos ursprüngliche Angaben entstellt haben muß. Die einfachste Annahme ist die, daß Cato die 260 Jahre zurück bis zur Gründung Capuas nicht von der römischen, sondern von der samnitischen Eroberung an gezählt hat. Das würde bedeuten, daß Capua 683 v. Chr. gegründet wurde, und Pareti konnte sich schon auf archäologisches Material aus dem Gebiet jener Stadt berufen, das in dieselbe Richtung wies: lokale Imitationen etruskischer Bucchero-Keramik, die zusammen mit Scherben protokorinthischer Gefäße aus der ersten Hälfte des 7. Jahrhunderts v. Chr. gefunden wurden. Derselbe Gelehrte hat ebenso treffend unterstrichen, daß auf späteren Exemplaren des lokalen Bucchero etruskische Inschriften auftauchen, die bezeugen, daß mit den Vorbildern dieser Keramik auch die Etrusker selbst dorthin gekommen sind.

Seit 1947, als Pareti diese Feststellungen traf, sind neue Funde gemacht worden, die seine Ansicht bestätigen. Neuere Ausgrabungen in Kampanien zeigen klar, daß zwei Bevölkerungswellen dorthin gelangten,[33] mit einem deutlichen Intervall während der Eisenzeit: zuerst die Villanovakultur italischer Stämme, die im Süden bis nach Salerno gelangten [34] und vielleicht auf der Flucht vor den etruskischen Eroberern der Toskana waren; dann strömten gegen Ende des 8. Jahrhunderts v. Chr. griechische, phönizische und etruskische Erzeugnisse ein. G. Buchner hat das an konkreten Beispielen seiner Forschungen auf Ischia gezeigt,[35] die den Zusammenstoß zwischen griechischen, karthagischen und etruskischen Interessen in diesem Bereich widerspiegeln. Einige Jahrzehnte nach diesem Intermezzo kann die Anwesenheit der Etrusker schon nachgewiesen werden. In Capua hat W. Johannowsky zahlreiche Grabstätten gefunden, die bis ins 7. Jahrhundert v. Chr. zurückreichen. Dort geht bezeichnenderweise der feine, importierte etruskische *bucchero leggero* und nicht etwa der griechische Import der Masse der örtlichen Imitationen des Bucchero voraus, obwohl die in der Nachbarschaft blühende griechische Stadt Kymä schon seit etwa 750 v. Chr. bestand. Dasselbe kann man in Cales feststellen.[36] Der Beginn des ununterbrochenen Zustroms von Importware ist natürlich nur eine Folgeerscheinung; ihm ging die kriegerische Besetzung voraus.

Als Seefahrer haben die Etrusker auf ihren Handels- und Piratenfahrten entlang der Küste nach Süden sicherlich die Bedeutung Kampaniens erkannt. Es ist eine plausible Vermutung, daß sie bereits im Golf von Neapel Fuß gefaßt hatten, ehe ihre Heere die wichtigsten Orte im Landesinneren eroberten,[37] und es spricht ebenfalls vieles dafür, daß ihre Invasion auch der chalkidischen Kolonisation entgegenwirken und ihr ein Ende machen sollte. Sie hatten auch tatsächlich Erfolg, indem sie das Landgebiet Kymäs einengten und die Gründung weiterer griechischer Niederlassungen dort verhinderten.[38] Ihre Küstenstädte in Kampanien blieben während der zweieinhalb Jahrhunderte ihrer unabhängigen Existenz die entscheidenden Stützpunkte der etruskischen Herrschaft über das Tyrrhenische Meer. Die über Land führenden Verbindungslinien mit der Heimat jedoch wurden eher noch wichtiger für sie und machten eine sichere Beherrschung der festen Plätze Latiums erforderlich.

Die Unterwerfung der Latinergemeinden durch die Etrusker

Es besteht ein grundsätzlicher Unterschied zwischen der Etruskerherrschaft in Kampanien und derjenigen in Latium. Der magere Boden, den die latinischen Viehzüchter besiedelten, lud nicht wie der Süden zur Gründung eines neuen kolonialen Etrurien ein. In Latium genügte es den Etruskern, den Durchzug für Handelsgüter und Armeen zu sichern, was, verglichen mit den großen Anstrengungen in der Poebene und in Kampanien, ein zweitrangiges Unternehmen war. Die Etrusker blieben in Latium stets eine kleine Minderheit, eine dünne Herrenschicht über der einheimischen Bevölkerung, die vor allem die strategischen Schlüsselstellungen des Landes besetzt hielt. Das erklärt die Leichtigkeit, mit der die Latiner sie zur Zeit Porsennas vertreiben konnten.

Es gab zwei gleichermaßen wichtige Verbindungslinien, die in nord-südlicher Richtung durch Latium verliefen. Eine innere Route brachte Waren aus Zentraletrurien auf den Flüssen Tiber und Anio nach Tibur und Praeneste und führte dann durch die Täler von Liris und Tolerus nach Süden, wo sie in Cales, Capua und Nola endete.[39] Da Capua die Metropole der neuen Tochterstädte im Süden war, hatte verständlicherweise die dorthin führende Straße vorrangige Bedeutung gegenüber der Küstenstraße. Archäologische Funde, von denen gleich die Rede sein wird, stützen diese Annahme. Während die Route durchs Landesinnere die Erzeugnisse Zentraletruriens den Tiber abwärts in das Innere Kampaniens brachte, führte die andere Verkehrs- und Handelsader an der Küste entlang; sie war der naturgegebene Weg für Exportwaren aus Tarquinia und Caere, aber auch für die nach Antium, Circeii und Tarracina gehenden Güter, die in Rom von Flußschiffen abgeladen und auf dem Landweg weiterbefördert wurden. Die Schlüsselstellungen an der binnenländischen Straße waren Gabii, Tibur und Praeneste, an der Küstenstraße Rom und Lavinium. Die Sicherheit der inneren Linie war noch dadurch erhöht, daß nicht nur Picenum,[40] sondern auch das ursprüngliche Gebiet der Volsker [41] an der Nordwestflanke dieser Straße unter etruskischer Kontrolle stand. Am Schnittpunkt der Flußtäler, welche die natürlichen Trassen dieser Route bildeten, war das Bollwerk Praeneste [42] schon in der zweiten Hälfte des 7. Jahrhunderts v. Chr. Sitz etruskischer Herrscher. Der fabelhafte Reichtum seiner Gräber, die von den Gelehrten entweder in die Mitte oder gegen das Ende des Jahrhunderts datiert werden,[43] setzt eine frühe Festigung der etruskischen Herrschaft voraus, denn solche Schätze werden nicht von heute auf morgen aufgehäuft. Andererseits stammten diese Massen von Wertobjekten nicht aus dem Überschuß der einheimischen Wirtschaft; der karge Steinboden von Praeneste konnte sie nicht hervorbringen. Man gewann sie vielmehr, indem man die Lage der Stadt an der nach der Gründung Capuas neu eröffneten Verbindungslinie ausnutzte. Also müssen die Anfänge der Etruskerherrschaft in Praeneste bis etwa in die erste Hälfte des 7. Jahrhunderts v. Chr. zurückgehen. Etruskische Gräber aus derselben Zeit wie die von Praeneste sind auch in der Nähe von Gabii,[44] einem anderen Stützpunkt an dieser Route, gefunden worden, und weitere Spuren dieser Art werden in Zukunft sicherlich südlich von Praeneste ans Licht befördert werden.

Die bis heute verfügbaren archäologischen Funde entlang der zweiten Verkehrsader, die Latium der Länge nach durchquerte, stammen, soweit es um das hier interessierende etruskische Element geht, aus etwas späterer Zeit als die eben behandelten. Aber auch sie müssen bis in das 7. Jahrhundert v. Chr. zurückreichen. Wir werden sie etwas eingehender betrachten, wenn wir uns der Geschichte Laviniums und Roms in jener Zeit zuwenden.

Die etruskische Herrschaft hat ihre Spuren in ganz Latium hinterlassen. Wir können sie nicht ausführlich behandeln; einige wenige, seit längerem bekannte Tatsachen müssen als Belege genügen.[45] Wir werden weiter unten die echt volkstümliche Sage von König Mezentius von Caere erörtern. Sie zeigt, daß den Latinern

Die Unterwerfung der Latinergemeinden 177

noch viel später die alten Zeiten gegenwärtig waren, in denen sie von den Etruskern ausgebeutet und unterdrückt wurden.[46] Auch die Griechen des Mutterlandes hörten im 6. Jahrhundert v. Chr. von der etruskischen Besetzung Latiums; wenn die letzten Verse, die der Theogonie Hesiods angehängt sind,[47] die Eroberer und die Unterworfenen vertauschen, so beweist dieser grobe Schnitzer, daß die Nachricht kein später Zusatz sein kann. Ein konkretes Überbleibsel der etruskischen Herrschaft über die Latiner, das die Loyalität und Ergebenheit letzterer gegenüber den Etruskern bezeugt, wird im Kapitel über Lavinium behandelt werden; es ist die im 7. oder 6. Jahrhundert v. Chr. vorgenommene Identifizierung des Aeneas, eines Gründerheros' südetruskischer Städte, mit dem Ahnherrn des latinischen Stammes und seine von da an ununterbrochene kultische Verehrung bei den jährlichen Bundesfeiern in Lavinium.

Der internationale Konflikt, der kurz nach 540 v. Chr.[48] in der Seeschlacht von Alalia ausgetragen wurde, erfaßte seit der phokäischen Ansiedlung auf Korsika um 546 v. Chr. auch Latium und die ganze Westküste Italiens. Während die Etrusker Karthago in Sizilien und Spanien freie Hand ließen, betrachteten die Karthager Kampanien und alle etruskischen Stützpunkte an der latinischen Küste als Interessensphäre ihres Verbündeten; beide aber waren Gegner Kymäs. 524 v. Chr., als eine riesige etruskische Armee durch Latium nach Kymä und nach einer vernichtenden Niederlage wieder heimwärts marschierte,[49] zogen die internationalen Verwicklungen Latium erneut in Mitleidenschaft. Wie oft dies geschah, werden wir nie erfahren.

Importwaren bieten, für sich genommen, nur bei massenhaftem Auftreten oder unter besonderen Umständen eine Bestätigung für eine Herrschaft ihrer Produzenten über ihre Abnehmer. Aber die religiöse Architektur, die in Latium rein etruskisch ist,[50] zusammen mit der noch faßbaren Existenz zahlreicher latino-etruskischer Gottheiten[51] weist nicht nur auf eine tiefe Beeinflussung hin, sondern auch auf eine Verschmelzung, die ohne unmittelbare Anwesenheit der Gebenden auf dem Territorium der Empfangenden undenkbar ist. Die kulturelle *koinē* im archaischen Italien, die Santo Mazzarino so scharfsinnig erkannt hat,[52] war nur eine Folge der etruskischen Eroberung. Obwohl wir einzig über Rom hinreichend informiert sind, um feststellen zu können, daß der plötzliche Einbruch etruskischer Kultur nach Latium die unmittelbare Konsequenz der etruskischen Besetzung war, kann die um dieselbe Zeit erfolgte einschneidende Veränderung im Leben der übrigen Latinergemeinden keinem andersartigen Impuls zugeschrieben werden. Die Besetzung erklärt auch die Einheitlichkeit der kulturellen Entwicklung. Das latinische Alphabet z. B. geht zwar letztlich auf einen griechischen Typus zurück, wurde aber von den Etruskern vermittelt.[53]

Abgesehen von solch allgemeinen Symptomen hat die Etruskerherrschaft in der einen oder anderen Weise ihren Stempel jeder einzelnen latinischen Stadt aufgeprägt. Einige wenige, bereits bekannte Beispiele genügen zur Illustration. In Solonium, südwestlich von Rom, nahe dem zwölften Meilenstein an der Straße nach Ostia, herrschte nach einer echten, wenn auch in frei erfundenem Zusammenhang erhaltenen Überlieferung[54] einst ein etruskischer König. Ebenso ist Tarchetios, ein mythischer König von Alba Longa, eine etruskische Gestalt, und etruskische Züge sind auch in die Erzählung verwoben, in der sein Name erscheint; die hier als mythische Vorgeschichte der Gründung Roms erscheinende Geburt des Romulus als Sohn des Vulcanus ist eine andere Version des römischen Mythos von Servius Tullius.[55] Tusculum verrät durch seinen Namen seine etruskische Vorgeschichte.[56] Dasselbe gilt von Turnus, König von Ardea, der nach einer echten, alten Legende, auf die wir noch zurückkommen werden, ein Verbündeter von Caere war und dessen Name eine Kurzform von *Tyrrhenus* ist.[57] Die Gräber von Ardea bezeugen sogar im 4. und 3. Jahrhundert v. Chr. noch die starke Etruskisierung der Stadt.[58] Wie der tiefe etruskische Einfluß auf das politische und geistige Leben Latiums sich im Stammeskult der Latiner in Lavinium widerspiegelt, wird im nächsten Kapitel behandelt werden.[59] Die Blütezeit Praenestes unter etruskischen Herrschern hat die reiche Gewerbekunst der Stadt hervorgebracht, die noch während der mittleren Republik auf ihrer Höhe stand. Ein beträchtlicher Teil der städtischen Aristokratie war hier, wie auch in Tibur, etruskisch.[60] In Satricum sind etruskische Inschriften gefunden worden.[61] Velitrae *(Velathri)* und Privernum sind etruskische Namen. Ebensowenig fehlen archäologische Überreste der etruskischen Epoche im Gebiet der pomptinischen Sümpfe, vor allem die Spuren der Entwässerungsanlagen, die der Trockenlegung dieser fruchtbaren Sumpflandschaft dienten. Und schließlich sind auch beide Namen von Anxur-Tarracina etruskisch.[62] Die letzten Verse von Hesiods Theogonie, die von latinischen Königen als Herrscher über die Etrusker berichten, vertauschen zwar Eroberer und Unterworfene, beruhen aber auf ursprünglich richtiger und nur falsch wiedergegebener Information über die Etruskerherrschaft in Latium.

Das wichtigste Merkmal der etruskischen Herrschaft und der eigentliche Schlüssel zu ihrem erstaunlichen Erfolg ist die Tatsache, daß die Eroberer eine Lebensgemeinschaft mit den Unterworfenen anstrebten. Da sie selbst eine verschwindende Minderheit darstellten, die eine an Zahl weit überlegene Schicht von Unterworfenen überlagerte, hätten sie auf andere Weise keine dauernde Kontrolle über so weite Gebiete ausüben können. Obschon im Krieg unmenschlich grausam, brachten sie es doch fertig, sich die unterworfenen Völker zu assimilieren, ohne sie dabei zur Preisgabe ihrer nationalen Eigenart zu zwingen. Folglich entwickelten die Untertanen ein Loyalitätsgefühl gegenüber ihren neuen Herrschern und strebten danach, sich deren überlegene Lebensformen anzueignen. Es war keine haltlose Vermutung, wenn Varro feststellte, daß die Römer die Methoden der Kolonisation von den Etruskern erlernten; deren Herrschaft erscheint geradezu als eine vom Schicksal gewährte Unterrichtung der italischen Völker in höherer Zivilisation und weiterentwickelten politischem Denken, deren Früchte auch nach der Abschüttelung des fremden Jochs erhalten blieben und die den Weg zur Einigung der Mittelmeerwelt unter römischer Führung bereitete.

Das könnte leicht mit zahlreichen Beispielen belegt werden, doch müssen einige wenige genügen. In dem nördlich an Latium angrenzenden Gebiet saßen die Capenaten, Falisker und Fidenaten, die ihrer Herkunft nach ebenfalls Latiner waren. Als sie Untertanen von Veii wurden, übernahmen sie die politischen Vorstellungen und menschlichen Ideale der Eroberer, bewahrten aber zugleich ihre nationale Eigenart, ihre Sprache und Religion und entwickelten eine eigene hochstehende Kultur nach etruskischen und griechischen Vorbildern. Dasselbe geschah in Latium. Wir werden sehen, daß der Stammesbund der Latiner unter den Etruskern sich weiterhin in jedem Frühjahr in Lavinium versammelte, den gemeinsamen Ahnherrn durch feierliche Opfer günstig zu stimmen suchte und Angelegenheiten von gemeinsamem Interesse besprach. Manche Aspekte dieser etruskisch-latinischen Verschmelzung werden, soweit sie Rom betreffen, weiter unten zur Sprache kommen. In Praeneste war die Wirkung der Etruskerherrschaft eine ähnliche. Entweder aus dem Bernardini-Grab, welches den fabelhaften Reichtum der etruskischen Herrscher offenbart, oder doch zumindest aus einem im gleichen Ort gelegenen anderen Grab aus der zweiten Hälfte des 7. Jahrhunderts v. Chr.[63] stammt eine goldene, schlangenförmige Spange, welche die älteste uns bekannte lateinische Inschrift trägt: *Manios med fhefhaked Numasioi*, „Manios hat mich für Numasios hergestellt". Ein noch eindrucksvolleres Zeugnis der etruskisch-latinischen Koexistenz entdeckte J. Heurgon an einem anderen Objekt des Bernardini-Grabes.[64] Auf einem großen Silberbecher aus diesem Grabschatz steht *Vetusia* als Name der Besitzerin des Gefäßes; dieses auch durch viele andere kostbare Vasen reicher etruskischer Gräber belegte Besitzrecht der Frau ist ein matriarchalischer Zug, der ebenso eigentümlich etruskisch wie unlatinisch ist. Aber auf dem praenestinischen Fund ist der Name der Königin, der der Becher gehörte, lateinisch: *Vetusia*, nach späterer Schreibweise *Veturia*. Sie war anscheinend Angehörige derselben Sippe wie die patrizischen *Veturii* in Rom. Folglich kam die Königin, die ihr etruskischer Gatte mit dem ganzen Pomp seiner Heimat umgab, aus der lokalen praenestinischen Aristokratie. Das dürfte ein typisches Beispiel für die engen Bindungen zwischen den Eroberern und der führenden Schicht der Unterworfenen sein, wie sie nicht nur in Latium bestanden, sondern auf der ganzen Halbinsel, soweit sie von der etruskischen Expansion erfaßt wurde.

Die gegenseitige Durchdringung etruskischer und latinischer Elemente erklärt auch die beträchtlichen Gemeinsamkeiten in den beiden Namenssystemen; hier können wir feststellen, daß die Entlehnungen auf Gegenseitigkeit beruhen.[65] Der tiefe etruskische Einfluß auf Latium tritt nur deshalb in Rom augenfälliger hervor als

Die etruskische Herrschaft in Rom

anderswo, weil die historische Überlieferung der anderen Latinerstädte verlorengegangen ist.

Roms Größe ist oft auf seine vorteilhafte geographische Lage zurückgeführt worden. Mommsen z. B. hat dies stark betont [66]: An einem strategisch wichtigen Knotenpunkt des latinischen Überseeund Flußhandels gelegen und ein Bollwerk Latiums gegen Attacken vom Meer her, mußte Rom nach Mommsens Ansicht notwendigerweise große Bedeutung erlangen. Aber wir wissen jetzt, daß der etruskische Fluß die latinischen Viehzüchter in jener archaischen Zeit nicht sonderlich interessierte; noch weniger lag ihnen am Seehandel. Und während viele etruskische Städte, auf schwer zugänglichen Anhöhen gelegen, für einen direkten Angriff nahezu uneinnehmbare, natürliche Festungen bildeten, war Rom nach allen Seiten gegen Angriffe ungeschützt und besaß keinen der militärisch-geographischen Vorteile, die Veii, Praeneste und andere Nachbarorte genossen. Diese Verwundbarkeit erklärt auch, warum Rom das Opfer einer ganzen Reihe etruskischer Invasionen wurde, wie wir zeigen werden. Die 'servianische' Mauer, die Rom zur furchteinflößenden Festung machte, bestand im 6. Jahrhundert noch nicht; und diese unter der Leitung griechischer Techniker und Vorarbeiter erbaute riesige Umwallung hätte auch zu einer Zeit, als Rom noch eine Kleinstadt war, gar nicht ausgeführt werden können. Rom war in der Frühzeit im Norden, Osten und Süden von Veii, Tusculum, Aricia und Lavinium eingeschnürt und im Westen vom Meer her eher bedroht als geschützt, so daß es keine Bewegungsfreiheit zu machtvoller Expansion besaß.

Überhaupt kann die geographische Lage für sich genommen niemals den machtvollen Aufstieg einer Siedlung herbeiführen. Sie ist eher eine Art Dornröschen, das ohne den edlen Prinzen in alle Ewigkeit schlummern könnte. Örtlichkeiten erhalten erst dann überragende Bedeutung, wenn sich dort in Krieg und Frieden hochwichtige Kommunikationslinien vereinigen und kreuzen. Der von Rom kontrollierte Flußübergang an der *Isola Tiberina* wurde erst in einem größeren handelspolitischen Rahmen zu einem bedeutsamen Verkehrsknotenpunkt, als nämlich der Transport der Erzeugnisse aus den an der Flußmündung gelegenen und von Veii ausgebeuteten Salinen die Querverbindung zu den Sabinern nötig machte, und in noch stärkerem Maße, als die dazu senkrecht verlaufende Handels- und Heeresstraße entlang der Küste nach der neuen Provinz Kampanien von den Etruskern eröffnet wurde. Wir sahen schon, daß die zentrale Bedeutung Capuas für die Eroberung Kampaniens den inneren Zugangsweg wichtiger werden ließ. Daher hatten auch in Latium die Festungen entlang dieser Linie den Vorrang gegenüber den Knotenpunkten der Küstenstraße nach Kampanien; und deshalb erhielten auch Gabii, Tibur und Praeneste früher als Rom die Gelegenheit zu einer blühenden Entwicklung. Der zeitliche Vorsprung dieser natürlichen Bergfestungen gegenüber dem Umladehafen nahe der Küste ist ferner das natürliche Ergebnis der politischen Entwicklung: Die militärischen Stützpunkte der Etrusker erhielten ihre Bedeutung mit dem Beginn der Besetzung des Landes; der Umschlagplatz des Transithandels entwickelte sich erst nach der Konsolidierung der etruskischen Herrschaft. Die wachsende Bedeutung Roms als etruskischer Stützpunkt an der Handels- und Verbindungslinie nach Kampanien hatte jedoch schicksalsschwere Folgen für die Stadt: die rivalisierenden etruskischen Mächte waren alle in gleicher Weise auf den Verkehrsknotenpunkt am Unterlauf des Tiber angewiesen und entrissen ihn sich gegenseitig.[67]

Die reichen Belege für eine etruskische Herrschaft über Rom stehen natürlich in unaufhebbarem Widerspruch zur annalistischen Fiktion einer römischen Überlegenheit, ja Oberherrschaft über die Etrusker gerade in der Zeit, in der diese durch Latium hindurch nach Süden zur sizilischen Meerenge drängten. Trotzdem hat die wachsende Neigung zur Leichtgläubigkeit, die offensichtlich eine Reaktion auf die Hyperkritik früherer Generationen ist, hervorragende Gelehrte zu dem Versuch ermutigt, die annalistische Erzählung von der Überlegenheit Roms über die Etrusker mit der handgreiflichen Realität der Etruskerherrschaft über Rom in Einklang zu bringen.[68] Man stützte sich auf den Umstand, daß Rom nach der etruskischen Epoche als eine lateinisch sprechende Gemeinde vor uns steht, und versuchte, seine vorherige Abhängigkeit durch die vage Formulierung abzuschwächen, Rom habe zur 'Interessensphäre' der Etrusker gehört.[69] Andere gingen auf diesem unsicheren Boden noch einen Schritt weiter und nahmen an, Rom sei nie von den Etruskern erobert worden.[70]

Wir haben schon gesehen, daß die Bewahrung der latinischen Eigenart Latiums unter den Etruskern darauf zurückgeht, daß die kleine Gruppe von Eroberern die vergleichsweise große Masse der Unterworfenen nicht völlig assimilieren konnte. Rom machte da keine Ausnahme. Aus demselben Grunde war es leicht, die herrschende Minderheit abzuschütteln, als die Latiner die Fähigkeit erworben hatten, einen für die damalige Zeit 'modernen' Staat auf vorwiegend militärischer Grundlage aufzubauen. Folglich entwertet der ununterbrochene Fortbestand der latinischen Sprache und Nationalität [71] nicht die zahlreichen Beweise für die Etruskerherrschaft in Latium — ebensowenig wie der Fortbestand der ungarischen Sprache im Karpatenbecken die 160 Jahre dauernde Türkenherrschaft in Ungarn oder die lange Zugehörigkeit des Landes zum Habsburgerreich widerlegt.

Eine der Folgen der etruskischen Besetzung war die Urbanisierung, die Einführung einer neuen Lebensform, die den Einheimischen ohne Rücksicht auf existierende Besitzrechte aufgezwungen wurde. Nach dem Willen der Eroberer wurden aus den regellos zusammengewürfelten eisenzeitlichen Siedlungen aufgrund einer verbindlichen Planung Städte gebildet. Wir müssen betonen, daß dieser entscheidende Wandel nicht aus einer spontanen Umstellung der latinischen Bevölkerung auf eine neue, ihrer Zivilisation doch völlig fremde Lebensweise herrührte, sondern als gewaltsamer Eingriff einer fremden Macht erscheint, als eine für den Patienten mit großen Schmerzen verbundene Operation mit glücklichem Ausgang.

Während die Lebensweise der italischen Stämme keine Urbanisierung benötigte und folglich auch keine bewirkte, förderten oder begründeten die Etrusker sie überall dort, wo sie Fuß gefaßt hatten. Obwohl ihre Methoden der Stadtplanung zur Zeit der Eroberung Roms noch nicht den technischen Stand ihrer späteren bedeutenden Kolonisierungen erreicht hatten, war die Urbanisierung der zahlreichen kleinen latinischen Siedlungen doch ein umfassendes

Unternehmen, das nach sicherlich schon schriftlich niedergelegten Richtlinien und Instruktionen geplant wurde — wobei man zwar nicht an wissenschaftliche Abhandlungen, wohl aber an heilige Bücher, die eine Vorstufe dazu bildeten,[72] zu denken hat. Der annalistische Bericht, die Fundamente des kapitolinischen Tempels und die Entwässerungsanlagen im Forumtal seien mittels Zwangsarbeit der Bürger von den Tarquiniern geschaffen worden,[73] scheint mir eine echte Überlieferung widerzuspiegeln. Wir müssen meiner Überzeugung nach weiterhin annehmen, daß diese erzwungene Beteiligung der Bevölkerung die eigentliche Grundlage des ganzen Städtebauprogramms war und nicht nur bei den von unseren Quellen erwähnten Gelegenheiten angewandt wurde. Die Anlage der ausgedehnten Entwässerungssysteme, die neuerdings J. B. Ward Perkins im Umkreis der Städte des Albanergebietes erforschen ließ, ist sicherlich ebenso wie in Südetrurien von den etruskischen Oberherren angeordnet und überwacht worden.

Der unter etruskischer Aufsicht und Planung herbeigeführte radikale Übergang zu städtischen Lebensformen wird dem Leser deutlicher werden, wenn er sich die völlig andersartige, auch an der Topographie ablesbare, soziale und politische Gliederung vergegenwärtigt, die den Dorfsiedlungen auf den Hügeln Roms vor der fremden Einmischung eigen war. Man kann zeigen — das ist Gegenstand einer anderen Untersuchung des Verfassers [73a] —, daß das voretruskische Rom eine Doppelgemeinde von Latinern auf dem Palatin und Sabinern auf dem Quirinal war, die durch eine archaische staatliche Ordnung geeint waren, welche alle Lebensbereiche — Religion, Politik, Wirtschaft und Gesellschaft — umfaßte. Das gemeinsame Handels- und Versammlungszentrum dieser Doppelgemeinde lag zu der Zeit, als die Etrusker sie in Besitz nahmen, bereits am Rand des späteren Forumtales. Das unter den neuen Herren entwässerte Areal wurde mit stattlichen Tempeln etruskischer Bauart geschmückt. Die etruskischen Könige allerdings amtierten nicht in der späteren *regia* am Forum, sondern verlegten ihre Residenz und das Zentrum politischer Aktivität auf die *arx*, die natürliche Bastei des kapitolinischen Hügels, die vordem nur in Kriegszeiten als Zufluchtsort gedient hatte.[74] Obwohl wir nur wissen, daß der König auf dieser Zitadelle dem Volk an den Kalenden und Nonen die Fest- und Markttage eines jeden Monats verkündete, setzt das voraus, daß andere Ankündigungen und Befehle ebenfalls dort gegeben wurden.[75] Der etruskische Name eines der drei Tore dieser Festung, *porta Ratumenna*, war noch späteren Generationen bekannt.[76] Im Herzen der neuen Stadt, zwischen Kapitol und Palatin, ließ sich das Gefolge des fremden Herrschers nieder; der Name *vicus Tuscus*[77] hielt die Erinnerung daran bis zum Ende des Altertums fest. Auch der *Caelius mons*, ein innerhalb der ältesten Stadt gelegener Hügel, wurde von den Römern als Siedlungsstätte etruskischer Krieger betrachtet.[78] Obschon das nur eine blasse Erinnerung an Zeiten ist, die keine geschriebene Geschichte kannten, kann die grundsätzliche Richtigkeit dieser Überlieferung kaum bestritten werden. Dieselben Reminiszenzen führten schon in der Antike zu Spekulationen darüber, wie die etruskischen Gruppen den latinischen und sabinischen Bevölkerungsteilen angegliedert wurden. Wenn auch die Vorstellung, daß die *tribus* der *Luceres*[79] etruskischen Ursprungs gewesen sei, unbegründet ist, so verdient doch die zugrundeliegende Annahme Beachtung, daß ein Drittel der Bevölkerung der frühen Stadt etruskisch war. *Quippe cum populus Romanus Etruscos, Latinos Sabinosque sibi miscuerit et unum ex omnibus sanguinem ducat, corpus fecit ex membris et ex omnibus unus est*[80]: „Da das römische Volk Etrusker, Sabiner und Latiner in sich aufgenommen hat und ihrer aller Blut in sich vereint, hat es aus einzelnen Gliedern einen Körper geformt und ist aus ihnen allen eine Einheit geworden." Das sind die Worte eines Autors der frühen Kaiserzeit. Der dahinterstehende Gedanke widerspricht entschieden dem nationalen Stolz und kann also nicht selbstgefällige Erfindung sein. Im übrigen ist diese Behauptung keineswegs übertrieben. Die Forschungen von W. Schulze und Fr. Münzer haben schon längst erwiesen, daß eine Gruppe von Familien der alten römischen Aristokratie etruskischen Ursprungs ist, wie ihre Namen bezeugen. Eine latinische Stadt, die von etruskischen Herren regiert wurde, konnte durchaus als Τυρρηνὶς πόλις [etruskische Stadt] bezeichnet werden, wie viele griechische Historiker Rom nannten.[81]

Zur systematischen etruskischen Stadtplanung gehörten auch die umfassende unterirdische Entwässerungsanlage im Forumtal, welche die Sümpfe austrocknete, Regengüsse und Abwässer abführte und dadurch die Umwandlung dieses Platzes in ein Zentrum des städtischen Lebens und des Handels ermöglichte,[82] sowie die quer darüberhinführende *via sacra*.[83] Etruskisch ist auch die Einrichtung der vier Regionen und damit der vier städtischen Verwaltungsbezirke.[84] Diese neue topographische Einteilung der Stadtsiedlung ersetzte die Gliederung nach Sippenverbänden — den drei gentilizischen *tribus* —, die bisher die Organisationsbasis gebildet hatten. Die Blüte der neuen Stadt wird deutlich an den Resten einer beträchtlichen Zahl archaischer tuskanischer Tempel, wenn auch einige von ihnen erst im ersten Jahrhundert der Republik erbaut sind. Architektonische Terrakottareliefs, die einst diese Heiligtümer schmückten, wurden auf der Velia, dem Cispius, dem Capitolinus, auf dem *comitium* und an anderen Stellen des Marktes sowie auf dem Forum Boarium gefunden.[85]

Wir stellten bereits fest, daß die Herrschaft der Tarquinier in Rom 505/504 v. Chr. endete. Über die Anfänge der Etruskerherrschaft werden die ständig zunehmenden und immer genauere Datierungen ermöglichenden archäologischen Funde eines Tages eingehendere Informationen liefern, als sie heute geboten werden können: Die groben Umrisse der Entwicklung spiegeln sich jedoch im heutigen Forschungsstand klar genug wider. Der Import subgeometrischer griechischer Keramik hatte bereits am Ende des 8. Jahrhunderts v. Chr. begonnen;[86] aber der ständige Zustrom feiner frühetruskischer Bucchero-Vasen, begleitet von den Erzeugnissen italo-geometrischer, protokorinthischer, ionischer, lakonischer und attischer Keramik,[87] begann erst mit der Eroberung Kampaniens, als die beiden Hauptverbindungslinien nach Süden diese Waren auch den Latinern leicht zugänglich machten. Gleichzeitig wurde die in Rom selbst hergestellte Töpferware der etruskischen angeglichen.[88]

Wir sahen, daß die Verbindung der neuen südlichen Provinz mit dem etruskischen Mutterland durch feste Plätze in Latium gesichert werden mußte und daß Rom notwendigerweise in dieses Netz etruskischer Militärstützpunkte einbezogen wurde. Wann geschah das? Folgende Überlegungen können uns weiterhelfen: Die ältesten griechischen Importe unter den Weihgaben der archaischen Tempel am Forum Boarium stammen aus dem späten 7. Jahrhundert v. Chr. Seit etwa 600 v. Chr. wurden beständig griechische Vasen (ebenso natürlich etruskische) den dort während des 6. Jahrhunderts verehrten Gottheiten geweiht, wie E. Paribeni gezeigt hat.[89] Folglich können die älteren unter diesen Tempeln nicht später als um 600 v. Chr. erbaut worden sein, als der anhaltende Strom der Votivgaben einsetzte. Die Erbauung etruskischer Tempel gehörte natürlich nicht zu den ersten Urbanisierungsmaßnahmen. Von der bewaffneten Unterwerfung bis zur Planung und Ausführung eines 'modernen' Städtebauprogramms verging notwendigerweise beträchtliche Zeit. Es ist auch nicht sicher oder auch nur wahrscheinlich, daß die betreffenden Tempel die frühesten in Rom erbauten waren. Das *Capitolium vetus* auf dem Quirinal z. B., das ersichtlich älter ist als der 'neue' Tempel des Juppiter auf dem kapitolinischen Hügel, kann mit ziemlicher Wahrscheinlichkeit den Anspruch auf Priorität erheben.

Andererseits erreichte die frühe Importkeramik Rom zu einer Zeit, als dort noch die eisenzeitliche Kultur vorherrschte. Wenn die Dorfsiedlungen des Villanovatyps in nur zwei Generationen bis 600 v. Chr. in eine moderne Stadt verwandelt wurden, so war das eine erstaunlich schnelle Entwicklung. Die Frage kann daher nur sein, ob die etruskische Besetzung nur um eine Generation älter ist als der Ursprung der erwähnten Heiligtümer oder noch weiter bis auf die Mitte des 7. Jahrhunderts v. Chr. zurückdatiert werden muß. Der Verfasser glaubt nicht, daß wir dies mit den zur Verfügung stehenden Kenntnissen entscheiden können. Jedenfalls dauerte die etruskische Herrschaft in Rom nicht viel weniger als 150 Jahre. Wenn man vom Gipfel der römischen Macht nach der Eroberung der antiken Welt auf diese Zeit der Fremdherrschaft zurückblickt, so erscheint diese als die Vorbereitung der Latiner auf die großen Aufgaben der Zukunft, eine Art gehobener Schulausbildung eines Kindes, das vom Schicksal für eine glänzende Karriere bestimmt war. Ohne Zweifel hat die Etruskerherrschaft dem römischen Staat und der römischen Gesellschaft wie auch ganz Latium für immer ihren Stempel aufgedrückt.[90]

In der Erinnerung der Römer lautete der Titel des Königs nicht nur *rex*, sondern auch *lucumo*;[91] das ist der etruskische Titel eines

Stadtkönigs. Den etruskischen Begriff des *imperium* als der absoluten Obergewalt, die jemand mit Zustimmung der Götter erhält und in ständigem Einvernehmen mit ihnen gebraucht, hat die Republik ebenso übernommen [92] wie das Symbol dieser Macht, die Lanze.[93] Der etruskische Ursprung von Insignien und Tracht des Königs und der republikanischen Magistrate ist in Rom nie vergessen worden.[94] Starke etruskische Spuren sind in Organisation und Ausrüstung des Heeres im frühen Rom nicht minder klar erkennbar [95] als im Kalendersystem,[96] in der Jahreszählung [97] und im Gerichtswesen.[98] Die öffentlichen Spiele mit ihrer vorausgehenden feierlichen Prozession ahmten etruskische Gebräuche und Einrichtungen nach.[99] Etruskischer Einfluß bestimmte in starkem Maße die staatliche und private Religiösität.[100] Der Kult von Juppiter, Juno, Minerva, der im Mittelpunkt der Staatsreligion stand, beruhte auf etruskischem Vorbild.[101] Der trojanische Aeneas, den manche Städte Südetruriens als ihren Gründerheros verehrten, wurde von den Latinern mit ihrem eigenen Stammesvater identifiziert und erhielt in dieser Rolle auch von den Römern göttliche Ehren; der römische Ahnenkult der *Lares* trägt gleichfalls einen etruskischen Namen.[102] Statt weitere Beispiele anzuführen, sei nur erwähnt, daß eine Reihe griechischer Götter durch etruskische Vermittlung nach Rom kamen, so etwa *Hercules-Hercle*-Herakles[103], *Frutis-Aphrodite*[104] und andere mehr. Die Intensität des etruskischen Einflusses ist an der engen Verwandtschaft des etruskischen Namensystems mit dem römischen deutlich ablesbar.[105] Die jungen römischen Adligen genossen während der frühen Republik keine griechische, sondern etruskische Erziehung.[106] Auf Vasen geritzte etruskische Inschriften wurden am Abhang des Kapitols und auf dem Palatin gefunden; [107] sie bezeugen die Benutzung der etruskischen Sprache im archaischen Rom. Etruskische Kunst und Architektur überwogen im Rom des 6. Jahrhunderts v. Chr. und auch noch in der frühen Republik, desgleichen etruskische Technik.[108]

Wir haben aber auch festgestellt, daß die Etrusker die Kunst besaßen, fremde Völker zu assimilieren, ohne ihnen ihre Eigenart zu nehmen.[109] Zur gleichen Zeit, als die in Rom lebenden Etrusker ihre eigene Sprache und Schrift verwendeten, hatte auch die eingesessene Bevölkerung für ihre Sprache bereits eine besondere

Schrift, nämlich das durch etruskische Vermittlung aus einem griechischen Schrifttypus abgeleitete lateinische Alphabet. Das zeigen sowohl die auf dem sogenannten Duenos-Gefäß [110] eingeritzten Zeilen mit ihrem banalen Inhalt wie auch die in feierlicher Form abgefaßten Erlasse auf dem sogenannten *lapis niger* vom Forum.[111] Das nach dem Ende der etruskischen Herrschaft aus dem Nebel des Mythos' in das Licht der Geschichte tretende Rom läßt erkennen, daß die Individualität des römischen Volkes durch die etruskische Herrschaft nicht unterdrückt wurde, sondern im Gegenteil mit neuem Schwung und frischer Kraft in Erscheinung trat. Die eigenen staatsbildenden Fähigkeiten der Römer gelangten unter dem erzieherischen Einfluß etruskischer Politik und Kultur in der Republik zu voller Blüte.

Etruskische Mächte im Kampf um den Besitz Roms [112]

Wir haben schon festgestellt, daß die Waren aus Zentraletrurien auf der Fahrt tiberabwärts nicht bis Rom befördert wurden, sondern von Fidenae ab in Richtung Capua an der Stadt vorbeigingen; andererseits lag Rom ideal, um zum Hauptumschlagplatz auf dem Weg nach Süden für das südliche, an der Küste gelegene Etrurien zu werden. Dies hatte Folgen wirtschaftlicher und politischer Art. „Die archäologisch bezeugte Handelsverbindung (Roms) mit Etrurien", schreibt Inez Scott Ryberg [113],

ist im allgemeinen auf einen kleinen Raum beschränkt, nämlich den südlichsten Ausläufer Etruriens zwischen dem Faliskergebiet und dem Meer. Die Untersuchung etruskischer Funde zeigt, daß die Funde in diesem südlichen Bereich enge Beziehungen miteinander aufweisen und eine besondere Gruppe bilden, während das Material aus dem übrigen Etrurien einen ganz anderen Charakter trägt. Dieser relativ kleine Kulturkreis, dessen Hauptorte Caere und Tarquinia waren, umfaßt im Norden noch Pitigliano, Vulci und Marsiliana. Am Ostrand kann das faliskische Gebiet als eine Art Vorposten betrachtet werden, der zwar immer seine einheimische Eigenart bewahrte, aber doch durch einen engen Kontakt und lebhaften Handel mit den Zentren Südetruriens beeinflußt war. Veii stellt eine Art Brücke zwischen etruskischen und faliskischen Fundorten dar, stärker etruskisiert als die letzteren, aber entschieden italischer als Caere und Tarquinia. Rom war eher ein Außenposten der etruskisierten faliskischen Kultur als des etruskischen Kreises. Gleichzeitig stand es jedoch in mancherlei Beziehungen zu den entfernteren Zentren Etruriens. Eine Anzahl von Bronzen zeugt von Handelsbeziehungen mit Vetulonia. Aus derselben Stadt mögen auch die Bernsteinprodukte stammen, die in Rom gefunden worden sind ...

Dieses aufgrund statistischer Analyse der Funde gewonnene Gesamtbild kann durch die historische Überlieferung bestätigt und vertieft werden. Letztere beweist eindeutig, daß Rom politisch von den etruskischen Mächten eben jener Gegend abhängig war, aus der es Waren importierte. Sie zeigt darüber hinaus, daß das etruskische Rom nicht in ruhiger, kontinuierlicher Entwicklung wachsen und gedeihen konnte, sondern immer wieder heftigen Erschütterungen ausgesetzt gewesen ist, da mehrere etruskische Städte sich in seiner Beherrschung ablösten. Dieser Umstand entging nicht der Aufmerksamkeit einiger bedeutender Historiker,[114] aber keiner — soweit ich sehe — zog daraus entscheidende Konsequenzen. Zunächst läßt die Abhängigkeit Roms von einer Reihe etruskischer Mächte, die nach jeweils einer Generation einander ablösten, keinen Raum für das souveräne Rom der Annalisten, das die Monarchie zur konstitutionellen Mäßigung zwang, ja schon die Nachbarvölker beherrschte und sich sogar zum Herrn über dieselben Etrusker aufschwang, die es in Wahrheit unterwarfen.

Die geschichtliche Realität der etruskischen Oberherrschaft über Rom und die annalistische Fiktion eines nach allen Seiten hin siegreichen Rom schließen sich gegenseitig aus. Der offene Widerspruch wurde durch die Behauptung unserer Quellen verdeckt, daß die Eroberer Roms, die sich gegenseitig diesen Verkehrsknotenpunkt entrissen, nicht Repräsentanten ihrer etruskischen Heimatstaaten waren, sondern Heerführer, die nach Art der *condottieri* der Renaissance mit privaten Armeen und auf eigene Faust Politik trieben. So brauchte ihre etruskische Herkunft sie nicht daran gehindert zu haben, als unabhängige römische Monarchen eigene Eroberungspläne zu verfolgen.

Es gab in der Tat *einen* Fall — aber nur diesen einen, auf den wir später ausführlicher zurückkommen werden —, der dieser Vorstellung wenigstens z. T. entsprach: Drei einflußreichen Männern aus Vulci, die von ihren politischen Gegnern an der Rückkehr in ihre Heimatstadt gehindert wurden, gelang es gemeinsam mit Verbündeten aus anderen etruskischen Staaten, den regierenden etruskischen König Roms mit seinen wichtigsten Anhängern zu töten und seine Herrschaft zu übernehmen. Aber in allen anderen Fällen waren es nicht einzelne Abenteurer,[115] sondern etruskische Staaten, die sich Roms bemächtigten, um ihre Herrschaft auszuweiten oder den Handelsweg nach dem Süden für sich zu sichern: Tarquinii, Caere, Vulci, Veii und Clusium. Neben diesen einzelnen Staaten war aber auch der souveräne etruskische Bund in Rom durch zwei, ein und derselben Bundesgottheit geltenden Kulte vertreten.

Der göttliche Schutzpatron des etruskischen Bundes, unter dessen Auspizien die Bundesversammlung ihre Zusammenkünfte nahe Volsinii[116] abhielt, war *Voltumna*, dessen Name eine ansonsten ungebräuchliche Bezeichnung für den höchsten Gott *Tinia* ist.[117] *Voltumna* wurde auch in Rom verehrt, wo sein Name im Lateinischen *Vortumnus* oder *Vertumnus* lautete.[118] Seine Statue, die anscheinend von einer kleinen *aedicula* [Kapelle] geschützt war,[119] stand an der Ecke des 'etruskischen Viertels' *(vicus Tuscus)*, wo dieses an die *via sacra* stieß, also auf dem Forum Romanum neben dem Tempel des Castor. Diese Aufstellung mitten in der Stadt zeigt schon für sich, daß der Gott noch in der Königszeit seinen Einzug gehalten haben muß; denn seit Beginn der Republik wurden fremde Götter vom eigentlichen Stadtgebiet ausgeschlossen. Noch aus anderen Gründen sind jedoch die meisten Gelehrten längst überzeugt, daß die Aufnahme des *Voltumna* in die Zeit der etruskischen Könige gefallen sein muß.[120]

Die Identität des römischen *Vortumnus* mit dem höchsten Gott des etruskischen Bundes kann nicht bezweifelt werden. Varro nennt ihn nämlich den *deus Etruriae princeps* [wichtigster Gott Etruriens],[121] und Properz[122] teilt nicht nur mit, daß er aus Etrurien stammt, sondern auch, daß seine ursprüngliche Heimat Volsinii war, indem er dem Gott die Worte in den Mund legt: *Tuscus ego et Tuscis orior, nec paenitet inter proelia Volsinios deseruisse focos.* [Ich bin Etrusker und stamme aus Etrurien, aber es reut mich nicht, im Kampf meine volsinische Heimat im Stich gelassen zu haben.] In Etrurien hatte *Voltumna* keine andere Aufgabe, als über die nationale Versammlung in der Nähe von Volsinii zu wachen.[123]

Der Standort der Statue des *Vortumnus* und der inoffizielle Charakter seiner Verehrung machen es fast zur Gewißheit, daß der Gott von den Etruskern des *vicus Tuscus* nach Rom gebracht worden ist. Die Römer selbst merkten es gar nicht oder kümmerten sich nicht darum, daß dieselbe Gottheit vorher schon 'von Staats wegen' unter dem leicht abweichenden, aber offensichtlich dieselbe Gottheit bezeichnenden Namen *Volturnus* übernommen worden war.[124]

Volturnus hatte in Rom ebenso einen *flamen*, einen Staatspriester, wie auch Juppiter, der höchste Himmelsherrscher, und die beiden Schutzpatrone der voretruskischen Doppelgemeinde, Mars und Quirinus, sowie eine Reihe anderer Götter — z. B. *diva Palatua, Furrina, Falacer pater* —, die in historischer Zeit kaum noch beachtete Relikte des frühen Rom waren.[125] Der Tag des Jahresfestes (25. August) für *Volturnus* war im ältesten, in etruskischer Zeit entstandenen römischen Festzyklus aufgeführt.[126] Die Identität dieses Gottes mit dem Flußgott von Capua und der etruskische Name *Volturnum*, den diese Hauptstadt der neuen, südlichen *dodekapolis* erhielt, lassen wichtige historische Schlüsse zu, wie J. Heurgon erkannt hat: Wenn der Bundesgott *Volturnus*, der ebenso ein Flußgott und zugleich ein universales kosmisches Wesen war wie der weiter unten behandelte latinische *Indiges*, zur Zeit der Gründung Capuas nach Rom gebracht wurde, wie J. Heurgon annimmt und auch wir glauben, dann verweist sein Kult auf eine bereits im 7. Jahrhundert bestehende Vorherrschaft des etruskischen Bundes über jenen Knotenpunkt des etruskischen Fernhandels in Latium, der einige Jahrhunderte später die Herrschaft über die Mittelmeerwelt antrat.[128]

Die Reihe der Rom beherrschenden Etruskerstaaten

Folgende Städte übten nacheinander ihre Herrschaft über Rom aus:

Tarquinii(?) [128a]

Die römischen Annalen kannten, wie jeder weiß, zwei Könige mit Namen Tarquinius. Man hat aber schon lange gesehen, daß die schriftliche Quelle, der die Berichte über die Taten der beiden Könige entnommen sind, nur die des letzten Königs erzählte. Und wir werden im folgenden sehen, daß Fabius Pictor bei seiner Benutzung dieser Quelle die Leistungen des letzten Königs auf zwei Tarquinier verteilte.[129] Die fragliche, von Pictor benutzte Quelle war vermutlich die Einleitung zu den Konsullisten, die frühestens zu Beginn des 3. Jahrhunderts v. Chr. von einem Priester zusammengeschrieben wurde. Außerdem enthalten die Malereien eines Grabes in Vulci (Taf. VIII—XII), auf die wir noch zurückkommen, den Namen eines römischen Königs, *Cneve Tarchu(nies)*, der ebenfalls Mitglied jener etruskischen Sippe, aber nicht der letzte Monarch Roms war. Dieses unabhängige Zeugnis sichert die Geschichtlichkeit der Dynastie, die mehr als zwei römische Könige gestellt haben mag.

Der Familienname dieser Könige, etruskisch *Tarchna*, lateinisch *Tarquinius* oder *Tarquitius*, kommt in Südetrurien recht häufig vor.[130] Es mag bloßer Zufall sein, daß Caere die zahlreichsten Zeugnisse für diesen Namen liefert. Nichts hindert uns also, die römische Tradition zu akzeptieren, derzufolge der erste König dieses Hauses aus Tarquinii stammte. Andererseits läßt die im folgenden behandelte Herrschaft anderer etruskischer Staaten über Rom eine Eroberung Roms durch Tarquinii nur in der frühesten Phase der etruskischen Expansion nach Süden möglich erscheinen. Und in der Tat war Tarquinii in dieser Frühzeit die führende etruskische Macht. Die Etrusker selbst glaubten, daß Tarquinii ihr ältestes Zentrum in Italien gewesen und direkt von dem Heros und Ahnherrn des Volkes, *Tarchon*, gegründet worden sei. Die archäologischen Funde bestätigen die Bedeutung und Blüte Tarquiniis in jenen frühen Tagen.[131] Die neuentdeckten Ruhmesinschriften, *elogia,* aus Tarquinii, die die Heldentaten der Ahnen feiern,[132] bezeugen, daß die große Vergangenheit der Stadt auch in der römischen Kaiserzeit noch nicht vergessen war. Eine dieser leider nur fragmentarisch erhaltenen Inschriften spricht möglicherweise von der Eroberung von neun Latinerstädten durch einen König oder Magistrat von Tarquinii, falls die Ergänzung eines verstümmelten Wortes zutreffend sein sollte, die M. Pallottino [133] als mögliche Lösung vorgeschlagen und J. Heurgon [134] übernommen hat; der Verfasser ist geneigt, sie für richtig zu halten. In diesem Falle würde die teilweise Wiederherstellung des *elogium,* das einem aus einer minder bedeutenden Stadt (Orclanum?) stammenden Feldherrn oder König von Tarquinii Siege über Caere, den großen Rivalen von Tarquinii, und auch über Arretium zuschreibt, folgendermaßen lauten:

   (praenomen)]*s S*[(nomen) ... *ur*
   (Filiation)] *Orgol*[ani]*ensis*
    C]*aeritum regem vi*[cit
    A]*rretium bello* [..
     de La]*tinis novem o*[ppida (?)
    cepit]

     (Vorname)s S(Name) ... ur
     aus Orclanum (?)
     besiegte den König von Caere
     und Arretium im Krieg ...
     nahm neun latinische Städte (?)
     ein]

Ein einziger zusätzlicher Buchstabe in der 5. Zeile würde uns aller Unsicherheit entheben! Jedenfalls hat die Annahme viel für sich, daß Tarquinii in der Tat die Heimat eines Herrscherhauses war, das auch in Rom regierte. Soweit wir wissen, wurde die Regierungszeit dieser Dynastie zweimal unterbrochen: einmal um die Mitte des 6. Jahrhunderts durch ein Heer aus Vulci und dann erneut 505/504 v. Chr. durch Porsenna. Es kann mit ziemlicher Sicherheit angenommen werden, daß die Gefolgschaft der Vibennae und des Mastarna aus Vulci 524 v. Chr. aus Rom vertrieben wurde, als eine mächtige, gegen Kymä gerichtete etruskische Armee auf dem Weg nach Süden Rom passierte.[135] Die Wiedereinsetzung der

Tarquinier 524 v. Chr. konnte nicht ohne Zustimmung von Veii vor sich gehen, das damals auf der Höhe seiner Blüte stand und die Kontrolle dieser Gegend als entscheidend für die Sicherung des freien Durchgangs seiner Importe und Exporte zu Wasser und zu Lande betrachten mußte. Dies bedeutet auch, daß die Dynastie der Tarquinier nicht mehr von ihrer ursprünglichen Heimatstadt abhängig war, sondern von ihrem unmittelbaren Nachbarn im Norden. Sie muß zu dieser Zeit einen Rückhalt in der lokalen Aristokratie und somit eine verläßliche Anhängerschaft besessen haben. Wenn sie wirklich im 7. Jahrhundert aus Tarquinii kam, wie wir meinen, muß sie mehr als einen König in Rom gestellt haben, ehe *Cneve Tarchu(nies)-Cnaeus Tarquinius* von den Kriegern aus Vulci getötet wurde.

Caere [135a]

Cato d. Ä. hat uns in seinem Bericht über das römische Weinlesefest ein unschätzbares historisches Faktum bewahrt.[136] Der König Mezentius von Caere nämlich soll nach der von Cato erzählten Legende den Latinern die demütigende Verpflichtung auferlegt haben, ihm jedes Jahr den von ihnen erzeugten Wein abzuliefern. Cato war zwar ein streitsüchtiger und eigenwilliger Mensch, hatte aber eine innige Zuneigung zu seiner latinischen Heimat und verewigte in seinen *Origines* ihre Geschichte mit liebevoller Sorgfalt. Die volkstümlichen Traditionen und antiquarischen Fakten, die er überliefert, verdienen volles Vertrauen, wo er nicht Fabius Pictor oder einem anderen Autor dieser Art folgt. Die Echtheit der erwähnten Anekdote, die als ein deutlicher Nachhall der etruskischen Herrschaft über Latium dem Nationalstolz abträglich sein mußte und im Gegensatz zur tendenziösen Verzerrung der latinischen Geschichte in den Annalen steht, ist über jeden Verdacht erhaben. Der Schauplatz der Erzählung ist das Latium — genauer Lavinium — des 6. Jahrhunderts v. Chr. Dessen Nachbarn sind die Rutuler von Ardea, deren König nicht zufällig Turnus — von *Tyrrhenus,* 'der Etrusker' — heißt; der Herrscher von Privernum, Metabus, ist ebenfalls Vasall der Etrusker.[137] Die Geschichte, welche die Darbringung des ersten Weines an Juppiter und Venus begründen soll,[138] betrifft ganz Latium, natürlich auch Rom. Aber es gibt noch eine andere Variante der Legende, welche das *aition* für die dem Herkules an der *ara maxima* in Rom geweihte Abgabe überliefert.[139] Hier sind nicht die Latiner, sondern die Römer durch Mezentius bedrängt.

Derartige Naturalabgaben lagen dem Steuerwesen im Perserreich zugrunde.[140] Karthago forderte in Libyen und Sizilien von seinen Untertanen eine bestimmte Menge an Naturalien.[141] Die Messenier mußten einen großen Teil ihrer Ernte an die Spartaner abliefern. Kurzum, vor der allgemeinen Einführung der Geldwirtschaft finden wir dieses System der Ausbeutung unterworfener Völker überall. Die Eingeborenen von Korsika mußten ihre etruskischen Herren mit Harz, Wachs und Honig versorgen;[142] die Latiner mußten ihnen außer Schiffsmasten und Wein gewiß noch andere Erzeugnisse liefern.

Als um die Mitte des 6. Jahrhunderts v. Chr. Karthager und Etrusker der Expansion der Griechen in ihre Interessensphären ein Ende machten und die etruskische Vorherrschaft in Italien sich beträchtlich festigte,[143] spielte Caere bei diesen Ereignissen eine beachtliche Rolle. Aller Wahrscheinlichkeit nach muß die Vormachtstellung der Stadt in Latium mit diesem Höhepunkt ihrer Macht in Verbindung gebracht werden. In der großen Seeschlacht bei Alalia an der Küste Korsikas trug die Flotte von Caere zusammen mit der karthagischen die Hauptlast des Kampfes gegen die Phokäer;[144] aber gleichzeitig stand Caere in engen Handelsbeziehungen mit griechischen Staaten. Es hatte ein eigenes Schatzhaus in Delphi, und wenn die griechischen Autoren die Einwohner Caeres bisweilen von der allgemeinen Verurteilung der Etrusker wegen ihrer rücksichtslosen Piraterie und barbarischen Grausamkeit ausnehmen,[145] so nicht, weil sie menschlicher gewesen wären und sich weniger am Seeraub beteiligt hätten, sondern allein wegen der einträglichen Geschäftsbeziehungen. Der Haupthafen von Caere war im Ausland unter seinem griechischen Namen *Pyrgi* bekannt; für die Karthager gab es jedoch einen besonderen Ankerplatz, *Punicum*.[146] Der unablässige Zustrom griechischer Keramik nach Latium ging zweifellos ebenso über Caere[147] wie die geistigen Einflüsse der graecoetruskischen Kultur. Nur sind die Spuren letzterer natürlich nicht so bequem und sicher auffindbar wie Tonscherben.[148]

Das 16 Kilometer nördlich von Ostia an der Küste gelegene Fregenae gehörte noch in der Kaiserzeit zu Caere. Wenn Caeres Territorium im Osten nicht bis zum Tiber reichte, so scheint das eine Folge der wachsenden Macht Veiis gewesen zu sein; Veii trieb westlich des Unterlaufs des Tiber einen Keil zwischen Rom und das Gebiet von Caere. Aber das war eine spätere Entwicklung, auf die wir noch zurückkommen.

Vulci

Das Quellenmaterial über die Besetzung Roms durch Vulci ist wohlbekannt und oft behandelt worden.[149] Aber ein unscheinbares Stückchen dieser Überlieferung hat man übersehen, ein Detail, das sich als überaus wichtig erweist. Das gesamte Bild ändert sich, wenn wir es in unsere Überlegungen miteinbeziehen.[149a]

Als der antiquarisch gelehrte Kaiser Claudius in einer Rede vor dem Senat für die Zulassung der gallischen Aristokratie zu den höchsten Ämtern des römischen Staates plädierte, brachte er Beispiele aus der Vergangenheit, um zu zeigen, daß ein so großzügiges Zugeständnis dem Brauch der Vorfahren entspreche. Zu den von ihm vorgebrachten Argumenten,[150] von denen einige in ähnlicher Form vorher schon öfter verwendet worden waren,[151] gehörte die erstaunliche Karriere eines römischen Königs, die folgendermaßen dargestellt wird:

Servius Tullius regierte nach Tarquinius Priscus und vor dessen Sohn oder Enkel (unsere Quellen sind darüber unterschiedlicher Meinung). Wenn wir unseren eigenen Autoren folgen, war er der Sohn der Ocresia, einer Kriegsgefangenen; wenn wir den Etruskern glauben, war er einst der getreueste Gefährte des Caelius Vivenna, dem er in allen Fährnissen des Schicksals tapfer zur Seite stand. Als er nach mancherlei Schicksalsschlägen vertrieben wurde, zog er sich mit den Resten von Caelius' Heer aus Etrurien zurück. Er besetzte den *mons Caelius* (in Rom) und benannte ihn nach seinem früheren Gefolgsherrn. Dann änderte er seinen eigenen Namen in Servius Tullius, denn sein etruskischer Name war Mastarna, und bestieg den Thron zum größten Vorteil unseres Staates.

Die beiden Traditionen über die Herkunft dieses guten, alten Königs, deren Unvereinbarkeit in der Darstellung des Claudius so klar zum Ausdruck kommt, lassen sich auch in unserer restlichen Überlieferung nachweisen. Der alte Mythos der wunderbaren Geburt des künftigen Königs als Sohn einer Sklavin, die ihn durch einen Funken aus dem königlichen Herd empfing, gehört zur römischen Version und kommt in der antiken Literatur oft vor.[152] Auch die etruskische Version, in der der König ursprünglich ein fremder Heerführer war, hat — wie wir sehen werden — vielerlei Spuren hinterlassen.

Niemand bezweifelt, daß die Gleichsetzung des ehrwürdigen alten Königs der römischen Legende mit dem etruskischen Eindringling eine willkürliche Verquickung darstellt. Die Frage ist nur, wer dafür verantwortlich ist und welchem Zweck das diente. In der Forschung gibt man die Schuld meist dem Claudius, der — wie man meinte — dem etruskischen Nationalstolz einer seiner Frauen schmeicheln wollte.[153] Diese Annahme kann man leicht als irrig erweisen. Die Ernsthaftigkeit und aufrechte Gesinnung dieses Herrschers, der in seinen 20 Büchern etruskischer Geschichte zweifellos einen Schatz unbezahlbarer Informationen sammelte,[154] hätte eigentlich jeden davon abhalten sollen, ihm solche Fälschungen zur Last zu legen.

Andere unhaltbare Hypothesen fehlen nicht. Eine davon stammt von einem vorsichtigen, nüchternen Gelehrten, von dem niemand leichtfertige Vermutungen erwarten würde; seine Autorität hat viele verleitet, seiner Meinung zu folgen. Er behauptet, daß Mastarna von Vulci kein anderer als Porsenna von Clusium sei![155] Die unten aufgeführten Belege genügen, um diesen absurden Einfall ohne weitere Diskussion zurückzuweisen. Der andere Versuch, die Gleichsetzung des Servius Tullius mit Mastarna wegzudiskutieren, beruht wenigstens auf einer geistreichen sprachwissenschaftlichen Überlegung. G. Herbig und P. Cortsen[156] vermuteten — und bedeutende Gelehrte schlossen sich ihnen an —, daß das Wort *Macstarna* aus der Wurzel des lateinischen *magister* und dem etruskischen Suffix *-ar]na* zusammengesetzt sei. Folglich wäre *Macstarna* überhaupt kein Personenname, sondern *terminus technicus* für eine angeblich neue, gemäßigte und demokratische Form des Königtums, mithin nichts anderes als der *magister (populi)*, wie der Diktator in der frühen Republik hieß. Aber die fragliche Person erscheint, durch die zugehörige Inschrift als *Macstarna* identifiziert, auf einem aus der

Zeit um 300 v. Chr. stammenden Wandgemälde (Taf. VIII) in Vulci als ein Heros von Vulci, nicht als römischer König, als eine bestimmte Person mit ihrem Eigennamen, nicht als Magistrat mit seinem Amtstitel. Wie die weiter unten aufgeführten Namen seiner Begleiter und Feinde ist auch *Macstarna* unzweifelhaft ein Eigenname. Sprachlich gehört er zur zahlenmäßig sehr starken Gruppe etruskischer Namen auf *-arna* oder *-erna*, wie *Perperna, Saserna* usw.,[157] unter denen gerade auch der Name *Masterna* erscheint.[158] Andererseits hieß der römische König der etruskischen Zeit nicht *magister*, sondern *rex*, wie die archaische Inschrift des 'schwarzen Steins' *[lapis niger]* auf dem Forum Romanum bezeugt, und die religiösen Pflichten des Königs wurden nach 504 v. Chr. nicht durch den *magister*, sondern durch den *rex sacrificulus* [Opferkönig] wahrgenommen. Die vermeintliche Demokratisierung des Königtums beruht auf der Annahme einer ununterbrochenen Verfassungsentwicklung, die eine Lockerung der Autokratie und ihre Umwandlung in ein gemäßigtes Regime ermöglichte. Aber die Stabilität und Sicherheit, die zu einer solchen Evolution nötig gewesen wären, waren nicht vorhanden. Wie wir gesehen haben, erlebte jede Generation des etruskischen Rom einen gewaltsamen Umsturz, eine neue Intervention von außen, die notwendigerweise jedesmal eine neue Welle von Blutvergießen und Terror mit sich brachte. Unser Mann war nicht der '*magister* des Volkes', sondern Mastarna.

Alle Gelehrten, welche Claudius vorwarfen, er habe die römische und etruskische Überlieferung über Servius Tullius bzw. Mastarna fälschlich miteinander vermengt, übersahen einen kurzen Satz bei Dionysios von Halikarnassos, der das schon erwähnte fehlende Glied in der Kette darstellt. Zu den Anordnungen, die Tarquinius Priscus angeblich traf, gehörte auch folgende: Λατίνων δὲ καὶ τῶν ἄλλων συμμάχων ἔταξεν ἄρχειν ἄνδρα γενναῖον μὲν τὰ πολέμια καὶ φρονεῖν τὰ δέοντα ἱκανώτατον, ξένον δὲ καὶ ἄπολιν.[159] „Über die Latiner und die anderen Bundesgenossen setzte er einen Mann, der sich in der Kriegführung verstand und auch sonst ein sicheres Urteil besaß, jedoch ein Fremder und Staatenloser war." Der 'Fremde und Staatenlose' bei Dionysios ist natürlich Mastarna, der nach den Worten des Kaisers Claudius aus Etrurien vertrieben worden war; er wird aber hier schon Servius Tullius genannt, dessen wunderbare Geburt ein in Rom beheimateter Mythos war. Folglich wurden der etruskische Eindringling und der legendäre römische König schon Generationen vor Claudius miteinander identifiziert. Natürlich war es nicht der Rhetor aus Halikarnassos, der beide miteinander vermengte, sondern mit Sicherheit Fabius Pictor.

Wir wollen zunächst die gesamte Überlieferung über Mastarna, seinen Gefolgsherrn Caeles Vibenna und auch dessen Bruder Aulus Vibenna betrachten. Die Ankunft des Caeles-Caelius in Rom wird in der annalistischen Überlieferung zweimal in jeweils verschiedenem Zusammenhang berichtet: Einmal soll er Romulus gegen Titus Tatius geholfen,[160] ein andermal Tarquinius Priscus unterstützt haben. Eine verstümmelte Stelle bei Festus, die R. Garrucci, dessen Ergänzungen durch die gleich zu behandelnden Texte und Denkmäler gestützt werden, trefflich wiederhergestellt hat, erwähnt neben Mastarna und Caeles auch dessen Bruder *(Volcientes fratres)*.[161]

Dieser Bruder, Aulus Vibenna, spielte zusammen mit den beiden anderen eine wichtige Rolle in Rom, wie ein Fragment aus Fabius Pictor bezeugt; leider ist sein Wortlaut durch die pompöse Rhetorik des Arnobius entstellt, der den Inhalt des Fragmentes für seinen Angriff gegen die heidnischen Religionen benutzte.[162] Der Kern dieser Erzählung, die volksetymologische Deutung des Wortes *Capitolium* als *caput Oli*, Kopf des *Olus (Aulus)*, muß in Rom selbst entstanden sein. Das Andenken an diesen etruskischen Herrscher aus Vulci kann sehr wohl in mündlicher Überlieferung bewahrt worden sein, ebenso die selbstverständliche Tatsache, daß er auf dem Kapitol residierte. Seine Bezeichnung als *rex* in einer späten Chronik hat alte Wurzeln.

Der Auszug aus Pictor setzt auch die Kenntnis der aus Vulci stammenden Version der Geschichte voraus, d. h. der von Claudius zitierten 'etruskischen' Quelle. Die Herkunft des *Olus* wird durch *Vulcentanus* angegeben. Genauso wie sein Bruder Caeles soll auch er in Rom ein Neuankömmling gewesen sein; und wie Mastarna — nach Claudius — aus Etrurien vertrieben worden und nach Dionysios „ein Fremder und Staatenloser" gewesen sein soll, so ist auch dem Olus Vibenna in Arnobius' Auszug aus Pictor die letzte Ruhe im Boden seines Heimatlandes verweigert worden.

Wir haben schon bei Festus die Brüder Vibenna in enger Verbindung mit Mastarna gefunden, und wir werden diese drei Helden auch in der Überlieferung ihres Heimatortes gemeinsam antreffen. Das weist darauf hin, daß Pictor in der Tat die 'etruskische' Quelle des Claudius kannte, woraus sich wichtige Konsequenzen ergeben. Die Wandmalereien aus Vulci, die weiter unten behandelt werden, zeigen u. a., wie ein römischer König aus der Tarquinierdynastie von einem Gefährten der Brüder Vibenna getötet wird. Diese Tradition machte Pictor darauf aufmerksam, daß außer dem letzten König, dessen Taten aller Wahrscheinlichkeit nach in dem Vorwort zu den von Cn. Flavius veröffentlichten Konsullisten enthalten waren, noch ein weiterer Tarquinier existierte. Wir haben schon auf die gesicherte Tatsache hingewiesen,[163] daß Pictor die Taten des letzten Königs verdoppelte und sie teils dem früheren Tarquinier zuwies, der vor Mastarna seinen Platz hatte, teils auf beide Tarquinier verteilte. Und da die Tradition von Vulci auch darüber berichtete, daß Mastarna die Brüder Vibenna überlebte, schob Pictor dessen Regierungszeit zwischen seine beiden Tarquinier ein und identifizierte ihn mit einem der sieben legendären Könige Roms, nämlich Servius Tullius, für den er sonst keinen Platz fand.[164] An der Siebenzahl der Herrscher hielt er nämlich entschlossen fest.

Zusammenfassend kann man feststellen, daß die recht konfusen literarischen Zeugnisse die folgenden grundlegenden Fakten über die Dynasten von Vulci als Eroberer Roms enthalten: Nach Claudius zog Mastarna, der Waffengefährte und Unterfeldherr des Caeles Vibenna, mit den Resten von Caeles' Heer nach Rom ab. Die andere Version aber, derzufolge Caeles selbst nach Rom gelangte und sich dort niederließ, scheint mir der Wahrheit näher zu kommen. Festus verdanken wir die Nachricht, daß auch sein Bruder Aulus nach Rom kam, und die Lokallegende hatte ihn als König in Erinnerung. Der 'Sklave' *[servus]*, der ihn tötete, erinnert an *Servius*, den Sohn einer Sklavin, der mit Mastarna verwechselt wurde; wenn er gemeint ist, so kann das kaum aus Pictor stammen, der Aulus aus seiner Geschichte der Könige ausschloß. — Das vorliegende literarische Material ist sicherlich dürftig, aber trotzdem von hohem Wert. Es kann zum Glück durch archäologische Zeugnisse ergänzt werden, denen wir uns nun zuwenden wollen.

Die einheimische Legende vom *caput Oli,* die Fabius Pictor wiedergab und die vielleicht schon in seiner Quelle für die Geschichte des letzten römischen Königs herangezogen war, erzählte, daß beim Ausschachten der Fundamentgräben des kapitolinischen Tempels der Kopf des Olus Vibenna unversehrt aufgefunden wurde und der beste etruskische Deuter solcher Wundererscheinungen, obschon zögernd, die wahre Bedeutung des Vorzeichens enthüllte: Rom werde einmal Hauptstadt ganz Italiens sein.[165] Eine vorannalistische Darstellung dieser Erzählung ist uns auf italischen Gemmen in etruskisierendem Stil erhalten, die ihrer stilistischen Eigenart nach seit den ersten Jahrzehnten des dritten Jahrhunderts die Nachfolge der etruskischen Skarabäen antraten; freilich fehlen auch spätere Imitationen nicht. Die erstaunlich große Zahl erhaltener Exemplare spiegelt die Vorliebe der Römer für das behandelte Thema wider (Taf. XIII 1—14).

Winckelmann hat schon die richtige Interpretation der auf diesen Ringsteinen eingravierten Szene gegeben. Wenn A. Furtwängler ihm in seinem epochemachenden Werk über die antiken Gemmen [166] nur bedingt und mit Vorbehalten folgte, so war er es, der sich im Irrtum befand: Er brachte diese Gemmen mit einigen scheinbar entsprechenden, aber in Wahrheit nicht verwandten Typen in Verbindung. Zunächst und vor allem haben der weissagende Kopf des Orpheus und der Adept des orphischen Mystizismus, der die Offenbarungen des Kopfes auf einer Tafel aufzeichnet (wie Furtwängler glänzend interpretierte) [167], nichts mit unserem Thema zu tun. Auf den von uns herangezogenen Gemmen erscheint ein Mann im Pallium der griechischen Philosophen mit unbedeckter Brust, der mit einem Stab [168] auf einen am Boden liegenden Menschenkopf zeigt (Taf. XIII 1—14).[169] Ohne Zweifel ist der etruskische Seher gemeint, der das Vorzeichen deutet. Er ist es, der spricht, nicht das Haupt, wie im Falle des orphischen Kopforakels. Die Prophezeiung der künftigen Größe Roms wird, in Übereinstimmung mit der literarischen Tradition, keineswegs von dem Kopf selbst erteilt, sondern das Wunder seiner unversehrten Erhaltung und Auffindung verkündet den Willen der Götter, daß die Burg dazu berufen ist, das *caput,* das 'Haupt' Italiens zu werden. Es gibt auch kunstvollere Darstellungen des Themas auf den etruskischen Ringsteinen

(Taf. XIII 2—6),[170] bei denen zwei Römer in der würdevollen Togatracht den Worten des Wahrsagers lauschen. Der Fund des Kopfes und die römische Gesandtschaft an den berühmten Vorzeichendeuter, den man in seiner etruskischen Heimatstadt aufsuchte, sind hier zu einer einzigen Szene zusammengezogen; die kleine Oberfläche des Siegels zwang den Künstler, sein Thema so verkürzt zu gestalten. Auch hier schweigt unverkennbar der Kopf, und nur der Seher spricht und enthüllt das Geheimnis der hohen Bestimmung Roms. Die beiden Römer in ihren feierlichen Gewändern sind Zeugen des Ereignisses und verleihen ihm so eine gewisse Legalität. In derselben Rolle erscheinen sie auf anderen gleichzeitigen Ringsteinen, wo sie den Traum der Rhea Silvia bekräftigen, der die große Zukunft ihrer Nachkommen ankündigt;[171] hierher gehört auch Iulius Proculus als offizieller Zeuge der Himmelfahrt des Romulus.

Die vollständigste Wiedergabe der Geschichte findet sich auf einem winzigen Intaglio im 'Cabinet des Médailles' in Paris (Taf. XIII 12) und ist im ganzen von E. Babelon richtig gedeutet worden.[172] Hier steht der etruskische Seher in der Mitte und zeigt mit einem Stab auf den Kopf, der vor ihm auf einem Haufen ausgehobener Erde liegt. Links von ihm ist die Herme des *Iuppiter Terminus*[173] dargestellt, dessen Kult nicht an eine andere Stelle verlegt werden durfte, als der Bauplatz für den kapitolinischen Tempel freigemacht wurde; er verbürgte dem römischen Staat Dauerhaftigkeit und ungebrochene Lebenskraft. Rechts von dem Seher und links von der Herme steht je ein nackter Arbeiter. Ganz rechts sitzt König Tarquinius und hört der Offenbarung des Sehers zu. Wie schon von anderer Seite betont wurde,[174] hätte Furtwängler nie in Frage gestellt, daß die Weissagung des Kopfes sich auf den Aufstieg Roms zur Oberherrschaft bezieht, wenn er rechtzeitig von E. Babelons Veröffentlichung des Intaglios gewußt hätte.

Durch das Zeugnis dieser kleinen Ringsteine wissen wir, daß die Legende vom *caput Oli* in Rom schon längst im Umlauf war, bevor Fabius Pictor seine Annalen schrieb. Als er nach den Niederlagen der römischen Heere am Trasimenischen See und bei Cannae den Plan zu seinem Werk faßte, benutzte er dieses Vorzeichen als Glaubensbekenntnis zum Endsieg und als propagandistische Demonstration der Größe seines Vaterlandes gegenüber der griechischen Welt.

Das Andenken an den römischen König Olus aus Vulci und seine Gefährten wurde jedoch nicht nur in Rom bewahrt, sondern auch in seiner Heimatstadt. Ein außergewöhnlicher Glücksfall hat es dort für uns gerettet. Vor mehr als 100 Jahren wurden in Vulci Wandmalereien eines etruskischen Grabes freigelegt, die neben Themen der griechischen Mythologie die kühnen Taten der Brüder Caeles und Aulus Vibenna und des unzertrennlichen Begleiters des Caeles, Mastarna, darstellen. Diese Fresken der sogenannten *tomba François*[175] sind damals von den Wänden abgenommen und von den Fürsten Torlonia nach Rom gebracht worden. Sie beziehen sich auf ein durch Einzelkämpfe von fünf Heldenpaaren illustriertes Ereignis; die Namen der Kämpfer sind neben ihnen angegeben. Wie längst erkannt wurde, sind sie in zwei Gruppen gegliedert: Die Krieger aus Vulci werden nur mit ihren Personennamen bezeichnet, die aus anderen etruskischen Staaten hingegen haben hinter ihrem Eigennamen den Herkunftsort. Diese fünf Heldenpaare, von denen das erste zwei unzertrennliche Kameraden darstellt, während die anderen vier jeweils Feinde im Kampf auf Leben und Tod sind, sehen folgendermaßen aus:

1. Zwei nackte, bärtige Männer, Krieger im reifen Alter, stehen einander gegenüber (Taf. VIII). Der Mann auf der linken Seite, dessen Hände mit einem Seil gefesselt sind, ist *Caile Vipinas*, unser Caeles Vibenna. Ihm gegenüber kommt sein Freund *Macstarna* — unser Mastarna — gerade heran und zerschneidet die Stricke mit einem Schwert, dessen Scheide ihm vom Hals herabhängt; er bringt ein zweites Schwert für seinen von den Fesseln befreiten Freund mit.

2. Ein Krieger, *Larth Ulthes* genannt, mit einem gegürteten Hemd bekleidet, aber ohne Helm und Panzer, nur mit dem nackten Schwert in der Hand, zu dem die Scheide fehlt, bohrt dieses dem *Laris Papathnas* aus *Velznach*, d. i. Volsinii, in die Seite (Taf. IX). Dieser Gegner wurde nach einhelliger Meinung aller Forscher sicher im Schlaf überrascht. Sein Mantel, der den nackten Körper für die Nacht verhüllte, fällt durch die plötzliche Erschütterung des Körpers von den Schultern. Er ist ein bartloser Jüngling, während sein Angreifer einen Bart trägt. Es folgen drei weitere Szenen dieser Art:

3. *Rasce* aus Vulci, in derselben Weise wie Caeles Vibenna und Mastarna gemalt, nackt und bärtig, mit vom Halse herabhängender Schwertscheide, ergreift mit der Linken das Haar des jungen, bartlosen *Pesna Arcmsnas* aus *Svetimach* (d. i. Sovana) und stößt mit der Rechten das Schwert in die Brust seines Opfers. Dieser fällt, vom Ansturm des Gegners überrascht, rückwärts — vielleicht auf sein Bett, sein zum Kopf hochgezogener Mantel gleitet hinter ihm hinab und entblößt dabei den nackten Körper außer dem rechten Bein (Taf. X).

4. *Avle Vipinas* — Aulus Vibenna aus Vulci (Taf. XI), gleichfalls nackt, bärtig und nur mit dem Schwert bewaffnet, dessen Scheide ihm vom Hals hängt wie seinen Gefährten, rammt sein Schwert in die Achselhöhle seines Opfers, des *Venthi Cau(le?)s* aus ...]*plsachs*, ein Ortsname, der nicht sicher identifiziert ist.[176] Diesmal war der Gegner (des Aulus) rechtzeitig gewarnt, konnte aber nur noch den Panzer anlegen und den Schild zur Hand nehmen, nicht mehr zum Schwert greifen. Der Schild fällt ihm wieder aus der Hand, und er stürzt im Tode darauf, während der Angreifer seinen Kopf an den Haaren zurückzieht, um die richtige Stelle für den tödlichen Stoß zu finden.

5. *Marce Camitlnas*[177] aus Vulci (Taf. XII), ein nackter, bärtiger, großer Mann, zieht sein Schwert aus der am Hals hängenden Scheide und stürzt sich auf *Cneve Tarchu[nies] Rumach*,[178] Cnaeus Tarquinius aus Rom, den einzigen Bärtigen unter den Opfern. Tarquinius ist ebenfalls unbekleidet und aus dem Schlaf geschreckt; auch er trägt einen weißen Mantel für die Nacht, der ihm von den Schultern auf den Boden gleitet, als er überwältigt wird und das Schwert des Angreifers zu fassen sucht, aber nur die Scheide greifen kann.[179]

Die Deutung dieser Gemälde, deren Wert einzigartig ist, gewinnt an Genauigkeit durch einige Beobachtungen zur Kleidung der Opfer und ihrer Mörder. Wir dürfen nie vergessen, daß Kleidung und Schuhe bei den Etruskern Rang und Würde angaben. Ferner ist für uns die Bedeutung ihrer verschiedenen rangbezeichnenden Kleidungsstücke deswegen erschließbar, weil die Römer sie für ihre herrschende Klasse und ihre Magistrate übernahmen.[180] Der weiße Mantel des *Laris Papathnas* und *Pesna Arcmsnas*, welcher der römischen *trabea* entspricht, hat einen roten Saum — ähnlich der *toga praetexta* und dem roten *clavus* [Streifen] am Hemd vornehmer Römer. Unter dem Panzer des *Venthi Cau(...)s* ist das rote Band am Halsausschnitt seines Hemdes sichtbar. Folglich ist dieser Mann nicht niederen Standes, wie man vermutet hat,[181] sondern eine Person von Rang, ebenso wie die beiden Männer in der purpurgesäumten Kleidung. Bei *Cneve Tarchunies* ist kein roter Saum erkennbar, obwohl er, wie ich meine, einst vorhanden war. Die Römer wußten, daß das purpurverbrämte Kleid, die *praetexta,* ursprünglich etruskisch war und zur Königskleidung gehörte, aus der es die Magistrate der Republik übernahmen. Wir schließen also, daß die Männer mit rotumrandetem Mantel und Hemd Könige bzw. Dynasten waren.

Dasselbe gilt von ihren Angreifern. *Larth Ulthes,* der einzige Bekleidete unter ihnen, trägt ein Untergewand mit einem breiten roten Saum um den Hals herum, der mit schmaleren roten Streifen an den kurzen Ärmeln verbunden ist. Das ist dasselbe wie die *tunica laticlavia* [Tunika mit breitem Purpurstreifen] in Rom, die der privilegierten Klasse vorbehalten war und sicherlich einst allein dem König zustand. Ihre Bedeutung in der etruskischen Hierarchie kann kaum eine andere gewesen sein. Daher gehören die Angreifer ebenso zur führenden Schicht wie die Angegriffenen. Wenn *Macstrna, Caile* und *Avle Vipinas* sowie *Marce Camitlnas* nackt sind, so hat das einen ganz besonderen Grund.

Man hat bisher angenommen, daß das Thema dieser Mordszenen die Befreiung des Caeles Vibenna durch Mastarna sei. Aber die Nacktheit von Mastarna, Aulus Vibenna und Marcus Camitlnas muß denselben Grund haben wie die des Caeles Vibenna. Sie wurden sicherlich bei der gleichen Gelegenheit ihrer Kleider und Waffen beraubt wie Caeles, mit anderen Worten, sie wurden zusammen mit ihm gefangengenommen. Diese Beobachtung kann durch die Darstellung der Trojaner bestätigt werden, die dem Zorn Achills zum Opfer fallen; sie bildet in der *tomba François* das Gegenstück zur Tötung der etruskischen Helden. Dort tragen sogar mythische Gestalten Rüstungen oder sind voll bekleidet, aber die zur Hinrichtung bestimmten Gefangenen sind nackt. Es ist also offensichtlich, daß nicht nur Caeles, der die Fesseln noch an den Handgelenken trägt, in Gefangenschaft fiel, sondern auch alle seine Freunde, die noch nackt, aber schon mit dem Schwert bewaffnet sind und sich damit den Weg in die Freiheit erkämpfen. Es mag sein, daß ihre langen Bärte erst in der Gefangenschaft wuchsen. Irgend jemand brachte ihnen die Schwerter, mit denen sie ihre Feinde und Bezwinger abschlachten. Ihre Hinrichtung war aller Wahrscheinlichkeit nach aufgeschoben worden, um sie bei der triumphalen Rückkehr der Sieger zur Schau zu stellen, wie es auch in Rom Sitte war. Die Verbündeten, die vor dem in den Malereien dargestellten Ereignis die Oberhand behalten hatten, waren also noch zusammen, sei es im Lager, sei es in einer eroberten Festung. *Larth Ulthes,* der als einziger aus der Gruppe von Vulci bekleidet ist — wenn auch ohne Rüstung —, muß die Schwerter gebracht haben, indem er sich in der Dunkelheit heimlich ins feindliche Lager schlich.

Diese Interpretation stellt das Nebeneinander der eben behandelten Mordszenen und der Opferung der trojanischen Gefangenen auf den Wänden des *tablinum* im Grabe von Vulci in einen breiteren Sinnzusammenhang. Der Vergleich beider Themen hatte eine besondere Bedeutung für die Einwohner von Vulci, weil sie an ihre eigene Herkunft aus Troja glaubten.[182] In den Malereien wird dem unabänderlichen Ende der Trojaner nach ihrer Gefangennahme die wunderbare Rettung ihrer Nachkommen aus einer ähnlich hoffnungslosen Lage entgegengestellt: eine Anspielung mit symbolischem Hintergrund. Die eingehende viermalige Darstellung eines bestialischen Mordes zusätzlich zu dem Massaker des Achill mag in uns Abscheu und Ekel erregen, aber wir dürfen nicht vergessen, daß zu einer Zeit, als es in Etrurien und Latium weder Polizei noch Gerichte gab, Rache und Vergeltung die einzigen Formen der Rechtswahrung bildeten.

Die bewußte Gegenüberstellung trojanischer Kriegsgefangener aus alter und neuerer Zeit scheint als weitere Folgerung nahezulegen, daß die Nachkommen der Trojaner in Vulci ebenso wie die alten Trojaner belagert wurden. Ihre Gefangennahme muß nicht auf dem Schlachtfeld, sondern kann ebensogut anläßlich der Eroberung ihrer Heimatstadt erfolgt sein. Ferner wissen wir, daß die vulcentischen Heroen nicht aus Rom in ihre Heimatstadt zurückkehren konnten: Aulus Vibenna erhielt seine letzte Ruhestätte nicht in seinem Geburtsort, sein Bruder Caeles starb ebenfalls entweder auf dem Schlachtfeld oder in Rom, wo Mastarna als ein Fremder lebte, der sein ursprüngliches Bürgerrecht verloren hatte. Das zeigt, daß Vulci in den Händen ihrer Feinde blieb; sehr wahrscheinlich wurde die Stadt von den siegreichen Verbündeten besetzt, deren Führer eines Nachts von den Gefangenen, die anschließend entkamen, getötet wurden.

Seit der Abhandlung von G. Körte im Jahre 1898 ist der Inhalt der historischen Darstellungen auf den Gemälden der *tomba François* oft den entsprechenden Berichten der römischen Literatur gegenübergestellt worden. Ihre enge Zusammengehörigkeit hat Inez Scott Ryberg nachgewiesen.[183] Sie betont aber, daß trotz der schlagenden Übereinstimmung zwischen der literarischen Überlieferung und den Grabmalereien und obwohl hier wie dort die gleichen Personen mit denselben gegenseitigen Beziehungen auftreten, die jeweiligen Ereignisse nicht miteinander identisch sind, sondern zwei verschiedene Episoden der etruskischen Überlieferung darstellen. „Der Vorfall in Vulci", schreibt sie,

mag ein früheres Kapitel derselben Geschichte sein, ohne Bedeutung für die folgenden Ereignisse, die römische Tradition hingegen ein späteres Kapitel ohne Bezug auf die früheren Vorkommnisse. Das Gemälde erzählt eine Episode aus der Geschichte von Vulci ... Es gibt keinen Hinweis, daß der Tod des Tarquinius von Rom besonders wichtig wäre oder daß er für einen der Sieger bedeutende Konsequenzen haben werde ... Das Ergebnis, nämlich Mastarnas [wir fügen hinzu, auch Aulus Vibennas] Nachfolge im Königtum des Tarquinius von Rom, ist dem Maler, der die Überlieferung von Vulci darstellt, nicht wichtig ...[184] Die von Claudius mitgeteilte Version hingegen handelt von denselben Gestalten in einem späteren Stadium der gleichen Geschichte ..., im Zusammenhang mit Ereignissen, die gar nicht in den Gesichtskreis der Überlieferung von Vulci fallen.

Wie mag diese etruskische Erzählung von den Taten der Brüder Vibenna und des Mastarna in ihrer ursprünglichen Form ausgesehen haben? Um der Lösung dieses Problems näherzukommen, müssen wir zunächst einen Blick auf Datum und Eigenart der Malereien werfen. Manche Gelehrte rücken sie ins 4. Jahrhundert v. Chr.,[185] aber mir scheinen die Argumente für eine Datierung um 300 v. Chr. durchschlagend zu sein;[186] der Versuch einiger bekannter Forscher, bis auf 100 v. Chr. hinabzugehen, ist abwegig.[187] Zwingende Beweise für den Ansatz um 300 v. Chr. liefern die Dekorationen, welche den Szenen beigegeben sind: die enge Verwandtschaft zwischen den aus Voluten herauswachsenden und mit trompetenartigen Blumen verzierten weiblichen Köpfen auf diesen Malereien und auf apulischen Vasen aus der Zeit um 300 v. Chr.; dieselbe enge Entsprechung zwischen den dekorativen Malereien eben dieser beiden Denkmälergruppen in der eigentümlichen, pseudoperspektivischen Behandlung der Mäander auf senkrechten Bändern, der Fischgrätmuster und der eiförmigen dekorativen Ketten, wobei durch Licht- und Schattenwirkung der Eindruck der Plastizität vermittelt wird — das alles weist auf eine etwa gleichzeitige Entstehung dieser apulischen und etruskischen Kunstwerke hin.[188] Eine weitere Bestätigung dieser Datierung ermöglichte die Untersuchung der mit Löwen, Greifen und anderen Tieren geschmückten Friese.[189] Zudem erleichtert uns eine Gruppe etruskischer Kunstwerke mit analogen Darstellungen eine chronologische Bestimmung. Wir meinen eine Reihe gravierter Gemmen mit einer ähnlichen Szene, nämlich der Ermordung eines zusammenbrechenden, unbewaffneten Menschen durch einen anderen, der gerade sein Schwert zieht. Das Motiv begegnet schon auf einem roh gearbeiteten Skarabäus (Taf. XIV 3)[190] im strengen Stil des 5. Jahrhunderts v. Chr., wo es unpassenderweise auf die Tötung der Medusa durch Perseus übertragen wird. Dann haben wir etruskische Ringsteine, die immer noch im strengen Stil der Skarabäen gearbeitet sind (Taf. XIV 4) und einen knieenden Jüngling zeigen, der von einem Krieger mit dem Schwert erschlagen wird;[191] ferner mehrere andere gleichartige Mordszenen (z. B. Taf. XIV 5)[192] und Opferungen von Männern und Frauen (Taf. XIV 6—11).[193] Wie bei den Malereien unseres Grabes von Vulci sind die Themen der Mordszenen z. T. der griechischen Mythologie entnommen, aber andere mögen durchaus die Taten von Nationalhelden darstellen, analog der blutigen Rache der Brüder Vibenna und ihrer Gefährten (Taf. VIII—XII). Diese Heroen von Vulci wurden in der Tat in ganz Etrurien gefeiert, wie wir noch sehen werden.

Auch der Stil der Grabgemälde aus Vulci verdient als Zeugnis herangezogen zu werden. Die den grausamen Morddarstellungen und der Befreiungsszene zugrundeliegende Kunstauffassung ist nicht die barocke Unruhe und Leidenschaftlichkeit des Hellenismus, auch nicht das alexandrinische Interesse an belanglosen Einzelheiten des Alltagslebens gewöhnlicher Leute, sondern die ernste Würde der spätklassischen Epoche. Die Gestalten der Vibennae und des Mastarna ähneln den Statuen von Zeus und Poseidon aus dem 4. Jahrhundert v. Chr. Der sterbende *Laris Papathnas* erinnert an die niederstürzenden Niobiden der großen klassischen Bildhauer. Die gekreuzten Beine des *Marce Camitlnas*, die ein Zeichen seiner Hast und Erregung sind, entstammen dem künstlerischen Empfinden derselben Epoche.

Während das Massaker der Trojaner, ein beliebtes Thema in der etruskischen Kunst,[194] auf einer gutdurchdachten, einheitlichen, griechischen Komposition beruht, sind die Taten der Helden von Vulci in Einzelszenen aufgelöst, von denen sich jede auf zwei Personen beschränkt. Dieser fundamentale Unterschied zwischen den beiden sich ergänzenden Zyklen muß einen Grund haben. Die Anordnung der einheimisch-etruskischen Bilderreihe ist nicht nur archaischer, sondern auch ungriechisch. Ihre vereinfachende Darstellungsweise, die eine zusammenhängende Kette von Ereignissen in eine Reihe von Mordszenen zergliedert, erinnert eher an mittelalterliche Buchilluminierung als an die Metopen eines griechischen Tempels.

Die übertriebenen Proportionen der Gliedmaßen und Brustkörbe wie auch die majestätischen Profile der Brüder Vibenna und ihrer Helfer betonen die Tatsache, daß sie keine gewöhnlichen Leute, sondern berühmte Helden sind. Die Reduzierung der Darstellung auf Einzelaktionen herausragender Persönlichkeiten ist ein auch sonst in der antiken Kunst und Literatur wohlbekanntes Verfahren. Niebuhr hat längst beobachtet,[195] daß die Beschreibung der Schlacht am See Regillus durch Livius nicht den Zusammenstoß zweier Heere schildert, sondern eine Reihe heroischer Zweikämpfe, wie in Homers Ilias. Die Befehlshaber erproben ihre Kräfte gegeneinander und entscheiden den Kampf, während die Masse ihrer Heere an diesen Taten keinen Anteil hat. Diese epische Technik kam natürlich nur ganz allmählich außer Gebrauch,[196] aber ihr deutliches Überwiegen in dem Zyklus der Brüder Vibenna in der *tomba François* läßt diesen als ein Zeugnis aus der Zeit ihrer echten Blüte erscheinen.

Natürlich gehörte das Duell auf Leben und Tod in der Frühzeit nicht nur zum epischen Stil in der Dichtung, sondern auch zur Realität des Lebens. Noch zur Zeit des Polybios [197] war es Ehrensache für einen römischen Adligen, auf eine Herausforderung hin ein Duell anzunehmen und zwischen den Frontlinien, im Angesicht des eigenen und des feindlichen Heeres, zu kämpfen. Die Sippen der Aristokraten rühmten sich noch in späterer Zeit solcher siegreichen Zweikämpfe ihrer Ahnen.[198]

Der epische Stil der ursprünglichen lokalen Überlieferung über die Helden von Vulci, wie sie sich in den Malereien der *tomba François* spiegelt, erklärt, warum der Künstler die Darstellung dieser mutigen Taten nicht nach griechischem Vorbild in einer einzigen zusammenhängenden Komposition vereinigte. Er gab jene schrecklichen Racheakte genauso wieder, wie die mündliche Tradition sie erzählte, nämlich in Form von Einzelkämpfen aller beteiligten Helden. Wir können das um so zuversichtlicher annehmen, als die etruskische Epik auch noch andere Taten dieser Männer feierte, wobei sie ihre Gestalten aus der geschichtlichen Wirklichkeit in die nebelhafte Welt des Mythos versetzte.

Wir erinnern in diesem Zusammenhang an das Abenteuer der Brüder Vibenna mit Cacus, der in der etruskischen Legende zwar ebenfalls von Herkules getötet wird, aber — im Gegensatz zur römischen Version — kein Ungeheuer ist, sondern, wie Orpheus, ein prophetischer Seher und Zaubersänger, ein Jüngling von apollinischer Schönheit. Die etruskische Schilderung seines wundersamen Lebens hat wiederum ihre Spuren ebenso in den römischen Annalen wie auf etruskischen Kunstwerken hinterlassen, und die beiden Quellen behandeln erneut zwei verschiedene Phasen desselben epischen Berichtes. Wie G. De Sanctis gezeigt hat, wäre es falsch, die beiden Episoden für identisch zu erklären. Sie sind im übrigen in die mythische Vorgeschichte verlegt, und die Brüder Vibenna werden als übermenschliche Gestalten mit Marsyas, Tarchon und Herkules zusammengebracht.

Das Fragment des Annalisten Cn. Gellius [199] spricht nur von Cacus, der aus Kleinasien zu Tarchon, dem mythischen Ahnherrn der etruskischen Nation, kommt. Cacus wird von Tarchon gefangengenommen, kann aber entkommen, kehrt dann aus seiner Heimat nach Italien zurück und dringt mit seinem Heer nach Kampanien ein, wird jedoch von Herkules, der die griechischen Siedler verteidigt, getötet. Auf der Zeichnung eines Bronzespiegels aus Volsinii [200] und auf Graburnenreliefs aus der Gegend von Clusium [201] überraschen die Brüder Vibenna den jungen Seher, der in einem heiligen Hain weissagt, und zwingen ihn, ihnen ihre Geschicke zu enthüllen. Cacus wird manchmal wie Paris in weibischer Pose mit einer kunstvollen Halskette dargestellt; [202] dies kennzeichnet seine phrygische Herkunft und beweist, daß er mit dem Cacus der Erzählung bei Cn. Gellius identisch ist. Die allgemeine Vertrautheit der Etrusker mit dieser Legende wird durch den Umstand beleuchtet, daß die Bildhauer es für überflüssig hielten, auf den Urnen die Namen der Brüder Vibenna und des Cacus neben ihren Gestalten anzugeben; jeder kannte sie.[203]

Andererseits kann über die Geschichtlichkeit der Brüder Vibenna und die Epoche, in der sie Rom eroberten, kein Zweifel bestehen. M. Pallottino fand den Fuß eines um die Mitte des 6. Jahrhunderts v. Chr. in Veii hergestellten Buccherogefäßes mit der Widmung eines Mannes namens *Avile Vipiienas,* welches die archaische etruskische Namensform für Aulus Vibenna ist; höchstwahrscheinlich handelt es sich eben um unseren Aulus Vibenna.[204] Wenn diese Identifikation stimmt — wie ich glaube —, so ergeben sich wichtige Konsequenzen. Die Weihgabe des römischen Königs in Veii würde die freundschaftlichen Beziehungen zwischen dem Usurpator und seinem nächsten Nachbarn im Norden erweisen. Mit anderen Worten: Wie seine Feinde, die Tarquinier in Rom, im Bunde mit Volsinii, Sovana und einem vierten etruskischen Staat standen, so konnte er sich auf Veii und vielleicht auch auf andere Städte stützen. Es wäre wichtig zu wissen, ob Caere mit seiner Herrschaft über Rom einverstanden war oder nicht; doch leider erfahren wir darüber nichts.

Die eben betrachteten Zeugnisse sind von Mythos, Legende und Erdichtungen durchsetzt, aber sie sind frei von politischer Tendenz und enthalten authentische Erinnerungen an Zeiten, in denen es noch keine schriftlichen Aufzeichnungen gab. Die mündliche Tradition, welche die Ereignisse um Vulci und Rom festhielt, lebte in eben diesen beiden Städten fort; sie ist weit älter als der Beginn der römischen Annalistik. Die wichtigsten Tatsachen, die sich aus ihr entnehmen lassen, seien kurz zusammengefaßt:

a) Nicht lange nach der Mitte des 6. Jahrhunderts v. Chr. wurde ein Heer aus Vulci von einer Koalition etruskischer Mächte besiegt, konnte aber trotzdem Rom erobern, dessen König Cn. Tarquinius im Krieg gegen Vulci fiel. Unser Eindruck ist, daß in diesen Jahrzehnten kein etruskischer Staat mehr ein hinreichend großes Übergewicht besaß, um militärische Konflikte zu unterbinden; gewaltsame Auseinandersetzungen und Machtwechsel müssen an der Tagesordnung gewesen sein. Diese gefährliche Unsicherheit mag ein Gutes für Roms Zukunft gehabt haben: die Stadt war auf sich selbst gestellt, das Verantwortungsbewußtsein der herrschenden Schicht wurde geweckt, ihre politische Einsicht und Erfahrung gestärkt.

b) Aulus (vielleicht auch Caeles) Vibenna war König von Rom. Es scheint, daß nach seinem Tode die Herrschaft Mastarnas folgte.

c) Die große etruskische Expedition gegen Kymä 524 v. Chr. ist das wahrscheinlichste Datum für die Rückführung der Tarquinierdynastie nach Rom. Ein großes Heer, das quer durch ein Land zieht, bringt gewöhnlich eine Umgruppierung von Abhängigkeitsverhältnissen und Einsetzung neuer Regierungen in kleinen Staaten mit sich — damals wie heute. *Experto crede!*

Veii [204a]

Veii lag fast in Sichtweite Roms, weniger als 20 Meilen nördlich *(intra vicesimum lapidem, in conspectu prope urbis nostrae).*[205] Und das Territorium jener Etruskerstadt war noch näher: Fidenae, ein Außenposten Veiis am Tiber, war nur fünf Meilen von Rom entfernt, dessen Territorium noch geraume Zeit nach dem Sturz des letzten Königs nur bis zum Anio reichte.[206] Noch unmittelbarer an die Stadt heran reichten die am rechten Tiberufer entlang bis zum Meer sich erstreckenden Gebiete, die bis zur Mitte des 5. Jahrhunderts v. Chr. in Veiis Hand verblieben, wie im siebenten Kapitel gezeigt werden wird. Die direkte Nachbarschaft dieses mächtigen Staates, der ein weit größeres Territorium und eine viel zahlreichere Bevölkerung als Rom besaß und durch die Kontrolle der Zugangsstraßen gleichsam die Hand an der Kehle der Tiberstadt hatte, wirkte lähmend auf die Handlungsfreiheit der Römer.

Veii [207] gehörte nicht zu den zwölf ursprünglichen Mitgliedstaaten des etruskischen Bundes. Seine Blüte begann, wie die topographischen Untersuchungen J. B. Ward Perkins' und seines Stabes erwiesen haben, erst um 600 v. Chr.; die Stadt war möglicherweise eine Gründung von Tarquinii oder Caere, und ihren Zweck kann man von der Landkarte ablesen.

Wir finden entlang der tyrrhenischen Küste eine Reihe von Etruskerstaaten, die durch Seehandel und Piraterie gediehen. Diese Städte lagen freilich nicht direkt am Ufer, sondern waren auf feste Punkte im unmittelbaren Hinterland ihrer Häfen zurückgeschoben, eine Vorsichtsmaßnahme, die auf eigene Erfahrungen im Seeräuberhandwerk zurückging. Man wußte nur zu gut, wie verwundbar eine von See her ungeschützte Siedlung ist.[208] Die Lage Veiis war jedoch offensichtlich unter einem anderen Aspekt gewählt, ohne Zugang zur See, absichtlich von ihr ab- und dem Tiber zugewandt. Durch das Tal des Cremerabaches hatte Veii einen direkten Verbindungsweg zum 'etruskischen Fluß'; an der Mündung der Cremera, auf dem gegenüberliegenden Tiberufer, wachte der Brückenkopf Fidenae über den Flußhandel. Veiis Gründung scheint also die Ausbeutung der Tiberschiffahrt bezweckt zu haben; Macht und Reichtum der Stadt hatten letztlich darin ihre Quelle. Das bedeutet aber auch, daß sie den Handelsverkehr am Unterlauf des Tiber vollständig in der Hand haben mußte. Obwohl die Waren aus dem Norden in Fidenae vom Tiber weggingen und auf dem Anio nach Praeneste und Kampanien befördert wurden, brauchte Veii für seinen Handel auch die Küstenstraße über Rom und Lavinium nach Süden. Wenn also Rom in der Königszeit die Macht und Ausdehnung erreicht hätte, die Fabius Pictor ihm zuschrieb, hätte Veii niemals zu der Blüte und Bedeutung aufsteigen können, die es in der Tat besaß. Die beste Illustration seiner überragenden Stellung bietet seine Ausbeutung der Salzsümpfe nördlich der Tibermündung, auf die wir weiter unten zurückkommen werden.[209] An der 'Salzstraße' der Veientaner, die durch Rom ins Sabinerland führte, war nach dem Stromübergang an der Tiberinsel bei Rom Fidenae die erste Station;[210] das bedeutet, daß Veii seinen Finger am Pulsschlag auch dieser wichtigen Verkehrsader hatte.

Das ausgedehnte Straßennetz, das Veii während des 6. Jahrhunderts v. Chr. im Gebiet östlich von Rom anlegte, haben die topographischen Untersuchungen der 'British School of Rome' mit aller wünschenswerten Klarheit zum Vorschein gebracht. Wie L. A. Holland, eine 'geborene' Topographin, bewiesen hat,[211] war der Tiber nur flußabwärts befahrbar, und zwar bequem; die Fahrt aufwärts war infolge der zahlreichen Windungen und der starken Strömung des Flusses noch schwieriger als der Fußweg über Land. Das erklärt die Notwendigkeit und den Ursprung der *via Salaria* und auch die Bedeutung Roms als Umschlagplatz am Flußübergang. Wir werden noch sehen,[212] daß Veii eine senkrecht zur *via Salaria* verlaufende Abkürzung von der eigenen Stadt zu den Salzsümpfen baute.

Außer dem Straßensystem legte Veii auch einen Ring von Festungen um seine Besitzungen. Die Etruskerstadt Solonium, südlich des Tiber zwischen Rom und Ostia,[213] scheint ebenso zu diesen veientischen Vorposten gehört zu haben wie der den Fluß unmittelbar nördlich von Rom beherrschende Anlegeplatz Fidenae.[214] Crustumerium, eine sabinische Siedlung nordöstlich von Fidenae, scheint gleichfalls im 6. Jahrhundert v. Chr. Veii untertan gewesen zu sein.[215] Im Norden wurde diese Festungskette durch weitere Bastionen vervollständigt, die Veii gegen seine etruskischen Feinde schützten. Dazu gehörten Falerii, das von Veii abhängige, reiche Zentrum der Falisker,[216] ferner Capena[217] am Berg Soracte und schließlich Sutrium und Nepet, zwei Festungen, welche die beiden einzigen Verbindungswege durch den sonst fast undurchdringlichen kiminischen Wald blockierten, *velut claustra portaeque Etruriae*, wie Livius sie nennt,[218] d. h. sie waren gleichsam Tore nach Etrurien, die versperrt und verriegelt werden konnten. Weitere befestigte Plätze am Rande des Territoriums von Veii werden nicht gefehlt haben.

Diese Kette peripherer Militärstützpunkte zeigt dieselbe zugleich defensive und expansive Planung wie der ständig wachsende Gürtel von latinischen Kolonien, der im frühen 5. und 4. Jahrhundert um das Gebiet des Latinerbundes herum angelegt und nach 338 v. Chr. von Rom erweitert und systematisch ausgebaut wurde.[219] Varro stellt fest, daß die Römer die Kolonisationspolitik von den Etruskern gelernt haben; kein etruskisches Vorbild, das man studieren und nachahmen konnte, lag aber näher an Rom als jener Kranz von Veii besetzter fester Plätze, zu denen in den letzten Jahrzehnten des 6. Jahrhunderts v. Chr. Rom selbst als abhängiger Verbündeter der Etruskerstadt in der einen oder anderen Form gehörte. Der im *Lupus* des Naevius geschilderte Besuch des Königs von Veii, *Vel Vibe*, in Alba Longa [220] ist eine mythologische Umschreibung des Ausgreifens von Veii nach Latium im späten 6. Jahrhundert v. Chr. Da wir darauf in den beiden letzten Kapiteln zurückkommen müssen, genügt es hier, nochmals zu betonen, daß das hochentwickelte Kommunikationsnetz um Veii niemals hätte funktionieren können, wäre es dem Zugriff einer von Veii unabhängigen Macht ausgesetzt gewesen — ebenso wie unser Nachbar keinen Schalter zu unserem Stromnetz haben und nach Belieben an- und abschalten darf.

Wie die anderen Spuren etruskischen Einflusses in Latium ist auch der jetzt nicht mehr nur literarisch,[221] sondern ebenso durch die in Veii ausgegrabenen großartigen Monumente [222] bezeugte Anteil der Künstler und Handwerker aus Veii an Bau und Verzierung des kapitolinischen Tempels weit leichter zu verstehen, wenn man sich klarmacht, daß die Verbindung zwischen den beiden Städten nicht bloß kommerzieller Art war, sondern in einer politischen Abhängigkeit Roms von Veii bestand. Ein weiterer Hinweis darauf ist der veientische grotta-oscura-Tuffstein, der gegen Ende der Monarchie als Material für ein auf dem Forum Romanum aufgestelltes, offizielles, schriftliches Dokument benutzt wurde.[223] Hundert Jahre später wäre dieser Block aus den Steinbrüchen von Veii nach Rom gebracht worden, weil Veii erobert war und Rom über seine Bodenschätze verfügte. Im späten 6. Jahrhundert jedoch wurden die Künstler und Materialien aus Veii dem untergebenen Verbündeten als Gunstbeweis der überlegenen Macht gewährt.

Clusium [223a]

Zwanzig Jahre nach der Krise von 524 v. Chr., die, wie wir meinen, der Herrschaft der Vulcenter über Rom ein Ende bereitete und der Dynastie der Tarquinier wieder zur Macht verhalf, erfolgte ein neuer Angriff von Norden, der diesmal mit den Tarquiniern auch die Monarchie als Verfassungsform in Rom beseitigte. Unser zweites Kapitel hat alle Nachrichten behandelt, die sich auf dieses Ereignis, nämlich die Unterwerfung Roms durch Porsenna, den König von Clusium, im Jahr 505/504 v. Chr. beziehen.[224] Die Römer späterer Zeit erinnerten sich noch an die Garnison Porsennas, die wohl lange in der Stadt blieb; freilich suchten sie deren Anwesenheit euphemistisch zu umschreiben.[225]

Nach der katastrophalen Niederlage seines Heeres bei Aricia mußte Porsenna den Römern mehr Freiheit gewähren und ihnen aller Wahrscheinlichkeit nach Hilfe gegen die Latiner und deren Bundesgenossen Kymä leisten. So jedenfalls deute ich die Zeugnisse, und die Unterstützung durch Porsenna muß meiner Ansicht nach für Rom von ausschlaggebender Bedeutung gewesen sein.

Aber die ehrgeizigen Pläne, die Clusium und sein Herrscher in Latium verfolgten, wurden durch die latinischen Staaten zunichte gemacht, die nach dem großen Sieg von Aricia als unabhängige politische Koalition erscheinen und einen Keil zwischen das eigentliche Etrurien und sein Kolonialreich im Süden treiben. Jetzt, nach langer Fremdherrschaft, beginnt der Aufstieg Roms zur Führung in Latium. Wir werden versuchen, diesen langsamen und unauffälligen, aber trotzdem großartigen Prozeß zu beschreiben, der von enormer Bedeutung für die Zukunft Italiens war. Aber wir müssen uns zuvor mit zwei anderen Städten befassen, welche, lange bevor Roms Aufstieg begann, die führenden Mächte des Latinerstammes waren.

6. Kapitel

ALBA LONGA UND LAVINIUM,
DIE ALTEN VORORTE DES LATINERSTAMMES

1. Alba Longa [1]

Platon beschreibt,[1a] wie das zivilisierte Gemeinwesen der griechischen Polis sich aus der Anarchie barbarischer Wildheit heraus entwickelte: Zuerst schlossen sich die Menschen, die bisher in Familiengemeinschaften auf Berghöhen gewohnt hatten, zusammen und gingen daran, ein patriarchalisches Königtum zu begründen. Dann stiegen sie zu den Bergabhängen hinab, wandten sich dem Landbau zu und entwickelten eine aristokratische Regierungsform. Schließlich begaben sie sich von den Hängen der Gebirge in die Ebene, bauten Städte auf dazu geeigneten Hügeln und entdeckten die Vorzüge der Demokratie. — In einigen Teilen Griechenlands und Siziliens, die kulturell rückständig waren, kann Platon gewiß solche Entwicklungen beobachtet haben. Auf jeden Fall aber waren die von ihm beschriebenen Entwicklungsstufen diejenigen der Latiner in Latium. Ihr erstes Zentrum nach der Einwanderung und ohne Zweifel Sitz der Stammeskönige war Alba Longa auf dem Albanerberg, ein Platz, der ganz Latium strategisch beherrschte [2] und sich ausgezeichnet zur Kontrolle und Führung der Unterabteilungen und Außenposten des rund um den Sitz des Königs gruppierten Stammes eignete.[3] Gleichzeitig war der Gipfel des Monte Cavo oberhalb Albas der passende Sitz für den Himmelsvater — wie der 'Weiße' oder 'Goldene' Berg der nomadischen Hirtenstämme Eurasiens. Eine solche natürliche Festung, die zugleich ursprünglicher Königssitz und Wiege der Nation sowie auch, als der 'Weiße' oder 'Goldene' Berg, heiliger Sitz des Himmelsvaters ist, gehört zum Gemeingut des eurasischen Kulturkreises.[4] Es ist ein typischer Zug jener archaischen Kultur, daß Erscheinungen, die mit

Anmerkungen zum sechsten Kapitel s. S. 476 ff.

den militärischen oder wirtschaftlichen Notwendigkeiten des harten Lebenskampfes verbunden sind, von abergläubischen Vorstellungen umrankt und mit übernatürlicher Bedeutung ausgestattet werden. Der Mythos vom gemeinsamen Ursprung, das damit zusammenhängende Jahresfest am heiligen Berg und die sakrale Erhöhung der Institution des Königtums dienten der Festigung der Gemeinschaftsbande.

Wie die Nomaden Nordasiens zu Raub und Eroberung von ihrem heiligen Berg heruntersstiegen, so auch die Sabiner von den Höhen der Abruzzen um Amiternum und die Latiner vom Albanerberg. Nach ihnen erkämpften sich die Volsker und Äquer den Zugang in die Tallandschaften von Latium und bedrängten die Latiner. In dem geographischen Bereich, in dem diese Viehzüchter- und Kriegervölker zu Hause waren, wurde der Königssitz oft noch in späteren Zeiten 'weiße Stadt' genannt — wie Alba; das Sar-Kel der Wolgabulgaren, Beograd der Südslawen, Székes-Fehérvár der Ungarn bestätigen dies.[5]

Die einstige Vorrangstellung Albas spiegelt sich deutlich in dem Bemühen der Römer wider, ihren Ursprung mit Alba zu verknüpfen. Die Gründer Roms, die Zwillinge Romulus und Remus, sollen Abkömmlinge der albanischen Könige gewesen sein; ihre Mutter heißt in den mindestens ins 4. Jahrhundert hinaufreichenden Erzählungen *Alba*[6] oder auch *Silvia*[7] nach dem mythischen ersten König Albas. Bedeutende Geschlechter der alten römischen Aristokratie wollten ihre Herkunft aus Alba ableiten,[8] und Caesar, Sproß einer solchen Familie, wollte sogar seine Königsschuhe als Tracht der alten albanischen Diktatoren rechtfertigen.[9] Aber Rom hatte nicht als einzige Stadt derartige Ambitionen. Wie wir noch sehen werden, stritt Lavinium mit Alba um die Priorität seines Anspruchs auf die Führung in Latium. Doch die Spuren der Überlegenheit Albas sind greifbarer als diese Ansprüche. Wir haben den Fortbestand der politischen und sozialen Organisation, die einst Grundlage der Macht der albanischen Könige war, schon behandelt: die Blutsgemeinschaft der dreißig *populi Albenses*, der ursprüngliche Stammesbund aller Latiner, der sich noch in historischer Zeit jährlich unter römischer Oberaufsicht zum alten Stammesfest versammeln durfte.[10] Die erste, wenn auch indirekte, literarische Anspielung auf Alba Longa finden wir bereits im frühen 6. Jahrhundert v. Chr. Es ist die oft zitierte Stelle in Hesiods Theogonie,[11] wo gesagt wird, daß Agrios und Latinos über die Etrusker nördlich von Cap Circeii herrschen. Obwohl die *Verknüpfung* der Fakten völlig falsch ist, wobei eben die Konfusion dieser Nachricht m. E. auf ihr hohes Alter hinweist, sind die einzelnen Bestandteile dieses Zeugnisses höchst bedeutsam. Zunächst sind die beiden erwähnten Herrscher die legendären ersten Könige von Alba Longa und Lavinium: Latinus wird in der gesamten Überlieferung mit Lavinium verknüpft; Agrios hingegen kann niemand anders sein als die mythische Gestalt Silvius,[12] Gründer von Alba, dessen Name die einzige Grundlage für Fabius Pictors Konstruktion einer Dynastie der Silvii war.[13] Ich möchte aus der gemeinsamen Nennung dieser beiden Namen schließen, daß Alba und Lavinium den Einheimischen, deren Kenntnisse Griechenland in Gestalt dieses verschwommenen Bildes erreichten, in einprägsamer Weise vor Augen standen. Da ferner die Anwesenheit der Etrusker in jenen Gegenden Italiens erwähnt wird, scheinen die Jahrzehnte um 650 v. Chr. der *terminus post quem* für die Besetzung Latiums durch die Etrusker zu sein. Später hätte eine so vage geographische Definition wie μυχῷ νήσων ἱεράων [im innersten Bereich der heiligen Inseln] die Griechen nicht mehr befriedigt. Weiterhin reicht bei Hesiod das Gebiet der Latiner im Süden noch unmittelbar bis an die Grenzen Kampaniens; das bedeutet, daß die Volsker dort noch nicht eingedrungen waren, was um 500 v. Chr. geschah. Die große Bedeutung des durch die latinische Ebene gehenden etruskischen Handels könnte den Aufstieg Laviniums als neues Stammeszentrum an Stelle von Alba erklären, da letzteres abseits der Route des neuen Transithandels lag. Nicht zu nahe am Meer, aber auch nicht zu weit davon entfernt gelegen, kontrollierte Lavinium die Hauptverbindungslinie zwischen Südetrurien und der kampanischen Grenze. Schließlich sind bei Hesiod die Ahnen der Latiner Odysseus und Kirke. Aeneas, der — wie wir weiter unten erörtern werden — erst mit der etruskischen Besetzung den griechischen Heros verdrängte, fehlt noch. Dieses Bild von Latium im frühen 6. Jahrhundert v. Chr. wäre natürlich wesentlich anders ausgefallen, wenn Rom bereits Alba erobert gehabt hätte, wie die römischen Annalen behaupten.

Die frühe Kaiserzeit mit ihrem reichen Inschriftenmaterial liefert klare Zeugnisse für die kontinuierliche Pflege der albanischen Priesterschaften durch Rom.[14] Letztere stehen jedoch in Beziehung zu drei verschiedenen Örtlichkeiten am Albanerberg. Auf dem Gipfel des Monte Cavo, wo einst das Dorf Cabum lag — wie Mommsen gezeigt hat —, vollzogen die *Cabenses sacerdotes feriarum Latinarum montis Albani*[15] [die für das Latinerfest auf dem Albanerberg zuständigen Priester aus Cabum] ihre Riten am letzten Tag des Latinerfestes. An der Stelle des eigentlichen Alba Longa stand der Tempel der Vesta, in dem die *virgines Vestales arcis Albanae*[16] [die vestalischen Jungfrauen der Burg von Alba] mit ihrer Obervestalin *[Vestalis maxima]* zweimal im Jahr ihre religiösen Pflichten wahrnahmen; an derselben Stelle müssen die *salii arcis Albanae* [die Salier der Burg von Alba] ihren feierlichen Tanz aufgeführt und die *pontifices Albani* [Priester von Alba] amtiert haben. Wissowa hat in seiner glänzenden Abhandlung nachgewiesen, daß alle diese Priestertümer *sacerdotia publica populi Romani* [staatliche Priestertümer des römischen Volkes] waren, wenn sie auch nicht den hohen Rang der entsprechenden städtischen Ämter besaßen.[17]

Aber das ehrwürdige Erbe Alba Longas wurde von den Römern auch noch in einer dritten Stadt seiner Umgebung gepflegt. Kaiserzeitliche Inschriften erwähnen *Albani Longani Bovillenses*,[18] d. h. 'die Leute von Alba Longa in Bovillae' — eine juristische Fiktion, welche an die gleichzeitig existierende Einrichtung der *Laurentes Lavinates* erinnert, die einem ähnlichen Zweck in dem anderen alten Hauptort diente. Beloch ist zweifellos im Unrecht mit seiner Vermutung, daß Sulla infolge der Entvölkerung dieser Gegend Alba an Bovillae angeschlossen habe: Der spätrepublikanische Altar der *gens Iulia* in Bovillae beweist, daß diese albanische Sippe schon vor Sullas Reformen ihr eigenes Heiligtum in Bovillae hatte[19] sowie ihre Weihgaben gemäß den albanischen Riten *(lege Albana)* darbrachte, und das sicherlich nicht nur anläßlich gelegentlicher Opfer, sondern im gesamten Ritual des Veiovis. Nicht die Verwaltungsreform Sullas, sondern die Pflege der *sacra Albana* war entscheidend für die Rolle Bovillaes. Daraus ergeben sich wichtige historische Konsequenzen. Wenn die Pflege der albanischen Kulte in Bovillae eine alte Tradition war, dann müssen wir mit G. De Sanctis[20] annehmen, daß Bovillae sie schon verwaltete, ehe die Römer diese Funktion übernahmen. Wie G. Wissowa betont hat, erloschen die religiösen Pflichten einer Latinergemeinde keineswegs mit dem Ende ihrer politischen Autonomie oder ihrer gewaltsamen Zerstörung; sie mußten vielmehr von jener Macht übernommen werden, welcher Grund und Boden zufielen. Und wenn Bovillae das vor Rom tat, dann gehörte das Territorium von Alba zu Bovillae, bevor es an Rom fiel. Dieses Ergebnis paßt gut in das allgemeine Bild, das sich aus unserer Untersuchung ergibt.

Die Aufteilung der Kulte und Riten Albas unter drei Nachbargemeinden kann keine rein religiöse Entwicklung sein, keine einfache Fortführung der kultischen Einrichtungen des alten latinischen Hauptortes, sondern setzt weit zurückliegende politische Entwicklungen voraus, die den ehrgeizigen Bestrebungen der Nachbarn und dem Prestigebedürfnis der herrschenden Vormacht entsprangen.[21] Die Namen der albanischen Priesterschaften geben, wie längst erkannt wurde,[22] Aufschlüsse über die Chronologie der Frühgeschichte; so hatte Bovillae als Nachfolger seiner alten Könige einen *rex sacrorum*,[23] während der Titel des Sakralbeamten, der die Aufsicht über die Kultorganisation von Alba Longa führte, *dictator Albanus* lautete.[24] Die Annalen zweifeln nicht daran, daß diese Diktatur eine tatsächlich auf Alba Longa zurückgehende Einrichtung war; die archaische Königstracht, welche die albanischen Diktatoren trugen,[25] spricht sehr für diese Annahme.

Wie A. Rosenberg nachgewiesen hat, kann sich der Wandel vom Königtum zur Jahresmagistratur nicht vor dem 6. Jahrhundert v. Chr. vollzogen haben. Ich glaube sogar, daß wir noch weiter heruntergehen müssen: Der Untergang überholter politischer Institutionen vollzieht sich innerhalb eines engen geographischen Bereichs gewöhnlich während einer kurzen Zeitspanne. Die Monarchie kann in Alba nicht viel früher als in Rom beseitigt worden sein. Alba Longa existierte also noch in der zweiten Hälfte des 6. Jahrhunderts v. Chr., als der König durch den Diktator ersetzt wurde. Wir kommen auf einem anderen Weg zu demselben Ergebnis: Wie oben (S. 40 ff.) gezeigt wurde, war das Diktatorenamt der einzelnen Latinerstaaten nach dem Vorbild des Stammesdiktators geschaffen, der beim Jahresfest der Latiner in Lavinium amtierte. Da die Etruskerherrschaft eng mit den lokalen Dynastien verbunden erscheint, können die Stadtdiktatoren kaum vor dem Ende der Etruskerherrschaft aufgetreten sein, oder wenigstens nicht lange vor dem letzten Jahrzehnt des 6. Jahrhunderts v. Chr. Wir werden nun untersuchen, wie lange nach der Einführung der neuen Regierungsform Alba noch bestand.

Als die spät geborene römische Historiographie ihren Anfang nahm, gehörte das Stammeskönigtum längst vergangenen Zeiten an, und Fabius Pictor konnte die Rolle Alba Longas nur als die eines führenden Stadtstaates verstehen.[26] Wir wissen aber, daß Alba kein bedeutendes städtisches Zentrum war; seine Vorrangstellung gehörte in die vorstädtische Epoche. Die Funde in den Gräbern der eisenzeitlichen Bevölkerung weisen eher auf eine ausgedehnte dörfliche Siedlung hin.[27] Die archäologische Untersuchung des Siedlungsplatzes hat erwiesen, daß die Nekropole, soweit sie erforscht ist, um die Mitte des 7. Jahrhunderts v. Chr. aufgegeben wurde,[28] und dieses Datum entspräche der angeblichen Zerstörung Albas durch Rom[29] — ein Ereignis, das sicher schon bei Fabius Pictor beschrieben war.[30] Wir haben aber gesehen, daß diese Nachricht unzuverlässig ist. Plinius d. Ä. wurde der Unaufmerksamkeit beschuldigt, weil er Alba unter den noch bestehenden *oppida* in der Nachbarschaft Roms aufzählte;[31] aber wir besitzen weitere Zeugnisse für die Existenz der Siedlung noch in historischer Zeit. Zweck der hydrotechnisch bewundernswerten Anlage jenes Felstunnels, durch den der Wasserspiegel des Albanersees auf sein heutiges Niveau gebracht wurde, war es, die Anbaufläche der Abhänge zu vergrößern und die Überflutung des dichtbevölkerten Gebietes zu verhindern. Diese lange Jahre während ungeheure Anstrengung galt sicherlich nicht einem verlassenen Ruinenfeld; auch sollte damit nicht, wie die römischen Annalen vorgeben, ein *prodigium* gesühnt werden. Die Mauertechnik des Tunneleingangs paßt zur Datierung der Anlage durch die Annalen (ca. 400 v. Chr.), wie F. Castagnoli mir freundlicherweise mitteilte. Aber es handelt sich hierbei m. E. nur um eine Ausbesserung der Fassade oder den Ausbau einer schon bestehenden Anlage, deren Gesamtkonzept an den berühmten Tunnel der Wasserleitung von Eupalinos, die Polykrates von Samos bauen ließ,[32] erinnert und in den Rahmen der eindrucksvollen hydrotechnischen Bauten der Etrusker im 6. Jahrhundert v. Chr. paßt. Das heißt, daß Alba in diesem Jahrhundert noch eine Siedlung von beträchtlicher Größe war. Die Alten kannten ferner die Zeitrechnung der Stadt,[33] die kaum vor dem 5. Jahrhundert v. Chr. schriftlich niedergelegt worden sein kann[34] und späteren Generationen nicht hätte geläufig sein können, wenn Alba im 7. Jahrhundert v. Chr. verschwunden wäre. Wir wissen auch, daß die Grenze zwischen Alba und Rom noch im 5. Jahrhundert v. Chr. die *fossae Cluiliae* überquerte[35] und daß der *ager Albanus* außerhalb der Grenzen des *ager Romanus antiquus* lag. Das beweist, daß die Gemeinde als juristische Person nicht aufgehört hatte zu existieren. Schließlich ist zu bedenken, daß Rom bis zum Ende des 5. Jahrhunderts v. Chr. jedes Stückchen Land, das es erobert hatte, annektierte und erst mit der Unterwerfung von Tusculum 387 v. Chr. die Zeit der Expansion ohne Einverleibung begann (vgl. die Karte S. 264). Der *ager Albanus* wurde aber erst 338 v. Chr. in die römischen *tribus* eingegliedert. Ebenso waren die Wiesen am *caput aquae Ferentinae*, wo die Jahresversammlungen der Latiner *sub monte Albano* bis 340 v. Chr. abgehalten wurden, nicht Bestandteil des alten römischen Territoriums, sondern gehörten zu Aricia oder Tusculum.[36] Auch dies bedeutet, daß der *ager Albanus* damals noch nicht im Besitz Roms war.[37]

Aber um die Mitte des 5. Jahrhunderts v. Chr., eben zu der Zeit, als Ardea und Aricia von Rom überwältigt wurden,[38] setzt auch die Reihe der römischen Amtsträger ein, die den *feriae Latinae* präsidierten.[39] Eine Erfindung späterer Generationen hätte in diesem Fall eher die angebliche Neuorganisation des Latinerbundes durch König Superbus oder doch jedenfalls ein Datum, das nicht später lag als der Beginn der *fasti*, als Anfangspunkt gewählt. Wir können daher zuversichtlich annehmen, daß die römische Überwachung der *feriae Latinae* in der Tat in der Zeit des Dezemvirats begann.

Der gleichzeitige Beginn römischer Oberaufsicht über das Latinerfest und römischer Expansion im Gebiet von Alba kann kaum bloßer Zufall sein. Obwohl Nachrichten über nichtmilitärische Unternehmungen des römischen Staates auf dem Territorium von Alba erst für das Ende des 5. Jahrhunderts v. Chr. vorliegen, waren — wie wir noch sehen werden — Nachbarstädte schon 50 Jahre früher von Rom abhängig.[40] Aber die Eingliederung von Alba Longa in die römischen Wahlbezirke wurde erst 338 v. Chr. vollzogen.[41] Der Niedergang Albas war nicht Ergebnis einer angeblichen römischen Eroberung, sondern Resultat einer langfristigen Entwicklung, infolge derer das Stammeskönigtum des alten Felsennestes seine Macht an einzelne Städte abgeben mußte, die zunächst neuen etruskischen Herren untertan waren. Aber schon vor der etruskischen Eroberung entstand ein zweiter Mittelpunkt des Latinerstammes. Seine zentrale Lage nahe der nord-südlichen Küstenstraße verlieh ihm sogar unter fremder Herrschaft eine religiöse Bedeutung, die der von Volsinii unter den etruskischen Staaten vergleichbar war. Wir wenden uns nun dieser neuen Metropole zu.

2. Lavinium [41a]

Neben Alba Longa, dem Ursitz der Stammeskönige, galt ein weiterer Latinerstaat als Mutterstadt Roms. Wie im Fall Albas die vorhin erörterten rituellen Akte die Erinnerung an die einstmalige politische Abhängigkeit Roms und der anderen Latinerstädte vom Stammeskönig bewahrten, so bezeugten andere religiöse Verpflichtungen den früheren Vorrang Laviniums vor Rom: *maiores ... sacra quaedam in monte Albano Laviniique nobis facienda tradiderunt* [42] [die Vorfahren hinterließen uns den Vollzug gewisser Riten auf dem Albanerberg und in Lavinium].

Die Römer späterer Zeit wollten natürlich nie zugeben, daß sie einst irgendeiner Latinerstadt an Macht unterlegen gewesen seien. Folglich führten sie die Erfüllung all dieser religiösen Obliegenheiten nicht auf die einstige führende Stellung von Alba und Lavinium zurück, sondern erklärten sie als ihre spontane Pietätsbekundung gegenüber den beiden Mutterstädten des Latinervolkes.[43] Und auf diese Weise verschleierten sie wenigstens nicht die Tatsache, daß es zwei solche einstmalige Vormächte in Latium gab. Deren Führungsrolle findet in der Überlieferung mannigfachen Ausdruck.[44]

Für Vergil war Lavinium ebenso wie Alba *sedes regni* [Herrschaftssitz].[45] Lukan[46] nennt diese beiden frühesten Hauptorte die Heimat der Ahnengötter Roms, der *Penates*. Wenn Romulus einmal als Enkel des Aeneas betrachtet wird, so setzt das voraus, daß seine Ahnenreihe nach Lavinium führte;[47] wenn er ein anderes Mal als Enkel Numitors gilt, so soll das seine albanische Abstammung unterstreichen. Die beiden Namen der Mutter der Zwillinge verweisen auf denselben doppelten Stammbaum: *Ilia* ist die Nachkommin des trojanischen Helden, *Silvia* die des ersten mythischen Königs von Alba.[48] Die ursprüngliche Heimat der *Vesta* und der *Penates* wird einmal mit Alba Longa angegeben,[49] dann wieder mit Lavinium[50]. Die Bache als Botin der Gottheit führt den Ahnherrn der Latiner einmal nach Lavinium, ein andermal nach Alba.[51] Um diese Überlieferung von zwei Geburtsstätten des Stammes einleuchtend zu erklären, brachten die Römer die betreffenden Ereignisse in eine chronologische Ordnung und paßten die Legende so ihren Zwecken an. Wir können diese wertlosen Spielereien menschlicher Phantasie übergehen. Bedeutsamer für uns ist das hochoffizielle Zugeständnis der Römer, daß diese beiden Orte die Wurzeln ihrer Existenz seien. Das wurde durch Ritualhandlungen bekundet, die von Amtsträgern des römischen Staates seit längst vergangenen Zeiten vollzogen wurden. Sie bezeugen, daß Alba, der Sitz der Urkönige des Stammes, mit dem Beginn der etruskischen Herrschaft in Latium von Lavinium als Metropole der Latiner abgelöst wurde.[52]

Das feine Netz der Legende ist aus historischen Fäden gesponnen, die zum Teil noch aufspürbar sind, so etwa der Hinweis auf den Kampf um den Vorrang zwischen den beiden führenden Mächten des alten Latium. Die Ansprüche Laviniums gründen sich auf die Sage von der Landung des Aeneas am nahen Ufer und die Behauptung, die erste Niederlassung der Trojaner in Latium gewesen zu sein. Der Historiker Timaios, der höchstwahrscheinlich um 315 v. Chr. Lavinium besuchte oder Einwohner der Stadt traf,[53] hat diesen an den Ursprungsmythos geknüpften Prioritätsanspruch bereits schriftlich niedergelegt. Es ist bezeichnend, daß der erste Annalist, der als Angehöriger der römischen Aristokratie die Überlieferung vom Ursprung seines Volkes sicherlich schon in jungen Jahren in seinem Elternhaus und längst vor seiner Bekanntschaft mit dem Werk des Timaios sich zu eigen gemacht hatte, die legendäre Priorität von Lavinium bekräftigte. Er änderte die Version des Timaios nur in einem Punkte, auf den wir noch zurückkommen werden, ab,[54] und das beeinträchtigte nicht den Anspruch der *Laurentes*. Cato[55], Varro[56] und die meisten anderen römischen Geschichtsschreiber[57] folgten Pictor. Timaios[58] hörte in Lavinium oder von Leuten aus dieser Stadt noch eine andere Geschichte, welche die Überlegenheit von Lavinium über Alba Longa demonstrierte.[59] Bei der Verlegung der lavinischen Siedlung zum neuen Hauptort auf den albanischen Hügeln, so heißt es, kehrten die ebenfalls fortgeschafften *Penates*, die göttlichen Hüter des Staates, zweimal nachts von Alba in ihr altes Heiligtum nach Lavinium zurück. Dieses Wunder, das den Willen der Gottheit kundgab, zwang Ascanius, den altererbten Kult in Lavinium zu belassen und für seine Erhaltung zu sorgen.[60] Diese Geschichte gibt nur dann einen Sinn, wenn sie erfunden wurde, als Alba noch bestand und seine Ansprüche aufrechterhielt. Es ist ein historisch bedeutsames Faktum, daß Timaios die Überlieferung von der alten Vorrangstellung Laviniums sogar nach der vollständigen Unterwerfung Latiums durch Rom noch unangetastet vorfand; und nicht minder wichtig ist, daß Rom selbst sie offiziell anerkannte.

Ein anderer Zweig der Überlieferung, der oft mit dem ersten verquickt und in Übereinstimmung gebracht wurde, vertritt jedoch den Vorrang Albas. Der Sizilier Alkimos, ein Zeitgenosse Dionysios' II, der sein Wissen aus Rom bezogen zu haben scheint,[61] schloß Lavinium nicht in die Genealogie Roms ein;[62] er führte dessen albanische Ahnen direkt auf Etrusker und Trojaner zurück.[63] Es scheint, daß auch in Ennius' *Annales* Aeneas mit dem König von Alba zusammentraf und dessen Tochter heiratete[64] — und nicht die Tochter des Herrschers von Lavinium. Vermutlich folgte Ennius in diesem Punkte Naevius. Nach einer von Konon[65] erzählten Version ließ sich Aeneas nicht in Lavinium nieder, sondern in Alba. Noch wichtiger ist, daß Fabius Pictor,[66] der die Statue der Bache mit den dreißig Frischlingen in Lavinium gesehen haben muß und der auch Timaios kannte, nach dessen Bericht die Bache sich in Lavinium niederließ, dieses Vorzeichen mit Alba verknüpfte. Ebenso bedeutsam ist die Vorstellung *cum omnes Latini ab Alba oriundi sint* [weil alle Latiner aus Alba stammen],[67] wo 'alle Latiner' dasselbe bedeutet wie 'die dreißig Gemeinden Albas'.[68] Diese Tradition, die bei den jährlichen Treffen der Latiner am Albanerberg lebendig erhalten wurde, war zweifellos die ursprüngliche und wurde erst nachträglich mit der lavinischen Version kombiniert. Das ist der eigentliche Grund dafür, daß der römische Ursprungsmythos die Stadtgründer nicht mit Lavinium, sondern mit Alba zusammenbringt und daß wir in Rom zwar *familiae Albanae*, aber keine herausragenden *familiae Lavinates* finden.[69] Unter der römischen Aristokratie brachte Herkunft aus Alba Longa größeres Prestige. Die Legende hat nicht nur den ersten König Roms mit Alba in Verbindung gebracht, sondern auch den Ursprung von Institutionen wie der Diktatur und der vestalischen Jungfrauen.[70] Die Führungsrolle Laviniums wurde von der römischen Geschichtsschreibung unterdrückt, damit die römische Herrschaft unmittelbar auf die albanische folgen konnte.[71] Wir müssen daher die Spuren der einstigen Vorrangstellung Laviniums auf Seitenpfaden verfolgen, wo sie nicht absichtlich verwischt worden sind.

Der Glaube an die trojanische Herkunft und das Ritual der 'trojanischen' Gottheiten in Lavinium

„Welcher Historiker", meint Niebuhr zu den latinischen Ursprungslegenden,[72] „wollte wohl die stets wechselnden Umrisse der Wolken von Mythologie verfolgen, das Spielzeug willkürlicher Geschichtenerzähler? ... Wer wollte dabei verweilen", fährt er fort, „wenn lohnendere Gegenstände zur Untersuchung sich anbieten?" Aber auch die phantastischsten Wolkenbildungen kann derjenige Wissenschaftler leicht erklären, der die wenigen meteorologischen Faktoren kennt, welche diese Erscheinung verursachen. Wenige schlichte Tatsachen bilden auch die Grundlage für die mutwilligen Variationen der hier zur Debatte stehenden Berichte.

Wir haben gesehen, daß der Name des Königs Latinus, der aus dem Namen seines Volkes gebildet ist, auch mit Lavinium in Beziehung gebracht wird; wir können diese Verbindung von Kallias, dem Historiker des Agathokles,[73] bis zur Theogonie Hesiods zurückverfolgen. Noch durchsichtiger ist der Bezug auf diese Stadt im Namen der Lavinia, ob sie nun als Tochter des Latinus ausgegeben wird oder nicht.[74] Aber Laviniums Hauptanspruch auf legendären

Ruhm bestand darin, Landeplatz der Trojaner gewesen zu sein, als sie aus ihrer zerstörten Heimatstadt nach Italien geflohen waren: Bisweilen wird behauptet, daß trojanische Frauen, die von den heimkehrenden Achäern verschleppt worden waren,[75] dorthin kamen, aber meist soll es Aeneas selbst gewesen sein,[76] der nach Lavinium gelangt. Ich habe anderswo zu zeigen versucht,[77] daß letztere Tradition in Lavinium spätestens seit dem 6. Jahrhundert v. Chr. bestand. Angeblich wies die Gottheit Aeneas an, sich dort niederzulassen, wo er zusammen mit dem Opferfleisch auch die Tische verzehre, auf denen es gereicht werde. Schon Timaios kannte diese Geschichte.[78] Man hat nachgewiesen,[79] daß das Orakel auf einem besonderen Ritual beim lavinischen Kult der *Penates* beruht, wo *mensae paniciae* benutzt wurden, flache Kuchen, auf denen Opferfleisch angeboten wurde.

Diese Legenden haben keinen literarischen Ursprung, obschon Antiquare und Dichter sie später in ihre Werke aufnahmen. Sie wurden geschaffen, um einen Kult zu erklären und zu rechtfertigen, nämlich den Kult des Aeneas in Lavinium, der aus mannigfachen miteinander verschmolzenen Elementen bestand, wie aus der verwirrenden Vielfalt der Namen dieser Gottheit hervorgeht: *Aeneas Indiges*[80], *(deus) Indiges*[81], *pater Indiges*[82], πατὴρ θεὸς χθόνιος, ὃς ποταμοῦ Νομικίου ῥεῦμα διέπει[83], *Iuppiter Indiges*[84]. Alle diese Namen bezeichnen denselben, in einem bestimmten Heiligtum verehrten Gott.[85] Dessen heiliger Hain in Lavinium heißt jedoch auch *lucus Solis Indigetis*.[86] Das frische Wasser nahe der Küste, wo die angekommenen Trojaner ihren Durst löschten, war dieser Sonnengottheit heilig: λεγόμενον ὑπὸ τῶν ἐπιχωρίων ἱερὸν Ἡλίου.[87] Diesem Sonnengott brachte Aeneas sein erstes Opfer zum Dank für das Wasser dar. Tatsächlich aber gab es dort zwei Altäre:

καὶ βωμοὶ δύο παρ' αὐτῷ δείκνυνται ... Τρωϊκὰ ἱδρύματα, ἐφ' ὧν τὸν Αἰνείαν μυθολογοῦσι πρώτην θυσίαν ποιήσασθαι τῷ θεῷ χαριστήριον τῶν ὑδάτων. [Und zwei Altäre werden in seiner Nähe gezeigt ..., welche von den Trojanern errichtet wurden. Auf ihnen soll der Sage nach Aeneas dem Gott als Dank für das Wasser sein erstes Opfer dargebracht haben.]

Sie sind auf zwei Bronzemedaillons von Hadrian und Antoninus Pius abgebildet. Wir sehen auf ihnen einen höheren und einen niedrigeren Altar (Taf. VI 1—2). Zum Glück wissen wir, daß die Olympier mit hohen Altären geehrt wurden, die Götter der Unterwelt mit niedrigeren. Hier haben wir beide Arten nebeneinander, ein weiteres Zeugnis für die komplexe Natur des hier verehrten Gottes. C. Koch [88] verknüpfte diesen *Sol Indiges* treffend mit dem Kult desselben Gottes in Rom. Die römischen Steinkalender haben zum 8. August die Eintragung: *Sol(is) Indigetis in colle Quirinale sacrificium publicum* [Staatsopfer für *Sol Indiges* auf dem Quirinal]; [89] das Opfer wurde *in pulvinari Solis ... iuxta aedem Qurini* [im Heiligtum des Sol ... nahe dem Tempel des Quirinus] vollzogen, wie Quintilian bezeugt.[90] Die *Ag(onalia)* vom 11. Dezember [91] werden in den neuen Fasten von Ostia [92] als *(Ag)on(ium) Ind(igeti)* erwähnt, und Lydus *(De mensibus)* [93] nennt für denselben Tag Ἀγωνάλια δαφνηφόρῳ γενάρχῃ Ἡλίῳ [Agonalia für den lorbeertragenden *Sol Indiges*]. Dieselbe griechische Übersetzung von *Sol Indiges* kommt auch im sogenannten Eid des Drusus vor.[94]

Diese überaus komplexe Gottheit hatte auch einen Grabkult am Fluß Numicus (oder Numicius); als Grund dafür wird angegeben, daß Aeneas nach einer siegreichen Schlacht im Flusse ertränkt worden sei.[95] Die hiermit verwandte Apotheose durch Erdrosselung (sie mag Bestandteil eines primitiven Rituals sein) kehrt in Latium in den Mythen von Romulus und Rhea wieder.[96] Sie gehört in den breiten Rahmen einer bei vielen Völkern nachweisbaren, der prähistorischen Epoche zugehörigen religiösen Vorstellungswelt.[97] Eine so altertümliche Gottesidee, wie sie diesem *Indiges* zugrunde liegt, konnte man nicht verstehen, solange die Gelehrten sie mit den Kategorien der klassischen griechischen oder auch der römischen Religiosität historischer Zeit zu erklären suchten.[98] Seit kurzem weiß man jedoch,[99] daß in der griechisch-römischen Welt noch weitere, gleichartige göttliche Wesen, Überbleibsel einer früheren Stufe menschlicher Zivilisation, verehrt wurden. Im selben Kulturraum gibt es ferner Spuren einer anderen Gottheit,[100] die ebenfalls zugleich göttlicher Ahnherr und der erste mythische König ihres Volkes sowie die Sonne [101] und der Herr der Wasser ist. Eine noch klarer faßbare verwandte mythische Erscheinung ist jedoch der Urriese und erste König der Iranier, der sowohl sonnenhafte als auch chthonische Züge in seinem Mythos vereinigt. Seine halb menschliche, halb tiergestaltige Erscheinung, die in Gewand und Kopfschmuck des Großkönigs fortlebte,[102] hat die älteste Form jenes Mythos' vor dem Vergessenwerden bewahrt. Das Inaugurationsritual des achämenidischen Königs von Persien, das — ähnlich den römischen *Lupercalia* — in dramatischer Form Leben und Taten des Staatsgründers darstellte [103] und auch mit der indo-iranischen Vorstellung vom 'ersten Menschen' und 'ersten König' zusammenhing, war ebenso religiöser Ausdruck der Kultur der eurasischen Hirten wie der *Indiges* der Latiner.

Aus dem hohen Alter dieser mythischen Vorstellung ergibt sich ein wichtiger historischer Schluß: Die Erhebung des Aeneas zum Stammvater der Latiner kann frühestens im späten 7. Jahrhundert v. Chr. erfolgt sein. Sie war Ergebnis des machtvollen etruskischen Einflusses auf das Leben dieses Volkes. Die Verschmelzung des aus Etrurien eingeführten Aeneas mit dem einheimischen *pater Indiges* in Lavinium ist folglich eine sekundäre Entwicklung. Die Existenz dieses Stammeskultes mit seinem Ritual in Lavinium und seine Verbindung mit Aeneas setzen voraus, daß *Indiges* als Ahnherr des latinischen Stammes in Lavinium schon seinen festen Sitz hatte, bevor die Legende von dem trojanischen Helden die Latiner zu faszinieren begann. Mit anderen Worten: Lavinium muß schon vor 600 v. Chr. ihre Metropole gewesen sein.

Die politischen und historischen Konsequenzen dieses Tatbestandes werden bald deutlich, wenn wir uns den Beziehungen des *Indiges* zu Vesta [104] und den *Penates* zuwenden. Vorausgeschickt seien jedoch noch einige weitere Bemerkungen zum Charakter des Aeneaskultes, für dessen Erklärung ein vor mehr als einem Jahrzehnt gefundenes Dokument von großer Bedeutung ist.[105] Es ist ein kleiner Cippus, der einst in einem Heiligtum bei Tor Tignosa, acht Kilometer landeinwärts von Lavinium stand und die Inschrift *Lare Aineia d(onom)* [Gabe für *Lar Aineias*] trägt. Marguerita Guarducci, die sie publiziert hat, datiert sie ins 4. Jahrhundert v. Chr.; jedenfalls scheint sie nicht später als das 3. Jahrhundert v. Chr. zu sein. Guarducci hat mit Recht *Lar Aineias* mit *Aeneas Indiges* verknüpft; auf dieser Grundlage hat S. Weinstock erwiesen, daß die schon vor langer Zeit von A. Samter [106] vorgeschlagene Interpretation der *Lares* als vergöttlichte Ahnen richtig ist, und gezeigt, daß

Lar und *Indiges* identische oder mindestens verwandte Begriffe gewesen sein müssen.[107] Die Weihinschrift für *Lar Aineias* beweist, daß der trojanische Held als Ahnherr des Latinerstammes an seinem Ankunftsort eine volkstümliche Gottheit war. Sie wurde zu einer Zeit verfaßt, für die man bisher eine mittels literarischer Fiktion vollzogene Einschmuggelung des Aeneas — via Lavinium nach Rom — als Ahnherr des römischen Volkes postulierte.[108]

Man hat geglaubt,[109] der Kult des Aeneas habe Rom nie erreicht und seine Gestalt sei dort nur infolge des Prestigebedürfnisses der *familiae Troianae* lebendig geblieben. Dem könnte man zustimmen, wenn wir nur vage, allgemeine Aussagen über seine Vergöttlichung besäßen.[110] Wir wissen aber, daß er zum römischen Pantheon gehörte.[111] Ovid[112] nennt ihn *deum, quem turba Quirini nuncupat Indigitem, temploque arisque recepit* [den Gott, den das Volk des Quirinus *Indiges* nennt und dem es einen Tempel und Altäre errichtete]. Dionysios bezeugt ebenfalls seine offizielle Verehrung durch die Römer,[113] und wir besitzen zuverlässige Angaben über seinen Kult.[114] Der römische Aeneaskult wurde freilich in Lavinium,[115] nicht in Rom vollzogen. Er gehörte zum lavinischen Bundeskult sämtlicher latinischer Stadtstaaten. Dies verhinderte seine Überführung in die Stadt Rom.[116] Wir können hier nicht näher auf den Umstand eingehen, daß in einigen Latinerstädten offenbar der König Latinus statt Aeneas mit *Iuppiter Indiges* gleichgesetzt wurde.[117] Auf einer Bronzecista aus Praeneste[118] (Taf. XVII) ist Latinus mit den äußeren Attributen des höchsten Gottes auf einem Waffenhaufen stehend abgebildet.[119] Seine herausragende Gestalt überschattet den Rest der Darstellung, die Aeneas als Sieger über Turnus auf der einen, Lavinia und Amata auf der anderen Seite sowie den Fluß Numicius mit einer im Vordergrund liegenden Flußgottheit zeigt. Latinus deutet mit dem Finger zum Himmel;[119a] wahrscheinlich ruft er die Götter als Zeugen für den ewigen Bund zwischen Latinern und Trojanern an, der durch den Eheschluß von Aeneas und Lavinia besiegelt werden soll.

Der Kult des *Indiges* war, wie schon erwähnt, in Lavinium eng mit dem der *Vesta* und der *Penates* verbunden. Nur das Wasser des Flusses Numicius, in dessen Wellen der göttliche Ahnherr verborgen war, wurde für die rituellen Trankopfer an Vesta verwendet.[120]

Wie man ferner weiß, hatte Rom zwei verschiedene Kulte der *Penates*: einen geheimen im *penus Vestae* und eine kleine, für jedermann zugängliche Kapelle auf der Velia, wo sie als zwei sitzende Jünglinge mit Speeren nach Art der Dioskuren dargestellt waren.[121] Diese Kulte wurden beide gleichermaßen als die *sacra* von Troja bezeichnet.[122] Sie sind jedoch offensichtlich verschiedenen Ursprungs. Der erste, mit den Göttern im *penus Vestae* (*qui sunt introrsus atque in imis penetralibus*, um Varro zu zitieren) [123], ist der frühere. In Latium sind die *Penates* ebenso wie *Vesta* jedenfalls viel älter als die Legende von Aeneas. In Rom ist das ewige Feuer der Vesta eng mit der *regia* verbunden.[124] Man glaubte bis vor einigen Jahren, daß ihr Heiligtum im Forumtal schon im 7. Jahrhundert v. Chr. bestand, aber die Ausgrabungen von Frank Brown haben erwiesen, daß es dort erst um 500 v. Chr. erbaut worden ist, wobei das Amtshaus des *rex sacrorum* ihm gegenüber angelegt wurde. Wir können jedoch sicher sein, daß das heilige Feuer sich vorher im Hause des Königs oben auf der Burg befand, entsprechend einer uralten religiösen Tradition: der große und — wie in seiner Nachfolge der Vestatempel — runde königliche Herd neben dem *megaron* des Königs, der im Palast von Pylos und in anderen mykenischen Palästen zu sehen ist,[125] spricht ebenso dafür wie etwa die Beziehung zwischen Herdgöttin und Königtum bei den Iraniern. Der Fortbestand des Vestakultes auf dem Albanerberg [126] läßt mit Sicherheit auf eine analoge Verbindung zwischen heiligem Feuer und dem Stammeskönigtum der Latiner schließen.

Für unser Problem ist die Tatsache wesentlich, daß alle Bestandteile und Verbindungen dieser einst vom König besorgten Kulte auch in Lavinium erscheinen. Wir werden Spuren der Kulte von Lavinium in den römischen Kulten der *regia* wiederfinden; die Römer selbst erklärten stolz, daß die *Vesta* und *Penates* von Lavinium ihre eigenen seien.[127] Die Priorität liegt also klar bei Lavinium. Diese Art von Abhängigkeit ist letztlich vor dem Hintergrund einer politischen Entwicklung zu sehen, in der die Kulte des patriarchalischen Stammeskönigtums von den Herrschern der einzelnen Städte kopiert wurden, als die Macht des Vorortes verfiel und die Unterabteilungen des Latinervolkes politisch selbständig wurden; eine dieser Unterabteilungen war Rom.

Der Kult der *Penates* ist untrennbar mit den Begriffen 'Heimat' und 'Vaterland' verbunden[128]. Es ist daher um so bedeutsamer, daß für die Römer Lavinium die Heimat ihrer eigenen *Penates* war. *Nam ibi di Penates nostri* [denn dort befinden sich unsere göttlichen Penaten],[129] sagt Varro von Lavinium. Asconius (p. 21, 8 Cl.), ein seriöser, verläßlicher Gelehrter, erwähnt die *sacra populi Romani deum Penatium quae Lavini fierent* [die in Lavinium vollzogenen Riten für die Penaten des römischen Volkes]; ähnliche Nachrichten finden sich bei Plutarch und anderen,[130] und aus der Zeit des Kaisers Claudius haben wir eine offizielle Bestätigung dafür: *sacra principiorum populi Romani nominisque Latini, quae apud Laurentes coluntur* [die mit den Ursprüngen des römischen Volkes und des Latinerstammes verbundenen Kulte von Lavinium].[131] Eine bildliche Darstellung dieser Überlieferung weist der um 100 v. Chr. geprägte Denar des C. Sulpicius auf, der die beiden jugendlichen Schutzgötter mit der Bache und den 30 Frischlingen zeigt. Die Geburt der Frischlinge ereignete sich nun nach der damals verbreitetsten Version des Mythos in Lavinium. Die Köpfe der göttlichen Jünglinge werden jedoch von der Inschrift *D[ei] P[enates] P[ublici]* begleitet (Taf. IV 1—2). Das bedeutet auf einer römischen Münze soviel wie 'die göttlichen Hüter des Staates'. Die *Penates* mit der von ihnen behüteten Bache sind ferner auf dem Fragment eines Marmorreliefs in Rom zu sehen (Taf. IV 5), das mit Hilfe des Münzbildes leicht ergänzt werden kann. Hier sind erneut die göttlichen Patrone des römischen Staates gemeint, deren Kult in Lavinium gepflegt wurde.[132] Die ostentative Pietät des römischen Staates gegenüber den gemeinsamen *Penates* aller Latiner war natürlich auch eine Verbeugung vor den emotionalen Bindungen der Volksgenossen und Verbündeten. Die *Penates-Dioscuri* wurden daher in den punischen Kriegen oft auf römischen Münzen abgebildet, die in jenen entscheidenden Jahrzehnten das nächstliegende Propagandainstrument bildeten. Die beiden jugendlichen, mit Lorbeer bekränzten und in Form einer Herme vereinigten Köpfe, die bisher fälschlich als *Fontus* gedeutet wurden, sind nämlich nichts anderes als die *Penates publici* Roms und des ganzen Latinervolkes. Sie begegnen zuerst auf den schweren *asses* nach dem Ersten Punischen Krieg (Taf. III

7)[133], dann gleichzeitig auf den silbernen *quadrigati* (Taf. III 1.3) und den mit ihnen zusammen geprägten Goldmünzen, auf denen ihre Köpfe mit der Darstellung des Bündnisschlusses zwischen Aeneas, dem Ahnherrn der Römer, und König Latinus, dem Urvater aller Latiner, gekoppelt sind (Taf. III 5—6).[134]

Die Überzeugung, die Ahnengötter von Lavinium, wie auch die von Alba, seien die Götter der Römer selbst und nicht die einer im Niedergang begriffenen Gemeinde, unterscheidet ihren offiziellen Kult deutlich von der 338 v. Chr. vereinbarten *communio sacrorum* Roms mit Lavinium: Letztere sieht *expressis verbis* eine offizielle Fürsorgepflicht Roms für den munizipalen Kult einer wichtigen, außerhalb der Stadt befindlichen, latinischen,[135] nichtrömischen Gottheit vor. Noch weniger ist die Betreuung der Kulte von Alba und Lavinium vergleichbar mit der Übernahme religiöser Pflichten ausgelöschter oder verfallener Städte der Nachbarschaft durch den römischen Staat,[136] obwohl die Kulte von Alba und Lavinium von den Römern in dieselbe Kategorie eingeordnet wurden: *maiores ... sacra quaedam in monte Albano Laviniique nobis facienda tradiderunt* [unsere Vorfahren hinterließen uns den Vollzug gewisser heiliger Riten auf dem Albanerberg und in Lavinium], wie Livius den Camillus sagen läßt.[137]

Der Kultdienst in Lavinium galt außer den göttlichen Ahnen der Latiner auch den *patrii Penates ... qui huic urbi et rei publicae praesidetis*[138] [von den Vorfahren ererbte Penaten, Schützer des römischen Staates], und die strikte Beachtung ihres Rituals in Lavinium war Pflicht der römischen Magistrate und Staatspriester. Auf Varro[139] zurückgreifende spätantike Autoren bezeugen die Verpflichtung aller hohen römischen Amtsträger, begleitet von den Priestern und *flamines*[140] alljährlich in Lavinium Bittopfer darzubringen.[141] Dieses Ritual zu vernachlässigen oder den eventuell beim Opfer bekundeten Unwillen der Götter zu mißachten, galt ebenso als Gefahr für das Wohl des römischen Staates wie der fehlerhafte Vollzug der *sacra Albana*.[142] Solche Verfehlungen konnten noch im 2. Jahrhundert v. Chr. dem Ansehen bedeutender Persönlichkeiten sehr schaden: Wir kennen den Fall des C. Hostilius Mancinus, cos. 137 v. Chr.,[143] und den vom Tribunen Cn. Domitius Ahenobarbus gegen Aemilius Scaurus 104 v. Chr.

geführten Prozeß.[144] Aber das bisher übersehene älteste *prodigium*, das sich bei den Staatsopfern in Lavinium ereignete, erwähnt Cato d. Ä.[145]

Die Gelehrten, welche die religiösen Einrichtungen Roms untersuchten, haben zu Recht festgestellt, daß die kultischen Verpflichtungen des römischen Staates in Lavinium unverkennbar eine Folge einstiger politischer Abhängigkeit Roms von dieser alten latinischen Metropole waren.[146] Sie erkannten auch den Bundescharakter dieser Kulte und die Tatsache, daß sie 338 v. Chr. reorganisiert wurden. Aber es wurde kein Versuch gemacht, diese hochwichtigen Ergebnisse für die Geschichte des frühen Roms zu verwerten oder die Vorherrschaft Laviniums näher zu datieren. Wir hoffen, daß die Rolle der Stadt schon durch unsere umfassende Rekonstruktion der Geschichte des frühen Latium hinreichend geklärt worden ist; aber die Einzelheiten der Organisation der fraglichen Staatskulte liefern weitere wichtige Fakten.

Es kann nicht bezweifelt werden, daß in alter Zeit alle Latinerstädte gemeinsam die Opfer beim Bundesfest in Lavinium vollzogen. Ursprünglich waren diese kultischen Pflichten m. E. ihrem Wesen nach *sacra principiorum nominis Latini* [dem Ursprung des Latinerstammes zugehörige heilige Riten], und erst nach 338 v. Chr. wurden daraus zusätzlich *sacra principiorum populi Romani Quiritium* [mit den Ursprüngen des römischen Volkes der Quiriten verbundene Riten].[147] Die Zusammenfassung aller Latiner unter römischer Herrschaft ist, wie wir des längeren ausgeführt haben, das Ergebnis des Kampfes, der in jenem Jahr zu Ende ging. Die in den Annalen vorliegende, geschichtsverfälschende Rückprojizierung der seit 338 v. Chr. bestehenden machtpolitischen Lage in eine ferne Frühzeit ist nun auch bei der mythologischen Erklärung der römischen Opfer in Lavinium angewandt worden: Aeneas, der Ahnherr der Römer, und Latinus, der König aller Latiner, schlossen in Lavinium einen feierlichen Pakt,[148] der ewig gelten sollte. Durch das Verbrechen des Titus Tatius und dann später wieder durch die blutige Rache Laviniums verletzt, wurde das *foedus* von Romulus erneuert.[149] Andere Überlieferungen schreiben die römischen Opfer in Lavinium Ascanius[150] oder Numa zu, dem Begründer aller religiösen Einrichtungen Roms.[151] Aber selbstverständlich brauchte vor 340 v. Chr. keine Latinerstadt einen solchen Vertrag, wie er Romulus zugeschrieben wird, um zum Kult der Ahnen in der alten Metropole des Stammes zugelassen zu werden. Ohne Zweifel schickte in alter Zeit jeder Latinerstaat seine Gesandten alljährlich nach Lavinium, damit sie dort dieselben Riten für das Wohl ihrer Gemeinden vollzögen, wie sie später, nach der Unterwerfung der Latiner, von der herrschenden Stadt allein ausgeführt wurden.[152] 338 v. Chr. wurden die Latinerstaaten aus einem naheliegenden Grund ausgeschlossen: Rom verwehrte ihnen nach seinem Endsieg freie politische, juristische und wirtschaftliche Beziehungen.[153] Die Verehrung ihrer Ahnengötter war von jetzt an Sache Roms, das aufgrund einer merkwürdigen und *ad hoc* geschaffenen juristischen Fiktion an ihre Stelle trat. Dies war das *foedus*, das man manchmal Romulus zuschrieb und das alljährlich zwischen den Magistraten Roms und Laviniums erneuert wurde.[154] Es handelte sich um eine politische Vorsichtsmaßregel des Siegers, der es solcherweise zuwege brachte, daß seitdem keine Latinergemeinde außer Rom und Lavinium mehr am Stammeskult teilnehmen konnte.[155] Die römischen Annalen geben vor, Lavinium sei mit diesem *foedus* nur geehrt worden, weil es am Aufstand gegen Rom nicht teilgenommen habe. Aber letzteres ist nicht ganz richtig,[156] und es ist überdies unvereinbar mit der Tatsache, daß eine ähnliche Vergünstigung[157] dem aufständischen Lanuvium gewährt wurde.[158] Der geschickte Kunstgriff eines jährlich zu erneuernden Paktes, der angeblich von den sibyllinischen Büchern angeordnet wurde,[159] hatte vielmehr den Zweck, den Stammeskult in Lavinium der neuen Situation von 338 v. Chr. anzupassen. Das jährliche *foedus* und die Opfer wurden noch während der Kaiserzeit beibehalten.[160] Um den Mitgliedern der führenden römischen Familien, die in Lavinium im Auftrag des römischen Staates das Ritual vollzogen, die Gunst einer würdigeren Partnerschaft Laviniums zu gewähren, wurde zu Beginn der Kaiserzeit eine Korporation römischer Ritter geschaffen, die *Laurentes Lavinates* hießen.[161] Diese traten an den Festtagen als *patres patrati* und Priester der lavinischen Kulte an die Stelle der echten lavinischen Bürger.[162] Der offizielle Name der Kulte war *sacra principiorum p.R. Quiritium nominisque Latini, quae apud Laurentes coluntur* [die mit den Ursprüngen des römischen Volkes der Quiriten und des Latinerstammes verbundenen Kulte von Lavinium].[163] Wir wissen nicht, wie alt das Kalenderdatum dieser Gelübde und Opfer für das Wohl der Latiner und Roms ist. Der jährliche Vertragsabschluß fand nach Livius *post diem decimum (feriarum) Latinarum* [nach dem zehnten Tag des Latinerfestes] statt (VIII 11, 15). Dieser Termin ist jedoch mit Rücksicht auf die Gelübde der Magistrate auf dem Kapitol und der *arx Albana* gewählt worden und muß also mit der Begründung der Hegemonie über Latium festgesetzt worden sein. Die entscheidende Rolle Laviniums in der frühen latinischen Geschichte hat aber auch im römischen Festverzeichnis ihren Niederschlag gefunden: Das Fest des *Sol Indiges* in Rom war zusammen mit dem der *Vesta* (und der *Penates* in ihrem der Öffentlichkeit verschlossenen *penus*) schon Teil der rituellen Festlichkeiten des römischen Staates, als der älteste Kalender geschaffen wurde,[164] also im 5. Jahrhundert v. Chr. Trotzdem wurden dieselben Gottheiten, die nach dem Glauben der Römer die Existenz ihres Staates garantierten, auch in ihren ursprünglichen Heimstätten Alba und Lavinium vom römischen Staat verehrt; die Römer erkannten den früheren politischen Vorrang dieser Städte dadurch an, daß sie diese Kulte pflegten, solange die heidnische Religion in Rom eine Rolle spielte.

Neue archäologische Zeugnisse für das Bundesheiligtum in Lavinium

Die bisher vorgetragenen Ergebnisse sind aus den literarischen Quellen und aus den archäologischen Zeugnissen, die bis zum Jahr 1956 vorlagen, erarbeitet.[165] Drei Jahre später wurde das Latinerheiligtum, in dem die eben behandelten Kultakte vollzogen wurden, von Prof. F. Castagnoli und Dr. L. Cozza entdeckt.[166] An einem etwa 200 oder 300 Meter außerhalb der Stadtmauern von Lavinium gelegenen, 'Madonella' genannten Ort fand man *in situ* 13 riesige archaische Altäre in einer Reihe (Taf. XVI). Ich verdanke Prof. Castagnoli die wertvolle Information, daß 1963 noch weitere Fragmente ans Licht kamen. Sie sind aus dem weichen Stein dieser Gegend und mit recht roher Technik hergestellt; bisweilen erreichen sie vier Meter Länge, weisen unterschiedliche Seitenprofile und andere Zeichen verschiedener Entstehungszeiten auf.[167] Aber der gelegentliche Ersatz des einen oder anderen dieser Altäre kann nur auf den allmählichen Verfall der frühesten Reihe zurückgehen, und mir scheint, daß die Altäre der ursprünglichen Reihe alle zu gleicher Zeit entstanden sind. Auf dem Steinsockel des ältesten erhaltenen — Nr. 13 des Ausgrabungsberichtes — wurde ein noch nicht publiziertes attisches Vasenfragment gefunden, auf dem eine Sphinx und eine Sirene abgebildet sind; es kann auf 570 bis 550 v. Chr. datiert werden, wie Prof. Castagnoli mir freundlicherweise mitteilte. Man darf gewiß annehmen, daß diese Vase eine Weihgabe war, die kurz nach ihrer Herstellung zu dem Heiligtum gebracht wurde. Folglich stand wenigstens der Altar, auf dessen Steinsockel diese Scherbe gefunden wurde, bereits um 550 v. Chr. Einen weiteren wertvollen chronologischen Hinweis gibt die Bronzeinschrift, die einst auf der Tuffsteinbasis einer neben dem achten Altar gefundenen Weihgabe für die Dioskuren angebracht war (Taf. XVIII 5).[168] Ihre archaischen Buchstaben gleichen denen des *lapis niger* auf dem Forum Romanum, stammen also wohl aus den Jahrzehnten um 500 v. Chr.

Die gleichzeitige Benutzung so vieler großer Altäre kann durch einige literarische Angaben über den Bundeskult in Lavinium erklärt werden. Dionysios, der den heiligen Platz in Lavinium aus eigener Anschauung kannte,[169] gibt folgenden Bericht: Romulus war mit seinem Mitregenten Titus Tatius nach Lavinium gegangen,[170] um den altererbten Göttern das jährliche Opfer für das Gedeihen Roms darzubringen, nachdem Tatius gerade einige Gesandte aus Lavinium hatte umbringen lassen. Die Gefährten und Verwandten der Getöteten taten sich zusammen und ermordeten ihn an den Altären mit Messern und Bratspießen, die für das Zerteilen und Rösten der Opfertiere vorgesehen waren (ἐπὶ τῶν βωμῶν ταῖς μαγειρικαῖς σφαγίσι καὶ τοῖς βουπόροις ὀβελοῖς παιόμενος). Ein von Cato berichtetes *prodigium*[171] bestätigt ebenfalls, daß bei dem betreffenden Opfer mehrere Opfertiere zur gleichen Zeit geschlachtet wurden: *Lavini boves immolatos, priusquam caederentur, profugisse in silvam* [In Lavinium sollen mit Opfermehl bestreute Rinder vor ihrer Abschlachtung in den Wald geflüchtet sein]. Das gleiche Ritual schwebte Vergil vor, als er für das *foedus* zwischen Aeneas und Latinus nicht das übliche Schweineopfer, sondern ein Rinderopfer schilderte (12, 213 ff.):

Tum rite sacratas / in flammam iugulant pecudes et viscera vivis / eripiunt cumulantque oneratis lancibus aras. [Dann schlachten sie gültig geweihte / Tiere über der Flamme, entreißen den lebenden noch das / Innere und häufen auf dem Altar die beladenen Schüsseln. (Götte)]

Diese Art von Kollektivopfer unter freiem Himmel scheint eines der ältesten latinischen Rituale gewesen zu sein.[172] Wenn so viele Rinder geschlachtet wurden, wie Altäre vorhanden waren, so bedeutet das, daß eine beträchtliche Menschenmenge sich das Opferfleisch teilte; neuzeitliche Heeresproviantvorschriften sehen einen Ochsen für ein Bataillon von 1000 Mann vor.[173] Folglich diente die Reihe von einem Dutzend oder mehr Altären den Vertretern und Bürgern aller Latinerstädte einschließlich Roms, wenn das Opfer an *Indiges, Vesta* und die *Penates* an dem heiligen Ort vollzogen wurde, an dem Aeneas das erste Opfer an seine Ahnengötter dargebracht haben soll. Bezeichnend für die latinischen Bundesheiligtümer war, daß sie sich außerhalb der sakralen Grenze *(pomerium)* derjenigen Städte befanden, die ihren Kult zu betreuen hatten. Wir haben diese rechtlich bedeutsame Exterritorialität beim aventinischen Bezirk der Diana[174] beobachtet, und andere Beispiele fehlen nicht.[175] Kein lokaler munizipaler Kult solchen Ausmaßes konnte in archaischer Zeit außerhalb einer Stadt bestehen oder aus irgendeinem Grund *extra pomerium* eingerichtet werden. Die Einrichtung eines Kultes außerhalb des eigentlichen Stadtgebietes paßt viel eher zu einem Bundeskult und den ursprünglich damit verbundenen politischen Zusammenkünften.

Nach 340 v. Chr., als Rom die Latinerstädte von der Teilnahme am Bundeskult in Lavinium ausgeschlossen hatte und die politische Rolle dieser heiligen Stätte auf einen Tag im Jahr beschränkt wurde, überschwemmte eine Welle privater Religiosität diesen Ort. Dies bezeugen die Weihgaben[176] an Ceres und Vesperna aus einem kleinen Tempel, der von den Entdeckern des Bundesheiligtums nicht weit von diesem ausgegraben wurde; und noch deutlicher wird diese Entwicklung durch die Votivterrakotten illustriert, von denen man

Die *Penates* als Dioskuren 241

früher schon viele gefunden hatte und die durch F. Castagnoli und L. Cozza in enormen Mengen ausgegraben wurden. Sie spiegeln jene Phase religiöser Entwicklung in Südetrurien und Latium wider, die vor einigen Jahren von Q. F. Maule und H. R. W. Smith beleuchtet wurde.[177] Deren Ergebnisse faßt E. Hill Richardson folgendermaßen zusammen [178]:

Mit dem 4. Jahrhundert setzt die Flut anatomischer Terrakotten ein. Nach den Exvotos zu urteilen haben alle großen Göttinnen Südetruriens und Latiums mit Geburt und Heilung zu tun; die Häufigkeit männlicher Körperteile unter den Exvotos ist der einzige Hinweis darauf, daß diese Religion nicht völlig in der Hand von Frauen war.

Die Terrakotta-Weihgaben in Lavinium geben weiteren Aufschluß: Männerköpfe und andere Teile des männlichen Körpers kommen ebenso häufig wie weibliche vor, und ebenso viele Figuren stellen Haustiere oder Glieder von solchen dar. Die allgemeine Heils- und Gnadenkraft der Gottheit wird von der Landbevölkerung auf eine Weise angefleht, die im wesentlichen aus einer Art Analogiezauber besteht. In der Flut dieser magischen Vorstellungen ist die Individualität der Götter untergegangen.

Die 'Penates' als Dioskuren in Lavinium und Rom

Wie schon bemerkt,[179] existierte der römische Kult der *Penates*[180] in zwei deutlich verschiedenen Formen: die eine war die Verehrung kleiner, unbearbeiteter Gegenstände oder primitiv gefertigter Statuetten im *penus Vestae*,[181] das von niemandem außer dem Kultpersonal betreten werden durfte; die andere vollzog sich in einer Kapelle auf der Velia, wo die Statuen zweier sitzender, mit Speeren bewaffneter Jünglinge mit der Widmung *Magnis Diis* [den Großen Göttern] der Öffentlichkeit zugänglich waren.[182] Jeder Versuch, diese beiden Varianten des Kultes miteinander in Einklang zu bringen, ist von vornherein zum Scheitern verurteilt. Wenn wir uns aber damit begnügen, den Tatbestand einfach anzuerkennen, wird uns der Grund für diese Zweiteilung klar: Die zusammen mit dem Feuer der Vesta im geheimnisvollen Innersten des Heiligtums verehrten *Pena-*

tes gehörten zur ältesten Schicht der latinischen Götterwelt, während die griechischen Dioskuren als eine modernisierende Deutung der *Penates* eingeführt wurden; sie konnten, obschon ihre öffentliche Verehrung in Rom Wurzeln schlug, die ersteren im geheimen Staatskult nicht ersetzen. Eine ähnliche Kapelle mit sitzenden Jünglingen stand in Lavinium und wurde mit der Darstellung des den Jünglingen opfernden Aeneas auf einem Relief der *ara pacis* abgebildet.[183] Die archaische Bronzeinschrift eines Exvotos im Bundesheiligtum von Lavinium, die von den beiden italienischen Gelehrten gefunden und von F. Castagnoli publiziert wurde,[184] bezeugt die Verehrung von Kastor und Pollux in Lavinium am Ende des 6. Jahrhunderts v. Chr. Da sie neben den großen Altären gefunden wurde, scheint es sicher, daß mit der Widmung an die Dioskuren die *Penates* der Latiner[185] gemeint sind.

Die Inschrift lautet: CASTOREI PODLOVQVEIQVE QVROIS. Gewiß wurde Polydeukes im Lateinischen *Poldoukes* genannt, ehe die merkwürdige Metathese von LD zu DL in der Wortmitte die ursprüngliche Form des Namens entstellte. *Poldoukes* entspricht dem etruskischen *Pultuke*,[186] ein Beweis für die Übernahme des griechischen Kultes durch die Etrusker. Diese Namensform begegnet nun auch in Praeneste,[187] und wir wissen von der Existenz eines ebenso alten Kultes der Dioskuren in Ardea[188] sowie von der großen Bedeutung jener Gottheiten in Tusculum. Die Statuen der göttlichen Jünglinge, die am *lacus Iuturnae* in Rom gefunden wurden (Titelbild und Taf. II), sind eine griechische Arbeit aus dem frühen 5. Jahrhundert v. Chr.[189] Die Tatsache, daß ihr aus derselben Zeit stammender Tempel *intra pomerium* errichtet wurde, beweist unwiderlegbar, daß ihr Kult damals als einheimisch betrachtet wurde.

Seine Aufnahme in die Staatsreligion muß also der Schlacht am See Regillus vorausgegangen sein.[190] Die Dioskuren werden auf der oben zitierten Inschrift *quroi* genannt, was man mit F. Castagnoli dahingehend deuten muß, daß sie direkt aus der Magna Graecia nach Latium kamen. R. Bloch[191] meint, sie stammten aus Lokroi, H. Wagenvoort[192] plädiert mit guten Gründen für Tarent. *Kuroi* bezeichnet in Sparta die göttlichen Brüder als Reiter,[193] und ihre große Popularität im archaischen Latium fällt mit dem überwälti-

Die Bache mit den dreißig Frischlingen 243

genden militärischen und politischen Übergewicht der Kavallerie zusammen.[194]

Die einstmals führende Rolle von Lavinium würde die Annahme, daß die römischen Dioskuren aus dieser Stadt übernommen wurden, auch dann nahelegen, wenn die neuentdeckte Weihinschrift keine willkommene Unterstützung dieser These gebracht hätte.[195] Zudem war die Quellgöttin Iuturna, die in Rom mit den Dioskuren verbunden war, auch in Lavinium zu Hause[196] und ohne Zweifel mit ihnen aus Lavinium gekommen;[197] ihr heilsames Wasser wurde für das Ritual der Vesta[198] benutzt. Wir haben es hier mit einer Überführung zweitrangiger Gottheiten eines kultischen Komplexes zusammen mit bedeutenderen Göttern zu tun. In derselben Weise begleiteten die mythischen Gefährten der Diana von Aricia diese nach Rom.[199]

Der Mythos von der Bache mit den dreißig Frischlingen und seine Umgestaltungen

Der Anspruch Laviniums auf den politischen Vorrang im alten Latium war auf dem Marktplatz der Stadt in einem Kunstwerk zur Schau gestellt, das zuerst von dem Historiker Timaios erwähnt wird, der in den Jahrzehnten um 300 v. Chr. davon erfuhr.[200] Es war das Bronzebild einer Bache mit dreißig neugeborenen Frischlingen, eine symbolische Darstellung der Mutterstadt aller Latiner und der von ihr gegründeten dreißig latinischen Siedlungen.[201] Dieses handgreifliche Andenken an die hegemonialen Ambitionen Laviniums in ferner Vergangenheit[202] gab es noch zu Varros Zeit.[203] Es mag zu Lebzeiten des Timaios schon ein sehr altes Monument gewesen sein und stammte vielleicht aus dem 6. Jahrhundert v. Chr.; es könnte freilich auch jüngeren Datums gewesen und nicht lange vor 340 v. Chr. aufgestellt worden sein. Der Drang jenes Stadtstaates nach der Führung in Latium, der in dieser Statuengruppe zum Ausdruck kam, kann nicht vor dem 7. Jahrhundert v. Chr. bestanden haben und gehörte um 340 v. Chr. endgültig der Vergangenheit an.

Wir kennen noch andere Darstellungen der Bache als Stammessymbol der Latiner. Nach dem Sieg über Pyrrhos ließen die Römer sie auf ihrem neuen Barrengeld abbilden (Taf. XVIII 4), und dazu den Elefanten des Angreifers. Jeder, der diese Bronzebarren benutzte, muß gewußt haben, daß das einheimische Tier die Latiner bezeichnete,[204] während das exotische Tier ein bildliches Symbol für den besiegten fremden Eindringling war. Es scheint sogar, daß auf allen Marktplätzen der neuen römischen Kolonien mit latinischem Status das Standbild der Bache mit ihren Frischlingen errichtet wurde. Den ältesten Nachweis dafür bietet die Bache auf Bronzemünzen der umbrischen Stadt Tuder (Taf. IV 3)[205] aus dem späten 3. Jahrhundert v. Chr. Auf diesen Münzen hat die Bache nur drei Frischlinge; aber *aurei* und Denare Vespasians (vgl. Taf. IV 4), deren Bache demselben archaischen Statuentypus wie die latinische angehört, beweisen, daß die drei für dreißig stehen. Obwohl wir wissen, daß Tuder erst im Bundesgenossenkrieg das römische Bürgerrecht erhielt,[206] müssen wir aufgrund dieser Darstellung annehmen, daß die Römer schon im 3. Jahrhundert v. Chr. eine *latinische* Kolonie an diesem wichtigen Knotenpunkt der Straße nach Süden angelegt haben.

Ein weiteres Beispiel[207] ist die Statue einer *scrofa cum porcis triginta* [Sau mit dreißig Frischlingen], die C. Cornelius Caeso, Bürgermeister der südlich von Cordoba gelegenen Stadt Obulco, und sein Sohn errichteten. A. Schulten hat dies zu Recht als Beweis für das *ius Latinum* der Gemeinde betrachtet.[208]

Wir kennen nicht den ursprünglichen Zweck der lebensgroßen Marmorgruppe der Bache mit den Frischlingen, die im Valle S. Vitale zwischen Quirinal und Viminal gefunden wurde (Taf. V).[209] Diese ergötzliche Schöpfung des 2. Jahrhunderts n. Chr., in naturalistischem Stil mit leicht komischem Einschlag gefertigt, kann gleichwohl ein offizielles Monument gewesen sein, weil dieselbe Komposition im selben Stil auf den Münzen des Antoninus Pius erscheint (Taf. VII 1, 3—4), der im Latinerland geboren wurde[210] und den Mythos wieder belebt haben könnte.

Das Hauptmerkmal der lavinischen Version des latinischen Mythos' ist seine 'Trojanisierung'. Schon bei Timaios ist es Aeneas, der die Bache findet und unter ihrer Führung Lavinium gründet; und seit dieser Zeit erscheint die Person des trojanischen Helden und

Die Bache mit den dreißig Frischlingen 245

Gründers von Lavinium in allen diesbezüglichen Berichten, die wir
besitzen,²¹¹ sowie auf den künstlerischen Darstellungen.²¹² Auf
einigen Bronzemedaillons Hadrians und dann des Antoninus Pius,²¹³
welche die Bache zeigen (Taf. VI 1), erscheint Aeneas erhöht, mit
Anchises auf der Schulter, zwischen einem hohen und einem niedrigeren Altar für die himmlischen und die chthonischen Gotthei-
ten.²¹⁴ Links steht eine runde Hütte, die von Dionysios²¹⁵ beschrie-
bene καλιάς, bei der Aeneas seinen Ahnengöttern die Bache und
die Jungen opferte. Sie mag einst an der Stelle der kleinen runden
Kirche der Madonella gestanden haben, nahe bei den großen
Altären. Dieselbe Szenerie mit den beiden Altären und der Hütte
kehrt auf einem anderen Medaillon des Pius (Taf. VI 2) wieder.
Es zeigt die Landung des Helden und die Entdeckung der Bache.
Die heilige, für die Öffentlichkeit nicht zugängliche Hütte erinnert
an die Hausurnen und die *casa Romuli* in Rom.²¹⁶ Ihr Ursprung
liegt sicher in archaischen, aus dem Kult des Stammesahnherrn ent-
springenden Vorstellungen. Aber die lavinische Version des Mythos'
von der Bache war nicht die ursprüngliche, ganz abgesehen von
ihrer nachträglichen Verknüpfung mit Aeneas. Die Rivalität zwischen Lavinium und Alba, auf die wir bereits des öfteren eingegangen sind, spiegelt sich auch in bestimmten Versionen des betreffenden Mythos' wider.²¹⁷ Fabius Pictor, der die Geschichte von
der wundersamen Bache aus lebendiger Überlieferung gekannt
haben muß, da sie in seiner Familie gewiß mündlich von Generation
zu Generation weitergegeben wurde, berichtete in seinen Annalen,
daß Alba Longa — und nicht Lavinium — der Platz gewesen sei,
zu dem die Bache als Botin der Gottheit den Ahnherrn der Nation
geführt habe.²¹⁸ Niemand bezweifelt wohl, daß dieses die ursprüngliche Fassung der Sage war. Es ist auch unwahrscheinlich,
daß Pictor die weiße Bache *[sus alba]*, von deren Farbe angeblich
der Name der ersten Latinerstadt herrührte, einfach erfand.²¹⁹
Pictor vermischte diese mündliche Tradition mit der bei Timaios
überlieferten latinischen Version und deutete die dreißig Frischlinge willkürlich als dreißig Jahre, nach deren Ablauf Aeneas im
Auftrag der Ahnengötter Alba gegründet haben soll. Aber solche
nachträglichen Kombinationen können die Tatsache nicht ver-
wischen, daß die Bache nicht mit Aeneas zu Schiff ankam, sondern

daß sie in der ursprünglichen Fassung des Mythos' den Urkönig der Latiner nach Alba führte.

Die Mythologie der indogermanischen Hirten und Jäger ist reich an mächtigen Tieren dieser Art, die vom Himmel gesandt sind, um die wandernden Stämme in jene Gegend zu führen, wo sie ihre neue Heimat gründen sollen.[220] Die typische Ausprägung solcher Mythen, in denen der Name des Volkes, der Helm der Krieger, die in der Schlacht vorangetragene königliche Standarte jeweils Sinnbilder des theriomorphen Ahnherrn der Ursprungssage sind, der den Weg zu einer ersehnten neuen Heimat wies, fehlt auch in Italien nicht. Wie der *picus* die Picenter, der *hirpus* die Hirpiner, der Bulle die Samniten, so führte auch die Bache die Latiner in ihr Land. Diejenige Version der Ursprungssage, welche die Sau als Proviant mit den neuen Siedlern zu Schiff kommen läßt, hat den Mythos von der Ankunft wandernder Viehzüchter nachträglich in eine Sage von landenden Seeleuten und Piraten verwandelt. In seiner ursprünglichen Gestalt war dieses Tier sicher kein domestiziertes Schwein, sondern eine Bache, ein weibliches Wildschwein. Das schwarze Schwein bei Timaios[221] ist ein κάπρος [Wildsau], und der gelehrte Vergil schildert das Tier ebenfalls als Wildschwein:

> *cum tibi sollicito secreti ad fluminis undam*
> *litoreis ingens inventa sub ilicibus sus*
> *triginta capitum fetus enixa iacebit*
> *alba solo recubans, albi circum ubera nati,*
> *is locus urbis erit, requies ea certa laborum.*[222]

[wo dir Sorgenzerquältem am Wasser einsamen Stromes / einst eine riesige Sau sich zeigt: unter Eichen am Ufer / liegt sie, dreißig Frischlinge hat sie schon geworfen, / weiß am Boden gestreckt und weiß um die Euter die Ferkel, / dort ist der Platz für die Stadt, ist sichere Rast von der Mühsal. (Götte)]

Der wütende Eber war ein beliebter mythischer Prototyp im Rahmen der indogermanischen Vorstellungen von der Idealfigur des besessenen Kriegers: der wütende Indra, der rasende Rudra und der unwiderstehliche Verethragna wurden als Eber verstanden.[223] Der Eber war der totemistische Ahnherr der Kirgisentürken in Nordasien;[224] die Namen von Fürsten und Kriegern dieser Gegend sind von der Bezeichnung für den Eber abgeleitet;[225] der Eberkopf

Die Bache mit den dreißig Frischlingen 247

erscheint als Kopfschmuck mythischer Helden.[226] In Skandinavien treffen wir gleichfalls das Heldenideal des rasenden Ebers und das Bild des kämpfenden Ebers auf frühmittelalterlichen Helmen.[227] Auch keltische Analogien fehlen nicht.[228] Bei den Griechen kennen wir den Eber als Führer der Ephesier zu einer Stelle, wo ein Heiligtum gebaut werden sollte.[229] Herakles mit dem Eberkopf statt der Löwenhaut erscheint bei den Griechen der Magna Graecia.[230] Wegen dieser Vielfalt mythischer Vorbilder und Möglichkeiten gegenseitiger Beeinflussung einerseits sowie des Mangels an exakten Nachrichten andererseits können wir nicht entscheiden, ob der mächtige Eber auf einer frühen etruskischen Münze (Taf. XVIII 3),[231] der Kopf einer Gottheit auf gegossenen Bronzemünzen des 3. Jahrhunderts v. Chr.[232] sowie ein Gott in Perugia mit demselben Kopfschmuck[233] von der griechischen Mythologie beeinflußt oder aber Ausdruck einheimischer Vorstellungen sind.

Auf festerem Boden stehen wir in Latium, wo der Mythos von der Bache eine echt latinische Tradition ist, die aus der prähistorischen Religiosität in die historische Zeit hinübergerettet wurde. Der wilde Eber war in der Fauna der Umgebung von Lavinium eine gewohnte Erscheinung:

Sicut aper longe silvis Laurentibus actus
Fulmineo celeres dissipat ore canes,
[Wie der in den Wäldern Laviniums weit gehetzte Eber / mit blitzendem Gebiß die Schar der schnellen Hunde auseinanderjagt],

überliefert Ovid.[234] Es gab deren in der Tat so viele in den Wäldern nahe der Stadt, daß der *Laurens aper* eine gebräuchliche Ware auf den Fleischmärkten der Hauptstadt war.[235] In archaischen Jägergesellschaften nahm ein so wichtiges Beutetier gewöhnlich die Rolle eines Totems an; Reste derartiger Vorstellungen findet man bei vielen Völkern, sogar an der Schwelle zur Hochkultur, und in diesen Zusammenhang gehört die latinische *scrofa*.[236]

Die früheste Entwicklungsstufe dieses Mythos' hat glücklicherweise in Rom Spuren hinterlassen; dort ist der Kult der *Lares Grundules*[237] überliefert, d. h. die kalendarisch festgelegte religiöse Ehrung der Bache und ihrer dreißig Frischlinge. Nichts könnte greifbarer die tiefe Verwurzelung der frühen römischen Gemeinde in der Stammesgemeinschaft beleuchten als die Existenz dieses theriomorphen Kultes. Derselbe Kult muß auch in den anderen Mitgliedstaaten des Bundes der dreißig Volksteile vorhanden gewesen sein. Die Statuen der *scrofa* auf ihren Marktplätzen waren ursprünglich Abbilder eines Sendboten der wohltätigen Gottheit, an welchem eine geheimnisvolle Kraft haftete — eine weit gewaltigere als die des Menschen.

Obwohl nach dem Niedergang Albas Lavinium von den Latinern als der Ort anerkannt wurde, zu dem die Sau den gemeinsamen Ahnherrn geführt hatte, wurden doch die besonderen theriomorphen Schutzpatrone des einstigen Stammesteils und späteren Stadtstaates Lavinium nicht vergessen, wie eine bei Dionysios überlieferte Sage beweist[238]: „Zur Zeit, als die Stadt Lavinium gebaut wurde", so heißt es da,

brach plötzlich ein Feuer in dem dort gelegenen Wald aus. [Das Anzünden des Waldes war natürlich der einfachste Weg, Platz für ein Baugelände zu schaffen.] Ein Wolf brachte in seinem Maul trockenes Holz und warf es aufs Feuer; ein Adler flog herbei und fachte das Feuer durch die Bewegung seiner Flügel an. Aber ein Fuchs arbeitete diesen Tieren dadurch entgegen, daß er seinen Schwanz im Fluß netzte und die Flammen auszuschlagen suchte. Einmal hatten die beiden Tiere Erfolg, die das Feuer nährten, dann wieder der Fuchs, der es zu löschen versuchte. Endlich aber siegten Adler und Wolf, und der Fuchs zog ab, weil er nichts mehr ausrichten konnte.

Dieser Wettstreit war auch in Gestalt einer alten Bronzegruppe dieser Tiere auf dem Forum von Lavinium dargestellt.[239] Der Gegner der hilfreichen Tiere, des Wolfes und des Adlers, war der Fuchs, dessen rötliche Farbe klar auf den Namen der Rutuli anspielt, der feindlichen Nachbarn der Lavinier. Die beiden ersteren hingegen sind die einstigen Totemtiere des lavinischen Stammesteils. Auch auf den in den letzten Jahren Caesars geprägten Denaren des L. Papius Celsus sind sie abgebildet (Taf. XIII 15—18). Ein wichtiges Detail auf diesen Münzen ist bisher unbemerkt geblieben: der Wolf ist weiblich. Die Wölfin und ein Vogel als ihr Helfer, hier der Adler, erinnern stark an die römische *lupa* und ihren Helfer, den Specht. Ferner ist auf einem römischen Bronzequadrans aus der zweiten Hälfte des 2. Jahrhunderts v. Chr. die römische Wölfin von einem Adler begleitet, der Trauben für die Zwillinge bringt (Taf. XVIII 1). Auf einem Medaillon des Antoninus Pius (Taf. VI 3) wacht der Adler zusammen mit Herakles auch über die Hirschkuh, die den jungen Telephos nährt. Diese Parallelen lassen annehmen, daß der authentische Ursprungsmythos von Lavinium dasselbe Schema wie der römische aufwies.[240]

Trojanische Legende und Etruskerherrschaft in Latium

Wir glauben, in einer früheren Arbeit nachgewiesen zu haben, daß die mythische Rolle des Aeneas als Stammvater der Latiner eine direkte Folge der Etruskerherrschaft in Latium war. Inzwischen erfolgte archäologische Entdeckungen und sonstige Forschungen haben diese Auffassung bestätigt. Die Ergebnisse können folgendermaßen zusammengefaßt werden:[241]

Um 500 v. Chr.[242] sind bei Stesichoros die Etrusker schon als Trojaner bezeichnet, und damit gibt er nur eine weit ältere Vorstellung wieder. Bei Timaios kommt der trojanische Held Aeneas zu Lande nach Etrurien, von Thrakien über Pisa und Agylla-Caere nach Latium und Kampanien.[243] In Etrurien trifft er Nanos-Nanas, den Gründerheros von Cortona, der mit Odysseus identifiziert wird. Tarchon und Tyrsenos, Söhne des mysischen Helden Telephos — manche Etrusker sahen ihren Ursprungsort in Kleinasien nicht in Troja, sondern in Mysien —, schließen sich deren Bündnis an. Vergil verknüpfte diese etruskische Tradition mit der Landung des Aeneas in Lavinium[244]: Aeneas macht eine Fahrt nach Caere, um sich der Hilfe Tarchons zu versichern, und erhält durch seine göttliche Mutter in einer nahebei gelegenen Grotte neue, von Vulcanus angefertigte Waffen.

Weiteren Ausdruck findet dieser etruskisch-trojanische Ursprungsmythos der Latiner in einer Schilderung bei Alkimos, einem sizilischen Zeitgenossen Dionysios' II,[245] derzufolge die Ahnen der Römer Aeneas und Tyrrhenia waren,[246] deren Stammbaum auf die Könige von Alba zurückging — und *nicht* nach Lavinium reichte. Die gleiche Konzeption, die auf einer nachträglichen Verknüpfung von Trojanern und Etruskern beruht, kehrt in einer anonymen Erzählung wieder,[247] in der Telephos' Tochter, die Ahnherrin der Etrusker, die Gemahlin des Aeneas ist. Die etruskischen Wurzeln dieser Überlieferung sind im einst etruskischen Capua greifbar, wo Münzen vom Ende des 3. Jahrhunderts v. Chr. (Taf. XVIII 2)[248] den Mythos von Telephos als Vorfahren des Trojaners Kapys, des Stadtgründers, darstellen.

Es gibt noch weitere Spuren für die etruskische Herkunft der latinischen Ursprungslegenden. In einem Fragment des Promathion[249] heißt ein mythischer König von Alba Longa *Tarchetios* — ein etruskischer Name, der dem lateinischen *Tarquitius* entspricht, einer Variante zu *Tarquinius*. Dieser König konsultiert das Orakel der Thetis in Etrurien. Im Mythos der Silvia heißt der königliche Schafhirte, der dem Faustulus der römischen Sage entspricht, *Tyrrhus*,[250] was mit *Tyrrhenus* gleichbedeutend ist. Auch ist es nicht ohne Bedeutung, daß die Mutter des Aeneas in Lavinium als *Frutis* verehrt wurde;[251] das war der etruskische Name für Aphrodite.

Diese literarischen Angaben werden durch eine beträchtliche Zahl archäologischer Zeugnisse ergänzt. Da ist zunächst der etruskische Ursprung des 'Trojaspiels' — einer Reitervorführung der vornehmen jungen Männer in Rom —, der durch den berühmten, in der Nähe von Caere gefundenen und auf das Ende des 7. Jahrhunderts v. Chr. zu datierenden Tonkrug von Tragliatella bezeugt wird (Taf. XIX 1—3; XX 1; XXI—XXII).[252] Die Zeichnungen auf diesem Krug sind zwar von ungeschickter Hand in die Oberfläche geritzt, die dargestellten Szenen stammen jedoch aus einem wohlbekannten Motivschatz; zumeist entziehen sie sich leider einer zuverlässigen Deutung. Der nackte Mann von eindrucksvoller Statur, der eine wilde Ziege zähmt (Taf. XIX 1), mag Herkules sein; ebenso der andere nackte Riese mit einer langen Keule, der hinter einem Zug von Kriegern marschiert, auf deren Schilden Eber abgebildet sind (Taf. XIX 3). Eine andere männliche Gestalt mit einem Lendenschurz scheint ebenfalls zweimal vorzukommen: einmal landet sie entweder in einem Boot und wird von einer Frau begrüßt oder fährt im Gegenteil ab und nimmt die Frau mit, wie Theseus und Ariadne (Taf. XIX 1);[253] das andere Mal wird sie als *amnu arce* bezeichnet, hat ein kleines Mädchen *velelia* an der Hand und nimmt von einer Frau namens *thes athei* einen runden Gegenstand in Empfang.[254] Es gibt keinen Hinweis darauf, wer die Frau ist, die neben zwei leeren Stühlen steht (Taf. XIX 2), und wir erwähnen die echt etruskischen erotischen *symplegmata* nur der Vollständigkeit halber. Außer diesen Szenen gibt es aber noch eine, die von besonderem Interesse für unser Thema ist (Taf. XX 1; XXI 1; XXII):

Zwei junge Reiter mit runden Schilden, einer von ihnen auch mit einem Speer bewaffnet, veranstalten den *lusus Troiae*, das 'Trojaspiel'. Neben ihnen befindet sich eine Labyrinthzeichnung mit dem etruskischen Wort *truia*. Schon im 19. Jahrhundert erkannten Gelehrte, daß dieses etruskische Wort nur „trojanisch" heißen kann,[255] wie denn auch ein trojanischer Kriegsgefangener auf den Wandgemälden der tomba François in Vulci *Truials* heißt. Später versuchte ein glänzender Archäologe, diese Deutung zu widerlegen, indem er *truia* als altindogermanischen Ausdruck für „in Bewegung bleiben", *truare*, deutete. Das Verbum *amb[p]truare* „herumhüpfen" war *terminus technicus* für den Tanz der Salier. Der Ausdruck reicht tatsächlich in archaische Zeit zurück, und der Gleichklang von lateinisch *truare* und *truia*, der etruskischen Bezeichnung für Troja, könnte in Latium der Ausgangspunkt der Interpretation dieses Spiels als eines trojanischen gewesen sein. Aber das ist unwahrscheinlich: Das lateinische *truare* scheint ein etruskisches Lehnwort zu sein.[256] Abgesehen davon ist es methodisch unmöglich, ein etruskisches Wort auf einem etruskischen Gefäß aus einer lateinischen Wortwurzel herzuleiten. Hinzu kommt, daß die Schaffung der Kavallerie im römischen Heer ein Werk etruskischer Könige war, die damit eine etruskische Einrichtung einführten;[257] der etruskische Ursprung des 'Trojaspiels' fügt sich in dieses Bild gut ein.

Das Trojaspiel im Rom der augusteischen Zeit zeigt noch Merkmale seiner ursprünglichen Verbindung mit der ältesten Organisation der Kavallerie; die Vorführung stellte die hohe Reitkunst und die militärische Bereitschaft der vornehmen jungen Männer zur Schau. Aber zugleich war der *lusus Troiae* ein magisches Ritual.[258] Auf diesen Aspekt verweisen die Darstellungen des Labyrinths, eines komplizierten Schemas für Gruppentänze, und die schon erwähnten beiden jungen Reiter auf der Oinochoë von Tragliatella.[259] Niemand zweifelt an G. Q. Gigliolis Feststellung,[260] daß das Nebeneinander des Labyrinths und der beiden jungen Reiter kein Zufall ist. Wir sind nicht die ersten, die bemerken, daß zwischen dem Tanzplatz, der hier *truia* heißt, und der Vorführung der Jünglinge zu Pferde dieselbe Verbindung besteht wie bei Vergil [261]:

> *ut quondam Creta fertur labyrinthus in alta*
> *parietibus textum caecis iter ancipitemque*
> *mille viis habuisse dolum, qua signa sequendi*
> *falleret indeprensus et inremeabilis error:*
> *haud alio Teucrum nati vestigia cursu*
> *inpediunt texuntque fugas et proelia ludo.*

[Wie das Labyrinth auf Kretas Höhen vor Zeiten / Weggespinst aus Wänden voll Nacht und täuschendem Trug mit / tausend von Gängen der Sage nach bot, wo weisenden Zeichen / Wirkung raubte der Wirrwarr des rückkehrweigerndn Irrgangs, / also flechten die Söhne der Teukrer die Spuren im Reigen / täuschend in eins und verweben Flucht und Gefechte beim Spielen ... (Götte)]

Die Zeichnungen auf der Oinochoë und die 600 Jahre später geschriebenen Verse spiegeln denselben auf dem Glauben an die trojanische Herkunft der Etrusker beruhenden Mythos wider.

Ein kleines ikonographisches Detail im *lusus Troiae* des Kruges von Tragliatella verdient unsere Aufmerksamkeit. Hinter dem ersten Reiter (Taf. XX 1 und XXI 1) sitzt ein zusammengekauertes Tier, das offenbar mit seiner linken Pfote die Schulter des jungen Mannes berührt; es ist zweifellos ein Affe, seit archaischer Zeit ein beliebtes Motiv in der etruskischen Kunst (Taf. XX 7).[262] Wir wenden uns hier nur den Fällen zu, wo das Tier hinter einem Reiter sitzt. Auf einem Wandgemälde in Veii [263] (Taf. XX 2) ist das Tier vom Künstler wohl irrtümlich als Leopard dargestellt worden; auf der Vorlage dürfte es ebenso ein Affe gewesen sein wie die plump gefertigten Tiere, die bei einer Reihe von Bronzefibeln hinter einem Reiter sitzen. Wir bilden hier ein Stück aus dem Bocchorisgrab in Tarquinii (Taf. XX 4), eines aus Marzabotto (Taf. XX 3) und eines aus Bologna (Taf. XX 5) ab.[264] Ein fein gearbeitetes Exemplar aus Este (Taf. XX 6) [265] zeigt drei junge Reiter mit runden Schilden, ähnlich den beiden auf dem Krug von Tragliatella, mit einem Affen hinter einem jeden. Ateste, an der Pforte Italiens gelegen und von Etrurien stark beeinflußt, hat etruskisches Kulturgut nach dem Norden vermittelt; darunter könnte die etruskische Version der Trojalegende gewesen sein, die später in der germanischen Welt verbreitet war.[266] Die kleinen Affen hinter den Reitern scheinen wenigstens soviel anzuzeigen, daß die Reiter des *lusus* nicht als bloße Verzierungen nach dem Norden wanderten, sondern vermutlich zusammen mit dem dahinterstehenden Geistesgut.

Die außerordentliche Popularität des Aeneas in Etrurien demonstriert eine Untersuchung von K. Schauenburg[267] über die Darstellungen des Aeneas auf Vasenbildern. Er sammelte 57 Beispiele für die Abbildung des mit seiner Familie fliehenden Helden auf attischen Vasen. Die meisten davon (52 Exemplare) stammen aus dem letzten Viertel des 6. Jahrhunderts v. Chr., nur fünf aus den ersten Jahrzehnten des 5. Jahrhunderts. Zehn davon wurden in Vulci gefunden, drei in Caere, eine in Tarquinii, drei im etruskischen Nola und eine in Süditalien. Fünf kommen aus Sizilien, wo die Elymer sich ihrer Einwanderung aus Kleinasien bewußt waren.[268] Viele der übrigen Vasen, deren exakte Herkunft unbekannt ist, wurden in Etrurien gefunden, ebenso andere attische Vasen, die Aeneas noch im Kampf mit den Griechen kurz vor seiner Flucht darstellen. Wie Schauenburg ausführt,[269] wurde das Thema der Flucht des Aeneas von den attischen Töpfern und Malern für den Export zu etruskischen Kunden gewählt. Wenn die riesige Menge attischer Exporte in die neuen etruskischen Städte der Poebene so wenige Beispiele für die Darstellung der Flucht des Helden nach Westen enthält, so ist das daraus zu erklären, daß die Etrusker in Spina, Melpum usw. von diesem Thema nicht so angetan waren wie die südetrurischen Städte, die früher bereits so viele Vasen mit Abbildungen der Ankunft des Aeneas gekauft hatten. Es ist bisher nicht bemerkt worden, daß eine der wenigen in Italien gefundenen Darstellungen dieses Mythos' auf rotfigurigen Vasen, die großartige Iliupersis des 'Altamuramalers' in Boston (Taf. XXIII 1),[270] Antenor, den Gründer der etruskischen Städte in der Poebene, darstellt, wie er auf dem Wege nach Italien Aeneas vorausgeht. Sein Erscheinen auf späten schwarzfigurigen Malereien, etwa auf einer Vase in Hamburg, wo er Aeneas in phrygischer Aufmachung begleitet (Taf. XXIII 2),[271] deutet auf eine bewußte Wahl des Themas für attische Importe ins neue padanische Etrurien hin.

Die Popularität des Aeneas in Etrurien, wie sie die Arbeit Schauenburgs zeigt, spiegelt die ungeheure Verehrung wider, die ein Gründerheros erfuhr. An dieser Stelle muß ich einen Irrtum aufklären. Ein höchst verdienstvoller Gelehrter meinte, daß ich Aeneas als Ahnherrn des *ganzen* Etruskervolkes betrachte.[272] In Wirklichkeit behaupte ich jedoch nur, daß Aeneas in mehreren Städten Südetruriens als Gründerheros verehrt wurde, und zwar gerade in den Städten, die sich in der Herrschaft über Rom abwechselten.

Die Wanderung des Aeneas nach Westen war sicher nicht lediglich „eines der zahlreichen epischen Motive", die die Etrusker von den Griechen borgten.[273] Das läßt sich an der Rolle der heiligen trojanischen Reliquien, der *sacra Troiana*, auf etruskischen Darstellungen der Wanderung des Aeneas zeigen. Wie ich bereits betont habe, hatten die Griechen kein Interesse an der Wiedererstehung Trojas; für sie war Aeneas einfach ein legendärer Widersacher ihrer Vorfahren. Sie bildeten daher nie die Rettung der erwähnten heiligen Gegenstände ab, die für sie uninteressant waren.[274] Eine ganz andere Bedeutung hatten diese Reliquien für neue 'trojanische' Gründungen, wo sie als Garanten für Wohl und Macht der Gemeinde galten, als *pignora imperii*.

Eine Darstellung der heiligen Gegenstände aus Troja fand der Verfasser auf einem in Vulci entdeckten und dort auch hergestellten Vasenbild aus der ersten Hälfte des 5. Jahrhunderts v. Chr.[275] Diese steife, ungelenke Wiedergabe der Westwanderung des Aeneas steht in keiner Beziehung zu den glänzenden künstlerischen Leistungen der Griechen dieser Jahre (Taf. XXIV); aber der Künstler hat trotzdem die Ehrfurcht einflößende Erhabenheit dieser Szene wiederzugeben vermocht. Aeneas lehnt sich, um die auf seinen Schultern ruhende Last besser ertragen zu können, auf seinen Speer — wie auf dem unten zu behandelnden Skarabäus (Taf. XIV 1). Der Gegenstand, den seine Frau auf dem Kopf trägt, stammt aus dem einheimischen Motivschatz. Er wurde früher als Kissen gedeutet, aber er hat weder Falten noch Unebenheiten. Er ist nicht eingedrückt wie ein Kissen, sondern hat eine durchweg glatte Oberfläche und endet in einer Art Flaschenhals, den Kreusa-Eurydike umfaßt. Es handelt sich ohne Zweifel um ein kleines Terrakottafaß.[276]

Trojanische Legende

Wir wissen durch einen glücklichen Zufall, daß die Alten ein solches Gefäß als Behälter für die heiligen Objekte aus Troja kannten. Die Information stammt aus Timaios[277] und ist von Dionysios überliefert:

> Was ihr Aussehen angeht, so stellt der Historiker Timaios fest, daß die heiligen Gegenstände im Heiligtum von Lavinium eiserne und bronzene Heroldstäbe sind [κηρύκια σιδηρᾶ καὶ χαλκᾶ][278] und ein trojanisches irdenes Gefäß [κέραμος Τρωϊκός]; das, so sagt er, hat er selbst von den Einwohnern erfahren.

Wir wissen auch, daß dieses „irdene trojanische Gefäß" in der römischen Volkssage eine Rolle spielte.[279] Die heiligen Gegenstände, die Aeneas aus Troja mitbrachte, wurden nach der ältesten Version der Erzählung von den Vestalinnen in Rom in einem kleinen irdenen Faß *(doliolum)* geborgen. Nachdem die Gallier die Römer an der Allia besiegt hatten, aber noch ehe sie die Stadt betraten, verbargen die Vestalinnen dieses Faß in der Erde, zusammen mit einem zweiten, leeren, das nur zur Tarnung des ersteren diente.[280] Der Platz auf dem Forum Romanum, wo die Gefäße einst unter der Erde lagen, hieß *doliola,* und die Leute unterließen es, dort zu spucken, um die Erde nicht zu schänden, die einst die übernatürliche Kraft ausstrahlenden Gegenstände beherbergt hatte.[281]

Jene Überlieferung ist folglich in drei Schichten auf uns gekommen: zunächst die in Vulci geläufige Form der Sage, wo Aeneas schon im 6. Jahrhundert v. Chr. als Ahnherr verehrt wurde, wie seine aus den Malereien der importierten attischen Vasen erkennbare Volkstümlichkeit beweist; dann die lavinische Version, die sicher nicht früher als diejenige von Vulci ist; schließlich die römische, die aller Wahrscheinlichkeit nach von der lavinischen Überlieferung abgeleitet ist.

Auf dem etruskischen Skarabäus der Sammlung Duc de Luynes (Taf. XIV 1)[282], einem erlesenen Exemplar der archaischen Phase der etruskischen Kunst, werden die trojanischen *sacra* von Anchises in einem Korb *(cista)* mitgeführt. Anchises zeigt den Korb in der erhobenen Rechten wie ein Priester in einer Prozession. Das soll nicht die Rettung der *sacra* darstellen, sondern die Ankunft des Gründerheros' mit seiner Familie. M. Pallottino[283] möchte das von mir vorgeschlagene Datum (spätes 6. Jahrhundert v. Chr.) um einige Jahrzehnte herabsetzen. Selbst wenn seine Datierung stimmen sollte, würde das keineswegs bedeuten, daß die Rolle des Aeneas als etruskischer Stadtgründer damals gerade begann. Auch die große Masse der attischen schwarzfigurigen Vasen, die im letzten Viertel des 6. Jahrhunderts v. Chr. nach Etrurien exportiert wurden, bezeichnet nicht etwa das Entstehungsstadium jenes Mythos', sondern spiegelt nur dessen damalige Bedeutung wider.[284]

Veii ist eine weitere Etruskerstadt, in der Aeneas durch einen Kult geehrt wurde. Ich halte mit dem leider verstorbenen H. Fuhrmann sowie mit S. Ferri, K. Schauenburg und anderen Gelehrten daran fest, daß die prachtvolle, große und kräftig ausschreitende Gestalt einer Mutter, die ihr Kind auf der Schulter trägt, Kreusa-Eurydike ist.[285] Das scheint mir um so sicherer zu sein, als wir jetzt wenigstens ein Fragment einer anderen Statue derselben Zeit, Größe und Herkunft kennen. Es handelt sich um ein Stück aus einer Privatsammlung, das von H. und I. Jucker veröffentlicht wurde und auf das bereits K. Schauenburg aufmerksam gemacht hat;[286] es stellt Aeneas mit Anchises auf der Schulter dar. Die Kreusa der Sage folgt Aeneas mit dem Vater, d. h. eine Figur von derselben Art wie die fragmentarisch erhaltene war das Begleitstück zur Kreusastatue. Es ist richtig, daß diese Statuen keine Kultbilder waren; sie waren, wie M. Pallottino klar erwiesen hat, auf dem *columen* des Daches eines Heiligtums als Dekoration angebracht. Wir besitzen jedoch auch Darstellungen des Aeneas aus Veii, die zweifellos Kultgaben waren: Terrakottastatuetten des den Anchises tragenden Aeneas[287] wurden in zahlreichen Exemplaren als Votivgaben in verschiedenen Heiligtümern Veiis gefunden. Ihre genaue Datierung ist noch umstritten, aber niemand kann vernünftigerweise bezweifeln, daß sie *vor* der Eroberung von Veii durch die Römer geweiht worden sind. Sie bezeugen die Rolle des Aeneas als Gründerheros — gleichgültig ob sie nun zeitlich näher an 500 oder 400 v. Chr. liegen.[288] Aeneas hatte folglich nicht nur einen Kult in Lavinium und bei den Elymern in Sizilien, sondern auch in den etruskischen Städten — und dies gewiß früher als in Latium.

7. Kapitel

TOPOGRAPHIE UND ARCHÄOLOGIE
GEGEN LITERARISCHE FIKTION

Der Aufstieg der autonomen römischen Macht in Latium nach dem Ende der Etruskerherrschaft kann nicht nur anhand der literarischen Tradition dokumentiert werden, der mit den im Jahr 504 v. Chr. einsetzenden Konsularfasten ein fester Kern historischer Wahrheit zugrunde liegt, sondern auch durch die Prüfung der verfügbaren geographischen Fakten, mit der wir unsere Untersuchung in diesem Kapitel beginnen wollen.

Die Etrusker an der Tibermündung

Die angebliche Demütigung Veiis durch den Gründer Roms und die Erzählung von seiner Eroberung durch den vierten König bieten einen wertvollen Anhaltspunkt für die Geschichte des Rom benachbarten Küstengebietes. Wir erfahren nämlich aus diesen Geschichten, daß die Salinen nördlich der Tibermündung und der angrenzende Wald mit dem Namen *Maesia*,[1] ferner die sogenannten *septem pagi* auf dem Gebiet des Vatikan bzw. in dessen Umkreis[2] ursprünglich zum Territorium Veiis gehörten. Ganz gewiß verlor Veii diese *salinae* nicht vor dem 5. Jahrhundert v. Chr. Um das zu beweisen, müssen wir ins Detail gehen.

Nach seinem Sieg, so berichten unsere Quellen, bestrafte Romulus die Veienter.[3] Sie müssen ihm die *septem pagi* — Livius nennt sie ausdrücklich als Teil ihres Gebietes *(agri Veientis pars)* — und die Salinen ausliefern. Damit scheint das Rom gegenüberliegende rechte Tiberufer bis zur Küste hin gemeint zu sein. Die Veienter sollen unter König Ancus versucht haben, diesen früheren Besitz zurückzuerobern.[4] Danach, so hören wir, hat Porsenna die Römer ge-

Anmerkungen zum siebten Kapitel s. S. 509 ff.

zwungen, die *septem pagi* an Veii zurückzugeben, aber dieser edle König von Clusium soll sie den Römern wieder geschenkt haben, als sie seine Verbündeten wurden.[5] Alle diese Behauptungen sind willkürliche Erfindungen; sie verraten die wohlbekannte Methode der Annalen, Ereignisse der frühen Republik für die Königszeit ein zweites Mal zu berichten, um die ruhmvolle Macht der Römer älter erscheinen zu lassen als sie wirklich war. In Wahrheit eroberten die Römer dieses Gebiet erst viel später. Noch um 390 v. Chr., nach der Eroberung Veiis, versuchten andere Etruskerstädte, wenn auch erfolglos, die Salinen an sich zu bringen.[6] 356 erfolgte ein neuer Versuch von seiten Tarquiniis und der Falisker, sie den Römern wegzunehmen.[7] Moderne Gelehrte haben natürlich erkannt, daß die Ausbeutung der Salzlager an der Tibermündung von Veii begonnen und monopolisiert wurde, aber sie ließen die Besetzung jener Gegend durch die Könige[8] ebenso als historisches Faktum gelten wie die Eroberung von Ficana, das auf einer den Fluß beherrschenden Anhöhe auf halbem Wege zwischen Rom und dem Meer lag.[9] Manche neigen sogar dazu, an eine frühe Gründung Ostias zu glauben, die von den Annalisten — zuerst wohl von Pictor — dem König Ancus Marcius zugeschrieben wurde.[10] Aber wir kennen jetzt das Lügengewebe, in welches die angebliche Verdrängung Veiis von der Tibermündung durch Romulus und Ancus Marcius gehört. Sie war für den Erfinder dieses Wunschbildes der römischen Frühgeschichte eine notwendige Voraussetzung, um den ersten Karthagervertrag vordatieren zu können. Der Gang der Ereignisse hat aber, wie wir sehen werden, Rom erst im 4. Jahrhundert v. Chr. in die maritime Politik der großen seefahrenden Nationen des Mittelmeeres verwickelt. Darüber hinaus zeigen die unwiderlegbaren Ergebnisse der Ausgrabungen,[11] daß die Annalen unrecht haben. Die archäologischen Untersuchungen haben definitiv erwiesen, daß die Anfänge Ostias in die letzten Jahrzehnte des 4. Jahrhunderts v. Chr. zu datieren sind.[12] Dieser späte Beginn geht darauf zurück, daß die Lage Ostias „keinen sicheren oder bequemen natürlichen Hafen bot; erst unter den Kaisern glichen die Römer durch kunstvolle Anlagen zeitweilig diese natürlichen Mängel einigermaßen aus"[13].

Die Römer waren sich in historischer Zeit sehr wohl der Tatsache bewußt, daß das rechte Tiberufer bis zum Meer einst den Etruskern gehört hatte. Das bezeugen diesbezügliche ausdrückliche Feststellungen antiker Autoren[14] und noch klarer die offiziellen Inschriften der Jahre 73, 74 und 198 n. Chr., die das Rom gegenüberliegende Ufer als *ripa Veiens* bezeichnen.[15]

Vor der Verdrängung der Veienter von der Tibermündung hätte Rom sie aus ihrer Stellung auf dem *collis Vaticanus*[16] und dem *Ianiculum*, ihrem wichtigsten Brückenkopf nach Norden hin,[17] vertreiben müssen. Beloch meinte,[18] die Grenze zwischen Rom und Veii habe im 5. Jahrhundert v. Chr. die Küste irgendwo zwischen Portus und Fregenae erreicht und so die Umgebung von Portus in das römische Gebiet einbezogen. Aber die dieser These zugrundeliegende Schilderung der militärischen Lage des an der Cremera vernichteten fabischen Heeres durch Livius (II 49, 8—9) läßt keine festen römischen Stellungen in dieser Gegend erkennen; die vernichtende Niederlage der Römer legt eher den Schluß nahe, daß die Veienter nach der Schlacht das rechte Tiberufer behielten.[19]

Zum vollen Verständnis dieser Lage müssen wir uns klarmachen, daß eine dauernde friedliche Koexistenz der beiden Rivalen am Tiber ohne die Unterordnung des einen unter den anderen schlechthin unmöglich war. Die natürlichen Kommunikationslinien, die Veii mit dem Meer und den Salzlagern verbanden, kreuzten das Rom auf dem rechten Ufer gegenüberliegende Gebiet. Es war für die Veienter lebenswichtig, dieses ganz in der Hand zu behalten. Die herausragende Bedeutung des Salzhandels in jener Zeit ist wohlbekannt, ebenso die Tatsache, daß die Etrusker diese wertvolle Ware nur aus dem Meer gewannen. Wir müssen uns auch vor Augen halten, daß die technischen Möglichkeiten der damaligen Zeit die Einrichtung von Salinen nur an wenigen Stellen der langgestreckten Küsten der Halbinsel erlaubten. Am besten geeignet waren dafür die flachen Tümpel nahe der Tibermündung, in denen das Seewasser verdunstete und seinen Salzbestand zurückließ.[20]

Wie wir sahen, leugnen die Annalen nicht, daß diese Salzlager ursprünglich von den Veientern ausgebeutet wurden, aber sie geben vor, sie seien ihnen schon von Romulus[21] oder Ancus Marcius[22] fortgenommen worden. Die Salzwerke von Veii lagen offensichtlich auf der etruskischen Seite des Tiber; in der Tat wurden ursprünglich nur diese Salinen ausgebeutet, und sie allein blieben für den Tiberhandel wichtig.[23] Die Salzsümpfe des rechten Ufers waren — wie L. A. Holland beobachtet hat [24] — denen auf dem linken Ufer nicht nur wegen des nahen, günstigen Landeplatzes am Flußufer vorzuziehen, sondern auch, weil die bequemste Landroute durch das Tibertal ebenfalls am rechten Ufer entlangführte. Ferner überquerte auch die *via salaria,* auf der das Salz zu den Sabinern kam,[25] nahe der Tiberinsel [26] den Fluß zum rechten Ufer hin und ging in die *via Campana* über, die, wie der Name sagt, zum *campus salinarum,* den Salzlagern, führte. Folglich produzierten die veientischen Salinen — und nicht die römischen — das Salz, das über Rom zu den Sabinern gebracht wurde. Die Salzproduktion der Veienter mag den Römern infolge des Transithandels zu Prosperität verholfen haben, aber aus diesen florierenden Handelsbeziehungen ergibt sich keine römische Herrschaft über die Gegend von Ostia.

Neuere Untersuchungen haben gezeigt, daß die Städte Südetruriens auf der Höhe ihrer Macht ein hochentwickeltes Straßensystem schufen. Von Veii aus verliefen nach allen Richtungen Straßen, die für den Verkehr mit schweren Fahrzeugen geeignet waren.[27] Außer der Straße entlang dem rechten Tiberufer gab es eine weitere direkte Verbindung zwischen Veii und den Salzlagern, die den Fluß kurz hinter der Einmündung des heute als *Fosso Galeria* bekannten Baches erreichte. Der Weg durch das Tal dieses kleinen Wasserlaufes, dessen Quellen auf der Wasserscheide unmittelbar westlich von Veii entspringen, bildet eine wesentlich kürzere Verbindung zwischen der etruskischen Festung und ihren Salinen, wie L. A. Holland beobachtete.[28] In der Zwischenzeit hat die British School at Rome wichtige Ergebnisse bei der Erforschung dieser Verbindungslinie erzielt.

Dr. J. B. Ward Perkins hat mir freundlicherweise erlaubt, einen Auszug aus seinem Brief an mich vom 20. 9. 1961 wiederzugeben, worin er diese Ergebnisse folgendermaßen zusammenfaßt:

Unsere Untersuchung erstreckt sich noch nicht auf das untere Tibertal; wir haben aber das Gebiet unmittelbar südlich und westlich von Veii erforscht, und dabei deuten sich zwei recht verschiedene Stadien in der Entwicklung des Straßensystems an. Für die erste Stufe (Villanova —

frühorientalisierend) gibt es keine Spur von einer Straße in dieser Richtung, außer dem Pfad, der das Tal unterhalb von Isola Farnese kreuzt und dann aufwärts führt, um sich südlich von La Storta mit der Route der späteren *via Cassia* zu vereinigen; von dort führte er vermutlich in der Richtung der *via triumphalis* bis nach Rom selbst weiter.

Die Straße der zweiten Stufe (ich kann sie nicht genau datieren; aber von der Entwicklung der Begräbnisstätten her zu urteilen, war sie vielleicht schon um 600 in Gebrauch) kreuzte das Tal direkt oberhalb der Wasserfälle, stieg zur *via Cassia* hinauf, wo jetzt die Abbiegung nach Isola Farnese ist, und verlief dann den Kamm entlang, dem die heutige (und bereits die römische) Straße von La Storta nach Ponte Galera folgt. Diese Straße wird durch Scherbenfunde und durch einige recht bedeutende Straßendurchstiche im Gelände bezeugt. Sie blieb während der Republik in Gebrauch, und entlang ihrer Route befanden sich zahlreiche bäuerliche Siedlungen. Ich habe sie noch nicht auf ihrer ganzen Länge verfolgt. Der Gesamteindruck, den ich aus der Untersuchung des Straßensystems und aus Funden in Veii selbst gewonnen habe, ist der, daß vor dem 6. Jahrhundert Veii weder territorial noch politisch eine größere Macht darstellte und jedenfalls häufig in sehr freundschaftlichen Beziehungen zu Rom stand. Die Ausdehnung in den westlichen *ager Faliscus* (Sutri und Nepi) mag sogar erst ins 5. Jahrhundert fallen. Ich möchte daher annehmen, daß die Anlage einer eigenen Straße zur Tibermündung durch Veii eine vergleichbar späte Entwicklung ist. Dies ist eine Vermutung, und ich stelle sie als solche zur Verfügung.

Der Tiber selbst war keine wirkliche, das römische und veientische Gebiet trennende Grenze im militärischen Sinne, sondern eher eine Straße nach Süden, die entweder von Veii oder von Rom kontrolliert wurde. Sein gewundener Lauf zwischen Rom und dem Meer stellte keine Demarkationslinie dar, die beide Gegner voneinander isoliert hätte, da das flache Flußbett kein Hindernis bildete. Alle diese Überlegungen weisen unweigerlich auf eine Abhängigkeit Roms von Veii hin, als letzteres auf der Höhe seiner Macht stand. Das wird noch klarer, wenn wir uns der Entstehungszeit der *tribus Galeria* zuwenden, die nach dem Tal des Fosso Galeria benannt ist. Durch die Besetzung dieses Flußtales zerschnitten die Römer die entscheidende Verkehrsader zwischen Veii und seinen Salinen.

In den Zwölftafelgesetzen begegnen wir der Vorstellung, daß die Flußseite Rom gegenüber *ager hosticus* sei: der zahlungsunfähige

Schuldner wird, wenn er nicht hingerichtet wird, *trans Tiberim* verkauft.[29] Das bedeutet, daß bis zur Mitte des 5. Jahrhunderts das rechte Ufer etruskisch war, denn das Zeugnis der Zwölftafeln kann nicht angezweifelt werden. Aber damals stand man kurz vor einer entscheidenden Veränderung dieser Lage. Da vor und nach T. Romilius Rocus Vaticanus, cos. 445 v. Chr., kein Mitglied seiner Sippe besonders in Erscheinung trat, dürfte, wie wir sehen werden, er oder einer seiner Nachkommen der einzige mögliche Kandidat sein, der dem Gebiet um den *ager Vaticanus* den Namen *tribus Romilia* verliehen haben könnte.[30] Die Einrichtung dieser Tribus muß die direkte Folge der Eroberung der *ripa Veiens* sein. Diese muß also kurz nach dem Dezemvirat stattgefunden haben, jedenfalls aber vor der Eroberung von Fidenae 426 v. Chr.

In der Königszeit verhinderte nicht nur Veii Roms Ausdehnung zum Meer. Das Territorium von Lavinium reichte damals von Süden her sicherlich an die Flußmündung heran; sogar in der Kaiserzeit endete das Gebiet von Ostia am Ausfluß der östlichen Lagune, nur zwei Meilen von dieser Stadt entfernt;[31] es gab dort keine wirkliche Barriere, kein Tal oder Wasser als Hindernis. In der Frühzeit bedeutete die Flußmündung keinen potentiellen Hafen für Rom, wenn auch ihr Besitz wegen der Ausbeutung der ertragreichen Salzlager wünschenswert war.[32] Roms ganzer Kampf um Existenz und Gedeihen war, wie wir immer wieder betonen müssen, damals noch nicht zum Meer hin gerichtet; bis zur Mitte des 4. Jahrhunderts brauchte es Weideland und Sicherheit am Tiber. Die ganze gesellschaftliche Struktur seiner Viehzüchterbevölkerung wie auch die geographische Lage bedingten dies: „Ein Blick von den sieben Hügeln genügt, um sich klarzuwerden, warum der Nationalcharakter (der Römer) so erdgebunden und gar nicht seefahrerhaft war."[33] Livius hatte diesen Zustand vor Augen, als er[34] die Gesandtschaft der Söhne des Tarquinius Superbus nach Delphi als eine Reise beschrieb, die *per ignotas ea tempestate terras, ignotiora maria,* „durch damals unbekannte Länder und noch unbekanntere Meere" führte.

Die Tatsache, daß Rom erst im 5. Jahrhundert auf dem rechten Tiberufer Fuß faßte, gibt uns Gelegenheit, die Datierung einer Reihe wichtiger religiöser Einrichtungen zu überprüfen, welche gleichsam wie Marksteine die Ausdehnung des römischen Territoriums zu bestimmten Zeitpunkten verdeutlichen — eine Problematik, die seit Mommsen mehrfach erörtert worden ist.[35]

Die sakrale Grenze des 'ager Romanus' in der Frühzeit [35a]

Die Grenzlinie des römischen Territoriums unter den etruskischen Königen und seine Ausdehnung im 5. Jahrhundert v. Chr. können bestimmt werden, indem man die topographische Verteilung der an den Kreuzungspunkten jener Grenze mit den Diagonalstraßen vollzogenen magischen Riten untersucht. Zweck dieser Riten war es, Feinde fernzuhalten und die Felder gedeihen zu lassen. Folgende Riten können wir lokalisieren:
a) die jährlichen Feiern der *Ambarvalia,* die zu den *feriae conceptivae* gehörten, d. h. zu den Festen, deren genauer Termin jedes Jahr im Mai festgesetzt wurde.[36] Viele Gelehrte meinten,[36a] daß dieses Ritual unter Augustus durch das Fest der Arvalbrüder ersetzt worden sei; aber diese Hypothese muß aus folgenden Gründen aufgegeben werden: 1. Strabo[37] erzählt, daß die *Ambarvalia* zu seiner Zeit — also zur Zeit des Augustus — von den *pontifices* ausgeführt wurden, und Lukan[38] bestätigt dies. Das beweist, daß die *fratres Arvales,* eine andere ehrwürdige Priesterschaft, diese sakrale Funktion nicht übernommen hatten. 2. Strabo berichtet, daß die *Ambarvalia* an einem sonst unbekannten Ort namens Φῆστοι[39] begangen wurden; dieser Platz lag an der alten römischen Grenze, zwischen dem fünften und sechsten Meilenstein von der Stadt, wo eine der Landstraßen die Demarkationslinie durchschnitt. Strabo fügt aber hinzu, daß am selben Tag die Priester entsprechende Opfer an mehreren anderen Punkten der alten Grenze darbrachten [ἐν ἄλλοις τόποις πλείοσιν]. Das betreffende Ritual war also nicht an den altehrwürdigen Hain der *Dea Dia* gebunden, sondern wurde an einer Reihe von Wegkreuzungen an der Schwelle zum *ager hosticus* vollzogen. Diese Wiederholung der Zeremonien an mehreren an der alten Grenze gelegenen Orten, die durch den Vollzug dieser und anderer gleichartiger Rituale im Gedächtnis der Römer haften blieben, scheint mir ein offenkundiger Ersatz für die

264 Topographie und Archäologie gegen literarische Fiktion

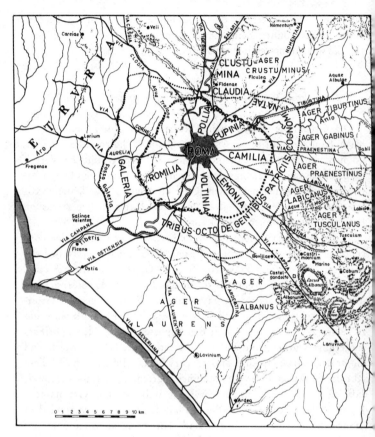

Das römische Territorium im 6. und 5. Jh. v. Chr.

ursprüngliche Prozession um das ganze Territorium herum zu sein, die schon bei einem Gebiet mit einem Radius von nur acht bis zehn Kilometern unmöglich war.[40] 3. Die Gleichsetzung des bei Strabo genannten Ortes Φῆστοι mit dem Hain der Arvalbrüder, die G. B. De Rossi vorgeschlagen hat und die alle späteren mit diesem Problem befaßten Forscher übernahmen, ist angesichts der vorgebrachten Argumente abzulehnen. Der heilige *lucus*, in dem sich die zwölf Arvalbrüder trafen, lag zweifellos seit Jahrhunderten an derselben Stelle, an der Augustus die Riten neu belebte; deren ununterbrochene Tradition beweist die Erhaltung des *carmen Arvale*. Obschon in etwa derselben Entfernung von der Stadt gelegen wie das unbekannte *Festi*, gehörte der Hain gewiß nicht zu den Stationen der *Ambarvalia*, auch falls mit der Zeit das Ritual der *Arvales* schließlich mit dem der *pontifices*, die am Tag der *Ambarvalia* an der Grenzlinie des alten römischen Landbezirkes ihre oben erwähnten Riten vollzogen, zusammengelegt worden sein sollte.[41] Die Quellen erwähnen die *Ambarvalia* als eine Einrichtung, die noch in der Kaiserzeit bestand.[42] Das wäre nicht möglich gewesen, wenn sie vergessen und durch die Riten der Arvalbrüder ersetzt worden wäre.

Wie Wissowa glänzend beobachtet hat,[43] galt die alte magische Ambarvalienprozession um das römische Territorium herum der Besänftigung des Mars: Nicht so sehr eine magere Ernte als vielmehr der Krieg war die größte Gefahr in einer Zeit, wo plündernde Scharen und fremde Heere immer wieder das Land durchzogen.

b) die jährlichen Riten der Arvalbrüder. — Die Lage des Hains, in dem diese Riten jährlich im Mai an drei aufeinanderfolgenden Tagen gefeiert wurden, wird im Protokoll des Jahres 224 n. Chr. angegeben[44]: *in luco Deae Diae via Campana apud lap (idem) V.* [im Hain der Dea Dia beim fünften Meilenstein der *via Campana*]. Wie wir soeben sahen, haben wir keinen Grund zu der Annahme, daß dieser Hain von Augustus von seinem ursprünglichen Ort 'wegverlegt' worden wäre. Der Name der archaischen Bruderschaft,[45] ihre Riten und ihr altehrwürdiges *carmen*, das glücklicherweise erhalten ist, sowie auch die Entfernung des Hains von der Stadt verweisen auf eine seit frühester Zeit ausgeführte Zeremonie unmittelbar an der Grenze des *ager Romanus* in Richtung auf den *campus salinarum* [die Salinen], von dem die *via Campana* ihren Namen erhalten hat.

Die *lustratio agri* [Entsühnung des Ackerlandes] durch die iguvinischen *fratres Atiedii* bietet eine genaue, schon von Wissowa herangezogene Parallele und verdeutlicht die gemeinsamen prähistorischen Wurzeln dieser Bruderschaften. Die Einrichtung des Hains der *Dea Dia* am rechten Ufer auf einem Hügel an der Straße zu den Salinen [46] hat einen *terminus post quem* in der oben nachgewiesenen Ausdehnung der römischen Herrschaft auf die *ripa Etrusca* um die Mitte des 5. Jahrhunderts. Der Schutz der kommenden Ernte durch Gebete und Opfer wurde hier ursprünglich auch den Lares, den Schutzgöttern des Landes, anvertraut, ferner Mars, „dem wilden Geist der Fremde", „wo man Wölfe und menschliche Feinde antreffen kann" [47] — eine Vorstellung, deren kultische Fixierung an der Grenze eines noch kleinen, ständig bedrohten Stadtstaates angemessen ist, aber nicht in die spätere Zeit paßt, als auf den Äckern Latiums Frieden herrscht.

c) der Festakt der *Terminalia*. — Er wurde am 23. Februar am sechsten Meilenstein der *via Laurentina* [48] durchgeführt. Die Entfernung von Rom zeigt, daß der für dieses Staatsopfer gewählte Platz gleichfalls an der hier behandelten alten Grenze lag. Die Stelle scheint im Rahmen einer allgemeinen Verteilung der verschiedenen Opfer und Riten über die ganze Grenze ausgewählt worden zu sein. Wir werden später auf den Zeitpunkt eingehen, zu welchem diese Demarkationslinie gezogen wurde.

d) Heiligtum und Fest der *Fortuna muliebris*. — Das Heiligtum lag an der *via Latina*, vier Meilen von der Stadt, d. h. um eine Meile näher als die *fossa Cluilia*; diese Entfernung paßt ebenfalls zum alten Grenzverlauf.[49] Die mit dem Kult verbundene Legende beruht auf der Annahme, daß eine tödliche Gefahr an jener Stelle abgewehrt wurde, wo die *via Latina* die alte Stadtgrenze kreuzt — eine Legende, die offensichtlich aus Riten herausgesponnen wurde, die bestimmt waren, den Feind durch Magie abzuwehren.

e) die *Robigalia*. — Ein weiterer Punkt dieser ehemaligen Grenzlinie der römischen Feldmark ist die Stelle an der *via Claudia ad milliarium V.*, an der am 25. April den Göttern *Mars* und *Robigus* durch den *flamen* des *Quirinus,* des anderen Kriegsgottes des frü-

hen Rom, Opfer dargebracht wurden.[50] Auch hier ist die Zeremonie
offenbar eher auf Abwendung des Krieges als auf Sicherung einer
guten Ernte ausgerichtet. Mommsen hat schon bemerkt, daß die
Spiele für Mars und Robigus die Verbindung der letzteren — ländlichen — Gottheit mit der Kriegsgefahr rings um das frühe Rom
zur Voraussetzung haben. Bei diesem Kult lassen sich einige sichere
Ergebnisse über den Ursprung seiner örtlichen Fixierung gewinnen. Zunächst sind die *Robigalia* schon in der ältesten Liste der
römischen *feriae* enthalten. Außerdem gibt uns die Örtlichkeit der
Opfer an Mars und Robigus einen chronologischen Anhaltspunkt.
Ebenso wie der Hain der Arvalbrüder den Punkt bezeichnet, an
dem die alte Grenze im Süden auf das rechte Ufer hinüberwechselte,
so bestimmt die heilige Stätte des Robigus den Grenzverlauf im
Nordwesten. Sie liegt so nahe am Tal der Cremera, das Veii mit
Fidenae, seinem Brückenkopf auf dem linken Ufer, verband, daß
die Niederlage der Fabier an diesem kleinen Fluß der Vergangenheit angehört haben muß, als die römische Machtausbreitung diesen
Punkt erreichte. Fidenae lag nach Dionysios[51] fünf Meilen nördlich von Rom, nach Eutropius (1, 4) sechs Meilen. Die Errichtung
der durch die heilige Stätte der *Robigalia* fixierten Grenze fünf
oder sechs Meilen von Rom entfernt auf dem rechten Ufer war ein
tödlicher Schlag für Fidenae und kann erst in den beiden Jahrzehnten vor der Eroberung dieser Stadt 426 v. Chr. erfolgt sein.
Der Anio als alte Grenze Roms nach Fidenae hin[52] war durch
dieses römische Vordringen bereits 'überholt'.[53]

f) die alte Grenze mit Gabii. — Ein weiteres Stück der alten
Grenzlinie kann aus der Auguralpraxis erschlossen werden, nämlich der Abschnitt auf der östlich gelegenen *via Praenestina,* wo die
Grenze vermutlich über einen der die Straße kreuzenden Höhenzüge verlief; hier stieß der *ager Gabinus* auf den *ager Romanus*.[54]

g) die Statue des Mars an der *via Appia*. — Wir erfahren aus
Livius, daß es an der *via Appia* eine Statuengruppe gab, die Mars
mit mehreren Wölfen darstellte. Diese Gruppe muß mit dem Heiligtum des Mars an derselben Straße in Verbindung gebracht werden. Wir wissen, daß die Straße zu zwei verschiedenen Zeitpunkten
bis zum zehn oder elf Meilen von der Stadt entfernten Bovillae
gepflastert wurde; beim erstenmal gelangte man bis zu diesem Hei-

ligtum, beim zweitenmal begann man dort. Also stand Mars mit den Wölfen gerade in jener Entfernung von Rom, wo wir nach der alten Demarkationslinie suchen müssen.[55] Auch hier wachte Mars über die Landgrenzen des frühen Rom.

Wenn wir die behandelten Punkte der Demarkationslinie miteinander verbinden, erhalten wir einen Kreis mit einem Durchmesser von etwa 16 Kilometern und einer Fläche von etwa 250 Quadratkilometern. Bevor dieser Kreis im 5. Jahrhundert v. Chr. auf dem *rechten* Ufer geschlossen wurde und auch die Umgebung des *Ianiculum* und des *ager Vaticanus* umfaßte, hatte die Masse des römischen Territoriums auf dem *linken* Ufer wahrscheinlich bereits ihre hier nachgewiesene Ausdehnung erreicht. Folglich stellte sie den Herrschaftsbereich Roms unter den etruskischen Königen dar. Im ganzen genommen ist sein Umfang sehr bescheiden, wenn man an die späteren gewaltigen Ausmaße des römischen Reiches denkt; aber das kann nur den in Erstaunen versetzen, der an ein riesiges Rom unter den Tarquiniern glaubt. Wir dürfen nicht vergessen, daß dies „für altlatinische Verhältnisse eine ganz ansehnliche Ausdehnung" ist, „mehr als der durchschnittliche Flächenraum der vor dem Latinerkrieg (340 v. Chr.), außer Rom, in Latium bestehenden Gemeinden", um Beloch zu zitieren.[56] Andererseits haben wir allen Grund, Livius zu glauben,[57] daß das Gebiet von Veii größer war als das römische, und zwar auch noch um 400 v. Chr., nachdem die römische Expansion des 5. Jahrhunderts die 'sieben Gaue' Veiis auf dem rechten Tiberufer erfaßt hatte. Die von Livius angegebene Ausdehnung des Territoriums von Veii ist genau bestimmt durch den Umfang der vier römischen Tribus, die 386 v. Chr. darauf errichtet wurden.[58] Der Vergleich zwischen dem veientischen und dem römischen Territorium bei Livius [59] bedeutet folglich, daß diese vier Tribus, die auf dem ehemaligen Staatsgebiet von Veii gebildet wurden, für sich genommen eine größere Fläche umfaßten als die siebzehn ländlichen Tribus,[60] die das römische Gebiet vor der Eroberung Veiis ausmachten. Wie wir unten sehen werden, lagen von diesen siebzehn Tribus nur sechs innerhalb der eben behandelten sakralen Grenze. Die anderen elf Tribus müssen also Eroberungen aus der zweiten Hälfte des 5. Jahrhunderts v. Chr. sein. Das wird sich durch weitere Überlegungen noch erhärten lassen.

Das Ursprungsdatum der feierlichen Riten, welche die im Radius von fünf bis sechs Meilen um die Stadt laufende Grenzlinie schützten, ist dadurch bestimmt, daß sie in den alten Festzyklus des römischen Kalenders aufgenommen sind. Dessen Redakteure fügten damit einen Komplex kultischer Verrichtungen ein, die zum Schutze der damaligen Staatsgrenze bestimmt waren. Der Kalender wurde bis vor kurzem in das 6. Jahrhundert v. Chr. datiert. Aber A. Kirsopp Michels behauptet, daß er in Wahrheit in die Zeit der Dezemvirn gehört. Auch wenn wir nicht alle ihre Argumente akzeptieren, so hat sie doch hinreichend nachgewiesen, daß der in jenem Kalender enthaltene Festzyklus nicht vor 450 v. Chr. entstanden sein kann. Wir müssen mit der Datierung sogar noch weiter in die zweite Hälfte des 5. Jahrhunderts heruntergehen: Ritual und Hain der Arvalbrüder sind erst nach Einrichtung der tribus *Romilia* geschaffen worden, und das Ritual des Cerestempels ist noch jünger.[61] Natürlich war damals das Meer noch nicht erreicht. Die Latinerstädte auf den Albanerhügeln und am Meer waren noch nicht einverleibt. Es gab keine römische Flotte. Kein Vertrag mit Karthago kann geschlossen, auch keine weitreichende internationale Politik ins Auge gefaßt worden sein.

Die Landbezirke innerhalb und außerhalb der sakralen Grenze des 'ager Romanus'

Die alte Grenze Roms, wie sie in den eben behandelten religiösen Einrichtungen weiterlebte, hatte auch in historischer Zeit noch eine gewisse juristische Funktion und administrative Bedeutung als Grenze des eigentlichen *ager Romanus* oder *ager Romanus antiquus*[62]. Sie spiegelt den Umfang der römischen Eroberungen unter den Königen wider, die durch den Brückenkopf auf dem rechten Tiberufer um die Mitte des 5. Jahrhunderts abgerundet wurden. Weitere angrenzende Territorien wurden nicht in den *ager antiquus* einbezogen: der *ager Solonius* im Süden[63], der *ager Albanus* und *ager Gabinus* im Osten[64], der *ager Crustuminus* im Norden der Stadt[65] behielten dementsprechend, ebenso wie der *ager Veiens*[66], noch lange nach ihrer Eroberung ihre alten Bezeichnungen bei.

Diese Beschränkung der territorialen Expansion war in erster Linie von politischer Notwendigkeit diktiert. Rom hat Latium nicht auf einmal geschluckt, wie die Annalen uns glauben machen wollen, sondern strebte zunächst nur nach der Hegemoniestellung im Latinerbund und ließ die Territorien der angrenzenden Latinergemeinden unberührt. Die Latinerstädte waren gleichrangige Partner Roms, als im 5. Jahrhundert die von den Volskern und Äquern drohende Gefahr die Latiner zur Eintracht zwang; nicht einmal der allmähliche Aufstieg Roms zur führenden Macht des Bundes und sein schließlicher Sieg über die latinischen Verbündeten konnten das Eigenleben und den Fortbestand ihrer Gemeinden beseitigen. Das engbegrenzte Gebiet des *ager Romanus* unterschied sich also grundsätzlich nicht von den benachbarten *ager Bolanus, Gabinus, Tusculanus, Labicanus, Praenestinus, Laurens, Ardeas, Antias, Lanuvinus* und so fort. Die Bedeutung dieser Territorien war im 5. Jahrhundert eine ganz andere als später, wo sie Teile der römischen Rekrutierungs- und Wahlbezirke waren. *Ager* als politisch-juristische Definition des Landgebietes eines Latinerstaates meinte ursprünglich ein Hoheitsgebiet;[67] aber auch nachdem diese Gemeinden ihre Unabhängigkeit verloren hatten, bestand ihre lokale Autonomie unter römischer Oberhoheit fort, und so blieb *ager* die technische Bezeichnung für ihr Territorium. Der Begriff spiegelt also präzise die politische Geographie Latiums im 5. Jahrhundert wider und auch die Größe des von den Römern vor 450 v. Chr. besetzten Gebietes, des *ager Romanus*.[68]

Die Bedeutung dieser Rekonstruktion des latinischen *status quo* vor dem Dezemvirat ist offensichtlich. Wir können darauf jetzt nicht näher eingehen und wollen nur nochmals die Wichtigkeit der Tatsache unterstreichen, daß der ager *Solonius, Gabinus* und *Albanus* fortbestanden, was beweist, daß diese Städte nicht in der Königszeit von Rom erobert wurden. Wie und wann diese Gebiete in die römischen tribus aufgenommen wurden, ist unseren Quellen kaum zu entnehmen. Die kärglichen Zeugnisse wurden von L. R. Taylor in einem anregenden, wertvollen Buch, dem wir viel verdanken, erneut untersucht. Auch wenn wir ihr in Details widersprechen müssen, hat uns ihr mutiger Versuch, die früheste Geschichte der *tribus* zu erhellen, sehr genützt.[69]

Man ist sich über die grundlegende Tatsache einig, daß die ersten vier regionalen Tribus der frisch urbanisierten Siedlung Rom, nämlich die des Stadtgebietes, von einem der Etruskerkönige eingerichtet wurden. Der nächste Schritt, die Organisation der ältesten Tribus im ländlichen Bereich der Stadt, wird von der annalistischen Tradition in das Jahr 495 v. Chr. datiert. Livius bemerkt zu diesem Jahr: *Romae tribus una et viginti factae* [in Rom wurden 21 *tribus* eingerichtet] (II 21, 7)[70], und für einen wenige Jahre später liegenden Zeitpunkt notiert Dionysios: μιᾶς γὰρ καὶ εἴκοσι τότε φυλῶν οὐσῶν [damals gab es 21 *tribus*] (VII 64, 6); beide nahmen ihr Wissen letztlich aus derselben Quelle. Das überlieferte Datum wurde früher schon bestritten. Mommsen[71] etwa hielt es zwar nicht für unmöglich, aber für problematisch; G. De Sanctis[72] faßte die erste Hälfte des 5. Jahrhunderts v. Chr. als Entstehungsdatum der Tribus ins Auge. Dann hat K. J. Beloch[73] gewichtige Argumente für eine Datierung in die zweite Hälfte des Jahrhunderts vorgebracht. L. R. Taylor[74] versuchte wieder, das überlieferte Datum zu erhalten, konnte aber Belochs Argumente nicht erschüttern. Da das Datum 495 untrennbar mit der gefälschten Datierung[75] der Einwanderung der *gens Claudia* verbunden ist, wird es beiseite geschoben werden müssen.

Einen neuen Ausgangspunkt für die Prüfung des spärlichen Materials bietet folgende Beobachtung. Es ist allgemein angenommen worden, daß die Namen der siebzehn ältesten Landtribus *gentilicia* patrizischer Sippen seien, mit alleiniger Ausnahme der *Clustumina* auf dem Territorium von Crustumerium[76]. Natürlich ist es historischer Kritik nicht entgangen, daß diese angeblichen Gentilnamen in zwei verschiedene Gruppen zerfallen: eine mit den Namen der vornehmsten Adelssippen des 5. Jahrhunderts — wir kommen noch auf sie zurück — und die andere mit sonst ganz unbekannten Namen, die daher als einstmals mächtigen, aber schon in der Königszeit erloschenen gentes zugehörig angesehen werden. Dieser Annahme wird von unseren Quellen teils glatt widersprochen, teils entbehrt sie jeglicher Wahrscheinlichkeit.[77] Die Gruppe mit den unbekannten Namen umfaßt die folgenden Tribus:

a) *Lemonia*. In den Exzerpten des Festus[78] finden wir eine klare Feststellung über den geographischen Hintergrund dieses Namens:

Lemonia tribus a pago Lemonio appellata, qui est a porta Capena via Latina [die *tribus* Lemonia ist nach dem Lemonischen Gau benannt, der sich von der *porta Capena* an der *via Latina* entlang erstreckt]. Der Wert dieser Nachricht liegt in dem Zeugnis, daß die Lemonia unmittelbar an das *pomerium* der Stadt grenzte. Ohne Zweifel reichte sie direkt bis an die Ostgrenze des *ager Romanus*. Im Kern des römischen Gebietes innerhalb der sakralen Grenzlinie lag mithin eine Tribus, die eine *geographische* Bezeichnung trägt, und wir können daraus folgern, daß andere kleine *tribus* mit gleichartigen Namen ebenfalls die Stadt im Umkreis zwischen *pomerium* und der Grenze des *ager Romanus* umgaben.

b) *Pollia*. Den Schlüssel zur Lokalisierung dieser tribus liefert eine wichtige Beobachtung von L. R. Taylor: „Die *tribus Pollia* besaß zwischen Via Salaria und der Via Po eine gemeinsame Grabstätte, aus der zehn kaiserzeitliche Inschriften ans Licht gekommen sind.[79] Die Grabstätte mag durchaus auf dem Gebiet der alten Tribus gelegen haben, das sich nach meiner Vermutung vom Tiber zur Via Salaria erstreckte..."[80] Das Gemeinschaftsgrab entspricht dem bezeugten kollektiven Grundbesitz der römischen tribus; auf einem solchen Grundstück muß der gemeinsame Begräbnisplatz gelegen haben. Der Name unseres kleinen Landbezirks, der im Norden der Stadt vom *pomerium* bis zum fünften Meilenstein, d. h. bis zur Grenze des *ager Romanus* reichte, deutet ebensowenig auf eine Verbindung zu großen fürstlichen Häusern hin wie derjenige der *Lemonia*. Er scheint mir vielmehr von einer Örtlichkeit des Territoriums der Tribus abgeleitet zu sein.

c) *Pupinia*. Auch diese Tribus hat einen geographischen Namen. Eine fragmentarisch erhaltene Notiz bei Festus lautet mit Scaligers Ergänzungen[81]: ‹*Pupinia tribus*› *ab agri nomine* ‹*dicta, qui Pupinius dicitur, inter*› *Tusculum urbem* ‹*que situs, cuius Lucilius me*› *minit:* '*invictum* ‹*Pupinia fert, quoi pauper agellu*› *est.*›

Das bedeutet: „Der Bezirk *Pupinia* ist nach einem *ager Pupinius* benannt und liegt zwischen Tusculum und der Stadt Rom. Lucilius erwähnt ihn mit den Worten 'der unbesiegte Feldherr entstammt dem Gebiet der *tribus Pupinia*, die schlechten Boden hat ...'" Die Lokalisierung „zwischen Tusculum und Rom" impliziert, daß das Territorium der Tribus das *pomerium* der Stadt erreichte. Das geht

Die Landbezirke 273

auch aus anderen Texten hervor, die auf die Lage dieser Tribus Bezug nehmen. Wenn Hannibal in Livius' Bericht [82] von Gabii herkommend in die Umgebung Roms eindringt, das Gebiet der *Pupinia* angreift und sein Lager dann acht Meilen von der Stadt entfernt aufschlägt, so müssen diese beiden Aktionen — der Angriff auf die Vorstadt und die Wahl des Lagerplatzes — voneinander getrennt werden. Es ist — wenigstens nach Meinung des Verfassers — nicht korrekt, von der angegebenen Entfernung des punischen Lagers auf die Lage der *tribus Pupinia* zu schließen. Wir können nicht annehmen, daß ein militärisches Genie wie Hannibal ohne Sicherheitsvorkehrungen einfach an der Stelle des weitesten Vorstoßes seiner Voraustruppen sein Lager im Angesicht der Feinde aufschlug; vielmehr dürfte er die Römer zuerst durch einen Vorstoß gegen die Stadt in Schrecken versetzt und sich dann in eine sorgfältig gewählte Position zurückgezogen haben.[83] Die unmittelbare Nachbarschaft der Pupinia zu Rom ergibt sich auch aus einer Nachricht Ciceros, wo er ihr Gebiet mit den kargen Feldern des Vatikan auf eine Stufe stellt; [84] die jeweilige Entfernung vom Stadtzentrum Roms muß also etwa dieselbe sein. Die Pupinia scheint gleich neben der Pollia im nördlichen Abschnitt des *ager Romanus* gelegen zu haben, denn ein Konsul zieht in Erwartung eines umbrischen Angriffs seine Truppen dort zusammen.[85]

Zwei weitere ländliche Tribus haben Namen, die nichts mit den führenden Aristokratensippen der frühen Republik zu tun haben; sie scheinen mir ebenfalls zu jener Gruppe kleiner Landtribus innerhalb des *ager Romanus* zu gehören. Es sind:

d) *Voltinia*. Ihre Lage ist von L. R. Taylor erörtert worden.[86] Sie bemerkte, daß beim Census eine feste Rangfolge der Tribus beachtet wurde und daß die *Romilia* nach den städtischen Tribus im Rang die erste war, der die anderen entsprechend ihrer kreisförmigen geographischen Gruppierung, aber in dem Uhrzeigersinn entgegenlaufender Anordnung folgten, wobei die *Voltinia* als zweite kam. Es muß freilich *zwei* 'Kreise' von Landbezirken gegeben haben: zunächst einen inneren Kreis der ältesten Tribus innerhalb des *ager Romanus*, zu dem die *Voltinia* gehörte; erst wenn dieser durchgezählt war, konnte dann der Kreis der später geschaffenen Bezirke folgen.

e) *Camilia*. Obschon wir — freilich seltene — Familiennamen wie *Camelius, Camellius, Camellianus, Camilius* kennen,[87] gibt es keinen Hinweis darauf, daß sie alt sind oder von Mitgliedern der ältesten Aristokratie getragen wurden. Es ist viel wahrscheinlicher, daß die Tribus ihren Namen von einem *pagus* oder *ager* erhielt. Ihre Lage wird in den Quellen gleichfalls nicht näher bezeichnet,[88] aber die Wahrscheinlichkeit ist groß, daß die *Camilia* eine der ältesten ländlichen Tribus gewesen ist, die Rom innerhalb eines Umkreises von fünf oder sechs Meilen umgaben. Es gibt einen kleinen, aus dem Stein der Gegend von Gabii gefertigten und irgendwo in Rom gefundenen Grenzcippus republikanischer Zeit, mit der Inschrift *iter privatum tribus Camiliae* (der *tribus Camilia* gehörender Weg); er zeugt ebenso wie der Begräbnisplatz der *Pollia* von Grundbesitz der Tribus in der unmittelbaren Nachbarschaft Roms.[89] Der Landbezirk kann nur südöstlich der Stadt gelegen haben, entweder zwischen der *Pupinia* und der *Lemonia* oder zwischen der *Lemonia* und der *Voltinia*.

Um diesen Kreis der ältesten kleinen Landbezirke waren diejenigen Tribus gruppiert, welche nach den im 5. Jahrhundert politisch führenden patrizischen Sippen benannt waren. Die neue Art der Bezeichnung weist diese Tribus dem zweiten, über den *ager Romanus antiquus* hinausführenden Stadium der römischen Expansion zu. Die folgenden kurzen Bemerkungen sollen ihre Lage, ihre Entstehungszeit und ihre besondere Struktur erörtern:

a) *Romilia*. Wir haben guten Grund zu der Annahme, daß diese Tribus den Kreis des *ager Romanus antiquus* durch Einbeziehung des *ager Vaticanus* auf dem rechten Ufer schloß und im Süden nur bis zum fünften Meilenstein an der *via Campana*, im Norden entlang der *via Claudia* ebenso weit reichte. Ihre Grenze im Westen war der Bach *Magliana*; dann folgte in gleicher Richtung die *tribus Galeria*. Die Antiquare des 1. Jahrhunderts v. Chr. wußten noch, daß die *Romilia* den Veientern entrissen worden war — wie wir sahen, nach der Mitte des 5. Jahrhunderts. Von den modernen Historikern hat K. J. Beloch erkannt, daß der Name der *tribus Romilia* nur von T. Romilius Rocus Vaticanus, cos. 455 v. Chr. und *decemvir legibus scribundis* 451 v. Chr.,[90] oder einem seiner Nachkommen herstammen kann. Ihre enge Verbindung mit den älteren kleinen Tribus des *ager Romanus* weist der *Romilia* eine Priorität unter den Landbezirken mit Gentilnamen zu. Wie L. R. Taylor betont hat, gab die *Romilia* in der Tribusversammlung als erste unter den *tribus rusticae* ihre Stimme ab — vielleicht weil man vermutete, daß Romulus ihr Gründer gewesen sei.

b) *Claudia.* Die Einwanderung des Ahnherrn der *Appii Claudii* aus seiner sabinischen Heimat wurde von Fabius Pictor ins Jahr 495 v. Chr. gesetzt — ein fiktives Datum, das zu dem Verleumdungsfeldzug gegen diese Gegner des Fabierhauses gehört, wie wir gezeigt zu haben glauben.[91] Obwohl wir dieses Datum zurückweisen müssen,[92] ist die Lokalisierung der Tribus in jener Überlieferung durchaus zuverlässig. Dionysios erzählt, daß der römische Staat dem ersten Claudius und seinem Gefolge außer einem Teil des Stadtgebietes χώραν ... τὴν μεταξὺ Φιδήνης καὶ Πικετίας, ... ἀφ᾽ ὧν καὶ φυλή τις ἐγένετο σὺν χρόνῳ Κλαυδία καλουμένη gab,[93] d. h. „das Gebiet zwischen Fidenae und dem (unbekannten) *Picetia*, ... woraus eine *tribus* hervorging, die mit der Zeit den Namen *Claudia* erhielt". Livius[94] gibt in diesem Zusammenhang einen weiteren geographischen Hinweis: *namque Attius Clausus, cui postea Appio Claudio fuit Romae nomen, ... magna clientum comitatus manu, Romam transfugit. his civitas data agerque trans Anienem: vetus Claudia tribus ... appellata.* [Denn Attius Clausus, der später in Rom den Namen Appius Claudius erhielt..., lief mit zahlreichen Anhängern zu den Römern über. Man gab ihnen das Bürgerrecht und ein Gebiet jenseits des Anio; dieses wird ... 'die alte Tribus Claudia' genannt.] Fidenae gehörte ohne Zweifel von Anfang an zu dieser nördlich des Anio gelegenen Tribus[95], und diese Tatsache gibt uns einen willkommenen Anhaltspunkt für das Entstehungsdatum der *tribus Claudia*. Fidenae war die Schlüsselstellung Veiis für die Kontrolle der Tiberschiffahrt, aber im Kriegsfall auch ein Bollwerk gegen Rom an der *via salaria*. Der Untergang von Fidenae im Jahr 426 v. Chr. war ein tödlicher Schlag für Veii und kündigte dessen Fall eine Generation später an. Zum angeblichen Zeitpunkt der Gründung der *tribus Claudia*, 495 v. Chr., hatte Rom jedoch gerade einen schweren Krieg gegen die Latiner überstanden und hätte nicht wagen können, sich nach Norden gegen die Veienter zu wenden; zudem war in der ersten Hälfte des

Jahrhunderts Veii Rom noch überlegen. Eine dauernde römische Besetzung des Gebietes um Fidenae und östlich davon wäre aber, wie schon Beloch betonte, vor der endgültigen Eroberung der Stadt unmöglich gewesen. Die *tribus Sergia* kann aus denselben Gründen nicht vor 426 v. Chr. in der Nähe Fidenaes existiert haben; und *nach* diesem Jahr ist für die *Sergia* kein Platz neben der *Claudia*. Die letztere Tribus wurde also nach der Eroberung Fidenaes geschaffen, und zwar höchstwahrscheinlich gleich danach.

Die Quellen geben nur vage Hinweise auf die geographische Lage folgender gentilizischer tribus:

c) *Fabia*. Die Vermutung von W. Kubitschek, daß veientische Angriffe auf den Besitz der *gens Fabia* im Gebiet der Cremera den Krieg dieser Sippe gegen Veii verursacht haben könnten,[96] setzt einen viel zu frühen Zeitpunkt der römischen Expansion auf dem rechten Ufer voraus. Ein solcher Vorstoß konnte erst stattfinden, nachdem der Brückenkopf des *ager Vaticanus* um die Mitte des 5. Jahrhunderts erobert worden war. Dabei erwarben die Fabier möglicherweise große Ländereien am rechten Tiberufer und gaben einer neuen Tribus ihren Namen.

d) *Horatia*. Die legendäre Rolle der *Horatii* bei der angeblichen Eroberung von Alba Longa durch Rom beruhte, wie man meinte, auf Besitzungen der Familie um Alba; daher dachte man sich die *tribus Horatia* dort gelegen.[97] Aber nicht einmal zu einer verhältnismäßig späten Zeit, nämlich im 5. Jahrhundert, als die Römer tatsächlich in dieses Gebiet eindrangen, konnten sie das Territorium des verfallenen Alba *en bloc* in eine einzige tribus eingliedern, ebensowenig das Landgebiet der anderen Latinerstädte. Das wird klar bezeugt durch die Zuweisung der benachbarten latinischen Gemeinden an verschiedene römische Tribus, wie sie L. R. Taylor herausgearbeitet hat:

Lanuvium wurde in der *Maecia* eingeschrieben (a. a. O. 66; 96),
Aricia in der *Horatia* (96),
Tusculum gehörte zur *Papiria* (160),
Castrimoenium zur *Falerna* (?) (ebenda),
Bovillae zur *Pomptina* (?) (ebenda), usw.

Der Grund für diese wahllose Verteilung ist offensichtlich. Nach der Unterwerfung der Latiner 338 v. Chr., als Rom ihnen das Recht auf politische Versammlungen, Handelsbeziehungen und gesetzliche Ehen zwischen den Bürgern ihrer Städte verweigerte, machte es ihnen ihre Eingliederung in jeweils verschiedene römische Wahlbezirke unmöglich, unter dem Deckmantel der römischen Organisation gegen die siegreiche Macht zu konspirieren. Andererseits war eine solche Maßnahme nur möglich, wenn vor diesem Wendepunkt der latinischen Geschichte die Gegend der Albanerhügel noch nicht in das Netz der römischen Landtribus einbezogen war. Sonst wären alle diese Städte derselben Tribus zugeordnet worden. Die Zuweisung benachbarter Städte an verschiedene Tribus gibt einen weiteren chronologischen Anhaltspunkt: dieses Vorgehen war erst denkbar, als die Tribus aufgehört hatten, geographische Einheiten zu bilden, und die Lage der ihnen neu zugewiesenen Territorien ohne Belang, ihre Zusammengehörigkeit eine rein politische war.[98]

e) *Papiria*. Sie grenzte anscheinend nach Osten hin an die *Pupinia*[99] und wurde wohl bald nach 381 v. Chr. um das Gebiet von Tusculum erweitert, als dieses das Bürgerrecht erhielt. Die politische Bedeutung der *Papirii* beginnt mit den Konsulaten von 444, 443 und 441 v. Chr., denen später noch weitere folgten. Die Einrichtung der Tribus kann jedenfalls nicht vor 444 v. Chr. stattgefunden haben.

f) *Aemilia* und *Menenia*. Die Stadt Gabii gehörte zu einer dieser Tribus.[100] Aber durch das *foedus Gabinum*, das irgendwann nach 468 v. Chr. abgeschlossen wurde,[101] behielt Gabii sogar noch viel später eine gewisse Unabhängigkeit,[102] kann also nicht bereits zum Zeitpunkt der Einrichtung jener beiden Tribus in eine von ihnen eingegliedert worden sein.

g) *Voturia*. Pl. Fraccaro hat auf ein Fragment einer Rede Catos d. Ä. aufmerksam gemacht,[103] wo das fünfzehn Meilen vom Anio entfernte Heiligtum der *gens Veturia* erwähnt wird. Er vertrat die einleuchtende Ansicht, daß dieser Hinweis gut zu einer Lokalisierung dieser Tribus auf dem linken Ufer des Tiber nahe der Küste passe. Es ist aber nicht erforderlich anzunehmen, daß der ursprüngliche Wohnort einer adeligen Sippe und deren Sippenheiligtum sich in dem Landbezirk befanden, der später ihren Namen erhielt. Und die Vorbedingung für die Zuweisung jener Ge-

gend an eine Tribus war die Eroberung der *septem pagi* [sieben
Gaue], die bis in die zweite Hälfte des 5. Jahrhunderts zu Veii
gehörten und danach der *Romilia* zugewiesen wurden. Erst dann
sowie nach dem Erwerb der veientischen Salinen konnte die weitere Expansion zur Küste erfolgen. Wir werden darauf im Zusammenhang mit der *Galeria* noch einmal zurückkommen.

Die ursprüngliche Lage der übrigen Landbezirke mit Gentilnamen bleibt ungewiß. Es handelt sich um die *Sergia*[104], *Aemilia*[105],
Cornelia[106] und *Menenia*[107], die nach führenden Geschlechtern des
römischen Staates im ersten Jahrhundert der Republik benannt
sind.

Trotz der Ungenauigkeit unserer Überlieferung ist die geographische Verteilung der gentilizischen Tribus, wie sie die Karte von
L. R. Taylor[108] darstellt, grundsätzlich gesichert: die Tribus wurden jeweils von zwei der nach allen Seiten von Rom ausgehenden Hauptstraßen begrenzt. Ich hoffe aber gezeigt zu haben, daß
sie in keinem Fall an das städtische *pomerium* stießen, sondern wie
ein Gürtel den alten *ager Romanus* umgaben (vgl. die Karte
S. 264). Folglich stellen sie ein späteres Entwicklungsstadium dar.
Das Schema ihrer Anlage weist auf eine globale, zu einem ganz
bestimmten Zeitpunkt erfolgte Planung seitens der Regierung hin,
wie es auch die Überlieferung — freilich mit zu früher Datierung
— darstellt. Alle chronologischen Hinweise, die wir verzeichnet
haben, sprechen dafür, daß diese Tribus irgendwann in den Jahrzehnten nach dem Dezemvirat eingerichtet worden sind.

Die Breite dieses neuen Landgebietes wird in etwa dadurch
angezeigt, daß jenseits des zehnten Meilensteins von Rom der
außerstädtische Bereich der *fora et conciliabula* [Markt- und
Gerichtsflecken] begann (Liv. XL 37, 4). Diese Entfernung entspricht derjenigen der äußeren Grenze der vorstädtischen Region
der Kaiserzeit, die also letztlich sehr alte Vorläufer hat. Außerhalb
der *regio suburbana* begannen unmittelbar die munizipalen Territorien der Latinerstädte. Da diese sich nach dem großen Latinerkrieg
nicht mehr auf Kosten Roms ausdehnen konnten, verewigte die
Demarkationslinie des suburbanischen Bereichs die Situation von
338 v. Chr. Andererseits geht das Entstehungsdatum jenes Gürtels
neuer, zu einem bestimmten Zeitpunkt geschaffener Tribus daraus

hervor, daß eine von ihnen, die *tribus Claudia*, auf dem 426 v. Chr. eroberten Gebiet von Fidenae geschaffen wurde. Das ist der *terminus post quem* für die Gründung der neun gentilizischen Tribus. Um die Rolle der führenden aristokratischen Geschlechter bei der im 5. Jahrhundert erfolgten Schaffung der Landbezirke zu verstehen, müssen wir uns zunächst vergegenwärtigen, daß die *tribus* ursprünglich ein Sippenverband war, der zu Kriegszwecken, gemeinsamer Jagd und zur kollektiven Verteilung von Weideland diente; erst später wurde sie als territorialer Bezirk Organisationsbasis für Rekrutierung, Besteuerung und Wahl. Die 'geographischen' Tribus bewahrten noch immer einige gesellschaftliche Formen einer überwundenen Entwicklungsstufe: Kollektivbesitz und gemeinsame Begräbnisstätten, die oben erwähnt wurden, scheinen Relikte solcher archaischen, gentilizischen Bande zu sein.

Nach dem Untergang der Monarchie herrschte zumindest im ersten Jahrhundert der Republik der geschlossene Kreis des Patriziats über die anderen Bevölkerungsschichten — nicht nur als Inhaber souveräner Rechte infolge der Bekleidung der Jahresmagistratur, sondern auch als privilegierte Klasse. Die Patrizier hatten den ausschließlichen Anspruch darauf, staatliche Ämter zu verwalten. Die Zenturiatsverfassung, die sich im 5. Jahrhundert ausbildete, bezog die Patrizier nicht in die timokratischen Klassen ein; sie standen darüber. Die Pflege bestimmter Staatskulte wurde einzelnen Familien ihres Kreises zugewiesen, so z. B. die *Lupercalia* den *Fabii* und *Quinctii* (die auch Jahrzehnte hindurch die Konsulstellen unter sich aufteilten), der Kult des Herkules an der *ara maxima* den *Valerii Potiti* [109] und den *Pinarii*.

Diese dominierende Rolle der Patrizier muß auch in den Tribus mit Gentilnamen gegenwärtig gewesen sein. Spärliche Hinweise darauf gibt es in der lückenhaften literarischen Überlieferung.[110] Da auf dem kargen Boden Latiums nicht der Getreideanbau, sondern immer noch die Viehzucht Hauptquelle des Reichtums war, hatte der von den Aristokraten als Weideland okkupierte *ager publicus* im 5. Jahrhundert weit höhere Bedeutung als später.

In einem Staat mit noch archaischer Verfassung, wo es keine polizeiliche Überwachung gab und der kleine Mann keinen anderen Schutz genoß als die *fides* der mächtigen Patrone, die Unrecht gegen ihre Anhänger vergelten konnten, muß das *obsequium* des gemeinen Mannes ursprünglich das eines bewaffneten Gefolgsmannes gewesen sein.[111] Wir wissen auch, daß der Patron alle seine Gefolgsleute für einen Krieg mobilisieren konnte. Der Feldzug der *Fabii*, der mit ihrer totalen Niederlage an der Cremera endete, bietet dafür ein Beispiel, das ohne Zweifel als gesellschaftliches Phänomen authentisch ist,[112] zumal wir wissen, daß auch etruskische Oligarchen solche privaten Armeen aufbieten konnten.[112a]

Wenn sich die beherrschende Stellung der patrizischen Sippen im 5. Jahrhundert in den eben behandelten Tribusnamen widerspiegelt, so kann andererseits das vollständige Fehlen gentilizischer Namen[113] unter den danach gegründeten, neuen Tribus nicht dem bloßen Zufall zugeschrieben werden, sondern muß mit dem Wandel in der sozialen und politischen Organisation des Römerstaates zusammenhängen. Es ist jene Zeit, in der die Zulassung von Nichtpatriziern zur Kavallerie, die neue Bedeutung der schwerbewaffneten Infanterie sowie die Einführung der Besoldung im harten Kampf gegen Veii auch andere politische Konzessionen mit sich brachten, welche die ausschließliche Herrschaft des Patriziats untergruben. Eine der sozialen Folgen dieser Entwicklung scheint darin zu bestehen, daß von nun an gentilizische Tribus, die den aristokratischen Familien einen festen politischen Rückhalt sicherten, nicht mehr geschaffen wurden.

Der Gürtel neuer Landbezirke mit nun wieder geographischen Namen begann mit zwei Tribus, die schon existierten, bevor das veientische Gebiet seine römische Organisation erhielt. Es sind:

a) *Galeria*. Einst wurde sie als Tribus mit Gentilnamen betrachtet, aber man hat längst erkannt,[114] daß sie ihren Namen von einem kleinen Fluß erhielt, dem *Rio Galera* mittelalterlicher Urkunden, der südlich von Veii entspringt und auf halbem Weg zwischen Rom und Ostia in den Tiber mündet. Sein von Ingenieuren aus Veii reguliertes Flußbett[115] verschaffte, wie wir schon sahen, jener Stadt einen direkten Zugang zu den Salzsümpfen an der Tibermündung. Diese für die Veienter lebenswichtige Route war im Kampf um die heiß umstrittenen *septem pagi* sicherlich durch die Römer bedroht. Die römische Besetzung der „sieben Bezirke" um den Brückenkopf des *ager Vaticanus* und ihre Eingliederung als *tribus Romilia* in das römische Gebiet waren ein harter Schlag für Veii. Die Okkupation des Tales des Rio Galera westlich vom *ager Vaticanus* kann aber frühestens in den letzten Jahrzehnten des 5. Jahrhunderts erfolgt sein, d. h. nach der Eroberung der Umgebung des *Ianiculum*. Die offene Flanke in Richtung Caere, dem das küstennahe Fregenae gehörte, zeigt erneut, daß Rom im Einverständnis mit Caere vorstieß. Es ist schon bemerkt worden, daß die Einrichtung der *tribus Galeria* der Entstehung der vier auf dem Territorium von Veii gebildeten Tribus vorausging, d. h. vor 387 v. Chr. stattfand.[116]

b) *Clustumina*. Diese war nicht, wie man meinte, die erste, sondern die zweite Tribus mit geographischem Namen, die gegründet wurde, nachdem die Zone der gentilizischen Tribus rings um den alten *ager Romanus* schon bestand. Sie lag nördlich von Fidenae, das zur *Claudia* gehörte, auf dem *ager Crustuminus*, dem Gebiet von Crustumerium. Wir nehmen mit Beloch an,[117] daß der Weg nach Crustumerium den Römern erst durch die Eroberung von Fidenae 426 v. Chr. geöffnet wurde und daß sie es noch vor dem Untergang von Veii im Jahr 396 v. Chr. eroberten.

Wir können mithin folgende Phasen in der Entstehung der römischen Tribus unterscheiden: Die vier städtischen Tribus, die im 6. Jahrhundert von den etruskischen Königen geschaffen wurden, tragen geographische Namen: *tribus dictae ab locis Suburana, Palatina, Esquilina, Collina*.[118] In organischem Anschluß an diese städtischen Tribus entstanden — wie gezeigt wurde — die kleinen Tribus des *ager Romanus*, die ebenfalls geographische Namen haben: *Lemonia, Pollia, Pupinia, Camilia, Voltinia*. In diesem Entwicklungsstadium bestanden die Landbezirke einfach aus den vor der Stadt liegenden Feldern *[initio omnium tribuum ... agri in propinquo erant urbis]*[119]. Der Kreis dieser kleinen Bezirke wurde bald nach der Mitte des 5. Jahrhunderts auf dem rechten Ufer durch die erste Tribus mit Gentilnamen, die *Romilia*, vervollständigt. Dann folgte bald nach 426 v. Chr. der im Zeichen der patrizischen Übermacht in der Staatsführung entstandene Gürtel der gentilizischen Tribus um den *ager Romanus*. Aber kurz vor 400 v. Chr. begann die neue Reihe der Tribus mit Ortsnamen. Bedauerlicherweise gestattet uns das danach aufkommende Verfahren, den alten ländlichen Tribus neues Territorium ohne Rücksicht auf den geographischen Zusammenhang zuzuordnen[120], für die Zeit nach 387 nicht mehr, den Fortgang der Eroberung im Spiegel der neu entstehenden Tribus zu verfolgen. Trotzdem ergibt sich die für uns wichtige Feststellung, daß die Eingliederung der bedeutendsten Latinerstädte in die römischen Tribus nicht vor dem 4. Jahrhundert erfolgte, in den meisten Fällen nicht vor 338 v. Chr. Der Prozeß der Unterwerfung der Latiner, wie er sich in den Annalen widerspiegelt, bestätigt diese Erkenntis und bietet zudem eine Erklärung für den späten Beginn der römischen Expansion.

Der Traum von der « Grande Roma dei Tarquinii »[120a]

Seit Niebuhr, der die Grundlagen zur wissenschaftlichen Analyse der literarischen Quellen gelegt hat, sind große Fortschritte in der Erforschung der römischen Geschichte erzielt worden. Jede Gelehrtengeneration hat ihren Beitrag zur Vermehrung unseres Wissens über das frühe Rom geliefert. Aber die kontinuierliche Forschungsentwicklung barg auch neue Gefahren in sich. Das Vertrauen in die Zuverlässigkeit unserer schriftlichen Zeugnisse wurde stark erschüttert, und die Forschung auf diesem Feld neigte im allgemeinen mehr und mehr dazu, von den spärlichen Angaben, die wir besitzen, soviel wie möglich zu eliminieren und darin die früheren Kritiker noch zu übertreffen. Es gab natürlich Ausnahmen. Mommsens Geist stand über zeitbedingten methodischen Strömungen. Die 'critica temperata' von G. De Sanctis bewahrte ihn vor entstellenden Übertreibungen. Auch andere Beispiele für eine gesunde Zurückhaltung in dieser Hinsicht fehlen nicht. Aber die Stimme der Maßvollen fand kein Gehör. Da es noch keine archäologischen Beweise für die Etruskerherrschaft in Rom gab, trieb ein glänzender Gelehrter das Mißtrauen gegen die Quellenaussagen so weit, daß er die Erzählungen der Annalisten einfach ganz beiseite schob und sogar die Existenz der Stadt für die frühen Jahrhunderte bestritt. Für ihn begann die Geschichte Roms mit der keltischen Invasion, also mit dem 4. Jahrhundert v. Chr. Er beging einen noch größeren

Fehler, indem er versuchte, die legendären Erzählungen durch eine eigene pseudorationalistische Interpretation zu ersetzen. Kein Wunder, daß sich eine scharfe Reaktion gegen dieses überaus willkürliche und zu sehr vereinfachende Verfahren erhob.

Die neue Tendenz, die in Opposition gegen die verrufene 'hyperkritische' Methode entstand, verrät ihrerseits das Bestreben, auch das letzte Restchen der schriftlichen Überlieferung als authentisch zu retten, wenn nur die geringste Chance dafür besteht. Dieses Bemühen findet unseren vollen Beifall, soweit die zu bewahrenden Nachrichten wirklich verläßlich sind. Aber nur so weit! Während es nun bereits in der vorigen Generation Mode wurde, alles in den Annalen Überlieferte als wahr hinzunehmen, so ist heute in dieser Beziehung ein geradezu zum Selbstzweck entarteter Wettbewerb ausgebrochen, der durch eine gewisse Manieriertheit gekennzeichnet ist, welche sowohl Eiferer als auch Opportunisten ermuntert, die für den Historiker unerläßliche kritische Methode in Verruf zu bringen — genauso wie früher die entgegengesetzte Tendenz dazu ermutigte, alles Mögliche aus den schriftlichen Quellen zu tilgen. Wie Vergil sagen würde: Das Ungeheuer Scylla greift uns von der Rechten an, von der Linken die gnadenlose Charybdis *[dextrum Scylla latus, laevum inplacata Charybdis obsidet]*.

Hinzu kam, daß man in der Ewigen Stadt architektonische Terrakotta zusammen mit sicher datierbarer griechischer Keramik sowie anderen Objekten aus dem 6. Jahrhundert fand, und ständig kommt neues Material zum Vorschein. Angesichts dieser Zeugnisse sah sich die Forschung über das frühe Rom einer veränderten Situation gegenüber. Ein hervorragender Philologe und Linguist, der die Bedeutung dieser archäologischen Quellen erkannte, übernahm die Führung und feierte die Wiedererstehung dessen, was er « la grande Roma dei Tarquinii » nannte.[121]

Die Existenz eines blühenden Rom mit städtischer Zivilisation im 6. Jahrhundert war durch die archäologische Evidenz tatsächlich gesichert. Aber bewies das auch, daß diese aufblühende Stadt schon in jener frühen Zeit die führende Macht in Mittelitalien war, wie Fabius Pictors Propaganda vorgibt? Unsere vorangegangenen Kapitel haben, wie wir hoffen, gezeigt, daß die Ausgrabungen und Funde, die den Wohlstand des etruskischen Rom bezeugen — ein

Aufschwung, der damals überall in Latium mit der Stadtwerdung eingesetzt hatte — nicht besagen, daß Rom die Oberhoheit über die latinische Nation besaß.

Fehldeutungen jener Art sind freilich nicht neu. Niemand geringerer als G. B. Niebuhr [122] versicherte, daß die technischen Errungenschaften Roms im 6. Jahrhundert, wie die *cloaca maxima*, die servianische Mauer und der kapitolinische Tempel, „ein unwiderleglicher Beweis dafür sind, daß das Rom der letzten Könige Hauptstadt eines großen Reiches war". Niebuhrs Feststellung ist von anderen immer wieder *ad nauseam* wiederholt worden. Es ist nicht mehr nötig, ausführlicher auf das Datum der großen Entwässerungsanlage einzugehen, deren Ausbau in Wirklichkeit lange nach der Zeit der Tarquinier stattfand, aber zu den beiden anderen architektonischen Leistungen des frühen Rom scheinen einige Bemerkungen angebracht.

Die von Niebuhr [123] hervorgehobene Bedeutung der sogenannten servianischen Mauer als Zeugnis für die politische Vormachtstellung Roms unter den Tarquiniern [124] wurde von späteren Gelehrten noch übertriebener bewertet. Beloch meinte, [125] der Durchmesser der Mauer stelle sicher, daß im 6. Jahrhundert die von ihr umgebene Stadt nicht nur die größte Latiums war, sondern eine der größten ganz Italiens. Ed. Meyer [126] sprach von dem von Mauern umschlossenen Rom der Königszeit als einer der größten Städte der Mittelmeerwelt.

Seit den Tagen dieser großen Historiker haben archäologische Forschungen das wirkliche Datum der sogenannten servianischen Mauer [127] ans Licht gebracht: Es handelt sich bei ihr um die nach dem Keltensturm aus regelmäßig behauenen Steinen [128] erbaute Mauer Roms, deren Errichtung auch die Annalen in korrekter Weise überliefern. Und das für diese riesige Befestigungsanlage verwendete Steinmaterial kam aus dem Gebiet des eroberten Veii; die eingemeißelten griechischen Buchstaben bezeugen, [129] daß griechische Baumeister für dieses Unternehmen herangezogen wurden.

Die Identität der 'servianischen' Mauer mit dem nach dem gallischen Brand geschaffenen Befestigungssystem deutete sich schon in den Ergebnissen unseres zweiten Kapitels an.[130] Wir haben dort gezeigt, daß der Aventin immer noch vom eigentlichen Stadtgebiet

«Grande Roma dei Tarquinii» 285

ausgeschlossen war, als der auf ihm befindliche Hain der Diana bald nach der Schlacht am See Regillus zum Bundesheiligtum der Latiner wurde. Auch nach 456 v. Chr., als der Aventin zum Stützpunkt der Plebs wurde, blieb er trotzdem außerhalb der sakralen Stadtgrenze, des *pomerium*; dies garantierte der revolutionären Organisation der Plebs die Versammlungsfreiheit, die nur außerhalb des Kompetenzbereichs der staatlichen Kontrolle gewährleistet war.

Mit der Erbauung der 'servianischen' Mauer wurde der Aventin, obwohl er *extra pomerium* verblieb, in das neue Festungswerk einbezogen, um den Sitz der Plebs ebenso zu schützen wie alle anderen Teile der Gemeinde. Diese Einbeziehung des bis 456 nur sehr spärlich bewohnten Hügels in die Steinumwallung erforderte große zusätzliche Kosten und Anstrengungen und wäre für die jährlichen Zusammenkünfte des Bundes überflüssig gewesen, da diese in Kriegszeiten gar nicht stattfanden. Sein Schutz war aber nötig nach der Gründung des revolutionären Zentrums in eben diesem Gebiet und dem Ausgleich zwischen der Plebs und den herrschenden Patriziern, d. h. nach dem Dezemvirat. Da aber die Volsker- und Äquergefahr in der zweiten Hälfte des 5. Jahrhunderts schon zurückgegangen war, wurde das große Werk des Mauerbaus, das sicherlich auch einzelne prähistorische Befestigungen an verschiedenen Punkten Roms einbezog, erst nach der Eroberung Roms durch die Kelten zur dringenden Aufgabe — etwa 150 Jahre nach der Herrschaft des Servius Tullius, dem es in den Annalen zugeschrieben wird.

Die Etruskerkönige, die auf dem kapitolinischen Hügel residierten, hatten noch eine ganz andere Vorstellung von der Verteidigung der Stadt, als sie die Errichtung eines die gesamte Stadt umgebenden Mauerringes voraussetzt. Diese ältere Vorstellung ist noch in späterer Zeit in der römischen Ritualsprache bewahrt. Wir meinen die feierliche Formel „Burg und Stadt", *arx et urbs,* die dem *ocar* und *tota* der umbrischen Tafeln von *Eugubium*-Gubbio entspricht.[131] Die *arx* war das einzige befestigte Bollwerk der Siedlung, in welchem die Bevölkerung in Kriegszeiten Zuflucht fand, wie es zur selben Zeit auch in Athen üblich war.[132] Dieses alte Verteidigungskonzept bestand noch zur Zeit der keltischen Invasion. Nach der vernichtenden Niederlage des römischen Heeres an der Allia war daher die Stadt dem Feind ausgeliefert.[133] Es ist mit Recht betont worden, daß die erobernden keltischen Stämme zu Beginn des 4. Jahrhunderts nicht die technische Ausrüstung und Fertigkeit besaßen, um eine befestigte Stadt zu belagern, und daß die Römer auf keinen Fall ihre Heimstätten verlassen hätten, wenn die Stadtmauer schon vorhanden gewesen wäre. Unter den damaligen Umständen gab es jedoch keine andere Möglichkeit, als die Masse der schutzsuchenden Einwohner ihrem Schicksal zu überlassen und in die kapitolinische Festung nur die wehrfähigen Männer und die patrizischen Magistrate aufzunehmen. Für eine größere Menschenmenge war dort kein Platz. Es war infolgedessen auch eine richtige Entscheidung, den Überlebenden aus der Allia-Schlacht den Befehl zu erteilen, sich in der Festung Veii zu sammeln [134] und nicht in das unbefestigte Rom zu flüchten.

Alle diese Zeugnisse beweisen, daß jene mächtige Mauer, *inter prima opus mirabile* [einer der bewundernswertesten Bauten],[135] in keinem Zusammenhang mit der Königszeit stand. Ihr imponierender Umfang illustriert das Ausmaß der Expansion Roms im 5. Jahrhundert.

Der großartige Tempel des *Iuppiter optimus maximus* wird allgemein als Zeugnis für die führende Stellung Roms am Ende der Königszeit gewertet.[135a] Bevor wir jedoch das Entstehungsdatum dieses bemerkenswerten Bauwerkes näher betrachten, scheint mir eine Warnung vor einer allzu leichtfertigen Überbewertung repräsentativer Bauten nötig zu sein. Wenn wir etwa nichts von der Macht eines Augustus, Septimius Severus oder Diokletian wüßten und nur die Ausmaße ihrer Häuser auf dem Palatin oder sonstwo kennen würden, könnten wir dann in derselben Weise, wie es gewöhnlich beim Kapitol geschieht, schließen, daß die Herrscher um so mächtiger waren, je größer ihre Wohnbauten gewesen sind? Das kleine Haus des Augustus würde in diesem Falle neben den riesigen Bauwerken der anderen von einer verschwindend geringen Macht zeugen. Aber weit aufschlußreicher als solche Überlegungen ist die gesicherte Tatsache, daß Veii zur Zeit seiner Eroberung durch die Römer, also um 400 v. Chr., der siegreichen Stadt an architektonischer Schönheit und Größe seiner Bauten überlegen war. Der einfache römische Bürger wäre deshalb gerne nach Veii übergesiedelt, wie Livius bezeugt [136]:

cum pulcherrima urbs Veii agerque Veientanus in conspectu sit, uberior ampliorque Romano agro? Urbem quoque urbi Romae vel situ vel magnificentia publicorum privatorumque tectorum ac locorum praeponebant.

[... obwohl die prachtvolle Stadt Veii und das veientanische Gebiet geradezu vor ihrer Nase lägen, fruchtbarer und größer als das römische Territorium? Auch die Stadt selbst bevorzugten sie gegenüber Rom sowohl im Hinblick auf ihre Lage als auch wegen der Pracht ihrer öffentlichen und privaten Gebäude und Plätze.]

Ferner zeigt eine genaue Prüfung des Quellenmaterials wieder einmal, daß wir den Bericht der Annalen auch hinsichtlich des kapitolinischen Tempels nicht einfach übernehmen dürfen.

Die Anfänge des kapitolinischen Heiligtums gehen ins 6. Jahrhundert v. Chr. zurück; daran gibt es keinen Zweifel. Die 204 Jahresnägel in der Wand der *cella* des Juppiter, die man 304 v. Chr. zählte, sichern 509/8 v. Chr. als Einweihungsdatum. Die Teilnahme veientischer Künstler, die den plastischen Schmuck und die Kultstatuen schufen, ist eindeutig erwiesen. Archäologische Reste aus archaischer Zeit bestätigen jenes frühe Datum.[137] Aber gibt es schlüssige Beweise dafür, daß dieses erste, der Königszeit angehörende Heiligtum so groß war wie der 83 v. Chr. abgebrannte Tempel und seine Nachfolger? Die Annalen behaupten dies [138] und nehmen es als Beweis für den Glanz Roms zur Königszeit; die moderne Forschung folgt ihnen. Wir haben aber guten Grund, skeptisch zu sein.

Glücklicherweise ist die Überlieferung zu diesem Thema wesentlich reicher als zu anderen Fragen der frühen römischen Geschichte. Zunächst übermitteln die literarischen Quellen einige grundlegende Fakten über dieses wichtigste Heiligtum der Ewigen Stadt. Der erste Annalist kannte einen kurzen Bericht über die Taten des letzten Königs.[139] Obschon wir an die angebliche Eroberung des in volskischer Hand befindlichen Suessa Pometia durch König Superbus nicht glauben können,[140] und ebensowenig daran, daß er den Tempel des *Iuppiter optimus maximus* aus der dabei gemachten Beute errichtet habe, kann doch niemand in Zweifel ziehen, daß der letzte König den Tempel erbaut und eingeweiht hat. Wir sahen schon, daß dabei gewiß veientische Künstler beteiligt waren, welche die Kultstatuen sowie die architektonischen Reliefs und Ornamente aus Terrakotta anfertigten.[141]

Die vorannalistische Überlieferung über die baugeschichtlichen Anfänge des kapitolinischen Tempels ist willkürlich entstellt worden, und das ist vor allem das Werk des Fabius Pictor. Er wußte, daß es in Rom einen zweiten Tarquinier gab, und verdoppelte — wie auch sonst oft — die Erzählung seiner Quelle über den Bau des Tempels[142] durch den letzten Tarquinier, indem er einen Teil des Bauprogramms dem älteren Herrscher derselben etruskischen Dynastie zuschrieb.[143] Dies tat er, um von dem älteren Tarquinius nicht nur den bloßen Namen, sondern auch einige Taten und Leistungen aufführen zu können. Heutzutage bezweifelt jedoch kaum jemand mehr, daß in dem ursprünglichen Bericht nur *ein* König als Bauherr erwähnt war.

Es gibt auch einige archäologische Überreste, die zum ursprünglichen Heiligtum des letzten Königs gehören mögen, ein Stück Terrakottafries und Fragmente eines Antefixes. Darüber hinaus kennen wir das genaue Datum der Tempelweihe. Die feierliche Zeremonie, bei welcher der oberste Magistrat der Stadt jedes Jahr am Dedikationstag einen Nagel in die rechte Wand der *cella Iovis* trieb, hatte bis 304 v. Chr. zweihundertvier solcher Jahresnägel ergeben.[144] Die Zahl weist auf 509 oder 508 v. Chr. als das Jahr der ersten Ausführung dieses Rituals hin. Zugleich wird klar, daß im Jahr 304 v. Chr. zumindest die eben erwähnte Wand im Inneren des Tempels noch vorhanden war.

Aber hier müssen wir fragen, ob dies auch bedeutet, daß das ganze Gebäude in den mächtigen Proportionen, die spätere Generationen kannten, schon am Ende des 6. Jahrhunderts entstand. Die archaischen Tempel der etruskischen Städte, die zu jener Zeit über Rom herrschten, sind grundsätzlich viel kleiner; erst bedeutend später finden wir in Etrurien Heiligtümer von vergleichbarer Größe, wie etwa in Tarquinii einen Tempel aus dem Ende des 4. Jahrhunderts v. Chr., die sog. Ara della Regina.[145] Rom dürfte kaum den Anfang mit der Errichtung solcher Großbauten gemacht und sich als erste Stadt einen derartigen Aufwand erlaubt haben. Wir haben denn auch guten Grund zu der Annahme, daß der kapitolinische Tempel nach dem Keltenbrand teilweise wiederaufgebaut wurde. Römische Historiker späterer Zeit geben zu, daß die Kelten einmal bis zum Gipfel des kapitolinischen Hügels vordrangen und man ihre Anwesenheit in der Nähe des Tempels durch das Schnattern der Gänse der Juno bemerkte. Es wird aber gewöhnlich berichtet, daß die Kelten sofort zurückgeschlagen wurden und Heiligtum und Burg unversehrt blieben.[146] O. Skutsch hat jedoch gezeigt,[147] daß es eine weitere, bisher übersehene, alte Überlieferung gibt, welche schwere Kämpfe auf dem Kapitol bzw. sogar dessen Zerstörung durch das keltische Heer berichtet.[148] Eine endgültige Eroberung der Burg kann nicht stattgefunden haben, weil in diesem Fall Senat und Magistrate umgekommen wären und die schnelle Erholung, der kraftvolle Aufstieg Roms aus den Trümmern unmöglich gewesen wäre. Aber wenn auch die Burg nicht wirklich eingenommen wurde, wie man den Versen des Ennius entnehmen könnte, sondern nur ein blutiger, verzweifelter Kampf auf dem Hügel stattfand, so kann man doch als sicher annehmen, daß der Dichter solche unrühmlichen Vorgänge nicht erfunden hat. Die Erzählung vom Geschrei der Gänse der Juno wird durch eine alte volkstümliche Prozession gestützt, bei der die Wachsamkeit der Gänse belohnt und das Schweigen der Hunde bestraft wird; sie bezeugt ein Eindringen der Feinde in die Festung; nur einen Katzensprung von dieser entfernt lag das Heiligtum, das ebenfalls durch die Kämpfe in Mitleidenschaft gezogen wurde.[149]

Jeder Kenner von Ausgrabungen weiß, daß durchgehende Brandschichten die üblichen Folgen gewaltsamer Zerstörungen sind. Die Römer selbst berichteten vom Brand der Stadt,[150] und die Tempel wurden keineswegs von dieser Feuersbrunst verschont.[151] Das Legen von Feuerbränden — gleichsam Vorläufer der modernen Artillerie — war eine wirksame Waffe im Kampf gegen eine belagerte Besatzung. Und das Holzgerippe des oberen Teils eines tuskanischen Tempels, wie des Kapitols, wurde leicht ein Raub der Flammen.

Jedenfalls waren Burg und Heiligtum beschädigt worden, denn einige Jahre später erhielt das Gelände um den Tempel der kapitolinischen Trias, die *area Capitolina*, neue Substruktionen aus Quadersteinen — eine Leistung, die selbst in augusteischer Zeit noch imponierte.[152] Es ist klar, daß diese Stützmauern, die ein Teil des nach dem Keltenbrand errichteten Verteidigungssystems waren, dieselben sind, welche Fabius Pictor dem älteren Tarquinius zuschreibt.[153] Die neue, sicherlich auch vergrößerte *area Capitolina* ermöglichte nun die Abhaltung von Spielen, der *ludi Capitolini*, welche die Römer aus Dankbarkeit für die Überwindung der Keltengefahr vor dem Tempel des höchsten Gottes feierten.[154]

Doch auch der Tempel selbst wurde zur gleichen Zeit restauriert. Cn. Flavius, der 304 v. Chr. die zweihundertvier Nägel in der *cella* des Jupitertempels zählte, und auch spätere Generationen glaubten, daß der Marcus Horatius, dessen Namen sie auf dem Architrav des Tempels lasen, identisch sei mit dem Magistrat, der den Tempel 509/8 v. Chr. geweiht hatte.[155] Wir wissen aber nun, daß in jenem Jahr der letzte König noch an der Macht, eine Dedikation durch einen republikanischen Magistrat folglich unmöglich war. Es gab jedoch einen anderen M. Horatius, der für die erneute Tempelweihe beim Wiederaufbau nach der gallischen Katastrophe in Frage kommt: der *tribunus militum consulari potestate* von 378 v. Chr.[156] Obschon die Behörden unmittelbar nach der Übereinkunft mit den Kelten und dem Abzug der Feinde den Wiederaufbau der Stadt mit der Erneuerung der Tempel begannen,[157] war die Verwüstung so groß und spannte die Notwendigkeit, die Stadt wirksamer zu schützen, alle Kräfte so sehr an, daß sogar die neue Stadtmauer erst nach mehreren Jahrzehnten fertig wurde. Es ist anzunehmen, daß als erstes die Burg (einschließlich der neuen Stützmauern des Kapitols) erneuert wurde, da man zunächst das alte Bollwerk der Stadt wiederherzustellen suchte, und daß erst danach der Bau der Mauer begann. Diese Annahme wird voll gestützt durch eine Notiz der Annalen zum Jahre 378 (Livius VI 32, 1), wonach die Verpachtung des Mauerbaus durch die Zensoren in jenem Jahr erfolgte *[murum a censoribus locatum, saxo quadrato faciundum]*. Wenn unsere Annahme stimmt, dann war das Kapitol gerade fertig geworden und konnte neu geweiht werden.

Der Keltensturm hemmte nicht den Drang Roms nach der Herrschaft über Latium; jetzt wurde erst recht um die Hegemonie gekämpft. Das Streben nach Größe und ehrgeizige Prachtbauten gehören zusammen, und wenn der 509/508 fertiggestellte Tempel von mäßigen Ausmaßen war, so war die Absicht, ihn in weit größeren Dimensionen neu zu gestalten, nie zeitgemäßer als im Jahr 378. Die Entscheidung liegt bei den Archäologen. Und da ein so kompetenter Fachmann wie Frank Brown einen vollständigen Überblick über alle archäologischen Reste und alle Bestandsaufnahmen moderner Ausgrabungen vorbereitet, bleibt zu hoffen, daß das Problem bald geklärt sein wird.

Der Glaube an die aus der Größe des Kapitols erschlossene angebliche Macht des letzten Tarquiniers verführte zu weiteren Irrtümern. Einen steinernen Unterbau auf dem Gipfel des *mons Albanus* deutete man als Plattform für einen Tempel von der Art des kapitolinischen. Man nahm an, daß König Superbus auf dem Monte Cavo eine Kopie des römischen Juppiterheiligtums erbaut habe. Ein bedeutender Gelehrter ging noch einen Schritt weiter[158]: Er betrachtete die angebliche große Ähnlichkeit und Gleichzeitigkeit der beiden Juppitertempel in Rom und auf dem Albanerberg als Bestätigung des von den Annalen berichteten Begründung des Latinerfestes durch den letzten Tarquinier. Aber heute glaubt niemand mehr, daß auf dem heiligen Berg der Latiner ein archaischer Tempel stand.

Es leuchtet ein, daß tatsächliche Überreste der monumentalen Architektur dieser frühen Zeit im Gebiet der Ewigen Stadt nicht so zahlreich und gut erhalten sein können wie in benachbarten latinischen Städten, die schon im Altertum in Bedeutungslosigkeit versanken und keine neuen Bauwerke mehr erhielten. Wir müssen uns im klaren darüber sein, daß 2500jährige Bautätigkeit in Rom zahllose Terrakottaverkleidungen sowie andere architektonische Verzierungen zerstört hat, während sie in den Ruinenfeldern Latiums, die schon im Altertum verlassen wurden, unversehrt blieben. Aber die in Rom wesentlich intensiver als in anderen, ehemals bedeutenden latinischen Städten betriebene Forschung macht diesen Nachteil wett; so ist ein Vergleich zwischen dem frühen Rom und seinen Nachbarn ohne weiteres gerechtfertigt.

Vorsicht ist natürlich angebracht. Wenn die Qualität der Terrakottaverkleidungen an römischen Tempelbauten weder minderwertiger noch besser als die der entsprechenden Dekorationen in Südetrurien und Latium ist, so muß man dies auf ihre gemeinsame

Herkunft aus denselben Produktionszentren zurückführen. Auch bezeugt ein wesentlicher Teil der stadtrömischen architektonischen Terrakotten nicht, wie man meinte, die überlegene Macht der römischen Tarquinier, sondern die anhaltende Blüte der Stadt im 5. Jahrhundert v. Chr.,[159] in einem Zeitraum, dessen Bedeutung für Rom man zu unterschätzen neigt.

Verbieten es diese und ähnliche Feststellungen auch, das Zeugnis der archäologischen Überreste als Bestätigung der in der literarischen Überlieferung gezeichneten historischen Entwicklung zu interpretieren, so gibt das archäologische Material im ganzen doch ein verläßliches Bild von Niveau und Eigenart der römischen Zivilisation unter den etruskischen Königen, verglichen mit der etruskischen und latinischen Umwelt.

Wir zitieren im folgenden die Schlußfolgerungen von Inez Scott Ryberg, deren wertvoller Überblick ein vortreffliches Bild der Verhältnisse vermittelt [160]:

Im 8., 7. und 6. Jahrhundert zeigen die Funde an Keramik, Bronze und anderen Gegenständen, daß Rom Teil eines einheitlichen Kulturgebietes im unteren Tibertal war, das den südlichen Ausläufer von Etrurien, faliskisches Territorium und Latium zwischen den Albanerhügeln und dem Tiber umfaßte. Rom lag am Rande dieses Kulturkreises, war mehr ein Außenposten als ein Mittelpunkt; durch den Import von Waren und die Übernahme von Herstellungsmethoden aus einigen südetruskischen Produktionszentren und stärker noch aus faliskischen Städten beeinflußt, trug es doch selbst zu deren Erfindung wenig oder nichts bei. Rom war ein weithin passiver Teilnehmer an dem blühenden Handel, der sich zwischen den Städten dieses Raumes abspielte, und bot keinen Markt für kostspieligere Luxusartikel, welche etruskische Kaufleute in beachtlichen Mengen an die Falisker lieferten.

Während die Funde an Keramik- und Bronzegegenständen Rom vor allem mit Südetrurien und dem Faliskerland verbinden, repräsentieren die architektonischen Terrakotten den gemeinhin in Satricum, Präneste, Velitrae und Lanuvium, auch in Falerii und seltener in Caere begegnenden Stil. Römische Gräber haben im Vergleich mit etruskischen und faliskischen eine dürftige Ausstattung, aber die erhaltenen Fragmente von Terrakottaverkleidungen sind abwechslungsreich gestaltet und an Qualität denen aus anderen Fundorten gleich ... Fragmente von verschiedenen

« Grande Roma dei Tarquinii » 293

Fundorten in Rom bezeugen den Bau von etwa 15 Tempeln im 6. und frühen 5. Jahrhundert.[161]

Rom übernahm zögernder als Präneste und Satricum die etruskische Kultur, die sich im 7. Jahrhundert über ganz Italien ausbreitete, und zu keiner Zeit weist es etwa ähnliche Reichtümer auf wie die beiden prachtvollen Grabkammern in Präneste oder einen annähernd so blühenden Handel mit griechischer und italogeometrischer Keramik, wie ihn das Weihgabendepot in Satricum bezeugt.[162]

I. Scott Ryberg[163] versucht dies — wie T. Frank und andere — mit dem römischen Vorurteil gegen Luxus, der in den Zwölf Tafeln gerügt wird, zu erklären, sowie mit bäuerlichem Konservativismus, der dem etruskischen Hang zu aufwendigem Pomp und verweichlichendem Komfort eine einfache Lebensweise vorzog und das Augenmerk der Gemeinde auf tapfere Taten und Eroberungen konzentrierte — ein noch von späteren Generationen glorifiziertes Ideal.

Aber die *prisca simplicitas*, das schlichte Leben der römischen Hirten und Bauern in dieser Frühzeit, erklärt nicht alles. Die etruskischen Herrscher Roms, ihr Gefolge im *vicus Tuscus*, dem etruskischen Viertel am Fuß des Kapitols, und die etruskischen Adelsfamilien teilten natürlich die etruskische Neigung zu Prachtentfaltung und üppigem Genußleben. Die Römer erkannten selbst, daß ihr Lebensstandard rückständig war; das äußerte sich in ihrer eifrigen Übernahme der städtischen Lebensformen, religiösen Vorstellungen und staatlichen Organisation ihrer etruskischen Herren. Andere Latinerstädte vollzogen rascher den Übergang zur höheren Kultur ihrer Eroberer. Sogar das kleine Gabii östlich von Rom wies in der Frühzeit eine entwickeltere Zivilisation auf, und die Römer waren sich noch in späterer Zeit dessen bewußt, daß ihre vornehme Jugend einst zur höheren Ausbildung vorzugsweise nach Gabii geschickt wurde.[164]

Römische und etruskische Denkweise gingen trotz aller Verschiedenheit eine Verbindung ein. Die Adelsreiterei der Tarquinier etwa ging mit nacktem Oberkörper in den Kampf, statt schwer gepanzert wie die Griechen. Dieselbe überaus konservative Führungsschicht, die sich bis zum Konflikt mit Karthago der Einführung des

Münzgeldes widersetzte und Vermögen nur nach Rinderherden und Landbesitz zählte, scheute sich nicht, den etruskischen Pomp beim Triumphzug sowie die Staatsgewänder und die anderen Attribute, die gleicherweise Patrizier und Magistrate von der übrigen Gesellschaft abhoben, zu übernehmen. Staatliche Organisation, öffentliches Leben und religiöse Einrichtungen Roms wurden stark von den Etruskern beeinflußt; die ganze technische Zivilisation war etruskisch. Der echte *mos maiorum*, 'die Lebensweise der Vorfahren', der frühen Republik war sehr verschieden von der Vorstellung, welche die Sehnsucht des älteren Cato nach der altfränkischen Einfachheit der alten Zeit bestimmte.

Die im Vergleich zum stärkeren kulturellen Fortschritt der Nachbarn primitiven Züge des frührömischen Lebens gehen also nicht auf eine bewußte Reaktion gegen fremden Luxus zurück, sondern spiegeln — wofür wir gleich schlagende Beweise liefern werden — eine rückständige Entwicklung gegenüber Etrurien und einigen Brennpunkten der etrusko-latinischen Zivilisation wider. Die archäologischen Funde, welche diesen Tatbestand enthüllen, entsprechen dem historischen Bild, das wir erhalten, wenn wir die Herrlichkeit des annalistischen Rom, dieses Blendwerk, das die wirklichen Anfänge des römischen Aufstiegs verschleiert hat, ins Reich der Fiktion verweisen. Die Wirklichkeit der frühen römischen Geschichte ist nicht so glanzvoll wie der Wunschtraum der Annalisten, aber eindrucksvoller durch die ungeheure Anstrengung und erstaunliche Leistungskraft des römischen Staatswesens, die erst nach langem, zähem Kampf, zuerst ums Überleben, dann um die Macht, ihre Früchte trugen.

Die Überschätzung der Blüte des etruskischen Rom hat ihr Gegenstück in der Unterbewertung der frühen Republik; auch das geht auf den Einfluß des Fabius Pictor und seiner Nachfolger zurück.

In eben dem Augenblick, wo die wirkliche Geschichte Roms mit der Liste der eponymen Beamten und den beigegebenen spärlichen Notizen ans Tageslicht tritt, verschwindet das imaginäre Großreich der Tarquinier, und der Leser wird ohne Übergang aus einem herrlichen Luftschloß in die nüchterne Atmosphäre einer Latinergemeinde mäßiger Größe versetzt — wie jemand, der nach einem überschwenglichen nächtlichen Trinkgelage sich plötzlich an einem grauen Alltagsmorgen wiederfindet. Obwohl unsere Quellen sich zu diesem abrupten Übergang nicht äußern und keine Erklärung dafür abgeben, deuten moderne Historiker das plötzliche Ende der Vorherrschaft Roms als einen totalen Zusammenbruch nach 509 v. Chr.[165] In dem von ihnen entworfenen Bild schrumpft die Stadt zu einem winzigen Punkt am Rande der Mittelmeerwelt.

Zeitweilig schienen die archäologischen Zeugnisse diese Vorstellung zu rechtfertigen. Ein glänzender französischer Gelehrter hat auf dem vermeintlichen Mangel an importierten griechischen Vasen im 5. Jahrhundert v. Chr. eine neue Theorie errichtet, die von anderen weiter ausgebaut wurde: Rom, in Armut und Bedeutungslosigkeit zurückgefallen, hat fremden Luxus entschieden abgelehnt und ging ganz im Kampf um seine Existenz und seine neue Verfassung auf. Diese Ansicht schien — wie gesagt — durch die archäologischen Ergebnisse jener Zeit einigermaßen gestützt zu sein. Tatsächlich fehlen in ganz Latium, nicht nur in Rom, neue Keramiktypen; alte Formen bleiben vorherrschend, und der griechische Import geht überall deutlich zurück.[166] Das kann nicht verwundern. Die Lage Latiums war im 6. Jahrhundert unter etruskischer Herrschaft stabiler und günstiger als nach deren Beseitigung, als endlose lokale Kriege der latinischen Staaten untereinander und gegen die herandrängenden Bergstämme sowie auch die Zersplitterung der Machtverhältnisse Armut und Provinzialismus brachten.

Aber die angebliche Lücke im Einströmen griechischer Importe gibt es nicht mehr. E. Paribeni hat in den Magazinen des Antiquario del Foro Romano fast 250 griechische Keramikscherben gefunden, die schon lange vorher von dem hervorragenden Boni ausgegraben und mit gewohnter Sorgfalt und Genauigkeit registriert worden waren. Diese Bruchstücke umfassen in verschiedener Dichte, doch fast ohne Unterbrechung, die Zeit vom 8. bis 4. Jahrhundert; Erzeugnisse der bedeutenderen attischen Werkstätten des 5. Jahrhunderts fehlen selten, und zwar nur in der Zeit nach der Jahrhundertmitte.[167] Das allein führt schon zu einem geradezu dramatischen Wandel in unserer Einschätzung der historischen Entwicklung Roms. Hinzu kommt eine weitere bereits angedeutete Beobachtung: Ein Teil der bei den Tempelbauten verwendeten Terrakottaverkleidungen, die man gewöhnlich als Zeugnis für die

Macht der Tarquinier anführt, wurde erst nach deren Untergang zum Schmuck der im Laufe des 5. Jahrhunderts erbauten Tempel hergestellt.[168] Die Kontinuität in der Errichtung staatlicher Tempel spiegelt sich in den Annalen wider, welche für die Tempelbauten des ersten Jahrhunderts der Republik sowohl Weihgaben an die betreffenden Götter als vor allem auch die Einweihungsdaten verzeichnen; dieses Bild wird nun durch die ins 5. Jahrhundert gehörenden Terrakottafragmente bestätigt. Es gab im ersten Jahrhundert der Republik keinen Bruch in der historischen Entwicklung, keine Katastrophe.

Die Überbewertung des 6. Jahrhunderts durch die römische Geschichtsschreibung und die Unterschätzung des 5. Jahrhunderts durch die moderne Forschung führten zu der offensichtlich gängigen Annahme, die Expansion Roms nach der Vertreibung der Tarquinier habe nur eine allmähliche Rückeroberung der verlorenen Hegemonie dargestellt, mithin die exakte Wiederholung eines schon einmal abgelaufenen historischen Prozesses. Diese Ansicht ist unhaltbar.

Die Eroberung Latiums durch die Römer nach der Herrschaftsübernahme der Patrizier war das Ergebnis zähen Ringens über anderthalb Jahrhunderte hin, die Frucht eines langen Kampfes, dessen verschiedene Phasen man alles in allem vertrauensvoll aus den Annalen entnehmen kann, wenn dort auch viele Einzelheiten fehlen oder entstellt sind. Wir haben keinen triftigen Grund zu der Annahme, daß dieser langwierige Prozeß der Unterwerfung der Latiner nichts als eine Wiedereroberung von Gebieten war, welche schon die Könige unter ihrer Herrschaft vereinigt hatten; wir haben ebenfalls keinen Grund zu glauben, das imaginäre Riesenreich der römischen Herrscher sei gleichsam durch Berührung mit einem Zauberstab plötzlich verschwunden. Wir wissen nun, daß das Rom der Tarquinier eine blühende Latinergemeinde war, deren Schicksal von den kriegerischen Auseinandersetzungen ihrer etruskischen Nachbarn abhing; die Stadt Rom war noch kein unabhängiger Staat, erst recht noch nicht die Herrin Mittelitaliens. Freilich mußten nach der Königszeit schwere Krisen überwunden werden, doch wurden damals die sicheren Fundamente für eine große Zukunft gelegt. Der Grund dafür, daß die Etrusker Latium nicht wieder-

«Grande Roma dei Tarquinii» 297

zugewinnen versuchten und die Brücke von ihrem Heimatland nach Kampanien verloren gaben, muß in ihrem neuen gewaltigen Wagnis gesucht werden, in der Kolonisation der Poebene durch den Städtebund der Etrusker. Dieses enorme, sehr erfolgreiche Unternehmen scheint alle ihre Kräfte gebunden zu haben. Daher konnten die Latinerstädte sowie ihre volskischen, äquischen und hernikischen Nachbarn, von den Etruskern ihrem Schicksal überlassen, ungehindert den blutigen Streit um ihre Existenz und die Vorherrschaft in Latium beginnen.

Die endlosen lokalen Kriege im Latium jener Zeit erschienen den Römern später, nachdem sie die ganze zivilisierte Welt erobert hatten, als lächerlich unbedeutende Scharmützel. „Bisher hatten sie [gegen die Latiner] für ihre Freiheit gekämpft", schreibt L. Annaeus Florus[169] auf der Höhe der Kaiserzeit über die Anfänge der Republik,

danach führten sie mit denselben Latinern hartnäckige, endlose Kriege um ihre Grenzen. Cora — es klingt unglaublich — und Alsium waren furchtbare Gegner. Satriculum und Corniculum wurden unseren Magistraten als Kompetenzbereiche *(provinciae)* zugewiesen! Über Verulae und Bovillae — beschämt schreibe ich so etwas nieder — feierten wir Triumphe. Gegen Tibur, wo wir jetzt unsere Vorstadtvillen haben, und Präneste, unseren angenehmen Erholungsort im Sommer, marschierten wir, nachdem vor dem Feldzug der Heerführer auf dem Kapitol die feierlichen Gelübde dargebracht hatte. Faesulae bedeutete für uns damals dasselbe wie jüngst Carrhae. Der Hain von Aricia war, was heute der herkynische Wald in Germanien ist, Fregellae, was heute Gesoriacum (Boulogne-sur-Mer). Der Tiber war für jene Generationen der Euphrat. Es war damals ein so rühmlicher Erfolg — wieder bin ich beschämt —, einen Sieg über Corioli zu erringen, daß Cnaeus Marcius den Namen dieser Stadt seinem eigenen anfügte und von da an Coriolanus hieß, als ob er Numantia (in Spanien) oder Afrika erobert hätte. Es gibt noch Beutestücke aus Antium, die nach der Eroberung der Flotte dieses Feindes an der Rednertribüne des Forums angebracht wurden — wenn das eine Flotte genannt werden kann, denn sie bestand nur aus sechs Schiffen mit ehernen Schnäbeln; aber in jener Frühzeit reichten sechs Schiffe für einen Seekrieg aus.

Im Leben der jungen Republik jedoch war diese ständige Kriegführung unter Nachbarorten, die Florus so lächerlich findet, ein todernster Existenzkampf. Diese Kriege waren die Feuerprobe, in der Rom seine Fähigkeit zur Führung der anderen Latiner beweisen mußte. Rom wuchs unter diesem konzentrischen Druck, und als es ihn überwunden hatte, konnte nichts seine Oberhoheit in Latium gefährden, und nichts stand der allseitigen Expansion von dieser neuen und breiteren politisch-militärischen Plattform aus im Wege.

8. Kapitel

DER AUFSTIEG ROMS WÄHREND DER
FRÜHEN REPUBLIK

Den allmählichen Aufstieg der römischen Macht in den eineinhalb Jahrhunderten nach der Flucht der Tarquinier verdeutlicht am klarsten, wie mir scheint, die Entwicklung der Beziehungen Roms zu Nachbarvölkern und fremden Mächten. Fast das ganze 5. Jahrhundert hindurch waren die Latiner durch den Kampf gegen die Bergstämme gebunden, die das südliche Latium eroberten und die Städte der Albanerberge in ihrer Existenz bedrohten. Zur selben Zeit tat Rom die ersten bescheidenen Schritte zur Expansion in der näheren Umgebung. Sein beschleunigtes Wachstum nach dem Keltensturm jedoch brachte es bald in Berührung mit den Interessensphären der großen Mittelmeermächte, erzeugte Feindschaft mit manchen Staaten und Sympathien bei deren Gegnern. Die Hauptakteure auf der Bühne der latinischen Geschichte dieser Epoche müssen also jeder für sich kurz vorgestellt werden.

Südetrurien und Rom nach dem Ende der Königszeit

Die Eroberung Roms durch Porsenna und die Niederlage seines Heeres bei Aricia [1] bewirkten einen echten Umschwung in der Geschichte Latiums. Im 6. Jahrhundert, so stellten wir fest, hatte das freie Spiel der Kräfte im Kampf um Märkte und Macht unter den Städten Südetruriens die politische Lage der jungen, blühenden Stadt Rom bestimmt. Jetzt aber, nachdem Aristodemos von Kymä die Offensivkraft Clusiums in der Schlacht bei Aricia gebrochen hatte, blockierten die unabhängig gewordenen Latinerstädte der albanischen Hügel und südlich von ihnen die Volsker, die von ihren Bergen in die pontinische Ebene drängten, die direkte Landverbin-

Anmerkungen zum achten Kapitel s. S. 533 ff.

dung des etruskischen Kampanienhandels durch Latium. Porsenna mußte Frieden mit den Römern schließen. Unsere Quellen schweigen völlig über die Folgen dieses wichtigen Ereignisses, aber mir scheint die Annahme wohlbegründet, daß der dauerhafte Friede *[pax fida]* zwischen Porsenna und den Römern es letzteren ermöglichte, den Latinern des Albanergebietes schon wenige Jahre nach dem Schock der Unterwerfung siegreich entgegenzutreten.

Es gibt in der Tat Hinweise auf ein dauerhaftes Bündnis zwischen Clusium und Rom. Eine der antiken Versionen über den Ursprung des am Fuße des Kapitols gelegenen *vicus Tuscus* berichtet, diese etruskische Niederlassung sei von den Überlebenden der Armee Porsennas gegründet worden, die nach der Niederlage bei Aricia nach Rom zurückflohen. Das kann nicht historisch sein. Zweifellos lange vor Porsenna hatte sich bereits das Gefolge der etruskischen Könige, die ihren Sitz auf dem kapitolinischen Hügel aufschlugen, gleich daneben am Berghang niedergelassen. Aber die Erzählung beweist, daß der Annalist, von dem dieser Bericht stammt, von einer langfristigen Verbindung der Stadt mit dem König Porsenna überzeugt war.

Noch wichtiger ist der Umstand, daß nach den drei gefälschten Konsulpaaren am Beginn der *fasti*, der 'Liste der Magistrate', *Spurius Larcius* und *Titus Herminius* als Konsuln genannt werden und *Titus Larcius* als erster Diktator für 501 v. Chr. aufgeführt ist.[2] Diese drei Etrusker sind historische Persönlichkeiten und waren aller Wahrscheinlichkeit nach Vertraute Porsennas. Man kann auch annehmen, daß 499 oder 496, als der Latinerbund von Aricia zusammen mit den römischen Anhängern des letzten Tarquiniers in der Schlacht am See Regillus bei Tusculum gegen die Römer kämpfte, letztere noch die Unterstützung des Königs von Clusium hatten. Als schließlich 492 v. Chr. eine große Hungersnot Rom heimsuchte und kein Getreide aus dem Süden importiert werden konnte, erhielt man Nahrungsmittel „von den Etruskern"[3], möglicherweise immer noch infolge des Bündnisses mit Clusium.

Etwas später, im Jahrzehnt der ständigen Bekleidung des Konsulats seitens der fabischen Sippe (485—477 v. Chr.), spiegeln die römischen Beziehungen zu Südetrurien eine gänzlich veränderte

Lage wider. Die südlichste Etruskerstadt, Veii, vereitelt den Versuch des fabischen Heeres, die Stadt durch Errichtung eines Bollwerkes im Tal der Cremera nahe dem Tiber[4] von ihrem Brückenkopf Fidenae auf dem linken Tiberufer abzuschneiden. Seitdem bekämpfen sich Rom und Veii ohne Intervention einer anderen etruskischen Macht. Um 470 war Veii, wie wir sahen, in diesem Kampf noch überlegen, aber um die Mitte des Jahrhunderts setzte sich Rom auf dem rechten Ufer des Tiber fest, und in den letzten Jahrzehnten des 5. Jahrhunderts eroberte es die Salinen von Veii, nahm 426 Fidenae und zerstörte im Jahre 396 in einer gewaltigen Kraftanstrengung Veii selbst.[5]

Als Fidenae fiel, war Veiis Schicksal besiegelt. Vergeblich rief die Stadt, zusammen mit den benachbarten Faliskern, die Hilfe des etruskischen Bundes an.[6] Warum blieben die Städte Etruriens, die einhundert Jahre zuvor mit unwiderstehlicher Gewalt ihren Eroberungszug quer durch Latium bis nach Süditalien geführt hatten, müßige Zuschauer bei den lokalen Kämpfen in Latium während des ersten Jahrhunderts der Republik? Die schicksalsschwere Niederlage von Aricia löste ohne Zweifel eine Kettenreaktion aus: Außer den Latinern schüttelten um dieselbe Zeit die Volsker, Äquer und Pikenter ihre etruskischen Herren ab. Anderseits wurde der völlige Zusammenbruch der Etruskerherrschaft an ihrer Südflanke durch eine unerhörte Blüte der neueroberten Gebiete im Norden Italiens wettgemacht. Die gemeinsame Anstrengung der zwölf Etruskerstädte, die zusammen die neue *dodekapolis* in der Poebene gründeten, band völlig ihre Kräfte, entschädigte sie aber auch für den Verlust im Süden.[7]

Nach 400 v. Chr., als der Keltensturm ihre blühenden neuen Städte in der fruchtbaren Lombardei nacheinander hinwegfegte, verloren die Etrusker für immer die Chance einer Intervention in Latium.

Die Seemacht der Etrusker,[8] welche die Grundlage ihrer politischen Überlegenheit war, brach nicht sogleich mit dem Untergang ihrer Herrschaft in Latium zusammen. Wenn sich 504 v. Chr. der Transport der Truppen des Aristodemos von Kymä an der Küste entlang bis auf die Höhe von Aricia als mühselig und gefährlich erwies — τὸ μεταξὺ πέλαγος ἐπιπόνως καὶ κινδυνωδῶς διανύσας —[9], so war es, wie mir scheint, in erster Linie nicht die stürmische See, die diese Schwierigkeiten verursachte, sondern die etruskische Seemacht. Der Sieg des kymäischen Feldherrn bei Aricia war zwar ein tödlicher Schlag für die Herrschaft der Etrusker über das latinische Territorium, ließ jedoch ihre Herrschaft zur See unangetastet. Sie verloren zwar die Kontrolle über die Häfen von Antium, Tarracina, Circeii, aber sie konnten sie auf der Fahrt nach Süden und zurück nach Hause für Wasser- und Proviantaufnahme anlaufen; die Volsker und Äquer von Antium waren noch in späterer Zeit an etruskischen Piratenfahrten beteiligt,[10] hatten folglich irgendeine Vereinbarung mit ihnen getroffen. Erst 474 v. Chr. erlitten die Etrusker einen schweren Rückschlag in diesem Gebiet,[11] als ihre Flotte Kymä angriff und von den vereinten kymäischen und syrakusanischen Kontingenten besiegt wurde. Hieron, der siegreiche Herrscher von Syrakus, gründete auch einen Flottenstützpunkt auf Pithekusai (Ischia), der zwar bald wieder aufgegeben wurde, aber Syrakus, das jetzt alle anderen sizilischen Städte an Bedeutung überragte, setzte seinen Kampf um die Seeherrschaft gegen Karthager und Etrusker fort. Wir haben nur verstreute Nachrichten über ihre Zusammenstöße, so z. B. eine Notiz, daß 453 v. Chr. zwei Geschwader aus Syrakus die etruskischen Niederlassungen auf Elba angriffen, wo man das kostbare Eisenerz einschmolz; die Angreifer belästigten auch die Küstenstädte Etruriens und plünderten die etruskischen Niederlassungen auf Korsika,[12] ein erfolgreicher Schlag, wie aus dem plötzlichen Rückgang der keramischen Importe nach Südetrurien zu schließen ist. Als das etruskische Zentrum Kampaniens, Capua, mit allen übrigen Siedlungen 423 v. Chr. verlorenging,[13] wurde die Küstenschiffahrt der Etrusker gewiß stark beeinträchtigt. Sie machten sich 415—13 falsche Hoffnungen auf den Fall von Syrakus, und Alkibiades rechnete bei seinen Planungen mit ihrer Hilfe. Einige etruskische Städte unterstützten die athenische Expedition gegen Syrakus mit drei Schiffen und Truppen, die tapfer kämpften.[14]

Nach dem Scheitern der athenischen Invasion wurde der Kampf zwischen Syrakus und den Etruskern um die Sicherung des Seehandels und die Seeherrschaft fortgesetzt.[15] Um die Folgen dieses Konfliktes für Latium im 4. Jahrhundert darzulegen, müssen wir die Aufmerksamkeit des Lesers auf die Verbindung Roms mit Caere lenken, einem der wichtigsten Stadtstaaten Südetruriens. Der Weg Porsennas nach Rom führte über Veii, das dabei wohl ebenfalls in Mitleidenschaft gezogen wurde. In dem Augenblick jedoch, in dem Porsennas Macht schwand, wurden diese beiden Städte Todfeinde, weil nämlich eine jede versuchte, die durch die ähnliche geographische Lage gegebenen Verbindungs- und Handelsmöglichkeiten für sich in Beschlag zu nehmen. Caere, dem die Häfen Pyrgi und Punicum sowie der Küstenstreifen nördlich von Ostia gehörten, muß spätestens seit der Mitte des 5. Jahrhunderts für Rom Partei ergriffen haben. Die Annalen schweigen über Caeres Rolle in jener Zeit, was nur zeigt, daß es im 5. Jahrhundert keine Feindseligkeiten zwischen Caere und Rom gab. Doch offensichtlich hätten sich die Römer weder zur Zeit des Dezemvirats auf dem veientischen Tiberufer festsetzen noch einige Zeit später die Salinen an sich bringen sowie Fidenae und schließlich Veii zerstören können, wenn sich Caere auf die Seite Veiis gestellt hätte. Ein Blick auf die Landkarte erklärt das besser als lange Ausführungen.

Caere war für Rom ein wichtiger Bundesgenosse. Herodot, der über Rom nichts zu erzählen hatte, wußte über das gute Verhältnis von Caere—Agylla zu seinen eigenen Landsleuten zu berichten, da die caeretanischen Seeleute, im Gegensatz zu den anderen Etruskern, griechische Kaufleute nicht ausraubten.[16] Nicht zufällig wurden die römischen Weihgaben an den Apollon von Delphi im Schatzhaus der Agyllaeer aufbewahrt, und zweifellos ging auch der von E. Paribeni registrierte ständige Zustrom attischer Keramik nach Rom während des 5. und 4. Jahrhunderts über Caere. Wenn zur Zeit des letzten Tarquiniers noch Veii die farbenprächtigen Statuen und Reliefs aus Terrakotta für die Tempel Roms lieferte, so müssen die entsprechenden Kultbilder und Dekorationen des frühen 5. Jahrhunderts [17] aus Caere gekommen sein.

Dieses Bündnis mit Caere war in der ersten Hälfte des 4. Jahrhunderts für Rom lebenswichtig, als es von den Galliern gedemütigt wurde und sich alle seine Untertanen, Bundesgenossen und erst recht seine Feinde gegen es wandten; nur Caere hielt weiterhin zu Rom.[18] In Caere fanden die vestalischen Jungfrauen und viele führende Männer auf der Flucht vor den Galliern Schutz.[19] Außerdem überraschten und schlugen die Caeretaner ein zurückkehrendes keltisches Kontingent, das nach der Eroberung Roms einen Beutezug im Süden unternommen hatte.[20] Nun wurde zwischen beiden Städten ein feierlicher Freundschaftsvertrag abgeschlossen, um ihre Verbindung zu festigen *[ut ... cum Caeritibus hospitium publice fieret:* Liv. V 50, 3*].* Andererseits verloren die Ereignisse in und um Latium jetzt ihren rein lokalen Charakter und gewannen zunehmend internationale Bedeutung: Caere, auf Roms Seite stehend, wurde von dem mächtigen Herrscher von Syrakus besiegt, der die keltischen Eroberer Roms als Söldner benutzte; auch die Latiner bedienten sich nachher bei ihrem Versuch, die römische Herrschaft abzuschütteln, keltischer Hilfstruppen. Später bedrohte Syrakus mit seiner Flotte die latinische Küste und schützte die Volsker von Antium gegen die Römer, während letztere kurz nacheinander zwei Verträge mit dem alten Verbündeten Caeres und Todfeind von Syrakus, Karthago, abschlossen. Diese Konflikte und Bündnisse müssen hier eingehender betrachtet werden.

Die Leitung der syrakusanischen Außenpolitik lag von 406/05 bis 367 v. Chr. in den Händen Dionysios' I., und seine Politik wurde in den beiden Jahrzehnten nach seinem Tode von seinem Sohne fortgesetzt, wenn auch nicht so energisch wie bisher.[21] Das Haupthindernis für den Seehandel von Syrakus waren die überlegene Kriegsflotte und die Küstenstationen Karthagos, das den Handel in der westlichen Mittelmeerhälfte kontrollierte. Möglichkeiten zur Ausdehnung des sizilischen Handels gab es freilich in der Adria, wo Dionysios I. zwischen 390 und 384 v. Chr. den griechischen Einfluß verstärken konnte; hierin ging sein Nachfolger noch weiter. Dionysios I. trachtete in diesem Gebiet danach, die Fahrt syrakusanischer Schiffe von und nach Griechenland zu sichern und Anschluß an die Umschlagplätze des von Mitteleuropa nach Süden gehenden Handels zu gewinnen. Sein Netz von Flottenstützpunkten beruhte auf der Zusammenarbeit mit seinen Verbündeten in Epirus und auf der dalmatinischen Insel Pharos, ferner auf Flottenstationen bei Issa — ebenfalls nahe der dalmatinischen Küste — und in Lissos-Alessio in Südalbanien. Er entsandte neue Siedler zu dem wichtigen Handelsplatz Hadria an der Pomündung und gründete die Kolonie Ankon (Ancona), von wo er direkten Zugang zu seinen neuen keltischen Verbündeten besaß, die sich in Norditalien eingenistet hatten.[22] Diese Aktionen von Syrakus in der Adria waren von Bedeutung für ganz Italien, obwohl die Syrakusaner sie nicht mit voller Kraft durchführen konnten, weil Dionysios nach 382 wieder im Krieg gegen Karthago, seinen Hauptfeind, stand, wodurch alle ihm zur Verfügung stehenden Kräfte gebunden wurden.

Wie wirkte sich die ehrgeizige italische Politik Dionysios' I. auf Latium aus? Führende Gelehrte haben gemeint, daß Rom sein Verbündeter wurde.[23] Die römischen Annalen erwähnen in der Tat zum Jahre 492 v. Chr., daß Gesandte mit der Bitte um Getreide zu ihm geschickt wurden und dies auch erhielten. Aber sein Name erscheint in diesem Zusammenhang nur auf Grund eines chronologischen Irrtums der römischen Historiker, den schon Dionysios von Halikarnassos rügte.[24] In Wahrheit unterstützte der Tyrann von Syrakus die Feinde Roms und bekämpfte dessen Verbündete.

Während Dionysios seine Flottenbasen in der Adria errichtete, ging er auch gegen Caere vor.[25] Er überfiel überraschend und erfolgreich Pyrgi, den Hafen von Caere, gewann die folgende Seeschlacht, plünderte die Schätze eines reichen Heiligtums und verwüstete die Gegend. Die riesige Beute an Gold ermöglichte ihm die Aufstellung eines neuen Heeres gegen Karthago. Weitere Flottenangriffe richtete er gegen die etruskischen Niederlassungen auf Korsika, wo der sogenannte 'syrakusanische' Hafen seine Gründung sein mag.[26] Es scheint sicher, das Dionysios auch Elba zurückeroberte, da der Markt von Syrakus plötzlich von großen Mengen an Eisen überschwemmt wurde, das „unbedingt aus Elba stammen muß, Italiens wichtigem Zentrum der Eisengewinnung"[27]. Zur gleichen Zeit richteten sich die Absichten von Syrakus auch gegen die Insel Sardinien.[28] Die Macht Dionysios' I. machte sich ferner in Latium bemerkbar, und dieser Einfluß kann auch in den beiden folgenden Jahrzehnten nicht gefehlt haben, als Dionysios II. seinem Vater in der Herrschaft gefolgt war. Sogar nachdem er Syrakus durch den Staatsstreich Dions verloren hatte, segelte er mit einer mächtigen Flotte und Armee nach Italien, um seine Stellung in der Adria zu stärken.[29] Im folgenden Jahrzehnt stützte er sich zwar auf die süditalischen Städte Rhegion und Lokroi, aber für die italische Küste bis hinauf nach Etrurien stellte er noch immer eine Bedrohung dar.

Livius erwähnt zum Jahr 349 v. Chr. in der Tat die Anwesenheit einer griechischen Flotte an der latinischen Küste.[30] Er fand in seinen Quellen keinen Hinweis darauf, welchem griechischen Staat sie gehört haben könnte, schloß aber auf „die Tyrannen von Sizilien". Wir können seiner vagen Erzählung nur zwei Dinge entnehmen: erstens verließ sich das griechische Expeditionskorps auf die Hilfe des volskischen Antium, das damals mit Rom verfeindet war; ohne einen solchen Stützpunkt war unter den damaligen technischen Bedingungen ein längerer Aufenthalt in den Küstengewässern undenkbar. Zweitens beweist die Feldschlacht zwischen jenen Griechen und den aus ihren Stellungen auf den albanischen Hügeln anrückenden Kelten, welche die griechischen Seetruppen zu vertreiben suchten, daß nur einer dieser beiden Opponenten zum Heer oder zu den Verbündeten Dionysios' II. gehört haben kann. Wenn Varros Datum 349 auch für die sizilische Chronologie gelten würde, gäbe es keinen Zweifel, daß die fraglichen griechischen Schiffe dem syrakusanischen Herrscher gehörten, die Livius meinte. Aber das Jahr 349 entspricht in griechischer Zeitrechnung etwa dem Jahr 343 v. Chr.; damals besiegten die sizilischen Griechen unter Führung des Timoleon Dionysios II. Andererseits mußten Timoleon und Archidamos ihre Anstrengungen auf den großen Konflikt mit Karthago konzentrieren,[31] der um 340 am Krimisos entschieden wurde, wo Timoleon einen bedeutenden Sieg errang.[32] Sie hatten also keine Möglichkeit, sich gegen die Etrusker zu wenden.

Es scheint daher, daß wir die genaue Herkunft jener angreifenden Flotte nicht feststellen können.[33] Es ist aber auf jeden Fall falsch, ihre Rolle zu bagatellisieren und ihr Erscheinen an der Tibermündung und vor der Küste südlich Ostias als Piratenabenteuer umherschweifender griechischer Söldner aus dem Mutterland zu erklären. Der erwähnte Zusammenstoß dieser Griechen mit den keltischen Eindringlingen ist schon für sich genommen ein Zeugnis für ein Unternehmen von beträchtlicher Bedeutung; noch eindrucksvoller ist das Aufgebot an Landtruppen, welches die Römer gegen sie einsetzten: sie stellten zehn Legionen auf, von denen zwei zum

Schutz der Stadt in Rom blieben. Dann schickten sie zunächst vier Legionen (16 800 Fußsoldaten und 1200 Reiter) ins Feld, und nach dem Sieg der Griechen über die Kelten wurde diese Zahl verdoppelt. Es war das größte bisher von Rom mobilisierte Feldheer. Obwohl die außerordentliche Anstrengung auch durch die Furcht bedingt gewesen sein mag, die Latiner könnten sich möglicherweise den Kelten anschließen, setzten die Römer jedenfalls ihr größtmögliches Truppenaufgebot gegen die Griechen ein, was sie ohne sehr ernsthafte militärische Gründe niemals getan hätten.

Die fraglos erhebliche Stärke dieser griechischen Flottenexpedition scheint doch die Annahme zu stützen, daß sie von Syrakus ausging — entweder von den süditalischen Operationsbasen Dionysius' II., dessen Unternehmungen Livius mit den kriegerischen Vorgängen in Latium synchronisierte, oder aber von Timoleon, was chronologisch plausibler, historisch jedoch weniger wahrscheinlich wäre. Für uns ist es jedoch nicht allzu wichtig, ob das Flottenunternehmen von Dionysios oder von Timoleon veranlaßt wurde, denn beide waren Gegner Karthagos. Die außerordentliche Bedeutung dieser Aktion lag darin, daß im folgenden Jahr die Gesandten jenes Erzfeindes der Syrakusaner in Rom erschienen und dort der erste Vertrag mit Karthago abgeschlossen wurde.

Dieses Bündnis war — wie schon Niebuhr gesehen hat — die einzig mögliche Antwort auf den syrakusanischen Angriff.

Diodor berichtet [34], daß Timoleon einen gewissen *Postumius,* einen 'etruskischen' Piraten, hinrichten ließ, der in freundschaftlicher Absicht mit zwölf Schiffen in den Hafen von Syrakus eingelaufen war. Der Name ist gut lateinisch, und obwohl die Geschichte aus ihrem ursprünglichen Zusammenhang herausgerissen und ihre volle Bedeutung nicht mehr zu erkennen ist, spiegelt sich in ihr doch die Spannung zwischen Syrakus einerseits und der südetruskisch-römischen Sphäre andererseits wider. Sie kommt auch in einer weiteren Episode zum Ausdruck, die sich zur selben Zeit abspielte [35]: Einst standen an den beiden äußersten Ecken des *comitium,* auf dem die Volksversammlungen abgehalten wurden, Statuen des Pythagoras und Alkibiades, die zur Zeit der Samnitenkriege dort aufgestellt worden waren, gemäß dem Rat des delphischen Orakels, den weisesten und den heldenhaftesten Griechen solcherweise zu ehren. Durch die Wahl des Pythagoras hoffte man, die Sympathien der Magna Graecia zu gewinnen, aber das Verdienst des Alkibiades kann in den Augen der Römer des 4. Jahrhunderts v. Chr. nur darin bestanden haben, daß er der Wortführer der gegen Syrakus gerichteten athenischen Politik gewesen war.

Die Anfänge der römischen Seemacht

Bevor Rom daran denken konnte, Seehandel zu treiben und sich auf Seekriegsführung einzurichten, mußte es erst einen direkten Zugang zum Meer haben. Aber noch zu der Zeit, als Rom die Tibermündung in Besitz nahm, stand dahinter — wie wir sahen —[36] nicht eigentlich die Absicht, das Meer zu befahren, sondern Veii die gewinnbringenden Salinen zu entreißen. Ebenso ging es Rom, als es in den folgenden Jahrzehnten immer größere Abschnitte der latinischen Küste an sich brachte, hauptsächlich um den Küstenschutz und nicht um die Seefahrt. Trotzdem hatte es um 400 v. Chr. schon gewisse Kontakte mit entfernt gelegenen Seestaaten.[37] Die Geschichte des Goldgefäßes, das, nach der Einnahme Veiis Apollo geweiht, unterwegs von Seeräubern aus Lipara geraubt, schließlich aber den Römern zurückgegeben und von diesen im Schatzhaus der Massalioten deponiert wurde,[38] zeigt, wie hoch die Piraten jener kleinen Insel den Römern zur See überlegen waren. Die freundschaftlichen Beziehungen Roms zu Massilia (Marseille) müssen historisch sein, auch wenn Roms Bündnis mit jener Stadt nach der gallischen Katastrophe nicht so authentisch überliefert ist, wie man vor einigen Jahren noch glaubte.[39]

Diodor notiert zum Jahr 378/77 v. Chr., welches dem Jahr 386 der varronischen Chronologie der römischen Annalen entspricht, daß Rom 500 Kolonisten nach Sardinien entsandte. Wir stimmen M. Sordi darin zu, daß dieses überseeische Unternehmen, das nicht lange nach der Niederlage an der Allia stattfand, nur dann historisch sein kann, wenn es gemeinsam mit Caere durchgeführt wurde.[40] Und auch der vielleicht auf 357—354 v. Chr. zu datierende Versuch einer römischen Koloniegründung auf Korsika, eine Nachricht, die wir einem vereinzelten Fragment aus Theophrasts

Pflanzengeschichte verdanken, konnte ohne die Mitwirkung einer Seemacht nicht unternommen werden; die fünfundzwanzig Schiffe der Expedition könnten am ehesten aus Caere gekommen sein.[41]

335 v. Chr. veranlaßte der Aufstand Tarquiniis und der Falisker auch Caere, sich ihnen anzuschließen, um der römischen Expansion ein Ende zu bereiten. Dieser Versuch, die Römer loszuwerden, mißlang. Caere behielt zwar lokale Autonomie, wurde jedoch Teil des römischen Staates, ohne aktive politische Rechte, aber auch ohne die finanziellen und militärischen Belastungen der römischen Bürger.[42] Von da an könnte seine Flotte in der einen oder anderen Form im Dienste Roms verwendet worden sein, aber wir haben in unserer spärlichen Überlieferung keine Anhaltspunkte dafür, daß von dieser Möglichkeit Gebrauch gemacht wurde. Zufällig wissen wir aber von einem Vorfall, bei dem die Schiffe von Antium unter römischer Führung eingesetzt waren,[43] und wir werden sehen, daß der römische Seehandel der römischen Seekriegsführung vorausging.

In den dauernden Kriegen des 4. Jahrhunderts wird das völlige Fehlen einer römischen Kriegsflotte offenkundig. 349 v. Chr. konnten die Römer eine griechische Invasionsflotte nur durch ihr Feldheer an der Landung hindern, indem sie den von der See her geführten Angriff durch eine Landblockade abschlugen. 338 v. Chr. scheint der volskische Flottenstützpunkt Antium ohne Unterstützung durch Seestreitkräfte von der Landseite her genommen worden zu sein, wie auch Neapel 327/26. Das kleine Schiffskontingent der *duoviri navales* ist der erste Schritt zum nach 311 v. Chr. sich vollziehenden Aufbau einer römischen Kriegsflotte.[44] Die Kolonien Roms an der Küste, die in der zweiten Hälfte des 4. Jahrhunderts gegründet wurden, dienten zunächst dem Küstenschutz und waren ursprünglich keine Flottenstützpunkte.[45]

Die beiden ersten Karthagerverträge von 348 und 343 v. Chr., die von starken Spannungen in Latium zeugen, verraten einerseits das Fehlen einer römischen Kriegsflotte — die allgemeine Lage in diesen Jahren werden die nächsten Abschnitte eingehender behandeln — und andererseits die Existenz eines beachtlichen römischen Seehandels, der nur dann erklärbar ist, wenn Caere und Antium unter römischer Flagge, d. h. unter dem Schutz ihres römischen Bürgerrechts, daran teilnahmen. Die Mitwirkung ihrer Geschwader macht verständlich, warum auch die römischen Verbündeten ausdrücklich in jene Verträge einbezogen wurden, wie wir aus Polybios wissen.[46] Nach den Abmachungen sollten die Römer und ihre Verbündeten die Häfen von Karthago selbst sowie einige andere punische Häfen in Libyen, Sizilien und Sardinien anlaufen können.

Vor der Entstehung der römischen Seemacht wurde Rom eine bedeutende Küstenmacht, indem es das latinische Küstengebiet unterwarf. Dies war das Sprungbrett zum Kampf um die Seeherrschaft im 3. Jahrhundert, den Polybios zu schildern unternahm: πῶς καὶ πότε καὶ δι' ἃς αἰτίας πρῶτον ἐνέβησαν εἰς θάλατταν 'Ρωμαῖοι. „Wie, wann und warum die Römer zuerst das Meer befuhren"[47], um überseeische Gebiete zu erobern. Nichts könnte ihre neuen Ambitionen eindrucksvoller illustrieren als die neue Münzprägung, welche — außer den Siegen über Pyrrhos und die Gallier — auch die römische Seemacht preist.[48] Das erklärt auch, warum ihnen kurz zuvor ein griechischer Dichter schmeicheln konnte, sie hätten die Herrschaft zu Lande und zur See übernommen [γῆς καὶ θαλάσσης σκῆπτρα καὶ μοναρχίαν λαβόντες][49].

Der erste und zweite Vertrag zwischen Karthago und Rom [49a]

Wie wir sahen, dauerte es lange, ehe aus den römischen Landratten echte Seebären wurden. Erstaunlich ist aber die Tatsache, daß ein so wohlunterrichteter Historiker wie Polybios den ersten Vertrag mit Karthago in das erste Jahr der Republik datierte.[50] Mommsen kam bereits vor 100 Jahren zu dem Schluß, daß das Datum gefälscht sei, aber H. Nissen war anderer Meinung. Mommsens Autorität blieb eine Zeitlang maßgebend, bis dann in unserer Generation wiederum das polybianische Datum fast unangefochten übernommen wurde. A. Aymard hat sich 1957 dahingehend geäußert, daß eine endgültige Entscheidung nur durch eine umfassende Neubehandlung aller für den Sachverhalt wichtigen Voraussetzungen getroffen werden könne.[51] Das haben wir zu tun versucht. Die Unmöglichkeit eines so frühen Datums geht aus unseren bisherigen Ergebnissen klar hervor:

1. Das Jahr 509/08 v. Chr. wurde als erstes Jahr der Republik betrachtet, seitdem der Aedil Cn. Flavius 204 Jahresnägel in der *cella Iovis* gezählt hatte. Die Jahresnägel bezeichneten jedoch nur das Alter des Heiligtums seit seiner Dedikation, und da wir aus der im zweiten Kapitel ausgewerteten kymäischen Chronologie erschlossen haben, daß der letzte römische König erst 505/04 vertrieben wurde, muß der Tempel noch von ihm als seinem Erbauer eingeweiht worden sein. Weil nun die Konsulpaare in der von den *pontifices* geführten Liste der eponymen Magistrate die 204 Tempeljahre an Zahl nicht erreichten, ergab sich zwischen dem Einweihungsjahr des kapitolinischen Tempels und den ersten Magistraten der Fasten eine zeitliche Differenz. Diese Lücke wurde später mit fiktiven Konsuln ausgefüllt.

2. Einer dieser Konsuln wurde nicht in betrügerischer Absicht, sondern guten Glaubens eingesetzt, nämlich M. Horatius, dessen Name auf dem Architrav der Tempelfassade stand. Offenbar hat man die Anzahl der Jahresnägel, welche das Jahr der Dedikation bezeugten, und den im Jahre 304 über dem Eingang für jedermann sichtbaren Namen des Magistrats aufeinander bezogen. Dies führte dazu, daß die Amtszeit des M. Horatius in das Dedikationsjahr verlegt wurde. Aber 204 Jahre vor 304 v. Chr. regierte — wie schon betont — noch der letzte Tarquinier in Rom. Es gab also 509/08 noch keinen republikanischen Amtsträger, und wir hoffen gezeigt zu haben, daß der Name des M. Horatius über dem Eingang erst 378 v. Chr. angebracht wurde, als er den wiederhergestellten Tempel neu weihte.

3. M. Iunius Brutus hatte den ursprünglich ehrenrührigen Spitznamen 'Brutus', 'der Dummkopf'; aus derartigen Benennungen resultierten alle alten Beinamen. Das *cognomen* 'Brutus' gehörte nun ausschließlich einer bedeutenden plebejischen Sippe, die in der zweiten Hälfte des 4. Jahrhunderts großen politischen Einfluß erlangte. 509 oder 508 v. Chr. gab es jedoch noch keine plebejischen Magistrate. Brutus als eponymer Magistrat der frühen Republik geht, wie M. Horatius, auf die Spekulationen der *pontifices* zurück; die Annalisten dichteten dann die pseudo-historische Begründung hinzu. Diese Namen können in dem von Polybios veröffentlichten Originaldokument des Karthagervertrags nicht erschienen sein.[52]

4. Die Namen dieses fiktiven Konsulpaares im angeblich ersten Jahr der Republik wurden mit dem ersten Karthagervertrag zusammengebracht — vor Polybios, aber irgendwann nach 304 v. Chr. Da in den Pontifikalverzeichnissen nur Namen eingeschmuggelt, nicht jedoch die uns aus den Annalen bekannten Geschichten hinzugefügt wurden, muß die Verbindung der Namen mit dem Text des ersten Vertrags von einem der frühen Annalisten hergestellt worden sein. Da der Plan, die römische Vormachtstellung in die Königszeit zurückzuprojizieren, von Fabius Pictor stammte, ist er der einzig mögliche Urheber dieser Fälschung.[53]

5. Polybios ließ sich durch Pictor täuschen und dabei wurde er sicherlich von seinen römischen Freunden [συνετώτατοι: III 22, 3] beeinflußt, die ihm bei der Übersetzung und Deutung der in altertümlicher Sprache verfaßten Dokumente halfen. Wie sehr er sich in der ganzen Frage der Karthagerverträge auf seine römischen Berater stützte, zeigt seine Kritik an dem von Philinos überlieferten Vertragstext: Polybios ließ sich davon überzeugen, daß jener für die Römer politisch ungünstige Vertrag nicht existiert haben könne, weil er im Archiv der *aediles* auf dem Kapitol nicht zu finden war — obwohl sich dieses Archiv weder auf dem Kapitol befand noch Verträge mit fremden Mächten enthielt.[54]

6. Man hat schon längst erkannt, daß Antium und Tarracina, die im ersten Vertrag von Polybios erwähnt werden, 509/08 v. Chr. noch gar nicht von Rom erobert waren.[55] Aber viel wichtiger ist die Tatsache, daß das römische Territorium in jenen Jahren überhaupt noch nicht bis zum Meer reichte. Wir werden weiter unten ausführlicher den langwierigen Prozeß behandeln, in dessen Verlauf Rom im 5. und 4. Jahrhundert schrittweise nach Süden vordrang und Latium annektierte.

7. Dementsprechend entwickelte sich auch die römische Seemacht nicht bereits unter den Königen, sondern erst infolge der Eroberung der latinischen Küste und der Notwendigkeit, sich für neue Aufgaben eine neue Waffe zu schmieden. Die Einverleibung Latiums und der Bau der Flotte sind untrennbar miteinander verbunden. Der erste Karthagervertrag kann logischerweise erst zu einem Zeitpunkt geschlossen worden sein, zu welchem Rom, bereits im Besitz eines ansehnlichen Küstenstriches, von einer griechischen

Flottenexpedition aus Sizilien angegriffen wurde und, um sich wirksamer wehren zu können, die Partei der Gegner von Syrakus ergriff.

Eben für diesen Zeitpunkt berichtet Diodor, eine unserer wichtigsten Quellen, daß Rom und Karthago ihren ersten Vertrag abschlossen.[56] Livius notiert dasselbe Ereignis unter denselben Konsuln, und ohne Zweifel betrachtete auch er diesen Vertrag als den ersten. Orosius, der ausschließlich Livius als Quelle für die frühe römische Geschichte benutzte, war gewiß nicht der einzige, der ihn so verstand. Livius betont mehrmals, daß die Römer der Frühzeit das Meer nicht kannten und keine Seeleute waren,[57] obwohl ihm natürlich das bei Polybios überlieferte angebliche frühe Datum des ersten Vertrages geläufig war;[58] seine Ausführungen über die Beschränkung der frühen Römer auf das Festland lesen sich so, als ob er die Möglichkeit eines Vertrages mit Karthago im ersten Jahr der Republik bezweifelte. Er hatte völlig recht.

Außer dem Text des ersten Vertrags (III 22, 1—23, 6), der also in Wirklichkeit 348 v. Chr. abgeschlossen wurde, hat Polybios noch einen zweiten Vertrag genau aufgezeichnet (III 24, 1—16). Der enge Zusammenhang zwischen beiden ist längst erkannt,[59] aber die sich daraus ergebenden politischen und chronologischen Konsequenzen sind erst vor einigen Jahren aufgedeckt worden[60]: Obwohl der Wortlaut des zweiten Vertrages ein gänzlich anderer ist, stimmt der Inhalt, abgesehen von wenigen Details, so sehr mit dem des ersten überein, daß praktisch die Bedingungen des ersten auch für den zweiten Vertrag in Geltung bleiben. Diese Beobachtung A. Aymards ist zweifellos richtig. Doch müssen wir uns im klaren darüber sein, daß beide Verträge, eben weil sie dieselbe militärisch-politische Situation widerspiegeln, nur wenige Jahre auseinanderliegen können, der zweite also kurz nach 348 v. Chr. geschlossen worden sein muß, auf welches Datum — wie wir hoffen — der erste Vertrag nun endgültig festgelegt ist. Die aus dem zweiten Vertrag ersichtliche politische Lage in Latium, die noch immer durch die Unabhängigkeit mehrerer Städte von Rom gekennzeichnet ist, läßt es als sicher erscheinen, daß diese Erneuerung des ersten Vertrages noch vor der Unterwerfung der Latiner im Jahr 340 v. Chr. stattfand.⁶¹ Die enge Zusammenarbeit beider Mächte ist für diese Jahre gut bezeugt. Livius erzählt, daß nach der siegreichen Beendigung des römisch-samnitischen Krieges „auch die Karthager Gesandte schickten, welche die Römer mit einem goldenen Kranz, der 25 Pfund wog, beglückwünschten und diesen in der *cella Iovis* auf dem Kapitol niederlegten" ⁶². Ein Bündnisschluß wird zwar nicht erwähnt, doch können wir getrost annehmen, daß die revidierte Fassung der Vereinbarungen von 348 zu jener Zeit, 343 v. Chr., zustande kam.

Die internationalen Verwicklungen, die den Hintergrund dieses Vertrages bildeten, wurden schon erwähnt, ebenso auch die kriegerischen Spannungen und chaotischen Zustände in Latium,⁶³ dessen Bewohner aufgrund des zweiten Vertrages vogelfrei waren, wenn sie den Römern nicht Folge leisteten. Der eigentliche Zweck des erneuerten Bündnisses bestand für Rom darin, die Latiner, die noch nicht unter seiner Herrschaft standen, der Gewalt Karthagos auszuliefern bzw. sie durch die Bedrohung vom Meer her zur Unterwerfung unter Rom zu zwingen. Die Paragraphen hinsichtlich des Überseehandels mögen als wichtig für die Zukunft betrachtet worden sein; gegenwärtig jedoch galten die römischen Interessen in erster Linie der Eroberung Latiums.

Die keltischen Invasionen ⁶³ᵃ

Die römischen Annalen berichten zum Jahr 390 v. Chr. vom völligen Zusammenbruch des römischen Heeres, das an dem kleinen Fluß Allia, auf dem linken Tiberufer, in nördlicher Richtung von Rom etwa auf der Höhe von Veii, von den Galliern überrascht wurde; sie erwähnen auch die Eroberung der Stadt. Obwohl die exaktere griechische Chronologie die Katastrophe ins Jahr 387 v. Chr. setzt,⁶⁴ werden wir im folgenden aus praktischen Gründen die römische Datierung beibehalten. Der Fall Roms weckte zwar in der griechischen Welt einiges Interesse und auch Sympathie, aber der Kern unserer Überlieferung über die keltischen Invasionen besteht dennoch nur aus mageren Bruchstücken, und in diesen stammt das meiste aus den Annalisten, die den wahren Sachverhalt oft durch freie literarische Ausgestaltung und patriotische Beschönigung verschleiert haben.

Ursprung und Entwicklung dieser verfälschten historischen Überlieferung wurden bereits von Mommsen erkannt.[65] Er sah, daß Polybios' kurzer, nüchterner Bericht über die keltischen Invasionen aus derselben Quelle stammt — nach Mommsen Fabius Pictor —, welche auch die Grundlage für die reicher ausgeschmückten Schilderungen der späteren Annalisten abgab. Ich glaube aber, daß wir durch Neuinterpretation einer Polybios-Stelle und Berücksichtigung einiger authentischer, in dem kurzen Auszug bei Polybios unbeachtet gebliebener Nachrichten der Annalen zu einer noch zuverlässigeren historischen Rekonstruktion gelangen können.

Daß Rom diesen vernichtenden Schlag überlebte, verdankte es sicherlich weder den wenigen Soldaten und Magistraten, die auf dem kapitolinischen Hügel belagert wurden, noch den Frauen und Kindern, die in die Nachbarstädte flüchteten. Die Quellen stimmen darin überein, daß der unwiderstehliche Ansturm der Kelten in der Schlacht an der Allia[66] die römische Schlachtordnung sofort in völlige Auflösung versetzte. Die Chancen, ungeschoren zu entkommen, sind bei einer solchen Panik weit größer als in einer regelrechten Schlacht. Hierbei ist es nun wichtig, daß sich die römischen Soldaten nicht einfach in alle Richtungen zerstreuten, wie es in solchen Fällen doch meistens geschieht, sondern den Tiber überschritten und die Burg von Veii besetzten, die eine starke natürliche Festung darstellte.[67] Das war für die vom Schrecken gepackten Soldatenhaufen sicher kein naheliegendes Verhalten und auch nicht der einfachste Fluchtweg. Jeder, der — wie der Verfasser der vorliegenden Studie — nach einer vernichtenden Niederlage einmal um sein Leben laufen mußte, weiß nur allzu gut, daß der gemeine Mann in derartigen Situationen seiner Furcht und seinen Instinkten gehorcht und daß das Ergebnis normalerweise in der völligen Auflösung jeder Ordnung besteht. Folglich gab es also in der Schlacht an der Allia einen hohen Offizier, der den Kopf nicht verlor und sofort die richtigen Befehle erteilte. Es war unmöglich, Rom selbst zu verteidigen, da es keine Mauern hatte; darum mußte das Heer anderswo reorganisiert werden. Die gleiche unbeugsame Entschlossenheit trug zur Rettung des Staates bei, als sich die kleine Garnison und die Magistrate auf dem Kapitol selbst verteidigten, während die Stadt ihrem Schicksal überlassen wurde und die Zivilisten ungeschützt blieben; auch dies eine Entscheidung von außerordentlicher Bedeutung, die sofort nach dem Zusammenbruch getroffen wurde.[68]

Sammlung und Neuformierung des geschlagenen Heeres in Veii blieb gleichfalls nicht ohne Wirkung. Polybios schreibt (II 18, 3), daß die Gallier sich nach der Einnahme Roms eines Gegenschlages [γενομένου δ'ἀντισπάσματος] zu erwehren hatten und daß gleichzeitig ihr eigenes Gebiet von den Venetern überfallen wurde [καὶ τῶν Οὐενέτων ἐμβαλόντων εἰς τὴν χώραν αὐτῶν]; sie schlossen deshalb einen Vertrag mit den Römern, gaben die Stadt auf und kehrten nach Hause zurück. Meiner Ansicht nach ist diese Stelle mißverstanden worden. Bisher wurde der Rückschlag [ἀντίσπασμα] allgemein auf die Invasion der Veneter bezogen; dabei glaubte man, das 'und' [καὶ], welches die beiden Ereignisse verbindet, leite die nähere Erläuterung des Mißgeschickes ein, das die Kelten traf: es war der Angriff der nördlichen Nachbarn. Aufgrund dieser vorgefaßten Meinung, der Gegenstoß und der Venetereinfall seien miteinander identisch, hat man das Wort ἀντίσπασμα, das Polybios anscheinend als erster griechischer Historiker benutzt, fälschlich mit 'Ablenkung' übersetzt.[69] 'Αντισπάω heißt jedoch 'in die Gegenrichtung ziehen, zurückhalten', passivisch gebraucht 'einen Rückschlag erleiden, in die Gegenrichtung gezogen werden'. Eine entsprechende Bedeutung muß das von diesem Verbum gebildete Substantiv haben, vor allem, wo es zum ersten Mal in einem historischen Text verwendet ist. Das folgende καί leitet daher ein vom ἀντίσπασμα zu trennendes Ereignis ein. Das ἀντίσπασμα ist meiner Meinung nach ein römischer Gegenschlag, auch wenn Polybios das nicht ausdrücklich sagt.

Wir haben tatsächlich einen zuverlässigen Beleg dafür, daß die Römer damals einen Erfolg errangen. Lange vor Entstehung der Annalen erwähnte Aristoteles († 322/21) im Zusammenhang mit der Eroberung Roms, daß die Stadt von einem gewissen Lucius gerettet wurde, den wir aber mit keiner Persönlichkeit jener Zeit identifizieren können.[70] Plutarch, der dieses wertvolle Zeugnis bewahrt hat, meinte, der Philosoph habe die Namen durcheinander-

Die keltischen Invasionen 317

gebracht und in Wirklichkeit Camillus gemeint, der das *praenomen Marcus* hatte.

Die allgemeine Situation legt nahe, daß sich der Retter nicht in Rom auf der Burg, sondern bei der Armee in Veii befand. Wir können der dort reorganisierten Armee jedoch kaum mehr als wirkungsvolle Störmanöver gegen die furchterregenden Sieger zutrauen. Den authentischen, später aus patriotischen Motiven zu glänzenden Siegestaten aufgeblähten[71] Kern der Legende von Camillus bildete in Wahrheit ein mäßiger Erfolg, welcher sehr wahrscheinlich schon von Fabius Pictor, der Quelle des Polybios, aufgebauscht wurde, während letzterer wohl bewußt die geringe Bedeutung des Vorfalls durch das farblose, technische Wort ἀντίσπασμα zum Ausdruck brachte. Jenes Ereignis war aber jedenfalls der erste Beweis für die unübertreffliche Vitalität der Römer, die sich „nach einem Waffenstillstand unter von den Galliern diktierten Bedingungen, entgegen allen Erwartungen wieder im Besitz ihrer Heimat sahen und nun die Möglichkeit zum Aufstieg nutzend in den folgenden Jahren Kriegszüge gegen ihre Nachbarn unternahmen"[72]. Eine Generation später waren sie wieder die führende Macht in Latium.[73]

Polybios berichtet,[74] daß die Kelten sich nach der Plünderung Roms nach Norditalien zurückziehen mußten, um sich der Veneter zu erwehren, die ihre Heimat verwüsteten. Doch die Aussicht auf Abenteuer und Beute verlockte einen ihrer Haufen, von Rom aus nach Süden vorzustoßen. Die Kelten durchlebten damals ihre nationale Sturm- und Drangzeit und entfalteten ihre unbezähmbare Energie in ähnlicher Weise wie viele Jahrhunderte später die Germanenstämme; bald darauf waren die Heere der rund um das Mittelmeer etablierten hellenistischen Herrscher mit keltischen Söldnern aufgefüllt.[75]

Die Keltenschar, die sich von Rom aus südwärts wandte, erreichte Apulien, wo Dionysios I. alles aufbot, um die griechischen Städte zu erobern. Sie trugen ihm ihre Hilfe an, und der große Tyrann gewann an ihnen überaus wertvolle Verbündete.[76]

Er „scheint die Vorteile einer Verbindung mit dem neuen kraftvollen Element, das die Etrusker und Italiker von der anderen Seite her bedrängte, ihm selbst aber nicht gefährlich werden konnte, rasch erkannt zu haben. Neben den Iberern und Kampanern waren seit damals keltische Söldner die tüchtigsten Soldaten seiner Truppen. Zu einer noch engeren Berührung mit den keltischen Stämmen kam es dann in den nächsten Jahren, als die erfolgreiche Ausbreitung der syrakusanischen Seeherrschaft in die Gebiete an der Adria einsetzte."[77] Ankon (Ancona) war seine Gründung und „mag nun in das System der adriatischen Stützpunkte des Dionysios eingefügt worden sein. Die Stadt flankierte das neue Keltengebiet am adriatischen Meer im Süden, ähnlich wie Hadria im Norden. Über Ankon hatte man von Sizilien aus die nächste Verbindung zu den keltischen Stämmen Italiens, zu denen der Herrscher schon vor Jahren Beziehungen aufgenommen hatte und die ihm kriegstüchtigen Nachschub für seine Söldnertruppen stellten".[78]

Der betreffende Keltenhaufen durchquerte bei der Rückkehr aus Apulien erneut Latium und erlitt kurz darauf durch ein Heer aus Caere eine Schlappe, die der Lokalpatriotismus in eine vernichtende Niederlage der Kelten verwandelte.[79] Angesichts des Bündnisses zwischen Syrakus und diesen Kelten und der weitreichenden politischen Verbindungen des Dionysios in Italien war es berechtigt, die Frage zu stellen,[80] ob der Flottenangriff auf Pyrgi-Caere 384/83 v. Chr. und die Anwesenheit seiner keltischen Verbündeten im Rücken von Caere nicht eine koordinierte Aktion darstellten. Aber die Rückkehr der Kelten nach Norden scheint früher erfolgt zu sein als der Flottenüberfall auf Caere, und die für eine Generation später behauptete Verbindung eines griechischen Flottenunternehmens mit einer keltischen Invasion in Latium hat es nicht gegeben.[81]

Nach dem ersten furchtbaren Sturm gab es noch weitere gallische Invasionen in Latium vor dessen Eroberung durch Rom 338 v. Chr. Nach Polybios, der ältesten uns zur Verfügung stehenden Quelle, hat es nur zwei feindliche Einfälle gegeben, die zwar keine neue Katastrophe, aber trotzdem mehr Schrecken als Erfolg für die Römer brachten. In der späteren literarischen Überlieferung verwandelt sich dieses Bild in eine Reihe immer glänzenderer römischer Siege. Man hat jedoch schon lange erkannt, daß die ruhmvollen römischen Taten in den späteren Annalen auf keine andere historische Überlieferung zurückgehen als die kurze Aufzählung bei

Die keltischen Invasionen 319

Polybios, die aller Wahrscheinlichkeit nach aus Fabius Pictor stammt.[82]

Polybios' Bericht enthält folgende wichtige Fakten:

1. Nach der Rückkehr zu ihren neuen Siedlungen in der Poebene wurden die Kelten durch Kriege untereinander und häufige Angriffe der benachbarten Alpenstämme gebunden (II 18, 4).

2. „Dreißig Jahre nach der Einnahme Roms erschienen die Kelten wieder im Gebiet der albanischen Hügel. Die Römer wagten nicht, ihnen mit ihrem Heer entgegenzutreten, weil sie von dem plötzlichen Einfall überrascht und nicht imstande gewesen waren, die Streitkräfte ihrer Verbündeten zu sammeln" (II 18, 6).

3. „Als aber zwölf Jahre später die Kelten wieder mit einem großen Heer einfielen, waren sie vorher unterrichtet, sammelten ihre Bundesgenossen und rückten voller Kampfbegier gegen sie aus, entschlossen, in einer Feldschlacht alles für das gemeinsame Wohl zu wagen. Die Kelten waren ob dieser Herausforderung verblüfft, und da sie zudem untereinander uneins waren, zogen sie sich bei Nachtanbruch zurück und rückten fluchtartig nach Hause ab. Danach hielten sie aus Furcht dreizehn Jahre lang Ruhe..." (II 18, 6—9).

Die dreißig Jahre zwischen 390 und 360 v. Chr. (nach varronischer Zeitrechnung), in denen die Gallier kein ernsthaftes Unternehmen gegen Latium durchführten, erlaubten den Römern, ihre Kraft wiederzugewinnen. Die bei Polybios auf 360 angesetzte zweite Invasion wurde in den späteren Annalen, wie schon bemerkt, in eine ganze Reihe von Angriffen verwandelt, wodurch man Gelegenheit erhielt, eine große Zahl römischer Siege zu erfinden und den Leser durch immer neue ruhmvolle Taten gegen denselben furchtbaren Feind für die schmachvolle Niederlage an der Allia und die Eroberung der Stadt zu entschädigen. Die Manipulationen dieser jüngeren Autoren sind noch leicht faßbar, weil sie die wichtigsten Ereignisse unter verschiedenen Jahren wiederholen. Das Duell des T. Manlius Torquatus mit dem riesigen keltischen Krieger auf der Aniobrücke wird z. B. unter fünf verschiedenen Daten berichtet: 367[83], 366[84], 361[85], 358[86] und 357 v. Chr.[87] Oder: Polybios erzählt, daß die Kelten dreißig Jahre nach ihrem ersten Angriff wieder in Latium erschienen und die albanischen Hügel durchzogen [εἰς Ἄλβαν, II 18, 6]; spätere Autoren erwähnen ihr Auftreten auf dem *ager Albanus* für 367[88] und wieder für 360 v. Chr.[89] Schließlich hören wir, daß die Gallier, von den Römern besiegt, plündernd und brandschatzend durch Kampanien nach Apulien flohen; das wird zuerst für 367 v. Chr.[90] und dann für 361 v. Chr.[91] mitgeteilt. Livius sagt, daß sie im folgenden Jahr nach Latium zurückkehrten;[92] aber in diesem Fall haben wir schlüssige Beweise dafür, daß ein Annalist, ein Zeitgenosse Sullas, die zweite bei Polybios (Fabius Pictor) erwähnte Invasion einfach auf volle sechs Jahre ausdehnte.[93]

Folglich müssen wir die angeblich große Zahl von keltischen Einfällen in Latium zwischen 367 und 357 v. Chr. auf den einen bei Polybios erwähnten reduzieren, der sich dreißig Jahre nach der Einnahme Roms abspielte und in dem die Römer sich nicht mit ihnen zu messen wagten. Die späteren Annalisten haben nun zwar die Attacken und Niederlagen der Kelten, die sie in die Zeit um 360 v. Chr. datieren, vervielfacht, aber zugleich überaus wertvolle Nachrichten übermittelt, die in der kurzen Zusammenfassung des Polybios fehlen. Vor allem die Darstellung des Livius, die ganz erhalten ist, hat folgende Einzelheiten des ursprünglichen, von Polybios auszugsweise überlieferten Berichts bewahrt:

a) Der zweite Ansturm der Gallier gegen Latium fällt zeitlich mit dem Krieg zwischen Rom und Tibur zusammen.[94] Diese beiden Feinde Roms verbündeten sich.[95] Praeneste scheint — wie vorher schon oft — zu Tibur (und den Kelten) gehalten zu haben.[96] In diesem Krieg gab es angeblich 360 und 358 v. Chr. römische Siege nahe der *porta Collina*, d. h. vor der neuen Stadtmauer Roms,[97] dann einen weiteren Sieg bei Tibur[98] und schließlich nahe Pedum.[99] Diese Siege sind nie erfolgt, wie wir sahen, aber der Triumph des plebejischen Konsuls Poetelius „über die Gallier und Tibur"[100], der einen Erfolg gegen Keltenscharen im Dienst jener Latinerstadt belohnt haben wird, scheint mir historisch zu sein.

b) Es klingt auch einleuchtend, daß die Gallier ihren Marsch durch Latium gegen Süden fortsetzten, angelockt durch den größeren Reichtum der griechischen Städte. Das würde die Annahme wahrscheinlich machen, daß ihre Rückkehr nach Norden ein Jahr nach ihrer Ankunft erfolgte.

Die keltischen Invasionen 321

c) Im 5. Jahrhundert — wir werden weiter unten noch darauf zurückkommen — waren Tibur und Praeneste mit den benachbarten Bergstämmen verbündet, während sie von den Latinerstädten der Albanerberge unter Roms Führung bekämpft wurden. Die Gemeinden der Albanerberge, wo die Gallier schwere Verwüstungen anrichteten,[101] waren auch im 4. Jahrhundert mit Tibur und Praeneste verfeindet. Zugleich zwang sie die Keltengefahr, sich wieder mit Rom zu verbünden. Wir müssen betonen, daß diese Annäherung nicht die Wiederherstellung der infolge der Niederlage an der Allia zusammengebrochenen römischen Hegemonie in Latium bedeutete, wie Fabius Pictor, auf dessen Bericht Polybios' Darstellung beruht, glauben machen wollte. Die Darstellung der Quelle des Livius, die eine Erneuerung der für viele Jahre unterbrochenen [102] römisch-latinischen Koalition anläßlich der gallischen Invasion um 360 v. Chr. erwähnt, steht im Gegensatz zu der optimistischeren und unwahrscheinlicheren Nachricht bei Polybios,[103] daß sich Rom in den dreißig Jahren nach der Einnahme der Stadt erneut Latiums bemächtigen konnte und nur durch die Plötzlichkeit des Kelteneinfalls gehindert wurde, seine Verbündeten zu sammeln. Wir müssen Livius auch deshalb folgen, weil die Latiner sich wenige Jahre später wieder gegen Rom erhoben. Rom erholte sich gewiß schnell von seiner völligen Niederlage gegen die Kelten, aber die Vorherrschaft in Latium mußte erst noch gewonnen werden.

Die dritte keltische Invasion fand nach Polybios zwölf Jahre nach der zweiten, eben besprochenen, statt. Die römischen Annalen dehnen den Kampf gegen die Gallier auf zwei Jahre (350 und 349 v. Chr.) aus, im Gegensatz zu Polybios, der ihn als kurze Episode schildert, was nach allgemeiner Auffassung die einleuchtendere Version ist.[104] Aber hier ergibt sich wiederum die merkwürdige Tatsache, daß zwar der verläßlichere chronologische Rahmen in der Zusammenfassung des großen griechischen Historikers erscheint, die römischen Annalisten aber trotzdem die authentische Version über das Verhalten der Latiner bewahrt haben.

Polybios sagt (II 18, 7—8), daß Rom diesmal nicht überrascht wurde, sondern durch rechtzeitige Unterrichtung imstande war, die Truppen der Verbündeten zu sammeln und entschlossen gegen die Gallier zu marschieren. Diese wagten den Kampf nicht, sondern zogen sich in der folgenden Nacht in Panik zurück. Im Bericht des Livius steht das Gegenteil.[105] Wenn wir die unter den Konsulaten von 350 und 349 v. Chr. aufgeführten Ereignisse in ein einziges Jahr zusammenziehen, wird klar, daß die Latiner gleich bei der Ankunft des gallischen Heeres gemeinsam mit diesem gegen Rom zogen und nicht ein Jahr lang mit dem Aufstand warteten, wie Livius schreibt.[106] Der Senat machte äußerste Anstrengungen, zehn Legionen aufzubringen — für lange Zeit die größte Armee in der römischen Geschichte[107] —, um der Flotte von Syrakus und den im Bunde mit den Kelten stehenden Stammesgenossen gewachsen zu sein. So erklärt sich, warum die Kelten erneut zum Hügelland des *ager Albanus*[108] marschierten, sich in die Festung von Alba Longa zurückzogen[109] und von den Albanerhügeln aus Beutezüge zur Küste unternahmen,[110] wobei sie offenbar von den benachbarten Latinerstädten unterstützt wurden. Von den Römern hart bedrängt, zogen sich die Kelten dann in die pontinische Ebene zurück[111] und wandten sich von Latium ab dem Süden zu,[112] offenbar, um sich durch Plünderungen in der *Magna Graecia* zu bereichern.

Dieses von uns gezeichnete Bild der Kelteneinbrüche bildet die Grundlage für ein richtiges Verständnis des großen Kampfes zwischen den Latinerstaaten und Rom im nächsten Jahrzehnt des 4. Jahrhunderts.[113] Rom hatte keinen spektakulären Erfolg errungen, es stand noch immer in der Defensive. Aber die Ergebnisse seiner erfolgreichen Verteidigung waren bedeutend: die keltische Aggression war für ein halbes Jahrhundert gebannt; zugleich mißlang die syrakusanische Intervention zum Schutze Antiums und der Volsker; die Latiner verloren ihre Chance, die römische Oberhoheit mit keltischer Hilfe abzuschütteln; der Weg zu ihrer endgültigen Unterwerfung war frei.

Die Kriege der frühen Republik mit Volskern und Äquern[113a]

Wir besitzen keine ausführlichen Nachrichten darüber, wie und wann genau die Volsker von den Bergen, die ihren Namen trugen, in die latinischen Hügel südlich des *mons Albanus* und in die angrenzende Küstenebene eindrangen.[114] Aber verschiedene Überlegungen ermöglichen es uns doch, wenigstens die Epoche zu bestimmen, in der das geschah. Zunächst ist sicher, daß nicht nur die Latiner, sondern auch die Volsker zuvor von den Etruskern unterworfen worden waren.[115] Die klare Feststellung dieses Tatbestandes bei Cato erhält durch die frühe Entwässerung der pontinischen Sümpfe sowie geographische Namen und etruskische Fundstücke dieser Gegend eine Bestätigung.[116] Wie wir sahen,[117] mußten die Etrusker seit der Eroberung Kampaniens die Verbindungswege zwischen ihrem Territorium und den neuen kampanischen Städten fest im Griff haben und für ihre Schiffahrt nach Süden Stützpunkte an der latinischen Küste besitzen. Dies rechtfertigt die Vermutung, daß die etruskische Herrschaft über die Volsker etwa zur selben Zeit begann wie die über Latium; es ist klar, daß ihr Ende ebenfalls irgendwie mit den Ereignissen zusammenhängt, die es den Latinern ermöglichten, am Ende des 6. Jahrhunderts ihre etruskischen Unterdrücker abzuschütteln.

Der Kampf zwischen Latinern und Volskern[118] war eine direkte Folge des Zusammenbruchs der etruskischen Herrschaft im Bereich südlich und nördlich des Monte Artemisio. Nach der literarischen Tradition, der wir darin getrost Glauben schenken können, waren die Volsker im Bunde mit den Äquern, ihren Nachbarn und Verwandten, die Angreifer. Ihre Kriegsunternehmen zielten aber nach der Eroberung der fruchtbaren Ebene von Südlatium nicht in erster Linie auf territorialen Gewinn, sondern bestanden in jährlichen Beutezügen,[119] deren Ertrag eine wesentliche Grundlage ihres primitiven Wirtschaftslebens bildete.

Die Anfänge der Kriege Roms mit Volskern und Äquern liegen im Dunkel. Abgesehen von dem Mangel an Nachrichten geht das vor allem auf die Tendenz der römischen Annalen zurück, den frühen Aufstieg Roms zur führenden Macht durch fingierte Siege zu illustrieren; dieses Verfahren wird auch für die Zeit nach dem Ende der Königsherrschaft noch angewandt.

Der vorannalistische Bericht[120] über die Einnahme von Suessa Pometia durch Tarquinius Superbus ist gefälscht: Pometia schloß sich im letzten Jahrzehnt des 6. Jahrhunderts als Latinerstadt dem Bund von Aricia an, und nach dessen Konstituierung verlor Superbus seine Herrschaft. Wenn die Eroberung der Stadt historisch wäre, könnte sie nur von einer etruskischen Macht durchgeführt worden sein, deren Vasall Rom zur Zeit des letzten Königs war; auf keinen Fall war sie ein römisches Unternehmen. Alle übrigen Berichte über eine römische Oberhoheit und römische Erfolge im Volskerland tragen den Stempel frei erfundener Ruhmestaten der Königszeit. Ancus Marcius bestraft in einem siegreichen Krieg volskische Raubzüge;[121] König Priscus zerstört *Apiolae*;[122] dies ist der *griechische* Name von Pometia, den Pictor verwendete, als er den Bericht über den Bau des Kapitols auf zwei Tarquinier verteilte; andere Autoren lassen die Volskereinfälle jedoch erst mit Superbus beginnen.[123] Die Bewohner der volskischen Hauptorte Ecetra und Antium sollen Untertanen dieses Königs gewesen sein,[124] der angeblich auch Kolonien in Signia und Circeii gründete; beide Städte wurden in Wirklichkeit erst viel später römisch.[125] Superbus aber siegte laut den Annalisten auch über die Aequer.[126]

Die erdichteten Koloniegründungen auf volskischem Boden, die angebliche römische Siege dokumentieren sollen, hören mit der Gründung der Republik nicht auf: Für 508 v. Chr. wird die Kolonisation von Signia erneut erwähnt.[127] 503/02 v. Chr. erscheint Pometia, angeblich von Tarquinius Superbus zerstört, wieder als latinische Kolonie, die mit Cora zu den Aurunkern übergeht, aber von den Römern zurückgewonnen wird.[128] Zu jener Zeit versperrten jedoch die siegreichen latinischen Städte mit Aristodemos von Kymä den Römern den Weg nach Süden. 495 wird die von König Superbus gegründete Kolonie in Signia verstärkt — zumindest in den Annalen.[129] Im selben Jahr erobert angeblich P. Servilius erneut Suessa Pometia[130], Ecetra wird römische Kolonie[131], ebenso Velitrae 494 v. Chr.[132], das 492 verstärkt wird, dann Norba in der pontinischen Ebene 492[133], um dieselbe Zeit Satricum[134] und 467 Antium[135].

Es wird im folgenden noch gezeigt werden, daß — wie G. De Sanctis und E. T. Salmon schon angenommen hatten — Rom im 5. und 4. Jahrhundert überhaupt keine Bürgerkolonien gründete, vielmehr alle derartigen Gründungen vom Latinerbund ausgingen. Die eben aufgeführten, strategisch wichtigen Städte lagen im Grenzgebiet zwischen Latium und den Volskern, und wenn die neuen Kolonien historisch wären, könnten sie nur durch eine immense Kraftanstrengung des nach der Schlacht am See Regillus neu gefestigten *nomen Latinum* geschaffen worden sein, mit der Absicht, neue Bollwerke gegen die Angreifer zu errichten. Lateinische Schriftquellen für die angeführten Ereignisse hat Fabius Pictor aller Wahrscheinlichkeit nach nicht gehabt, wie man sich auch nur schwer vorstellen kann, daß gleich nach dem Siege Roms über den Bund von Aricia ein schnelles, erfolgreiches Unternehmen aller Latinerstaaten gegen die Volsker möglich gewesen sein sollte. Die Offensive der Bergstämme war bis etwa 460 in vollem Gange; vor der zu jenem Zeitpunkt erfolgten Wende sind derart eindrucksvolle Gegenschläge unglaubwürdig.

Die in den Anmerkungen zitierten Belege zeigen auf den ersten Blick, daß die späteren Annalisten Diskrepanzen zwischen ihren eigenen Angaben nicht beseitigt haben. Diese Widersprüche resultieren aus der Benutzung der zuverlässigen *annales maximi* durch Pictor und seine Nachfolger einerseits und aus zusätzlichen Erfindungen dieser Autoren andererseits, die dann zusammen mit den verläßlichen Versionen durch die Kanäle der literarischen Tradition weiterflossen. Angesichts der Vermischung der beiden Überlieferungsstränge ist es unmöglich, einen festen Zeitpunkt zu bestimmen, in welchem die Täuschungen aufhören und die historischen Ereignisse einsetzen. Die fälschende Schminke verblaßt nur allmählich, und die historische Wahrheit setzt sich nur langsam in den Annalen durch. Aber eine Rekonstruktion in groben Zügen ist durchaus möglich.

Zunächst müssen wir eine chronologische Angabe der Annalen betrachten, die Diodor in seiner Quelle fand; sie erfolgt im Zusammenhang mit den erfundenen Siegen des Camillus im Jahr nach der gallischen Katastrophe und beruht auf der Annahme, daß die Volskerkriege nicht früher als etwa 460 v. Chr. begannen.[136] Ernsthafte Gelehrte haben das als korrekt hingenommen,[137] und man könnte sich dafür auf die offizielle Liste der römischen Triumphe berufen, die für das 5. Jahrhundert eine *ovatio* (einen sog. kleineren Triumph) über die Volsker im Jahr 462 v. Chr. verzeichnen, dann einen Triumph *de Aequeis et Volsceis* für 459, *de Aequeis* 458, *de Aequeis* 449, *de Volsceis* 443.[138] Trotzdem weist alles darauf hin, daß die Angriffe der Bergstämme Latium schon lange plagten, ehe die Römer zu einem Gegenschlag in der Lage waren. Die angeblich überwältigende Überlegenheit der Römer über diese Völker schwindet in den Annalen schon mit dem Jahr 487 v. Chr., für das eine unentschiedene Schlacht zugegeben wird.[139] Siege der Volsker werden für 484[140], 478[141] und 471[142] anerkannt; schwere Schlachten werden erwähnt für 468[143] und 464[144]. Die Unfähigkeit Roms zum Handeln wird für 463 eingestanden, als die Latiner und Herniker besiegt wurden.[145] Rückschläge würden die Annalisten zuallerletzt erfunden haben, und wir müssen es daher als erwiesen ansehen, daß die Reihe jährlicher Beutezüge der Volsker und Äquer wirklich 494 v. Chr. begann, wie unsere Quellen berichten.

Fabius Pictor hatte diesen chronologischen Ansatz vor Augen, als er die furchtbare Verheerung Latiums durch die von dem abtrünnigen Coriolanus geführten Volsker für die Jahre 491—489 berichtete.[146] Die Aufzählung der damals von den Volskern zerstörten Städte Latiums kann sicherlich für die um den Albanerberg liegenden Städte als authentisch hingenommen werden, während die Namen von Circeii, Satricum und anderer, damals schon in den Händen der Volsker befindlicher Stützpunkte im Süden interpoliert sind.[147] Folglich beziehen sich die 70 Jahre, welche die Quellen als Dauer der Volskerkriege bis zum angeblich entscheidenden Sieg von 389 v. Chr. angeben, nicht auf den Beginn der volskischen Überfälle, sondern nur auf den ersten größeren römischen Erfolg gegen die Volsker, der zum Jahre 462 v. Chr. berichtet wird.[148]

Die Zeit der volskischen Einwanderung nach Südlatium ist in unseren Quellen am klarsten am Schicksal der Städte der pontinischen Ebene abzulesen. Hesiods Theogonie kennt Circeii im südlichsten Latium noch als eine bedeutende latinische Siedlung.[149] Weiter nördlich waren Cora und Pometia noch im letzten Jahrzehnt des 6. Jahrhunderts latinisch, da sie als Mitglieder des Latinerbundes von Aricia genannt werden.[150] Die fruchtbare Ebene zwischen Kampanien und den Albanerhügeln war folglich damals noch latinisch. Die eben erwähnten Städte sind jedoch im 5. Jahrhundert schon volskisch; sie können also nur um 500 v. Chr., als die Etruskerherrschaft in diesem Gebiet zusammenbrach, ihre Herren gewechselt haben. Der Kampf zwischen den kriegerischen Hirten-

Die Kriege mit Volskern und Äquern

stämmen der Apenninen und den Latinern in der Küstenebene begann offenbar mit jener volskischen Invasion.

Der angeblich siegreiche römische Vorstoß ins Volskergebiet zwischen 495 und 491 v. Chr. — in diesem Jahr soll Rom allein mit seinen eigenen Truppen Antium niedergezwungen haben [151] — scheint erfunden zu sein, um den Eindruck, den die folgende Heimsuchung Latiums durch die Volsker unter Coriolanus auf den griechischen Leser der frühesten Annalen machen mußte, zu mildern. Eine zuverlässige Notiz in der literarischen Überlieferung enthüllt die Wahrheit: 492 befand sich die pontinische Ebene fest in der Hand der Volsker.[152] Eine andere vertrauenerweckende Nachricht, in der Pest und Hunger in Rom erwähnt werden, zeigt, daß 434 v. Chr. dieses fruchtbare Gebiet immer noch den Feinden Roms gehörte.[153] Aber nach 406 v. Chr. ging dort eine anhaltende römische Offensive vonstatten.[154] Obwohl der überwältigende Sieg des Camillus im Jahr nach der Gallierkatastrophe nicht historisch ist und die pontinische Ebene damals noch kein „unbestrittener Besitz"[155] Roms gewesen sein kann, wurde der Kampf um dieses Gebiet vom römischen Staat nach dem Keltensturm doch erstaunlich schnell und mit neuer Kraft wieder aufgenommen, und in den folgenden Jahrzehnten gelangten die Römer endgültig bis zu den Toren Kampaniens. Die Einrichtung zweier römischer Tribus in dem fruchtbaren pontinischen Flachland im Jahr 358 v. Chr.[156] besiegelte dessen Einverleibung.

Die in den römischen Jahrbüchern aufgeführte endlose Reihe volskischer Angriffe und römischer Gegenschläge seit der Zeit des Coriolanus braucht hier nicht im einzelnen erörtert zu werden.[157] Die römischen Triumphe und Ovationen über die Volsker und Äquer 462, 459, 458, 449, 443 v. Chr. müssen wir als historische Tatsachen betrachten. Die wichtigen Erfolge um 460 v. Chr. deuten eine Wende zugunsten der Latiner und Roms an. Eine Generation später, im Jahre 431, folgte nach schwerem Kampf ein zweiter entscheidender römischer Sieg.[158] Gefährliche Auseinandersetzungen begannen wieder im Jahr 424 v. Chr.[159], aber die Ortsnamen der eroberten Städte zeigen, daß die Römer und Latiner in diesem erbitterten Kampf jetzt schrittweise die Oberhand gewannen. Zugleich bezeugen diese Ortsnamen, daß die nebelhaft verschwommenen Berichte früherer Ereignisse jetzt konkreter Geschichte weichen. 419 v. Chr. schließt sich das latinische Labici den Äquern an, wird aber im nächsten Jahr zusammen mit ihnen besiegt, dann zur latinischen Kolonie gemacht und 397 wieder belagert.[160] Das benachbarte Bola wird 415 und 414 v. Chr. erobert bzw. zurückgewonnen.[161] 413 wird den Volskern das hernikische Ferentinum entrissen.[162] Carventum wird 410 v. Chr. durch die beiden Bergstämme genommen, jedoch zurückgewonnen. Nachdem es 409 v. Chr. erneut den Besitzer gewechselt hat, wird es ohne Erfolg von den (Latinern und) Römern belagert.[163] Letztere erobern jedoch die Festung Verrugo zurück, die zwei Jahre später noch einmal verlorengeht und 395 oder 394 v. Chr. endgültig gewonnen wird.[164] Römische Siege gibt es 408 v. Chr. bei Antium, der führenden Volskerstadt, und 404 v. Chr. zwischen Ferentinum und Ecetra.[165] In letzterem Jahr wird auch die volskische Stadt Artena genommen.[166] Die Quelle Diodors (XIV 34, 7) berichtet von einer zahlenmäßigen Verstärkung der römischen Kolonisten in Velitrae; in Wahrheit könnte es sich dabei sehr wohl um das den *annales maximi* entnommene Entstehungsdatum dieser Bundesgründung handeln.

393 v. Chr. revoltiert die auf äquischem Gebiet liegende Bundeskolonie Vitellia zusammen mit den Volskern von Satricum und Velitrae.[167] Aber mittlerweile waren die Römer und Latiner durch die pontinische Ebene bis zur kampanischen Grenze vorgedrungen und nahmen 406 Anxur-Tarracina ein, das dann 402 und 401 erneut den Besitzer wechselte.[168] Circeii wird 393 Kolonie.[169] Schon die bloße Tatsache, daß Rom mit seinen latinischen Verbündeten in diesen Jahren des Existenzkampfes mit Veii dazu imstande war, im Süden und Norden zugleich militärische Erfolge zu erzielen, beweist, daß die Stadt auf dem Wege war, ihre Nachbarn von Südetrurien bis zum Kap der Kirke völlig zu überflügeln.

Der Druck, den Latiner und Äquer sowie Volsker aufeinander ausübten, führte zu einer Koalition zwischen den beiden letztgenannten Stämmen[170] während des gesamten 5. Jahrhunderts. Dieses Bündnis rief eine natürliche Gegenreaktion auf latinischer Seite hervor: Tusculum hielt nach anfänglichem Zögern[171] fest zu Rom, ebenso die Städte der Albanerhügel, während Praeneste und Tibur, von den Eindringlingen und den Stammesgenossen in die

Zange genommen, sich irgendwie zu behaupten suchten; sie erlaubten den Äquern, von ihren ursprünglichen Wohnsitzen durch ihr Gebiet zum Algidusspaß vorzudringen, und schlossen sich dem Latinerbund in seinem Kampf gegen Äquer und Volsker nicht an. Es ist bereits von anderer Seite betont worden, daß die Angriffe der Apenninhirten zweifellos die Stammesbindungen der Latiner festigten.[172] Obschon das nur mit den erwähnten Ausnahmen von Tibur und Praeneste gilt, war die Erneuerung des Stammesbundes doch Grundlage des sich schrittweise herausbildenden Übergewichts von Rom als dessen Mittelpunkt.

Rom erwies sich in der anhaltenden Belastungsprobe der Volsker- und Äquerkriege als die weitaus zäheste der Latinerstädte, was Menschenmaterial und Ausdauer anbetraf.

Die kriegerischen Spannungen zwischen den Latinern und der volskisch-äquischen Koalition im 5. Jahrhundert zwangen auch die anderen Völker in diesem Raum, der einen oder anderen Seite der Kriegführenden beizutreten; so die Herniker.[173] Die römischen Annalen verzeichnen zum Jahr 486 v. Chr.,[174] daß die Herniker zusammen mit den Volskern besiegt und unter denselben Bedingungen wie die Latiner als Bundesgenossen Roms akzeptiert wurden. Das ist die Vorwegnahme einer viel späteren Entwicklung, wie Mommsen bereits erkannte und andere Gelehrte bestätigten.[175] Die Behauptung, daß den Hernikern 486 zwei Drittel ihres Territoriums genommen wurden, wird durch die Tatsache widerlegt, daß der *ager Romanus antiquus*, wie wir sahen, im 5. Jahrhundert das obere Liristal nicht erreichte. Da die Herniker noch in späterer Zeit bei römischen Feldzügen in gesonderten Truppenverbänden dienten und noch eine eigene Stammesversammlung hatten, kann dieser nichtlatinische Stamm nicht schon 486 v. Chr. in den Latinerbund aufgenommen, d. h. mit den Latinern verschmolzen worden sein.[176] Andererseits gewährten der harte Druck der Äquer auf die Herniker sowie die Nachgiebigkeit Praenestes und die Feindschaft Tusculums gegenüber ersteren den Hernikern keine lange Entscheidungsfrist; ihre Lage ließ ihnen keine andere Wahl, als mit Rom und Tusculum zusammenzugehen. Es lag in ihrem eigenen wie auch in Tusculums Interesse, „die Kette der Feinde von den äquischen Bergen bis zur volskischen Küste zu durchbrechen"[177], auch wenn sie nicht in den Latinerbund eingegliedert und Rom noch nicht untertan waren.

Im Laufe des 5. Jahrhunderts gewann Rom infolge seines ständig wachsenden und die benachbarten Feinde erdrückenden, militärischen Übergewichts immer mehr Territorium von Verbündeten wie Feinden, und es fehlte nicht viel daran, daß es sie alle unterwarf. Um 400 v. Chr. schien ihr Geschick besiegelt. Als aber die Kelten Roms Macht vernichteten, lehnten sich jene Völkerschaften, darunter auch die Latiner, noch einmal auf, um ein für allemal die Fesseln der römischen Oberherrschaft abzuwerfen.

Der Keil, den die Römer und Latiner in die pontinische Ebene bis nach Circeii im Süden getrieben hatten, teilte die volskischen Städte in zwei Gruppen,[178] und es leuchtet ein, daß die Volsker 390 v. Chr. die große Gelegenheit, ihre Feinde zu vertreiben, nicht versäumen wollten. Neben anderen glänzenden Siegen des Camillus im Jahre 389, die höchstwahrscheinlich von Fabius Pictor erfunden wurden, um die Blamage kleiner erscheinen zu lassen, muß auch ein Sieg über die Volsker (oder Äquer) bei Lanuvium[179] als unhistorisch beurteilt werden, ebenso der angebliche Vorstoß der Römer gegen die Äquer 388[180] und die schon für 387[181] behauptete Aufteilung des *ager Pomptinus* unter römische Bürgerkolonisten. Nicht einmal die Wiedergewinnung von Velitrae durch die Römer 380 v. Chr. (Liv. VI 30, 6) kann ein dauerhafter Erfolg gewesen sein, weil diese Latinerkolonie einige Jahre später als volskischer Stützpunkt gegen Rom erscheint.

Glaubhafter sind die Angriffe der Volsker. Ihre wichtigste Operationsbasis gegen Rom ist die bedeutende Hafenstadt Antium, deren angebliche Eroberung und Unterwerfung durch Rom im 5. Jahrhundert schlecht mit der Stärke und Vitalität zu vereinbaren ist, die sie in den Jahrzehnten nach dem Galliereinfall an den Tag legt.[182] 386 v. Chr. sollen sich die Volsker von Antium wieder gegen die Römer erhoben und ihre Streitkräfte um Satricum konzentriert haben.[183] 385 helfen ihnen Latiner und Herniker, die im 5. Jahrhundert ihre hartnäckigsten Feinde gewesen waren; die Latinerkolonien von Velitrae und Circeii, deren Einwohnerschaft sich aus Volskern und Latinern zusammensetzte, machen ebenfalls mit.[184] Dieselbe antirömische Koalition erscheint 383 v. Chr.[185] 379 v. Chr.

besiegen die Volsker die Römer.[186] Gegenseitige Verwüstung der Felder wird für 378 berichtet.[187] Man muß betonen, daß Rom jetzt wirklich allein kämpfte und es dabei nicht nur verstand, diesen Angriffen standzuhalten, sondern auch den Widerstand ohne fremde Hilfe zu brechen, und das innerhalb nur eines Jahrzehnts nach der totalen Niederlage seines Heeres und der vollständigen Zerstörung der Behausungen seiner Einwohner. Diese erstaunliche Leistung bildet die tatsächliche Grundlage für den Aufstieg Roms zur führenden Macht in Italien.

377 v. Chr. stoßen die Volsker, wieder im Bunde mit den Latinern, bei Satricum mit den Römern zusammen. Diesmal werden sie besiegt. Antium bricht nun mit seinen latinischen Bundesgenossen und ergibt sich Rom.[188] In einem der nächsten Jahre greift Velitrae Tusculum und die Außenbezirke Roms an; die Römer belagern die Stadt ohne Erfolg.[189] Nach dem zweiten Galliereinfall schließt sich Privernum Velitrae zur Verwüstung des römischen Landgebietes an;[190] 357 v. Chr. wird ein Triumph über Privernum gefeiert.[191]

Die Unterwerfung der Volsker durch die Römer hat nun begonnen. 358 wurde, wie erwähnt, das römische Territorium um zwei neue Landtribus in der pontinischen Ebene erweitert, die *tribus Pomptina* und die *Poblilia*.[192] Es folgten verzweifelte Versuche der Volsker, ihre Unabhängigkeit wiederzugewinnen. Ein Einfall in latinisches Gebiet wird für 353 v. Chr. berichtet.[193] Satricum, das von den Latinern zerstört worden war, wird durch die Volsker von Antium[194] 348 wieder befestigt und von den Römern 346 v. Chr. erneut zerstört.[195] 341 versuchen Privernum und Antium wieder, sich zu befreien, aber Privernum wird genommen, Antium bald in die Defensive gedrängt.[196] Die letzte Gelegenheit zur Befreiung kam 340, als sich die Latiner und ihre Bundeskolonien auf volskischem Boden, Setia, Signia, Velitrae und Circeii, gegen die römischen Eroberer erhoben. Die Volsker schlossen sich ihnen an und wurden zusammen mit ihnen besiegt.[197] 339 v. Chr. versuchten Velitrae und Antium erneut, im Bunde mit den Latinern die Freiheit zu erringen, teilten aber 338 v. Chr. das Schicksal der unterworfenen Latiner.[198] Obwohl in diesem großen Krieg jede Hoffnung geschwunden sein muß, rebellierte Privernum 330—29 gegen die herrschende Stadt;[199] 320 ging Satricum zu den mächtigen Samniten über;[200] 304—03 erhoben sich die Äquer gegen Rom.[201] Alle diese Versuche wurden niedergeschlagen. Diese Völker stellten für Rom keine gleichwertigen Gegner mehr dar; die römische Macht war über die lokalen Verhältnisse weit hinausgewachsen.

Die Erbitterung über die römische Eroberung läßt sich an der Tatsache ablesen, daß auch ein früher treuer Bundesgenosse Latiums, das kleine Volk der Herniker, nach dem römischen Zusammenbruch von 390 v. Chr. hartnäckig Widerstand leistete.[202] Für 386 [203] und 385 v. Chr.[204] wird ihr Abfall verzeichnet; es ist leicht zu verstehen, daß Rom erst sehr viel später gegen sie vorgehen konnte. Die Kriegserklärung an die Herniker, deren Bekämpfung sich als keineswegs leichtes Unternehmen erwies, wird zum Jahr 362 v. Chr. erwähnt;[205] 361 wird die Einnahme von Ferentinum, einem ihrer Hauptorte, berichtet.[206] Ein römischer Erfolg im Jahr 360 v. Chr.[207] brach ihren Widerstand nicht, sondern erst ihre Niederlage von 358.[208] Ihre letzte Erhebung 306 v. Chr.[209] war von Anfang an zum Scheitern verurteilt.

Die trockene Aufzählung wohlbekannter Ereignisse auf den letzten Seiten war nötig, um dem nicht fachkundigen Leser klarzumachen, daß wir durchaus über den wahren Hergang und die Fortschritte der römischen Eroberung informiert sind, welche 338 v. Chr. zum erstenmal die Grenzen Kampaniens erreichte.

*Die latinischen Stadtstaaten und die römische Republik
bis zur Eroberung Latiums 338 v. Chr.*[209a]

Dem Leser des livianischen Werkes fallen die Unbestimmtheit und die wechselnde Bedeutung des Begriffs 'Latiner' auf. 383 argwöhnt Rom, daß *Latium* einen bewaffneten Aufstand plane; Lanuvium wird dabei besonders erwähnt.[210] 380 beklagt ein Volkstribun, daß u. a. auch ein Krieg gegen die Latiner *und* die Praenestiner beabsichtigt sei,[211] während später die Praenestiner korrekt als „latinische Feinde" bezeichnet werden,[212] die das altehrwürdige Bündnis gebrochen haben.[213] Livius verzeichnet, wie Polybios, das Übereinkommen mit den 'Latinern' zu der Zeit, als die Kelten in

Latium eindrangen;[215] aber der Text zeigt, daß Tibur und Praeneste offensichtlich nicht zur Gruppe derjenigen Latiner gehörten, die sich in der Gefahr Rom anschlossen.[216] Diese ungenaue Ausdrucksweise stammt letztlich nicht von Livius selbst; er übernahm sie vielmehr von seinen Vorgängern, die keinen Wert darauf legten, die Feindseligkeit einiger wichtiger Latinerstädte gegen Rom klar hervortreten zu lassen. Derartige terminologische Unstimmigkeiten können freilich auch die ständigen Kämpfe zwischen den Angehörigen des *nomen Latinum* widerspiegeln, die zwar die verwandtschaftlichen Bande der Latinerstaaten nicht völlig zerrissen, jedoch die Einheit des Stammes lockerten. Auch die kulturell unvergleichlich höher stehenden griechischen Staaten kämpften oft untereinander bis zur gegenseitigen Vernichtung, und so ist es kein Wunder, daß die latinischen Staaten mit ihrer archaischen Gesellschaftsstruktur und ihrer immer noch eher auf ständige Beraubung der Nachbarn als auf friedlichen Güteraustausch eingestellten Wirtschaftsform es nicht verschmähten, mit Waffengewalt gegeneinander vorzugehen. Die ehrenvollste Beschäftigung, noch angesehener als Viehzucht und Jagd, war der Kampf; das Mannesideal war Überlegenheit im Kampf Mann gegen Mann. Noch im späten 4. Jahrhundert dauerten die Kriege mit lokalen Gegnern innerhalb des damals schon bestehenden ausgedehnten Bündnissystems an.[217] Zweifellos war der Partikularismus in früherer Zeit noch stärker hervorgetreten, obwohl uns der Mangel an Nachrichten hindert, dies im einzelnen nachzuweisen.

Es ist ebensowenig zweifelhaft, daß alle Latiner bis 338 v. Chr. an der Feier des *Latiar* auf dem Albanerberg und auch an den jährlichen Opfern in Lavinium teilnahmen. Ebenso repräsentierte der Latinerbund immer noch, wie in alter Zeit, das *nomen Latinum*, den Stamm insgesamt.

Wenn wir nun die Bedeutung der Stammesorganisation gegenüber der Rolle der Einzelstaaten innerhalb und außerhalb des Bundes abzuwägen versuchen, so bemerken wir einen deutlichen Unterschied zwischen dem 5. Jahrhundert, in welchem die Hauptrolle in der latinischen Politik dem Stammesbund zufiel, und dem halben Jahrhundert nach dem Keltensturm, als der Bund gegenüber den politischen Ambitionen und Kämpfen der mächtigsten Einzelstaaten, deren Rivalität erst mit dem bitteren Ende ihrer unabhängigen Existenz aufhörte, in den Hintergrund trat. Diese beiden historischen Entwicklungsstufen des Bundes sind natürlich nicht durch eine Kluft voneinander getrennt; der Übergang vollzieht sich vielmehr in beständigem und allmählichem Wandel, der immer klarer auf das Endergebnis hinsteuert, nämlich auf die Eingliederung Latiums in den Staat der Römer.

Bundesgenossen und Rivalen der aufstrebenden römischen Macht: Gabii und Tusculum, Tibur und Praeneste

Gabii [217a]

Auf halbem Weg zwischen Rom und Praeneste lag Gabii. Diese Latinerstadt verdankte ihre Bedeutung in archaischer Zeit, vor allem im 6. Jahrhundert, gewiß dem Umstand, daß sie eine Station an jener etruskischen Verbindungsstraße war, die als Wasserweg vom Tiber zum Anio verlief und dann über Land die Waren weiter über Gabii und Praeneste nach Cales und Capua beförderte. Eine alte römische Verwünschungsformel[218] — aber z. B. auch Festus[219] — bezeugt, daß Gabii einst für Rom ein gefürchteter Gegner war.

Die Römer erinnerten sich des alten Gabii als einer volkreichen Stadt,[220] die ihnen kulturell überlegen war[221] und die sie mit Waffengewalt nicht erobern konnten.[222] Letzteres entnahmen sie einem sehr alten Bündnisvertrag zwischen Rom und Gabii, der noch in augusteischer Zeit im Tempel des *Semo Sancus Dius Fidius* aufbewahrt wurde.[223] Dieses Heiligtum wurde 466 v. Chr. geweiht, und wie schon E. Pais vermutete, muß jener Vertrag *nach* der Einweihung des Tempels geschlossen worden sein.[224] Obwohl der heilige Hain des Gottes an dieser Stelle sicher viel älter war, setzte man die Kuhhaut, auf die der Vertragstext geschrieben war, gewiß nicht unter freiem Himmel Sonne und Regen aus, sondern gewährte ihr Schutz unter einem Dach. Der *terminus ante quem* für dieses *foedus Gabinum* wird dadurch bestimmt, daß die Römer kurz nach 426 v. Chr., anläßlich der Einrichtung neuer Landbezirke, welche den führenden patrizischen Geschlechtern zugeordnet wurden, ein Stück Land vom Territorium Gabiis abtrennten; danach wurde die Grenze zwischen den beiden Staaten nicht mehr verändert. In der Zeitspanne zwischen 466 und etwa 420 v. Chr., in welcher wir folglich das Datum für den Vertrag suchen müssen, erscheint ein früher Zeitansatz aus folgenden Gründen einleuchtender: Unter den Vorschriften der römischen Auguralpraxis wurde eine aufschlußreiche Klausel des in Rede stehenden Vertrags bewahrt. Für die fehlerfreie Beobachtung des göttlichen Willen verkündenden Fluges einer bestimmten Vogelart — dieses Ritual war Vorbedingung jeder wichtigen Handlung eines Imperiumträgers in Krieg und Frieden — war feindliches und fremdes Land ungeeignet, wohingegen das Territorium Gabiis darin dem römischen gleichgestellt wurde. Diese sakralrechtliche Gleichstellung beweist, daß das *foedus* auf der Basis der Gleichberechtigung abgeschlossen wurde. In der Zeit nach der ersten entscheidenden Niederlage der Bergstämme im Jahre 460 v. Chr., als das Übergewicht Roms über die Nachbarn schnell zu wachsen begann, wäre dies kaum denkbar gewesen.[225] Während zuvor der relativ große Umfang seines Territoriums ihm noch ein beachtliches Gewicht verleihen mochte, spielte Gabii danach in den volskisch-äquischen Kriegen keine besondere Rolle mehr. Wir erfahren nur, daß es 462 unter einem Einfall jener Feinde Roms litt;[226] mit letzterem machte es dann 382 gemeinsame Sache gegen Praeneste.[227] Ein Blick auf die Landkarte zeigt schon, daß Gabii damals keine andere Wahl hatte als sich Rom anzuschließen, das im Bunde mit Tusculum und den südlichen Nachbarstädten stand, während Praeneste zu den feindlichen Äquern hielt.

Gabii war sicher nicht lange wirklich gleichberechtigt mit Rom, sondern wurde bald ein römischer Vorposten. Aber das ändert nichts daran, daß sich Rom vor der Mitte des 5. Jahrhunderts noch nicht einmal eine Gemeinde solch bescheidenen Ausmaßes einverleiben konnte, sich vielmehr mit einem Bündnis zufriedengeben mußte. Die geographische Verteilung der alten ländlichen Tribus hat uns gezeigt, daß Gabii nicht in das römische Staatsgebiet eingegliedert wurde, sondern autonom blieb. Daraus ersieht man, daß es sich bei den ersten Landgewinnen der Römer in Richtung Osten, wo

Gabii lag, nicht um großräumige Kriegsunternehmen, sondern um bescheidene Versuche handelte, Hindernisse vor der eigenen Tür zu beseitigen. Nicht einmal die Annalisten, die Verkünder gewaltiger Eroberungen Roms zur Königszeit, wagten zu behaupten, daß Gabii ihrer Stadt schon vor Abschluß jenes Vertrages untertan gewesen sei; ein unabhängiges Gabii war der Ausgangspunkt für ihre Erfindung der Geschichte von Sextus Tarquinius, dem verräterischen Sohn des Königs Superbus.

Tusculum

Dieser Latinerstaat war zusammen mit Aricia [228] Zentrum des Widerstandes der Latiner gegen Porsenna, wurde dann im Bunde mit den aus Rom vertriebenen Tarquiniern in der Nähe der eigenen Stadt am See Regillus von den Römern besiegt, schloß sich den Äquern an und wurde mit ihnen wieder von den Römern geschlagen. Die Quelle Diodors berichtete bei dieser Gelegenheit die Eroberung Tusculums, aber da das Territorium der Stadt außerhalb des römischen Staatsgebietes verblieb,[229] ihm nicht einverleibt wurde, kann diese Nachricht nicht korrekt sein. Nach seiner Niederlage wurde Tusculum der verläßlichste Bundesgenosse Roms gegen die Äquer, deren Angriffe immer wieder sein Gebiet in Mitleidenschaft zogen; es gab verbissene Gefechte östlich von Tusculum in dem unwegsamen Hügelland des Algidus. Als 460 v. Chr. eine soziale Revolution beinahe die Herrschaft des römischen Patriziats gestürzt hätte, retteten die Aristokraten von Tusculum ihre römischen Standesgenossen.[230] Wer „die Verbannten" waren, die das Kapitol mit Hilfe von Sklavenscharen eroberten, ist unklar; die Parteigänger der Tarquinier waren eine Generation vorher vertrieben worden, und der Führer jenes mißglückten Staatsstreiches war ein Sabiner, Appius Herdonius; es ist aber ganz unwahrscheinlich, daß Flüchtlinge aus anderen Latinerstädten versucht haben sollten, sich ausgerechnet der Stadt zu bemächtigen, die ihnen Zuflucht bot. Jedenfalls zeigt ein ähnliches Ereignis in Ardea, wo nicht viel später in einem Bürgerkrieg [231] das ‘gemeine’ Volk die Volsker zu Hilfe rief und die Aristokratie sich an die Römer wandte, daß die herrschenden Klassen der Latinerstädte zusammenarbeiteten. Diese Solidarität erstreckte sich jedoch nicht nur auf die latinischen Aristokraten. 431 v. Chr. wurden in Rom alle volskischen und äquischen Kriegsgefangenen in die Sklaverei verkauft, mit Ausnahme der 'Senatoren' *[hostes praeter senatores omnes venum dati sunt:* Liv. IV 29, 4*]*. Die Aristokratie der *Campani* wurde von den Römern dafür belohnt, daß sie nicht mit der übrigen Bevölkerung an der großen Revolte der Latiner teilgenommen hatte. Solche Beispiele bezeugen die Ausweitung dieser Politik über die Grenzen Latiums hinaus. Der römische Schutz für die regierende Schicht von Volsinii bestätigt ihre Fortführung in späterer Zeit.

Rom und Tusculum blieben fortan während des ganzen 5. Jahrhunderts Verbündete. 459 nahmen die Äquer nach Aussage der römischen Annalen die Bergfestung von Tusculum ein, aber die Römer befreiten die Stadt.[232] Zum Jahr 455 erfahren wir, daß die Römer die Äquer nach deren Einfall in das Landgebiet von Tusculum besiegten,[233] ebenso 449,[234] wobei sie freilich einen Rückschlag erlitten. 443 v. Chr. sollen die *Tusculani* die Reste einer Volskerschar vernichtet haben, die von den Römern besiegt worden war.[235] Die Berichte über diese Kämpfe enthalten sicher einen wahren Kern, wenn auch der Anteil des Latinerbundes daran verschleiert bzw. einfach durch römische Aktionen ersetzt wurde, was wir desgleichen weiter unten bei der Behandlung der Koloniegründungen feststellen werden. Als später die Städte der Albanerhügel wieder von den Äquern belagert wurden, die außer dem engen Algiduspaß am Ostrand des von den Bergen gebildeten natürlichen Schutzwalles auch die Festungen Labici und Bola nördlich von Tusculum in der Hand hatten, war letzteres gezwungen, sich auf die Seite seiner Nachbarn und Roms zu stellen, das schon infolge seines zunehmenden territorialen Umfangs seinen Einfluß ständig verstärkte. Labici, 419 in äquischem Besitz, wurde 418 genommen und als Bundeskolonie eingerichtet, ebenso Bola 414 v. Chr.[236] Damit war Tusculum von Norden her gut abgeschirmt, die Stellung der Äquer am Algidus wurde unhaltbar, und die Verbindung der Römer und ihrer Verbündeten zu den Hernikern war gesichert. Aber die Ereignisse der folgenden Jahrzehnte verdeutlichen den wachsenden Druck, den das aufsteigende Rom auf die Latinerstaaten ausübte, wobei selbst die treuesten Waffengefährten der Römer nicht verschont wurden. Der Bruch kam freilich nicht plötzlich zustande. 394 v. Chr., nach der Einnahme von Veii, hielt Tusculum noch zu den Römern.[237] Sogar nach dem Zusammenbruch des römischen Heeres an der Allia, als sich die Masse der Latiner von Rom abwandte, scheinen Tusculum, Gabii und Labici noch bis 381 v. Chr. an dessen Seite ausgeharrt zu haben.[238] In jenem Jahr aber zeigte sich auch die Treue Tusculums erschüttert: es half heimlich den Praenestinern, die mit Hilfe von Velitrae und der Volsker einen Krieg gegen Rom vorbereiteten, wurde aber unter der Bedingung begnadigt, daß es das römische Bürgerrecht annahm und somit ein Anhängsel des römischen Staates wurde.[239]

Die Annexion Tusculums war eine wichtige Neuerung in der römischen Politik und verdient genauere Betrachtung. Man hat gemeint,[240] daß Tusculum damals einfach geographisch dem römischen Territorium einverleibt wurde. Wir wissen jedoch jetzt, daß dies nicht der Fall war; es blieb außerhalb des römischen Staatsgebietes,[241] das seit etwa 420 nicht mehr auf Kosten irgendeiner Latinerstadt ausgedehnt wurde. Folglich ist die Vergabe des römischen Bürgerrechts an die Tusculaner 381 v. Chr. das früheste Beispiel einer solchen Verleihung an ein außerhalb des römischen Territoriums liegendes Gemeinwesen, das seinen *ager* und seine Autonomie behielt. Die Bürger von Tusculum hatten in Zukunft sowohl in ihrer Heimatstadt als auch in Rom bürgerliche Rechte und Pflichten, eine Regelung, die, einmal eingeführt, mit dem Anwachsen des Reiches immer häufigere Anwendung fand. Zugleich beginnt mit dem römischen Bürgerrecht der Tusculaner die Umwandlung der Wahlbezirke aus geographisch-administrativen Teilen des römischen Territoriums in juristische Einheiten, denen die unterworfenen Völker nach politischen Gesichtspunkten zugeordnet werden; es vollzieht sich mithin eine 'Entmaterialisierung' der römischen Staatsgrenzen. Für die Tusculaner hatte das zur Folge, daß der *ager Romanus* ihr Landgebiet nicht aufsog; sie behielten ihren eigenen *ager* und verloren nicht völlig ihre Eigenständigkeit und staatliche Existenz; sie bewahrten vielmehr die lokale Selbstverwaltung, wie wir weiter unten im Fall des L. Fulvius Curvus verdeutlichen werden.

Diese Konzession war 381 v. Chr. das wenigste, was man den Tusculanern als Ersatz für den Verlust ihrer Unabhängigkeit anbieten konnte. Die Verbindung mit Rom wäre sicherlich vorteilhaft für Tusculum gewesen, wenn sie nicht mit dem Verlust der staatlichen Autonomie verknüpft gewesen wäre, den das römische Bürgerrecht mit sich brachte. Die Versuche der Tusculaner in den folgenden Jahrzehnten, dieses Joch abzuschütteln,[242] sind von einer ebenso großen Verzweiflung getragen wie die Revolten der Herniker oder die Erhebung, in welcher sich die unbedeutenden *Aequicoli* noch im Jahr 304 v. Chr. gegen ihre Unterwerfung auflehnten.[243] Praenestinische Truppen im römischen Heer lehnten es sogar 216 v. Chr. noch ab, das römische Bürgerrecht als 'Auszeichnung' anzunehmen.

Ein freigeborener Latiner, der nach Rom übersiedeln wollte, hatte schon früher diese Möglichkeit, ebenso wie ein Römer sich in jeder beliebigen Latinerstadt niederlassen durfte; volles Bürgerrecht war in diesen Fällen mit der Anmeldung gegeben.[244] Aber die 381 v. Chr. den Tusculanern verliehene römische *civitas* schloß die Verpflichtung ein, in den römischen Legionen zu dienen, ob die Betroffenen wollten oder nicht. Es versteht sich daher, daß sie die *civitas* nur widerstrebend annahmen. Andererseits zogen ihre Aristokraten beträchtlichen Profit aus der engen Vereinigung mit Rom. Der Leser sei daran erinnert, daß das römische Bürgerrecht als solches noch nicht das Recht verlieh, eine Magistratur zu bekleiden; dieses Privileg war seit dem Sturz der Monarchie den Familien des Reiteradels vorbehalten.[245] Die tuskulanische Aristokratie, die — wie wir sahen — schon früher von der regierenden Schicht in Rom begünstigt wurde, war von nun an ebenso wie der plebejische Adel zu diesem herrschenden Kreis zugelassen. Bereits 322 v. Chr., nur eineinhalb Jahrzehnte nach der endgültigen Unterwerfung Latiums, wurde der erste tuskulanische Aristokrat römischer Konsul; ihm folgten viele andere.[246] Dieses außergewöhnliche Zugeständnis an die führenden Familien Tusculums im Jahre 381 entsprang nicht nur den gemeinsamen Interessen der herrschenden Schicht, sondern auch den übereinstimmenden außenpolitischen Bestrebungen beider Staaten: Vertreibung der Äquer und Volsker vom Algidus, jenem über den äußeren Ring der Albanerhügel im Osten führenden Paß, der von entscheidender Bedeutung für die direkte Verbindung zu den Hernikern war; Beseitigung des volskischen Bollwerks Velitrae an der Straße zur pontinischen Ebene; Vernichtung der Macht Praenestes.[247] 377 v. Chr. zieht die Koalition der Latiner gegen Tusculum als Bundesgenossen Roms; die Zitadelle der Stadt ist schon in den Händen der Angreifer, als der römische Gegenangriff die Rettung bringt.[248] Ein weiterer Angriff auf Tusculum von seiten Velitraes, der ähnlich endet, wird für 370 v. Chr. berichtet.[249] 360 leidet Tusculum zusammen mit Labici wieder unter Einfällen der Feinde Roms.[250] Während des letzten und entscheidenden Aufstandes der latinischen Nation gegen Roms Herrschaft erhob sich jedoch auch Tusculum gegen seine Herrin, einschließlich der von Rom mit besonderer Zuvorkommenheit behandelten adligen Sippen.[251] Der Groll der Tusculaner gegen die siegreiche römische Macht bewog sie auch nach 338 v. Chr. noch dazu, revoltierenden Nachbarn zu helfen; 322 entgingen sie nur knapp einer harten Bestrafung,[252] sie mußten sich mit der unwiderruflichen Oberhoheit ihrer einstigen Waffenbrüder abfinden.

Praeneste und Tibur

Die römische Annalistik, auf deren Angaben unsere Kenntnis der Geschichte Latiums im 5. Jahrhundert v. Chr. fast ausschließlich beruht, schweigt sich in bemerkenswerter Weise über einen wichtigen Tatbestand völlig aus: Im selben Jahrhundert gab es neben Rom noch zwei andere Latinerstaaten, die ihren Nachbarn überlegen waren und sich in ihrer näheren Umgebung eine deutliche Vorrangstellung verschafften. Das wurde von modernen Gelehrten längst erkannt. „Tibur und Praeneste", schreibt A. N. Sherwin-White[253],

... werden in den Nachrichten über das 5. Jahrhundert kaum erwähnt, aber im 4. Jahrhundert tauchen sie als Mächte auf, die imstande sind, aus eigener Kraft Krieg gegen Rom zu führen, wobei jede über einen kleinen Bund unterworfener Städte verfügt ... Diese Entwicklung erscheint charakteristisch für jene Zeit. Wie Rom, so gehen auch diese bei den Staaten aus der Epoche der Invasionen mit Land- und Machtgewinn hervor.

Dieser Zuwachs muß, wie der Roms, auf Kosten der übrigen ... am *foedus Cassianum* beteiligten *populi* gegangen sein. Aufgrund jener Entwicklung verloren die kleineren Städte ihre Handlungsfreiheit, und ihr Menschenpotential wurde von den überlegen Nachbarn ausgebeutet, deren Machtkämpfe den Weg zur Einigung Latiums unter Führung des Stärksten ebneten.

Um 400 v. Chr. war der Kampf noch nicht entschieden. Praeneste herrschte damals über acht latinische *oppida* in seiner Umgebung,[254] und das Herrschaftsgebiet von Tibur kann kaum weniger umfangreich gewesen sein,[255] zumal sein eigenes Territorium größer als das der anderen Latinerstädte und nicht viel kleiner als das römische war.[256] Wir verdanken Th. Ashby[257] die Entdeckung, daß die Siedlungen um Tibur systematisch befestigt wurden; Wachtürme und befestigte Plätze fehlen auch in der Umgebung Roms nicht, und gleiches kann man für Praeneste annehmen. Das Bewußtsein ihrer stolzen Vergangenheit beseelte die Einwohner von Praeneste und Tibur noch in einer Zeit, als sie ihre einstige Macht für immer verloren hatten. Die Römer waren über diesen Stolz verärgert,[258] und dies nicht ohne konkreten Anlaß: wir erwähnten bereits, daß noch 216 v. Chr. Bürger von Praeneste das römische Bürgerrecht und andere Auszeichnungen, die ihnen für die heldenmütige Verteidigung von Casilinum gegen Hannibal angeboten wurden, ablehnten.[259] Um ihrem Wunsch nach Unabhängigkeit wenigstens einigermaßen Rechnung zu tragen, überließen ihnen die Römer 338 v. Chr. einige Privilegien, die einst die rechtliche Gleichstellung der Latinerstaaten untereinander kennzeichneten: Politische Flüchtlinge aus Rom konnten in Praeneste und Tibur noch in späteren Jahrhunderten Asylrecht beanspruchen,[260] und die kriegstüchtige Mannschaft dieser Städte durfte in den Kriegen Roms unter dem Kommando ihrer eigenen Magistrate in eigenen Truppenformationen kämpfen.[261]

Die volskischen und äquischen Angriffe zwangen diesen beiden Städten nicht sogleich ihre später vorherrschende außenpolitische Haltung auf. Wie Tusculum sich zuerst den Äquern anschloß, später jedoch gegen sie vorging, so trennte sich Praeneste 499 v. Chr. von den Latinerstädten auf den Albanerhügeln und ermöglichte es den Römern, jene anzugreifen.[262] Dieses Wohlwollen scheint auch noch bestanden zu haben, als die Römer in der Nähe Praenestes mit den Hernikern zusammenstießen.[263] 462 v. Chr. plünderten und brandschatzten Scharen der Bergstämme außer den Feldern von Gabii und Tusculum auch die von Praeneste.[264] Es gibt auch keinen Grund, der volkstümlichen Überlieferung von einer Siegesfeier der Tiburtiner über die Volsker den geschichtlichen Hintergrund abzusprechen;[265] das Ereignis gehört offensichtlich in eben jene Jahrzehnte. Das Schweigen der römischen Annalen kann jedoch nicht die Tatsache verbergen, daß sich Praeneste und Tibur zu einem bestimmten Zeitpunkt vom Städtebund der Albanerhügel und von Rom abwandten und langfristige Vereinbarungen mit den Eindringlingen trafen. Geschah das um 460 v. Chr., als der erste entscheidende Sieg Roms und seiner Verbündeten über die Volsker das Machtgleichgewicht in Latium zerstörte? Wir wissen es nicht, aber wir fanden Praeneste 462 v. Chr. noch auf seiten der Latiner, und ein späteres Datum für den Umschwung in seiner Politik als ca. 460 ist schwer vorstellbar.

Die politische Neuorientierung jener beiden Städte wird erklärlich, wenn man — wie schon B. G. Niebuhr — ihre geographische und militärische Lage in Betracht zieht. Die Territorien von Praeneste und Tibur lagen zwischen den eigentlichen Wohnsitzen der Äquer am oberen Anio sowie am Fucinersee und dem Algidus, dem wichtigen Paß über dem Ostrand der Albanerhügel, den die Äquer damals besetzt hielten. Wenn die Verbindung zwischen der Heimat der Äquer und ihrer strategischen Basis auf dem Algidus durch die beiden Städte abgeschnitten oder auch nur gefährdet worden wäre, hätten die Äquer niemals bis zum Anfang des 4. Jahrhunderts auf dem Algidus ausharren können; außerdem wären die Schlachten, wie K. J. Beloch erkannte, nicht bei Tusculum und Labici, sondern in der Gegend von Praeneste und Tibur ausgefochten worden. Also hatten letztere sich offenbar mit den Bergstämmen geeinigt, und als diese Stämme vom Latinerbund zurückgedrängt wurden, traten an ihrer Stelle Tibur und Praeneste als Hauptfeinde des Bundes hervor.[266]

Es geschah sicherlich nicht ohne ihr Einverständnis, als die Äquer 389 v. Chr. nach der Schlacht an der Allia und dem Keltenbrand gegen Rom ins Feld zogen; da aber eben dieses Volk unter den vielen Feinden Roms im 4. Jahrhundert nicht mehr genannt wird, scheint es wirklich — wie die Annalen behaupten — besiegt worden zu sein, möglicherweise im Jahr danach.[267] Einige Jahre später trieb die Erbitterung gegen Rom die Volsker und mehrere Latinerstaaten zum offenen Krieg;[268] aber Praeneste soll erst 382 v. Chr. Feindseligkeiten gegen seine romtreuen Nachbarn eröffnet haben. Der Senat zögerte noch mit Vergeltungsmaßnahmen.[269] Im nächsten Jahr half Praeneste der latinisch-volskischen Bevölkerung von Velitrae energisch gegen die Römer, die gezwungen waren, zu den Waffen zu greifen. Ein Jahr später wiederum eroberte Praeneste mit seinen volskischen Verbündeten Satricum,[270] das von den Römern nach schweren Kämpfen zurückgewonnen wurde; 380 v. Chr. plünderte das Heer der Praenestiner die Außenbezirke Roms und wurde beim Rückzug nach Norden von den Römern an der Allia geschlagen. Die Sieger übernahmen die bisher von Praeneste abhängigen *oppida*, und die stolze Stadt selbst mußte kapitulieren;[271] das hinderte sie aber nicht, Ende 379 die Latiner wieder zum Aufstand gegen Rom anzustacheln.[272] In den beiden folgenden Jahrzehnten blieb Praeneste offenbar in Opposition gegen die Römer, wenn es auch größere Zusammenstöße vermied. Um 360 v. Chr. aber, als die Gallier wieder in Latium erschienen und die Städte auf den Albanerhügeln zu ihrem eigenen Schutz ihr Bündnis mit Rom erneuerten,[273] schlossen sich Tibur und Praeneste den Angreifern an.

Wir haben bei der Erörterung des zweiten Kelteneinfalls erwähnt, daß dieses Ereignis in der Überlieferung der Annalen auf eine ganze Reihe von Jahren ausgedehnt und mit erfundenen Siegen ausgeschmückt wurde, wobei die Einzelheiten oft chronologisch falsch eingeordnet sind. Wir betrachten die folgenden grundlegenden Fakten als gesichert: die Gallier verwüsten Latium, ziehen weiter nach Kampanien und kehren auf derselben Route unbehelligt nach Hause zurück. Auf ihrem Weg durch Latium erhält Tibur — mit Rom schon entzweit — ihre Hilfe. Das überlieferte Ausmaß der Operationen deutet darauf hin, daß Tibur nur eine kleine Truppe anwarb, nicht etwa die Hauptmacht des keltischen Heeres. Ein fehlgeschlagener Überraschungsangriff der Tiburtiner auf Rom zieht einen römischen Gegenschlag nach sich; der Triumph von 360 v. Chr. für diesen Sieg über die Kelten und Tibur scheint historisch zu sein.[274] Praeneste wird nur beiläufig erwähnt, wurde aber später mit Tibur wegen seiner Zusammenarbeit mit den Kelten bestraft.[275] Zu 356 v. Chr. wird die Einnahme von Empulum, einer tiburtinischen Festung, durch die Römer berichtet;[276] zwei Jahre später ergab sich Tibur bedingungslos mit allen von ihm unterworfenen Städten.[277] Praeneste war auf sich allein gestellt und mußte einen Waffenstillstand mit den Römern schließen.[278] 340 v. Chr. schließlich erhoben sich beide Städte zusammen mit fast allen anderen Latinern gegen die römische Herrschaft und verharrten auch nach den Niederlagen ihrer Bundesgenossen im Widerstand. 339 ergriffen die Römer die Offensive gegen sie entlang der Straße nach Gabii und Praeneste. Auf halbem Wege zwischen diesen Städten, unter den Mauern von Pedum,[279] schlugen die Streitkräfte von Tibur und Praeneste mit Truppen aus Lanuvium, Velitrae und Antium ihr Lager auf. Die Römer erzielten zwar Erfolge gegen sie, konnten aber diesmal keinen entscheidenden Sieg erringen.[280] 338 jedoch, als ihre eben erwähnten Bundesgenossen südöstlich der Albanerhügel von den Römern angegriffen wurden, kämpften Tibur und Praeneste zwar noch einmal mannhaft vor Pedum, konnten aber die Einnahme dieses Bollwerks nicht verhindern. Sie verloren nun für immer ihre Unabhängigkeit und einen Teil ihres Gebietes.[281]

Es ist noch darauf hinzuweisen, daß die regierende römische Nobilität, an ihrer allgemeinen politischen Linie festhaltend, vor und nach dem entscheidenden Sieg alles versuchte, um den Adel jener mächtigsten latinischen Staaten für sich zu gewinnen. Fr. Münzer[282] hat als erster bemerkt, daß die Familie der *Plautii*, die 358, 347, 341 und in späteren Jahren desselben Jahrhunderts römische Konsuln stellte, aus Tibur und Praeneste stammte. Ihre Allianz mit der römischen Nobilität begann natürlich nicht erst mit dem Jahr ihres ersten Konsulates, sondern war älteren Datums. Q. *Anicius* aus Praeneste, der früher die Römer bekämpft hatte, wurde 304 v. Chr. kurulischer Ädil in Rom.[283] Die *Caecilii* aus Praeneste hatten das römische Konsulat damals schon erreicht. Wir haben bereits bemerkt, daß die Römer diese Politik gegenüber ihren treuesten Bundesgenossen anwandten; ebenso verfuhren sie also auch mit ihren Gegnern.

*Der Latinerbund von der Schlacht am See Regillus
bis zu seiner Auflösung (338 v. Chr.)*[283a]

Die Untersuchung der Beziehungen Roms zu seinen Nachbarn zeigte, daß die beiden größten Latinerstädte länger als ein Jahrhundert Rom Widerstand leisteten und letzteres sich nur auf die kleinen Städte der Albanerhügel stützen konnte. Im Norden, Osten und Süden, mit alleiniger Ausnahme der Herniker östlich des Algidus, umgaben potentielle oder wirkliche Feinde Rom mit seinen Verbündeten, und im Westen war ihm das Meer verschlossen. Unter diesen Umständen ist es erstaunlich, daß eine so kleine Gruppe von Staaten nicht nur jenen konzentrischen Druck überlebte, sondern sogar heftig zurückschlagen und seinerseits Expansion betreiben konnte. Diese Leistung setzt ein außerordentlich großes militärisches Potential und einen starken Zusammenhalt innerhalb dieses kleinen Verbandes im 5. Jahrhundert voraus. Einen überzeugenden Beweis für die außergewöhnliche Vitalität des Latinerbundes und seine konsequente, gut organisierte Expansion bietet das ausgedehnte Netz latinischer Bundeskolonien.

Um die großen Leistungen und die historische Rolle des Bundes im 5. Jahrhundert würdigen zu können, muß der Leser unsere vorausgegangenen Ausführungen über die Beziehungen des Bundes zu Rom im Auge behalten. Wir sahen, daß Rom nicht von vorneherein über dem Bund stand, sondern eines seiner Mitglieder war; daß der Bund jährlich wechselnde Amtsträger besaß, die reihum aus allen Mitgliedstaaten gewählt wurden; daß damals allein der Bund — und nicht etwa Rom — über gemeinsame Unternehmungen entschied. Der latinische Triumph des Bundesfeldherrn auf dem Albanerberg war sicher das Vorbild für den römischen Triumph, nicht umgekehrt, wie es die Annalen wollen.[284]

Ein wichtiges Merkmal der Organisation des Latinerbundes im 5. Jahrhundert ist die Souveränität eines jeden Mitgliedes. Diese Autonomie der alten Latinerstaaten spiegelt sich noch in der Verfassung der späteren Latinerkolonien wider, die als unabhängige Gemeinwesen mit souveränen Rechten gegründet wurden; daher konnten sie auch eigene Münzen prägen, als Latium zur Geldwirtschaft überging,[285] wie die Silbermünzen bestätigen, die bei Ausbruch des ersten punischen Krieges von Cora und Signia geprägt wurden. Offenkundig war die Unabhängigkeit der vor 338 v. Chr. gegründeten Latinerkolonien weit größer als die der Latiner des 3. Jahrhunderts,[286] und ihre Autonomie war wiederum nur eine Folge der Souveränität ihrer Mutterstädte. Ihre Unabhängigkeit erlaubte es den einzelnen Latinerstaaten, Kriege zu führen und Sonderverträge abzuschließen, mit wem sie wollten. Eben das gab dann Rom die Gelegenheit, sich einen nach dem anderen einzuverleiben. Die souveränen latinischen Gemeinwesen genossen andererseits die gemeinsamen Vorteile, die der Bund bot, so etwa in Friedenszeiten das Recht, daß sich ihre Bürger in jedem anderen Mitgliedstaat niederlassen konnten, in Kriegszeiten, daß sie bei gemeinsamen Feldzügen von Beute und Land, das man vom Feind gewonnen hatte, als Gemeinden und Einzelpersonen einen Anteil erhielten.[287]

Diese gemeinsamen Rechte bildeten die Voraussetzung für die Gründung neuer Städte, der sogenannten *coloniae Latinae*, durch den Bund. Moderne Gelehrte haben oft darauf hingewiesen, daß Livius als *coloniae Latinae* Städte wie Circeii, Setia, Norba und Signia [288] bezeichnet, die auch später als latinische Gründungen bekannt waren und gewiß von Anfang an diesen Rechtsstatus besaßen. Während einige bedeutende Gelehrte nicht die notwendigen Folgerungen daraus zogen,[289] haben andere die Zeugnisse richtig gedeutet.[290] Wenn Ferentinum im Jahr 187 v. Chr. behaupten konnte, es habe das Recht, an der Gründung römischer Kolonien teilzunehmen,[291] wieviel selbstverständlicher muß das dann vor 338 v. Chr. gewesen sein!

Wenn wir aber unsere Untersuchung der frühen latinischen Kolonisation auf die anderen bekannten Fälle ausdehnen, so wird klar, daß nicht nur die oben erwähnten, sondern alle Kolonien bis zur Eroberung Latiums durch die Römer zur selben Kategorie gehörten. G. De Sanctis schrieb 1907: „Kolonien römischer Bürger mit echten kommunalen Rechten wurden nicht vor dem Latinerkrieg von 340—338 v. Chr. gegründet, und auch dann im allgemeinen nur an der Küste." [292] Das war eine Einsicht von großer Tragweite; A. Rosenberg schloß sich ihr 1919 an,[293] aber erst 1953 und 1955 wurde sie von E. T. Salmon für die Geschichte der frühen

Republik verwertet.²⁹⁴ Er hat mit Recht betont, daß keine von jenen neugegründeten Städten Teil des römischen Staates war, wie meist angenommen wird. Diese Bundeskolonien dienten ebenso wie die nach ihrem Vorbild gestalteten römischen Kolonien aus der Zeit nach 338 v. Chr. unzweifelhaft strategischen Zwecken; sie waren an natürlich geschützten Orten angelegt und „sollten in der Regel eher zur Verteidigung denn als Ausgangsstellungen für Offensiven dienen, obschon sie vermutlich für beides verwendbar waren. Die ihnen zugedachte Funktion scheint im wesentlichen die unüberwindbarer Straßensperren gewesen zu sein, die das Vordringen des Feindes in das Territorium Roms oder seiner Verbündeten verhindern sollten."²⁹⁵ Tatsächlich ist dies ein Konzept, das der Bund in den Kämpfen gegen Äquer und Volsker entwickelt hatte, als jene äußerste Notlage, welche den Bund erst zu einer Einheit zusammenschweißte, eine umfassende Strategie erforderte.

Wir haben gesehen, daß die angeblichen römischen Koloniegründungen am Ende der Königszeit und zu Beginn der Republik unhistorisch sind. Die Latiner waren damals entzweit und in die Defensive gedrängt. Schon die Lage der Bundeskolonien an militärischen Schlüsselstellungen beweist, daß sie nicht vor den entscheidenden Siegen von ca. 460 und 430 v. Chr. gegründet worden sein können. Eine strategische Planung, wie sie diese systematische Kolonisation voraussetzt, bedurfte einer Entscheidungsfreiheit, die erst gegeben war, als die Latiner sich von den Schlägen, die ihnen die Bergvölker zugefügt hatten, wieder erholt und den Volskern und Äquern die Initiative entrissen hatten.

Das erste gut bezeugte Beispiel einer solchen Latinerkolonie ist Ardea,²⁹⁶ 442 v. Chr. durch den Bund gegründet,²⁹⁷ nachdem die alte latinische Siedlung sich gegen die volskische Bedrohung, die durch das Paktieren der unteren Bevölkerungsschichten mit dem Feind noch verschärft wurde, nicht mehr zu helfen gewußt hatte. Weit im Inneren des seit etwa 500 v. Chr. verkleinerten latinischen Territoriums gelegen, hatte diese Kolonie rein defensive Aufgaben und unterschied sich darin von allen folgenden Gründungen.

Die Kolonisationstätigkeit des Bundes kam etwa gleichzeitig mit der Einrichtung des Gürtels gentilizischer Tribus um Rom herum voll in Schwung. Zunächst wurde 418 v. Chr. der Schutz Tusculums gegen die Äquer durch die *deductio* einer Bundeskolonie nach dem nördlich von Tusculum gelegenen Labici verstärkt.[298] Diese Maßnahme traf in den nächsten Jahrzehnten auf den harten Widerstand der Äquer.[299] Sie versuchten, das Vorgehen der Latiner 414 v. Chr. durch die Errichtung einer eigenen Kolonie im benachbarten Bola wettzumachen, das im folgenden Vierteljahrhundert mehrfach den Besitzer wechselte.[300] In derselben Gegend wurde als weitere Kolonie gegen die Äquer Vitellia gegründet. Wir wissen nur, daß sie 393 v. Chr. bestand,[301] aber ihre Anfänge mögen durchaus schon in jene Jahre fallen, als Labici seine latinischen Siedler erhielt.

An der volskischen Front wurde 401 v. Chr. die Festung Velitrae gegründet.[302] Das weitere Vordringen im Gebiet der heutigen Monti Lepini bezeugt die Anlage von Cora und Norba, obwohl wir nur wissen, daß Cora vor 340 v. Chr.[303] und Norba vor 342 v. Chr.[304] latinische Kolonien wurden. Es ist aber offensichtlich, daß sie vor den weiter südlich gelegenen Satricum und Setia in den Händen der Latiner gewesen sein müssen. Als letzte Latinerkolonie vor dem Keltensturm scheint Signia gegründet worden zu sein, das die wichtigste Verbindungslinie zum Hernikergebiet, das Tal des Tolerus (Sacco), vor den Volskern schützte.[305] Da die Herniker seit 389 v. Chr. mit Rom im Krieg lagen, muß die Bundeskolonie Signia kurz vorher entstanden sein. Die Stadt selbst existierte natürlich schon um 500 v. Chr.,[306] wenn wir auch nicht wissen, ob sie damals eine frühe latinische oder eine junge volskische Siedlung war. Aber die meisten Bundeskolonien wurden in schon bestehenden, dem Feind abgerungenen Städten angelegt. Sogar das latinische Ardea wurde durch neue latinische Siedler verstärkt, weil es allein die Angriffe nicht abwehren konnte:

> et nunc magnum manet Ardea nomen, / sed fortuna fuit,
> [noch jetzt hat Ardeas Name / Klang, doch schwand sein Glück (Götte)]

wie Vergil sagt.[307] Ähnlich verhielt es sich mit Signia.

Die Errichtung einer Bundeskolonie in Circeii 393 v. Chr.[308] zeugt von der Stoßkraft und offensiven Einstellung des Bundes. Die Latiner trieben nach Süden hin einen Keil fast durch das ge-

Der Latinerbund

samte volskische Territorium und bewachten nun den Zugang nach Kampanien.

Sehr aufschlußreich ist die im gleichen Ausmaß sich vollziehende Fortsetzung der Bundeskolonisation in den achtziger Jahren des 4. Jahrhunderts, als Rom, durch den Keltensturm geschwächt, große Konzessionen an die expansive Bundespolitik der Latiner machen mußte, obwohl das seinen eigenen Bestrebungen zuwiderlief.[309] Das wichtigste Problem bildete die Einverleibung der getreidereichen pontinischen Ebene, die den Volskern entrissen worden war. Die Römer wollten sie unter die eigenen Bürger aufteilen.[310] Sie behielten in der Tat einen Teil davon, der 358 v. Chr. als einer der beiden neuen Landbezirke, die *tribus Pomptina*, in ihr Staatsgebiet eingegliedert wurde.[311] In dem restlichen Gebiet erfolgten aber zwei neue Bundesgründungen: Satricum 385 v. Chr.[312] und Setia 382 v. Chr., das 370 verstärkt wurde.[313] Mommsen hat bereits erkannt,[314] daß ein beträchtliches Stück der pontinischen Ebene zu Setia gehörte, die römische *tribus Pomptina* vor dem Latinerkrieg also notwendigerweise nur einen kleinen Landstreifen umfaßt haben kann.

Es ist ebenso wichtig und charakteristisch für das Übergewicht des Bundes gegenüber Rom in jenen Jahren, daß Rom einen Teil des eroberten veientischen Gebietes[315] zur Errichtung zweier Bundeskolonien an die Latiner abtrat. 383 v. Chr. wurde Sutrium gegründet,[316] Nepet im selben Jahr oder einige Jahre später.[317] Aber damals standen Latiner und Römer bereits an dem Punkt, wo ihre Wege sich trennten. Diesen Umschwung der Lage hat E. T. Salmon mit folgenden treffenden Worten gekennzeichnet[318]:

Der erste Gegenzug der Römer erfolgte in einem Gebiet, das sie immer als neuralgischen Punkt betrachtet und mit dem sie seit der äquischen Bedrohung am Algidmspaß sehr enge Verbindungen aufrechterhalten hatten: Tusculum wurde 381 v. Chr. annektiert und Teil des römischen Staates ... Dadurch war ein fester Keil römischen Territoriums vom Tiber zum Algiduspaß getrieben, der die Latiner spaltete und ihnen in Zukunft ein Zusammenwirken sehr schwer machte. Es verwundert also nicht, daß Polybios (II 18, 5) versichern kann, die Römer hätten sich von den Nachwirkungen des Galliereinfalls in weniger als 30 Jahren erholt. Nach der Annexion von Tusculum nahm die latinische Politik der Koloniegründungen ein plötzliches Ende. Setia war die letzte der *priscae Latinae coloniae*. Alle späteren Kolonien entstanden nach dem Latinerkrieg und waren Gründungen der Römer. Andererseits wurde die römische Politik der Viritanassignation jetzt wieder aufgenommen.

Ebenso zutreffend sind folgende Bemerkungen Salmons: „Wenn einmal erkannt ist, daß vor 338 v. Chr. der Latinerbund die Kolonien gründete, während die Römer sich auf die Viritanassignation beschränkten, kann eine folgerichtige und zusammenhängende Geschichte des frühen Latium geschrieben werden."[319] Diese Bundesgründungen waren von den späteren römischen grundverschieden. Sie waren keine von der Mutterstadt abhängigen Anhängsel ohne Handlungsfreiheit und Selbstbestimmung, sondern souveräne Gemeinden und ebenso Mitglieder des Latinerbundes wie die ursprünglichen Heimatstädte ihrer Kolonisten. Obwohl eine bestimmte Zahl von Parzellen des gewonnenen Territoriums an römische Bürger gefallen sein muß, kann ihr Anteil nicht groß gewesen sein, denn die Kolonien schlossen sich nicht Rom, sondern den Latinern an, als die gemeinsamen Unternehmungen des Bundes im frühen 4. Jahrhundert aufhörten.[320] Antium, Velitrae, Signia, Setia, Satricum und Circeii erhoben sich gegen Rom — wobei natürlich der Einfluß des volskischen Elements in diesen Staaten zur Erklärung ihres Verhaltens berücksichtigt werden muß — und blieben widerspenstig bis zur endgültigen Unterwerfung Latiums, in Einzelfällen noch länger. Der grimmige Ansturm der Bergstämme prallte im 5. Jahrhundert zunächst an dem Ring der Latinerstaaten der Albanerhügel ab und erreichte nur selten die Ausläufer des dahinterliegenden römischen Territoriums.[321] An Tusculum, Aricia und ihren Nachbarn brachen sich die Angriffswogen der Volsker und Äquer, deren Ansturm jene Städte unmittelbar traf, während Rom in ihrem Schutz die führende Macht wurde. Dieser Schutzwall wurde zwischen 420 und 380 v. Chr. durch die Kette latinischer Bundeskolonien ausgedehnt und verstärkt. Rom profitierte in besonderem Maße von dem Bündnis der alten und neuen Latinerstaaten. Aber in den 40 Jahren nach dem Ende der Machtentfaltung und Kolonisation des Bundes bedurfte Rom nicht mehr ihrer Hilfe als gleichgestellte Verbündete, sondern zwang sie, als Unterworfene bei seinen Eroberungszügen mitzuwirken.

Die Angriffe der syrakusanischen Flotte und die feindselige Haltung der Volsker von Antium veranlaßten die Römer, eine neue Art von Küstenschutz in Latium einzuführen. Die ungeschützten Gestade sollten von Siedlungen römischer Bürger bewacht werden, die keine unabhängige Gemeindeorganisation besaßen wie die früheren Bundeskolonien, sondern *cives Romani* und von der Hauptstadt abhängig blieben. Solche Bürgerkolonien findet man seit den letzten Jahrzehnten des 4. Jahrhunderts in Ostia [322], seit 337 v. Chr. in Antium und seit 329 v. Chr. in Circeii. Der fruchtbare Gedanke der Gründung abhängiger Tochterstädte fand nach der Eroberung Latiums rasche Anwendung in allen Gebieten des neuen Imperiums, wo die *coloniae civium Romanorum* das Rückgrat der Verteidigung, Überwachung und kulturellen Assimilierung der Untertanen bildeten.

Der Aufstieg Roms zur Herrschaft über Latium

Die Etruskerherrschaft war, wie das Ergebnis zeigt, eine glänzende Schule für die militärische und politische Erziehung der Latiner. Die etruskischen Herren vernichteten weder die Gesellschaftsstruktur und die besondere Eigenart der Latinergemeinden noch zerstörten sie ihr Stammesleben und Nationalgefühl. Das ist eine erstaunliche Leistung in dieser frühen Periode zwischenstaatlicher Beziehungen in Italien. Der großartige römische Grundsatz, die Unterworfenen mit Schonung und Fürsorge zu behandeln und nur die hartnäckigen Gegner niederzukämpfen — *parcere subiectis et debellare superbos* —, scheint in der etruskischen Staatskunst vorweggenommen zu sein.

Die etruskischen Dynasten des 6. Jahrhunderts und ihr Gefolge vermischten sich mit den ansässigen latinischen Aristokratenfamilien. Nachdem sie ihre Macht verloren hatten, blieb das von ihnen geschaffene Regierungssystem in den Latinerstaaten offenbar bestehen, wie wir im Falle Roms noch erkennen können. An die Stelle des etruskischen Monarchen trat nun ein geschlossener Kreis von Adelsgeschlechtern, welche die königlichen Privilegien des *auspicium* und *imperium*, also die Regierungsgewalt und ihre religiöse Sanktion durch das Ritual, usurpierten. Die Verbreitung dieser Regierungsform in ganz Latium während des 5. Jahrhunderts hat gewiß die Zusammenarbeit der Latinerstaaten im erneuerten Stammesbund erleichtert.

Die Vorherrschaft der führenden Oligarchie beruhte auf ihren kriegerischen Erfolgen, ihrem Mut im Reiterkampf. Der rücksichtslose Einsatz des eigenen Lebens im Interesse der Gemeinschaft war bei diesen Kriegern mit politischer Einsicht und diplomatischem Geschick verbunden — in Rom wie in Tusculum, Praeneste und Tibur. Gegen Ende des 5. Jahrhunderts ließen sie unter dem Zwang der militärischen Erfordernisse eine zweite, aus Nichtpatriziern bestehende Reitertruppe zu, ohne diese aber zunächst an der Regierung zu beteiligen, und stellten eine schwerbewaffnete Infanterie auf, die sich aus reichen Plebejern zusammensetzte. Beiden Gruppen machte man dann unvermeidbare politische Konzessionen. Das Ganze ist mithin eine 'verspätete' und keineswegs zufällige Analogie zu Entwicklungen, wie wir sie aus Griechenland kennen.[323]

Die unablässigen Angriffe der neuen Eindringlinge aus Osten und Süden zwangen die Latiner zur Wiederbelebung ihres Bundes. Der latinische Stamm — *nomen Latinum* — gelangte infolge dieses Drucks wieder zu einer wirkungsvollen nationalen Geschlossenheit. Die einzige Möglichkeit, die ständige Bedrohung zu beseitigen, bestand in der Unterwerfung der Angreifer. Nicht ein vorgefaßter Eroberungsplan — wie bei den Etruskern —, sondern bittere Notwendigkeit trieb die Latiner auf den Weg der Expansion. Die Konzentration aller ihrer Kräfte auf den Krieg hatte gewaltige Folgen für die Zukunft. Die dauernde Bereitschaft zum Kampf um die eigene Existenz formte aus den latinischen Wehrfähigen eine stählerne Waffe, die sich allem ringsum überlegen erwies. Als Rom diese furchterregende Kriegsmacht zu Eroberungszwecken gegen fremde Völker einsetzen konnte, vermochte nichts mehr seinen Vormarsch aufzuhalten.

Wir müssen noch einmal einen Blick auf die schweren Erschütterungen werfen, die nach der Flucht der Tarquinier das alte Machtgleichgewicht in Latium zerstörten und ein neues begründeten. Zunächst wurde Rom um 504 v. Chr. durch den nach Süden gerichteten Vorstoß des Königs von Clusium überwältigt; dessen Sohnes Niederlage und Tod brachten ein Jahr später den Zusammenbruch der Etruskerherrschaft in diesem Gebiet. Aricia und Tusculum, gestützt auf Kymä, sind jetzt die führenden Mächte der Latiner. Tusculum beherbergt die Tarquinier[324] und ihren Anhang. Porsenna macht seinen Frieden mit den neuen patrizischen Regenten Roms, die — offenbar mit Rückendeckung seitens des etruskischen Eindringlings — 499 oder 496 v. Chr. die Schlacht am See Regillus (Pantano Secco) bei Tusculum[325] gewinnen. Die Tarquinier fliehen nach Kymä, das Ende ihrer Herrschaft ist endgültig besiegelt. Der in der Schlacht den göttlichen Schutzpatronen der römischen Patrizierreiterei gelobte und 484 v. Chr. geweihte Tempel auf dem Forum erinnerte noch später an diese Feuertaufe der nun herrschenden Reiterklasse.[326] Nicht lange danach wurden die — bei Ausgrabungen z. T. wiedergefundenen — Statuen der göttlichen Jünglinge (Titelbild und Taf. II)[327] am *Lacus Iuturnae* errichtet, wo sie angeblich mit schweißbedeckten Pferden erschienen waren und den Sieg verkündet hatten, wie sie es auch anläßlich des Sieges von Lokroi am Sagrafluß getan haben sollen.[328]

Dieser Sieg bedeutete gewiß nicht die Unterwerfung aller Latinerstaaten durch Rom; der folgende Friedensvertrag, der in den Annalen mit dem *foedus Cassianum* identifiziert wird, konnte folglich keine Magna Charta der römischen Hegemonie über Latium sein. Wir wissen zufällig, daß noch vor dem Zusammenstoß Praeneste den Bund von Aricia verlassen hatte; wie viele andere Gemeinden ebenso handelten, ist unbekannt. Auch wurden Tusculum und andere Städte in diesem Krieg weder erobert noch zerstört. Der Erfolg war viel begrenzter als die Annalen vorgeben, aber er nährte trotzdem die römischen Ambitionen, Tusculum und Aricia in der Führung des Bundes abzulösen. Das Bundesheiligtum der Diana auf dem Aventin, das irgendwann vor 456 v. Chr. gegründet wurde,[329] beweist, daß ein solches Bestreben existierte, wenn auch der Kult die ihm zugedachte Rolle nicht ausfüllen konnte; es gelang ihm nicht, das Latiar und das Fest der Latiner in Lavinium zu verdrängen.

Bald nach der Schlacht am See Regillus eroberten die Äquer den Algiduspaß, und die Volsker überfluteten die pontinische Ebene. An dem langen Abwehrkampf und auch an den entscheidenden latinischen Siegen von 460 und 430 v. Chr. hatte Rom bedeutenden

Anteil. Das erste konkrete Zeichen für sein gesteigertes Ansehen im Bund ist seine Betrauung mit der Organisation des Latinerfestes nach 451 v. Chr.

Für 443/42 v. Chr. werden zwei Ereignisse berichtet, die in Wirklichkeit in einem anderen Verhältnis zueinander gestanden haben müssen als die Annalen vorgeben: In Ardea wird eine Bundeskolonie gegründet, um die Bedrohung der Stadt durch die Volsker zu beseitigen, und ein besonderer Vertrag wird zwischen Rom und Ardea abgeschlossen.[330] Handelte es sich hierbei um eine koordinierte Aktion von Latinerbund und Rom bzw. um eine Kompromißlösung, wie ähnliche gemeinsame Unternehmungen in der Folgezeit nahelegen?

Nach dem bedeutenden Sieg des A. Postumius Tubertus über die Volsker ergreifen der Latinerbund und Rom, das jetzt die Vormacht wird, die Initiative. 426 v. Chr. wird Fidenae erobert,[331] bald darauf wird dem römischen Territorium der Gürtel neuer gentilizischer Tribus hinzugefügt, gefolgt von der *tribus Clustumina*.[332] 419 v. Chr. wird das etwas nördlich von Tusculum gelegene Labici Bundeskolonie, dazu bestimmt, die Äquer in Schach zu halten.[333] Wie wir sahen, folgte ihm eine Reihe weiterer Bundeskolonien in dem bislang von den Volskern besetzten Gebiet. Natürlich müssen die Römer ein beträchtliches Kontingent unter den Kolonisten dieser Neugründungen gestellt haben. Neben und gleichzeitig mit diesen Bundesunternehmungen beginnt Rom, sich nach allen Richtungen hin umfangreiche neue Territorien anzueignen. Daß dieser doppelten Expansion eine gemeinsame Strategie zugrunde liegt, kann nicht geleugnet werden. Es wäre sonst unmöglich gewesen, 406 v. Chr. den gefährlichen Krieg gegen Veii im Norden zu beginnen[334] und zugleich mit der Eroberung von Anxur-Tarracina[335] den großen Durchbruch nach Süden quer durch Latium zu erzielen. Die Koloniegründungen von Sutrium und Nepet, die den Anteil des Bundes bei der Liquidation des Besitzes von Veii, Capena und Falerii darstellen, sind ein Zeichen dafür, daß der Bund bei dieser Gelegenheit voll mit Rom zusammenarbeitete. Gleichwohl waren die römischen Erwerbungen so viel umfangreicher, daß das militärische und wirtschaftliche Potential Roms den Bund nun in den Hintergrund drängte.[336] Als Rom nach der Eroberung von Veii wieder freie Hand nach Süden hatte, baten die Bergstämme um Frieden, um einem Angriff zu entgehen.[337] Nichts könnte die Überlegenheit Roms deutlicher machen als das Verhalten seiner Bundesgenossen nach 390 v. Chr., als eine einzigartige Chance gekommen schien, Roms gefährliches Übergewicht zu beseitigen.

Um 400 v. Chr. übertraf das römische Territorium das der meisten anderen Latinerstaaten an Umfang bereits so sehr,[338] daß sie jeder für sich keinen Vergleich mehr mit Rom aushalten konnten. Die Größe des Stadtgebiets zu dieser Zeit ist durch die nach dem Keltensturm gebaute 'servianische Mauer' festgelegt. Sie umschloß nach den Berechnungen K. J. Belochs 426 ha. Von den griechischen Hafenstädten des Südens übertrafen nur Syrakus, Akragas, Kroton und Tarent dieses Ausmaß, und es wurde von keiner anderen Stadt des italischen Festlandes erreicht oder überboten, mit Ausnahme Veiis, das unter allen Etruskerstädten als einzige eine größere Fläche als Rom bedeckte.[339] Roms zunehmender Glanz wird an den Gründungsdaten neuer Staatstempel deutlich,[340] die während des ersten Jahrhunderts der Republik errichtet worden sind; ebenso hielt der Import attischer Keramik während dieser Epoche an, jedenfalls bis zur Jahrhundertmitte,[341] als Syrakus begann, den südetruskischen Handel zu blockieren. Diese respektable Größe Roms schwebte Antiochos von Syrakus vor, der in den letzten Jahrzehnten jenes Jahrhunderts schrieb und behauptete, die Sikeler seien aus Rom in ihre spätere Heimat eingewandert.[342]

Die Wurzeln des ausfallenden Wachstums der Stadt sind ohne Zweifel im Wohlstand Roms im 6. Jahrhundert zu suchen, als es ein wichtiger Verkehrsknotenpunkt des blühenden etruskisch-kampanischen Handels war. Aber ein Blick auf den bescheidenen Umfang des *ager Romanus antiquus* zeigt, daß damals noch keine ausreichende Basis für große Unternehmungen vorhanden war. Die Städte der Albanerhügel, vor allem Aricia und Tusculum, die um 400 v. Chr. im Vergleich zu Rom unbedeutend erscheinen, waren 100 Jahre zuvor noch beachtliche Gegner; die unterschiedlichen Größenverhältnisse müssen sich offensichtlich in den dazwischenliegenden Jahren herausgebildet haben. Die Gründe dafür wurden schon behandelt. Die Gemeinden an den Albanerhügeln waren unmittelbar den volskischen und äquischen Einfällen ausgesetzt. Ihr Wohlstand wurde abgewürgt; sie überlebten zwar, waren aber ausgeblutet. Das in einiger Entfernung hinter ihnen gelegene Rom hatte kaum jemals unter massiven Angriffen zu leiden; diese relative Sicherheit begünstigte seinen Aufstieg und erhöhte seine Bedeutung. Als strategischer Mittelpunkt hatte Rom alle Voraussetzungen, sich seine Partner allmählich unterzuordnen.

Die Situation änderte sich zwar vorübergehend infolge des Keltensturms: Rom wurde das erste Opfer dieser verheerenden Katastrophe. Aber die vernichtende Niederlage ihres Heeres und die Einäscherung ihrer Häuser haben die Vitalität der Römer nicht gebrochen. Die Wehrfähigen konnten wieder gesammelt und in Veii in Sicherheit gebracht werden, wie wir sahen; das rettete Roms Zukunft. Die Schrecken und Ängste der Monate unmittelbar nach dem Zusammenbruch klingen noch nach in der volkstümlichen Sage von der mutigen Jungfrau Tutla-Philotis.[343]

Die Annalen machen kein Hehl daraus, daß nach jener großen Krise die Stadt „vom Neid und Haß der Nachbarn umgeben war"[344], die das in Schutt und Asche liegende Rom geringschätzig behandelten.[345] Livius berichtet für das Jahr nach der Einnahme Roms den Abfall der Latiner und Herniker[346]. Unfähig zu Gegenmaßnahmen sah der Senat über ihre Unbotmäßigkeit hinweg.[347] Einige Latinerstädte — wie viele und welche, bleibt unklar — halfen inoffiziell den Volskern von Antium bei deren Aufstand gegen Rom, indem sie ihre jungen Männer ermutigten, sich als Freiwillige den Antiaten anzuschließen.[348] Die Behauptung, der Senat habe 386 v. Chr. den Latinerbund und den Hernikerbund zur Rechenschaft gezogen, weil sie in den voraufgehenden Jahren Rom keine Truppen geschickt hatten, und beide hätten ausweichende Antworten gegeben,[349] kann nicht zutreffen — um so weniger, als wir wissen, daß eine beträchtliche Anzahl von Latinerstaaten in jenen entscheidenden Jahren auf seiten Roms stand: Tusculum, Gabii und Labici,[350] anscheinend auch Aricia, Cora, Lavinium, Ardea, Norba, Satricum und Signia.[351] Die Zusammenarbeit Roms mit dem Bund wird bestätigt durch die Gründung von Bundeskolonien in Gebieten, in welchen die Römer gerade in diesen Jahren neue Territorien erwarben. Die römische Politik bestand eher darin, die

Herrschaft über Latium

Gegner zu entzweien und einen nach dem anderen zu unterwerfen als sie in ihrer Gesamtheit herauszufordern. Und der Bund verfolgte in diesen Jahren eine kraftvolle Expansionspolitik, deren Unterstützung für Rom höchst nützlich war.

Wenn also auch nicht der Bund als solcher 385 v. Chr. den Volskern gegen Rom half, so taten einige Latinerstaaten dies doch inoffiziell.[352] Die Römer ihrerseits machten, obwohl sie siegreich blieben, eine versöhnliche Geste, indem sie ihre aus den betreffenden Latiner- und Hernikergemeinden stammenden Gefangenen herausgaben.[353] 383 revoltierte aber sogar Lanuvium. Velitrae und Circeii blieben bei ihrer feindseligen Haltung und zerstörten 381 mit Hilfe von Praeneste das romfreundliche Satricum.[354] Das römische Übergewicht muß unerträglich geworden sein, wenn sogar Tusculum als engster Bundesgenosse insgeheim die latinisch-volskischen Feinde Roms unterstützte — freilich vergeblich.[355] Praeneste wurde 380 v. Chr.[356] zusammen mit Velitrae unterworfen.

In diesen Jahren mühsamer Kämpfe ließ sich Rom nicht dabei stören, auf den reichen Ländereien von Veii, Capena und Falerii vier neue Landbezirke einzurichten[357] und die Verteilung von Grundstücken an seine Bürger in der fruchtbaren pontinischen Ebene vorzubereiten.[358] Abgesehen von diesem gewaltigen Zuwachs, der an sich schon das Machtgleichgewicht in Latium zugunsten Roms zerstörte, wurde auch noch Tusculum einverleibt, dessen Bewohner das römische Bürgerrecht annehmen mußten. Ein Jahrzehnt, nachdem Rom durch die Kelten an den Rand der Vernichtung gebracht worden war, stand es mächtiger da als je zuvor. Das Aufhören der Kolonisationstätigkeit des Bundes zeigt, daß sein Zusammenwirken mit Rom zu Ende ging. Die beiden neuen Landbezirke Roms in der pontinischen Ebene, die schließlich 358 v. Chr. eingerichtet wurden, waren dem Bund hinderlich und lästig. Kein Wunder, daß in den folgenden Jahrzehnten die Latinerstaaten alles versuchten, die ständig wachsende römische Bedrohung ihrer Freiheit abzuschütteln. Rom fuhr fort, sich immer nur mit möglichst wenigen von ihnen einzulassen, sie einzeln durch besondere Bündnisverträge an sich zu binden und damit Zusammenhalt und Macht des Bundes zu untergraben.

Die Angaben unserer Quellen sind spärlich und dann bisweilen noch ungenau infolge der irreführenden Praxis der römischen Annalen, alle Aufständischen als „Latiner" zu bezeichnen. Für 379 v. Chr. hören wir wieder von einem abgekarteten Spiel zwischen 'Latinern' und Volskern,[359] Praeneste rebelliert erneut und stachelt die „latinischen Völkerschaften" auf.[360] Die Verstärkung der Bundeskolonie Setia in jenem Jahr ist das letzte Anzeichen einer Zusammenarbeit zwischen dem Bund und Rom. 377 v. Chr. mobilisieren 'Latiner' ihre Kräfte zusammen mit den Volskern von Antium und Satricum gegen Rom. Antium ergibt sich nach der Niederlage; die 'Latiner' setzen den Kampf fort. Sie brennen Satricum nieder und erobern Tusculum, das postwendend von den Römern 'befreit' wird.[361] Diesmal steht jedoch der Latinerbund selbst hinter den gegen Rom kämpfenden Staaten.[362] 371 v. Chr. greift Velitrae an und belagert Tusculum, das erneut von einem römischen Heer entsetzt wird. Rom versucht nun seinerseits, Velitrae einzunehmen; die lange Belagerung bleibt jedoch erfolglos.[363] Gewiß schon lange vor 362 v. Chr. hatten sich die Herniker von Rom abgewandt;[364] 361 wird ihnen Ferentinum genommen. Rom erklärt Tibur den Krieg.[365] Der zweite Kelteneinfall kommt dazwischen: Tibur schließt sich den Galliern an (vielleicht mit Praeneste), während die Latinerstädte der Albanergegend und die Latinerkolonien im Süden sich in dieser gefährlichen Lage wieder den Römern zuwenden.[366] In den dreißig Jahren nach der Eroberung der Stadt erholte diese sich vollständig — wie Polybios schreibt[367] — und erhob sich wieder zur Herrschaft über Latium. Aber zwanzig weitere Jahre sollten vergehen, bis die Latinerstaaten gefügige Satelliten wurden.

Die Kapitulation der Latiner um 358 v. Chr. schloß die mächtigsten latinischen Opponenten Roms nicht ein: der Krieg mit Tibur dauerte mit Unterbrechungen von 361 bis 354 v. Chr.; dann unterwarf es sich.[368] Praeneste mußte etwa um die gleiche Zeit um Waffenstillstand bitten.[369] Die Herniker wurden 360 und 358 v. Chr. geschlagen.[370] Velitrae und Privernum fielen in das ihnen benachbarte römische Gebiet ein; Privernum wurde 357 v. Chr. eingenommen.[371]

Unruhe und Spannung in Latium stiegen auf den Siedepunkt. Rom war entschlossen, den Latinerstamm zu seinem Kriegsinstru-

Herrschaft über Latium

ment zu machen; die Latiner wollten das Joch nicht auf sich nehmen. Der Latinerbund oder Rom — einer von beiden mußte den Kampf endgültig verlieren. Beide Parteien hielten nach auswärtigen Bundesgenossen Ausschau. Rom regelte in versöhnlichem Geiste sein Verhältnis zu den Staaten Südetruriens: Tarquinii, Falerii und Caere erhielten 353/52 v. Chr. nach ihrem mißlungenen Unternehmen gegen Rom günstige langfristige Waffenstillstandsverträge. Es war lebenswichtig für Rom, daß sie in den folgenden Jahrzehnten Frieden hielten.[372] 354 v. Chr. schließt Rom eine Allianz mit dem mächtigsten Stammesbund in Italien, den Samniten.[373]

In dieser gespannten Lage erscheinen die Kelten zum drittenmal in Latium. Wie wir sahen, müssen sich die Latinergemeinden der Albanerhügel den Eindringlingen angeschlossen haben, die dieses Territorium nur mit Hilfe der betreffenden Staaten zu ihrer Operationsbasis machen konnten.[374] Die Römer bestanden diese Prüfung, obwohl das Erscheinen einer griechischen Flotte, die Antium gegen Rom unterstützte,[375] die Belastung noch beträchtlich erhöhte. Rom mobilisierte in einer Gewaltanstrengung zehn Legionen, um sich gegen alle diese Herausforderungen zur Wehr setzen zu können:

inter duo simul bella externa defectione etiam sociorum senatus anxius cum cerneret metu tenendos quos fides non tenuisset, contendere omnes imperii vires consules dilectu habendo iussit (Liv. VII 25, 7)
[Der Senat, ohnhin durch den Zweifrontenkrieg beunruhigt, wurde durch den Abfall der Bundesgenossen in zusätzliche Sorge versetzt und kam zu dem Schluß, daß man die Treulosen durch Einschüchterung bei der Stange halten müsse; daher befahl er den Konsuln, eine Aushebung vorzunehmen und dabei ihre Amtsgewalt voll auszuschöpfen.]

Die Kelten wagten keine offene Feldschlacht[376] und wandten sich nach Süden. Die Römer antworteten auf die machtvolle syrakusanische Flottenaktion zur Befreiung von Antium mit dem ersten Karthagervertrag. Es ist offensichtlich, daß sich weder Rom noch die verbündeten Latiner in diesem entscheidenden Kampf bei der Wahl ihrer Bundesgenossen von nationalen Gefühlen leiten ließen.

Der offene Bruch des Bundes mit Rom wird in den Annalen für 349 v. Chr. verzeichnet.[377] Die Einzelheiten des ein Jahrzehnt währenden Kampfes sind uns in Form unzusammenhängender fragmentarischer Berichte und nicht im Rahmen eines geschlossenen Überblicks überliefert. Wir erhalten aber glücklicherweise aus den ersten beiden Karthagerverträgen,[378] die im 3. Buch des Polybios überliefert sind, zusätzliche authentische Informationen über die militärische Situation der Römer und Latiner.

Für den Fall eines erneuten Angriffs der syrakusanischen Flotte auf Latium wird die Teilnahme der karthagischen Flotte an ihrer Abwehr ins Auge gefaßt, und in der Klausel ist vorgesehen, daß die Karthager, wenn sie in Latium als Feinde an Land gehen — natürlich nicht als Feinde Roms, mit dem sie eben durch den Vertrag verbündet sind —, das Land schonen und nachts an Bord zurückkehren müssen (22, 13). Eine weitere Regelung für den Kriegsfall besagt, daß die Karthager, wenn sie eine Rom nicht unterworfene latinische Stadt erobern, sie unversehrt an Rom ausliefern müssen (22, 12). Im zweiten Vertrag ist diese Klausel modifiziert: Das angreifende Heer darf Beutegeld und Gefangene behalten und muß nur die eroberte Stadt ausliefern (24, 5).

Im übrigen behandelt Rom in beiden Verträgen ganz Latium als sein Herrschaftsgebiet: Karthago darf keine Befestigungen auf latinischem Boden errichten (22, 13). Die Küstenstädte bis zur kampanischen Grenze (22, 11) werden von Rom gegen karthagische Plünderer geschützt. Wenn andere, Rom nicht untertänige Städte dort eingenommen werden, müssen sie, wie wir sahen, den Römern übergeben werden.

Sehr wichtig ist, daß sich unter den von Polybios namentlich genannten Stadtstaaten, die die römische Oberhoheit in Form schriftlicher Verträge anerkannt hatten, eine alte Gemeinde der *prisci Latini* befindet: Laurentum-Lavinium. Es sind auch Bundeskolonien darunter, wie Ardea, Antium, Circeii; und schließlich erscheint Tarracina, das sicherlich eine Besatzung hatte, aber noch keine reguläre Latinerkolonie war (22, 11). Alle diese Gemeinden hatten folglich Sondervereinbarungen mit Rom getroffen, welche die Macht des Latinerbundes untergruben.

Außer den eben erwähnten Küstenstädten hatten noch andere in solchen separaten Verträgen Roms Herrschaft anerkannt (ὅσοι ἂν ὑπήκοοι ebd.)[379]. Das bedeutet, daß Rom ein Netz von Sonderbündnissen knüpfte und so die Latinergemeinden eine nach der anderen ohne jede Rücksicht auf den Bund an sich fesselte. Den mächtigsten Latinerstaaten freilich zwang Rom nicht die Souveränitätsklausel auf, sondern gewährte ihnen formal auf der Basis der Gleichberechtigung geschlossene Verträge. Das erklärt, warum wir im zweiten Vertrag zwei Arten von Rom nicht untertänigen latinischen Staaten finden: erstens solche, die kein Einzelabkommen mit Rom haben, d. h. noch nicht erobert sind, und zweitens solche mit einem schriftlichen Vertragsverhältnis zu Rom, in dem ihnen Autonomie garantiert ist [τίνας πρὸς οὓς εἰρήνη μέν ἐστιν ἔγγραπτος Ῥωμαίοις, μὴ ὑποτάττονται δέ τι αὐτοῖς, 24, 6]. Die Vorschrift, daß von den Karthagern gefangengenommene Bürger aus den letztgenannten Städten nicht innerhalb Latiums als Sklaven verkauft werden sollten oder, falls sie doch verkauft würden, von jedem Römer sofort ihre Freiheit zurückerhalten könnten, zeigt, daß hier nur Latiner gemeint sein können. Ein solches Bündnis auf der Grundlage der Gleichberechtigung, *foedus aequum,* bestand noch nach 338 v. Chr. zwischen Tibur und Rom, ebenso zwischen Praeneste und Rom. Kein Zweifel, daß schon im zweiten Vertrag vornehmlich diese beiden Staaten gemeint sind.

Zwar vermitteln die Verträge von 348 und 343 v. Chr. ein zuverlässiges Bild von den Zielen und Erfolgen römischer Politik in Latium, aber wir dürfen doch nicht übersehen, daß der Latinerbund den Römern immer noch trotzte und das Streben nach Unabhängigkeit auch in den bereits unterworfenen Gemeinwesen noch lebendig war. Im Jahre 346 v. Chr. griff Rom das von den Antiaten wieder besiedelte Satricum an; dadurch sollte Antium daran gehindert werden, die Latiner in den Krieg mit Rom hineinzuziehen.[380] In ganz ähnlicher Weise veranlaßte ein drohender allgemeiner Aufstand der Latiner Rom im folgenden Jahr zur raschen Niederwerfung einer Erhebung der Aurunker.[381]

Zu diesem Zeitpunkt war das Machtgleichgewicht in Mittelitalien unversehens gestört, teils durch den weit über die Grenzen Latiums hinauswirkenden Einfluß Roms, teils infolge der gleichzeitigen Expansion des Samnitenbundes im Süden. Die zwischen jenen Mächten gelegenen Völkerschaften und Stadtstaaten zwang der vorhersehbare Zusammenstoß zwischen den beiden, sich einem von ihnen anzuschließen, so daß deren Einflußbereiche plötzlich direkt aneinander grenzten und ihre Interessen kollidierten. Der Latinerbund, dessen Führer — wie der Ausgang des Kampfes zeigen sollte — die eigenen Fähigkeiten und die Leistungskraft des Bundes überschätzten, trat als unabhängige dritte Macht auf — ebenso von expansiven Bestrebungen und imperialistischen Zielen geleitet wie Rom und die Samniten.

Der erste römisch-samnitische Krieg[382] resultierte aus einer Kette von Ereignissen in Kampanien, die durch die eben geschilderten Spannungen ausgelöst wurden. Unter dem harten Druck der Samniten sahen die Kampaner ihre letzte Überlebenschance darin, Rom ihr reiches Land zu übergeben. Rom ließ sich kühn auf das Risiko ein, obwohl es sich kurz zuvor mit den Samniten verbündet hatte und sich Kriegsvorbereitungen des Latinerbundes gegenübersah.

Die Konsuln von 343 v. Chr. errangen in schweren Kämpfen Erfolge in Kampanien und Samnium. Der Latinerbund änderte unter dem Eindruck der Siege seine Haltung und griff statt der Römer die mit diesen verbündeten Paeligner an.[383] Im nächsten Jahr brach die Disziplin der römischen Garnisonen in Kampanien zusammen; ihre Meuterei lähmte Rom,[384] das einige Bundesgenossen verlor; der Latinerbund blieb bei seiner feindseligen Haltung.[385] 341 v. Chr. siegte Rom wieder gegen die Volsker von Privernum, Satricum und Antium,[386] machte aber Frieden mit den Samniten und gab ihnen freie Hand gegen die Sidicini, während es die Herrschaft über die Kampaner behielt. Das Bündnis zwischen Rom und den Samniten wurde erneuert,[387] und infolgedessen war Rom nun in der Lage, sich mit dem Latinerbund zu befassen.

Die Reaktion der anderen Seite kam sofort. Die Sidicini, von Rom den Samniten ausgeliefert, gewannen den Latinerbund und die Kampaner für sich, die sofort das Samnitengebiet mit einem mächtigen Heer überfielen.[388] Rom versprach, die Kampaner als seine Untertanen zu zügeln, gab aber keine definitive Antwort im Hinblick auf den Latinerbund. Die Römer hatten in der Tat formell kein Recht, sich in die Bundesangelegenheiten einzumischen,[389] obwohl sie sehr wohl erkannten, daß die Kriegsvorbereitungen des Latinerbundes vor allem gegen Rom selbst gerichtet waren.[390] Der Bund wollte zuerst mit den Samniten fertig werden, um dann für den Angriff auf Rom den Rücken frei zu haben.[391]

340 v. Chr. begann der Latinerbund den Krieg gegen Rom.[392] Mit wenigen Ausnahmen folgte die ganze Nation seinem Aufruf. Die späteren Annalisten glaubten, daß diejenigen Städte, die nach dem römischen Sieg ihren Status als latinische Bundesgenossen und ihre Autonomie behielten, diese Privilegien als Belohnung für ihr Fernbleiben vom Aufstand empfingen.[393] Das trifft jedoch in den meisten Fällen nicht zu. Es ist sehr wahrscheinlich, daß die Bundeskolonien Sutrium und Nepet, die von den anderen Latinern isoliert und von ziemlich feindlichen etruskischen Nachbarn umgeben waren, auf Roms Seite blieben. Die Haltung von Cora und Ardea kennen wir nicht. Aber die hartnäckigsten Gegner Roms, Tibur und Praeneste, behielten auch später ihre beschränkte Autonomie, desgleichen Signia, Setia und Circeii, von denen wir wissen, daß sie ebenso wie Velitrae und die benachbarten volskischen Gemeinden gegen Rom kämpften.[394] Daraus ist ersichtlich, daß Rom bei der endgültigen Regelung nicht irgendwelchen Gefühlsregungen folgte, sondern die zähesten Gegner auch am glimpflichsten behandelte, um sie nicht zur Verzweiflung zu treiben. Und sogar die treuesten Bundesgenossen Roms, Tusculum [395] und Lavinium [396], nahmen am Aufstand teil.

Es kann als sicher angenommen werden, daß sich die Latiner auf einen direkten Angriff der Römer einstellten. Die Konsuln machten jedoch einen beträchtlichen Umweg nach Norden und Osten, marschierten durch marsisches und paelignisches Gebiet nach Kampanien und vereinigten sich mit den verbündeten samnitischen Streitkräften.[397] Die römische Geschichtsschreibung versuchte, den Anteil der Samniten [398] am für Rom damals lebenswichtigen Sieg zu mindern oder ganz zu verschweigen.[399]

Eine Schlacht am Vesuv ging für die Römer günstig aus, jedoch erst nach schweren Kämpfen gegen die Latiner und Kampaner.[400] Eine zweite Niederlage bei Trifanum zwischen Sinuessa und Minturnae nahm den Latinern und ihren Verbündeten die letzte Hoffnung. Sie ergaben sich dem Sieger,[401] erhoben sich jedoch erneut, als Rom ihnen einen Teil ihres Territoriums zwecks Verteilung unter den eigenen Bürgern wegnahm.[402] Die Volsker von Antium verwüsteten die Landbezirke Roms und drangen bis zum Tiber vor.[403] 339 v. Chr. wurde wieder ein latinisches Heer auf den uns unbekannten *campi Fenectani* besiegt;[404] diejenigen Latinerstaaten, deren Kontingente dort geschlagen wurden, ergaben sich.[405] Es war ein entscheidender Vorteil für Rom, daß der Latinerbund nicht mehr in der Lage war, alle Kräfte der Latiner nochmals zu vereinigen, denn es war für Rom leichter, sie in kleinen Gruppen nacheinander zu besiegen. 339 fochten Tibur, Praeneste, Lanuvium, Antium und Velitrae in einer Feldschlacht bei Pedum gegen die Römer. Sie wurden überwältigt, aber Pedum wurde erst 338 v. Chr., nach einer weiteren Niederlage von Tibur und Praeneste in derselben Gegend, genommen.[406]

In jenem dritten Jahr des großen Krieges waren die Latinerstaaten bereits zu schwach, als daß sie erneut ein großes Heer hätten mobilisieren können; aber der Verlust eines erheblichen Teils ihres Ackerlandes erbitterte sie dermaßen, daß sie nicht aufgeben wollten.[407] Sie beschlossen, zwar nicht selbst anzugreifen, aber sofort gemeinsam Hilfe zu leisten, falls einer von ihnen von den Römern attackiert werden sollte. Diese Strategie mißlang: Während Tibur und Praeneste durch eine römische Armee bei Pedum gebunden waren, überfiel ein zweites römisches Heer überraschend die Streitkräfte von Aricia, Lanuvium, Velitrae und Antium am Flusse Astura und trieb sie auseinander.[408] Es wurde kein neues lateinisches Heer mehr aufgestellt; die Römer zogen umher und zwangen jede einzelne Gemeinde zur Kapitulation, einschließlich des volskischen Antium.[409] Der Latinerbund und mit ihm die allen Latinern gemeinsamen Privilegien wurden für immer beseitigt. Der locker organisierte Stammesbund mit seinem 'parlamentarischen' Regierungssystem, mit der prinzipiellen Unabhängigkeit seiner Mitglieder, mit den weit auseinanderstrebenden Interessen der Einzelstaaten, ohne ständige zentrale Verwaltung und ohne langfristige politische Planung, erwies sich als unfähig, mit einem so festen Gefüge wie dem römischen Staat in Wettbewerb zu treten, der eine regierende Klasse besaß, die diplomatisch erfahren, geübt in der Kriegsleitung, im Kampf Mann gegen Mann geschult sowie außerordentlich leistungsfähig in Verwaltung und Politik war. Das Menschenmaterial war auf beiden Seiten das gleiche; die überlegene Führung entschied den Kampf.[410]

Führende Gelehrte haben bis vor kurzem geglaubt, daß

338 v. Chr. die Mehrheit der Latinerstaaten einfach von der Landkarte verschwunden, als Gemeindewesen vernichtet und in das römische Staatsgebiet eingegliedert worden seien. Aber das geschah nicht. Wir sahen im vorigen Kapitel, daß sie den größten Teil ihres Territoriums sowie ihre lokale Verwaltung behielten und ihre Aristokratie zur regierenden Schicht Roms zugelassen wurde. Die gewöhnlichen Bürger der Latinergemeinden hatten die Aussicht, in den künftigen Kriegen Roms an der Beute beteiligt zu werden und Landbesitz zu erwerben; die neuen Latinerkolonien gaben ihnen die Möglichkeit sozialen Aufstiegs und Wohlstands im Rahmen der neuen Reichsbildung. Die große Leistung Roms nach 338 v. Chr. bestand in der Aussöhnung der besiegten Latiner mit Roms Führungsanspruch *[concedentibus Romam caput Latio esse]*.[411] Nicht zufällig erflehten die Römer noch Jahrhunderte nach jenem Sieg von den Göttern den Gehorsam der Latiner *[uti ... Latinus semper obtemperassit]*.[412] Ihr politisch geschicktes Verhalten in der Latinerfrage bildet das ganze Geheimnis ihres unerhörten Aufschwungs in den folgenden Jahrzehnten.

Die Beziehungen der Latiner zu Rom während der frühen Republik: politische, rechtliche und soziale Aspekte

Als um 600 v. Chr. die Siedlungen der viehzüchtenden Latiner von ihren etruskischen Oberherren in moderne Stadtstaaten verwandelt wurden, zerrissen ihre Stammesbande nicht. Die Beziehungen zwischen diesen neuen urbanisierten Gemeinden wurden teils vom altehrwürdigen Gewohnheitsrecht, teils von der jeweiligen Machtlage bestimmt. Die jährlichen Versammlungen anläßlich der Stammesfeste gaben ihnen Gelegenheit, gemeinsame Interessen zu erörtern und zu fördern, die Jahresleiter ihres Bundes zu wählen und den Stammesgöttern für das Wohl der Nation Opfer darzubringen. Ihr Stammesverband erfuhr im 5. Jahrhundert sicherlich eine gewisse Modernisierung, aber die archaischen Züge in der Verfassung des *nomen Latinum* verschwanden trotz dieser Anpassung an die veränderten Zeiten nicht. Zwar bedeutete die jährliche Verkündigung des Gottesfriedens für die Tage des Latiar nicht mehr

— wie in den vorausgegangenen Jahrhunderten — eine willkommene Unterbrechung ständiger lokaler Fehden, doch die volle Freiheit, gegen jeden beliebigen Staat Krieg zu führen, wurde den Mitgliedern bis zum letzten Tag der Existenz ihrer Organisation nicht beschnitten.[413] Diese ungeminderte Handlungsfreiheit erlaubte es dem stärksten Staat, die anderen schließlich weit zu überrunden und zu unterjochen.

Wir sahen, daß Tibur und Praeneste ihr Territorium und ihre Macht ohne Mithilfe des Bundes vergrößerten; Rom untergrub dessen Gefüge von innen her. Noch im ersten Jahrhundert der Republik hatte es jedoch mit dem *nomen Latinum* zusammengearbeitet. Ein bemerkenswertes Zeugnis dafür ist die Tatsache, daß Rom um 420 v. Chr., nach der Einrichtung der neuen gentilizischen Tribus, aufhörte, sein eigenes Territorium auf Kosten seiner latinischen Nachbarn auszudehnen, und statt dessen den Sabinern, Etruskern und Volskern immer mehr angrenzendes Land entriß. Noch in viel späterer Zeit begann die Aufsicht über verstreute kleine Bürgergruppen *ultra decimum milliarium* [jenseits des zehnten Meilensteins],[414] d. h. direkt außerhalb des Gebietes der den neun Adelsgeschlechtern unterstellten Tribus. Zur selben Zeit können wir eine systematische Koordinierung der Expansionspolitik des Bundes und Roms feststellen, vor allem zwischen 420 und 380 v. Chr., als die Erweiterung des römischen Territoriums von der Gründung neuer Bundeskolonien begleitet wurde. Natürlich „bedeutete die Viritanassignation auf eroberten feindlichen Ländereien, daß ein einzelnes politisches Gebilde ständig wuchs, während die latinische Politik der Gründung von Latinerkolonien nur zu einem Anwachsen der Mitgliederzahl in einem Militärbündnis führte"[415].

Die in ihrer unmittelbaren territorialen Ausdehnung durch den Stammesbund behinderten Römer entdeckten bald zahlreiche andere Möglichkeiten zur Ausweitung ihrer Macht und ihrer Besitzungen innerhalb des Bundes: die entscheidende Rolle ihres Heeres auf den Schlachtfeldern, das Gewicht ihrer Stimme in der Bundesversammlung, ihre starke Beteiligung an der Bundeskolonisation und auch militärische Unternehmungen gegen Latinergemeinden. Auf diese Weise und durch den Aufbau eines zweiten Bundes innerhalb Latiums mit Hilfe separater Verträge mit einzelnen Staaten kamen sie im 5. Jahrhundert schrittweise zu Vorrang und einer Führungsstellung innerhalb des Bundes.

Der Machtkampf zwischen dem Latinerbund und Rom sowie sein Ausgang zugunsten Roms spiegelten sich auch deutlich in der zwischenstaatlichen Rechtsstellung jedes einzelnen Latiners wider. Wir sahen im ersten Kapitel, daß im Laufe des 5. Jahrhunderts die bevorrechtigte Stellung der Latiner im Verkehr mit freigeborenen Bürgern anderer latinischer Staaten gesetzlich festgelegt wurde, und die Durchführung dieser Vorschriften konnte von den amtlichen Organen eines jeden Latinerstaates erzwungen werden. Zu diesen Privilegien gehörten: Handelsvereinbarungen zwischen Mitgliedern verschiedener latinischer Gemeinden; rechtsgültige Ehen zwischen Partnern, die in zwei verschiedenen Latinerstädten beheimatet waren, worin auch der Schutz der Vaterschaftsrechte und der testamentarischen Verfügungen einbegriffen war; die Freiheit, seinen Wohnsitz in jedem anderen Latinerstaat zu nehmen und dort nicht nur bürgerliche Rechte zu genießen, sondern auch gesetzlichen Schutz beanspruchen zu können für den Fall, daß man als politischer Flüchtling übersiedelte; und endlich das Recht des freiwillig in der Verbannung Lebenden oder des früheren Kriegsgefangenen, sein Bürgerrecht und seinen Besitz zurückzuerhalten, wenn er zu seinem ursprünglichen Wohnsitz zurückkehrte (das sogenannte *postliminium*).[416] Diese Privilegien boten folglich einem Römer oder einem Bürger einer beliebigen Latinerstadt weit mehr Freiheiten als das lokale Bürgerrecht. Es war eine schwere Beeinträchtigung des rechtlichen Status' der Latiner, als die Mehrheit der Latinerstaaten 338 v. Chr. diese Vorrechte verlor.[417]

Wir müssen nochmals betonen: Bis 338 v. Chr. bedeutete es für einen Latiner unendlich viel mehr, *homo Latinus* als *civis Romanus* zu sein. Trotzdem entwickelte sich die Eintragung in die römische Bürgerliste spätestens in der Zeit nach dem Keltensturm zu einem jener Mittel, mit deren Hilfe die Römer ihr Reservoir an Wehrfähigen vergrößerten. 389 v. Chr. verliehen sie Bürgerrecht und Landparzellen an diejenigen Etrusker von Veii, die zusammen mit Faliskern und Capenaten ihre im Kampf mit Rom liegende Heimatstadt verließen und zu ihnen übergingen.[418] 338 v. Chr. wurden den Antiaten, die in ihrer Stadt bleiben wollten, das römische Bürgerrecht und ebenso große Landparzellen verliehen wie den in die neue, am Meer gelegene Kolonie entsandten Römern.[419] Da auch der Latinerbund in seinen neugegründeten Kolonien die ansässige Bevölkerung, meist Volsker, großzügig behandelte, war diese Praxis nicht neu. 381 v. Chr. erhielt Tusculum als Strafe für seinen Abfall die Auflage,[420] daß seine freigeborenen Bewohner Teil der römischen Bürgerschaft wurden; dabei wurde aber sein Gebiet nicht dem *ager Romanus* einverleibt, und die Stadt behielt eine gewisse Selbstverwaltung. Obwohl sie von ihrer Verbindung mit Rom große Vorteile hatte, revoltierte sie auch nach dieser zwangsweisen Verleihung der *civitas Romana* immer wieder von neuem. Das römische Bürgerrecht hatte damals noch nicht den Wert, den es infolge der Eroberung der gesamten Mittelmeerwelt durch die Römer erhielt. Eine Latinerstadt verlor mit ihm ihre Individualität und Unabhängigkeit, und ihre Söhne hatten die Verpflichtung, in immer ferneren Gegenden für fremde Interessen zu kämpfen. Tusculum wurde aus einem gleichrangigen Partner ein untergeordnetes Anhängsel Roms. 338 v. Chr. wurde die Übertragung des vollen römischen Bürgerrechts jedoch auf die alten Latinerstaaten um Alba beschränkt: außer Tusculum waren Lanuvium, Aricia, Nomentum und Pedum betroffen.[421] Das ausschlaggebende Kriterium war offensichtlich die politische Zuverlässigkeit der Gemeinden. Es ist schade, daß wir diejenigen Latinerstädte nicht identifizieren können, die das Recht auf Handelsfreiheit, Heiratsbeziehungen und direkten politischen Kontakt untereinander verloren haben; das Verbot scheint mir darauf abzuzielen, diese Gemeinwesen schließlich doch auf die Übernahme des römischen Bürgerrechts vorzubereiten, denn die genannten Vorrechte wurden in bezug auf Rom *nicht* beschnitten, und dieser Umstand konnte das römische Bürgerrecht den Latinern wünschenswerter erscheinen lassen. Eine dritte Gruppe von Latinerstaaten behielt ihre Autonomie; sie bestand — außer Ardea — aus latinischen Gegnern Roms oder doch solchen Gemeinwesen, die Rom nicht unterstützt hatten: Tibur, Praeneste, Cora, Norba, Signia, Circeii, Setia, dazu Sutrium und Nepet. Ihr Status als Bundesgenossen gewährte ihnen mehr Freiheit und Unabhängigkeit als die Assimilation an Rom.

338 v. Chr. erhielten die von Rom unterworfenen *nicht*latini-

schen Völker das römische Bürgerrecht, jedoch ohne das Recht auf Teilnahme am politischen Leben Roms.[422] Diese Diskriminierung Stammesfremder mag dazu beigetragen haben, daß die Latiner ihre Verbitterung über den Verlust ihrer Autonomie überwanden. Denn für die eingegliederten nichtlatinischen Völker war das eingeschränkte römische Bürgerrecht nicht Lohn für Treue, sondern Strafe nach der Kapitulation.[423] Noch am Ende des 4. Jahrhunderts kämpften die unbedeutenden Aequicoli und die kleinen Hernikergemeinden hart darum, nicht „römische Bürger werden" zu müssen.[424]

Der außerordentliche Schwung des römischen Eroberungszuges in den nächsten Generationen beweist, daß die Latiner durch ihren Anteil am Gewinn für ihre verlorene Unabhängigkeit entschädigt wurden. Ihr Zusammenwachsen mit Rom bildete den soliden Kern jener Großmacht, die sich zur Herrschaft über die Mittelmeerwelt aufschwang.

Als 381 und 338 v. Chr. trotz der Verleihung des römischen Bürgerrechts die Territorien der Staaten auf den Albanerhügeln — mit Ausnahme der ihnen 338 zur Strafe entzogenen Gebiete — unter Gewährung lokaler Autonomie erhalten blieben, statt vollständig vom *ager Romanus* aufgesogen zu werden, war dies der Beginn einer neuen Entwicklung. Sogar den römischen Kolonien wurde bald ein gewisses Maß an Selbstverwaltung zugestanden. 317 v. Chr. beklagten sich die Kolonisten von Antium in Rom darüber, daß sie weder eine Verfassung noch eigene Magistrate hätten; der Senat schickte führende Männer zur Regelung ihrer rechtlichen Lage.[425] Auf diese Weise „entstand die Idee der Stadt im Staate, die sich nun ihrer Bestimmung gemäß weiterentwickeln konnte". Die „Vorstellung von zwei *patriae* für alle *cives Romani*" brachte das Munizipalsystem des werdenden Imperium hervor.

Wir können unsere Ausführungen damit beenden, in der Hoffnung, dem Leser vor Augen geführt zu haben, daß es trotz der Kargheit unserer Überlieferung und trotz aller geschickten Verbrämung der historischen Ereignisse durch die Annalisten genug verläßliches Quellenmaterial gibt, um wenigstens die bloßen Umrisse jener Entwicklung sichtbar werden zu lassen, die mit der Eroberung Latiums durch die Römer endete. Wir haben nicht den geringsten Grund zu der Annahme, dieser ungeheuer mühevolle und verwickelte, eineinhalb Jahrhunderte während Kampf um die Macht, dessen Ausgang trotz der ständig wachsenden Überlegenheit der Römer erst mit der letzten Schlacht des großen Krieges im Jahr 338 v. Chr. entschieden wurde, sei nichts anderes gewesen als die Wiederholung einer Expansion, die nach annalistischer Überlieferung in einer nebelhaften Vergangenheit schon einmal stattgefunden haben soll.

Der in den Annalen greifbare Unterschied zwischen dem glanzvollen, makellosen Bild der Königszeit und der langwierigen, schweren Belastungsprobe der jungen Republik ist nichts anderes als die Diskrepanz zwischen dem sich rasch verflüchtigenden, traumhaften Glück des Märchens und den in der geschichtlichen Wirklichkeit verwurzelten, mühsam errungenen Ergebnissen menschlicher Anstrengungen. Die Größe Roms, die uns auch heute nach über 2000 Jahren noch ungemindert in ihren Bann zieht, ist natürlich Ergebnis jener nüchternen, zähen, mit Schweiß und Blutvergießen verbundenen Bemühungen, die wir in diesem Buch verfolgt haben. Sie beruht jedenfalls nicht auf den erfundenen Siegen des Romulus und seiner obskuren Nachfolger. Und überhaupt: So spektakulär und einzig dastehend auch das durch unaufhörliche, siegreich geführte Kriege zustande gekommene Wachstum der römischen Republik sein mag — weit großartiger noch ist der Aufbau des zivilisierten Rechtsstaates, der auf die Eroberung der Mittelmeerwelt folgte.

Nochmals sei es betont: dieser in der ganzen Weltgeschichte einzig dastehende Werdegang wird in seiner Großartigkeit nicht im geringsten dadurch beeinträchtigt, daß wir die Anfänge Roms als winzig klein und seinen ursprünglichen Rahmen als selbst für den engeren Umkreis bescheiden nachgewiesen haben. Auch daß der Aufstieg zur Macht sehr viel später erfolgte als Fabius Pictor glauben machen wollte, nimmt ihm gar nichts von seinem Schwung und seinen Ausmaßen. Im Gegenteil: der bescheidene und späte Anfang läßt die Entwicklung von der dörflichen Hirtensiedlung zur Hauptstadt eines Weltreiches als ein um so erstaunlicheres Phänomen erscheinen.

ANMERKUNGEN

Erstes Kapitel

[1] A. Schwegler, RG 2, 288 ff. hat das Quellenmaterial gesammelt. Zur Problematik vgl. jetzt A. Alföldi, Römische Frühgeschichte. Kritik und Forschung seit 1964, Heidelberg 1975, 42 ff. 194 ff.

[2] Wir erwähnen nur einige bedeutende Gelehrte unseres Jahrhunderts: G. de Sanctis, St. d. R. 1², 370, 376 ff.; 2², 85. L. R. Taylor, Local Cults in Etruria (Papers and Monographs of the AmAcRome 2) 1923, 13 f. L. Homo, L'Italie primitive, Paris 1925, 92, 111. K. J. Beloch, RG 180 f., 193. H. Last, CAH 7, 1928, 348. M. Gelzer, RE 12, 984. A. N. Sherwin-White, R. Citiz., Oxford 1939, 8, 11 ff., 17. G. Giannelli, La repubblica romana², Milano 1955, 23. P. De Francisci, Primordia civitatis, Roma 1959, 131, 479, mit weiterer juristischer Literatur in Anm. 325, usf.

[3] Einige wenige Beispiele für diese allgemein verbreitete Ansicht: G. De Sanctis, St. d. R. 2¹, 1907, 90 f. E. Täubler, Imperium Romanum 1, 1913, 304 ff. H. Last, CAH 7, 1928, 348. A. N. Sherwin-White, a. a. O. 11 ff. L. Pareti, St. d. R. 1, 1952, 237 f. F. W. Walbank, A Historical Commentary on Polybius 1, Oxford 1957, 345.

[4] Vgl. S. 32 ff.

[5] Vgl. S. 235 ff.

[6] Vgl. S. 44 ff.

[7] Rom war nicht vertreten, als der *lucus Dianensis* [Hain der Diana] von Aricia gegründet wurde, nahm aber später trotzdem an der jährlichen Feier des Festes der *Diana Aricina* teil, vgl. S. 82 ff. und AJA 64, 1960, 137 ff.

[8] Über Tibur und Praeneste in frührepublikanischer Zeit vgl. u. S. 340 ff. Unsere Quellen über die Struktur des Latinerbundes sind in ihrem Wert beeinträchtigt durch die annalistische Fiktion, daß einige volskische Staaten und alle Herniker an den Opfern der Latiner am Albanerberg beteiligt gewesen seien (DH VIII 62, 3; 63, 2; 68, 1. Liv. II 30, 8; 40, 12; 41, 1). Es ist unmöglich, daß Fremde an den heiligen Handlungen teilnahmen, die ausschließlich dem Wohl des Latinerstammes *[nomen Latinum]* galten und die unruhigen Nachbarn durch magisch-religiöse Riten zu lähmen trachteten, wie wir aus den eugubinischen Tafeln

ersehen können. Wir wissen in der Tat, daß z. B. die Herniker noch in späterer Zeit ihren eigenen nationalen Bund besaßen (vgl. Liv. VI 10, 7; IX 42, 11). A. N. Sherwin-White, a. a. O. 24 f., hat das schon gesehen; wir meinen jedoch, daß der Hernikerbund sich im 5. Jahrhundert mit dem Latinerbund verbündete (wie Mommsen, St. R. 3, 612 annahm), nicht mit Rom, wie A. N. Sherwin-White glaubt; vgl. unser letztes Kapitel über die Rolle des Latinerbundes zu dieser Zeit. Die ganze Geschichte von der Zulassung fremder Völker zum Latinerbund gehört sicherlich zu der falschen Behauptung der Annalen, daß der uralte Albanische Bund eine Schöpfung des letzten römischen Königs gewesen sei (DH IV 49, 1), dessen große Macht durch diesen Zuwachs illustriert wird. Vgl. noch G. De Sanctis, St. d. R. 2¹, 1907, 9, 102 f. M. Gelzer, RE 12, 955, usf.

[9] Mommsen, St. R. 3, 608 f., erkannte klar die Tatsachen und Folgen der Stammesorganisation; er irrte nur, als er ihr Bestehen zurückverwies in eine Zeit „weit jenseits aller historischen Erinnerungen". E. Täubler, Imperium Romanum 1, Leipzig 1913, 302 f.; ders., Tyche, Leipzig 1926, 198 ff. Br. Paradisi, Atti d. Congr. int. di dir. rom. 1948, Bd. 4, Milano 1953, 3 ff. P. Frezza, Corso di storia del diritto romano, Roma 1954, 11 ff. M. Gelzer RE 12, 944. G. I. Luzzatto, Per un ipotesi sulle origini e la natura delle obligazioni romane, Milano 1934, 32 ff. A. N. Sherwin-White hat trotz seines Vertrauens auf die Theorie von den „religiösen Bünden" deutlich gesehen (a. a. O. 14), daß die Erinnerung an die vorstädtische Stammesorganisation in Latium durch gemeinsame Feste und Beratungen lebendig blieb; vgl. a. a. O. 30 ff. U. Coli, Studi in onore di P. De Francisci 4, Milano 1956, 520 f. Zu den stammesgeschichtlichen Vorstufen in der Struktur der griechischen Bünde: E. Kornemann, RE Suppl. 4, 918 ff. (mit Literatur). Vgl. auch H. U. Instinsky, Klio 30, 1937, 121. A. Steinwenter, RE 10, 1263 ff.

[10] Vgl. S. 218 ff.
[11] Vgl. S. 15 ff.
[12] Vgl. A. Schwegler, RG 2, 1856, 291.
[13] DH IV 25, 4—6.
[14] Ich habe seit 1931 versucht, die Aufmerksamkeit der Gelehrten auf diesen kulturmorphologischen Ursprung der indogermanischen Stämme zu lenken, und hoffe, in meinem Buche über ›Die Struktur des voretruskischen Römerstaates‹, Heidelberg 1974, den entsprechenden Nachweis geliefert zu haben.

[15] Ein ausgezeichneter Fachmann der prähistorischen Typologie leugnete in einem Beitrag auf dem Internationalen Kongreß für vor- und frühgeschichtliche Wissenschaften in Rom (August 1962) die Tatsache der dorischen Wanderung und versuchte, ihre Auswirkungen auf psycholo-

gische Ursachen zurückzuführen. Vgl. jetzt A. Alföldi, Römische Frühgeschichte. Kritik und Forschung seit 1964, Heidelberg 1975, 29 ff.

[16] Diese Tendenz entsprang teilweise einer gerechtfertigten Reaktion auf die vereinfachende und unkritische Rassentheorie, die alles durch Wanderungen erklären wollte und Verschmelzungen mit der ansässigen Bevölkerung leugnete.

[17] Eine ausgezeichnete kritische Bibliographie zum Problem der italischen Wanderung findet man bei Ernst Meyer, Römischer Staat und Staatsgedanke², Zürich-Stuttgart 1961, 448 ff. Hinzuzufügen sind die folgenden neuesten Untersuchungen und Äußerungen: R. Bloch, CRAI 1958 (1959) 294. H. Riemann, GGA 214, 1960, 16 ff. M. Pallottino, St. Etr. 2. ser. 28, 1960, 11 ff. Ders., Arch. cl. 12, 1960, 1 ff. A. Piganiol, Journal des Savants, 1961, 21 ff. H. Riemann, Gnomon 33, 1961, 382 ff. (Besprechung von S. M. Puglisi, La civiltà appenninica, Firenze 1959). S. Ferri, Studi class. e orient. 9, 1960, 161 ff. R. Chevallier, Latomus 21, 1962, 99 ff. R. Pittioni, RE Suppl. 9, 241 ff. F. Ölmann, Germania 37, 1959, 205 ff., und B. Stjernquist, Simris 2 (Acta Arch. Lund. ser. in 4⁰, Nr. 5) 1961, 45 ff. sind die letzten Darstellungen zum Problem der Hausurnen. Der Band ›Civiltà del Ferro‹, Bologna 1960, enthält ebenfalls viele wichtige Beiträge dazu. Vgl. auch R. Peroni, Riv. di Scienze Preistoriche 16, 1961, 125 ff., bes. 192 f. A. Boethius, Etruscan Culture, Land and People, Malmö 1962, 22, 29, 34 f.

[18] Vgl. K. J. Beloch, RG 144 ff.

[19] Wie A. N. Sherwin-White, R. Citiz. 30, meint.

[20] Enn., *Ann.* fr. 24 Vahlen = Varro, *LL* 7, 28: *cascum vetus esse significat Ennius, quod ait: 'quam prisci casci populi tenuere Latini.'* [Daß *cascus* 'alt' heißt, gibt Ennius zu verstehen, indem er sagt: 'welche die uralten latinischen Gemeinden innehatten'.]

[21] Verg., *Aen.* 5, 596 ff. Schol. Bob. ad. Cic., *Pro Planc.* 9, 23 (p. 128 Hildebr.). Paul. Fest., p. 253, 1 L.

[22] Liv. I 3, 7 u. a.

[23] Plin., *N.h.* XXXIV 5, 20: *antiquior (sc. celebratio columnarum) sicuti C. Maenio, qui devicerat priscos Latinos.* [Älter (ist die Auszeichnung mit Ehrensäulen), wie diejenige für C. Maenius bezeugt, der die alten latinischen Gemeinden besiegt hatte.]

[24] Vgl. S. 20 ff.

[25] Z. B. Liv. I 32, 11. 13; 33, 3; 38, 4; 52, 2 f. II 18, 3. DH III 31, 4; 34, 3. VI 63, 4; 74, 6; 75, 3.

[26] DH III 31, 4: ἡ μὲν δὴ τῶν Ἀλβανῶν πόλις ... ἡ τὰς τριάκοντα Λατίνων ἀποικίσασα πόλεις καὶ πάντα τὸν χρόνον ἡγησαμένη τοῦ ἔθνους, ὑπὸ τῆς ἐσχάτης ἀποκτίσεως καθαιρεθεῖσα, ἔρημος εἰς τόδε

χρόνου διαμένει. [Die Stadt Alba ..., welche die dreißig latinischen Gemeinden gegründet und die ganze Zeit über die Führung des Stammes innegehabt hatte, wurde von ihrer zuletzt gegründeten Kolonie zerstört und ist seitdem verödet.] Die „letzte Kolonie" Albas, Rom, ist folglich eine von ihren dreißig Kolonien. Dionysios machte sich nicht klar, daß auf diese Weise Rom nicht *neben* die 30 Völker gestellt werden konnte; aber als er (V 61, 3) 29 latinische Städte ohne Rom aufzählte (wobei er irrtümlich Lavinium und Laurentum als zwei zählte), tat er es in dem Bewußtsein, daß sie mit Rom dreißig waren. Vgl. noch VI 20, 3 τὴν Ἀλβανῶν πόλιν, ἐξ ἧς αὐτοί τ'ἀπῳκίσθησαν καὶ Λατίνων ἅπασαι πόλεις. [... die Stadt Alba, von der aus es (Rom) selbst und alle latinischen Städte gegründet worden waren.]

²⁷ Vgl. das dritte und vierte Kapitel S. 95 ff.

²⁸ Jeder Gelehrte, der sich mit den *feriae Latinae* befaßte, wurde unweigerlich mit diesen Aufzählungen von Gemeinwesen konfrontiert. Wir nennen für beide Probleme R. H. Klausen, Aeneas und die Penaten 1, 1839, 798 Anm. 1482. A. Schwegler, RG 2, 296 f. 322 ff. A. Bormann, Altlatinische Chorographie und Städtegeschichte, Halle 1852, 33 ff., 57 ff. Mommsen, RF 2, 1879, 103. Ders., Ges. Schr. 5, 69 ff. M. Zöller, Latium und Rom, Leipzig 1873, 128 ff. K. J. Beloch, Der italische Bund, Leipzig 1880, 177 ff. Ders., RG 144 ff. O. Seeck, Rh. Mus. n. F. 37, 1882, 20 f. Christian Werner, De feriis Latinis, Diss. Leipzig-Köln 1888. H. Nissen, It. Lk. II 2, 581. Mommsen, St. R. 608, 611, 613 f. C. Jullian, D.-S. 4, 1067. G. Wissowa in J. Marquardt, St. V. 3², 1885, 296 ff. J. Binder, Die Plebs, Leipzig 1909, 295 f. G. De Sanctis, St. d. R. 1¹, 171. A. Samter, RE 6, 2213 ff. E. Täubler, Imperium Romanum 1, Leipzig 1913, 290 ff. G. Wissowa, RuK², 39 ff. H. Rudolph, Stadt und Staat im alten Italien, Leipzig 1935, 82 ff. A. Rosenberg, Hermes 54, 1919, 121 ff. A. N. Sherwin-White, R. Citiz. 1939, 8 ff. M. Gelzer, RE 12, 952. A. Piganiol, Histoire de Rome, 1³, Paris 1949, 50. J. Carcopino, Virgile et les origines d'Ostie, Paris 1919, 228 ff. A. Brelich, Ant. cl. 20, 1951, 335 ff. M. Rambaud, R. Et. Lat. 37, 1959 (1960), 107 ff. R. Merkelbach, Mus. Helv. 18, 1961, 89. L. Pareti, St. d. R. 1, 1952, 222 ff., 418 ff. P. De Francisci, Primordia civitatis, Roma 1959, 131 ff. P. Frezza, Corso di storia del diritto romano, Roma 1954, 11 ff. Vgl. auch G. Tomasetti, La Campagna romana 4, Roma 1926, 506 ff. G. Lugli, Mem. Pont. Acc. 3. ser. 1, 1923, 251 ff. M. Pallottino, Relazioni del X Congr. Intern. di Scienze Storiche 2, Firenze 1955, 47 ff. und sonst oft.

²⁹ DH IV 49, 1 ff.

³⁰ Die Stellungnahme Mommsens, Gesammelte Schriften 5, 76 Anm. 3, ist nicht konsequent. Einerseits durchschaute er diese Fiktion, indem er

schrieb: „Daß er (DH) das Latiar zu einem Internationalfest der Latiner, der Herniker und zweier Volskerstädte umschafft, ist seine Schuld." Diese Feststellung wurde meist übersehen. Seltsamerweise versuchte Mommsen andererseits, die Zahl 47 als authentisch aufrechtzuerhalten, obwohl er einsah, daß die Grundlage dieser Berechnungen unzuverlässig ist.

³¹ Vgl. S. 322 ff.

³² Vgl. S. 95 ff.

³³ DH V 61, 3: οἱ δ' ἐγγραψάμενοι ταῖς συνθήκαις πρόβουλοι καὶ τοὺς ὅρκους ὀμόσαντες ἀπὸ τούτων τῶν πόλεων ἦσαν ἄνδρες, Ἀρδεατῶν, Ἀρικηνῶν, Βοϊλλανῶν, Βουβεντανῶν, Κορανῶν, Καρυεντανῶν, Κιρκαιητῶν, Κοριολανῶν, Κορβιντῶν, Καβανῶν, Φορτινείων, Γαβίων, Λαυρεντίνων, Λανουινίων, Λαβινιατῶν, Λαβικανῶν, Νωμεντανῶν, Νωρβανῶν, Πραινεστίνων, Πεδανῶν, Κορκοτουλανῶν, Σατρικανῶν, Σκαπτηνίων, Σητίνων, Τιβουρτίνων, Τυσκλανῶν, Τοληρίνων, Τελληνίων, Οὐελιτρανῶν. [Folgende Gemeinden entsandten ihre Vertreter, welche die Eide schworen und deren Namen im Bündnisvertrag festgehalten wurden: Ardea, Aricia, Bovillae, Bubentum, Cora, Carventum, Circei, Corioli, Corvintum, Cabum, Fortinea, Gabii, Laurentum, Lanuvium, Lavinium, Labici, Nomentum, Norba, Praeneste, Pedum, Querquetulum, Satricum, Scaptia, Setia, Tibur, Tusculum, Toleria, Tellenae, Velitrae.]

³⁴ Der ursprüngliche Verfasser der Liste nahm an, daß die Volsker schon im Besitz des südlichen Latiums waren (DH V 62, 3; vgl. VI 7, 4), aber er zählt Setia, Norba, Velitrae, Satricum und Circei als Latinerstädte — aller Wahrscheinlichkeit nach in Kenntnis ihrer Eroberung durch den Latinerbund zur Zeit der frühen Republik, als sie Bundeskolonien wurden; vgl. u. S. 347 ff.

³⁵ Plin. n. h. III 5, 68—70: *In prima regione praeterea fuere in Latio clara oppida ... et cum iis carnem in monte Albano soliti accipere populi Albenses: Albani, Ae(fu)lani, Accienses, Abolani, Bube(n)tani, Bolani, C(arven)tani, Coriolani, Fidenates, For(c)ti, Hortenses, Latinienses, Longani, (S)anates, Macnales, Nunienses, Numin(t)enses, Olliculani, Octulani, Pedani, Poletaurini, Querquetulani, Sicani, S(a)solenses, Tolerienses, Tutienses, Vimitellani, Velienses, Venetulani, Vitell(i)enses. ita ex antiquo Latio LIII populi interiere sine vestigiis.* [Zur 'Ersten Region' gehörten außerdem folgende bekannte Städte in Latium ... und die Gemeinden um Alba, die mit ihnen an der Fleischverteilung auf dem Albanerberg teilzunehmen pflegten: (s. die Namenliste im lateinischen Text). So gingen 53 Gemeinden des alten Latium spurlos unter.] Wir folgen den Emendationen von A. Rosenberg, Hermes 54, 1919 121 ff., mit einigen Einschränkungen, übergehen jedoch einige unnötige Vermutungen. Vgl. auch F. Ribezzo, Onomastica 2, 1948, 29 ff.

Anmerkungen zum 1. Kapitel

[36] Daß die *Albenses* nicht zu der Liste der 30 gehören, ist die wohlbegründete Ansicht von B. G. Niebuhr und L. Ian-C. Mayhoff in ihrer Ausgabe des Plinius d. Ä. 1, 1906, 259, und von M. Pallottino, Arch. cl. 12, 1960, 27 usf. Niebuhr wurde zu Unrecht von A. Schwegler, RG 1, 348 und 2, 299, und Mommsen, Ges. Schr. 5, 75 f. deswegen gerügt.

[37] K. J. Beloch, RG 149 ff.

[38] Wir werden sehen, daß Rom schon im 7. Jahrh. v. Chr. als Einheit organisiert war, welche die *montes* der Palatinstadt und die *colles* des Quirinal umfaßte (vgl. S. 181 ff.), so daß die Velia der Liste nicht das Dorf zwischen Palatin und Esquilin sein kann; A. Rosenberg, a. a. O. 125 f. kam der Wahrheit schon näher, wenn er an eine irrtümliche Interpolation der Velia dachte. Dagegen: F. Ribezzo, a. a. O. und M. Pallottino, Arch. cl. 12, 1960, 27.

[39] Mommsen, Ges. Schr. 5, 79 f., nahm an, daß eine offizielle Liste der *populi* existierte, die berechtigt waren, am Latinerfest teilzunehmen; obwohl wir nicht zugeben können, daß alle dreißig Namen aus Plinius' Liste authentisch sind, können die wenigen oben behandelten Namen sehr wohl aus einer solchen alten Quelle stammen.

[40] Vgl. A. Rosenberg, a. a. O. 133 und 137.

[41] Die Emendation der *Foreti* und *Manates* der Liste wurde von Chr. Hülsen in SB Heid. phil.-hist. Kl. 1916, Abh. 14, 53 (O. Gradenwitz) vorgeschlagen und von A. Rosenberg, a. a. O. 127 ff. und M. Lejeune, R. Et. Lat. 29, 1951, 43 ff. übernommen.

[42] A. Rosenberg, a. a. O. 133.

[43] Vgl. ebenda 136 und o. Anm. 38 über *Velia*. H. Jordan, Topographie der Stadt Rom im Altertum I 1, 1878, 227 f. Das Vorhandensein eines Eichenhaines auf dem Caeliushügel bedeutet für das Problem wenig; solche Haine fand man überall.

[44] Die Umwandlung der Unterabteilungen der italischen Stämme in Siedlungsgemeinschaften, die allmählich urbanisiert wurden, ist oft bemerkt und behandelt worden. Vgl. z. B. Ad. Schulten, Philol. 53, 1894, 631 ff. E. Kornemann, Klio 5, 1905, 78 ff. Ders., Klio 14, 1915, 190 ff. A. Rosenberg, Der Staat der alten Italiker, Berlin 1913, passim. St. Weinstock, Klio 24, 1931, 235 ff. G. De Sanctis, Riv. di filol. 60, 1932, 433 ff. V. Basanoff, Rev. arch., ser. 6, 9—10, 1937, 43 ff. G. Devoto, Gli antichi italici, Firenze 1931[1], 262 ff. Fr. Leiffer, Zur Vorgeschichte des römischen Führeramtes (Klio Beiheft 23) 1931, 100 ff. usf. E. Kornemann, RE 18, 2318 ff. (mit weiterer Literatur). P. De Francisci, Primordia civitatis, Roma 1959, 135 ff.

[45] Varro, LL 6, 25. Über die *Lares grundules* vgl. S. 247 f.

[46] Liv. XXXII 1, 9. ILLRP 188.

⁴⁷ Liv. XXXVII 3, 4.

⁴⁸ Liv. XLI 16, 1—2.

⁴⁹ Cic. Pro Plancio 9, 23.

⁵⁰ Vgl. die offizielle Körperschaft der *Cabenses sacerdotes feriarum Latinarum montis Albani* [die für die Feier des Latinerfestes auf dem Albanerberg zuständigen Priester aus Cabum] (CIL VI, 2173 = XIV, 2228 mit der Anmerkung Dessaus; vgl. VI, 2174. 2175). K. Latte, Röm. Religionsgeschichte, München 1960, 405.

⁵¹ Die *sacerdotes Caeninenses* [Priester aus Caenina], eine andere aus Rittern gebildete Körperschaft der Kaiserzeit (vgl. die epigraphischen Belege, zitiert bei Latte, a. a. O. 405 Anm. 5), amtierten sicherlich ursprünglich an der Stätte von Caenina, wie dies ihrem Vorgänger Romulus zugeschrieben worden ist (Fab. Pictor fr. 5b = H. R. Rel. 1² S. 12 Peter: Ῥωμύλος μὲν οὖν τὸν χρόνον τοῦτον ἐτύγχανεν ἅμα τοῖς ἐπιφανεστάτοις τῶν κωμητῶν πεπορευμένος εἴς τι χωρίον Καίνιναν ὀνομαζόμενον ἱερὰ ποιήσων ὑπὲρ τοῦ κοινοῦ πάτρια) [Romulus war zu diesem Zeitpunkt gerade mit den angesehensten Mitgliedern der Gemeinde zu einem Ort namens Caenina aufgebrochen, um dort althergebrachte Opfer für das Gemeinwohl darzubringen], aber K. Latte dürfte recht haben mit der Annahme, daß sie Caenina auch beim Latinerfest am Albanerberg vertraten; es gab sonst niemanden, der das für die in Verfall geratene Gemeinde hätte tun können.

⁵² Vgl. meine Bemerkungen in AJA 64, 1960, 137 ff. und S. 46 ff.

⁵³ Liv. I 45, 3. DH 4, 26, 2: Ῥωμαίους δὲ τὴν ἁπάντων Λατίνων ἔχειν προστασίαν [... die Römer aber hätten die Führung aller Latiner inne]. Weitere Einzelheiten S. 82 ff.

⁵⁴ Vgl. meine Bemerkungen in SMSR 32, 1961, 21 ff.

⁵⁵ Liv. XXVII 9, 7. Vgl. die ausführliche Erörterung von E. Pais in Mem. Acc. Linc., cl. scienze mor., 5. ser. 17, 1924, 312 ff. Es ist wichtig festzuhalten, daß Rom 209 v. Chr. nicht mehr eine der dreißig Gemeinden war, sondern die über sie herrschende Stadt. Das ist die wirkliche Grundlage der annalistischen Fiktion, die diesen Zustand willkürlich in eine weit zurückliegende Epoche versetzt hat.

⁵⁶ Wie A. Schwegler, RG 2, 1856, 302 schon feststellte; vgl. Mommsen, Ges. Schr. 5, 80.

⁵⁷ E. Cassirer, Die Begriffsform des mythischen Denkens (Studien der Bibliothek Warburg 1) 1922, 34 ff.

⁵⁸ Ein schwacher Nachklang dieser Dreiteilung findet sich bei DH I 73, 3: ἄλλοι δὲ λέγουσιν Αἰνείου τελευτήσαντος Ἀσκάνιον ἅπασαν τὴν Λατίνων ἀρχὴν παραλαβόντα νείμασθαι πρὸς τοὺς ἀδελφοὺς Ῥωμύλον τε καὶ Ῥῶμον τήν τε χώραν καὶ τὴν δύναμιν τὴν Λατίνων τριχῆ. [Andere

hingegen behaupten, nach dem Tode des Aeneas habe Ascanius die Herrschaft über alle Latiner angetreten, aber Territorium und Streitmacht der Latiner mit den Brüdern Romulus und Remus geteilt, so daß jeder ein Drittel besaß.]

[59] In meiner Studie über die älteste Struktur des römischen Staates (s. Anm. 15) habe ich alle Einzelheiten über das System der Dreiteilung vorgelegt und zu den modernen Ansichten über dieses Thema Stellung genommen.

[60] Ich hoffe, in meiner Studie ›Bärenkult und Matriarchat in Eurasien‹ (Nyelvtudományi Közlemények 50, 1936, 5 ff. ungarisch, in dem in der vorigen Anmerkung erwähnten Band deutsch abgedruckt) gezeigt zu haben, daß das System der dreigeteilten Gesellschaft unter den Indogermanen und ebenso unter anderen Völkern als matriarchalische Gliederung entstanden ist. Seitdem hat G. Dumézil einige Aspekte dieser Gesellschaftsstruktur bei den italischen Stämmen untersucht (vgl. seine Arbeiten: Rev. Hist. d. Rel. 118, 1938, 188 ff. Mythes et Dieux des Germains, Paris 1939. Juppiter Mars Quirinus, Paris 1941, 45 ff., 129 ff. Horace et les Curiaces[5], Paris 1942, 50 ff. Juppiter Mars Quirinus IV Paris 1948. Latomus 13, 1954, 129 ff. L'idéologie tripartite des Indoeuropéens, Bruxelles [Coll. Latomus 31] 1958. R. Et. Lat. 39, 1961, 257 ff.), mit manchen wichtigen Beobachtungen, deren Wert dadurch nicht gemindert wird, daß wir seine Hauptthese von einer „funktionellen" Dreiteilung der Latiner in Soldaten, Priester und Bauern wie im Iran und in Indien nicht akzeptieren können. Die große Schwierigkeit dieses verwickelten Problems liegt darin, daß die — nach meiner Meinung matriarchalische — Dreiteilung in Rom und manchen anderen Staaten mit einer patriarchalischen Zweiteilung verbunden wurde. Die Kombination Juppiter, Mars, Quirinus stellt — wenigstens nach meiner Auffassung — den höchsten Gott über die beiden Vorsteher einer zweiteiligen Ordnung, oder mit anderen Worten: Juppiter als gemeinsamer Schirmherr der Gemeinden von Palatin und Quirinal.

[61] Zu den Einzelheiten vgl. S. 243 ff.

[62] DH IV 49, 2. Fest. p. 212, 15 ff. L. CIL XIV, 2227 (29 v. Chr.). Weitere Einzelheiten in dem Artikel von Aust in Roschers Lex. II 1, 686 ff.

[63] Schol. Bob. in Cic. *Pro Plancio* (S. 128, 25 ff. Hildebrandt): *Nam quidam id* [sc. sacrificium Latinorum anniversarium], *initum ex imperato Fauni contendunt, nonnulli post obitum Latini regis ⟨et⟩ Aeneae, quod ii nusquam comparuerant. Itaque ipsis diebus ideo oscillare instituerunt, ut pendulis machinis agitarentur: quoniam eorum corpus in terris non erat repertum, ut animae velut in aëre quaererentur.* [Denn manche behaupten, dieses (i. e. das jährliche Opfer der Latiner) sei auf Geheiß des Faunus

eingerichtet worden, einige aber datieren seine Gründung in die Zeit nach dem Tod des Königs Latinus und des Aeneas, und behaupten, es werde dargebracht, weil diese niemals wieder erschienen seien. Deshalb richteten sie die Sitte ein, an eben jenen Tagen zu schaukeln, indem sie sich an herabhängenden Vorrichtungen hin- und herschwingen ließen; weil nämlich die Körper jener Verstorbenen nicht auf der Erde aufgefunden worden waren, sollten auf diese Weise ihre Seelen gleichsam in der Luft gesucht werden.] Fest. p. 212, 15 ff. L.: *Oscillantes, ait Cornificius, ab eo quod os celare sint soliti personis propter verecundiam, qui eo genere lusus utebantur. Causa autem eius iactationis proditur [...] Latinus rex, qui praelio, quod ei fuit adversus Mezentium, Caeritum regem, nusquam apparuerit iudicatusque sit Iuppiter factus Latiaris. Itaque scit eius dies feriatos liberos servosque requirere eum non solum in terris, sed etiam qua videtur caelum posse adiri per oscillationem ... Atque ideo memoriam quoque redintegrari initio acceptae vitae per motus cunarum lactisque alimentum, quia per eos dies feriarum et oscillis moveantur et lactata potione utantur.* [*Oscillantes* ('Schaukelnde') leitet Cornificius davon ab, daß sie den Personen, welche an jener Art von Spiel teilnahmen, aus religiöser Ehrfurcht das Gesicht zu verhüllen *(os celare)* pflegten. Als Grund für dieses Schaukeln wird berichtet ..., daß der König Latinus nach einem Kampf gegen Mezentius, den König von Caere, nirgends aufzufinden war, so daß man zu dem Urteil gelangte, er sei zum Juppiter Latiaris erhoben worden. Daher ist es an seinem Festtag üblich, daß die Kinder und Sklaven, von der Arbeit befreit, ihn nicht nur auf der Erde suchen, sondern auch am Himmel, soweit man durch Schaukeln hinaufgelangen kann ... Und daher werde auch die Erinnerung daran, daß das eigene Leben mit dem Schaukeln der Wiege und der Ernährung durch Milch begonnen habe, wieder aufgefrischt, da sie an jenen Festtagen schaukelten und Milch tränken.] Diese aus einer gemeinsamen Quelle stammenden Berichte hat K. Latte, Röm. Religionsgeschichte, München 1960, 145 ff. verworfen. Das Nebeneinander der Traditionen über Alba und Lavinium als erste Vororte der Latiner ist jedoch nicht künstlich, sondern entsprang einem wirklichen Wettbewerb zwischen den beiden; vgl. S. 225 ff. Siehe auch E. Merkelbach, Mus. Helv. 18, 1961, 89 ff.

[64] Vgl. S. 225 ff.

[65] Cic. De div. 1, 11 18 *(De consulatu suo l. II)*: *Tu quoque, quum tumulos Albano in monte nivales lustrasti et laeto mactasti lacte Latinos.* [Auch du, als du die schneebedeckten Hügel des Albanergebirges entsühnt und die Latiner mit üppiger Milch gestärkt hast.]

[66] DH IV 49, 1: ἵνα συνερχόμενοι καθ' ἕκαστον ἐνιαυτὸν εἰς τὸν ἀποδειχθέντα τόπον πανηγυρίζωσι καὶ συνεστιῶνται καὶ κοινῶν ἱερῶν

μεταλαμβάνωσιν. 49, 2: θυσίας τε συντελεῖσθαι κοινὰς τῷ καλουμένῳ Λατιαρίῳ Διὶ καὶ συνεστιάσεις, τάξας ἃ δεῖ παρέχειν ἑκάστην πόλιν εἰς τὰ ἱερὰ καὶ μοῖραν, ἣν ἑκάστην δεήσει λαμβάνειν. 49, 3: ταύτας τὰς ἑορτάς τε καὶ τὰς θυσίας μέχρι τῶν καθ'ἡμᾶς χρόνων ἐπιτελοῦσι Ῥωμαῖοι Λατίνας καλοῦντες, καὶ φέρουσιν εἰς αὐτὰς αἱ μετέχουσαι τῶν ἱερῶν πόλεις αἱ μὲν ἄρνας, αἱ δὲ τυρούς, αἱ δὲ γάλακτός τι μέτρον, αἱ δὲ ὅμοιόν τι τούτοις (πελάνου γένος). ἑνὸς δὲ ταύρου κοινῶς ὑπὸ πασῶν θυομένου μέρος ἑκάστη τὸ τεταγμένον λαμβάνει. [(49, 1) ... damit sie alljährlich an dem betreffenden Ort zusammenkämen, gemeinsam feierten und speisten sowie an gemeinsamen Kulthandlungen teilnähmen. 49, 2: Sie sollten dem 'Latiaris' genannten Juppiter gemeinsame Opfer darbringen und gemeinsame Mahlzeiten veranstalten, wobei er festsetzte, was eine jede Stadt zu den Opfern beizusteuern und welchen Anteil eine jede zu erhalten habe. 49, 3: Diese, 'latinische' genannten Festtage und Opfer feiern die Römer bis auf den heutigen Tag, und von den Gemeinden, welche an den Kulthandlungen teilnehmen, bringen die einen Schafe, die anderen Käse, wieder andere eine bestimmte Menge an Milch oder anderes derartiges (eine Art Opferkuchen) zu jenen Feiern mit. Gemeinsam opfern sie einen Stier, von dessen Fleisch eine jede Gemeinde einen genau festgesetzten Anteil erhält.] Fest. p. 212, 30 f. L.: *quia per eos dies feriarum ... lactata potione utantur* [weil sie an jenen Festtagen ... einen Milchtrank zu sich nähmen).

[67] Cic. *Att.* 1, 3, 1: *Aviam tuam scito desiderio tui mortuam esse et simul, quod verita sit ne Latinae in officio non manerent et in montem Albanum hostias non adducerent.* [Wisse, daß deine Großmutter aus Sehnsucht nach dir gestorben ist und zugleich, weil sie befürchtete, daß die Latinerinnen ihre Pflicht nicht erfüllten und die Opfertiere nicht auf den Albanerberg geleiteten.] O. Skutsch-H. J. Rose, Cl. Q. 36, 1942, 18 f. Über den heiligen Hain auf dem Gipfel vgl. Liv. 1, 31, 3: *visi etiam* [sc. in monte Albano] *audire vocem ingentem ex summi cacuminis luco, ut patrio ritu sacra Albani facerent.* [Es schien ihnen auch (nämlich auf dem Albanerberg), als ob aus dem Hain, der den höchsten Gipfel bedeckte, eine gewaltige Stimme befehle, die Bewohner von Alba sollten nach althergebrachtem Brauch das heilige Ritual vollziehen.] Siehe H. Nissen, It. Lk. II 2, 1909, 580. G. Lugli, Boll. d'Arte 10, 1930, 162 ff.

[68] Liv. XLI 16, 1—2.

[69] Arnob. 2, 68: *in Albano antiquitus monte nullos alios licebat quam nivei tauros immolare candoris.* [Seit altersher durften auf dem Albanerberg nur schneeweiße Stiere geopfert werden.]

[70] Cic. *Pro Plancio* 9, 23 und Schol. Bob. (S. 128, 25 ff. Hild.) *ad l.l.*: *Quod vero mentionem petendae carnis fecit, pertinet ad consuetudinem*

sacri anniversarii ... *Feriarum Latinarum sacrificio solebat hoc observari ut de hostia civitates adiacentes portiunculas carnis acciperent ex Albano monte secundum veterem superstitionem. Verum tam exiguum in illis civitatibus numerum hominum significat, ut desint etiam, qui carnem petitum de sollemni more mittantur.* [Was aber die von ihm erwähnte Forderung nach einem Fleischanteil betrifft, so bezieht sich dies auf einen Brauch bei einem jährlichen Kultritual ... Beim Opfer anläßlich des Latinerfestes galt die Sitte, daß die angrenzenden Gemeinden gemäß altem kultischem Brauch jeweils einen Anteil am Fleisch des auf dem Albanerberg dargebrachten Opfertieres empfingen. Es ist aber bezeichnend für die geringe Einwohnerzahl jener Gemeinden, daß nicht einmal genügend Männer zur Verfügung stehen, die zur feierlichen Entgegennahme jenes Fleisches entsandt werden könnten.] Varro, LL 6, 25: *Latinae feriae dies conceptivus dictus a Latinis populis, quibus ex Albano monte ex sacris carnem petere fuit ius cum Romanis, a quibus Latinis Latinae dictae.* [Das Latinerfest wurde als *dies conceptivus* (jährlicher festgesetzter Tag) von jenen latinischen Gemeinden angekündigt, welche gemeinsam mit den Römern das Recht hatten, einen Fleischanteil von dem auf dem Albanerberg dargebrachten Opfertier zu fordern; von diesen Latinern hat das Fest den Namen 'Latinerfest' erhalten.] DH IV 49, 2: τάξας ἃ δεῖ παρέχειν ἑκάστην πόλιν εἰς τὰ ἱερά, καὶ μοῖραν ἣν ἑκάστην δεήσει λαμβάνειν. 49, 3: ἑνὸς δὲ ταύρου κοινῶς ὑπὸ πασῶν θυομένου μέρος ἑκάστη τὸ τεταγμένον λαμβάνει. [(49, 2) ... wobei er festsetzte, was eine jede Stadt zu den Opfern beizusteuern und welchen Anteil eine jede zu erhalten habe. (49, 3) Gemeinsam aber opfern sie einen Stier, von dessen Fleisch eine jede Gemeinde einen genau festgesetzten Anteil erhält.] Plin. n. h. III 5, 69: *carnem in monte Albano soliti accipere populi Albenses* [die Gemeinden um Alba, welche Fleisch auf dem Albanerberg zu erhalten pflegten]. Serv. Aen. 1, 211: *ut in Albano Latinis visceratio dabatur, id est caro* [wie auf dem Albanerberg den Latinern eine *visceratio* (Fleischverteilung) gewährt, d. h. Fleisch zugeteilt wurde].

71 Liv. XXXII 1, 9: *Feriae Latinae pontificum decreto instauratae sunt, quod legati ab Ardea questi in senatu erant sibi in monte Albano Latinis carnem, ut adsolet, datam non esse* [Das Latinerfest wurde auf einen Beschluß des Priesterkollegiums hin wiederholt, weil Gesandte aus Ardea sich im Senat beklagt hatten, daß ihnen beim Latinerfest auf dem Albanerberg nicht der übliche Fleischanteil gewährt worden sei] (199 v. Chr.). XXXVII 3, 4: *Latinaeque instauratae, quod Laurentibus pars carnis, quae dari debet, data non fuerat* [Und das Latinerfest wurde wiederholt, weil den Laurentern der ihnen zustehende Fleischanteil nicht gewährt worden war] (190 v. Chr.).

Anmerkungen zum 1. Kapitel

[72] Schol. Bob. a. a. O. (vgl. Anm. 70).
[73] Vgl. Anm. 66—77.
[74] DH IV 49, 1 ff.
[75] Zur Einführung in das Problem siehe W. Robertson Smith, Lectures on the Religion of the Semites, Edinburgh 1889. E. Reuterskiöld, Die Entstehung der Speisesakramente (Religionswissenschaftliche Bibliothek, hrsg. v. W. Streitberg u. R. Wünsch, 4) Heidelberg 1912. M. P. Nilsson, Geschichte der griechischen Religion 1^2, München 1955, 156 f., 572 ff.
[76] Rashíd al-Din, vgl. M. T. Houtsma, Wiener Zeitschrift für die Kunde des Morgenlandes 2, 1888, 219 ff. Z. v. Gombocz, Unsere türkischen Personennamen seit der Zeit der Dynastie der Arpaden (ungarisch), Budapest 1916, 6. A. N. Maksimov, Beiträge zum Problem des Totemismus unter den Völkern Sibiriens (russisch), Moskau 1928, 3 ff.
[77] M. Shieroshevski, Journal Anthrop. Inst. 31, 1901, 65 ff. A. A. Kaufmann, Der gemeinsame Bodenbesitz, Moskau 1908, übers. von R. Augustin (Masch.-Schr.) 65 ff. W. Schmidt-W. Koppers, Völker und Kulturen (Der Mensch aller Zeiten 3, Regensburg 1924) 226 ff. G. M. Potanin, Očerki ševero-zapadnoi Mongolii, St. Petersburg 4, 1883, 39. W. Radloff, Aus Sibirien 1, Leipzig 1884, 301 ff. R. Thurnwald, Anthropos 14—15, 1919 bis 1920, 505 ff. A. R. Brown, Anthropos 9, 1914, 627. W. Robertson Smith, Die Religion der Semiten, Leipzig 1899, 212 f., 239 ff. S. M. Shirokogoroff, The Social Organisation of the Northern Tungus, Shanghai, 1929, 195 ff. Sir James Frazer, Totemism and Exogamy 1, London 1910, 30 f., 46, 58 f.; 2, 1910, 520; 3, 1910, 40, 55, 67, 92, 97, 124, 267, 326. M. A. Castrén, Reiseerinnerungen aus den Jahren 1838—1844, St. Petersburg 1853, 286. G. M. Potanin, ARW 25, 1927, 100.
[78] W. Radloff, Proben aus der Volksdichtung der türkischen Stämme Süd-Sibiriens 4, St. Petersburg 1872, 63.
[79] M. Shieroshevski, Journ. Anthrop. Inst. 31, 1901, 82 ff.
[80] Vgl. U. Coli, Il diritto pubblico degli Umbri, Milano 1958, 55 f., 87 f. J. Heurgon, JRS 49, 1959, 164.
[81] DH II 23, 2.
[82] Antiochos von Syrakus, zitiert bei Aristot. Pol. 7, 10 = 1329 b.
[83] E. Reuterskiöld, a. a. O. 126 ff. M. P. Nilsson, Geschichte der griechischen Religion 1^2, München 1955, 45 ff., 156 f., 572 f.
[84] S. Reinach, Cultes, Mythes et Religions 1, Paris 1908, 16.
[85] J. Heurgon, Mélanges Charles Picard 1, Paris 1948 (Rev. arch. 6. sér. 29), 438 ff.
[86] Liv. I 52, 2 f. nennt die dreißig Städte omnes Latini [alle Latiner].
[87] DH IV 49, 3: θύουσι δ'ὑπὲρ ἁπάντων [sie opfern aber für alle].
[88] DH V 50, 4: γεγραμμένον ἐν ταῖς συνθήκαις ἁπάσας παρεῖναι τὰς

πόλεις ταῖς κοιναῖς ἀγοραῖς, ὅσαι τοῦ Λατίνων εἰσὶ γένους. [Im Bündnisvertrag ist festgelegt, daß alle Gemeinden, welche dem latinischen Stamm angehören, bei den gemeinsamen Versammlungen anwesend sein sollen.] V 61, 2: ὅσοι τοῦ Λατίνων μετεῖχον γένους [... die zum latinischen Stamm gehörten]. Ebenso DH VI 18, 1.

[89] Einige Beispiele für diese Terminologie bei Livius können dies genügend verdeutlichen: Liv. I 38, 4. III 8, 10. VII 17, 6; 28, 2. VIII 3, 8; 4, 12; 11, 10. IX 19, 2; 41, 6; 42, 11; 45, 5. X 11, 12; 34, 7. XXII 27, 11; 38, 1; 57, 10. XXIII 12, 16; 17, 8; 22, 5. XXVI 15, 3; 16, 6; 34, 7; XXVII 9, 1. XXIX 19, 9; 24, 14; 27, 2. XXX 41, 5; 44, 13. XXXI 5, 4. Wenn der Antiquar Cincius (bei Festus p. 276, 24 f.) den Ausdruck *commune Latium* statt *nomen Latinum* benutzt, so ist das eine Übernahme des griechischen τὸ κοινὸν τῶν Λατίνων [der Latinerstamm]; vgl. DH V 52, 2; 54, 5; 61, 5; 76, 2 etc. Vgl. Mommsen, St. R. 3, 608 f., 611 f. P. Frezza in: Scritti in onore di C. Ferrini 1, Milano 1947, 275 ff. Dagegen: A. N. Sherwin-White, R. Citiz. 19. P. De Francisci, Primordia civitatis, Roma 1959, 130 ff.

[90] Tab. Iguv. VI b 54. 58. VII a 12. 47 (p. 275 ed. Devoto²).

[91] Z. B. im *Senatus consultum de Bacchanalibus* [Senatsbeschluß über die Bacchusfeiern] und in der inschriftlich erhaltenen *lex agraria* [Ackergesetz] des C. Gracchus, den ältesten Gesetzestexten, die wir haben (Fontes iuris Romani 1, Firenze 1941, 240 ff.; ebenda 84 f.). Diese veränderte Bedeutung schwingt natürlich in der ganzen annalistischen Tradition immer verstohlen mit; die Römer späterer Zeiten schätzten nicht den Gedanken, daß sie nicht von Anfang an Herren über die Latiner waren.

[92] Wie schon von Mommsen, St. R. 1³, 666 Anm. 3 und 3, 617 beobachtet und von A. Rosenberg, Der Staat der alten Italiker, Berlin 1913, 76 ff. ausgeführt. Vgl. dens., Hermes 54, 1919, 114), und E. Kornemann, Klio 14, 1914, 200 ff.; vgl. auch K. O. Müller-W. Deecke, 1, 319 ff. E. Bormann, Archäologisch-epigraphische Mitteilungen aus Österreich-Ungarn 11, 1887, 103 ff. A. Rosenberg, 60 ff. L. R. Taylor, Local Cults in Etruria (Papers and Monographs 2) 1923, 22 ff. M. Pallottino, St. Etr. 2. ser. 24, 1955—56, 67 ff., und die Anm. 4 ff. zu Kap. 5 zitierten Abhandlungen.

[93] P. Ducati, Etruria antica 1, Torino 1925, 131. Ed. Meyer, G. d. A. 5, 1902, 123 betont, daß der Bund der zwölf Städte im 5. Jahrhundert bereits in voller Auflösung ist. Dagegen: L. R. Taylor, a. a. O. 14. L. Pareti, Rend. Pont. Acc. 3, ser. 7, 1929—31, 89 ff. G. Camporeale, La parola del passato 13, 1958, 8 ff., dem M. Sordi, Le rapporti romano-ceriti, Roma 1960, Anm. 1 widersprochen hat. Weitere Einzelheiten S. 167 ff.

[94] Wie z. B. schon J. Heurgon, Rech. 77 annahm.

[95] Vgl. z. B. M. Pallottino, Etruscologia⁶, Milano 1968, 209 ff., und S. 40 ff.

Anmerkungen zum 1. Kapitel

⁹⁶ S. Mazzarino, Iura 12, 1961, 33 ff.

⁹⁷ A. Rosenberg, a. a. O. 55.

⁹⁸ Vgl. S. 191 ff.

⁹⁹ Liv. IV 23, 5: *Igitur cum duae civitates legatis circa duodecim populos missis impetrassent, ut ad Voltumnae fanum indiceretur omni Etruriae concilium* ... [Als nun die beiden Städte Gesandte an die zwölf Gemeinden geschickt und erreicht hatten, daß ein gesamtetruskischer Kongreß zum Tempel des Voltumna einberufen worden war ...] 24, 2: *Itaque cum renuntiatum a mercatoribus esset negata Veientibus auxilia* [Als daher von Kaufleuten gemeldet wurde, das Hilfegesuch der Veienter sei abgewiesen worden ...], etc. IV 61, 2. V 17, 6 ff. VI 2, 2. IX 41, 6. DH III 59, 4: συναχθέντες εἰς μίαν ἀγορὰν περὶ καταλύσεως τοῦ πολέμου διαλέγεσθαι πρὸς αὐτὸν ἐψηφίσαντο. [In einer gemeinsamen Versammlung beschlossen sie, mit ihm über die Beendigung des Krieges zu verhandeln.] IX 1, 2. Diodor. XX 44, 9.

¹⁰⁰ DH III 61, 2—3, usf.

¹⁰¹ Strab. V 2, 9 (C. 226). Varro, *LL* 5, 74. DH II 49. L. R. Taylor, JRS 10, 1920, 29 ff. Eadem, Local Cults in Etruria (Papers and Monographs 2) 1923, 47 ff., 54 f. R. Bloch-L. Foti, Rev. philol. 3. ser. 27, 1950, 65 ff. R. Bartoccini, L'autostrada del Sole si ricollega all' antico nodo stradale di Lucus Feroniae (Etratto dalla Rivista « Autostrada » n. 8, Agosto 1961).

¹⁰² DH III 32, 1—2.

¹⁰³ Liv. IX 42, 11.

¹⁰⁴ Liv. IV 25, 7—8. DH VIII 58, 1: ἀλλὰ τὸ ἔθνος ἅπαν εἰς τὸν ἔννομον ἀγορὰν συναχθέν, εἰς ἣν ἔθος ἦν αὐτοῖς, ὅτε περὶ τῶν μεγίστων βουλεύεσθαι μέλλοιεν ἐξ ἁπάσης πόλεως προβούλους ἀποστέλλειν. [... sondern der gesamte, am rechtmäßigen Versammlungsort zusammengekommene Stamm, wohin bei Beratungen über besonders wichtige Angelegenheiten eine jede Stadt Abgeordnete zu entsenden pflegte.]

¹⁰⁵ Liv. VII 31, 11, u. a.

¹⁰⁶ Vgl. Mommsen, St. R. 3, 613 f. J. Binder, Die Plebs, Leipzig 1909, 329 ff., 344 ff. E. Täubler, Imperium Romanum 1, Leipzig 1913, 290, 293 ff.

¹⁰⁷ DH VI 95, 3—4. Schol. Bob. ad Cic., Pro Planc. 9, 23 p. 128, 25 ff. Hild. (Tarquinius Priscus). DH IV 49, 1—3. *Vir. ill.* 8, 2 (Superbus). Livius schweigt sicherlich nicht zufällig darüber.

¹⁰⁸ Schol. Bob. *l. c.*: *Nam Latinae feriae a quo fuerint institutae, dissentiunt plerique auctores. Alii ... existimant ... a Latinis priscis. Atque inter hos ipsos causa sacrificii non convenit. Nam quidam id initum ex imperato Fauni contendunt, nonnulli post obitum Latini regis (et) Aeneae.*

[Denn die Mehrzahl der Autoren ist sich nicht einig, von wem das Latinerfest eingerichtet wurde; die einen ... glauben ... von den alten latinischen Gemeinden. Aber sogar innerhalb dieser Gruppe ist man über den Ursprung des Opfers unterschiedlicher Meinung; einige nämlich behaupten, es sei auf Befehl des Faunus begründet worden, andere hingegen überliefern, man habe nach dem Tod des Königs Latinus und des Aeneas damit begonnen.] Cic., *Pro Mil.* 31, 85. Serv., *Aen.* 12, 135. Vgl. auch Strab. V 3, 4 (C. 231).

[109] Cic., *Ad Q. fr.* II 4, 2. Macrob. Sat. I 16, 16. Die *feriae* [Fest] und das *sacrum in monte Albano* [das Ritual auf dem Albanerberg] waren nicht dasselbe: Liv. V 17, 2—3. Ebenso werden ibid. XXII 1, 6 (*Latinis feriis actis, sacrificio in monte perfecto* [nach der Feier des Latinerfestes und Darbringung des Opfers auf dem Berg]) und DH IV 49, 2 ἑορταί [Feste] und θυσίαι [Opfer] getrennt aufgeführt. Chr. Werner, a. a. O. 29 f., mag damit recht haben, daß *Latiar* in erster Linie die Opfer bezeichnete. Die *feriae* umfaßten im Gegensatz zu den Riten vor 338 v. Chr. alle profanen Bestandteile, einschließlich der ernsten Geschäfte.

[110] Mommsen, RF 2, 1879, 104. Chr. Werner, *De feriis Latinis*, Diss. Leipzig 1888, 36 ff. A. Samter, RE 6, 2213 f.

[111] Liv. XLI 16, 5; XLII 10, 15; XLV 3, 2. Cic., *Fam.* VIII 6, 3. Varro, *LL* 6, 25. Macrob. a. a. O.

[112] Liv. XLV 3, 2. Die Berichte bei DH VI 95, 3—4, und Plut. *Camill.* 42, 6, sind durch die annalistische Fiktion entstellt; vgl. Chr. Werner, a. a. O. 17, 23, und Sueton *Claud.* 4; Tac. *Ann.* IV 36, 1.

[113] Lucan. 1, 550 f.: *ostendens confectas flamma Latinas* [das Freudenfeuer, welches das Ende des Latinerfestes anzeigt]. 5, 400 ff.: *nec non Iliacae numen quod praesidet Albae, haud meritum Latio sollemnia sacra subacto, vidit flammifera confectas nocte Latinas.* [Weiterhin erblickte der Gott, der Beschützer des trojanischen Alba, jenes das Latinerfest beendende nächtliche Freudenfeuer, obwohl er nach der Unterwerfung Latiums dieses feierliche Ritual nicht mehr verdient hatte.]

[114] Cic. *Ad Q. fr.* II 4, 2: *Dies erant duo, qui post Latinas habentur religiosi. Ceterum confectum erat Latiar.* [Es waren die zwei Tage nach dem Latinerfest, die als Feiertage gelten; im übrigen war das Fest des Juppiter Latiaris abgeschlossen.]

[115] Macrob., *Sat.* I 16, 16: *nam cum Latiar, hoc est Latinarum sollemne, concipitur, item diebus Saturnaliorum, sed et cum mundus patet, nefas est proelium sumere.* [Denn wenn das Latiar, d. i. das feierliche Latinerfest, angekündigt wird, ebenso an den Tagen der Saturnalienfeier, aber auch, wenn der Unterweltseingang *(mundus)* offensteht, ist es ein religiöser Frevel, einen Kampf zu beginnen.] DH IV 49, 2: καὶ ἐκεχειρίας εἶναι

πᾶσι πρὸς πάντας [... und zwischen allen solle Waffenstillstand herrschen]. (Das griechische Wort wird erklärt bei Gell. I 25, 9; vgl. *ibidem* 4: *bellum enim manet, pugna cessat* [Der Kriegszustand nämlich bleibt bestehen, die Kampfhandlungen aber ruhen]). DH VI 95, 3. Nic. Dam., *Vita Caes.* 5. Cass. Dio XXXIX 30, 4 (56 v. Chr.): οὐκ ἐπὶ τὰς ἀνοχὰς τὰς Λατίνας ... ἐς τὸ Ἀλβανὸν ἀφίκοντο. [Sie kamen nicht zum latinischen Waffenstillstand (d. h.: zur [üblichen] Teilnahme am Latinerfest) ... auf den Albanerberg.] XLI 14, 4. XLIII 48, 4. XLIV 4, 3. XLVI 33, 4. XLVII 40, 6. XLIX 16, 2; 42, 1. LIV 6, 6; 17, 2. LV 2, 5. Dieser Waffenstillstand wird irrtümlich bestritten von A. Rosenberg, Hermes 54, 1919, 169 f.

[116] Der Gottesfriede erklärt auch die Anwesenheit fremder Kaufleute auf dem Markt bei *Latiar* und bei anderen Bundeszusammenkünften. Ein lokales Beispiel für einen Gottesfrieden zur Zeit öffentlicher Spiele in Rom gibt Liv. IV 35, 3 (425 v. Chr.).

[117] Das war die Regel bis zur Eroberung Latiums durch Rom; vgl. Liv. VII 38, 1 und VIII 2, 13, und S. 36. 115 f. 365.

[118] DH IV 49, 3: τὴν ἡγεμονίαν τῶν ἱερῶν ἔχουσι Ῥωμαῖοι. [Die Römer führen die Oberaufsicht über das Ritual.]

[119] A. N. Sherwin-White, R. Citiz. 11.

[120] Mommsen, RF 2, Berlin 1879, 100 ff. (mit anderer Bewertung dieser Tatsache). CIL I² p. 56. A. Degrassi, Inscr. It. XIII 1, 1947, 143 ff. Mommsen, St. R. 3, 607 ff. A. Rosenberg, Hermes 54, 1919, 118. M. Gelzer, RE 12, 947 ff.

[121] Vgl. S. 224 f.

[122] Liv. XLI 16, 1—2. Der Magistrat von Lanuvium vergaß unvorsichtigerweise, das Wohlergehen der herrschenden Stadt neben dem aller Latiner zu erwähnen; also mußte die Stadt auch noch die Kosten für die Wiederholung der Opfer tragen. Mommsen schreibt St. R. 3, 613 f.: „wie die Stadt (seit dem Fall von Alba) Herrin des Bodens ist, so tritt sie auch als eigentliche Festgeberin auf". Aber wir werden sehen, daß das Territorium von Alba in der Zeit vor 338 v. Chr. nicht zu den Landbezirken Roms gehörte.

[123] DH VIII 87, 6: πρὸς ἕνα καιρόν, ἐν ᾧ πᾶσαι θύουσιν αἱ τῆς πόλεως ἀρχαὶ κοινὴν ὑπὲρ τοῦ Λατίνων ἔθνους τῷ Διὶ θυσίαν ἐπὶ τὸ Ἀλβανὸν ὄρος ἀναβαίνουσαι. [Zu einem bestimmten Zeitpunkt, an dem alle Oberbeamten der Stadt auf den Albanerberg steigen und dem Juppiter (Latiaris) ein gemeinsames Opfer für alle Latiner darbringen.] Vgl. IV 49, 3. Liv. XXI 63, 5. XXII 1, 6, etc.

[124] Liv. XXV 12, 1—2: *Romae consules praetoresque usque (ad) ante diem quintum Kal. Maias Latinae tenuerunt. eo die perpetrato sacro in*

monte in suas quisque provincias proficiscuntur [Die Konsuln und Prätoren hielt das Latinerfest bis zum Tag vor dem 27. April in Rom zurück; an letzterem Tag nämlich brechen sie nach Vollzug der heiligen Riten auf dem Albanerberg in ihre jeweiligen Provinzen auf] (212 v. Chr.). XLII 35, 3: *Quo maturius in provincias magistratus proficiscerentur, Latinae Kalendis Iuniis fuere: eoque sollemni perfecto C. Lucretius praetor ... Brundisium est profectus* [Damit die Amtsträger früher in ihre Provinzen abreisen konnten, fand das Latinerfest am 1. Juni statt; nach Vollzug jener feierlichen Riten brach der Prätor C. Lucretius ... nach Brundisium auf] (171 v. Chr.). XLIV 21, 3; 22, 16 (168 v. Chr.).

[125] DH VIII 87, 6. Strab. V 3, 2 (C. 229). CIL I² p. 58. Inscr. It. XIII 1, 147. Die Konsuln wurden in einem Haus auf dem Berg untergebracht, das zu diesem Zweck erbaut war. Cass. Dio LIV 29, 7.

[126] *Fasti Capitol.* a. 257 a. Chr. n. (CIL I² p. 58. Inscr. It. XIII, 1, p. 43.: *dictator Latinarum feriarum caussa* [Diktator für das Latinerfest].

[127] Liv. XLI 16, 1—2 (Lanuvium). CIL XIV 2231 = ILS 2990 = ILLRP 188 (offizielle Weihung der Ardeates). Lucan. *Phars.* 3, 87: *Quaque iter est Latiis ad summam fascibus Albam* [... wo die latinischen Amtsträger auf den Albanerberg steigen]. Aber es ist auch offensichtlich, daß die Personen *e municipiis ... qui carnem Latinis petant* [aus den Landstädten (Munizipien) ..., welche am Latinerfest einen Fleischanteil fordern] (Cic. Pro Planc. 9, 23) keine anderen als die lokalen Magistrate waren.

[128] Cic., *De div.* I 11, 18 (= *De cons. suo*, l. II).

[129] Liv. V 17, 2: *inventumque tandem est, ubi neglectas caerimonias intermissumque sollemne di arguerent: nihil profecto aliud esse quam magistratus vitio creatos Latinas sacrumque in Albano monte non rite concepisse.* [Und schließlich fand man heraus, worin die Götter eine nachlässige Handhabung der feierlichen Handlung und eine Störung des Rituals erblickten: kein anderer Grund sei denkbar, als daß unrechtmäßig gewählte Amtsträger unter Verletzung des geheiligten Brauches das Latinerfest und das Ritual auf dem Albanerberg angekündigt hätten.]

[130] Caes., *B. c.* 3, 21.

[131] Liv. XXI 63, 5. Cass. Dio XLVI 33, 4—5. XLVII 40, 6. XLIX 16, 2.

[132] Einzelheiten bei Chr. Werner, a. a. O. 35 f. A. Samter, RE 6, 2215, 46 ff.

[133] Chr. Werner, a. a. O. 35 ff. A. Samter, a. a. O. 2215 ff. Die Gegenüberstellung des kapitolinischen Kultes und des *Latiar* bei G. Wissowa, RuK², 39 ff. ist irrig; beide Kulte waren grundverschieden, und auf den Albanerhügeln existierte in früher Zeit kein Tempel; vgl. G. Lugli, I Santuari celebri del Lazio antico, Roma 1932, 16 ff.

388 Anmerkungen zum 1. Kapitel

134 Plin., *N. h.* XXVII 7, 45—6: *Absinthii genera plura sunt: ... multoque Italicum amarius. ... herbae facillimae, ... praeterea sacris populi Romani celebratae peculiariter, siquidem Latinarum feriis quadrigae certant in Capitolio victorque absinthium bibit.* [Es gibt mehrere Arten von Absinth: ... und das um vieles bitterere italische ..., sehr leicht zu findende Kräuter, ... außerdem besonders oft verwendet in den Riten des römischen Volkes, zumal am Latinerfest beim Rennen der Viergespanne auf dem Kapitol, wo der Sieger Absinth trinkt.] Das wurde zurückgewiesen von K. Latte, Römische Religionsgeschichte, München 1960, 146 Anm. 1; aber wir wissen, daß auch andere Spiele auf der *area Capitolina* abgehalten wurden (vgl. S. 290), und so besteht kein Grund, an dem Bericht des Plinius zu zweifeln. Der Trunk des siegreichen Wagenlenkers erinnert an den *soma*-Trank des vedischen Königs nach seinem symbolischen Wagenrennen; vgl. G. Dumézil, R. Et. Lat. 36, 1958 (1959) 130 ff., zu einer ähnlichen Parallele zwischen dem Ritual des *equus October* [Oktoberpferd] und dem indischen *aśvamedha*. Es ist sicher ein hocharchaischer Zug.

135 Tertull., *Apol.* 9, 5: *Ecce in illa religiosissima urbe Aeneadarum piorum est Iuppiter quidam, quem ludis suis humano sanguine proluunt. 'Sed bestiarii', inquitis.* [Da gibt es in jener überaus gottesfürchtigen Stadt der frommen Nachkommen des Aeneas einen Juppiter, den sie bei ihren Spielen mit Menschenblut besprritzen. 'Aber es handelt sich doch nur um Tierkämpfer', sagt ihr.] Min. Fel. 30, 4. Cypr., *De spect. 3.* Tatian. 29. Firm. Mat., *De err.* 26, 2. Prudent., *Contra Symm.* 1, 396. Paulin. Nolan. c. 32, 109 ff. Athanas., *Contra gentes* 25, 42 (Migne PGr 25, 50). Porphyr., *De abstin.* 2, 56. Diese Angaben sind als unzutreffende Erfindungen beiseite geschoben worden von H. J. Rose, Mnemos. 55, 1927, 273 und K. Latte, a. a. O. 144 Anm. 3. Aber allgemeine Überlegungen reichen nicht aus, um derart konkrete Angaben auszuschalten, besonders da diese Sitten für die Auffassung der historischen Zeit roh und grausam gewesen sind und da die Kirchenväter diese als lebendige Kultsitte verurteilen konnten.

136 Cincius bei Festus, p. 276, 19 ff. L.: *Alba deinde diruta usque ad P. Decium Murem consulem populos Latinos ad caput Ferentinae, quod est sub monte Albano, consulere solitos et imperium communi consilio administrare.* [Nach der Zerstörung Albas hätten die latinischen Gemeinden bis zum Konsulat des P. Decius Mus gewöhnlich an der Quelle des Ferentina-Baches am Fuß des Albanerberges ihre Beratungen abgehalten und die Leitung des Bundes durch gemeinsame Beschlüsse bestimmt.]

137 G. De Sanctis, St. d. R. 2^1, 1907, 91 = 2^2, 86 Anm. 1, gestützt durch Liv. II 38, 1: *praegressus ... ad caput Ferentinum, ut quisque venerit, primores eorum excipiens ... et eos ipsos sedulo audientes ... et per* *eos multitudinem aliam in subiectum viae campum deduxit* [Er eilte ... zur Quelle des Ferentina-Baches voraus, empfing der Reihe nach ihre führenden Persönlichkeiten und geleitete sie, die ihm emsig zuhörten, ... und in ihrem Gefolge eine große Menge anderen Volks in die gleich unten an der Straße gelegene Ebene hinab], wobei die fragliche *via* die *Appia* ist, die in das volskische Gebiet führt. Andere Ansichten findet man bei K. J. Beloch, Der italische Bund unter Roms Hegemonie, Leipzig 1880, 187, 193. H. Nissen, It. Lk. II 2, 558. K. J. Beloch, RG 1926, 182, 185, 186. H. Last, CAH 7, 1928, 405, 487 f. G. Lugli, I santuari celebri del Lazio antico, Roma 1932, 25. C. Daicoviciu, Ephemeris Dacoromana 4, 1930, 37 ff. A. N. Sherwin-White, R. Citiz. 12 ff. L. Pareti, St. d. R. 1, 1952, 234 ff. G. Giannelli, La repubblica romana² 1955, 24, 157, etc.

[138] Plut. Rom. 24, 2 (nach dem Mord an Titus Tatius in Lavinium) καὶ καθαρμοῖς ὁ Ῥωμύλος ἥγνισε τὰς πόλεις, οὓς ἔτι νῦν ἱστοροῦσιν ἐπὶ τῆς Φερεντίνης π(ηγ)ῆς (MSS: πύλης [Tor], emendiert von Cluver) συντελεῖσθαι. [Und Romulus reinigte die Städte durch Sühneriten, welche — wie berichtet wird — auch jetzt noch an der Ferentinischen Quelle vollzogen werden.]

[139] Fest., p. 276, 17 ff., zitiert oben Anm. 136. DH III 34, 3.

[140] DH III 51, 3.

[141] DH IV 45, 3. Liv. I 50, 1; 51, 9; 52, 5.

[142] Plut. Rom. 24, 2, zitiert Anm. 138.

[143] Liv. I 50, 1: *ad lucum Ferentinae* [beim Hain an der Ferentina-Quelle]; so auch I 52, 5 und VII 25, 5. Plut. Rom. 24, 2.

[144] Liv. I 52, 5 (für König Superbus): *indictumque iunioribus Latinorum, ut ex foedere die certa ad lucum Ferentinae armati frequentes adessent.* [Der Jungmannschaft der Latiner wurde aufgetragen, sich vertragsgemäß zum festgesetzten Termin bewaffnet und zahlreich beim Hain an der Ferentina-Quelle einzufinden.] In Wahrheit war das nur dann der gegebene Platz zur Vereinigung der latinischen Truppen, wenn es zum Krieg gegen die Volsker ging, d. h. seit dem frühen 5. Jahrhundert.

[145] Dionysios benutzt immer das Wort ἀγορά, „Versammlungsort, Markt", anläßlich der politischen Zusammenkünfte der Stammesbünde. Vgl. DH III 34, 3: αἱ δὲ τῶν Λατίνων πόλεις ἰδίᾳ μὲν οὐδὲν ἀπεκρίναντο πρὸς τοὺς πρέσβεις, κοινῇ δὲ τοῦ ἔθνους ἀγορὰν ἐν Φερεντίνῳ ποιησάμενοι ψηφίζονται μὴ παραχωρεῖν Ῥωμαίοις τῆς ἀρχῆς καὶ αὐτίκα αἱροῦνται δύο στρατηγοὺς αὐτοκράτορας εἰρήνης τε καὶ πολέμου. [Die Latinerstädte gaben nun nicht eine jede für sich den Gesandten eine Antwort, sondern kamen zu einer gemeinsamen Versammlung in Ferentinum zusammen, beschlossen, den Römern im Kampf um die Vorherrschaft nicht das Feld zu überlassen, und wählten sofort zwei leitende

Amtsträger mit unumschränkten Vollmachten in Krieg und Frieden.]
III 51, 3: Οἱ λοιποὶ Λατῖνοι … εἰς τὴν ἐν Φερεντίνῳ συνελθόντες
ἀγορὰν ἐψηφίσαντο κτλ. [Die übrigen Latiner … kamen zum Versammlungsplatz in Ferentinum und beschlossen usw.] IV 45, 3: προεῖπε
δι'ἀγγέλων ἥκειν εἰς τὴν ἐν Φερεντίνῳ γενομένην ἀγορὰν τοὺς εἰωθότας
ὑπὲρ τοῦ κοινοῦ τῶν Λατίνων συνεδρεύειν. [Er ließ durch Boten vorher
anordnen, die Vertreter (der Gemeinwesen) bei den Beratungen des Latinerbundes sollten zum Versammlungsort in Ferentinum kommen.] IV 45,
5: οἱ πρόεδροι τῶν Λατίνων [die Führer der Latiner] sind anwesend.
V 50, 2. 3. 4; 61, 1. Cincius bei Festus, p. 276, 17 ff. Liv. I 50, 1. VII 25, 5:
concilia populorum Latinorum ad lucum Ferentinae habita [die beim
Hain an der Ferentina-Quelle abgehaltenen Versammlungen der lateinischen Gemeinden] (349 v. Chr.). Vgl. VIII 14, 10.
146 Mommsen, St. R. 3, 615 und S. 115 f., 365.
147 Z. B. Liv. VII 27, 5.
148 Cincius bei Fest., p. 276, 17 ff. und S. 114 ff. Im Gegensatz zu dem
verläßlichen Bericht des Cincius schreibt DH V 50, 2: καὶ γένεται κοινὴ
τῶν συναγομένων εἰς Φερεντῖνον ἀγορά …, ἐν ᾗ ψῆφον ἐνεγκεῖν ἔδει
τὰς πόλεις … καὶ στρατηγοὺς ἀποδεῖξαι κτλ. [Und es fand eine gemeinsame Beratung der in Ferentinum Versammelten statt …, in der die
Gemeinwesen ihre Stimme abgeben … und die leitenden Amtsträger
ernennen mußten usw.] Wenn dies historisch ist, kann es sich nur auf die
Entscheidung beziehen, welche Stadt den Exekutivbeamten stellen sollte.
149 DH III 34, 3 (die Kollegialität ist zwar fälschlich in die Zeit des
Tullus Hostilius zurückprojiziert, aber der *modus procedendi* ist sicher
authentisch): καὶ αὐτίκα αἱροῦνται δύο στρατηγοὺς αὐτοκράτορας εἰρήνης
τε καὶ πολέμου, Ἄγκον Ποπλίκιον ἐκ πόλεως Κόρας καὶ Σπούσιον
Οὐεκίλιον ἐκ Λαουϊνίου. [Und sofort wählten sie zwei leitende Amtsträger mit unumschränkten Vollmachten in Krieg und Frieden, Ancus
Publicius aus Cora und Spusius Vecilius aus Lavinium.] Ein ähnlicher
Anachronismus, zutreffend für die Folgezeit, ist der Bericht bei DH V
61, 3, daß Octavius Mamilius aus Tusculum und Sextus Tarquinius aus
Gabii zu leitenden Beamten des Bundes gewählt wurden. 340 v. Chr.
sind die beiden Leiter des Bundes L. Annius aus Setia und L. Numisius
aus Circei.
150 Liv. I 50, 2; 51, 8; III 2, 3; VI 10, 7. VII 25, 5. VIII 3, 2. 10;
14, 10. DH III 34, 3; 51, 3. IV 45, 3; 46, 1; 48, 3. V 50, 2; 61, 1. Plut.,
Rom. 24, 2. Fest., p. 276, 20 L.
151 DH V 50, 4: γεγραμμένον ἐν ταῖς συνθήκαις ἁπάσας παρεῖναι τὰς
πόλεις ταῖς κοιναῖς ἀγοραῖς, ὅσαι τοῦ Λατίνων εἰσὶ γένους, παραγγειλάντων αὐταῖς τῶν προέδρων. [Im Vertrag sei festgelegt, daß alle Ge-

meinden, welche dem latinischen Stamm angehörten, auf Anordnung ihrer Führer hin an den gemeinsamen Versammlungen teilnehmen sollten.]
[152] *Principes Latinorum* (Liv. VIII 3, 2. 8), *Latinorum proceres* (Liv. I 45, 2; 50, 1), *primores populorum* (Liv. I 51, 4), *capita nominis Latini* (Liv. I 52, 4) [*jeweils* 'die Führer der Latiner']. Die *decem principes Latinorum* [die zehn Führer der Latiner], die vom römischen Senat aufgefordert werden, vor ihm zu erscheinen, mögen für die letzten Jahre des Bestehens des Bundes historisch sein; aber es kann sich um eine anachronistische Erfindung handeln; vgl. Brandis, RE 4, 2254 f.

[153] Vgl. DH V 50, 4 (zitiert Anm. 151).

[154] Cincius, vgl. Festus 276, 20 ff. L.: ... *usque ad P. Decium Murem consulem populos Latinos ad caput Ferentinae, quod est sub monte Albano, consulere solitos, et imperium communi consilio administrare.* [... bis zum Konsulat des P. Decius Mus hätten die latinischen Gemeinden gewöhnlich an der Quelle des Ferentina-Baches am Fuß des Albanerberges ihre Beratungen abgehalten und die Leitung des Bundes durch gemeinsame Beschlüsse bestimmt.] Vgl. die Anm. 145 zitierten Stellen aus Dionysios und Livius.

[155] Mommsen, St. R. 3, 615.

[156] Vgl. S. 345 ff.

[157] Die letzte Untersuchung zu diesem Thema ist: C. Castello, Il cosidetto ius migrandi dei Latini a Roma, in: Bull. dell' Ist. di diritto romano 61—62, 1958, 209 ff. G. Tibiletti, Athen., n.s. 28, 1950, 213 ff. Cf. Mommsen, St. R. 3, 367 f. J. Binder, Die Plebs 356 f. H. Kornhardt, SDHJ 19, 1953, 4 ff.

[158] Eine neuere Untersuchung darüber stammt von G. Crifò, Ricerche sull' 'exilium' nel periodo repubblicano, parte prima (Fondazione G. Castelli 32), Milano 1961, wo die antiken Quellen und die modernen Beurteilungen verzeichnet sind. Wir sind in einem wichtigen Punkt anderer Meinung: das *exilium* war ursprünglich keine Einrichtung der Römer, sondern des Latinerbundes.

[159] Mommsen, RG 1[7], 101 f.

[160] B. G. Diebuhr, RG 2[2], 77. K. J. Beloch, Der italische Bund 153. G. De Sanctis, St. d. R. 1[2], 376 f. Mommsen, St. R. 3, 628 ff., 632 f. P. De Francisci, Storia del diritto romano II 1, 1944, 11. A. N. Sherwin-White, R. Citiz. 14, 30 f. E. Manni, Per la storia dei municipii fino alla guerra sociale, Roma 1947, 31 ff. M. Kaser, Das römische Privatrecht (Handb. d. Altertumswiss.), München 1955, 27, 29 Anm. 17 (Literatur). F. De Martino, Storia della costituzione Romana 2, Napoli 1960, 65.

[161] A. Schwegler, RG 1, 453 f. und die in der vorigen Anmerkung zitierten Untersuchungen; ferner: E. De Visscher, Jura 2, 1951, 140 ff.

Idem, Revue intern. d. droits de l'antiquité 1, 1952, 403 ff., 411 ff. E. Volterra, in: Studi in memoria di E. Albertario 2, Milano 1953, 347 ff.

[162] Liv. IV 24, 2: *cum renuntiatum a mercatoribus esset negata* (sc. ad fanum Voltumnae) *Veientibus auxilia* [... als von Kaufleuten gemeldet worden war, das Hilfegesuch der Veienter sei abschlägig beschieden worden (nämlich beim Tempel des Voltumna)]. VI 2, 2: *hinc Etruriae principum ex omnibus populis coniurationem de bello ad fanum Voltumnae factam mercatores adferebant* [Dann brachten Kaufleute die Nachricht von einem beim Tempel des Voltumna durch Eide beschworenen Kampfbündnis der Führer aller etruskischen Gemeinden]. Liv. I 30, 5: *Tullus* (rex) *ad Feroniae fanum mercatu frequenti negotiatores Romanos comprehensos querebatur.* [(Der König) Tullus beschwerte sich, daß römische Kaufleute anläßlich des gut besuchten Marktes beim Tempel der Feronia festgenommen worden seien.] DH III 32, 1 (in dem *lucus Feroniae* [Hain der Feronia]) πολλοὶ δὲ χρηματιούμενοι διὰ τὴν πανήγυριν ἔμποροί τε καὶ χειροτέχναι καὶ γεωργοί, ἀγοραί τε αὐτόθι λαμπρόταται ... ἐγίνοντο [... viele Kaufleute, die das Fest zu Geschäften benutzen wollten, ferner Handwerker und Bauern; und glanzvolle Markttage ... wurden dort abgehalten]. Wie schon bemerkt wurde, nennt Dionysios die jährlichen Versammlungen 'gemeinsame Märkte' (κοιναὶ ἀγοραί). Falls die Geschichte bei Liv. V 8, 2—3 authentisch sein sollte, würde sie einen drastischen Wandel im Laufe des 5. Jahrhunderts v. Chr. erweisen.

[163] Vgl. Verf., Die Struktur des voretruskischen Römerstaates 175 ff.

[164] Unsere Quellenberichte haben nur insofern einen Wert, als sie die auf der Hand liegende Tatsache bestätigen, daß das *conubium* zwischen Latinerstädten (einschließlich Rom) uralt war. Vgl. Diod. VIII 25, 4 (über Alba Longa und Rom): οἱ δὲ δῆμοι πρὸς ἀλλήλους ἐπιγαμίας ἔχοντες καὶ φιλίαν. [Die Bewohner (dieser Städte) aber hatten Heiratsverbindungen und freundschaftliche Beziehungen miteinander.] Strab. V 3, 4 (C 231): Ἀλβανοὶ δὲ κατ' ἀρχὰς μὲν ὡμονόουν τοῖς Ῥωμαίοις ὁμόγλωττοί τε ὄντες καὶ Λατῖνοι ... ἐπιγαμίαι τε ἦσαν πρὸς ἀλλήλους καὶ ἱερὰ κοινὰ τὰ ἐν Ἄλβᾳ καὶ ἄλλα δίκαια πολιτικά. [Anfangs lebten die Bewohner von Alba und Rom in Eintracht miteinander, denn sie hatten die gleiche Sprache und waren Latiner ..., pflegten Heiratsverbindungen untereinander, vollzogen gemeinsame Riten in Alba und hatten andere (gemeinsame) bürgerliche Rechte.] DH VI 1, 2 (497 v. Chr., vor der Schlacht am See Regillus): ἐτύγχανον δὲ πολλαὶ πάνυ γυναῖκες εἰς τὰς ἀλλήλων πόλεις ἐκδεδομέναι καὶ διὰ τὸ συγγενὲς καὶ διὰ φιλίαν. [Sehr viele Frauen hatten jeweils Männer aus einer anderen Gemeinde geheiratet, weil die Einwohner blutsverwandt waren und in freundschaftlichen Beziehungen zueinander standen.]

¹⁶⁵ Ein wesentlich anderes Bild der historischen Entwicklung als das hier gezeichnete gibt Pl. Fraccaro, Opusc. 1, 1956, 104 ff., dessen Großherzigkeit und glänzendes Lebenswerk ich aufrichtig bewundere; es ist wohl verständlich, daß einem so bedeutenden Gelehrten viele andere folgten. Aber die reiche Ernte seines Schaffens bleibt auch dann ungeschmälert, wenn der Leser sich durch unsere Untersuchung überzeugen läßt, daß seine Vorstellungen von der ältesten römischen Geschichte nicht richtig waren.

¹⁶⁶ Liv. VIII 14, 2—10: *relatum igitur de singulis* (sc. populis) *decretumque. Lanuvinis civitas data. ... Aricini Nomentanique et Pedani eodem iure, quo Lanuvini, in civitatem accepti, Tusculanis servata civitas, quam habebant ... in Veliternos ... graviter saevitum ... in agrum senatorum coloni missi ... et Antium nova colonia missa ... Tiburtes Praenestinique agro multati ... ceteris Latinis populis conubia commerciaque et concilia inter se ademerunt.* [Es wurden also betreffs jeder einzelnen (Gemeinde) Anträge eingebracht und Beschlüsse gefaßt. Den Lanuvinern gab man das Bürgerrecht ... Aricia, Nomentum und Pedum wurden unter denselben Bedingungen wie Lanuvium mit dem Bürgerrecht bedacht, die Tusculaner behielten das Bürgerrecht, das sie bereits besaßen ... Velitrae ... wurde hart bestraft ..., auf dem Land seiner Ratsherren wurden römische Bürger angesiedelt ...; auch nach Antium entsandte man neue Kolonisten ... Tibur und Praeneste wurden mit Landabtretungen bestraft ...; den übrigen latinischen Gemeinden nahm man das Recht auf zwischenstaatliche Heirats- und Handelsbeziehungen sowie auf gemeinsame Versammlungen.] Vgl. Liv. IX 43, 23. Erörterungen dieser Stelle sind verzeichnet bei J. Binder, Die Plebs, Leipzig 1909, 353 ff. A. N. Sherwin-White, R. Citiz. 107, und anderswo.

¹⁶⁷ Liv. V 1, 5 (403 v. Chr., über den Mann, der später letzter König von Veii wurde): *cum ob iram repulsae, quod suffragio duodecim populorum alius sacerdos ei praelatus esset,* etc. [... als er aus Zorn über eine Zurückweisung — bei der Wahl des obersten Bundespriesters hatten die zwölf Städte ihm einen anderen vorgezogen — usw.]

¹⁶⁸ Cato, Orig. fr. 58 (H. R. Rel. 1², p. 72 Peter); vgl. H. Rudolph, Stadt und Staat im römischen Italien, Leipzig 1935, 12 f. Gegen die Interpretation Rudolphs vgl. die Anm. 170 zitierten Untersuchungen und unsere Behandlung S. 49. Eine sprachliche Analyse des Wortes *dictator* gibt G. B. Philipp, Gymnasium 66, 1959, 97 ff.

¹⁶⁹ Vgl. A. Rosenberg, Der Staat der alten Italiker, Berlin 1913, 66 f.

¹⁷⁰ Mommsen, St. R. 3, 618 f. bestritt das, weil er den Bericht des Cincius bei Festus, p. 276, 17 ff. L, mißdeutete. Vgl. A. Rosenberg, a. a. O. 65, 69 f., 80 ff. E. Kornemann, Klio 14, 1915, 196 ff. Die Diskussion des

Problems wurde intensiviert durch die scharfsinnige Argumentation von H. Rudolph, a. a. O. 11 f.; vgl. G. De Sanctis, Scritti in onore di B. Nogara, Città del Vaticano 1937, 147 ff. F. Altheim, Römische Geschichte 2, Frankfurt 1953, 414 f. (der irrtümlich von der Kollegialität der latinischen Diktatoren spricht). S. Mazzarino, Dalla mon. 157, 189 ff. 203 f. 261 Anm. 164 (mit weiteren Zitaten). A. N. Sherwin-White, R. Citiz. 59 ff.

[171] K. J. Beloch, Der italische Bund unter Roms Hegemonie, Leipzig 1880, 130. Idem, RG 1926, 230 ff. W. Liebenam, Städteverwaltung im römischen Kaiserreiche, Leipzig 1900, 254. Idem, RE 5, 388 ff. J. Marquardt, St. V. 1², 1881, 148. Mommsen, St. R. 2, 170 ff. A. Rosenberg, a. a. O., 71 ff. H. Rudolph, a. a. O., 7 ff. M. Gelzer, RE 12, 944 ff. A. N. Sherwin-White, R. Citiz. 59 ff. E. Manni, Per la storia dei municipii fino alla guerra sociale, Roma 1947, 93 ff.

[172] W. Ihne, Forschungen auf dem Gebiet der römischen Verfassungsgeschichte, Frankfurt/M. 1847, 42 ff. A. Schwegler, RG 2, 92 f. G. De Sanctis, St. d. R. 1¹, 1907, 421 ff. 2¹, 1907, 96 ff. A. Rosenberg, a. a. O. 77—79. E. Kornemann, Klio 14, 1915, 190 ff. K. J. Beloch, RG 230 ff. Pl. Fraccaro, Rivista di filol. class. n.s. 6, 1928, 551 ff. A. Momigliano, Bull. Com. 58, 1930 (1931) 29 ff. W. Soltau, Hermes 49, 1914, 357 ff. Weitere juristische Literatur geben U. v. Lübtow, Das römische Volk, Frankfurt 1955, 166 ff. A. Bernardi, Athen. n.s. 30, 1952, 3 ff. (Ich bin sicher, daß die 12 *fasces* nicht vor dem 4. Jahrhundert v. Chr. anzusetzen sind, und ihre Verdoppelung bei einer außerordentlichen Diktatur konnte nur auf die zweimal 12 *fasces* der Konsuln folgen). U. Kahrstedt, Symb. Osl. 30, 1953, 69 ff. D. Cohen, Mnemos. 4. ser. 10, 1957, 300 ff. möchte die römische Diktatur von der latinischen trennen und als eine Erscheinung *sui generis* auffassen, was meiner Meinung nach unmöglich ist.

[173] R. Stark, Res publica, Diss. Göttingen 1937, 9 ff., 12 ff. P. De Francisci, a. a. O. 599, 608 Anm. 251, 736 ff.

[174] Dagegen: J. Vogt, Die römische Republik², Tübingen 1951, 41.

[175] P. De Francisci, a. a. O. 604, der sich auf Mommsen, St. R. 2³, 145 ff., 173 stützt.

[176] Vgl. S. 76, 160, 288, 311.

[177] S. Mazzarino, Dalla mon. 76 ff., 86 ff. J. Heurgon, Historia 6, 1957, 75 ff. De Francisci, a. a. O. 599 ff.

[178] Wie mein verehrter Freund P. De Francisci, a. a. O. 600 ff. annahm.

[179] A. Rosenberg, Hermes 54, 1919, 149.

[180] DH V 50, 4.

[181] G. De Sanctis, St. d. R. 2¹, 1907, 100. G. Lugli, La via trionfale a Monte Cavo = Mem. Pont. Acc. R. di arch. 3. ser. 1, 1923, 251 ff. Vgl. die römischen Nachahmungen des latinischen Triumphs durch römische

Feldherrn seit 231 v. Chr.: *fasti triumphales,* p. 79 Degrassi. Die Cista von Praeneste, veröffentlicht von A. Michaelis, Mon. ined. 10, 1876, 105 ff., wiedergegeben von Aust in Roschers Lex. 2, 695, stellt nicht einen latinischen Triumph dar, wie man gemeinhin glaubt, sondern den des Aeneas. Die Fahne in der Hand des Ascanius mit dem Raubvogel auf der Spitze ist das 'Wappen' einer Stadt — am ehesten eine *ardea,* das sprechende Wappen der Stadt Ardea, die mit der Ankunft des Aeneas in der Sage eng verknüpft gewesen ist. Vgl. E. J. Häberlin, Aes grave, Frankfurt 1910, Taf. 64, 4—5. Ich werde anderswo auf dieses Problem zurückkommen.

[182] Wenn die Latiner bei DH III 34, 3 schon unter Tullus Hostilius αἱροῦνται δύο στρατηγοὺς αὐτοκράτορας εἰρήνης τε καὶ πολέμου [Sie wählten zwei leitende Amtsträger mit unumschränkten Vollmachten in Krieg und Frieden], so ist das ein offenbarer Anachronismus; die πρόεδροι τῶν Λατίνων in DH IV 45, 5, und die προεστηκότες τῶν Λατίνων [die Führer der Latiner] DH V 52, 3, sind sicherlich die beiden latinischen Bundespraetoren späterer Zeiten. Vgl. noch DH V 61, 3; 76, 3; VI 2, 1; 4, 1; 5, 2. 3. 4. 5. Liv. VIII 3, 9. W. Ihne, RG 1, Leipzig 1868, 128 f. Mommsen, St. R. 3, 617. A. Rosenberg, Der Staat der alten Italiker 77. K. J. Beloch, RG 188 f. M. Gelzer, RE 12, 961 ff. S. Mazzarino, Dalla mon. 168 ff. L. Pareti, St. d. R. 1, 1952, 359. Pl. Fraccaro, Athen., n. s. 12, 1934, 54 ff. hat gezeigt, wie die Kollegialität in der „servianischen" Verfassung ihren Ausdruck findet. Aber diese timokratische Ordnung gehört nach meiner Überzeugung ins 5. Jahrhundert v. Chr.

[183] Wir haben in dem oben (Anm. 14 zu Kap. 1) erwähnten Buche zu zeigen versucht, daß die *Lupercalia* ursprünglich mit dem Doppelkönigtum im voretruskischen Rom verbunden waren; aber die Zuweisung von Staatskulten an fürstliche Familien gehört ins 5. Jahrhundert v. Chr.

Zweites Kapitel

[1] A. Alföldi, AJA 64, 1960, 137 ff. Eine wichtige Bestätigung meiner Ergebnisse brachte E. Paribeni, AJA 65, 1961, 55 ff. Eine viel spätere Darstellung der gleichen Gruppe der drei Gottheiten findet sich auf einem Silberring im Museum Benaki in Athen: B. Segall, Katalog der Goldschmiedearbeiten des Museums Benaki, Athen 1938, Nr. 157 mit Taf. 36. Ein anderes Mitglied derselben Familie erscheint in der Inschrift Année epigr. 1933, 391 Nr. 84; *C. Iulio Roeme(talci) regi. ... M. Acculeius M. f. Vol. amico bene merito f. c.*

[2] H. R. Rel. 1², 72 fr. 58 (= Priscian. 4 p. 129 Hertz und 7 p. 337 Hertz).

Anmerkungen zum 2. Kapitel

[3] Die MSS haben: *Laebius* (H), *Lebius* [Par. R A(miens) B(ern)], *Baebius* (S), *Bebius* (K) etc. F. Altheim, Italien und Rom[2], Frankfurt 1942, 415, zieht die Lesart *Laevius* vor, aber S. Mazzarino, Dalla mon. 250 Anm., befürwortet mit guten Gründen *Baebius*.

[4] Der Codex R hat *dicator*; darüber S. 49.

[5] Fest. p. 128, 15 L. Vgl. auch Ps.-Acro, ad Hor. Serm. II 3, 228. Flor I 5, 8.

[6] H. Jordan, Die Könige im alten Italien, Berlin 1887, 46. Aber Mommsen, CIL I[2] p. 298 ff., hat schon beobachtet, daß Diana im ältesten Festzyklus des römischen Kalenders nicht vertreten ist. Diese Tatsache macht es unmöglich, den römischen Dianakult in die Königszeit zu datieren, und entwertet alle Kombinationen, die auf der erfundenen annalistischen Erzählung von der Priorität des Dianaheiligtums auf dem Aventin beruhen. A. Schwegler, RG 2, 291, stützt sich bei dieser Datierung auf die Nennung Pometias. Aber diese Stadt war unter der Herrschaft des Superbus noch nicht im Besitz der Volsker, sondern erst nach der Schlacht beim See Regillus. G. De Sanctis, St. d. R. 2[1], 104 ff. H. Horn, Foederati, Diss. Frankfurt 1930, 90, glaubte, daß die Begründung des neuen Bundeskultes eine Rückführung des Kultzentrums der Diana vom Aventin nach Aricia war; wir werden auf diesen Punkt zurückkommen (vgl. S. 82 ff.). A. Rosenberg, Hermes 54, 1919, 158 f. betont das Fehlen von Signia in der Liste; aber wir glauben nicht, daß die Liste vollständig ist. A. N. Sherwin-White, R. Citiz. 12, nimmt an, daß Cato im 2. Buche der Origines nur die älteste Geschichte Latiums behandelte. Aber fr. 44 erwähnt die Festsetzung der Kelten in Italien. H. Last, CAH 7, 1928, 350, beachtete zwar das Datum des Dokumentes bei Cato, vermutete aber, daß „wenn der Bezirk der Diana gegen Anfang des 5. Jahrhunderts einen neuen Abschnitt seiner Geschichte als Bundeszentrum begann, er diesem Zwecke früher schon gedient zu haben scheint". Aber die *consecratio* [Weihung] des Haines bedeutet klar einen neuen Anfang, und wir werden sehen, daß dies auf eine besondere politische Situation zurückging. S. Mazzarino, Dalla mon. 156 ff., datiert diese Weihung auf 524 oder wenig später, jedoch auf Grund einer chronologischen Vermengung der Ereignisse von 524 und 504 v. Chr., die S. 70 f. behandelt wird. G. Giannelli, La repubblica romana[2], Milano 1955, 188 Anm. 2, akzeptierte die Überlieferung, daß der aventinische Kult der Diana von Servius Tullius begründet wurde (dagegen S. 82 f.), aber auch die Ansicht Wissowas von der Priorität Aricias gegenüber dem Aventin. Er versuchte, den Kult von Aricia noch früher als den aventinischen anzusetzen; seine Datierung liegt aber viel zu hoch (« prima della metà del VI secolo »). A. Momigliano, Rend. Acc. Linc., cl. mor. 1962, 387 ff., argumentiert nicht überzeugend gegen Wissowa und den Verfasser.

[7] Ed. Meyer, G. d. A. 5, 1902, 137 (um 450 v. Chr.). A. Piganiol, La conquête romaine, Paris 1927, 124 (Anfang des 4. Jahrhunderts). K. J. Beloch, RG, 187 f. (389 v. Chr. oder wenig später). F. Schachermeyr, RE 4 A, 2365 (nach dem Sturz der Tarquinier).

[8] K. J. Beloch, Der italische Bund, Leipzig 1880, 179 ff. G. De Sanctis, St. d. R. 2, 93. M. Gelzer, RE 12, 953 (dem wir in der frühen Datierung des ersten Karthagervertrages nicht folgen; dieser spiegelt, wie wir glauben, eine ganz andere Situation wider) und H. U. Instinsky, Klio 30, 1937, 12. H. Last, a. a. O. (vgl. Anm. 6), dem A. E. Gordon, TAPA 63, 1932, 178, folgt. G. Giannelli, Trattato di storia romana 1, Roma 1953, 182, nahm eine Erneuerung des Bundes von Aricia um 500 v. Chr. an. A. Momigliano, Bull. Com. 58, 1930 (1931), 31. Wir geben nur einige wichtige Ansichten der Forschung wieder und keinen erschöpfenden Überblick über die moderne Literatur. Vgl. noch G. De Sanctis, St. d. R. 1², 409 ff. G. Bloch, La république romaine, Paris 1913, 68. F. Schachermeyr, RE 4 A, 2365, etc.

[9] Vgl. S. 51 ff., wo alle wichtigen Zitate *in extenso* wiedergegeben sind.

[10] G. De Sanctis, St. d. R. 1¹, 456 f. Pl. Fraccaro, Opuscula 1, Pavia 1956, 13. G. Giannelli, La repubblica romana, 1², 90 Anm. 28, 100 ff. L. Pareti, St. d. R. 1, 314. H. Last, CAH 7, 1928, 395 ff. (mit einigen Abstrichen). A. E. Gordon, The Cults of Aricia, Berkeley 1934, 2. Diese Theorie scheint der Ausgangspunkt der unannehmbaren Hypothese gewesen zu sein, daß Mastarna und Porsenna identisch seien. Vgl. L. Pareti, St. Etr. 5, 1931, 154 ff.

[11] Mit Rücksicht auf ihre grundsätzliche Bedeutung behandeln wir diese Frage S. 51 ff. ausführlich.

[12] Die römische Chronologie neigt allgemein dazu, die von den Griechen später angesetzten Ereignisse um einige Jahre zurückzuschieben. Vgl. O. Leuze, Die römische Jahrzählung, Tübingen 1909, 377 f. E. Kornemann, Internationale Monatsschrift 14, 1920, 491. E. Pais, St. crit. 1, 1913, 371, gibt korrekt 504 an. A. Piganiol, La conquête romaine, Paris 1927, 67, setzt das Ereignis mit Rücksicht auf die annalistische Datierung auf 506, wie auch F. Altheim, Römische Geschichte 2, Frankfurt 1953, 104. Ältere Ansichten bei Leuze, a. a. O. 378.

[13] Vgl. S. 63 ff.

[14] Wie G. De Sanctis, a. a. O. (Anm. 6) 2, 90, dachte. K. J. Beloch, Der italische Bund, 135, 186 ff., 194 ff. suchte den Grund für das Fehlen Roms in der falschen Darstellung der Annalisten, die vorgeben, Rom habe auch schon vor 338 v. Chr. außerhalb des Bundes und über ihm gestanden. Das ist falsch. Vgl. S. 49 ff.

[15] Vgl. S. 71 ff.

Anmerkungen zum 2. Kapitel

[16] Wie S. Mazzarino, a. a. O. (Anm. 3) 156 ff. erkannte.

[17] Die archäologischen Zeugnisse untersuchte Gr. Florescu, Ephem. Dacorom. 3, 1925, 6 ff.

[18] K. J. Beloch, Der italische Bund 179 ff. E. Täubler, Imperium Romanum 1, 1913, 303 ff. G. De Sanctis, a. a. O. (Anm. 6) 92. Ed. Meyer, G. d. A. 5, 1902, 137. F. Altheim, Griechische Götter im alten Rom (Religionsgesch. Vers. u. Vorarb. 22, 1) 1930, 94, 98, 131 ff. M. Gelzer, RE 12, 953. L. Pareti, a. a. O. (Anm. 10) 1, 234.

[19] O. Seeck, Rh. Mus. N. F. 37, 1882, 15 ff. K. J. Beloch, RG 1, 1926, 187 ff. H. Dessau, CIL XIV p. 204. Das Dokument wurde sorgfältig untersucht von M. Zoeller, Latium und Rom, Leipzig 1878, 228 f. Jahrbücher f. Philol. 127, 1883, 169 ff. E. Pais, St. crit. 1, Roma 1913, 372 f. T. Frank, An Economic History of Rome, Baltimore 1927, 45 f. G. Wissowa, RuK², München 1912, 247 f.

[20] Vgl. die Anmerkung von H. Peter zu diesen Auszügen in seiner Ausgabe der H. R. Rel. (1², p. 63)

[21] Wie schon K. J. Beloch, RG 1, 187 bemerkte.

[22] DH V 61, 2.

[23] Liv. II 18, 3.

[24] Plin. N. h. III 5, 69. Vgl. S. 15 ff., 23 ff.

[25] DH V 61, 3. Cf. O. Seeck, Rh. Mus., n. F. 37, 1887, 18 ff. H. Nissen, It. Lk. II 2, 558 ff., 590 ff. G. De Sanctis, St. d. R. 2, 100 ff.

[26] DH V 20, 2: πλὴν μιᾶς τῆς Ῥωμαίων πόλεως [Rom allein ausgenommen]; vgl. V 50, 4: eine unfreiwillige Anerkennung der Tatsache, daß Rom in den ursprünglichen Bund einbegriffen war und nicht über ihn herrschte.

[28] Vgl. C. G. Lorenz, De dictatoribus Latinis ac municipalibus, Progr.

[27] In diesem Sinne M. Gelzer, RE 12, 953. Vgl. o. S. 40 ff.
Grim. 1841, 24, 30 ff.

[29] H. Rudolph, Stadt und Staat im römischen Italien 11 ff.

[30] Wie H. U. Instinsky, Klio 30, 1937, 122, erkannte. F. Altheim, RG 2, 1953, 415 ff. S. Mazzarino, a. a. O. (Anm. 6) 154 ff., 250 ff. Vgl. auch o. S. 40 f. Über Egerius Baebius siehe F. Münzer, RE 5, 1981 f. H. Dessau, CIL XIV p. 204.

[31] A. Rosenberg, Der Staat der alten Italiker 61 ff.

[32] Vgl. S. 114 ff.

[33] Cic., Att. IX 10, 3. Idem, De nat. deor. II 2, 6. DH IV 45, 1. 4; 47, 4. V 61, 1. 4—5; 62, 1; 76, 3. VI 2, 2; 4, 1; 5, 3 ff. 11, 2—3; 12, 1. Liv. I 49, 9. II 19, 7 ff.; 20, 8—9 etc. Vgl. G. McCracken, RE 7 A, 1464 ff.

[34] Livius fügt (I 45, 3) der volkstümlichen Fabel, die bezüglich der Verlegung des Kultzentrums des Bundes auf den Aventin erzählt wurde,

die Bemerkung hinzu: *ea erat confessio caput rerum Romam esse* [dies war das Eingeständnis, daß Rom die Vormacht sei] (Einzelheiten S. 82 ff.). Dasselbe gilt von Aricia.

[35] Liv. I 50, 1—52, 5. Die Gestalt des Turnus Herdonius bleibt undeutlich (DH IV 45, 4 sagt, er sei gebürtig aus Corioli), aber das Übergewicht Aricias, das dadurch illustriert wird, ist historisch. DH V 51, 1. 2; 61, 1. 2. 4—5; 62, 1. VI 21, 2. Flor. I 5, 8.

[36] K. J. Beloch, Der italische Bund 187, dachte, daß Aricia das permanente Zentrum des Latinerbundes gewesen sei; das ist sicherlich eine falsche Vorstellung.

[37] H. Last, CAH 7, 1928, 488.

[38] Liv. II 19, 2.

[39] G. De Sanctis, St. d. R. 2, 92. Ibid. über *Velitrae*. Über *Ardea*: M. Gelzer, RE 12, 944.

[40] DH V 36, 1—4.

[41] T. J. Dunbabin, The Western Greeks, Oxford 1948, 344, hat recht, wenn er das ein „kurzlebiges latinisches Bündnis gegen etruskische Wiedereroberungsversuche" nennt.

[42] Liv. II 26, 4—6. DH VI 32, 3.

[43] Liv. III 71, 1—5.

[44] H. Rudolph, a. a. O. (Anm. 29) 14 Anm. 1 macht auf die offiziellen Weihgaben der latinischen Kolonien im Heiligtum der Diana in Nemi aufmerksam; vgl. CIL XIV 4269 (Ariminum) und CIL VI 133.

[45] Z. B. Ed. Meyer, GdA 5, 1902, 122. W. Hoffmann, Rom und die griechische Welt im IV. Jahrhundert v. Chr. (Philol., Suppl. 27, 1) 1934, 1 ff. L. Homo, L'Italie primitive, Paris 1925, 151 ff. G. Giannelli, Trattato (Anm. 8) 1, 161, 169 f.

[46] E. Gàbrici, Mon. ant. 22, 1913, 580 ff.

[47] Vgl. S. 95 ff., 131 ff.

[48] F Gr Hist I B Nr. 576 (678 f. mit dem Kommentar 606 ff. und den Anmerkungen 333, 352 ff.).

[49] A. a. O. (Anm. 48) 607.

[50] Vgl. meine Studie in: Late Classical and Mediaeval Studies in Honor of A. M. Friend, Jr., Princeton 1955, 15 ff.

[51] Ein glänzender Überblick über das Thema bei H. Herter, RAC Stuttgart 1959, 620, s. v. *effeminatio*.

[52] A. Klotz, Livius und seine Vorgänger (Neue Wege zur Antike 2, 11) 1941, 218 ff., bes. 234.

[53] W. Christ, SB BayrAk, phil.-hist. Kl. 1905, 62.

[54] Vgl. die Zitate S. 59 ff.

[55] W. Christ, a. a. O. (Anm. 53) 69.

56 Ed. Meyer, G. d. A. 2², 809; er wertet den Bericht unberechtigterweise ab, aber ich fühle mich verpflichtet, sein abfälliges Urteil wiederzugeben: „Der eingehende Bericht bei Dion. Hal. VII 3—12 ist so elend, daß die Annahme, er stamme aus Timaeus, wahrscheinlich erscheinen könnte; aber die Motivierung des Etruskerzuges durch den Kelteneinfall können wir ihm doch nicht zutrauen. Eher kann die verwandte, aber nicht identische Erzählung bei Plut., *virt. mulier.* 26 mit der albernen Etymologie aus Timaeus stammen: auch Diod. VII fr. 10 ist wohl Timaeus. Die ursprüngliche Grundlage bildet eine einheimische Chronik wie die Κυμαϊκά des Hyperochus (FHG IV 434); aber die Erzählung ist in unseren Quellen so arg entstellt, daß sie nur mit schweren Bedenken benutzt werden kann." W. Christ, a. a. O. 122 f. glaubt, daß die Geschichte bei DH VII 3—11 durch Diokles von Peparethos aus der kymäischen Überlieferung vermittelt wurde; das ist eine bloße Vermutung, ebenso der Gedanke an Timaios bei Ed. Meyer. E. Ciaceri, Storia della Magna Grecia 2, Milano—Roma 1927, 272 Anm. 1, und andere führen die Erzählung wie Ed. Meyer auf Hyperochos zurück. Die Unabhängigkeit der kymäischen Zeugnisse von der römischen Geschichtsschreibung wird auch von E. Meyer, Mus. Helv. 9, 1952, 180 in einer kurzen Notiz unterstrichen. Die Geschichte von Aristodemos bei Diod. VII fr. 10 mag aus demselben Werk stammen, das bei Dionysios VII 3—11 vorliegt, soweit man sich aus dem kurzen Auszug ein Urteil bilden kann. W. Christ, a. a. O. 65 ff., verbindet DH VII 3—11 direkt mit Plut., *De mul. virt.* 26, was nicht geht.

57 B. L. Ulman, TAPA 73, 1942, 25 ff. F. W. Walbank, Cl. Q. 39, 1945, 8 ff. und S. 144 ff.

58 F Gr Hist 3 B Anmerkungsband zum Kommentar, 1955, 333 Nr. 325 (gegen J. Geffcken und W. Schur).

59 Polyb. XII 24, 1—6. Vgl. die glänzende Skizze des geistigen Lebens Athens um 300 v. Chr. als Hintergrund für das Werk des Timaios in der Untersuchung von A. Momigliano, Rivista storica ital. 71, 1959, 529 ff., 545 f.

60 E. Gabba, Athen. n. s. 38, 1960, 183 (gegen F. Jacoby). Vgl. auch G. De Sanctis, Rivista di filol. 63 (n. s. 13) 1935, 297 ff. A. Klotz, Rh. Mus. 87, 1938, 35 f. Das in diesem Exkurs überlieferte frühe Datum der keltischen Wanderung beruht letztlich auf derselben literarischen Quelle wie Liv. V 33, 5; 34, 1. Vgl. G. A. Mansuelli, CRAI 1960 (1961) 80 ff. F. Jacoby, F Gr Hist 1 F 58 Kommentar. H. Homeyer, Historia 9, 1960, 349 f.

61 F. Jacoby, F Gr Hist 3 B Kommentar 606, unterschätzt viel zu sehr die Existenz solcher Lokalchroniken, wenn er behauptet, daß die Κροτονιατῶν ὑπομνήματα [offizielle Aufzeichnungen der Stadt Kroton] bei

Jamblichus, *Vita Pyth.* 262 und die Τυρίων ὑπομνήματα [offizielle Aufzeichnungen der Stadt Tyros] bei Timaios, F Gr Hist 566 F 7, offizielle Dokumente aus Archiven und keine historischen Berichte waren.

[62] M. Gelzer, Hermes 68, 1933, 129 ff. und 69, 1934, 46 ff. mit der älteren Literatur. Vgl. Kap. 4.

[63] Vgl. z. B. M. Gelzer, Hermes 82, 1954, 346.

[64] Die Eroberung Kymäs 421 v. Chr. scheint der annalistischen Tradition durch dieselbe Quelle vermittelt worden zu sein. Vgl. F. Altheim, Lex sacra, Amsterdam 1940, 13 f.

[65] Vgl. meine Bemerkungen in: Die trojanischen Urahnen der Römer (Rektoratsprogramm Basel 1956) 1957, passim.

[66] G. De Sanctis, St. d. R. 1², 430. J. Heurgon, Rech. 64 f., 79 f. E. Ciaceri, Storia della Magna Grecia 2, Milano—Roma—Napoli 1927, 272 ff. Die ältere Literatur gibt B. Niese RE 2, 922 Nr. 8. Die archäologischen Forschungen in Kymä faßt B. Combet Farnoux, Mél. 69, 1957, 7 ff. zusammen.

[67] T. J. Dunbabin, a. a. O. 344. L. Homo, L'Italie primitive 149 ff., nimmt die Datierung des Ereignisses nicht ernst « pour ne pas être dupe d'une chronologie qui n'a de précis que les apparences ».

[68] A. Piganiol, Essai sur les origines de Rome, Paris 1916, 66. L. Homo, a. a. O. 150 f. J. Heurgon, a. a. O. 72.

[69] Vgl. meine Abhandlung in AJA 64, 1960, 137 ff.

[70] Vgl. S. 45 ff.

[71] Kr. Hanell, Das altrömische eponyme Amt, Lund 1946, passim, und S. 75 f.

[72] Die Quellen sind zitiert bei A. Schwegler, RG 2, 52 ff. und W. Ehlers, RE 22, 315 ff. Zu ihrer Bewertung in der neueren Forschung vgl. auch H. Volkmann, RE 8 A, 185.

[73] Plin., *N. h.* XXXIV 14, 139.

[74] Tac., *Hist.* III 72.

[75] Sallust., *Hist.* 1, fr. 11 (p. 6 Maur.): *bellum grave cum Etruria* [ein schwieriger Krieg mit den Etruskern]. Liv. II 9, 5: *Non unquam alias ante tantus terror senatum invasit* [Nie zuvor wurde der Senat von solchem Schrecken gepackt]. Liv. VI 40, 17. DH V 54, 5: πόλεμον ... ἁπάντων βαρύτατον [den schwierigsten aller ... Kriege]. VI 12, 1.

[76] Liv. II 10, 1 ff. DH V 22, 3; 23, 2—3; 37, 2; 39, 4.

[77] Liv. II 11, 1 ff.; 12, 1. DH V 65, 3.

[78] Liv. II 13, 3. DH V 65, 3.

[79] Liv. II 13, 4; 13, 6. DH V 65, 3, etc.

[80] DH V 65, 3: ἀγορὰν καὶ ὅπλα καὶ τἆλλα ὅσων ἐδέοντο Τυρρηνοὶ παρασχεῖν ἐπὶ τῇ καταλύσει τοῦ πολέμου [bei Beendigung des Krieges

den Etruskern Verpflegung, Waffen und alles, wessen sie sonst bedürften, zu gewähren].

[81] Liv. II 13, 4; 15, 6. DH V 36, 4; 65, 3. Vgl. H. Philipp, RE 2 A, 1551.

[82] DH V 35, 1.

[83] Flor. I 4 (10) 3.

[84] Diese entstammen nicht der «fulgida vena della poesia popolare», wie G. De Sanctis, St. d. R. 2^1, 128, meint; die Horatii, Cloelii und Mucii mögen solche Geschichten gepflegt haben, aber der entscheidende Zug dieser fabulösen Erzählungen ist die tendenziöse literarische Fiktion.

[85] Liv. II 9, 1 ff.; 13, 3; 15, 1—6; Cic., Att. IX 10, 3. DH V 21, 1—2; 33, 3; 34, 2; 54, 5; 65, 3. VI 74, 5. Flor. I 4 (10) 1—2. Vir. ill. 8, 5—6. Plut., Poplic. 16, 1 ff.

[86] Th. Mommsen, RG 1^8, Berlin 1888, 246. Ed. Meyer, GdA 2^2 811. Weitere Literatur wird zitiert bei F. Schachermeyr, RE 4A, 2367. Eine andere Ansicht vertritt G. De Sanctis, St. d. R. 2^1, 94.

[87] Liv. II 13, 4; 19, 4—20, 10; 21, 5; 34, 4. DH IV 45, 1 ff. V 21, 3 ff.; 50, 1; 51, 1—2; 52, 1 ff.; 58, 2. 4; 61, 1; 76, 3. VI 12, 1 ff. 21, 2; 74, 6. VII 71, 2. Cic., De nat. deor. II 2, 6; Att. IX 10, 3. Flor. I 4 (10) 8; 5 (11) 1, etc. Weitere Einzelheiten über die Quellen bei A. Klotz, a. a. O. 228 ff. Über Octavius Mamilius s. F. Münzer, RE 14, 954 ff.

[88] DH VII 12, 3. Liv. II 34, 5.

[89] Liv. II 15, 7. Strab. V 2, 2 (220 C.). DH V 34, 4. Serv., Aen. 11, 133.

[90] Liv. II 13, 9: *apud regem Etruscum non tuta solum, sed honorata etiam virtus fuit* [Beim etruskischen König brachte Mannesmut nicht nur Schutz der Person, sondern sogar Ehre ein], wie es die Anekdoten über Cloelia, Scaevola, Cocles veranschaulichen. Plut., Popl. 16, 1; 19, 9—10, etc.

[91] Plut., Poplic. 19, 10.

[92] Liv. II 14, 1—4. DH V 34, 4—5. Plut., Poplic. 19. Porsenna wurde in der Phantasie der Römer ebenso zu einer mythischen Gestalt (vgl. Calpurnius Piso, Ann. fr. 10 = H. R. Rel. 1^2, 124 Peter) wie die Brüder Vibenna, vgl. S. 211 ff.

[93] Varro bei Plin., N. h. XXXVI 13, 91. Cf. F. Messerschmidt, in: Das neue Bild der Antike 2, Leipzig 1942, 53 ff.

[94] Liv. II 9, 1. DH V 34, 5. Plut., Poplic. 16, 1. Cass. Dio 3, fr. (= vol. 1, p. 39 Boiss.). Die Vermutung von E. Pais, St. crit. 2, 97 ff., ist von J. Heurgon, Rech., 70 Anm. 2, zurückgewiesen worden.

[95] Vgl. J. Heurgon, a. a. O. 70 f. Die Zweifel an der Geschichtlichkeit Porsennas und die Versuche, ihn mit Mastarna zu identifizieren (vgl.

G. Giannelli, La repubblica romana², 101. J. Bayet, Tite-Live 2, Paris 1954, 24 Anm. 3. L. Pareti, St. Etr. 5, 1931, 154 ff.,etc.), sind nicht gerechtfertigt. Gegen die Erklärung des Namens durch S. P. Cortsen, Die etruskischen Standes- und Beamtentitel, Kopenhagen 1925, 126. Vgl. M. Pallottino, Etruscologia³, Milano 1955, 180. Auch wenn Livius nichts davon weiß, deutet doch die Tatsache, daß Clusium hundert Jahre später Rom um Hilfe anging, darauf hin, daß die Römer in der Schuld ihrer früheren Oberherrin standen.

[96] Die literarische Tradition erweist ihre Unzuverlässigkeit mit der Nachricht, daß diese beiden die Befehlshaber der römischen Armee *gegen* Porsenna waren (DH V 22, 5. Plut., *Poplic.* 16, 6. Liv. II 11, 7—10) und daß sie während der Belagerung Getreide aus der pomptinischen Ebene brachten (DH V 26, 3—5). Diese Annahmen scheinen ohne jeden echten Anhaltspunkt und aus den Namen herausgesponnen zu sein, indem man diese mit Ereignissen zusammenbrachte, die ohne Namen überliefert waren — ein Vorgang, dem man in der Geschichtsschreibung über das frühe Rom oft begegnet. Andererseits zeigt der etruskische Vorname *Lars* des Konsuln Herminius (cos. 448), daß die Familie damals noch nicht romanisiert war; das paßt dazu, daß sie zwei Generationen vor diesem Zeitpunkt einwanderte.

[97] Wie E. Gjerstad, Bull. Com. 73, 1949, 50 (1953) 25 f., Legends and Facts of Early Roman History, Lund 1962, passim. annimmt. Wichtige Bemerkungen zu diesem Problem bei R. Bloch, R. Et. Lat. 37, 1959, 118 ff.

[98] Cic., *Tusc.* III 12, 27, Liv. II 6, 1—7, 3; 13, 4; 15, 6. DH V 3, 1 ff.; 14, 1 ff. VI 74, 4. Plut., *Popl.* 9, 1—10; vgl. 13, 1. Zonar. 7, 12. Val. Max. I 8, 5. *Fasti Capit.* a. 509; vgl. A. Degrassi, Inscr. It. XIII 1, 1947, 535.

[99] J. Gagé, Apollon romain (BEFAR 180) 1955, 57 ff.

[100] K. O. Müller-W. Deecke, 1, 116 ff. Ed. Meyer, GdA 2², 1893, 811: „Es ist nicht undenkbar, daß in Wirklichkeit Porsenna die Tarquinier bekriegt und ihnen Rom abgenommen hat, so daß der Wegfall des Königtums mit dem Sturz der Herrschaft Porsennas gegeben war." Die zweite Hälfte dieses Satzes entspricht nicht unserer Ansicht. Vgl. auch A. Piganiol, Essai sur les origines de Rome, Paris 1916, 264 ff. W. Hoffmann, Rom und die griechische Welt im IV. Jahrhundert v. Chr. (Philol. Suppl. 27, 1) 1934, 1 ff.

[101] Die Literatur geben z. B. F. Schachermeyr, RE 4 A, 2365 ff., und U. v. Lübtow, Das römische Volk, sein Staat und sein Recht, Frankfurt 1955, 176 ff. Vgl. jetzt A. Alföldi, Röm. Frühgeschichte, Heidelberg 1976, 103 ff.

[102] G. De Sanctis, St. d. R. 1², 403 ff. S. Mazzarino, Dalla mon. 104 ff. A. v. Gerkan, Rh. Mus. n. F. 100, 1957, 91.

[103] G. Giannelli, La repubblica romana², 1955, 105 ff. J. Gagé, Huit recherches sur les origines italiques et romaines, Paris 1950, 119 ff.

[104] Wie mein verehrter Freund E. Kornemann (HZ 145, 1931, 295) mit vielen anderen Forschern der vorigen Generation es sich vorstellte.

[104a] Vgl. dazu jetzt A. Alföldi, Röm. Frühgeschichte, Heidelberg 1976, 97 ff.

[105] Plin., N. h. XXXIII 1, 19 (zu Cn. Flavius, Anni f., scriba des Appius Claudius Caecus, der vom Volk gegen den Willen der Aristokratie zum aedilis curulis gewählt wurde): Flavius vovit aedem Concordiae ... et, cum ad id pecunia publice non decerneretur, ex multatitia faeneratoribus condemnatis aediculam aeream fecit in Graecostasi, ... inciditque in tabella aerea factam eam aedem CCIII annis post Capitolinam dedicatam. [Flavius gelobte der Concordia einen Tempel ..., und als dafür keine staatlichen Gelder bewilligt wurden, ließ er mit den Strafgeldern, zu denen die Geldverleiher verurteilt worden waren, im 'Griechenstand' ein kleines Kapellchen aus Bronze errichten, ... und er ließ auf einer Bronzetafel inschriftlich festhalten, daß dieses Tempelchen 203 Jahre nach dem kapitolinischen Tempel geweiht worden sei.]

[106] Th. Mommsen, Römische Chronologie², Berlin 1859, 198 ff.

[107] Kr. Hanell, Dragma M. P. Nilsson dedicatum, Lund 1939, 256 ff. Idem, Das altrömische eponyme Amt 138 ff., und die notwendigen Korrekturen bei E. Meyer, Mus. Helv. 9, 1952, 177.

[108] DH V 35, 3. Vgl. Cic., De domo 54, 139. Consol. fr. 15. Val. Max. V 10, 1. Seneca, Ad Marc. 13, 5. Symm., Ep. III 6, 3.

[109] Polyb. III 22, 1. Liv. II 8, 6—8. VII 3, 8. Val. Max. V 10, 1. Plut., Popl. 14, 2 und 5. DH III 69, 2. IV 61, 3. Tac., Hist. 3, 72. Cass. Dio, fr. 13, 3. Vgl. O. Leuze, Die röm. Jahrzählung 1909, 160 ff., 298, 326 ff. E. Kornemann, HZ 145, 1931, 296 Anm. 1. C. Koch, Der römische Juppiter, Frankfurt 1937, 122. A. v. Gerkan, Rh. Mus., n. F. 100, 1957, 91.

[110] Fr. Münzer, De gente Valeria, Diss. Berlin 1891, 24 ff. Es war Pictor, der das Ereignis in das erste Jahr setzte, und nicht Livius, wie A. Klotz, Livius und seine Vorgänger, 23, meinte.

[111] Zu diesen Berechnungen und zur Quellenkritik vgl. etwa O. Leuze, a. a. O. 325 ff. Fr. Cornelius, Beiträge zur frühen römischen Geschichte, München 1940, 42 ff. A. Klotz, a. a. O. 211 ff. G. Perl, Kritische Untersuchungen zu Diodors römischer Jahrzählung (Berl. Akad., Schriften d. Sektion f. Altertumswiss. 9) 1957, 26. J. P. V. Balsdon, Gnomon 30, 1958, 296 ff. J. Bayet, Tite-Live, vol. 1⁶, 1958, pp. CXIII ff. H. Volkmann, RE 8 A, 183 ff. H. Peter, H. R. Rel. 1², p. LV ff., LXXXIII, CVIII ff.

[112] Fr. Münzer, a. a. O., passim. B. Niese-E. Hohl, Grundriß der römischen Geschichte⁵, (Handbuch d. Altertumswiss. III 5) München 1923,

13. K. J. Beloch, RG 232 ff. E. Kornemann, Intern. Monatsschrift f. Wissenschaft, Kunst und Technik 14, 1920, 480 ff. Idem, RG 1³, bearbeitet durch H. Bengtson, München 1954, 73, 75, 79. Kr. Hanell, Das altrömische eponyme Amt 95 ff., 118 ff., 147 ff., 165 ff., 256 ff. A. Klotz, Rh. Mus. n. F. 86, 1937, 219. A. Piganiol, Essai sur les origines de Rome, 237 ff. Idem, Histoire de Rome³, Paris 1949, 44 f.

[113] Fr. Cornelius, a. a. O. 50 ff. A. Bernardi, Athen., n. s. 30, 1952, 11 ff. S. Mazzarino, Dalla mon. 197 f. L. R. Taylor, Cl. Ph. 41, 1946, 1 ff. Ibid, 45, 1950, 84 ff. Ead., Proc. Am. Philos. Soc. 94, 1950, 511 ff. L. R. Taylor und T. R. S. Broughton, Mem. Am. Ac. in Rome 19, 1949, 3 ff. A. Degrassi, Inscr. Ital. XIII 1, 17 ff.

[114] Zur Diskussion seit 1964 vgl. A. Alföldi, Röm. Frühgesch., Heidelberg 1976, 107 ff. Ältere Literatur: A. Enmann, Rh. Mus. 57, 1902, 517 ff. K. J. Neumann, Strassburger Festschrift zur 46. Versammlung von Philologen und Schulmännern 1901, 309 ff. G. De Sanctis, St. d. R. 1², 394 ff. E. Kornemann, Der Priesterkodex in der Regia und die Entstehung der altrömischen Pseudogeschichte (Doktorenverzeichnis d. Philos. Fak. d. Univ. Tübingen 1910) Tübingen 1912, bes. 49 ff., mit der älteren Literatur. W. Schur, Hermes 59, 1924, 452. A. Rosenberg, Einleitung und Quellenkunde zur römischen Geschichte, Berlin 1921, 113 ff. W. Schur, RE Suppl. 5, 357, 359, 366 ff. Dagegen: Pl. Fraccaro, La storia romana arcaica, Milano 1952, 11 ff. Die gesamte Tradition ist sorgfältig gesammelt bei A. Degrassi, Inscr. It. XIII 1, 348 ff., und T. R. S. Broughton MRR 1, 1 ff. Fr. Cornelius, a. a. O. 100 ff., versucht, an der Authentizität der frühen plebejischen Konsuln festzuhalten, aber seine Argumentation ist nicht überzeugend. Wenn die frühen *Minucii* als *Augurini* bezeichnet werden (ebenda 10), so ist es unlogisch, einerseits den Beinamen als gefälscht anzusehen (ebenda 50) und ihn als in Wahrheit erst viel später einem der ersten plebejischen Auguren verliehen zu betrachten, andererseits aber daran festzuhalten, daß dasselbe *gentilicium* einer erloschenen patrizischen *gens* gehörte. Cic., *Brut.* 16, 62: *Quamquam his laudationibus historia rerum nostrarum est facta mendosior. Multa enim scripta sunt in eis, quae facta non sunt, falsi triumphi, plures consulatus, genera etiam falsa et ad plebem transitiones, quum homines humiliores in alienum eiusdem nominis infunderentur genus: ut si ego me a M'. Tullio esse dicerem, qui patricius cum Servio Sulpicio consul anno decimo post exactos reges fuit.* [Freilich — durch diese Lobreden hat unsere Geschichtsschreibung an Glaubwürdigkeit eingebüßt. Sie enthält nämlich vieles, was nie geschehen ist: gefälschte Triumphe, überzählige Konsulate, fingierte Familienstammbäume und Übertritte zur Plebs, indem Männer plebejischer Herkunft sich in eine fremde (patrizische) Familie, welche nur

denselben Namen trug, einschlichen — ganz so, wie wenn ich mich von M.' Tullius herleiten würde, der ein Patrizier und gemeinsam mit Servius Sulpicius im zehnten Jahr nach Vertreibung der Könige Konsul war.] Dieser Passus wird oft zitiert; es wird aber noch öfter vergessen, daß er ebenso für die Annalen gilt, die von den gleichen Leuten geschrieben wurden wie die *laudationes funebres* und die historische Wahrheit zum selben Zweck und mit den gleichen Mitteln verfälschten. Vgl. auch Liv. II 21, 4: *Tanti errores implicant temporum, aliter apud alios ordinatis magistratibus, ut nec qui consules secundum quos, nec quid quoque anno actum sit, in tanta vetustate non rerum modo, sed etiam auctorum digerere possis.* [Mit wie vielen verwirrenden chronologischen Irrtümern haben wir es doch zu tun, indem die Magistrate bei dem einen Autor in dieser, bei einem anderen in jener Reihenfolge aufgeführt sind, so daß man — da nicht nur die Ereignisse, sondern auch die Schriftsteller zeitlich weit zurückliegen — nicht einmal darlegen kann, wie die Konsuln aufeinander folgten und was sich in einem bestimmten Jahr ereignete.] VIII 40, 4—5: *vitiatam memoriam funebribus laudibus reor falsisque imaginum titulis, dum familiae ad se quaeque famam rerum gestarum honorumque fallenti mendacio trahunt, inde certe et singulorum gesta et publica monumenta rerum confusa; nec quisquam aequalis temporibus illis scriptor extat, quo satis certo auctore stetur.* [Ich glaube, daß unsere geschichtliche Überlieferung durch lobhudelnde Leichenreden und erdichtete Ehrentitel unter den Ahnenbildern verfälscht ist, insofern eine jede der großen Familien durch Trug und Täuschung sich selbst die ruhmvollen Taten und Ämter zuzuschreiben sucht. Sicherlich aus diesem Grunde sind die Berichte über die Taten einzelner Männer und die öffentlichen Aufzeichnungen der Ereignisse in verwirrter Form auf uns gekommen; und es gibt kein Werk, dessen Verfasser jene Ereignisse als Zeitgenosse beschrieben hätte, so daß man sich auf ihn als einen zuverlässigen Zeugen stützen könnte.] Vgl. auch VI 1, 1—2. XXI 25, 4.

[115] A. Alföldi, Der frühromische Reiteradel und seine Ehrenabzeichen, Baden-Baden, 1952, passim.

[116] Nicht von Fremden, Freigelassenen, Arbeitern u. dgl., wie die Generation der Gracchen es sich vorstellte.

[117] Kr. Hanell, a. a. O. 175, 183. Die neueste Literatur verzeichnet U. v. Lübtow, a. a. O. (Anm. 101) 166 ff., 182 ff. Über den Prototyp des *dictator Latinus* vgl. S. 40 ff.

[118] C. Cichorius, *De fastis consularibus antiquissimis*, Diss. Leipzig 1886, 177.

[119] Ed. Meyer, Kleine Schriften 2, Halle 1924, 301 ff.

[120] F. Schachermeyr, RE 4 A, 235, 2391. Vl. Groh, Athen., n. s. 6, 1928,

297. G. De Sanctis, St. d. R. 2, 46 ff., denkt an eine Erfindung der Volksdichtung; ich sehe hier eine Verwendung hellenistischer Motive und dahinter Familieninteressen. Vgl. M. Schanz-C. Hosius, Geschichte der römischen Literatur 1⁴, München 1927, 168 ff., für die allgemeinen Grundzüge; ferner Kap. 4.

[121] W. Soltau, Die Anfänge der römischen Geschichtsschreibung, Leipzig 1909, 97, auf Grund von Polyb. VI 55, 1—3.

[122] Plin. n. h. XXXIV 6, 29. F. Münzer, RE 4, 110 f.

[123] Wie F. Münzer, RE 8, 2403 ff., annahm.

[124] K. W. Nitsch, Rh. Mus. n. F. 23, 1868, 622 f.; 24, 1869, 158 ff. Th. Mommsen, RG 2, 132 ff. Fr. Münzer, a. a. O. (Anm. 110) 9 ff., 54 ff. W. Schur, RE Suppl. 5, 366. H. Volkmann, RE 8 A, 187 ff. A. Klotz, a. a. O. (Anm. 110) 277. G. De Sanctis, St. d. R. 2¹, 113. Fr. Cornelius, a. a. O. (Anm. 111) 19 ff.

[125] C. Cichorius, a. a. O. (Anm. 118) 177 ff. H. Dessau, Lateinische Epigraphik (Gercke-Norden, Einleitung 1, 1925, fasc. 10) 24. Fr. Cornelius, Untersuchungen zur frührömischen Geschichte, München 1940, 8 ff., 14 ff., etc. Vgl. die Bemerkungen von G. Costa, I fasti consolari romani I 2, Milano 1910, 130 ff.

[126] Th. Mommsen, RG 1, 45 ff.; vgl. ibid. 2, 65 ff.

[127] Les Cognomina des magistrats de la République romaine, Mélanges A. Piganiol, Paris 1966, 709—722.

[128] Eine Erörterung des Problems und Zitierung der Quellen bei C. J. Neumann, a. a. O. (Anm. 114) 309. Vl. Groh, Athen. n. s. 6, 1928, 292 ff. W. Schur, RE Suppl. 5, 356 ff. (Nr. 46a). Ed. Meyer, GdA 2², 809 ff. K. J. Beloch, RG 1 ff., 8 ff., 18 ff. Vgl. auch DH V 18, 1—2.

[129] Vgl. Fr. Münzer, a. a. O. (Anm. 110) 54 ff. H. Volkmann, RE 8 A, 180. H. Peter, H. R. Rel. 1², 1914, LII ff.

[129a] Vgl. hierzu jetzt A. Alföldi, Röm. Frühgesch., 1976, 123 ff.

[130] Liv. I 45, 2—3. DH IV 26, 3—5. Vir. ill. 7, 9—13. Cass. Dio 1, p. 24 Boiss. = Zon. VII 9, 11.

[131] Vgl. die ausführliche Behandlung dieser Frage S. 95 ff.

[132] DH IV 26, 5 (Servius Tullius): στήλην κατασκευάσας χαλκῆν ἔγραψεν ἐν ταύτῃ τά τε δόξαντα τοῖς συνέδροις καὶ τὰς μετεχούσας τῆς συνόδου πόλεις. αὕτη διέμεινεν ἡ στήλη μέχρι τῆς ἐμῆς ἡλικίας ἐν τῷ τῆς Ἀρτέμιδος ἱερῷ κειμένη γραμμάτων ἔχουσα χαρακτῆρας οἷς τὸ παλαιὸν ἡ Ἑλλὰς ἐχρῆτο. [Er ließ eine Bronzestele aufstellen und auf ihr Beschlüsse der Versammlung und die Namen der an dieser teilnehmenden Städte inschriftlich festhalten. Diese Stele stand noch zu meiner Jugendzeit im Heiligtum der Artemis und wies Buchstabenformen auf, wie sie in alter Zeit in Griechenland in Gebrauch waren.] Den ältesten

römischen Einrichtungen einen griechischen Anstrich zu geben, gehörte zu den beliebten Mitteln, mit denen der griechische Rhetor dem Ehrgeiz seiner römischen Schirmherren diente. Mein schmerzlich vermißter Freund H. Last (CAH 7, 1928, 350 ff.) dachte, daß die Beschreibung der Stele durch Dionysios auf ein etwa ebenso frühes Alphabet hindeute wie das auf dem *cippus* des *lapis niger* verwendete, das auf etwa 500 v. Chr. datiert werden kann. Diese Vermutung schenkt Dionysios und seinen annalistischen Quellen zu viel Vertrauen. Einem Zeitgenossen des Augustus konnte auch eine Schrift als archaisch auffallen, die aus dem 4. Jahrhundert stammte. Anderseits teilen wir nicht die Meinung, die Inschrift sei „eine Flunkerei des Dionysios", W. Ihne, RG 1, Leipzig 1868, 59. A. Stein, Römische Inschriften in der antiken Literatur (78. Bericht der Lese- und Redestelle der deutschen Studenten in Prag 1929) Prag 1930, 19. J. Binder, Die Plebs, Leipzig 1909, 38 ff., etc.

[133] Fest., p. 164, 1 Linds.: *Nesi pro sine positum ⟨est in lege dedicationis arae⟩ Dianae Aventinen⟨sis⟩*. [*Nesi* statt *sine* (ohne) steht ⟨im Kultgesetz der Weihinschrift des Altars⟩ der Diana auf dem Aventin.] Die Ergänzung der Lücke ist eine wohlbegründete Konjektur Scaligers.

[134] Th. Mommsen, St. R. 3, Leipzig 1888, 614 f. Ich kann nicht verstehen, warum das Dokument Ergebnis einer Revision sein soll, die *nach der Auflösung* des Bundes vorgenommen wurde, wie er meint.

[135] K. J. Beloch, RG 192 ff.

[136] Vgl. z. B. G. Wissowa, RE 5, 331 f. H. Last, CAH 7, 350 ff.

[137] Das älteste erhaltene Zeugnis dafür ist der Denar des A. Postumius Albinus von etwa 80 v. Chr. (Th. Mommsen, Geschichte des römischen Münzwesens, Berlin 1860, 617 Anm. 442. H. A. Grueber, BMC Rep. 1, 1910, 351 f. Nr. 2836 ff.). Dieser Münztyp spiegelt dieselbe Version der Geschichte vom Streit zwischen Römern und Latinern wider wie *Vir. ill.* 7, 9—13, und Cass. Dio 1, S. 24 Boiss. = Zon. VII 9, 11; hingegen stellten Juba und Varro (bei Plut., *Quaest. Rom.* 4) wie Liv. I 45, 3—7 und Val. Max. VII 3, 1 sie als sabinisch-römischen Streit um die Herrschaft dar.

[138] G. Wissowa, RE 5, 332 ff. Ders., RuK² 39 (das zweite Zitat); vgl. ibid. 247 ff., und E. Pais, St. d. R. I 1, Torino 1898, 332.

[139] Wir können noch Anna Perenna (Ovid, *Fast.* 3, 523 ff., 647 ff.) hinzunehmen.

[140] Vgl. jetzt allgemein: J. Bayet, Histoire politique et psychologique de la religion romaine, Paris 1957, 122 ff. Die altertümlichsten rituellen Ausdrucksformen dieses religiösen Imperialismus der Römer waren jedoch auf Südetrurien und Latium beschränkt; vgl. G. Rohde, Die Bedeutung der Tempelgründungen im Staatsleben der Römer, Marburg 1932, 9 ff.

[141] J. Binder, Die Plebs, Leipzig 1909, 331. A. Merlin, L'Aventin dans

l'Antiquité, Paris 1904, 215. A. Piganiol, La conquête romaine, Paris 1927, 120.

[142] Z. B. G. De Sanctis, St. d. R. 1, 31, 375, 388. E. Täubler, Imperium Romanum, 1, 1913, 306 ff. A. Rosenberg, Hermes 54, 1919, 151. K. J. Beloch, RG 192. L. Homo, L'Italie primitive 146. H. Last, CAH 7, 1928, 350 ff. M. Gelzer, RE 12, 948. C. Bailey, Phases in the Religiosity of Ancient Rome (Sather Lectures 10), Berkeley 1932, 118. S. Mazzarino, Dalla mon. 149 ff. A. E. Gordon, TAPA 63, 1932, 179. Pl. Fraccaro, Opuscula 1, Pavia 1956, 12. L. Pareti, St. d. R. 1, 1952, 318. A. Bernardi, Athen., n.s. 30, 1952, 18 Anm. G. Giannelli, La repubblica romana² 46, 49. S. Ferri, Studi class. e orient. 1953, 79 ff. P. De Francisci, Primordia civitatis 666 ff.

[143] G. De Sanctis, St. d. R. IV 2, 1, 1953, 160 ff. M. Gelzer, RE 12, 953, Zeile 32 ff. F. Altheim, Griechische Götter im alten Rom (RVV 22, 1) 1930, 137 ff. und sonst noch öfters. G. Pasquali, La nuova antologia 386, 1936, 415.

[144] A. E. Gordon, TAPA 63, 1932, 180 ff.

[145] A. Merlin, a. a. O. (Anm. 141) 215.

[146] DH IV 26, 3 berichtet, daß Servius Tullius die Latiner überredete, ein ἱερὸν ἄσυλον zu gründen, was zunächst einmal ein 'heiliger Bezirk' ist. Kaiser Claudius dachte dasselbe, als er *sacra ex legibus Tulli regis piaculaque apud lucum Dianae per pontifices danda* [Riten gemäß den Gesetzen des Königs Tullus sowie Sühnopfer, die beim Hain der Diana von den Priestern verrichtet werden sollten] (Tac., *Ann.* XII 8, 1) einrichten ließ.

[147] Plin., *N.h.* XVI 91, 242: *Est in suburbano Tusculani agri colle, qui Corne appellatur, lucus antiqua religione Dianae sacratus a Latio.* [Auf einem nahe der Stadt, im tuskulanischen Gebiet gelegenen, Corne genannten Hügel befindet sich ein seit uralten Zeiten geheiligter, von den Latinern geweihter Hain der Diana.] In diesem Falle gilt dasselbe wie für den Aventin: ein Bundesheiligtum kann nicht verdoppelt werden, wie etwa G. De Sanctis, a. a. O. (Anm. 142) 2, 43, oder E. Täubler, a. a. O. 307 ff., meinten.

[148] F. Castagnoli, Dedica arcaica Lavinate a Castore e Polluce (SMSR 30, 1959).

[149] Vgl. A. Alföldi, Die trojanischen Urahnen der Römer 9 ff., und S. 238 ff.

[150] G. De Sanctis, St. d. R. 2¹, 30 ff. und A. Momigliano, Bull. Com. 59, 1931, 166, erkannten, daß die Namen der frühesten Tribunen der *plebs* eine fälschende Verdoppelung wirklich bekannter Heldennamen aus den hier behandelten Jahren darstellen.

151 Siehe die eindringliche Quellenkritik und die klare Zusammenfassung der Fakten bei J. Bayet im Anhang zu seinem Tite-Live 3, 1954, 126 ff. und 145 ff.

152 Liv. III 31, 1: *Deinde M. Valerius Sp. Verginius consules facti ... De Aventino publicando lata lex est.* [Dann wurden M. Valerius und Sp. Verginius zu Konsuln gewählt ... Über die Freigabe des Aventins zur Bebauung wurde ein Gesetz eingebracht.] 32, 7 *(C. Menenio P. Sestio Capitolino coss.): Placet creari decemviros ... Admiscerenturne plebeii controversia aliquamdiu fuit; postremo concessum patribus modo ne lex Icilia de Aventino aliaeque sacratae leges abrogarentur.* [(Unter den Konsuln C. Menenius und P. Sestius Capitolinus): Man beschloß, ein Zehnmännerkollegium zu wählen ... Lange Zeit war umstritten, ob ihm Plebejer angehören sollten; schließlich wurde seine Besetzung den Patriziern zugestanden, unter der Bedingung, daß das Icilische Gesetz über den Aventin sowie andere geheiligte Gesetze nicht widerrufen würden.] Cic., in Cornelianam (Ascon. p. 77 Clark): *Tum interposita fide per tris legatos amplissimos viros Romam armati revertuntur. In Aventino consederunt; inde armati in Capitolium venerunt; decem tr. pl. ⟨per⟩ pontificem, quod magistratus nullus erat, creaverunt.* [Dann kehrten sie im Vertrauen auf das Wort dreier für diese Gesandtschaft ausgewählter, überaus angesehener Männer bewaffnet nach Rom zurück. Sie schlugen auf dem Aventin Quartier auf und kamen bewaffnet zum Kapitol. In Ermangelung eines Amtsträger wählten sie ⟨unter dem Vorsitz⟩ eines Priesters zehn Volkstribune.] Diod. XII 24, 5 (Das Heer am Algidus wird von Verginius aufgewiegelt): πάντων δ' ἐπὶ βοηθεῖν τοῖς ἠτυχηκόσιν ὁρμησάντων, μετὰ τῶν ὅπλων νυκτὸς εἰς 'Ρώμην εἰσέπεσον. οὗτοι μὲν οὖν κατελάβοντο λόφον τὸν ὀνομαζόμενον Ἀουεντῖνον. [Alle aber machten sich auf, den Unglücklichen zu helfen, und sie drangen nachts bewaffnet in Rom ein; sie besetzten den 'Aventin' genannten Hügel.] DH X 31, 2: (ὁ Ἰκίλλιος ὁ δήμαρχος) ... εἰσέφερε γάρ τι καὶ οὗτος πολίτευμα καινὸν ἀξιῶν ἀπομερισθῆναι τοῖς δημόταις τόπον εἰς οἰκιῶν κατασκευὰς τὸν καλούμενον Αὐεντῖνον, ... ὃς οὐχ ἅπας τότε ᾠκεῖτο, ἀλλ' ἦν δημόσιός τε καὶ ὕλης ἀνάπλεως. [(Der Volkstribun Icilius) ... brachte einen Gesetzesantrag ein; er forderte eine Neuordnung des Staatswesens; man solle der Plebs als Ort, wo sie ihre Häuser errichten könne, den 'Aventin' genannten Hügel abtreten, ... der damals noch nicht ganz bewohnt, sondern Staatsland und mit Wald bewachsen war.] 32, 2—4: μετὰ τοῦτο ... ἐν τῇ λοχίτιδι ἐκκλησίᾳ συναχθείσῃ ὑπὸ τῶν ὑπάτων ὁ νόμος ἐκυρώθη, ὅς ἐστιν ἐν στήλῃ χαλκῇ γεγραμμένος, ἣν ἀνέθεσαν ἐν τῷ Αὐεντίνῳ κομίσαντες εἰς τὸ τῆς Ἀρτέμιδος ἱερόν. [Danach ... wurden die Centuriatskomitien von den Konsuln einberufen und jenes Gesetz genehmigt, welches auf einer Bronzestele aufgeschrieben wurde, die sie dann in den Tempel der Diana auf dem Aventin brachten und dort aufstellten.] Vgl. 32, 5. B. G. Niebuhr, RG 1², 379. K. W. Nitsch, Rh. Mus., n. F. 24, 1869, 155 ff.; 25, 1870, 88 ff. Außer den Arbeiten von Merlin, a. a. O. 34 ff., J. Bayet, a. a. O., G. De Sanctis, St. d. R. 1, 13, 24, s. auch A. Schwegler, RG 1, 598 ff. O. Gilbert, Geschichte und Topographie der Stadt Rom im Altertum 2, Leipzig 1885, 144 ff. Chr. Hülsen-H. Jordan, Topographie der Stadt Rom I 3, 1907, 153. O. Richter, Topographie der Stadt Rom (Handb. d. Altertumswiss. II 3, 2), München 1901, 204. J. Binder, Die Plebs, 87 ff. E. Pias, St. d. R. 3³, Roma 1926, 222 ff. S. B. Platner, Th. Ashby, A Topographical Dictionary of Ancient Rome, London 1929, 65 ff. G. Niccolini, Il tribunato della plebe, Milano 1932, 44 ff. Eine andere Interpretation bei D. Van Berchem, Mus. Helv. 17, 1960, 30 ff.

[153] A. Alföldi, Der frührömische Reiteradel und seine Ehrenabzeichen, Baden-Baden 1952.

[154] Wir kommen auf dieses Problem in einer anderen Untersuchung zurück, die sich mit dem Vereinsrecht in den frühen Jahrhunderten befaßt und deren Ergebnisse kurz vorweggenommen sind, in: Schweizer Münzblätter 5, 1954, 25 ff.

[155] So auch G. Giannelli, La repubblica romana², Milano 1955, 199; 124.

[156] A. Momigliano, Bull. Com. 60, 1932 (1933), 222.

[156a] Zum folgenden vgl. Alföldi, Röm. Frühgesch. 126 ff.

[157] G. Wissowa, Religion und Kultus der Römer², München 1912, 297 f. Idem, RE 3, 1973. I. G. Scott, Mem. Am. Acad. in Rome 7, 1929, 107 Anm. 5. G. Pasquali, La nuova antologia 386, 1936, 410. Kr. Hanell, a. a. O. 174. S. Mazzarino, Dalla mon. 149, 251 f. Anm. 133. J. Vogt, Die römische Republik², Freiburg 1951, 43 ff. Fr. Altheim, RG 2, Frankfurt 1953, 52, 114, 139 ff., 182. R. Bloch CRAI 1954, 203 ff. H. Le Bonniec, Le culte de Cérès à Rome, Paris 1958, 213 ff. (mit weiterer Literatur). R. Bloch, R. Et. Lat. 37, 1959, 125 ff. Idem, Revue de Philol. 3, ser. 34, 1960, 185 ff. R. Schilling, Hommages à G. Dumézil (Coll. Latomus 45) 1960, 190 f. D. Van Berchem, Mus. Helv. 17, 1960, 30. Einige gute Beobachtungen bei H. Wagenvoort, Mnemos. 4. ser. 13, 1960, 111 f.

[158] E. Pais, St. d. R. 3³, Roma 1927, 152 ff. K. J. Beloch, RG 63 ff. W. Hoffmann, Rom und die griechische Welt im IV. Jahrhundert v. Chr. (Philol. Suppl. 27, 1) 1934, 98 ff. W. Schur, RE 13, 71. E. Kornemann, Internat. Monatsschrift 14, 1919—20, 491 f. A. Bruhl, Liber pater, Paris 1953, 32 ff. G. Giannelli, a. a. O. 125. G. De Sanctis, St. d. R. 1, 37 ff., und vor allem die ausführliche Erörterung St. d. R. IV 2, 1, Firenze 1953, 194 ff. Die Argumente dieser Gelehrten sind nicht widerlegt von H. Le Bonniec, a.a . O. 235 ff.

159 E. Pais, Italia antica 1, Bologna 1922, 84 ff. W. Hoffmann, a. a. O. 99.

160 Vgl. jetzt Alföldi, Röm. Frühgesch. 198 f. Über die frühen Tempel Roms vgl. I. Scott Ryberg, An Archaeological Record of Rome from the VIIth to the IInd Century B. C. (Studies and Documents, ed. by K. and S. Lake 13) London 1940, und E. Gjerstad, Early Rome 3, Lund 1960, passim. Der Kult der griechischen Dioscuri im archaischen Latium ist jetzt nachgewiesen durch F. Castagnoli, a. a. O. (Anm. 148) 109 ff. Wie in Rom und Tusculum waren *Castor* und *Pollux* auch in Lavinium sicherlich mit der herrschenden Aristokratie verbunden. Weitere Einzelheiten im 6. Kap.

161 Vgl. S. 93 f.

162 Plin., *n.h.* XVIII 3, 12. Plut., *Rom.* 22, 3. Vgl. z. B. W. W. Fowler, JRS 1, 1911, 57 ff. K. J. Beloch, RG 246. K. Latte, Zeitschr. Sav.-Stiftung 67, 1950, 50 ff. W. Kunkel, Zeitschr. Sav.-Stiftung 68, 1951, 562. G. De Sanctis, St. d. R. IV 2, 1, 1953, 194 Anm. 259. B. Perrin, Studi in memoria di E. Albertario 2, Milano 1953, 400 ff. H. Le Bonniec, a. a. O. 165 ff.

163 Vgl. Liv. II 41, 10 (Plin. *n.h.* XXXIV 4, 15. Val. Max. V 8, 2) und DH VIII 79, 4. Über die Quelle: A. Klotz, Livius und seine Vorgänger 243 ff. Über die Erfindung: Th. Mommsen, RF 2, 1879, 174. G. De Sanctis, St. d. R. 2¹, 11 Anm. 4, und IV 2, 1, 194 Anm. 259.

164 Liv. III 55, 8—10.

165 Liv. III 55, 6—7. DH VI 89, 3.

166 Vgl. G. De Sanctis, St. d. R. 2¹, 28 Anm. 3. J. Bayet, Tite-Live 3, 1954, 145 ff., und die folgenden Anmerkungen. Dagegen: A. Momigliano, Bull. Com. 60, 1932 (1933) 221. H. Le Bonniec, a. a. O. 347 ff.

167 Liv. III 55, 13. Vgl. u. a. Th. Mommsen, RF 2, 164 ff. G. De Sanctis, a. a. O. 2, 28 ff., 51 ff. K. J. Beloch RG 1, 328 ff. G. Giannelli, a. a. O. 125, 130. Pl. Fraccaro, Opuscula 1, Pavia 1956, 19. A. Guarino, in: Festschrift für F. Schulz, Weimar 1951, 458 ff. P. De Francisci, Storia del diritto romano 1, Milano 1943, 350. Weitere juristische Literatur gibt U. v. Lübtow, Das römische Volk 104 Anm. 483. Dagegen: G. Niccolini, Il tribunato della plebe, Milano 1932, 42 ff. E. Manni, Il mondo classico, 9 1939, 263. F. Altheim, RG 2, 181. H. Le Bonniec, a. a. O. 344.

168 DH X 32, 4 (zitiert Anm. 152). Vgl. A. Rosenberg, Der Staat der alten Italiker, Berlin 1913, 2. A. Momigliano, Bull. Com. 60, 1932 (1933) 222, etc. Dagegen: H. Le Bonniec, a. a. O., 357, *perperam omnino*.

169 G. Wissowa, RuK², 192 f. Th. Mommsen, CIL I², p. 283 ff. G. De Sanctis, St. d. R. IV 2, 1, 191 ff. D. Sabbatucci, L'edilità romana (Mem Acc naz Lincei, cl. sc. morali, ser. 8, vol. 6, 3) Roma 1954, 277 f. R. Bloch,

CRAI 1954, 203 ff. H. Le Bonniec, a. a. O. 15 ff., 108 ff. Vgl. auch J. Marquardt, St. V. 3², 362 Anm. 7. N. Turchi, La religione di Roma antica, Bologna 1939, 83 ff. Dagegen: F. Altheim, Terra mater, Frankfurt 1931, 111.

[170] Fest., p. 268, 27 Linds.: *Peregrina sacra appellantur, quae aut evocatis dis in oppugnandis urbibus Romam sunt co(ac)ta, aut quae ob quasdam religiones per pacem sunt petita, ut ex Phrygia Matris Magnae, ex Graecia Cereris, Epidauro Aesculapi: quae coluntur eorum more, a quibus sunt accepta.* ['Auswärtige' werden die Kulte derjenigen Götter genannt, welche entweder bei der Belagerung von Städten aus diesen herausgerufen und nach Rom gebracht oder aber auf friedliche Weise und aus bestimmten religiösen Gründen erbeten wurden, wie die 'Große Muttergöttin' aus Phrygien, die Ceres aus Griechenland, Äskulap aus Epidauros; diese Götter werden nach dem Ritus jener Völker verehrt, von denen man sie erhalten hat.] Cic., Pro Balbo 24, 55, sagt dazu ausdrücklich: *Sacra Cereris ..., cum essent adsumpta de Graecia, et per Graecas curata sunt sacerdotes et Graeca omnino nominata. Sed cum illam, quae Graecum illud sacrum monstraret et faceret, ex Graecia deligerent, tamen sacra pro civibus civem facere voluerunt, ut deos immortales scientia peregrina et externa, mente domestica et civili precaretur. Has sacerdotes video fere aut Neapolitanas aut Velienses fuisse, foederatarum sine dubio civitatum.* [Das Ritual der Ceres ... wurde, weil es aus Griechenland eingeführt worden war, von griechischen Priesterinnen besorgt und überhaupt als ein griechischer Ritus bezeichnet. Aber obwohl sie jene (die Priesterin), welche das griechische Ritual leiten und verrichten sollte, in Griechenland aussuchten, wollten sie doch diese Riten für das Wohl der Bürger durch eine Bürgerin vollziehen lassen, in dem Sinne, daß die Priesterin zwar mit ihrer fremden, ausländischen Ritualkenntnis, aber zugleich auch mit patriotischer und staatsbürgerlicher Gesinnung zu den unsterblichen Göttern bete. Soweit ich sehe, stammten diese Priesterinnen in der Regel aus Neapel oder Velia, mithin zweifellos aus verbündeten Staaten.] Es ist wichtig, daß die Karthager 396 v. Chr., also etwa um die Zeit, als die griechische Göttin in Rom eingeführt wurde, für denselben Kult griechische Priesterinnen in ihrer Stadt anstellten; vgl. Diod. XIV 77, 2.

[171] I. Scott Ryberg, a. a. O. (Anm. 160) 154 ff.

[172] J. Heurgon, Rech. 55, 74. L. Banti, St. Etr. 17, 1943, 196 ff. R. Bloch, R. Et. Lat. 37, 1959, 126. G. De Sanctis, St. d. R. IV 2, 1, 195 ff. H. Le Bonniec, a. a. O. 288 ff.

[173] Einzelheiten bei H. Le Bonniec, a. a. O. 397 ff.

[174] Liv. IV 30, 11.

[175] G. Wissowa, RuK², 293. E. Kornemann, a. a. O. (Anm. 158) 490 f. G. Pasquali, a. a. O. (Anm. 157) 410. (Wenn er S. 143 schreibt, daß « le importazioni di divinità greche cessano dal 484 fino niente meno che al 293, l'anno dell'introduzione del culto di Esculapio », so ist das ein Versehen, wie es auch einem so großen Gelehrten unterlaufen kann.) A. Piganiol, Histoire de Rome³, Paris 1949, 58. G. De Sanctis, St. d. R. IV 2, 1, 194 ff. J. Gagé, Apollon romain (BEFAR 182) 1955, 17 ff. Auch die Weihung anderer Tempel ist unzuverlässig überliefert.

[176] G. Wissowa, RE 3, 1976, und 12, 1101 mit allen Einzelheiten.

[177] W. Hoffmann, a. a. O. (Anm. 158) 68 ff.

[178] G. Wissowa, RuK², 191.

[179] A. Kirsopp Michels, TAPA 80, 1949, 346, betonte die Tatsache, daß im Kalender alle Feste der Ceres mit dem Tempel im Zusammenhang stehen. Das bedeutet, daß der Tempel erbaut worden war, bevor die endgültige Redaktion des Festkalenders durchgeführt wurde.

[180] Vitruv. III 3, 5; vgl. IV 7.

[181] Das geht aus dem umfassenden Werk von Lucy T. Shoe, Etruscan and Republican Roman Moulding, Mem. Am. Ac. 28, 1965, deutlich hervor. Ich bin ihr zu großem Dank verpflichtet, daß sie mir ihr Material schon vor der Veröffentlichung zugänglich machte. Vgl. A. Boethius, Palladio (Rivista di Storia dell'Architettura) 1958, 1, 1 f.

[182] Plin., *N.h.* XXXV 12, 154: *Plastae laudatissimi fuere Damophilus et Gorgasus, iidem pictores, qui Cereris aedem Romae ad Circum Maximum utroque genere artis suae excoluerant, versibus inscriptis Graece, quibus significarent ab dextra opera Damophili esse, ab laevo Gorgasi. Ante hanc aedem Tuscanica omnia in aedibus fuisse auctor est Varro, et ex hac, cum reficeretur, crustas parietum excisas tabulis marginatis inclusas esse, item signa ex fastigiis dispersa.* [Sehr berühmte Bildhauer waren Damophilus und Gorgasus, die zugleich auch Maler waren und den beim Circus Maximus in Rom gelegenen Tempel der Ceres mit Kunstwerken beider genannten Gattungen ausgeschmückt hatten, wobei sie mit griechischen Versinschriften die Arbeiten auf der rechten Seite als die des Damophilus, jene auf der linken als die des Gorgasus kennzeichneten. Varro berichtet, daß vor dem Bau jenes Tempels alle Tempel im etruskischen Stil gehalten waren und daß, als der Cerestempel restauriert wurde, die Stuckarbeiten aus seinen Wänden herausgeschnitten und in mit Perlen besetzte Bilderrahmen eingefügt worden seien; desgleichen seien die Giebelskulpturen auf verschiedene Orte verteilt worden.] Die umfangreiche moderne Literatur über diese berühmte Stelle findet sich bei H. Le Bonniec, a. a. O. 255 ff.

[183] G. Wissowa, RE 3, 1975. H. Le Bonniec, a. a. O. 243 ff.

[184] Die Ergebnisse dieser Untersuchung sind zusammengefaßt in einer Skizze über den Isiskult in Rom und seine Verbindung mit der Revolution, in: Schweizer Münzblätter 5, 1954, 25 ff.

[185] A. Piganiol, Histoire de Rome³, Paris 1949, 49.

[186] G. De Sanctis, Rivista di filol., n.s. 10, 1932, 444. Die Entwicklung der Anführer der Plebs-Bewegung zu Amtsträgern hat nichts mit der Einführung der plebejischen Kulte zu tun; es sind zwei verschiedene Erscheinungen.

[187] Einzelheiten bei H. Le Bonniec, a. a. O. 342 ff. Die gemeinsame Mahlzeit der Plebejer am Tag der *Cerealia* erhielt ein konkurrierendes Pendant in den patrizischen Festmahlzeiten an den *Megalensia*. Vgl. Gell. XVIII 2, 11 und Plaut. Men. 100 f.

[188] Z. B. F. Altheim, RG 2, 199. Weitere Zitate bei U. v. Lübtow, Das römische Volk 98 ff.

[189] Th. Mommsen, RG 2, 179.

[190] A. Pestalozza, I caratteri indigeni di Cerere, Milano 1897, 48. A. Bruhl, Liber pater, Paris 1953, 39. R. Bloch, CRAI 1954, 210. H. Le Bonniec, a. a. O. 293 ff.

[191] D. Sabbatucci, a. a. O. (Anm. 169) 269 ff. (mit Quellenverweisen).

[192] Ibid. 266.

[193] Wie H. Le Bonniec, a. a. O. 185 ff., 270 meint.

[194] Die Alten hatten den Grund dafür vergessen; vgl. Gell. XIII 14, 4—7. Über die Lage: A. Merlin, a. a. O. (Anm. 141) 53 ff. S. B. Platner-Th. Ashby, a. a. O. (Anm. 152) 109 f. H. Le Bonniec, a. a. O. 254 ff.

[195] Die Erwähnung des *Lauretum* auf dem Aventin scheint nicht auf einer Erfindung von DH III 43, 1 zu beruhen; hingegen kann die Überführung der Bevölkerung von Tellenae und Politorium auf den Aventin unter Ancus (ibid. 1—2) nicht als historisch akzeptiert werden. Vgl. Chr. Hülsen, in: H. Jordan, Topographie der Stadt Rom 1³, Berlin 1907, 151 ff. J. Binder, Die Plebs 82. A. Merlin, a. a. O. zu den Einzelheiten.

[196] In diesem Sinne E. Täubler, Imperium Romanum, 311 Anm. 2.

[197] G. Säflund, Le mura di Roma repubblicana (Skrifter, utgivna av Svenska Institutet i Rom 1) Lund 1932. A. v. Gerkan, Rh. Mus. 100, 1957, 82 ff. Einzelheiten und abweichende Ansichten werden S. 284 ff. besprochen.

Drittes Kapitel

[1] Zu den annalistischen Erfindungen vgl. jetzt Alföldi, Röm. Frühgesch. 48 ff.

[1a] Strab. V 3, 4 (C. 231).

² Plut., *Rom.* 23, 6.

³ Plut., *Rom.* 27, 1.

⁴ Inez G. Scott, Mem. Am. Ac. 7, 1929, 24 ff. M. Pallottino, Arch. cl. 12, 1960, 1 ff.

⁵ Lic. Mac. *fr.* 3 Peter (H. R. Rel. 1² p. 299 = Censorin, De die natali 20, 2). DH I 71, 5; 73, 3; 85, 1 ff. II 2, 1; 36, 2; 62, 1; III 2, 3; 3, 1; 5, 1; 7, 5; 8, 2; 10, 3; 11, 7 ff. 23, 19; 28, 4; 31, 4. VI 20, 3. Liv. I 6, 3 ff.; I 23, 1; 52, 2. XXVI 13, 16. Plut., *Rom.* 9, 1 ff., und sonst. Weitere Einzelheiten bei A. Schwegler, RG 1, 452 ff.

⁶ Liv. I 3, 7; 52, 2. DH III 31, 4; 45, 2. III 1, 2; 31, 4. VIII 19, 1. *Origo gent. Rom.* 17, 6, etc. Vgl. H. Nissen, It. Lk. II 2, 551 ff. 555 f. K. J. Beloch, RG 148 ff., 161 f. L. Pareti, St. d. R. 1, 1952, 231 ff. und S. 15 f.

⁷ DH III 9, 4. 6. 7; 11, 5. 9.

⁸ DH III 33, 1 f. 34, 4 f.

⁹ Liv. I 22, 3; 23, 7. 9; 24, 2 f. 25, 2. 12. 13; 26, 11; I 32, 3. Einzelheiten zu den Quellen bei Fr. Münzer, RE 7, 107 Nr. 1.

¹⁰ Liv. I 23, 7.

¹¹ Ibid. I 23, 9.

¹² Liv. I 24, 2—3. 25, 2. 12 f.; 26, 11.

¹³ Liv. I 26, 1; 27, 4 ff.

¹⁴ Liv. I 28, 5 f.

¹⁵ Varro, *Rer. human.* l. 8 (= Fest., p. 476, 5 L.)

¹⁶ Vgl. S. 223 ff.

¹⁷ DH III 4, 1; 23, 2; 27, 3; 33, 3; 57, 3; 65, 4. 6; IV 3, 2; 50, 1.

¹⁸ DH III 34, 1 f.

¹⁹ Liv. I 52, 2 f. Vgl. Varro, *Rer. human.* l. 8. in Fest., p. 476, 5 L.

²⁰ Liv. VIII 5, 9. Vgl. Th. Mommsen, St. R. 3, 618 Anm. 2.

²¹ DH III 37, 2 ff. 38, 1 f. 39, 1 f. 40, 5. Liv. I 32, 3: *Igitur Latini, cum quibus Tullo regnante ictum foedus erat, sustulerant animos.* [Daher hatten die Latiner, mit denen man unter König Tullus einen Vertrag geschlossen hatte, wieder Mut gefaßt.]

²² DH III 50, 7; 54, 3; 57, 3; IV 3, 2. Liv. I 35, 7; 38, 4. *Vir. ill.* 6, 8. Plin., *N.h.* III 5, 70 (Valerius Antias).

²³ DH IV 25, 3 ff.

²⁴ Vgl. S. 82 ff. Liv. I 45, 3.

²⁵ DH IV 45, 3. Vgl. S. 34 ff.

²⁶ DH IV 49, 1—3.

²⁷ Tac., *Hist.* 3, 72: *mox Servius Tullius sociorum studio, dein Tarquinius Superbus capta Suessa Pometia hostium spoliis extruxere* (sc. Capitolium). [Dann haben Servius Tullius, mit der bereitwilligen Unterstützung der Bundesgenossen, und anschließend Tarquinius Superbus, mit

der bei der Einnahme von Suessa Pometia gewonnenen Beute, (das Kapitol) erbaut.]

[28] Liv. I 50, 3.

[29] Ibid. 48, 3: συνθήκας τε γράψαντες ἐν στήλαις καὶ περὶ φυλακῆς τῶν συγκειμένων ὅρκια τεμόντες. [... und den Vertrag hielten sie auf Stelen inschriftlich fest und brachten Schlachtopfer dar auf die Einhaltung der getroffenen Vereinbarungen.]

[30] DH IV 48, 3: τὸν δὲ Ταρκύνιον ... ἡγεμόνα ποιοῦνται τοῦ ἔθνους ἐπὶ τοῖς αὐτοῖς δικαίοις ἐφ' οἷς Ταρκύνιόν τε τὸν πάππον αὐτοῦ πρότερον ἐποιήσαντο καὶ μετὰ ταῦτα Τύλλιον. [Den Tarquinius ... machten sie zum Führer des Stammes, aufgrund desselben Vorrechts, gemäß dem sie vorher auch seinen Großvater Tarquinius und danach den Tullius eingesetzt hatten.]

[31] Ibid. 5, 1 (vgl. 50, 4); 51, 2.

[32] Liv. I 49, 8—9; 50, 1 ff.; 57 ff. DH IV 45, 3—49, 1.

[33] Liv. I 52, 5—6. Cass. Dio fr. 11, 6 Zon. VII 10, 5 (vol. I, 27 Boiss.).

[34] Liv. III 22, 5.

[35] Liv. VIII 2, 13 und S. 332 ff., 345 f.

[36] Th. Mommsen, St. R. 3, 104 ff. Einzelheiten bei U. v. Lübtow, Das römische Volk, Frankfurt 1955, 48 f.

[37] F. Schachermeyr in seinem wertvollen Überblick, RE 4 A, 2364, 37 ff. glaubt, daß die Hegemonie der Tarquinier in Latium gute vorannalistische Tradition sei: „Das ergibt sich aus der sekundären Aufteilung auf Priscus und Superbus, welche dem echten Überlieferungsstocke eigen ist." Vgl. 2362. Die Wahrheit ist, glaube ich, daß Pictor die Angaben einer ihm vorliegenden schriftlichen Übersicht über die Regierungszeit des letzten Königs von Rom, der das Kapitol erbaut hatte, auf die Regierungszeit zweier Tarquinier aufgeteilt hat; aber der historische Wert dieser Quelle ist mehr als zweifelhaft, was die Herrschaft der Tarquinier in Latium betrifft. Vgl. Kapitel 7.

[38] DH V 21, 3; 22, 4; 26, 3—4; 50, 1 ff.

[39] DH V 62, 1 ff. VI 17, 1. Liv. II 18, 3 ff.

[40] DH VI 18, 1 ff. 20, 5. VII 71, 2.

[41] Liv. II 22, 7.

[42] Ibid. VI 2, 3.

[43] Vgl. K. W. Nitzsch, Rh. Mus. n. F. 24, 1869, 173 ff.

[44] Vgl. S. 106.

[45] K. W. Nitzsch, Rh. Mus. n. F. 25, 1870, 99 ff.

[46] A. N. Sherwin-White, R. Citiz., 34 ff. E. T. Salmon, Phoenix 7, 1953, 94 und S. 345 ff., 367.

[47] Die Schlacht am See Regillus wurde nur als eine Rebellion gegen

eine schon lange bestehende Oberhoheit gedeutet. Liv. VI 2, 3; 28, 7; 33, 2).

[48] A. Alföldi, AJA 63, 1959, 20 ff. Vgl. jetzt RM 78, 1971, 1 ff.

[49] Idem, Die trojanischen Urahnen der Römer (Rektoratsprogramm der Universität Basel für das Jahr 1956), Basel 1957. Über die Datierung dieser Goldstücke, die nicht nur in einem einzigen Jahr, sondern parallel mit den silbernen *quadrigati* eine Reihe von Jahren hindurch ausgegeben worden sind, habe ich RM 78, 1971, 1 ff., gehandelt.

[50] Verg., Aen. 12, 190 ff. Die Übersetzung dieses und der folgenden Vergil-Zitate (S. 240, 246, 252 und 348) wurde mit freundlicher Genehmigung des Ernst Heimeran-Verlages entnommen aus: Vergil, Sämtliche Werke (deutsch), hrsg. u. übers. v. Johannes u. Maria Götte, München 1972.

[51] Liv. I 32, 3; ibid. 33, 3 ff.

[52] Liv. I 52, 2.

[53] Ibid. 4.

[54] DH VI 21, 2: ἀνθ' ὧν εὕροντο παρὰ τῆς βουλῆς τὴν ἀρχαίαν φιλίαν καὶ συμμαχίαν καὶ τοὺς ὅρκους τοὺς ὑπὲρ τούτων ποτὲ γενομένους διὰ τῶν εἰρηνοδικῶν ἀνενεώσαντο. [Dafür gewährte ihnen der Senat die Wiederherstellung des alten Freundschafts- und Bündnisvertrags, und sie ließen durch die Fetialen die einst darauf geschworenen Eide erneuern.]

[55] DH VI 95, 1. Liv. II, 25; 30, 9.

[56] Liv. VII 12, 7: *sed inter multos terrores solacio fuit pax Latinis petentibus data et magna vis militum ab his ex foedere vetusto, quod multis intermiserant annis, accepta.* [Angesichts vieler Schreckensmeldungen diente es zum Trost, daß den Latinern auf deren Bitten hin ein Friedensschluß gewährt wurde und sie entsprechend dem alten, für viele Jahre mißachteten Bündnisvertrag eine beachtliche Streitmacht stellten.] Vgl. auch Polybius II 18, 5 (zwischen der gallischen Katastrophe und den neuen Kelteneinfällen): ἐν ᾧ καιρῷ Ῥωμαῖοι τήν τε σφετέραν δύναμιν ἀνέλαβον καὶ τὰ κατὰ τοὺς Λατίνους αὖθις πράγματα συνεστήσαντο. [Zu diesem Zeitpunkt gewannen die Römer ihre Stärke zurück und stellten das alte Verhältnis zu den Latinern wieder her.] Der Krieg, der mit dem Sieg am See Regillus endet, ist für Livius nur eine Unterbrechung des alten *foedus*, VI 2, 3: *novus quoque terror accesserat defectione Latinorum* (vgl. VII 12, 7) *Hernicorumque, qui post pugnam ad lacum Regillum factam per annos prope centum nunquam ambigua fide in amicitia populi Romani fuerant.* [Der Abfall der Latiner und Herniker, die seit der fast 100 Jahre zuvor geschlagenen Schlacht am See Regillus mit unverbrüchlicher Treue in einem freundschaftlichen Verhältnis zum römischen Volk verblieben waren, rief weiteres, neues Entsetzen hervor.] Vgl. auch M. Gelzer, RE 12, 959, 61 ff.

[57] Liv. VIII 4, 2.

[58] Ibid. 4, 3. Vgl. E. Täubler, Imperium Romanum, Leipzig 1913, 284 f., der die Unstimmigkeit betont, aber ihre wirkliche Ursache nicht entdeckt.

[59] Cf. A. N. Sherwin-White, R. Citiz. 22, 34.

[60] Th. Mommsen, St. R. 3, 1887, 629 ff.

[61] A. N. Sherwin-White, a. a. O. 34.

[61a] Vgl. zum folgenden Alföldi, Röm. Frühgesch. 196 ff.

[62] Einige charakteristische Ansichten moderner Gelehrter findet man in folgenden Werken: A. Schwegler, RG 2, 18, 56, 307 ff. W. Ihne, RG 1, 1868, 81 n. 5, 90, 129 f. Anm. 6; 130. K. W. Nitzsch, Rh. Mus. n. F. 24, 1869, 150 ff. M. Zöller, Latium und Rom, Leipzig 1878, 190 ff. Th. Mommsen, RF 2, 158 f.; vgl. 113 ff. K. J. Beloch, Der italische Bund, Leipzig 1880, 194 ff. Th. Mommsen, St. R. 3, 1887, 611 Anm. 1; 618 Anm. 2. Ed. Meyer, GdA 5, Stuttgart 1902, 136 f. E. Täubler, a. a. O. 276 ff. J. Binder, Die Plebs, Leipzig 1909, 332 ff. G. De Sanctis, St. d. R. 2, 1907, 96 ff. E. Pais, St. d. R. 1^2, 1926, 324 ff. W. Soltau, Wiener Studien 35, 1913, 257. G. De Sanctis, Atti del I^0 Congresso di Studi Romani, Roma 1929, 231 ff. A. Rosenberg, Hermes 55, 1920, 337. Ed. Meyer, Kleine Schriften, 2, Halle 1924, 301. L. Homo, L'Italie primitive, Paris 1925, 176 ff. K. J. Beloch, RG 1, 189 ff., 193 f. A. Oltramare, Bull. de la Soc. d'Hist. et d'Arch. de Genève, 5, 1925—34, 268 ff. H. Last, CAH 7, 1928, 489 ff. M. Gelzer, RE 12, 954. 956, 63; 958, 9. A. Momigliano, Bull. Com. 58, 1930 (1931) 32 ff. H. Horn, Foederati, Diss., Frankfurt 1930, 87 ff. A. N. Sherwin-White, a. a. O. 19 ff. Kr. Hanell, Das altrömische eponyme Amt, Lund 1946, 172 ff. A. Piganiol, Histoire de Rome^3, Paris 1949, 54. J. Vogt, Die römische Republik^2, Tübingen 1951, 42, L. Pareti, St. d. R. 1, 1952, 414 f. G. Giannelli, Trattato di Storia romana 1, Torino 1953, 183. F. Altheim, RG 2, 1953, 118. Pl. Fraccaro, Opuscula 1, Pavia 1956, 105. F. Hampl, Rh. Mus. n. F. 100, 1958, 68 ff.

[63] Th. Mommsen, RF 2, 153 ff.

[64] Cic., *Pro Balbo* 23, 53. Liv. II 33, 3—4. 9. DH VI 19, 4; 20, 1; 21, 2; 95, 2. Vgl. auch Th. Mommsen, St. R. 3, 1887, 611 Anm. 1. Fr. Münzer, RE 3, 1749 ff. E. Pais, St. d. R. 3, Roma 1927, 143 ff. E. Täubler, l. c. Ed. Meyer, Kleine Schriften 1924, 300. H. Horn, a. a. O. 94 ff. H. Last, a. a. O. 490 f., und andere.

[65] M. Zöller, a. a. O. 192 ff.

[66] Vgl. C. Cichorius, *De fastis consularibus antiquissimis*, Diss. Leipzig 1886, 173 f.

[67] Vgl. auch A. Andrén, Hommages à L. Herrmann (Coll. Latomus 44) Bruxelles 1960, 88 ff. G. Pasquali, La nuova antologia 386, 1936, 416, betont, daß der Text des DH « non integro e in rielaborazione annalistica » sei.

420 Anmerkungen zum 3. Kapitel

[68] Fest., p. 166, 29 L.: *Nancitor in XII nactus erit, prenderit. Item in foedere Latino 'pecuniam quis nancitor, habeto', et 'si quid pignoris nanciscitur, sibi habeto'*. ['Nancitor' steht im Zwölftafelgesetz für '*nactus erit, prenderit*'. Ebenso im Latinervertrag: 'Wer Geld erhält (nancitor), soll es behalten dürfen' und 'Wenn er Pfand erhält, soll er es für sich behalten dürfen'.]

[69] Vgl. meine Bemerkungen in Rh. Mus. 68, 1961, 64 ff.

[70] Von Liv. VIII 2, 13; vgl. S. 115 ff.

[71] Vgl. S. 361; vgl. 310 ff.

[72] Vgl. M. Zöller, a. a. O. 206. E. Täubler, Imperium Romanum 281 ff. Für die revolutionären Bestrebungen des Spurius Cassius wird seine Absicht, den unteren Schichten und den Verbündeten Anteil an der Kriegsbeute und dem eroberten feindlichen Gebiet zu geben, als Beispiel angeführt: Liv. II 41, 1. DH VIII 69, 4; 76, 2; 77, 2—3. Vgl. Plinius, *N. h.* XXXIV 5, 20, mit dem Kommentar von Th. Mommsen, RF 2, 163 Anm. 22, dessen Beweisführung noch auf dem Glauben an die „von Haus aus bestehende römische Hegemonie" beruhte (ibid., Anm. 23).

[73] Ed. Meyer, Kleine Schriften 2, 1924, 299 ff.

[74] J. Binder, Die Plebs, 350. E. Täubler, a. a. O. 281 ff. A. Rosenberg, Hermes 54, 1920, 132.

[75] Vgl. S. 38 ff.

[76] Vgl. S. 30 ff.

[77] K. J. Beloch, RG 1, 1926, 193 ff. A. Oltramare, a. a. O. 268 ff. Vgl. H. Horn, a. a. O. 90 ff. A. Rosenberg, Hermes 55, 1920, 337. A. Piganiol, Histoire de Rome³, 54. H. Last, a. a. O.

[78] Th. Mommsen, St. R. 3, 609: „Was hieraus sich zu ergeben scheint, daß auch die Stadt Rom einst wie Alba und Praeneste eine der Städte 'latinischen Namens' gewesen ist, das weist die römische Auffassung entschieden ab. Nicht bloß steht in der gesamten conventionellen Vorgeschichte Rom nicht in, sondern neben Latium, sondern es ist auch die sehr alte Gründungslegende ausdrücklich darauf gestellt, neben dem Festhalten der gemeinschaftlichen Nationalität in scharf tendenziöser Haltung die Zugehörigkeit zu der latinischen Staatengemeinschaft auszuschließen. Allem Anschein nach hat schon die römische Logographie sich bemüht, in der Legendengestaltung die der späteren hegemonischen Rolle Roms nicht angemessene ursprüngliche Gleichstellung im latinischen Stammbund zu verleugnen und auch die Erinnerung daran zu vertilgen; und es ist ihr dies vollständig gelungen. Von dem latinischen Stammbund, wie er bis zu seiner Auflösung im Jahre 416 der Stadt neben und unter Rom stand, berichten die römischen Annalen allerdings; aber das Bild, welches sie uns von der Gestaltung der römisch-latinischen Ordnungen vorführen, ist

ungefähr vergleichbar dem des römischen Königtums: es weist nicht bloß im einzelnen zahlreiche Unklarheiten und Widersprüche auf, sondern die uns vorliegenden Erzählungen entbehren vielfach der realen Grundlage und erweisen sich pragmatisch wie staatsrechtlich als Construction relativ später Darsteller ..." Vgl. auch S. 610 f.: „Die römische Logographie kennt den latinischen Stammbund nicht anders als in Abhängigkeit von Rom und Roms Hegemonie über Latium wird von ihr nicht so sehr entwickelt, als vorausgesetzt. Ihr gelten die Städte der Latiner sämtlich als von Alba aus gegründet und übt dieses bei Beginn der Stadt Rom über Latium das Regiment etwa in der Weise, wie in historischer Zeit es Rom geführt hat; indem dann Rom unter dem vierten seiner Könige durch die Kampfwette die Hegemonie über Alba gewinnt und bald darauf die Stadt incorporiert, fällt ihm vom Rechts wegen diejenige über ganz Latium zu. Die latinischen Städte sind oftmals säumig in Erfüllung ihrer Pflichten und versuchen auch verschiedene Male das Glück der Waffen; aber die Verträge, die die drei letzten Könige und sodann Sp. Cassius mit ihnen schließen, sind im Wesentlichen nur erneuernder und bestärkender Art. Die Abhängigkeit des latinischen Bundes, wie sie unter Tullus festgestellt war, bleibt unverändert, bis der Bund selbst gesprengt wird, und sie damit sich auf die einzelnen Städte überträgt. Es ist das nicht Geschichte, wohl aber die staatsrechtliche Darlegung des Verhältnisses, welches der Auflösung des latinischen Bundes unmittelbar vorherging, der Hegemonie Roms über die übrige in föderativer Geschlossenheit neben ihr stehende Nation." Vgl. auch ibid., 616 Anm. 4, 617 ff. (über die doppelte Auslegung des *foedus aequum*). S. ferner J. Binder, Die Plebs 331 ff. E. Täubler, a. a. O. 286 f., 293 f., 316 f., 330 f. Rosenberg, Hermes 54, 1919, 150 f. K. J. Beloch, RG 1, 1926, 180. A. Piganiol, Mél. 38, 1920, 297 ff.

[79] Vgl. Gymnasium 67, 1960, 193 f., und S. 225 ff.

[80] Fest., p. 276, 15 L.: *Praetor ad portam nunc salutatur is qui in provinciam pro praetore aut consule exit; cuius rei morem ait fuisse Cincius in libro de consulum potestate talem: „Albanos rerum potitos usque ad Tullum regem; Alba deinde diruta usque ad P. Decium Murem consulem populos Latinos ad caput Ferentinae, quod est sub monte Albano consulere solitos, et imperium communi consilio administrare, itaque quo anno Romanos imperatores ad exercitum mittere oportet iussu nominis Latini, complures nostros in Capitolio a sole oriente auspiciis operam dare solitos. Ubi aves addixissent, militem illum, qui a communi Latio missus esset, illum quem aves addixerant, praetorem salutare solitum, qui eam provinciam optineret praetoris nomine.* [Als Feldherr (Prätor) wird noch jetzt am Stadttor begrüßt, wer als Proprätor oder Prokonsul in seine Provinz aufbricht; über diese Sitte schreibt Cincius in

seinem Buch über die Amtsgewalt der Konsuln: 'Alba hatte bis zur Zeit des Königs Tullus die Vorherrschaft; nach seiner Zerstörung, bis zum Konsulat des P. Decius Mus, hielten die latinischen Gemeinden gewöhnlich an der Quelle des Ferentina-Baches, am Fuß des Albanerberges, ihre Beratungen ab und bestimmten durch gemeinsame Beschlüsse die Leitung des Bundes. Daher pflegten in den Jahren, in denen auf Geheiß des Latinerbundes römische Feldherren zum Heer entsandt werden mußten, mehrere der unsrigen vom Sonnenaufgang an auf dem Kapitol sich um die Auspizien zu kümmern. Sobald die Vögel Günstiges verkündet hatten, pflegte der vom Latinerbund entsandte Soldat jenen durch die Vogelschau bestätigten Feldherrn, der mit der Amtsbezeichnung eines Prätors den betreffenden Amtsbereich verwalten sollte, als Prätor zu begrüßen.'] Über die Person des Autors (nicht identisch mit dem Annalisten Cincius Alimentus) vgl. H. Peter, H. R. Rel. 1², 1914, p. CIV f. M. Schanz-C. Hosius, Geschichte der lateinischen Literatur 1⁴, München 1927, 175 ff. Der Antiquar Cincius wird zitiert bei Liv. VII 3, 7 und wird auch ohne Quellenangabe benutzt. Zu dem fraglichen Fragment vgl. B. G. Niebuhr, RG 1², Berlin 1827, 282: „denn es sind Fragmente aus ihm, die allein mit klaren Worten das frühere Verhältnis von Rom und Latium darstellen, welches in allen Annalen der Nationalstolz verfälscht hat". A. Schwegler, RG 2, 343. M. Zoeller, a. a. O. 205. E. Pais, St. crit. 3, 364, Anm. 1. Th. Mommsen, St. R. 3, 619, Anm. 2. G. De Sanctis, St. d. R. 2¹, 99. A. Rosenberg, Hermes 54, 1919, 148 ff. M. Gelzer, RE 12, 955 ff., 961, 56. A. N. Sherwin-White, R. Citiz. 13.

[81] Vgl. auch DH V 50, 2 und 4: Rom gehört zum Bund, obwohl es im fraglichen Falle trotz einer schriftlichen Vereinbarung aufgefordert wurde, anwesend zu sein. γεγραμμένον ἐν ταῖς συνθήκαις ἁπάσας παρεῖναι τὰς πόλεις ταῖς κοιναῖς ἀγοραῖς, ὅσαι τοῦ Λατίνων εἰσὶ γένους, παραγγειλάντων αὐταῖς τῶν προέδρων. [Im Vertrag sei schriftlich festgelegt, daß alle Städte, welche zum Latinerstamm gehörten, auf Aufforderung ihrer Führer hin bei den gemeinsamen Versammlungen anwesend sein sollten.] Vgl. V 54, 5.

[82] Eine Bestätigung gibt O. Skutsch, Cl. Q. 11, 1961, 251, der nur die exakte philologische Wiedergabe erstrebt und dem historischen Problem keine Aufmerksamkeit schenkt. Er übersetzt diesen Satz so: "when it was the turn of the Romans to provide a general for the Latin League." Dagegen: J. Pinsent, Class. Journal 55, 1959, 183 ff.

[83] Vgl. DH III 34, 3: Zur Zeit des Königs Tullus heißt es von den 30 latinischen Städten: αἱροῦνται δύο στρατηγοὺς αὐτοκράτορας εἰρήνης τε καὶ πολέμου, Ἄγκον Ποπλίκιον ἐκ πόλεως Κόρας καὶ Σπούσιον Οὐεκίλιον ἐκ Λαουϊνίου. [Sie wählten zwei leitende Amtsträger mit

unumschränkter Gewalt in Krieg und Frieden, Ancus Publicius aus Cora und Spusius Vecilius aus Lavinium.] Die beiden *praetores* — anstelle eines Diktators — sind anachronistisch, aber nicht die Definition ihrer Machtvollkommenheit *(imperium)*. Ein seltsamer Einfall Belochs ist es (RG 190 f.), daß das Kommando derjenigen Stadt übertragen wurde, deren Gebiet Schauplatz der militärischen Operationen war. Aber Cincius spricht nicht von einer Gefahr oder Notlage zu der Zeit, wo das Bundesheer in Rom ankommt.

[84] A. Piganiol, Mél. 38, 1920, 306 f. F. Münzer, Adelsparteien und Adelsfamilien, Stuttgart 1920, 44 f. M. Gelzer, RE 12, 961.

[85] Varro, LL 5, 33, mit den Bemerkungen Th. Mommsens, St. R. 3, 629.

[86] LL 5, 43.

[87] Vgl. E. Täubler, a. a. O. 316 f. Die Unvereinbarkeit des *foedus Latinum* [latinischer Bundesvertrag] mit Bündnissen zwischen einzelnen Mitgliedern des Bundes, wie Beloch, a. a. O. 187, sie postulierte, bestand nicht.

[88] Vgl. S. 23 ff.

[89] Liv. VIII 2, 13.

[90] Liv. III 71, 2.

[91] DH IV 58, 4. Fest., p. 48, 19 L. Hor., Epist. II 1, 14 f. E. Babelon, Description historique et chronologique des monnaies de la République romaine 1, Paris 1885, 149 no. 17, und 151 no. 2—21.

[92] Liv. IV 7, 4. 10. 11. 12.

[93] Vgl. F. Walbank, A Historical Commentary on Polybius 1, Oxford 1957, 345.

[94] Fr. Münzer, Römische Adelsparteien und Adelsfamilien, Stuttgart 1920, 46.

[95] Ibid. 66.

[96] Ibid. 50, 64 f., und passim.

[97] Ibid. 47.

[98] Liv. VIII 5, 7—8.

Viertes Kapitel

[1] Vgl. dazu jetzt A. Alföldi, Röm. Frühgeschichte, Heidelberg 1976, 48 ff., 80 ff.

[1a] Pl. Fraccaro, JRS 47, 1957, 65.

[2] O. Leuze, Die römische Jahrzählung, Tübingen 1909, 275 f., 277 f.

[3] Vgl. meine Arbeit ›Die trojanischen Urahnen der Römer‹ (Rektoratsprogramm der Universität Basel für das Jahr 1956), 1957.

[4] F. Gr. Hist. 566 F 59—61 und Vol. 3 B Kommentar 536, 574 f.; Noten zum Kommentar 1955, 331 Anm. 309—11.

⁵ Die Unvereinbarkeit der beiden verschiedenen Daten hätte durch die Fiktion einer erneuten Gründung verschleiert werden können, wie es mehrfach in der Überlieferung vorkommt. Timaios F 60 (= DH I 74, 1) erwähnte in der Tat τὸν δὲ τελευταῖον γενόμενον τῆς 'Ρώμης οἰκισμὸν ἢ κτίσιν [die letzte Besiedlung oder Gründung Roms]. Aber schon Antiochus von Syrakus sprach im letzten Drittel des fünften Jahrhunderts davon, daß Rom vor dem Trojanischen Krieg gegründet wurde — bei DH I 73, 5 (F. Gr. Hist. 555 F 6) —: κατὰ μὲν δὴ τὸν Συρακούσιον συγγραφέα παλαιά τις εὑρίσκεται καὶ προτεροῦσα τῶν Τρωϊκῶν 'Ρώμη [Gemäß dem syrakusanischen Historiker gab es eine alte, bereits vor dem Trojanischen Krieg bestehende Siedlung Rom]. Weitere Einzelheiten bei A. Schwegler, RG 1, 350, Anm. 5.

⁶ Vgl. Th. Mommsen, Römische Chronologie², Berlin 1859, 137. O. Leuze, Die römische Jahrzählung, Tübingen 1909, 47 f., 79 f., 281 f. F. W. Walbank, A Historical Commentary on Polybius 1, Oxford 1957, 665 f.

⁷ DH I 74, 1—2. Solin. 1, 27, etc. Cf. F. Gr. Hist. 809 F 3 a—b. 810 F 1.

⁸ Vgl. Th. Mommsen, Röm. Chron.² 152 f. A. Schwegler, RG 1, 343 ff. Fr. Leo, Gesch. d. röm. Lit. 1, 1913, 63 f. O. Leuze, a. a. O. 88 ff., 266 ff., (der 13 Namen in der ältesten Liste annimmt). Fr. Münzer, RE 6, 1839. Th. Mommsen, RF 2, 1879, 268 Anm. 62, 288 ff., dachte, die Dynastie der *Silvii* sei „eine der späteren Erdichtungen". Aber er konnte die Beobachtung H. Peters (H. R. Rel. 1², p. LXXXVII) nicht widerlegen, daß im Bericht des Pictor Romulus der Sohn von Numitors Tochter ist. So wurden die letzten Könige von Alba mit den Gründern Roms verbunden: Τῶν ἀπ' Αἰνείου γεγονότων ἐν Ἄλβῃ βασιλέων εἰς ἀδελφοὺς δύο, Νομήτορα καὶ Ἀμούλιον, ἡ διαδοχὴ καθῆκεν [Die Nachfolge der von Aeneas abstammenden Könige von Alba fiel zwei Brüdern zu, nämlich Numitor und Amulius] (fr. 5 a). Vgl. auch L. Holzapfel, Römische Chronologie, Leipzig 1885, 259 ff., 276 ff. G. De Sanctis, St. d. R. 1² 200 f. Pl. Fraccaro, Studi Varroniani, Padova 1907, 216 ff.

⁹ P. Bung, Q. Fabius Pictor, Diss. Köln 1950, 197 Anm. 5.

¹⁰ Plut., *Rom.* 14, 1.

¹¹ H. R. Rel.² fr. 9 = F. Gr. Hist. 809 F 8 (DH IV 15, 1).

¹² Liv. II 21, 7. Vgl. L. R. Taylor, Vot. Distr. (Mem Am Ac Rome 20) 1960, 5 ff. mit Anm. 9—10; 6 Anm. 36; 36. Dionysios erwähnt ausdrücklich, daß Fabius Pictor diese 26 Abteilungen *tribus* (d. h. φυλάς) nannte; Pictor berichtete auch, daß es einschließlich der vier städtischen *tribus* schon unter König Tullius dreißig gab. Weiter vergleicht Dionysios diese Feststellung mit der des Vennonius, der angab, unter diesem Herrscher habe es 31 ländliche *tribus* gegeben, und mit den vier städtischen zu-

sammen sei schon die Zahl von 35 *tribus* erreicht worden. Varro, *De vita pop. Rom.* bei Non. p. 62 L *et extra urbem in regiones XXVI agros viritim liberis adtribuit* [und außerhalb der Stadt teilte er den freien Männern einzeln Äcker in 26 Bezirken zu] (sc. Servius Tullius; vgl. Pap. Oxy. 17, 1927, Nr. 2088) beruht auf Fabius Pictor. Ich sehe keine Möglichkeit, diese Angaben dadurch zu entwerten, daß man annimmt, die 26 Bezirke Pictors seien *pagi* gewesen. E. Gabba, Athen., n. s. 39, 1961, 102 f., 103 f. mit Anm. 21, 106, 115, erkannte bereits, daß dafür Pictor verantwortlich war, der die Errichtung der letzten *tribus* im Jahr 241 noch erlebte und die Chronologie der voraufgehenden Gründungen gekannt haben muß. Dazu ausführlicher Kap. 7.

[13] Liv. III 5, 12—13.

[14] Plut., *Rom.* 25, 3—4.

[15] Liv. I 53, 2—3; 55, 7—9.

[16] Liv. II 30, 7. DH VI 42, 1.

[17] Liv. VII 25, 7—9.

[18] Vgl. auch DH V 75, 3.

[19] DH I 87, 3; II 2, 4; 16, 2. Lyd., *De mag.* 1, 9. Cass. Dio fr. 5, 8 (vol. 1, 9 Boiss.).

[20] Plut., *Rom.* 9, 3.

[21] Plut., *Rom.* 20, 1. Liv. I 13, 5. Vgl. DH II 47, 1. Lyd., *De mag.* 1, 16 etc.

[22] Plut., *Rom.* 23, 7.

[23] DH II 50, 5.

[24] DH II 55, 6.

[25] DH II 35, 1 ff. Plut., *Rom.* 20, 1, erwähnt irrtümlich die Verdoppelung jeder einzelnen Legion. Vgl. Liv. I 13, 5.

[26] DH II 37, 5.

[27] DH II 15, 1—16, 3. Seit B. G. Niebuhr, RG 1², 1827, 243, wurde diese Zahl Valerius Antias zugeschrieben.

[28] Liv. I 30, 3. DH III 27, 1; 29, 7—30, 1. 3—4; 31, 1—3. Val. Max. III 4, 1.

[29] Politorium, Tellenae, Ficana: DH III 37, 4; 38, 2—3; 43, 2. Liv. I 33, 2 f.

[30] Liv. I 44, 2: Fab. Pictor fr. 10, H. R. Rel. 1², p. 22 = F. Gr. Hist. 809 F 9. Th. Mommsen, RF 2, 398, 400 ff. M. Gelzer, Hermes 68, 1933, 151 Anm. 2. P. Bung, a. a. O. 161 Anm. 1.

[31] K. J. Beloch, Die Bevölkerung der griechisch-römischen Welt, Leipzig 1886, 340. Idem, RG 216; Der italische Bund, Leipzig 1880, 89 ff.

[32] K. J. Beloch, RG 216.

[33] Ibid. Vgl. dens., Der italische Bund, 84 ff. mit Einzelheiten.

Anmerkungen zum 4. Kapitel

[34] Beloch hat gezeigt (Griech. Gesch. III 1, 1904, 677 Anm. 1; vgl. A. Rosenberg, Einleitung und Quellenkunde zur röm. Geschichte, Berlin 1921, 124 und Hermes 57, 1922, 127 ff.), daß Pictor auch bei der Angabe der Flottenstärke zu Beginn des Ersten Punischen Krieges übertrieben hat und daß er den Bericht über den Krieg mit den Kelten zwischen 225—22 verfälschte.

[35] F. Gr. Hist. 809 F 19. Th. Mommsen, RF 2, 1879, 382 ff. K. J. Beloch, Der italische Bund 78, 80 ff. K. J. Beloch, Die Bevölkerung, etc. 355 ff. Eine detaillierte Bibliographie bei F. W. Walbank, A Historical Commentary on Polybius 1, Oxford 1957, 196 ff.

[36] DH I 3, 4; vgl. I 4, 1 ff.

[37] Liv. I 9, 1.

[38] DH II 16, 2; 55, 6.

[39] DH I 79, 4.

[40] Die Belege findet man bei A. Schwegler, RG 1, 528 ff. A. Degrassi, Inscr. Ital. XIII 1, 1947, 534 ff., und anderswo. Wenn patrizische Geschlechter Besitzungen in *Collatia, Medullia, Cameria, Amentum, Mugillum* hatten, wie ihre *cognomina* [Beinamen] zeigen, so bedeutet das nicht, daß diese Ortschaften unter den Königen erobert worden wären, wie K. J. Beloch, RG 166 ff., vermutete. *Antemnae* und *Ficana* am unteren Tiber könnten ihre Autonomie bewahrt haben, da Ostia noch nicht bestand; das spricht gegen K. J. Beloch, a. a. O. Es wird berichtet, daß *Cameria* und *Antemnae* 507 v. Chr. gegen Rom revoltierten (DH V 21, 3). Falls die Nachricht historisch ist, bedeutet dies, daß sie noch zur Zeit der frühen Republik bestanden.

[41] G. Wissowa, RE 3, 1279.

[42] Pictor, fr. 5 b. H. R. Rel. 1², 12 = F. Gr. Hist. 089 F 4 = DH I 79, 13: Ῥωμύλος μέν οὖν τὸν χρόνον τοῦτον ἐτύγχανεν ἅμα τοῖς ἐπιφανεστάτοις τῶν κωμητῶν πεπορευμένος εἴς τι χωρίον Καίνιναν ὀνομαζόμενον ἱερὰ ποιήσων ὑπὲρ τοῦ κοινοῦ πάτρια. [Romulus war nun zu jener Zeit gemeinsam mit den angesehensten Gemeindemitgliedern nach einem Ort namens Caenina unterwegs, um dort althergebrachte Riten zum Wohl des Gemeinwesens zu verrichten.]

[43] Liv. I 11, 3. DH II 36, 1; III 49, 6. Plut., *Rom.* 17, 1—2.

[44] Liv. I 38, 4. DH III 49, 6.

[45] Liv. II 19, 2.

[46] Ed. Meyer, GdA 5, 1902, 140. K. J. Beloch, RG 159, 175 ff.

[47] Alle Angaben sind gesammelt von A. Schwegler, RG 1, 529, und auch von G. De Sanctis, St. d. R. 2¹, 128 ff. Vgl. O. Richter, Hermes 17, 1888, 433 ff. A. Degrassi, a. a. O. 534, etc.

[48] K. J. Beloch, RG 160 und 175 ff.

[49] G. De Sanctis, St. d. R. 2¹, 125 f., 133 ff., dessen Ergebnisse auch von L. Pareti, Atene e Roma, n. s. 12, 1931, 218 akzeptiert wurden. Die Zeugnisse für alle erdichteten Siege finden sich in den Werken, die Anm. 40 zitiert sind; vgl. besonders A. Degrassi, a. a. O. 65 ff. und 534 ff.

[50] E. Pais, St. d. R. I 1, 1898, 347, 466. Idem, St. crit. I 2, 154 f. G. De Sanctis, Klio 1902, 102. Idem, St. d. R. 1¹, 371. A. Rosenberg, Einleitung und Quellenkunde zur römischen Geschichte, Berlin 1921, 116, meint, daß diese Verdoppelung von der „Sage" geschaffen wurde. Obwohl er sonst sehr kritisch ist, ist er sich dieses Mal nicht bewußt, daß wir es hier mit einer bewußten Fiktion zu tun haben. F. Schachermeyr, RE 4 A, 2376.

[51] Für letzteres vgl. Cass. Hemina fr. 15 mit dem Kommentar von H. Peter.

[52] Vgl. Cic., *De re publ.* II 18, 33: *sed temporum illorum tantum fere regum inlustrata sunt nomina.* [Aber aus jenen Zeiten sind fast nur die Namen der Könige ans Licht gekommen.]

[53] Vgl. oben S. 121 ff.; ferner G. F. Unger, Rh. Mus. 35, 1880, 1 ff. A. Schwegler, RG 1, 343 ff. Fr. Münzer, RE 6, 1839, 20 ff. F. Jacoby, F. Gr. Hist. 3 B, Kommentar, 1955, 564 (fr. 59—61). 574 f. und in den Anmerkungen zum Kommentar 314. Kr. Hanell, a. a. O. 166 ff. S. Mazzarino, Stud. Rom. 8, 1960, 388 ff. R. Van Compernolle, Hommages à L. Herrmann (Coll. Latomus 44), 1960, 750 ff. Alle Gelehrten, die versuchen, das Gründungsdatum bei Pictor mit den archäologischen Daten in Einklang zu bringen, sind sich nicht der Tatsache bewußt, daß vor Pictor dieses Datum Jahrhunderte früher angesetzt wurde. Vgl. z. B. Pallottino, Arch. cl. 12, 1960, 8 ff.

[54] A. Schwegler, RG 1, 557 f. Zu weiteren Kombinationen ähnlicher Art J. Hubaux, Rome et Véies, Paris 1958, 60 ff. M. Sordi, I rapporti romano-ceriti, Roma 1960, 32, 173 ff.

[55] A. Piganiol, Histoire de Rome¹, 1939, 43 ff.

[56] A. Schwegler, RG 1, 675 ff. E. Pais, Studi storici 2, 1893, 328. G. F. Unger, Römisch-griechische Synchronismen vor Pyrrhos, S. B. Bayr. Ak. 1876, 531 ff. Kr. Hanell, a. a. O.

[57] A. Piganiol, a. a. O.

[58] DH V 61, 3. Vgl. o. S. 15 ff.

[59] DH III 33, 1 ff. Liv. I 32, 3.

[60] Liv. I 32, 3. 33, 6. DH II 38, 4—39, 4. Die Eroberung wird durch die angebliche Einnahme von Städten erläutert; aber Politorium, Medullia und Ficana waren nicht wirklich bedeutend, und ihre Rolle ist ohne jede historische Grundlage.

[61] Liv. I 35, 7; 38, 4: *omne Latinum nomen domuit* [Er bezwang den ganzen Latinerstamm]. DH III 49, 1 ff. Fasti triumph. p. 65 Degrassi.

Flor. I 1, 5. *Vir. ill.* 6, 8. Vgl. Plin., *N. h.* III 5, 70. Plut., *Rom.* 16, 8. Zon. 7, 8. Die Ortsnamen Apiolae (= Pometia), Crustumerium, Nomentum, Collatia, Corniculum, Ficulea, Cameria wurden willkürlich aus späteren Darstellungen herausgegriffen, um den Eindruck zu erwecken, der Bericht beruhe auf detaillierten Angaben. Die bedeutenden Städte wurden wieder ausgelassen.

[62] Liv. I 45, 1 ff. Val. Max. VII 3, 1. DH IV 25, 3 ff.

[63] Liv. I 45, 3.

[64] Cic., *De re p.* II 24, 44.

[65] Liv. II 18, 3. DH VI 17, 2. Liv. II 20, 13; 21, 3. Inscr. It. XIII 3, Nr. 10, etc.

[66] Vgl. S. 332 ff.

[67] DH II 38, 3; 39, 1; 40, 2. III 1, 2. Macrob. I 8, 1. *Fasti Capitol.*, vgl. A. Degrassi, Inscr. It. XIII 1, 534.

[68] DH III 32, 1 ff., 4 f., 33, 1 f. Macrob., a. a. O. *Fasti Capitol.*, a. a. O.

[69] DH III 40, 2 ff. 5, spricht auch vom siegreichen Angriff auf eine „große und blühende Stadt" und „auf einige andere Städte der Sabiner". *Fasti Capitol.*, a. a. O. pp. 65 und 535.

[70] DH III 55, 1 ff.; 59, 1 ff.; 63, 1 ff. Liv. I 36, 1 ff. *Vir. ill.* 6, 8. Macrob. I 6, 8. *Fasti Capit.* pp. 65 und 535.

[71] Liv. I 55, 8 ff. 53, 3. DH IV 45, 2; 50, 1 f. Die Unterwerfung der „Sabiner" wird exemplifiziert durch die Eroberung der Volskerstadt Suessa Pometia. *Fasti Capitol.* a. a. O. Hor., Ep. II 1, 24 ff.

[72] DH IV 52, 2. Vgl. G. De Sanctis, St. d. R. 2, 1907, 123 ff.

[73] DH V 37, 1 ff. 4; 38, 1 ff.; 40, 1; 41, 1; 42, 1. 4; 44, 1 ff. 5; 45, 1 f. 46, 1 f. 3 f. 48, 2; 49, 1 f.; VI 31 f.; 34, 1; 42, 1 f.; IX 59, 3. Plut., *Poplic.* 20, 1 f. Eutr. 1, 11. *Vir. ill.* 15, 1. Für weitere Einzelheiten s. A. Degrassi, a. a. O. pp. 65 und 536. Vgl. A. Klotz, Livius und seine Vorgänger, Berlin 1941, 255 ff.

[74] Eine schwache Spur davon findet sich in seiner Erzählung über die Taten des Servius Tullius nach dem Tod des Priscus, I 42, 2: *bellum cum Veientibus — iam enim indutiae exierant — aliisque Etruscis sumptum* [Der Krieg mit den Veientern und den übrigen Etruskern wurde nach Ablauf des Waffenstillstandes wieder aufgenommen]. Vgl. auch I 55, 1: *foedus cum Tuscis renovavit* [Er erneuerte den Vertrag mit den Etruskern]. Ein Nachfolger Pictors ging sogar noch weiter und ließ schon Tullus Hostilius die Etrusker besiegen. Vgl. Cicero, *De re p.* II 17, 31. Plin., *N. h.* IX 39, 136. Macrob., *Sat.* I 6, 7. Hieron., *Chron.*, p. 164. Schoene.

[75] Ennius 3, fr. 6 v. 152 Vahlen: *Hac noctu filo pendebit Etruria tota.* [In dieser Nacht wird das Schicksal ganz Etruriens an einem seidenen Faden hängen.]

[76] DH III 51, 1—4, berichtet vom Abschluß eines Bündnisses zwischen Clusium, Arretium, Rusellae, Vetulonia und Volaterrae, die den Latinern gegen Tarquinius d. Ä. helfen wollten. Aber die Archäologie hat gezeigt, daß diese nördlicher gelegenen Städte Etruriens sich kaum sonderlich in Latium einmischen konnten, und wir wissen, daß die Römer vor 310 v. Chr. nicht nördlich des Waldes um Viterbo vordrangen: *Silva erat Ciminia magis tum invia atque horrenda quam nuper fuere Germanici saltus, nulli ad eam diem ne mercatorum quidem adita* [Der Kiminische Wald war damals unzugänglicher und furchterregender als jüngst die bewaldeten Gebirge und Schluchten Germaniens und bis zu jenem Tag von niemandem, nicht einmal von Kaufleuten, betreten worden] (Liv. IX 36, 1).

[77] DH III 57, 1 ff. VI 75, 3.

[78] DH III 58, 1 ff. Flor. I 5, 5. Oros. II 4, 11. *Fasti Capitol.* p. 65 Degrassi. Vgl. die Bemerkungen bei B. G. Niebuhr, RG 1², 1827, 39. S. auch L. Pareti, Atene e Roma, n. s. 12, 1931, 213 f., 217 f.

[79] Ibid. III 60, 1 ff. IV 3, 2; 27, 1. Vergil wandte dasselbe Verfahren auf die sagenhafte Vorgeschichte an, als er die königlichen Insignien durch Tarchon zu Euander senden ließ, *Aen.* 8, 505 ff.

[80] DH IV 27, 1 ff. *Fasti Capitol.*, a. a. O.

[81] DH IV 27 ff. Cic., *De re p.* II 21, 38. *Vir. ill.* 7, 6. Zon. VII 9, 10. Liv. I 42, 2—3. Oros. II 4, 11.

[82] DH IV 65, 2. Vgl. Liv. I 55, 1: *Tarquinius ... foedus cum Tuscis renovavit* [Tarquinius ... erneuerte den Vertrag mit den Etruskern].

[83] DH VI 50, 2; 75, 3. Die πόλις ἡ Ῥωμαίων ἡ τοσούτων ἄρχουσα ἀνθρώπων [die über so viele Menschen herrschende Stadt Rom] des Dionysius (VI 71, 3) entspricht Livius I 59, 9: *Romanos homines, victores omnium populorum* [die Römer, die Sieger über alle Völkerschaften].

[84] Das spricht gegen V. Arangio-Ruiz, Scritti giuridici raccolti per il centenario della casa editrice Jovene, Napoli 1954, 124.

[85] Vgl. S. 181 ff., und G. De Sanctis, St. d. R. 2, 1907, 116 f.

[86] DH III 41, 5.

[87] Cic., *De re p.* II 20, 36. Strab. V 3, 4 (C. 231).

[88] Liv. I 53, 2 ff. DH IV 49, 1; 52, 3. V 62, 3. *Fasti Capitol.* pp. 65 und 535 Degrassi.

[89] E. Pais, Mem. Lincei ser. 5, 17, 1924, 315, ist ebenso unbefriedigend wie K. J. Beloch, RG 295 ff.: „Natürlich haben die Gründungsdaten nicht den geringsten Wert, aber an der Colonisation selbst kann kein Zweifel sein." Vgl. F. Schachermeyr, RE 4 A, 2385. Vgl. auch unser Kapitel 8.

[90] Liv. I 55, 8 f.; vgl. 53, 3 = Pictor fr. 13 Peter (H. R. Rel. 1², 25). Cic., *De re p.* II 24, 44; Strab. V 3, 4 (C. 231). Ich akzeptiere die Ergeb-

nisse von G. De Sanctis, St. d. R. 2, 1907, 104 ff. F. Schachermeyr, RE 4 A, 2385.

[91] Vgl. S. 129 f. und S. 134.

[92] Valerius Antias fr. 11 Peter (H. R. Rel. 1², 242). Liv. I 35, 7. DH III 49, 1. Strabo V 3, 4 (C. 231). Vgl. B. G. Niebuhr, RG 1², 1827, 525.

[93] Ein analoger Fall ist Pictors Deutung der *instauratio ludorum* [Wiederholung der Spiele] S. 150 f.

[94] Vgl. G. De Sanctis, a. a. O.

[95] Liv. II 16, 8. 495 v. Chr. ist Pometia nach Liv. II 22, 2 volskisch; nichtsdestoweniger wird gesagt, daß es von den Volskern im selben Jahr eingenommen wurde (ibid. II 25, 5 ff.). Vgl. E. Pais, a. a. O. 314 ff.

[96] Liv. I 56, 3. DH IV 63, 1. Cic., *De re p.* II 24, 44. G. De Sanctis, St. d. R. 2, 1907, 106 Anm. 2. E. Pais, a. a. O. 314 ff. Philipp, RE 2 A 2347 ff.

[97] Liv. I 53, 4 ff. DH IV 52, 3—58, 4.

[98] DH V 20, 1. Plut., *Popl.* 16, 3.

[99] Diod. XIV 102, 4. Vgl. Liv. VI 5, 2; 12, 6; 17, 7; XXIX 15, 5. G. De Sanctis, a. a. O. 108 ff.

[100] F. Gr. Hist. 809 F 12 (= DH IV 64, 2 ff.).

[101] Vgl. Kapitel 8, S. 299 ff.

[102] Liv. I 55, 5 ff. V. 54, 7 ff.

[103] Pictor fr. 12 Peter. Alle diesbezüglichen Stellen sind gesammelt in H. R. Rel. 1², S. 23 f.

[104] Liv. I 45, 3—7. *Vir. ill.* 7, 10. Der betrogene Eigentümer des *bos* [Rind] ist bei Livius ein Sabiner, in Vir. ill. ein Latiner.

[105] Einzelheiten bei: A. Schwegler, RG 1, 772 Anm. 4 und 773 Anm. 1, und K. O. Müller-W. Deecke 2, 252. Plin., *N. h.* VIII 42, 161. Fest., p. 340, 31 L. Serv., Aen. 7, 158. Plut., *Poplic.* 13, 1—5 Diese Quadriga war eines der *septem pignora imperii* [sieben Unterpfänder der Herrschaft], aber 296 v. Chr. war sie schon verschwunden und durch eine bronzene Statuengruppe ersetzt. Vgl. Liv. X 23, 12 und A. Andrén. Rend. Pont. Acc. 32, 1960, 45. Dies beleuchtet das Alter und die Echtheit der Legende.

[106] H. Hoch, Die Darstellung der politischen Sendung Roms bei Livius. Diss. Frankfurt a. M. 1952, 34 ff.

[107] Liv. V 36, 5.

[108] Diese Fiktion wird manchmal ernst genommen. Vgl. H. Horn, Foederati, Diss. Frankfurt am Main 1930, 88.

[109] DH III 11, 5.

[110] DH IV 9, 2.

[111] DH IV 23, 4; 26, 2.

[112] Ibid. IV 27, 2. Vgl. ibid. 3 ff.

[113] Ibid. IV 39, 4; 45, 2.
[114] Ibid. V 50, 4; 65, 4.
[115] Ibid. VI 49, 1.
[116] Ibid. VI 6, 2; VIII 70, 2; IX 9, 1. 4; 43, 2; 46, 2.
[117] Ibid. VI 32, 2.
[118] Ibid. VIII 17, 1; 25, 4; 32, 3; X 5, 5; 14, 1. XI 9, 6; 59, 2. XII *fr.* 13, 2. *fr.* 14, 1.
[119] Liv. VI 18, 11.
[120] Liv. VII 30, 8.
[121] Ibid. VIII 5, 3.
[122] Ibid. VIII 23, 9.
[123] F. Münzer, Adelsp. 1920, 4: „Bei den ältesten Berichterstattern ist vor allem festzuhalten, daß sie die Vergangenheit nur im Hinblick auf die Gegenwart darstellten, die Entstehung der vorhandenen Zustände erklären, ihre künftige Erhaltung oder Umgestaltung historisch begründen wollten, als Politiker an die Aufgabe des Geschichtsschreibers herantraten."
[124] L. Homo, L'Italie primitive, Paris 1925, 18 ff.
[125] H. Hoch, a. a. O. (Anm. 106) mit einer Bibliographie der Spezialliteratur S. 7, Anm. 1.
[126] Liv. I, praef. 3.
[127] DH I 3, 4.
[128] Liv. I 12, 2 ff.; 16, 7. DH IV 26, 2.
[129] Liv. V 54, 4. Cic., *De re p.* II 3, 5 ff.
[130] Flor. I 1, 4.
[131] Liv. I 7, 3 ff.
[132] Liv. I 9, 3: *urbes quoque, ut cetera, ex infimo nasci; dein, quas virtus ac di iuvent, magnas opes sibi magnumque nomen facere; satis scire origini Romanae et deos adfuisse et non defuturam virtutem.* [Wie andere Dinge, so wüchsen auch die Städte aus kleinen Anfängen heran; diejenigen, welche sich auf eigene Tüchtigkeit und die Hilfe der Götter stützen könnten, gewännen Macht und einen großen Namen; es sei wohlbekannt, daß beim Ursprung Roms die Götter und eine zukunftsverheißende Tüchtigkeit der Einwohner Pate gestanden hätten.] Vgl. I 9, 9; 38, 7; V 3, 10.
[133] Liv. I 8, 4.
[134] Liv. I 55, 3. DH IV 59, 1—61, 2. Tac., *Hist.* 3, 72.
[135] Fabius Pictor *fr.* 12 Peter (H. R. Rel. 1², p. 23). Liv. I 55, 2—4; 56, 5—7. DH III 69, 5—6. IV 61, 2.
[136] Liv. I 42, 5, vgl. 14, 4: Auch die *Fidenates* sehen die Gefahr voraus, die mit der Gründung Roms am Horizont aufsteigt.

432 Anmerkungen zum 4. Kapitel

[137] Liv. I 59, 9.

[138] Liv. IV 4, 4: *Quis dubitat, quin in aeternum urbe condita, in immensum crescente nova imperia sacerdotia iura gentium hominumque instituantur?* [Wer zweifelt wohl daran, daß durch eine solche für die Ewigkeit gegründete und ins Unermeßliche wachsende Stadt neue Amtsgewalten und Priestertümer, neues Völker- und Naturrecht geschaffen werden?] DH VIII 26, 4: ἐνθυμοῦ τὸ μέγεθος τῆς πόλεως καὶ τὴν λαμπρότητα τῶν ἐν τοῖς πολέμοις πράξεων καὶ τὴν ἐκ τοῦ θείου παροῦσαν αὐτῇ τύχην, δι' ἣν ἐκ μικρᾶς τοσαύτη γέγονε. [Bedenke die Größe der Stadt, ihre glanzvollen Kriegstaten und ihr von den Göttern begünstigtes Geschick, welches sie aus kleinen Anfängen zu solcher Bedeutung führte.]

[139] Fr. Leo, Geschichte der römischen Literatur 1, (Leipzig 1913) 172.

[140] Liv. I 16, 6 f. Vgl. H. Hoch, a. a. O. 62.

[141] DH III 33, 1.

[142] DH VIII 4, 3—4.

[143] DH VIII 64, 2.

[144] DH IX 18, 2—4.

[145] Vgl. E. Gabba, Athen., n. s. 38, 1960, 187 f., zu DH II 15, 1 f.

[146] Liv. VIII 13, 16. Einige Beispiele S. 125 ff. Livius und Dionysios hängen von gemeinsamen Quellen ab, z. B. Liv. I 33, 2 f. = DH III 43, 2, etc. Die erwähnte Fiktion wurde noch für die frühe Republik als römische Praxis angesehen: DH VI 2, 2. Andererseits müssen wir die Tatsache festhalten, daß die Überführung ganzer Stadtbevölkerungen ein Verfahren der sizilischen Tyrannen war (vgl. z. B. Ad. Holm, Geschichte Siziliens 1, Leipzig 1874, 98 f., 130 ff. K. F. Stroheker, Dionysios I., Wiesbaden 1958, 151). Das ist wichtig, weil die sizilischen Griechen, die im Ersten und Zweiten Punischen Krieg die Interessen Karthagos gegen Rom vertraten, jene Gegner waren, die Fabius Pictor veranlaßten, ein dem ihrigen entgegengesetztes Bild vom Aufstieg der römischen Macht zu entwerfen (wie Kr. Hanell, Histoire et historiens dans l'antiquité, Vandœuvres-Genève 1956, 149, richtig betonte); Gleichartigkeit der Polemik führt aber jeweils zu gegenseitigen Entlehnungen und Angleichungen in Ideal und Praxis. Außerdem war die angebliche Großzügigkeit der alten Römer in der Zulassung von Fremden zur Bürgerschaft ein willkommenes Argument für die römische Propaganda, wie der Brief Philipps V. zeigt: IGr IX 2, 517 = F. Schroeter, De regum Hellinisticorum epistulis, Leipzig 1932, 78 ff. Anm. 31.

[147] Cic., *De re p.* II 7, 13.

[148] DH III 3, 1.

[149] Vgl. die Bibliographie bei Peter, H. R. Rel. 1², 1914, p. VI Anm. 1, und E. Gabba, Athen., n. s. 38, 1960, 175 f., 201 ff.

¹⁵⁰ Liv. I 31, 8; 32, 2. DH III 36, 4. Plut., *Marcell.* 8, 9. Plin., *N. h.* XXVIII 2, 14. Cic., *Pro C. Rabir.* 5, 15.

¹⁵¹ Liv. I 60, 4.

¹⁵² Liv. I 48, 9.

¹⁵³ DH V 35, 1. Im Bereich des Privatrechts bot Verginias Schicksal eine gute Gelegenheit zur Konstruktion fingierter juristischer Fälle. Vgl. P. Noailles, Fas et ius, Paris 1948, 187 f.

¹⁵⁴ DH IV 15, 1.

¹⁵⁵ A. Alföldi, RM 68, 1961, 64 ff.

¹⁵⁵ᵃ Vgl. dazu jetzt A. Alföldi, Röm. Frühgeschichte, Heidelberg 1975, 79 f.

¹⁵⁶ Liv. VI 34, 5—11.

¹⁵⁷ Wir kennen nur die alte lateinische Übersetzung dieses Abschnitts (Gell. V 4, 1 ff. F. Gr. Hist. 809 F 33): *quapropter tum primum ex plebe alter consul factus est duovicesimo anno postquam Romam Galli ceperunt.* [Daher wurde damals, im 22. Jahr nach der Eroberung Roms durch die Kelten, erstmals einer der beiden Konsuln aus den Reihen der Plebejer gewählt.]

¹⁵⁸ Liv. VI 34, 5.

¹⁵⁹ Liv. VI 34, 5.

¹⁶⁰ Liv. III 27, 7: *puncto temporis maximarum rerum momenta verti* [Im Nu ändere sich der Lauf wichtiger Ereignisse] XXVII 9, 1: *ceterum transportati milites in Siciliam ... prope magni motus causa fuere; adeo ex parvis saepe magnarum momenta rerum pendent.* [Im übrigen hätte der Transport der Soldaten nach Sizilien ... beinahe bedeutende Folgen gehabt; so hängt oft der Verlauf bedeutender historischer Entwicklungen von (scheinbar) unbedeutenden Vorfällen ab.] XXXII 17, 9: *ad summam universi belli pertinere ratus, ... quod ex momentis parvarum plerumque rerum penderet.* [... in der Meinung, daß es für den Verlauf des gesamten Krieges äußerst wichtig sei ..., da dieser Resultat einer Kette meist unbedeutender Ereignisse sei.] Vgl. Tac., *Ann.* IV 32, 2: *non tamen sine usu fuerit introspicere illa primo aspectu levia, ex quis magnarum saepe rerum motus oriuntur.* [Es mag dennoch nicht nutzlos gewesen sein, jene auf den ersten Blick unbedeutenden Vorfälle sorgfältig zu beachten, da solche Ereignisse oft bedeutende Konsequenzen haben.]

¹⁶¹ Vgl. H. Ryffel, Μεταβολὴ πολιτειῶν, der Wandel der Staatsverfassungen (Noctes Romanae 2) Bern, 1949. K. v. Fritz, The Theory of the Mixed Constitution in Antiquity, New York 1954, 414 ff.

¹⁶² Platon, *Resp.* 8, 556 e.

¹⁶³ Aristot., *Polit.* V 4, 1 ff. (1303 b, 17).

¹⁶⁴ P. Scheller, *De hellenistica historiae conscribendae arte*, Diss. Leipzig 1911, 57 f., 67 ff., 78 ff.

165 F. W. Walbank, Historia 9, 1960, 216. Vgl. Ch. Brink, Proceed. Cambr. Philol. Soc. no. 186, 1960, 14 f.

166 G. Sigwart, Klio 6, 1906, 352, schreibt über die Verginiaanekdote: „Die ganze Erzählung Diodors macht viel mehr den Eindruck einer griechischen Novelle als einer römischen Sage. Das ganze Motiv entspricht vollständig dem Geschmack der Alexandrinerzeit; schon im 4. Jahrhundert wurde es Sitte, Umwälzungen im Staatsleben durch erotische Legenden zu motivieren."

167 A. Momigliano, Secondo contributo alla storia degli studi classici, Roma 1960, 84. Das Buch von R. Krayer, Frauenlob und Naturallegorese, 1960, war mir nicht zugänglich. Deshalb weiß ich nicht, ob der Autor die griechischen Vorstufen dieses hellenistischen Themas beachtet hat. Sie können hier aus Platzmangel nicht behandelt werden, obwohl W. Marg mich aus gutem Grund dazu drängte. Freundlicherweise erinnerte er mich an die vertrauten Gespräche des Dareios mit Atossa (Herod. 3, 134), die die Expedition gegen Hellas anregten, wie auch an das Schicksal des Odysseus, das in hohem Maße von Kirke, Kalypso, Nausikaa, Penelope etc. beeinflußt worden ist. Aber diese Fälle sind immer noch zutiefst menschliche Aspekte des realen Lebens. Diese Frauen waren Gefährtinnen der Männer, keine Engel oder Dämonen, und die Männer, mit denen sie verbunden waren, waren weder blinde Werkzeuge ihres Einflusses noch wahre Teufel. Ihre Rolle ist auch kein mechanisch angewandter Kunstgriff, um die Erzählung voranzutreiben. Zum allgemeinen Hintergrund vgl. auch H. Strasburger, Festschrift für P. Kirn, Frankfurt 1962, 13 ff.

168 Es wäre richtiger, denke ich, wenn wir diese Erzählungen nicht länger „Legenden" nennen würden.

169 Der historische Hintergrund wird in meiner Untersuchung über die *Lupercalia*, das alte Königsfest der Römer, behandelt werden.

170 Fab. Pict., F. Gr. Hist. 809 F 6 (DH II 38, 3): Καὶ αὐτὴν (τὴν Ταρπείαν) ὡς μὲν Φάβιός τε καὶ Κίγκιος γράφουσιν, ἔρως εἰσέρχεται τῶν ψελλίων, ἃ περὶ τοῖς ἀριστεροῖς βραχίοσιν ἐφόρουν, καὶ τῶν δακτυλίων· χρυσοφόροι γὰρ ἦσαν οἱ Σαβῖνοι τότε καὶ Τυρρηνῶν οὐχ ἧττον ἁβροδίαιτοι. [Und sie (Tarpeia) entbrannte, wie Fabius und Cincius schreiben, vor Begierde nach den Armbändern, welche jene am linken Arm zu tragen pflegten, sowie nach ihren Ringen; die Sabiner trugen nämlich damals Goldschmuck und führten einen nicht weniger üppigen Lebenswandel als die Etrusker.] Vgl. auch DH II 40, 2: οἱ δὲ περὶ τὸν Φάβιον ἐπὶ τοῖς Σαβίνοις ποιοῦσι τὴν τῶν ὁμολογιῶν ἀπάτην, κτλ. [Diejenigen Autoren, welche Fabius folgen, geben den Sabinern die Schuld am Vertragsbruch usw.]

171 Fab. Pictor, F. Gr. Hist. 809 F 27 (= Strab. V 3, 1 p. 288: φησὶ δ' ὁ συγγραφεὺς Φάβιος 'Ρωμαίους αἰσθέσθαι τοῦ πλούτου τότε πρῶτον, ὅτε τοῦ ἔθνους τούτου (= τῶν Σαβίνων) κατέστησαν κύριοι. [Der Historiker Fabius behauptet, daß die Römer erst damals, als sie jenen Stamm (d. h. die Sabiner) unterwarfen, eine Vorstellung von Reichtum gewannen.]

[172] Cato, Orig. fr. 50 (H. R. Rel. 1², 68 f.). Vgl. E. Gabba, Athen., n. s. 38, 1960, 185 ff.

[173] Vgl. S. 154 ff.

[174] Vgl. die Bibliographie in der Abhandlung von A. Momigliano, Secondo contributo 85 Anm. 59.

[175] DH II 40, 3. Weitere Einwände Pisos gegen Pictor: DH IV 7, 5. Liv. I 55, 8 ff. Vgl. K. Latte, Römische Religionsgeschichte 111 Anm. 2.

[176] Vgl. das Quellenmaterial bei A. Schwegler, RG 1, 707 ff. Vgl. auch Mommsen, St. R. 2³, 717. Ed. Meyer, Rh. Mus. 37, 1882, 618 Anm. 1. F. Schachermeyr, RE 4 A, 2381, 34 ff.

[177] Antike und moderne Angaben sind gesammelt bei F. Schachermeyr, RE 13, 1692 ff. Idem, RE 4 A, 2351, 2381, 2388. Vgl. A. La Penna, Studi class. e orientali 6, 1956, 112 ff. G. Devoto, St. Etr. 2. ser. 26, 1958, 17 ff.

[178] Liv. I 47, 7.

[179] Liv. I 46, 7.

[180] Einzelheiten bei Fr. Münzer, RE 13, 1692 ff. Nr. 38.

[181] A. a. O. 1695. Dagegen: L. Pareti, Atene e Roma n. s. 12, 1931, 215.

[182] Ich habe eine Zusammenfassung meiner Ergebnisse bereits in Gymnasium 67, 1960, 193 ff., gegeben.

[183] F. Gr. Hist. 809 F 12 (DH IV 64, 2 ff.).

[184] W. Soltau, Die Anfänge der römischen Geschichtsschreibung, Leipzig 1909, 36, 40, 70 f., 95 ff. Idem, Preußische Jahrbücher 155, 1914, 459.

[185] W. Schur, RE Suppl. 5, 358.

[186] Liv. III 44, 1. Er zweifelte am Wahrheitsgehalt der Geschichte; vgl. III 47, 5.

[187] DH XI 1, 6.

[188] Vgl. S. 156 f.

[189] G. Sigwart, Klio 6, 1906, 283 ff. E. Täubler, Untersuchungen zur Geschichte des Dezemvirats und der Zwölftafeln (Historische Studien Heft 148), Berlin 1921. K. J. Beloch, RG 244, und andere.

[190] W. Soltau, Die Anfänge 99 ff. E. Burck, Die Welt als Gesch. 1, 1935, 446 ff.

[191] A. Momigliano, Secondo contributo 84.

[192] Einzelheiten bei Fr. Münzer, RE 4, 110 ff.

[193] Vgl. o. Kapitel 2.

[194] Fr. Münzer, a. a. O. 110.

[195] W. Soltau, Die Anfänge 97.

[196] Mommsen, RF 2, 113 ff.
[197] Ibid. 143.
[198] H. R. Rel. 1² fr. 17, p. 32. F. Gr. Hist. 809 F 14 (Liv. II 40, 10).
[199] Cic., *De div.* I 26, 55.
[200] Mommsen, RF 2, 145 f. Weitere neuere Untersuchungen verzeichnet A. Momigliano, Secondo contributo 83 f.
[201] *Expressis verbis* bei Macrob., Sat. I 11, 5.
[202] Ibid. 149 ff.
[203] Mommsen, a. a. O. 137.
[204] Vgl. ibid. 126 f. Die Wallfahrt der Matronen zu Coriolanus ist erfunden, um den Standort des Heiligtums der *Fortuna muliebris* [Fortuna der Frauen] außerhalb der Stadt zu erklären, und dies zu einer Zeit, als die ursprüngliche Bedeutung des Kultes schon vergessen war (vgl. G. Wissowa, RuK² 257 f.). Die Anspielung könnte auf den Pontifex zurückgehen, der die Geschichte Coriolans in die *annales maximi* eingeschmuggelt hat, aber ihre Ausarbeitung ist sicher das Werk Pictors.
[205] Callimach., *Dieges.* col. 5, 25 (F 106—107 Pfeiffer). Vgl. J. Stroux, Philol. 89, 1934, 304 ff. G. De Sanctis, Rivista di filol. 63 (n.s. 13) 1935, 299 ff.
[206] Vgl. auch G. Pasquali, Studi ital. di filol. class. n.s. 16, 1939, 70 ff.
[207] DH XIII 10 (14) ff.
[208] Liv. V 33, 2—4. Gell. XVII 13, 4. Plut., *Camill.* 15, 3—6. Zonar. 7, 23 (vol. 2, 153 Dind.). Vgl. auch Plin., *N.h.* XII 1, 5. G. F. Unger, SBBayr. Ak. 1876, 548 ff. Mommsen, Hermes 13, 1878, 517 f. Idem, RF 2, 301 f. J. Bayet, Tite-Live 5, Paris 1954, 156 ff.
[209] Cato, *Orig.* fr. 36 (H. R. Rel. 1², 65), mit den Bemerkungen von H. Peter.
[210] Polyb. II 17, 3; vgl. J. Heurgon, La vie quotid. 310.
[211] W. W. Tarn, JHS 27, 1907, 51 Anm. 19.
[212] F. W. Walbank, Cl. Q. 39, 1945, 12.
[213] Polyb. II 4, 8; 8, 12. Vgl. auch J. Gagé, Revue de philol. 3. ser. 35, 1961, 29 ff.
[214] Vgl. meine Bemerkungen in: Die trojanischen Urahnen der Römer (Rektoratsprogramm der Universität Basel 1956), 1957, 31 f.
[214a] Vgl. dazu jetzt A. Alföldi, Röm. Frühgeschichte, Heidelberg 1975, 76 ff.
[215] Das Quellenmaterial ist bei A. Schwegler, RG 2, 57 f., gesammelt.
[216] Liv. II 16, 5. DH V 40, 5. K. J. Beloch, RG 173 ff. L. R. Taylor, Vot. Distr. (Mem. Am. Acad. Rome 20) 1960, 35 f., akzeptiert die Geschichtlichkeit dieser Episode, aber sie betont sehr richtig, daß die Einrichtung der *tribus Claudia* nach DH V 40, 5 erst σὺν χρόνῳ [mit der Zeit] erfolgte, lange nach der Einwanderung der Claudier.

[217] G. Wissowa, RE 3, 2650.

[218] Fr. Münzer, RE 3, 2663.

[219] Mommsen, RF 1, 1864, 293. Idem, St. R. 3, 1886, 26 Anm. 1.

[220] Folglich ist diese Geschichte keine „alte historische Tradition", wie Fr. Münzer a. a. O. annahm; historisch ist sie nur insofern, als die Appii Claudii zum sabinischen Zweig der zweigeteilten voretruskischen Organisation des römischen Staates gehört haben müssen. Die Familientradition war in der Tat die, daß Attius Clausus unter „Romulus" einwanderte; vgl. Suet., *Tib.* 1, und Verg., *Aen.* 7, 707 ff.

[221] Liv. II 16, 5.

[222] Mommsen, RF 1, 173 f.

[223] A. Alföldi, Der frührömische Reiteradel und seine Ehrenabzeichen, Baden-Baden, 1952.

[224] Mommsen, RF 1, 293.

[225] Ibid. 258. Die *gentes minores* ['niederen' Geschlechter] erlangten schon im fünften Jahrhundert v. Chr. leitende Stellungen, wie der Fall der Papirii bezeugt, und müssen deshalb schon zur Führungsschicht der Königszeit gehört haben. Vgl. Cic., *De re p.* II 20, 35. Idem, *Fam.* IX 21, 2. Liv. I 35, 6. Tac., *Ann.* 11, 25.

[226] Das Urteil K. J. Belochs, RG 338, ist deshalb korrekt (wenn man von seinem ungerechtfertigten Sarkasmus absieht): „Ein reicher Mann, der in seiner Heimat politischen Einfluß besitzt, wandert doch nicht aus, um in der Fremde ἀτίμητος μετανάστης [ehrloser Fremdling] zu werden. Nur als Verbannter verläßt er die Vaterstadt ... Oder glaubt M. etwa, die Römer hätten solchen Verbannten neuen Grundbesitz gegeben, wie das von Ap. Claudius erzählt wird? Und glaubt er überhaupt an die Sage der Einwanderung der Claudier?"

[227] Mommsen, RF 1, 285 ff. Fr. Münzer, RE 3, 2863 Nr. 321, mit allen Einzelheiten.

[228] Liv. II 27, 1.

[229] Liv. II 29, 9.

[230] Liv. II 23, 15.

[231] DH X 9, 2.

[232] Einzelheiten bei Fr. Münzer, RE 3, 2863 Nr. 322.

[233] Einzelheiten bei Fr. Münzer, RE 3, 2698 ff. Nr. 123.

[234] Liv. II 56, 7—8, vgl. 5.

[235] Mommsen, RF 1, 299.

[236] Auch Fr. Münzer, a. a. O., ist — wie Mommsen — der Überzeugung, daß wir es hier mit einer echten Sage zu tun haben. Vgl. aber Ed. Meyer, Kleine Schriften 1, 1910, 375.

[237] E. Täubler, Untersuchungen zur Geschichte des Dezemvirats und

438   Anmerkungen zum 4. Kapitel

der Zwölftafeln (Histor. Studien Heft 148) Berlin 1921, und K. J. Beloch, RG 242 ff.

[238] Einzelheiten bei: Fr. Münzer, RE 3, 2697 Nr. 122.

[239] Einzelheiten bei: Fr. Münzer, RE 3, 2681 ff. Nr. 91. Vgl. Mommsen, RF 2, 284 ff.

[240] Diod. XX 36, 1.

[241] Mommsen, RF 1, 287 ff., 314 ff.

[242] Ibid., 313; vgl. 299 ff., 307 Anm. 41.

[243] H. Peter, H. R. Rel. 1^2, p. XLVII f. L. f. XC. P. Bung, Quintus Fabius Pictor, Diss. Köln 1950, 157 ff.

[244] Vgl. Fr. Münzer, RE 3, 2684, 33 ff. O. Schönberger, Hermes 88, 1960, 220 ff.

[245] Vgl. Fr. Münzer, RE 3, 2857 no. 304. Vgl. H. H. Scullard, Roman Politics 220—150 B.C., Oxford 1951, 31 ff., 36 ff., 56 ff., 61 ff.

[246] Diod. XXIV 3.

[247] Naev., fr. 45 Morel = 47 Marmorale.

[248] C. Cichorius, Römische Studien, Leipzig 1922, 45 ff.

[249] E. Marmorale, Naevius poeta^2, Firenze 1953, 36 ff.

[250] F. Altheim, Festschrift für J. Friedrich, Heidelberg 1959, 11, meint, daß Philinus Diodors Quelle war, und er glaubt auch an die Priorität des Naevius gegenüber Pictor. Ich sehe keine gültigen Beweise für diese Ansichten. E. Mormorale, a. a. O. 43 ff. behauptet, die *probra in principes civitatis de Graecorum poetarum more dicta* [die nach Sitte griechischer Dichter gegen führende Männer des Staates ausgestoßenen Schmähungen] (Gell. III 3, 15) bei Naevius seien spontane Äußerungen des Unabhängigkeitsgefühls jenes Dichters. Aber diese Angriffe können nur gegen die Gegner seiner Patrone gerichtet sein. In Rom war es für den einfachen Mann kaum möglich, von dem *Graecorum mos* [der griechischen Sitte] Gebrauch zu machen und führende Männer zu schmähen; vgl. Cic. De re p. IV 10, 11.

[251] Cic. De orat. II 12, 52 sagt, daß die *annales maximi* (d. h. die Namen der eponymen Magistrate und die wenigen Fakten, die zusammen mit diesen vom *pontifex maximus* aufgezeichnet wurden) *ab initio rerum Romanarum* [mit dem Beginn der römischen Geschichte] einsetzten. Aber in Wahrheit begann dieses Protokoll erst mit den jährlichen Staatsleitern der Republik. Cicero vermengte offensichtlich die zur Gracchenzeit vom Oberpriester P. Mucius Scaevola veröffentlichten *annales maximi* mit den ursprünglichen Annalen, die von den Staatspriestern geführt wurden. Letztere waren die Konsularlisten und die diesen angefügten spärlichen Notizen, die *tabulae dealbatae* [weißgetünchte Tafeln] (Serv. Aen. 1, 373) der jungen Republik. Die nämliche Verquickung liegt offensichtlich in der

Behauptung (DH I 74, 3. *Origo gentis Rom.* 17, 3. 5; 22, 2) vor, daß die Pontifikalannalen ebenso wie die anderen Annalen die Geschichte erzählten, daß Numa der Schüler des Pythagoras war. Auch das Gründungsdatum der Stadt war in den ursprünglichen *fasti*, die von den Priestern auf dem laufenden gehalten wurden (DH I 73, 1 ἐν ἱεραῖς δέλτοις [auf heiligen Tafeln]), nicht festgelegt. Die verbindliche Autorität dieser Listen würde das Chaos der willkürlichen Zeitrechnungen ausgeschlossen haben; vgl. DH I 74, 3, der über das Gründungsdatum schreibt οὐδ' ἐπὶ τοῦ παρὰ τοῖς ἀρχιερεῦσι κειμένου πίνακος ἑνὸς καὶ μόνου τὴν πίστιν ἀβασάνιστον καταλιπεῖν [... . auch nicht einzig und allein der bei den Oberpriestern aufbewahrten Tafel ohne genaue Prüfung zu vertrauen], in der Überzeugung, daß die ursprünglichen *tabulae* dieses enthielten. Das ist offenbar ein Irrtum. Auch kann die Eponymenliste nicht mit den *pontificii libri* [Pontifikalbücher] identisch sein, von denen es heißt, daß sie *provocationem etiam a regibus fuisse declarant* [Sie behaupten, daß auch das Appellationsrecht schon in der Königszeit eingeführt wurde].

[251a] Zum Problem der *Fasti* s. jetzt A. Alföldi, Röm. Frühgesch., Heidelberg 1975, 107 ff.

[252] Mommsen, RF 2, 242 Anm., sagt, daß vor Pictor „das römische Stadtbuch noch mehr zu den Urkunden gehörte als zur Literatur". Vgl. auch Kr. Hanell, Histoire et historiens dans l'antiquité, Vandoevres-Genève 1956, 149.

[253] Cic., *De orat.* II 12, 52: *erat enim historia nihil aliud nisi annalium confectio; cuius rei memoriaeque publicae retinendae causa ... usque ad P. Mucium pontificem maximum res omnes singulorum annorum mandabat litteris pontifex maximus referebatque in album et proponebat tabulam domi, potestas ut esset populo cognoscendi; itaque etiam nunc annales maximi nominantur.* [Die Geschichtsschreibung bestand nämlich nur aus den jährlichen Aufzeichnungen (Annalen); um die Erinnerung an die für die Allgemeinheit bedeutsamen Ereignisse festzuhalten ..., legte bis zum Oberpontifikat des P. Mucius der Oberpriester alle (wichtigen) Ereignisse eines jeden Jahres schriftlich nieder, trug sie auf einer weißen Tafel ein und stellte diese in seinem Haus auf, damit das Volk sich informieren konnte; und so werden diese Aufzeichnungen auch jetzt noch 'Jahrbücher des Oberpriesters' genannt.] Es steht natürlich außer Frage, daß der Mann von der Straße *(populus)* keinen Zugang zum Amtslokal des Oberpriesters hatte. Cicero (de leg. I 2, 6) erwähnt, daß es vor den Geschichtswerken der Annalisten nichts gab als die *annales pontificum maximorum, quibus nihil potest esse ieiunius* [die Jahrbücher der Oberpriester, welche sich durch eine unübertreffliche Trockenheit des Inhalts auszeichnen]. Eine ähnliche Feststellung findet sich bei Cato dem Älteren,

440   Anmerkungen zum 4. Kapitel

Orig. fr. 77 (H. R. Rel. 1², 77 Peter = Gell. II 28, 6): *Verba Catonis ex originum quarto haec sunt: non lubet scribere, quod in tabula apud pontificem maximum est, quotiens annona cara, quotiens lunae aut solis lumine caligo aut quid obstiterit.* [Folgendes sagt Cato im vierten Buch seiner Origenes: Es ist nicht empfehlenswert, so zu schreiben, wie man es auf der beim Oberpriester aufgestellten Tafel findet, nämlich zu berichten, wie oft Nahrungsmittelteuerungen eintraten, und wie oft Mond oder Sonne durch Finsternisse oder ähnliches verdunkelt waren.] Sempron. Asellio fr. 1—2 (H. R. Rel. 1², 179 = Gell. V 18, 7) bemängelt den trockenen Stil der *annales libri* überhaupt. Vgl. auch Serv., *Aen.* 1, 373. Quintil. X 2, 27.

²⁵⁴ Einzelheiten bei Fr. Münzer, RE 4, 1289 f. Nr. 112.

²⁵⁵ Einzelheiten bei R. Bonghi, La nuova antologia 2. ser. 19, 1880, 399 ff. Fr. Münzer, RE 8, 618 ff.

²⁵⁶ Einzelheiten z. B. bei L. Wülker, Die geschichtliche Entwicklung des Prodigienwesens bei den Römern, Diss. Leipzig 1903.

²⁵⁷ Liv. IV 21, 5, etc. Vgl. G. Wissowa, RE 4 A, 942 ff. A. Kirsopp Lake, in: Quantulacumque, Studies presented to Kirsopp Lake, 1937, 243 ff.

²⁵⁸ Liv. V 13, 6. G. Wissowa, RE 12, 1108 ff.

²⁵⁹ Enn., Ann. fr. 163 Vahlen³ (Cic., *De re p.* I 16, 25). Cicero sagt, dieses Ereignis sei *apud Ennium et in maximis annalibus consignatum* [durch Ennius und die *annales maximi* verbürgt]. Aber das Datum *anno quinquagesimo et CCC fere post Romam conditam* [ungefähr im 350. Jahr nach der Gründung Roms] kann schwerlich in dieser Form Ennius zugeschrieben werden. Die *fasti* begannen 504 v. Chr., so daß Ereignisse der Königszeit nicht in ihnen enthalten waren. Außerdem verband Ennius noch die Gründung der Stadt mit der Flucht des Aeneas aus Troja und dem Schicksal seiner Familie; die niedrigen Daten für die Gründung gab es vor Timaios und Pictor noch gar nicht. Alles in allem: die 350 Jahre seit der Gründung konnte nur jemand errechnen, der das Konsulatsjahr der Sonnenfinsternis, wie es in den Annalen und möglicherweise auch bei Ennius angegeben wurde, mit dem polybianischen Gründungsdatum der Stadt kombinierte, d. h. Cicero selbst. Das wird in dem bald erscheinenden Enniuskommentar von O. Skutsch (Oxford, Clarendon Press) gezeigt werden; der Verfasser hat mir freundlicherweise erlaubt, sein Manuskript zu lesen.

²⁶⁰ Liv. VIII 18, 11—12: *neque de veneficiis ante eam diem Romae quaesitum est. prodigii ea res habita ...; itaque memoria ex annalibus repetita in secessionibus quondam plebis clavum ab dictatore fixum alienatasque discordia mentes hominum eo piaculo compotes sui fuisse, dictatorem clavi figendi causa creari placuit.* [Bis zu jenem Tag war in Rom noch keine gerichtliche Untersuchung wegen Giftmischerei vorgenommen

worden. Diese Angelegenheit hielt man für ein ungünstiges Vorzeichen ... Da man in den Annalen verzeichnet fand, daß einst anläßlich der Abwanderungen der Plebs der Diktator einen Nagel eingeschlagen habe und infolge dieses Heilmittels (Sühnemittels) die in Zwietracht einander entfremdeten Gemüter wieder zur Selbstbeherrschung gefunden hätten, beschloß man, einen Diktator zu wählen, der einen Nagel einschlagen sollte.]

[261] Diod. XIV 93, 3 f. Liv. V 15, 3; 18, 2 ff. Val. Max. I 1 ext. 4. Plut., Camill. 8, 3 ff. App., Ital. 8.

[262] Liv. X 23, 12.

[263] Vgl. meine Schrift: Der frührömische Reiteradel und seine Ehrenabzeichen, Baden-Baden 1952, 21 ff.

[264] Liv. VIII 40, 4—5: *vitiatam memoriam funebribus laudibus reor falsisque imaginum titulis, dum familiae ad se quaeque famam rerum gestarum honorumque fallenti mendacio trahunt. inde certe et singulorum gesta et publica monumenta rerum confusa; nec quisquam aequalis temporibus illis scriptor extat, quo satis certo auctore stetur.* [Ich glaube, daß unsere geschichtliche Überlieferung durch lobhudelnde Leichenreden und erdichtete Ehrentitel unter den Ahnenbildern verfälscht ist, insofern eine jede der großen Familien durch Täuschung und Trug sich selbst die ruhmvollen Taten und Ämter zuzuschreiben sucht. Sicherlich aus diesem Grunde sind die Berichte über die Taten einzelner Männer und die öffentlichen Aufzeichnungen der Ereignisse in verwirrter Form auf uns gekommen; und es gibt kein Werk, dessen Verfasser jene Ereignisse als Zeitgenosse beschrieben hätte, so daß man sich auf ihn als einen zuverlässigen Zeugen stützen könnte.] Wie W. Weißenborn-H. J. Müller schon vor langer Zeit in ihrem Kommentar bemerkten, spielt Livius mit dem Ausdruck *publica monumenta rerum* auf die Verfälschung der Konsular- und Triumphallisten an. Aber diese Fälschungen drangen bereits vor Pictor in die Konsularlisten ein: vgl. Mommsen, RF 2, 151 f. und die in der nächsten Anmerkung genannten Untersuchungen.

[265] Vgl. A. Enmann, Rh. Mus. n. F. 57, 1902, 517 ff. E. Kornemann, Der Priesterkodex in der Regia, Tübingen 1912. Idem, Klio 11, 1911, 245 ff. W. Soltau, Die Anfänge der römischen Geschichtsschreibung, Leipzig, 1909, 217. L. Cantarelli, Studi romani e bizantini, Roma 1915, 145 f. G. De Sanctis, St. d. R. 1², 16 ff. E. Pais, St. crit. 1, 61 ff. O. Leuze, Die römische Jahrzählung, Tübingen 1909, 168 f., 197 f. H. Peter, H. R. Rel. 1², p. XX ff. K. J. Beloch, RG 87 ff. C. W. Westrup, Danske Vid. Selskab, hist.-fil. medd. XVI 3, 1929. M. Gelzer, Hermes 69, 1934, 46 ff. F. Schachermeyr, Klio 23, 1930, 278 ff. Fr. Klingner, Die Antike 13, 1937, 1 ff. G. Pasquali, Studi ital. di filol. class. n.s. 16, 1939, 73 f. F. Bömer, Symb.

Osl. 29, 1952, 34 f., 50 ff. L. Pareti, St. d. R. 1, Torino 1952, 13 ff., 677 ff. Ich habe mehr Vertrauen in die Priesterchronik des 1. Jahrhunderts der Republik als der uns leider entrissene Pl. Fraccaro, JRS 47, 1957, 60 f.

[266] Vgl. R. Chr. W. Zimmermann, Klio 26, 1933, 257 f.

[267] Z. B. A. Rosenberg, Einleitung und Quellenkunde zur römischen Geschichte, Berlin 1921, 113 ff., 116 f.

[268] Die Verwirrung bestand sogar später noch; vgl. Solin. 1, 27. Außer Naevius und Ennius verband auch Sallust, Catil. 6, die Gründung Roms mit der Ankunft der Trojaner.

[269] Mommsen, Hermes 13, 1878, 322 ff. Die Angaben zu seiner Person sind von H. Peter, H. R. Rel. 1², p. LXIX ff. und von Fr. Münzer, RE 6, 1836 f. (Nr. 126) gesammelt. Seine Fragmente nun auch in F. Gr. Hist. 809 F 1 ff.

[270] Wie A. Klotz, Hermes 80, 1952, 327, annahm, K. J. Beloch, RG 95, wollte lieber auf 240 v. Chr. hinuntergehen, aber Pictor war sicherlich älter als 16 Jahre, als er gegen die Kelten kämpfte. Seine Mission in Griechenland war bedeutend und wurde höchstwahrscheinlich nur einem reifen Manne anvertraut; vgl. Fr. Münzer, RE 6, 1837, 10 ff.

[271] Liv. XXII 57, 5. XXIII 11, 1 ff. Plut., Fab. 18, 3. App., Hann. 27, vgl. F. Gr. Hist. 809 T 3.

[272] H. Diels, Sibyllinische Blätter, Berlin 1890, 11, 106. Fr. Münzer, a. a. O.

[273] K. Latte und Kr. Hanell, Histoire et historiens dans l'antiquité, Vandoevres-Genève 1956, 176 ff. Bis vor kurzem nahm man im allgemeinen an, daß die Annalen Pictors erst nach dem Krieg mit Hannibal veröffentlicht wurden. Vgl. z. B. K. J. Beloch, RG 96. Fr. Leo, Geschichte der römischen Literatur, 1913, 87. F. Boemer, Symb. Osl. 29, 1952, 37. M. Gelzer, Hermes 82, 1954, 352. W. Hoffmann, Historia 9, 1960, 317 Anm. 22. Ich möchte an dieser Stelle betonen, daß viele Angaben Pictors über zeitgenössische Ereignisse viel leichter zu verstehen sind, wenn man annimmt, daß sie in der hitzigen Atmosphäre des gigantischen Kampfes geschrieben worden sind und nicht erst später. Die detaillierten Aufstellungen über die wehrfähigen Männer im römischen Italien bei Ausbruch des Krieges mit den Kelten 225 v. Chr., die prahlerisch ein militärisches Potential der Römer von 800 000 Soldaten angeben, sind sicher als eine Warnung für diejenigen gemeint, die nach den Schlachten bei Cannae und am Trasimenischen See einen unmittelbaren Zusammenbruch der Römer erwarteten. Die lateinischen Annalen Pictors müssen, wie schon viele Gelehrte (z. B. M. Schanz-C. Hosius, Geschichte der römischen Literatur 1, München 1927, 172. R. Chr. W. Zimmermann, Klio 26, 1933, 251 ff. K. J. Beloch, RG 98 f. F. W. Walbank, Cl. Q. 39, 1945, 16 Anm. 2. Kr. Hanell,

a. a. O. 161 ff. K. Latte, ibid. 171 f.) annahmen, eine Übersetzung des griechischen Textes sein. Dagegen Fr. Münzer, RE 6, 1843 und andere.

[274] Mommsen, RF 2, 363. F. W. Walbank, a. a. O. 17 f. P. Bung, Quintus Fabius Pictor, Diss. Köln 1950, 148 ff. M. Gelzer, Hermes 82, 1954, 348. Kr. Hanell, a. a. O. 168 f. etc.

[275] F. Boemer, a. a. O. 39 f.

[276] Fr. Leo, a. a. O. 163.

[277] DH I 6, 2.

[278] Cic., De leg. I 2, 5—6: *abest enim historia litteris nostris... Nam post annales pontificum maximorum, quibus nihil potest esse ieiunius, si aut ad Fabium aut ... Catonem aut ad Pisonem aut ad Fannium aut ad Vennonium venias, quamquam ex his alius alio plus habet virium, tamen quid tam exile quam isti omnes?* [In unserer Literatur fehlt nämlich die Geschichtsschreibung... Denn wenn man sich Fabius, Cato, Piso, Fannius oder Vennonius anschaut, welche im Anschluß an die an Trockenheit unübertrefflichen Annalen der Oberpriester ihre Werke verfaßten, so dürfte man, obwohl alle diese Schriftsteller untereinander von unterschiedlicher Qualität sind, doch insgesamt kaum eine dürftigere Erzählkunst finden.] Es wird klar, wie dieses Urteil zu verstehen ist, wenn wir es vergleichen mit *De orat.* II 12, 51. 53: *atqui, ne nostros contemnas, inquit Antonius, Graeci quoque ipsi sic initio scriptitarunt, ut noster Cato, ut Pictor, ut Piso ... Hanc similitudinem scribendi* (sc. annalium maximorum) *multi secuti sunt, qui sine ullis ornamentis monumenta solum temporum, hominum, locorum gestarumque rerum reliquerunt. Itaque qualis apud Graecos Pherecydes, Hellanicus, Acusilas fuit aliique permulti, talis noster Cato et Piso, qui neque tenent, quibus rebus ornetur oratio — modo enim huc ista sunt importata — et, dum intellegatur quid dicant, unam dicendi laudem putant esse brevitatem.* [Gleichwohl, sagte Antonius, solltest du unsere Autoren nicht verachten; denn auch die Griechen haben anfangs so geschrieben wie unser Cato, Pictor, Piso... Einen diesen (den *annales maximi*) vergleichbaren Stil haben viele übernommen, die in schmuckloser Form nur Daten, handelnde Personen, die Ereignisse und die Orte, an denen sie stattfanden, festhielten. Ähnlich den Griechen Pherekydes, Hellanikos, Akusilas und sehr vielen anderen, legten auch unser Cato und Piso keinen Wert auf rhetorische Ausschmückung — dies ist ja eine eben erst bei uns eingeführte stilistische Kunst — und hielten eine knappe Darstellung für das höchste und erstrebenswerteste Ziel, sofern nur der Sinn eindeutig sei.] Aus Verachtung für diesen Stil charakterisiert Cicero selbst die Reden des großen Redners der Generation vor ihm, P. Rutilius Rufus (F. Gr. Hist. 815 T 1 c), als *orationes ieiunae* [trockene Reden], obwohl er Rutilius gelten läßt als einen *vir doctus et Graecis*

litteris eruditus ..., *prope perfectus in Stoicis, quorum peracutum et artis plenum orationis genus scis tamen esse exile (!)* [... gelehrten Mann mit griechischer Bildung ..., mit beinahe perfekten Kenntnissen in der stoischen Philosophie, deren Anhänger, wie du weißt, eine zwar sehr scharfsinnige und kunstvolle, aber doch trockene Redetechnik besitzen]. Cornelius Nepos (*Cato* 3) sagt, daß die Origines Catos *nulla doctrina* geschrieben seien, was gleichfalls nur heißt „ohne rhetorische Ausschmückungen". Zu Stilproblemen vgl. E. Burck, Die Erzählungskunst des Livius (Problemata II), Berlin 1934. U. Knoche, Neue Jahrbücher 1939, 139 ff., 289 ff. J. P. V. Balsdon, Cl. Q. 47, 158 ff. A. Klotz, Hermes 80, 1952, 341. Idem, La nouvelle Clio 5, 1953, 238. F. Boemer, Historia 2, 1953—54, 189 ff. A. Momigliano, Rendic. Accad. Lincei 8. ser., classe sc. mor. 15, 1960—61, 310 ff.

[279] F. Gr. Hist. 809 F 13 (DH VII 71, 3 ff.).

[280] Kr. Hanell, a. a. O. 149.

[281] Der Stand der Forschung über Timaios bis 1936 ist vorzüglich registriert bei R. Laqueur, RE 6 A, 1076 ff. Vgl. ferner: F. Jacoby, F. Gr. Hist. III B Kommentar, 1955, 529 f., 536 f., 565 f., und ibid. Notenband 319 Anm. 82; 322 Anm. 121; 330, 331 Anm. 308. Kr. Hanell, a. a. O. 150 ff. A. Momigliano, Rivista storica ital. 71, 1959, 549. T. S. Brown, Timaeus of Tauromenium (Univ. Calif. Publ. in Hist. 55) Berkeley-Los Angeles 1958.

[282] DH I 6, 1: τὰ μὲν ἀρχαῖα τῶν ἱστοριῶν ἐν ταῖς κοιναῖς ἱστορίαις ἀφηγησαμένου [der die ältere Zeit in seiner Universalgeschichte behandelte], und Gell. XI 1, 1: *Timaeus in historiis, quas oratione Graeca de rebus populi Romani composuit*. [Timaeus in seinem Werk, welches in griechischer Sprache die Geschichte des römischen Volkes behandelt.] Vgl. F. Gr. Hist. 566 T 9. F. Jacoby (in seinem Kommentar 540 f. und in dem Anmerkungsband dazu 311 f. Anm. 7) nimmt an, daß Varro (als Quelle des Gellius) mit *historiae de rebus populi Romani* [ein Werk über die Geschichte des römischen Volkes] die Bücher über Pyrrhus meinte.

[283] Diod. IV 19, 4—21, 1 führen R. Laqueur, RE 6 A, 1177 und G. Pasquali, Studi ital. di filol. class., n.s. 16, 1939, 71 f. auf Timaios zurück. Vgl. J. Bayet, Recherches sur l'origine d'Hercule romain (BEFAR) 1926.

[284] F. Gr. Hist. 566 F 36.

[285] F. Gr. Hist. 566 F 59. Die Worte des Timaios πυθέσθαι δὲ αὐτὸς ταῦτα παρὰ τῶν ἐπιχωρίων [... dies habe er selbst von den Einheimischen erfahren] lassen klar entweder seine Anwesenheit in Lavinium oder seine Bekanntschaft mit einem Mann dieser Stadt erkennen.

[286] F. Gr. Hist. 566 F 1 mit den Bemerkungen von F. Jacoby in seinem Kommentar 547 f.

[287] Vgl. meine Abhandlung in RM 68, 1961, 64 ff.

[288] Vgl. Polyb. IX 37, 7 f. Liv. XXXI 29 ff., etc.

[289] H. Peter, Wahrheit und Kunst, Geschichtsschreibung und Plagiat im klassischen Altertum, Leipzig 1911, 273 f. M. Gelzer, Hermes 68, 1933, 129 ff. Idem, Hermes 69, 1934, 49 ff., und 82, 1954, 342 ff. Eine neue Untersuchung kündigt an A. Momigliano, Rivista storica ital. 71, 1959, 555 Anm. 78. Dagegen: F. W. Walbank, Cl. Q. 39, 1945, 15. Kr. Hanell, a. a. O. 175. P. Bung, a. a. O. 1 f. F. Boemer, Symb. Osl. 29, 1952, 42 f.

[290] M. Gelzer, Hermes 69, 1934, 54 f. Fr. Münzer, RE 6, 1840.

[291] A. Heuss, Histor. Zeitschr. 169, 1949, 473 f.

[292] Polyb. I 14, 1; 15, 2. III 9, 6 ff. K. J. Beloch, RG 98. H. Peter, Wahrheit und Kunst (Anm. 289) 289, 331 ff. P. Bung, a. a. O. (Anm. 243) 33 f.

[293] Die Anekdote über den Kopf, der in den Fundamentgruben des kapitolinischen Tempels gefunden wurde, ist S. 201 ff. behandelt.

[294] Liv. I 44, 2; vgl. 55, 8. II 40, 10. VIII 30, 7. Cic., *De leg.* 1, 6. DH VII 71, 1.

[295] A. Momigliano, Secondo contributo, Roma 1960, 86. F. Boemer, Historia 2, 1953—54, 200, 204 f.

[296] J. Heurgon, La vie quotid. 311. Vgl. auch E. Pais, Studi storici 2, 1893, 338 f.

[297] Cic., *Brut.* 11, 42: *historia est opus oratorium maxime ... concessum est rhetoribus ementiri in historiis, ut aliquid dicere possint argutius.* [Die Geschichtsschreibung ist vor allem eine Sache der Redekunst ... Der Rhetor darf um der lebendigeren Darstellung willen auch Erfindungen in sein Geschichtswerk einflechten.] Wenn Plin., *n.h.* XXXV 2, 8 denkt, daß *etiam mentiri clarorum imagines erat aliquis virtutum amor* [Auch der Erfindung von Trugbildern berühmter Männer lag eine gewisse Form der Tugendliebe zugrunde], so möchten wir meinen, daß der Grund für die Verdrehung der Wahrheit bei Pictor weitaus ehrenhafter war.

[298] Vgl. z. B. P. Scheller, De Hellenistica historiae conscribendae arte, Diss. Leipzig 1911, 35 f. H. Peter, Wahrheit und Dichtung 289.

[299] Er mochte denken, was Livius, V 21, 9, ausdrücklich schreibt: *sed in rebus tam antiquis si quae similia veri sint pro veris accipiantur, satis habeam.* [Aber ich möchte mich bei so weit zurückliegenden Ereignissen damit zufriedengeben, daß für wahr gehalten wird, was als wahrscheinlich gelten kann.] Aber Livius distanziert sich von dieser Art von Fiktion: *haec ad ostentationem scaenae gaudentis miraculis aptiora quam ad fidem neque adfirmare neque refellere est operae pretium.* [Dies mag sich wohl zur Darstellung auf der Bühne eignen, welche sich an Wundertaten erfreut, verdient aber keinen Glauben; und der Versuch, diese Ereignisse als historische oder als fiktive zu erweisen, ist nicht der Mühe wert.]

300 Liv. 1 *praef.* 7: *Datur haec venia antiquitati ut miscendo humana divinis primordia urbium augustiora faciat; et, si cui populo licere oportet consecrare origines suas et ad deos referre auctores, ea belli gloria est populo Romano ut, cum suum conditorisque sui parentem Martem potissimum ferat, tam et hoc gentes humanae patiantur aequo animo quam imperium patiuntur.* [Man möge es den vergangenen Generationen nachsehen, wenn sie durch Vermengung der menschlichen mit der göttlichen Sphäre die Ursprünge von Städten zu verklären suchten; und wenn es überhaupt einem Volk zukommt, seinem Ursprung göttliche Weihe zu geben, ihn auf das Wirken der Götter zurückzuführen, so ist der Kriegsruhm des römischen Volkes so hoch einzuschätzen, daß die Völker (der Erde), welche seine Herrschaft erdulden, mit ebenso großem Gleichmut auch Mars als Vater des römischen Volkes und seines Gründers ertragen mögen.] Plut., Rom. 8, 9: ὧν τὰ πλεῖστα καὶ Φαβίου λέγοντος καὶ τοῦ Πεπαρηθίου Διοκλέους ... ὕποπτον μὲν ἐνίοις ἐστὶ τὸ δραματικὸν καὶ πλασματῶδες, οὐ δεῖ ἀπιστεῖν τὴν τύχην ὁρῶντας οἵων ποιημάτων δημιουργός ἐστι, καὶ τὰ Ῥωμαίων πράγματα λογιζομένους, ὡς οὐκ ἂν ἐνταῦθα προὔβη δυνάμεως, μὴ θείαν τιν' ἀρχὴν λαβόντα καὶ μηδὲν μέγα μηδὲ παράδοξον ἔχουσαν. [Das meiste davon berichten Fabius und Diokles von Peparethos ... Einige mißtrauen zwar dieser Geschichte wegen ihres dramatischen und märchenhaften Charakters; aber man darf ihr angesichts der sonstigen wundersamen Werke des Schicksals nicht den Glauben versagen. Wie hätte denn der römische Staat zu solcher Macht gelangen können, wenn nicht die Götter an seinen Anfängen beteiligt gewesen wären und er nicht etwas Erhabenes und Wunderbares aufwiese?]

Fünftes Kapitel

[1] Vgl. zum folgenden A. Alföldi, Röm. Frühgesch. 144 ff., bes. 161 ff.
[2] Liv. V 33, 7; vgl. I 2, 5.
[2] Serv., *Aen.* 10, 145.
[3] H. Peter, H. R. Rel 1¹, 1870, 71 zu Cato, Orig. fr. 67.
[4] Der Ursprung der Etrusker ist noch heiß umstritten. Vgl. z. B. K. O. Müller-W. Deecke, Die Etrusker 1, Stuttgart 1877, 65 ff., und die neuesten Beiträge: F. Altheim, Der Ursprung der Etrusker, Baden-Baden 1950. F. Schachermeyr, Etruskische Frühgeschichte, Berlin 1929, bes. 89 ff. M. Pallottino, L'origine degli Etruschi, Roma 1947. Idem, Arch cl 7, 1956, 109 ff. A. Piganiol, Studies in Roman Economic and Social History, Princeton 1951, 79 ff. Idem, Cahiers d'Histoire Mondiale 1, 1953, 238 ff. Idem, A Ciba Foundation Symposium on Medical Biology and Etruscan Origins,

London 1959, 56 ff. G. Säflund, Historia 6, 1957, 10 f. A. W. Byvanck, V. Türk Tarih Kongresi, 1956 (1960), 164 ff. S. Mazzarino, Iura 12, 1961, 36. J. Heurgon, La vie quotid., Paris 1961, 9 ff. A. Boëthius, in: Etruscan Culture, Land and People, Malmö 1962, 34 f. 50 f. 63.

[5] Vgl. K. O. Müller-W. Deecke, a. a. O. 1, 78 ff., 174 ff., 271 ff. R. A. Fell, Etruria and Rome, Cambridge 1924, 36 ff. J. Heurgon, a. a. O., passim.

[6] Ed. Colozier, Mél. 64, 1952, 6 ff.; ibid. 65, 1953, 65 ff. (mit der älteren Literatur).

[7] Plin., N.h. III 14, 112: *Umbrorum gens antiquissima Italiae existimatur ..., trecenta eorum oppida Tusci debellasse reperiuntur.* [Die Umbrer gelten als das älteste Volk Italiens ...; die Etrusker sollen dreihundert umbrische Siedlungen bezwungen haben.]

[8] Ed. Meyer, GdA 2, 1902, § 435. G. De Sanctis, St. d. R. 1², 423. R. A. L. Fell, Etruria and Rome, Cambridge 1924, 39. L. Pareti, Rend. Pont. Acc. 7, 1929—31, 89 ff. G. Camporeale, La parola del passato fasc. 13, 1958, 5 ff. Dagegen: J. Heurgon, Rech. 67 ff. R. Lambrechts, Essai sur les magistratures des républiques étrusques (Études de philol., d'arch. et d'hist. anc. publ. par l'Inst. Hist. Belge de Rome 7) 1959, 27 ff. mit Einzelheiten.

[9] Vgl. J. Heurgon, Rech. 68 f. Idem, La vie quotid., 315 ff.

[10] K. O. Müller-W. Deecke, a. a. O. 1, 320 ff. J. Heurgon, Historia 6, 1957, 86 ff. R. Lambrechts, a. a. O. 25 ff.

[11] R. Lambrechts, a. a. O. 27 f. mit Belegen.

[12] Strab. V 2, 2 (p. 219 C.) über die frühe Epoche der etruskischen Geschichte: τότε μὲν οὖν ὑφ'ἑνὶ ἡγεμόνι ταττόμενοι μέγα ἴσχυον, χρόνοις δ'ὕστερον διαλυθῆναι τὸ σύστημα εἰκὸς καὶ κατὰ πόλεις διασπασθῆναι βίᾳ τῶν πλησιοχώρων εἴξαντας. [Damals nun, als sie unter dem Oberbefehl eines einzigen Führers standen, stellten sie eine Großmacht dar; später löste sich dann ihre einheitliche Organisation auf, wie man wohl annehmen darf; sie mußten sich der Macht ihrer Nachbarn beugen und wurden in einzelne Städte zersplittert.] Vgl. Liv. I 8, 3: *ex duodecim populis communiter creato rege* [nachdem die zwölf Gemeinwesen gemeinsam einen König aus ihren Reihen gewählt hatten].

[13] Vgl. K. O. Müller-W. Deecke, a. a. O. J. Heurgon, Historia 6, 1957, 83 ff., 99 ff. R. Lambrechts, a. a. O. 95, 102 Anm. 5, 103, und M. Pallottino, St. Etr. 24, 1955—56, 68 ff.

[14] Diod. V 40, 1. DH III 61, 2; vgl. 59, 4. Liv. I 8, 3, etc. Die zwölf Liktoren des römischen Beamten veranschaulichen den Wettbewerb mit *ganz* Etrurien, ein Ehrgeiz, den Rom frühestens kurz vor 400 v. Chr. entwickelt haben kann. Vor diesem Zeitpunkt wurde den Oberbeamten

des römischen Staates meiner Ansicht nach nur *ein* Bündel von *fasces* vorangetragen.

[15] Strab. V 2, 2 (p. 219 C.).
[16] Strab. V 4, 3 (p. 242 C.): ἄλλοι δὲ λέγουσιν οἰκούντων Ὀπικῶν πρότερον καὶ Αὐσόνων Σιδικίνους κατασχεῖν ὕστερον Ὄσκων τι ἔθνος, τούτους δ'ὑπὸ Κυμαίων, ἐκείνους δ'ὑπὸ Τυρρηνῶν ἐκπεσεῖν. Διὰ γὰρ τὴν ἀρετὴν περιμάχητον γενέσθαι τὸ πεδίον. Δώδεκα δὲ πόλεις ἐγκατοικίσαντας τὴν οἷον κεφαλὴν ὀνομάσαι Καπύην. [Andere aber behaupten, daß dort zuerst Opiker und Ausoner wohnten; später hätte der oskische Stamm der Sidikiner dieses Gebiet besessen; letztere seien von den Kymäern, diese wiederum von den Etruskern vertrieben worden. Wegen ihrer Fruchtbarkeit sei die (kampanische) Ebene nämlich hart umkämpft gewesen. Sie (i. e. die Etrusker) hätten nun dort zwölf Städte gegründet und eine von ihnen gleichsam als 'Haupt' (lat. *caput*) der Landschaft 'Capua' genannt.]

[17] Liv. V 33, 9: *Et in utrumque mare vergentes incoluere urbibus duodenis terras, prius cis Appenninum ad inferum mare, postea trans Appenninum totidem, quot capita originis erant, coloniis missis, quae trans Padum omnia loca—excepto Venetorum angulo qui sinum circumcolunt maris—usque ad Alpes tenuere.* [Sie dehnten sich nach beiden Meeren hin aus und besiedelten das Land jeweils mit zwölf Städten entsprechend der Zahl der Hauptstädte ihrer alten Heimat; so siedelten sie zunächst diesseits des Apennin am Tyrrhenischen Meer, später ebenso jenseits des Apennin, indem sie Kolonien anlegten, welche das ganze Gebiet jenseits des Po bis zu den Alpen in Besitz nahmen, mit Ausnahme des von den Venetern am Meerbusen bewohnten Landwinkels.] Diod. XIV 113, 2 (über die Etrusker in der Poebene): τούτους δ'ἔνιοί φασιν ἀπὸ τῶν ἐν Τυρρηνίᾳ δώδεκα πόλεων ἀποικισθῆναι. [Einige berichten, diese seien Kolonien der zwölf Städte Etruriens.] Verg., *Aen.* 10, 198 ff. Schol. Veron., *Aen.* 10, 200: *Item Caecina ... (Ta)rchon, inquit, eum exercitu Appeninum transgressus primum oppidum constituit, quod tum (Mantuam) nominavit (vocatumque Tusca lingua) a Dit(e patre) est nomen. Deinde undecim dedicavit Diti patri ... ibi constituit annum et item locum consecravit, quo duodecim oppida (condere ...).* [Ebenso ... Caecina... Tarchon, sagt er, habe mit einem Heer den Apennin überschritten und diese Stadt als erste gegründet; er habe sie danach Mantua genannt; dies ist ein etruskisches Wort und von dem Namen für Dis Pater abgeleitet. Danach weihte er dem Dis Pater noch elf (Städte) ..., führte dort eine Jahresberechnung ein und weihte gleichfalls einen Ort, wo die zwölf Städte (gründen ...)] Serv. auct., *Aen.* 10, 198: *alii a Tarchone Tyrrheni fratre conditam dicunt: Mantuam autem ideo nominatam, quod*

Etrusca lingua Mantum Ditem patrem appellant, cui cum ceteris urbibus et hanc consecravit. [Andere behaupten, die Stadt sei von Tarchon, dem Bruder des Tyrrhenus, gegründet worden; den Namen Mantua aber habe sie erhalten, weil Dis Pater auf etruskisch Mantus heißt; jenem Gott weihte er neben den übrigen (elf) Städten auch diese.] Die ursprüngliche Quelle dieser Nachrichten sind die *Origines* des Cato; vgl. Serv., *Aen.* 10, 179: *Cato originum qui Pisas tenuerint ante adventum Etruscorum, negat sibi compertum; sed inveniri Tarchonem, Tyrrheno oriundum, postquam eorundem sermonem ceperit, Pisas condidisse.* [Cato teilt in seinen *Origines* mit, er habe nicht genau in Erfahrung bringen können, wer vor der Ankunft der Etrusker Pisa innegehabt habe; aber er kenne eine Version, wonach Tarchon, der von Tyrrhenus abstammte, Pisa gegründet haben soll, nachdem er die etruskische Sprache gelernt habe.] Plut., *Camill.* 16, 1—3: Οἱ δὲ (Γαλάται) ἐμβαλόντες εὐθὺς ἐκράτουν τῆς χώρας ὅσην τὸ παλαιὸν οἱ Τυρρηνοὶ κατεῖχον, ἀπὸ τῶν Ἄλπεων ἐπ' ἀμφοτέρας καθήκουσαν τὰς θαλάσσας, ... καὶ πόλεις εἶχεν ὀκτωκαίδεκα καλὰς καὶ μεγάλας καὶ κατεσκευασμένας πρός τε χρηματισμὸν ἐργατικῶς καὶ πρὸς δίαιταν πανηγυρικῶς, ἃς οἱ Γαλάται τοὺς Τυρρηνοὺς ἐκβαλόντες αὐτοὶ κατέσχον. [Die Kelten bemächtigten sich nach ihrem erfolgreichen Angriff sofort jenes Gebietes, welches seit altersher die Etrusker innehatten; es erstreckte sich von den Alpen nach beiden Meeren hin ... und war mit achtzehn schönen, großen Städten besiedelt, welche betriebsame Zentren von Handel, Gewerbe und froher Festlichkeit waren; diese Städte nahmen die Kelten nach Vertreibung der Etrusker selbst in Besitz.] Vgl. auch K. O. Müller-W. Deecke, a. a. O. 1, 125 ff., 154 f.

[18] G. A. Mansuelli, CRAI 1960, 65 ff.

[19] A. Grenier, Bologne villanovienne et étrusque (BEFAR 106), Paris 1912, 116. J. Heurgon, La vie quotid., 168 ff.

[20] F. Castagnoli, Ippodamo di Mileto e l'Urbanistica a pianta ortogonale, Roma 1956.

[21] G. A. Mansuelli, a. a. O. 72, 73.

[22] N. Alfieri, in: N. Alfieri-P. E. Arias, Spina. Guida al museo archeologico in Ferrara, Firenze 1960, 21 ff. (49 ff. mit einer nützlichen Bibliographie der Speziallliteratur). Vgl. G. A. Mansuelli, a. a. O. 77 ff.

[23] Plin, *N.h.*, III 16, 120: *hoc ante Eridanum ostium dictum est, ab aliis Spineticum ab urbe Spina, quae fuit iuxta, praevalens, ut Delphicis creditum est thesauris.* [Früher wurde diese Flußmündung (des Po) die Eridanische genannt, von anderen die 'Spinetische' nach der Stadt Spina, welche in der Nähe lag und, nach ihrem delphischen Schatzhaus zu urteilen, sehr mächtig gewesen sein muß.] Strab. V 1, 7 (p. 214 C.): μεταξὺ δὲ ... ἡ Σπῖνα, νῦν μὲν κωμίον πάλαι δὲ Ἑλληνὶς πόλις ἔνδοξος. θησαυρὸς

γοῦν ἐν Δελφοῖς Σπινητῶν δείκνυται, καὶ τἆλλα ἱστορεῖται περὶ αὐτῶν ὡς θαλασσοκρατησάντων. [Dazwischen aber ... lag Spina, jetzt ein kleines Dorf, in alter Zeit aber eine glanzvolle griechische Stadt. In Delphi kann man noch ein Schatzhaus der Bewohner von Spina besichtigen, und man erzählt im übrigen, daß sie einst das Meer beherrschten.] Vgl. N. Alfieri, a. a. O., G. A. Mansuelli, a. a. O., J. Heurgon, La vie quotid., 130 ff.

[24] Strab., a. a. O.: ἡ Σπῖνα ... νῦν δ' ἐστὶν ἐν μεσογαίᾳ τὸ χωρίον περὶ ἐνενήκοντα τῆς θαλάττης σταδίους ἀπέχον. [Spina ... der Ort liegt jetzt im Landesinneren, ca. neunzig Stadien vom Meer entfernt.] Vgl. K. O. Müller-W. Deecke, 1, 208 ff.

[25] G. A. Mansuelli, ein sehr verdienter Gelehrter, bezweifelte a. a. O. 67 und 79 ff. die Existenz aller zwölf Städte; aber im August 1962 erwähnte er (mündlich) seine jüngsten Erfahrungen mit von ihm selbst in diesem Gebiet ausgegrabenen römischen Siedlungen, die sich unter einer zehn Meter dicken Ablagerungsschicht befanden. Dieser Umstand mag ihn vielleicht veranlassen, seine eben zitierte Ansicht nochmals zu überprüfen.

[26] Cato fr. 69 (H. R. Rel. 1², p. 74 Peter = Vell. I 7, 2): *Quidam huius* (sc. Hesiodi) *temporis tractu aiunt a Tuscis Capuam Nolamque conditam ante annos fere octingentos et triginta. quibus equidem adsenserim: sed M. Cato quantum differt! qui dicat Capuam ab eisdem Tuscis conditam ac ... Nolam; stetisse autem Capuam, antequam a Romanis caperetur, annis circiter ducentis et sexaginta. quod si ita est, cum sint a Capua capta ducenti et quadraginta, ut condita est, anni sunt fere quingenti. ego pace diligentiae Catonis dixerim, vix crediderim tam mature tantam urbem crevisse, floruisse, concidisse, resurrexisse.* [Einige berichten, daß zu dessen (i. e. Hesiods) Zeit, vor ungefähr 830 Jahren, die Etrusker Capua und Nola gründeten; ich für meine Person möchte mich dieser Ansicht anschließen; aber M. Cato bietet eine ganz andere Version! Er meint wohl, daß Capua von denselben Etruskern gegründet wurde wie ... Nola; Capua existierte nun seiner Ansicht nach ungefähr 260 Jahre vor seiner Einnahme durch die Römer. Wenn dies aber stimmt, so sind, da Capua vor 240 Jahren erobert wurde, ungefähr 500 Jahre seit seiner Gründung verstrichen. Ich jedoch kann — ohne der Gründlichkeit des Cato zu nahe treten zu wollen — kaum glauben, daß eine Stadt in so rascher Folge erst zu einer solchen Größe herangewachsen, dann in Blüte gestanden, danach vernichtet worden und schließlich wieder zu neuer Bedeutung gelangt sein soll.] Vgl. H. Peter, ad l. l. — Polyb. II 17, 1 (F. Gr. Hist 706 F 17 a) schreibt, daß die Eroberung Kampaniens in dieselbe Zeit wie die der Poebene fiel — ohne Zweifel eine falsche Nachricht.

J. Heurgon erinnerte mich an die Möglichkeit, daß die Parallelstelle bei Hesiod auf einen von Timaios ersonnenen Synchronismus hindeuten könnte.

[27] M. Pallottino, La parola del passato, fasc. 47, 1956, 84 ff.

[28] T. J. Dunbabin, The Western Greeks, Oxford 1948, 346.

[29] B. G. Niebuhr, RG 1², 1827, 75 ff. J. Heurgon, Rech. 59 f., 62 ff., 71. M. Combet-Farnoux, Mél. 69, 1957 (1958), 12.

[30] A. v. Gutschmid, Kleine Schriften 5, Leipzig 1894, 393. K. J. Beloch, Campanien, Breslau, 1890, 8 ff. H. Diels, Hermes 22, 1897, 216 f. Ed. Meyer, GdA 3³, Stuttgart 1954, 653. Chr. Hülsen, RE 3, 1555 f. Vgl. auch K. O. Müller-W. Deecke, 1, 165 ff. H. Nissen, It. Lk. 2, 696 ff. P. Ducati, Etruria antica 2, 1925, 10 f. A. Boëthius, *Symbolae philologicae O. A. Danielsson octogenario dicatae,* Uppsala 1932, 1 f.

[31] G. De Sanctis, St. d. R. 1², 430 ff., 437. F. Castagnoli, Bull. Com. 74, 1951—52, 49 ff.

[32] L. Pareti, La tomba Regolini-Galassi, Città Vaticano 1947, 498 f.

[33] Die Schwierigkeit, das archäologische Material dieser beiden Gruppen — der Villanovaleute und der Etrusker in der Toskana selbst — zu trennen, ist wohlbekannt. Aber in Kampanien sind die Funde klar unterscheidbar. Im allgemeinen kann man die fundamentale Verschiedenheit der beiden ethnischen Gruppen und ihres jeweiligen archäologischen Materials deutlich erkennen, wenn man die Situation in Etrurien mit der früheisenzeitlichen Kultur nördlich der Alpen — im österreichischen Bergland und in den Ebenen des Karpatenbeckens — vergleicht, die der Villanovakultur eng verwandt ist. Die Kultur der beiden Gebiete ist im 9. und 8. Jahrhundert v. Chr. auffallend gleichartig, dann aber gehen sie plötzlich verschiedene Wege. Der transalpine Raum bewahrt seinen prähistorischen Charakter, der sich geradlinig weiterentwickelt. In Italien hingegen sind der plötzliche Zustrom orientalischer und griechischer Waren und der Übergang vom Dorfleben zur Stadtkultur begleitet von einem Wandel in der sozialen Struktur, dem Erscheinen einer bisher unbekannten religiösen Vorstellungswelt, einer folgenreichen Veränderung der militärischen Technik, neuen Methoden in Industrie und Handel, einem neuen Stil des politischen Denkens. Was ist der Grund für dieses Auseinanderstreben zweier gleichartiger Kulturen verwandter indogermanischer Völker? Die Hausfrau, die einmal beim Kuchenbacken Hefe oder Backpulver vergessen hat, wird das leicht verstehen: das etruskische Ferment fehlte nördlich der Alpen, im Süden war es vorhanden. — Zur etruskischen Niederlassung neben dem Villanova-*oppidum* in Bologna s. z. B. R. A. L. Fell, Etruria and Rome, Cambridge 1924, 15 ff., 25 ff. Die gleiche Situation trat in San Giovenale zutage, wie A. Boëthius mich freundlicherweise unterrichtete; vgl. die englische Version des schwedischen Ausgrabungs-

berichtes. Vgl. auch H. Hencken, J. B. Ward Perkins und R. Bloch in dem Band des Ciba Symposiums, 29 ff., 50 ff. Schließlich teilte mir J. Heurgon freundlicherweise mit, daß R. Bloch in Casalecchio nel Salernitano bei Bologna eine Villanovasiedlung ausgegraben hat, die neben einer etruskischen lag. Eine andere Meinung vertritt M. Pallottino, Gnomon 34, 1962, 597.

[34] Die Vorbereitung des sechsten internationalen Kongresses für prähistorische und protohistorische Wissenschaften in Rom (29. August bis 3. September 1962), die mit viel Geschick und Sachverstand von M. Pallottino organisiert wurde und von regionalen Ausstellungen begleitet war, belebte außerordentlich die Erforschung der Eisenzeit in den Provinzen Italiens, die in diesem Buch nur kurz erwähnt werden kann. Wichtiges neues Material für die frühe Eisenzeit in Kampanien jetzt in dem Werk von M. Napoli-V. Panebianco-Br. d'Agostino, Mostra della Preistoria e della Protostoria nel Salernitano, Salerno 1962.

[35] In einem eindrucksvollen Bericht, der auf dem obengenannten Kongreß am 29. August 1962 gegeben wurde. Vgl. J. Heurgon, Rech. 73 ff.

[36] Die neuen Ausgrabungen in Capua und Cales sind noch nicht veröffentlicht. Zu herzlichem Dank bin ich Dr. W. Johannowsky verpflichtet, weil er mir seine Funde zeigte und weil er seine Grabungsergebnisse in einem Beitrag zur englischen Ausgabe dieses Buches zusammengefaßt hat. Ich schulde auch Prof. A. De Franciscis Dank für weitere Informationen. Aber nicht zuletzt bin ich in tiefer Schuld bei Prof. D. Mustilli für seine großzügige Hilfe.

[37] L. Pareti, a. a. O. 499 f., 503 ff.

[38] Strab. V 4, 3 (p. 242 C.) über die aufeinanderfolgenden Wellen von Eroberern in Kampanien: ἄλλοι δὲ λέγουσιν ... Σιδικίνους κατασχεῖν ὕστερον Ὄσκων τι ἔθνος. τούτους δ'ὑπὸ Κυμαίων, ἐκείνους δ'ὑπὸ Τυρρηνῶν ἐκπεσεῖν. [Andere Autoren aber behaupten ..., die Sidikiner, ein oskischer Stamm, hätten (dieses Gebiet) später innegehabt; diese aber seien von den Kymäern, letztere wiederum von den Etruskern vertrieben worden.] Die von Strabo (ibid.) als die frühesten genannten Wanderbewegungen — die hier nicht zitiert sind — mögen gelehrte Kombinationen ohne realen Hintergrund sein (vgl. die Anmerkung von F. Jacoby zu F. Gr. Hist. 555 F 7, Komm. Anm. 48), aber der hier zitierte Satz gibt historische Ereignisse wieder. Vgl. K. O. Müller-W. Deecke, 1, 160 ff. L. Pareti, a. a. O. 45, 496 f., 503 f. und andere.

[39] L. Pareti, a. a. O. 497, nimmt drei Hauptstraßen an. Tusculum lag sicherlich nicht an der über Praeneste führenden Verbindungslinie. Vgl. auch H. Nissen, It. Lk. II 2, 1902, 620 f. Th. Ashby, St. Etr. 3, 1929, 177. G. Lugli, La Nuova Antologia, 16. apr. 1937. L. A. Holland, TAPA 80, 1949, 305 f. Dagegen: Ed. Meyer, GdA 2, 1902, § 436, der die Straße nach

Praeneste irrtümlich als 'Sackgasse' ansah, da die Stadt ohne Zugang zum Meer war, während Rom einen solchen hatte; eine ähnliche Meinung bei A. N. Sherwin-White, R. Citiz. 15. Die Bedeutung von Praeneste in der Frühzeit, die durch den geradezu phantastischen Reichtum seiner Fürstengräber handgreiflich geworden ist, zeigt, daß die Entfernung der Stadt vom Meer in diesem Falle unmaßgeblich war; Praeneste war der Umschlagplatz des etruskischen Handels mit Kampanien und auch militärisch lebenswichtig für die Etrusker.

[40] Plin., *N.h.* III 5, 70. Steph. Byz. s. v. Πικεντία. K. O. Müller-W. Deecke 1, 138 f., 163.

[41] Cato fr. 62 (H. R. Rel. 1², 73 Peter = Serv., *Aen.* 11, 567; cf. 581): *Licet* (sc. Metabus) *Privernas esset, tamen, quia in Tuscorum iure paene omnis Italia fuerat, generaliter in Metabum omnium odia ferebantur, nam pulsus fuerat a gente Volscorum, quae etiam ipsa Etruscorum potestate regebatur, quod Cato plenissime exsecutus est.* [Obwohl (Metabus) ein Privernate war, so zog er doch, weil fast ganz Italien unter etruskischer Herrschaft gestanden hatte, weit und breit den Haß aller auf sich. Denn er war von den Volskern vertrieben worden, die gleichfalls der Herrschaft der Etrusker unterstanden, wie Cato sehr ausführlich dargelegt hat.] Vgl. auch ibid. fr. 7. (= Priscian. 5, p. 182 H.): *Cato. in I originum: Agrum quem Volsci habuerunt, campestris plerus Aboriginum fuit.* [Cato berichtet im ersten Buch seiner Origines: Das Gebiet, welches die Volsker innehatten, war zum größten Teil identisch mit der von den Aborigines bewohnten Ebene.] Wir wissen, daß nach 504 v. Chr. die etruskische Herrschaft in diesem Gebiet nicht mehr bestand; wir wissen auch, daß der Schub der Volsker nach Südlatium erst in diese spätere Zeit fiel. Andererseits kann die etruskische Herrschaft über dieses Volk nicht bezweifelt werden; und es ist offensichtlich, daß sie hauptsächlich im sechsten Jahrhundert bestand.

[42] Vgl. A. Boëthius, a. a. O 5. F. Schachermeyr, RE 4 A, 2355. H. Besig, RE Suppl. 8, 1257 ff.

[43] Die ältere Literatur über die archaischen Gräber von Praeneste bei H. Besig, ibid. Vgl. A. Della Seta, Boll. d'Arte 3, 1909, 161 ff. C. Densmoore Curtis, Mem. Am. Ac. Rome 3, 1919, 25 ff. Idem, The Bernardini Tomb, Diss. d. Pontif. Acc. Rom. di Arch. 2. ser. 14, 1920, 113 ff. Idem, Mem. Am. Ac. Rome 5, 1925, 9 ff. Datum: L. Pareti, a. a. O., 511, spricht sich aus für 610—600 v. Chr., P. J. Riis, Gnomon 1951, 68 für 640—635 v. Chr. Vgl. auch D. Randall MacIver, Villanovans and Early Etruscans, Oxford 1924, 228 f. R. Pittioni, RE Suppl. 9, 282. Der archaische Schmuck der Herrscher von Praeneste stammt wahrscheinlich aus Caere: G. Pinza, Materiali per la etnologia antica toscano-laziale, Milano 1915, 377 ff. L. Pareti, a. a. O. 456 ff., 518 ff. D. Randall MacIver, a. a. O. 204.

[44] G. Pinza, Bull. Com. 1903, 321 ff. Idem, Mon. Linc. 15, 1905, 394. L. Pareti, a. a. O. 461.

[45] Vgl. F. Schachermeyr, Etruskische Frühgeschichte, Berlin 1929, 203 f.

[46] Vgl. S. 195 ff.

[47] Hesiod., *Theog.* 1011 ff. Zur Diskussion über den Sinn dieser Verse s. jetzt auch A. Alföldi, Röm. Frühgesch., Heidelberg 1975, 111.

[48] Herod. 1, 165—167. Diod. V 13, 4. Sen., *Ad Helv. matr.* 7, 8. Steph. Byz. s. v.

[49] Vgl. S. 51 ff.

[50] A. Andrén, Architectural Terracottas from Etrusco-Italic Tempels. Lund 1939—40. R. Bloch, R. Et. Lat. 37, 1959, 128 ff. L. Shoe, Etruscan and Republican Roman Moulding (Mem. Amer. Acad. 28) 1965, hat den etruskischen Einfluß noch deutlicher gemacht.

[51] L. R. Taylor, Local Cults in Etruria (Papers and Monographs of the Am. Ac. in Rome 2) 1923, 8 ff. R. Schilling, La religion romaine de Vénus. (BEFAR 178) Paris 1954, 76 f. Vgl. meine Bemerkungen über die Diana von Aricia, AJA 64, 1960, 137 ff. und S. 229 ff. über Aeneas in Latium.

[52] S. Mazzarino, Fra Oriente e Occidente, Firenze 1947.

[53] G. Buonamici, Epigrafia etrusca 1932, 111 f. G. Février, Histoire de l'écriture², Paris 1959, 440 f. M. Lejeune, R. Et. Lat. 35, 1957, 28 ff.

[54] Fest., p. 296, 15 L. DH II 37, 2. Propert. IV 1, 31. M. Fluss, RE 3A, 981 f.

[55] Einzelheiten bei F. Altheim, Griechische Götter im alten Rom (RVV XXII 1, 1930) 51 ff. W. F. Otto, Archiv f. lat. Lexicographie 15, 1908, 118. F. Marbach, RE 4 A, 2294 f. (weitere Literatur). Über Promathion vgl. die interessante Hypothese von S. Mazzarino, Stud. Rom. 8, 1960, 387 f. Vgl. jetzt auch A. Alföldi, Die Struktur des voretruskischen Römerstaats, 1974, 182 ff.

[56] B. G. Niebuhr, RG 4², 1827, 182; viele andere nach ihm wiederholten diese Tatsache. Dagegen: K. J. Beloch, RG 229 f.; vgl. aber 147.

[57] B. G. Niebuhr, RG 1² 200 ff. A. Schwegler, RG 1, 331. Vgl. S. 195.

[58] A. Boëthius, Atti del 3. Congresso nazionale di Studi Romani 1, Bologna, 1935, 147. Idem, « Roma », 12, 1934, 297 ff.

[59] Vgl. S. 195 ff.

[60] St. Weinstock, RE 6 A, 820 f.

[61] M. Pallottino, St. Etr. 13, 1939, 427 ff.

[62] L. Pareti, La tomba Regolini-Galassi, 1947, 497 ff. M. Hoffmann, RE Suppl. 8, 1147 ff., und andere.

[63] Vgl. z. B. D. Randall-MacIver, Villanovans and Early Etruscans, Oxford 1924, 216 ff. CIL I², p. 717. A. Ernout, Textes latins archaïques, Paris 1957, no. 1. A. Degrassi, ILLRP 1, etc.

[64] J. Heurgon, La vie quotid., 112 f. Vgl. Q. G. Giglioli, Arch. cl. 2, 1950, 85.

[65] W. Schulze, ZGLEN, passim. E. Lattes, Klio 12, 1912, 377 ff. G. Herbig, Idg. Forsch. 26, 1909, 357 ff. R. A. L. Fell, a. a. O. 39 f.

[66] Mommsen, RG 1[8], 46.

[67] Wir entwickeln hier eine Deutung, die grundsätzlich bereits in einer Bemerkung von De Sanctis, St. d. R. 1[2], 437, vorweggenommen ist: « Ora in Campania non era dato pervenire agli Etruschi senza che traversassero liberamente il basso corso del Tevere; e questo non potevano senza dominare in Roma; quindi il dominio etrusco in Roma ebbe principio almeno nella seconda metà del VII. secolo, nè probabilmente è anteriore.»

[68] Vgl. Vl. Groh, Rend. Pont. Acc. 3, 1924—25, 215 ff.

[69] Z. B. G. Giannelli, La repubblica romana, 1955, 49, und andere.

[70] E. Gjerstad, Opusc. Rom. 3, 1960, 101; aber vgl. idem, Legends and Facts of Early Roman History, Lund 1962, 33.

[71] M. Pallottino, Le origini dei popoli italici nell' antichità (10. Congr. intern. di scienze storiche, Roma 1955, vgl. 2) 47 ff.

[72] Fest., p. 358, 21 L.: *Rituales nominantur Etruscorum libri, in quibus perscriptum est, quo ritu condantur urbes, arae, aedes sacrentur, qua sanctitate muri, quo iure portae, quomodo tribus, curiae, centuriae distribuantur, exercitus constituant⟨ur⟩, ordinentur ceteraque eiusmodi ad bellum ac pacem pertinentia.* [Ritualbücher werden jene etruskischen Schriften genannt, welche festlegen, mit welchen Riten Städte gegründet sowie Altäre und Tempel geweiht werden, welche unverletzbare Weihe Stadtmauern erhalten sollen, nach welchem Rechtsprinzip die Stadttore angelegt, wie die Tribus, Kurien und Centurien angeordnet, die Truppen in Reih und Glied formiert und alle anderen derartigen für Krieg und Frieden bedeutsamen Angelegenheiten geregelt werden sollen.] Vgl. Varro, LL 5, 143: *oppida condebant in Latio Etrusco ritu multi, ... et ideo coloniae et urbes conduntur* [Viele gründeten in Latium Siedlungen gemäß etruskischen Ritualvorschriften ... Daher werden auch Kolonien und Städte 'gegründet' *(conduntur)*] (weitere Stellen sind z. B. in der Ausgabe von G. Goetz-F. Schoell, Leipzig 1910, 43 f. angeführt).

[73] Cic., *Verr.* V 19, 48: *et enim vel Capitolium, sicut apud maiores nostros factum est, publice coactis fabris operisque imperatis, gratis exaedificari atque effici potuit.* [Denn sogar das Kapitol konnte, wie es zur Zeit unserer Vorfahren geschehen ist, durch von Staats wegen zusammengebrachte Bauleute und durch Zwangsarbeiten kostenlos errichtet werden.] Liv. I 56, 1—3 (Superbus) *intentus perficiendo templo, ... usus ... operis etiam ex plebe. qui cum haud parvus et ipse militiae adderetur labor, minus tamen plebs gravabatur se templa deum exaedificare manibus*

suis quam postquam et ad alia ut specie minora sic laboris aliquanto maioris traducebantur opera, foros in circo faciendos cloacamque maximam ... sub terra agendam, etc. [(Superbus) konzentrierte sich auf die Vollendung des Tempels ... und zog ... sogar das niedere Volk zu Zwangsarbeiten heran. Obwohl diese keineswegs geringe Mühsal eine zusätzliche Belastung zum Heeresdienst darstellte, war das Volk dennoch weniger darüber verärgert, mit seinen eigenen Händen die Tempel der Götter erbauen zu müssen, als darüber, daß ihm nachher noch weitere, anscheinend zwar weniger bedeutende, aber mit beträchtlich größerer Beschwernis verbundene Arbeiten aufgebürdet wurden, z. B. die Errichtung von Sitzreihen im Zirkus und die Anlage des großen Abzugskanals ..., der unter der Erde her geführt werden mußte, usw.] *Vir. ill.* 8, 3 (Tarquinius Superbus) *(foros) in circo et cloacam maximam fecit, ubi totius populi viribus usus est, unde illae fossae Quiritium sunt dictae.* [(Tarquinius Superbus) ließ (Sitzreihen) im Zirkus einbauen und den großen Abzugskanal anlegen, wobei er die Arbeitskraft des ganzen Volkes einspannte; daher sind jene Gräben die 'Bürgergräben' genannt worden.] Cass. Hemina fr. 15 (Serv., *Aen.* 12, 603 = H. R. Rel. 1² p. 103 Peter): *Cassius Emina ait, Tarquinium Superbum, cum cloacas populum facere coegisset et ob hanc iniuriam multi se suspendio necarent, iussisse corpora eorum cruci affigi.* [Cassius Hemina berichtet, Tarquinius Superbus habe, als er das Volk zum Bau der Abzugskanäle gezwungen hatte und viele wegen dieser harten Bedrückung Selbstmord durch Erhängen begingen, ihre Leichname kreuzigen lassen.] Plin., *N.h.* XXXVI 15, 107: *cum id opus Tarquinius Priscus plebis manibus faceret, essetque labor incertum maior an longior, passim concita nece Quiritibus taedium fugientibus, novum, inexcogitatum ante posteaque remedium invenit ille rex, ut omnium ita defunctorum corpora figeret cruci spectanda civibus simul et feris volucribusque laceranda, etc.* [Als Tarquinius Priscus diese Arbeit durch das einfache Volk verrichten ließ und die Belastung für jenes ebenso drückend wie langwierig war, wünschten die Bürger allenthalben, dieser Qual durch Selbstmord zu entgehen; da erfand jener König eine unerhörte, weder vorher noch nachher jemals ersonnene Abhilfe, indem er die Leiber aller durch Selbstmord Verstorbenen ans Kreuz schlagen ließ, als abschreckendes Schauspiel für die Bürger, den wilden Tieren und Vögeln zum Fraß usw.]

[73a] A. Alföldi, Die Struktur des voretruskischen Römerstaates, Heidelberg 1974, bes. 164 ff.

[74] L. A. Holland, TAPA 80, 1949, 313. Grundlegend für die Problematik des Forum Romanum sind die neuen Grabungen an der Stelle der *regia* des Opferkönigs, deren Publikation in Kürze zu erwarten ist. Vgl.

einstweilen Frank Brown im Sammelband: Les origines de la République romaine (Entretiens sur l'antiquité classique 13), Fondation Hardt, Genève 1966 (1967) 41 ff. E. Gjerstad, ibid. 1 ff. und idem., Early Rome 4, Lund 1967.

[75] Einzelheiten z. B. bei W. Kroll, RE 17, 1467 ff. A. Kirsopp Michels, TAPA 80, 1949, 323 f.

[76] Fest., p. 340 L. Plut., *Popl.* 13, 4. Plin., *N.h.* VIII 42, 161. Solin. 45, 15.

[77] Die Quellenverweise sind z. B. bei K. O. Müller-W. Deecke 1, 110 ff. zu finden.

[78] Varro, LL 5, 46. Serv., *Aen.* 5, 560. Fest., p. 38, 26; 486, 12 L. Tac., *Ann.* 4, 65. CIL XIII 1668. DH II 36, 2. Vgl. Liv. II 14, 9.

[79] Die Belege sind gesammelt bei A. Schwegler, RG 1, 1853, 499 Anm. 6. Vgl. W. Strzelecki, RE 9 A, 766 f.

[80] Flor. II 6, 18, 1.

[81] DH I 29, 2.

[82] E. Gjerstad, Early Rome 3, 1960, 292. J. Heurgon, La vie quotid. 130 f., 165 f. L. A. Holland, Janus and the Bridge, Rome 1961, 44 f.

[83] E. Gjerstad, a. a. O., 3, 334 f., 354 f., 358.

[84] L. R. Taylor, Rend. Pont. Acc. 27, 1952—54, 225 ff. Idem, Vot. Distr. 71 Anm. 12 (Lit.).

[85] I. Scott, Mem. Am. Ac. 7, 1929, 95 ff. E. Gjerstad, a. a. O. 78 ff., 134 ff., 139 f., 189, 195 f., 201 f., 250 f., 256 f., 262, 287 f., 378 f. Vgl. auch A. v. Gerkan, Rh. Mus. 100, 1957, 82 f. M. Pallottino. Arch. cl. 12, 1960, 22.

[86] E. Paribeni, Bull. Com. 76, 1959, 4 ff. und 21, und die folgende Anmerkung.

[87] I. Scott Ryberg, An Archaeological Record of Rome from the Seventh to the Second Century B. C. (Studies and Documents ed. by K. Lake and S. Lake 13, 2), London-Philadelphia 1940, 5 ff., 37 ff. E. Gjerstad, Early Rome 1, 1953, Abb. 31, 57, 73, 102, und S. 148 ff. Ibid. 2, Lund 1956, Abb. 120, 126—27, 132—33, 139—40, 169, 188, 201, 219—21, 223, 230—32, 246—47. Vgl. P. Romanelli, Gnomon 31, 1959, 434 ff. H. Müller-Karpe, Vom Anfang Roms (RM, 15. Ergänzungsheft) 1959, 14 ff. Viele neue Ausgrabungsberichte könnten zitiert werden; z. B. P. Romanelli, Stud. Rom. 1, 1953, 3 ff. B. Andreae, Arch. Anz. 1957, 127 ff. A. Wotschitzky, Anz. f. Alt.-Wiss. 9, 1956, 193 ff.; 10, 1957, 1 ff. M. Pallottino, Stud. Rom. 5, 1957, 256 ff. A. v. Gerkan, Rh. Mus. n. F. 104, 1961, 143 f.

[88] H. Riemann, GGA 214, 1960, 16 ff.

[89] E. Paribeni, Bull. Com. 77, 1962, 25 ff.

Anmerkungen zum 5. Kapitel

[90] Vgl. zum allgemeinen: K. O. Müller-W. Deecke, a. a. O. G. De Sanctis, St. d. R. 1², 440 f. R. A. L. Fell, a. a. O. 39 ff. R. Enking, RM 66, 1959, 65 ff. M. Pallottino, Etruscologia³, Milano 1955. J. Heurgon, La vie quotid., 1961.

[91] Die etruskische Bezeichnung für den Stadtfürsten wurde zum Personennamen des ersten etruskischen Königs der legendären Überlieferung. Einzelheiten z. B. bei: Fr. Münzer, RE 13, 1706 f. Vgl. F. Gr. Hist. 706 F 24.

[92] A. Rosenberg, Der Staat der alten Italiker, Berlin 1913, 51 ff. E. Kornemann, Klio 14, 1915, 190 ff. A. Momigliano, Bull. Com. 59, 1931, 42 f. S. Mazzarino, Dalla mon. 1945, 215 f. P. De Francisci, St. Etr. ser. 2, 24, 1955—56, 19 ff. (mit der Spezialliteratur in Anm. 103—4) hat gewiß recht, wenn er annimmt, daß die Konzeption des *imperium* in voretruskische Zeit zurückreicht. H. Wagenvoort, Roman Dynamism, London 1947, hat das gezeigt. Aber vor der etruskischen Eroberung hatte Rom stets zwei Anführer (vgl. Verf., Die Struktur des voretrusk. Römerstaates 162 ff.); die eigentliche Monarchie ist etruskisch, nicht römisch. Vgl. auch U. Coli, Regnum, Roma 1951. P. De Francisci, Primordia civitatis, Roma 1959, 361 ff.

[93] S. Mazzarino, a. a. O. 58 ff., 78. A. Alföldi, AJA 63, 1959, 1 ff. Vgl. die Abb. bei E. Paribeni, St. Etr. 12, 1938, Taf. 19, 1.

[94] Liv. I 8, 3. Flor. I 1, 5, etc. Vgl. K. O. Müller-W. Deecke, 1, 341 f. A. Alföldi, Der frührömische Reiteradel, Baden-Baden 1952.

[95] Vgl. E. McCartney, Mem. Am. Ac. in Rome 1, 1917, 121. R. A. L. Fell, a. a. O. 73 ff. und meine in der vorangehenden Anmerkung zitierte Abhandlung.

[96] K. O. Müller-W. Deecke 2, 302. A. Kirsopp Michels, TAPA 80, 1949, 323 ff., 331 ff.

[97] Liv. VII 3, 5—8; vgl. o. Anm. 17. J. Heurgon erinnert mich an Schol. Veron., *Aen.* 10, 200 über Caecina: *constituit annum* [er legte die Jahresberechnung fest].

[98] S. Mazzarino, Jura 12, 1961, 24 ff.

[99] A. Piganiol, Recherches sur les jeux romains, Strasbourg-Paris 1923, 15 ff. R. A. L. Fell, a. a. O. 75 ff. J. Heurgon, La vie quotid. 241 f.

[100] Allgemeiner Überblick bei C. Clemen, Die Religion der Etrusker, Bonn 1936. K. Latte, Röm. Religionsgeschichte, München 1960, 111. J. H. Waszink, Gnomon 34, 1962, 447.

[101] Serv., *Aen.* 1, 422: .... *prudentes Etruscae disciplinae aiunt apud conditores Etruscarum urbium non putatas iustas urbes, in quibus non tres portae essent dedicatae et tot viae, et tot templa, Iovis Iunonis Minervae.* [... Die des etruskischen Rituals Kundigen behaupten, daß die

Gründer etruskischer Städte nur solche Stadtanlagen gebilligt hätten, in denen drei Tore und ebenso viele Straßen sowie Tempel — nämlich des Juppiter, der Juno und der Minerva — geweiht waren.] Vgl. P. Ducati, Etruria antica 1, Torino 1925, 95 ff.

[102] Vgl. S. 228 ff.

[103] J. Bayet, Herclé, étude critique des principaux monuments relatifs à l'Hercule étrusque, Paris 1926.

[104] R. Schilling, La religion romaine de Vénus (BEFAR 178) 1954, 76 f.

[105] K. O. Müller-W. Deecke 1, 434 ff. G. Herbig, Indogermanische Forschungen 26, 1909, 357 ff. W. Schulze, ZGLEN, *passim*. E. Lattes, Klio 12, 1912, 377 ff.

[106] Vgl. Liv. IX 36, 3: *habeo auctores vulgo tum Romanos pueros, sicut nunc Graecis, ita tum Etruscis litteris erudiri solitos* [Ich finde in der Überlieferung die Nachricht, daß die römischen Knaben zu jener Zeit im allgemeinen in den etruskischen Wissenschaften unterrichtet zu werden pflegten, gerade so, wie man sie jetzt in den griechischen unterweist], worauf J. Heurgon freundlicherweise meine Aufmerksamkeit lenkte; erwähnt bereits von J. Marquardt, St. V. 3, 394 f. Mommsen, St. R. 3, 588. Idem, RG 1[7], 226. J. Heurgon, La vie quotid. 286 f.

[107] M. Pallottino, Bull. Com. 69, 1941, 101 ff. Idem, St. Etr. 22, 1952 bis 1953, 309 ff. Arch. cl. 12, 1960, 35 ff.

[108] Vgl. z. B. A. Boëthius, The Golden House of Nero, Ann Arbor 1960, 10 ff. L. Shoe in ihrem zuvor genannten Werk über die Profile der architektonischen Gliederungen. F. Schachermeyr, RE 4 A, 2359 f.

[109] Vgl. K. O. Müller-W. Deecke 1, 102 ff., 106 f. H. Hencken, Ciba-Symposium 44 (zu frühetruskischen Vorläufern).

[110] A. Degrassi, ILLRP 2. E. Gjerstad, Early Rome 3, 1960, 161 ff. Idem, Septentrionalia et Orientalia (Studia B. Karlgren dedicata, K. Vitt. Hist. och Ant. Ak. Handl., Del 91) 1960, 133 ff. (mit älterer Literatur).

[111] A. Degrassi, ILLRP 3. Vgl. G. Carettoni, JRS 50, 1960, 195 ff. G. Dumézil, R. Et. Lat. 36, 1958, 109 ff.

[112] Vgl. jetzt Alföldi, Röm. Frühgesch. 168 ff. Zur allgemeinen Information dient der nützliche Überblick bei F. Schachermeyr, RE 4A, 2348 ff.

[113] I. Scott Ryberg, An Archeological Record of Rome, 46 ff.

[114] Vgl. z. B. G. De Sanctis, St. d. R. 1[2], 437. I. G. Scott, Mem. Am. Ac. 7, 1929, 78 ff. L. Homo, L'Italie primitive 140. J. Heurgon, Rech. 68 f. Idem, La vie quotid. 316 ff. L. Pareti, La tomba Regolini-Galassi 57.

[115] Der Eindruck, daß einzelne Führer und nicht Staaten Rom erobert haben, mag durch den alten epischen Stil gefördert worden sein; dieser verherrlichte die großen Krieger, wobei die Rolle des Heeres und Staates

völlig verblaßte hinter den bedeutenden Taten dieser fürstlichen Männer. Dieser Stil bestimmt gleichfalls die einzelnen Kampfszenen der *tomba François* (vgl. Taf. VIII—XII) sowie spätrepublikanischer *denarii* (H. A. Grueber, Coins of the Roman Republic in the British Museum, London 1910, pl. 30, 4—5; 32, 4; 56, 1—2) und herrscht ebenso in der Erzählung des Livius (II 6, 7—9; 20, 8—9, etc.) wie in den neuentdeckten *elogia* [die Taten Verstorbener preisende Inschriften] von Tarquinia vor (P. Romanelli, N. Sc. 1948, 260 ff.).

[116] R. Bloch, Mél. 59, 1947, 9 ff.; 62, 1950, 53 f.

[117] Vgl. W. Eisenhut, RE 9 A, 852 ff.; vgl. ibid. 8 A, 1669 ff.

[118] W. Schulze, ZGLEN 252, 272. G. Wissowa, RuK[2], 1912, 287 ff. G. Herbig, Mitt. d. Schles. Ges. f. Volkskunde 23, 1922, 13 ff. A. Ernout-A. Meillet, Dict. étymol.[3] 1951, 1285. J. Carcopino, Virgile et les origines d'Ostie (BEFAR 116) 1919, 117 f. L. R. Taylor, Local Cults in Etruria, Roma 1923. R. Pettazzoni, SMSR 4, 1928, 207 ff. F. Altheim, Griechische Götter im alten Rom (RVV 22, 1) 1930, 8 ff., 159. A. E. Gordon, TAPA 63, 1932, 187. J. Heurgon, R. Et. Lat. 14, 1936, 109 ff. G. Devoto, St. Etr. 14, 1940, 275. J. Heurgon, Rech. 1942, 71 ff. Y. Basanoff, Rev. d'hist. des rel. 126, 1943, 5 ff. J. Heurgon, St. Etr. 2. ser. 24, 1955—56, 103. G. Camporeale, La parola del passato 13, 1958, 5. K. Latte. Röm. Religionsgesch. 1960, 191 Anm. 3. A. J. Pfiffig, Gymnasium 68, 1961, 55 f.

[119] Porphyrios' Kommentar zu Hor., *Epist.* I 20, 1, erwähnt das *sacellum* [Kapellchen] des Volturnus, was eine solche Kapelle nahelegt. Cic., *Verr.* II 1, 154, und Liv. XLIV 16, 10, haben *signum Vertumni* [Statue des Vertumnus] (vgl. Prop. IV 2, 2 *Vertumni signa paterna dei* [die von den Vätern ererbte Statue des Vertumnus] im poetischen Plural, wie W. Eisenhut, RE 8 A, 1671, es erklärt).

[120] Der Tempel des *Vertumnus* auf dem Aventin außerhalb des *pomerium* kann später, nach der Eroberung von Volsinii durch die Römer, errichtet worden sein. Vgl. CIL I[2] p. 325. Fest., p. 228, 21 L.

[121] Varro, LL 5, 46; wiederholt bei Serv., *Aen.* 5, 560.

[122] Propert. IV 2, 3 f.

[123] Liv. IV 23, 5; 25, 7; 61, 2. V 17, 6. VI 2, 2.

[124] Quellen und moderne Literatur bei W. Eisenhut, RE 9 A, 849 ff.

[125] Enn., *Ann.* 122 ff. Vahlen[3]. Varro, *LL* 7, 45; vgl. 6, 21. Paul. Fest., 519 L.

[126] Mommsen, CIL I[2] pp. 240, 298, 327. A. Degrassi, Inscr. It. XIII 1, 318. Vgl. W. Schulze, ZGLEN 260. G. Wissowa, RuK[2] 224 f. G. Herbig, Philol. 84, 1917, 450 f. M. Pallottino, Elementi di lingua Etrusca, Firenze 1936, 104. K. Latte, Röm. Religionsgesch. 1960, 37 Anm. 5, 137, 148. Vgl. Anm. 118 und die folgende Anmerkung.

[127] J. Heurgon, R. Et. Lat. 14, 1936, 109 ff. Idem, Rech. 71 f., wo er die Resultate seiner Untersuchung mit folgenden Worten zusammenfaßt: « Or justement un lien tenu nous invite à chercher aux environs de Clusium et de Volsinii, en même temps qu'à Vulci, l'une des bases de départ de l'expédition, qui devait soumettre la Campanie aux Étrusques. Ce n'est pas que, pour ressaisir le détail des événements, nous soyons singulièrement démunis. Il y a toutefois un fait certain: c'est que Rome a été une étape dans la marche en avant des conquérants. La preuve en est dans l'existence à Rome et à Capoue d'un dieu Volturnus qui sous ce nom du moins est inconnu ailleurs; dieu universel, mais qui, en tant que dieu fluvial, valut au Tibre un de ses noms passagers et au Volturne son nom durable. Ce culte commun, antérieur à toute influence religieuse de la Campanie sur Latium, et qui par conséquent remonte à l'époque de l'hégémonie étrusque, semble bien démontrer qu'il y a eu anciennement entre les deux villes des relations religieuses, qui ne peuvent s'expliquer qu'en admettant p. ex. qu'elles ont eu un certain temps les mêmes maîtres ou que les fondateurs de Capoue se sont arrêtés à Rome avant de pousser plus loin. »

[128] Die geographische Lage von Volsinii ist so zentral, daß es bereits Sitz des Bundes wurde, bevor es eine wirkliche Vormachtstellung unter den zwölf Staaten einnahm.

[128a] Vgl. jetzt Alföldi, Röm. Frühgesch. 170 f.

[129] Einzelheiten bei A. Schwegler, RG 1, 1853, 668 ff. F. Schachermeyr, RE 4 A, 2348 ff., 2375 f.

[130] Vgl. z. B. bei W. Schulze, ZGLEN 95 ff. F. Schachermeyr, RE 4 A, 2348 f., 2372 f. R. A. L. Fell, a. a. O. 46 Anm. 4

[131] Vgl. K. O. Müller-W. Deecke 1, 67 ff., 112 ff., 470 f., 494 ff. G. Dennis, The Cities and Cemeteries of Etruria 1³, London 1883, 301 ff. M. Pallottino, Etruscologia⁶, Milano 1968, 181 ff.

[132] P. Romanelli, N. Sc. 1948, 260 ff. J. Heurgon, Mél. 63, 1951, 119 ff. Idem, La vie quotid. 314 ff. M. Pallottino, St. Etr. 21, 1950—51, 147 ff. E. Vetter, Glotta 34, 1954—55, 59 ff. F. Della Corte, St. Etr. 24, 1955, 73 ff.

[133] M. Pallottino, St. Etr. 21, 1950—51, 164 ff. (= P. Romanelli, N. Sc. 1948, 266 Anm. 77.) Vgl. J. Heurgon, La vie quotid. 120.

[134] J. Heurgon hat gezeigt (La vie quotid. 316), daß die Erwähnung von *Arretium* in Zeile 4 die Wiederholung dieses Stadtnamens in Zeile 5 ausschließt; auf diese Weise hat die Ergänzung des Namens in Zeile 5 zu *Latinis* sehr viel für sich.

[135] Vgl. S. 44 ff. Die Teilnahme der Umbrer und der Daunier (DH VII 3, 1) deutet auf die Tatsache hin, daß das Unternehmen sehr umfassend

und so eher Angelegenheit des etruskischen Bundes und nicht vereinzelter etruskischer Städte war.

[135a] Vgl. zum folgenden Alföldi, Röm. Frühgesch. 171 ff.

[136] Cato, *Orig.* fr. 12 (H. R. Rel. 1², 59 Peter = Macrob. Sat. III 5, 10): *Veram huius contumacissimi hominis* (sc. contemptoris divom Mezentii) *causam in primo libro originum Catonis diligens lector inveniet. ait enim Mezentium Rutulis imperasse, ut sibi offerrent quas dis primitias offerebant, et Latinos omnes similis imperii metu ita vovisse: 'Iuppiter, si tibi magis cordi est nos ea tibi dare potius quam Mezentio, uti nos victores facias.'* [Die Wahrheit über diesen mit unbeugsamer Härte begabten Menschen (scil. den götterverachtenden Mezentius) kann der gewissenhafte Leser im ersten Buch von Catos *Origines* finden. Cato berichtet nämlich, Mezentius habe den Rutulern befohlen, ihm selbst die sonst den Göttern dargebrachten Erstlingsfrüchte zu übergeben; alle Latiner aber hätten aus Furcht vor einer ähnlichen an sie gerichteten Anordnung folgendes Gelübde getan: 'Juppiter, wenn dir mehr daran liegt, daß wir dir anstatt dem Mezentius diese Gaben darbringen, so laß uns siegreich sein'.] Andere Auszüge aus Cato weichen in Einzelheiten ab. Verr. Flacc., *Fasti Praen.* (CIL I² p. 236, 316) zum 23. April: *(Vini omnis novi libamentum Iovi) consecratum (est cum Latini bello premere)ntur ab Rutulis, quia Mezentius rex Etrus(co)rum paciscebatur, si subsidio venisset, omnium annorum vini fructum.* [Als die Latiner von den Rutulern im Krieg hart bedrängt wurden, weihten sie dem Juppiter den Opfertrank von jedem jungen Wein, weil der Etruskerkönig Mezentius sich für den Fall seiner Hilfeleistung die jährliche Weinernte ausbedungen hatte.] Fest., p. 322, 14 L.: *Rustica vinalia appellantur mense Augusto XIIII Kal. Sept. Iovis dies festus, quia Latini bellum gerentes adversus Mezentium omnis vini libationem ei deo dedicaverunt.* ['Ländliches Weinfest' wird ein Fest des Juppiter am 19. August genannt, weil die Latiner im Krieg gegen Mezentius das Trankopfer von jeder Weinernte diesem Gott weihten.] Varro, bei Plin., *N.h.* XIV 12, 88: *M. Varro auctor est Mezentium Etruriae regem auxilium Rutulis contra Latinos tulisse vini mercede quod tum in Latino agro fuisset.* [M. Varro berichtet, der Etruskerkönig Mezentius habe den Rutulern Hilfe gegen die Latiner geleistet, wobei er sich als Entlohnung den damals im Latinergebiet erzeugten Wein ausbedang.] Plut., *Quaest. Rom.* 45: „Διὰ τί τῶν Οὐιναλίων τῇ ἑορτῇ πολὺν οἶνον ἐκχέουσιν ἐκ τοῦ ἱεροῦ τῆς 'Αφροδίτης"; Πότερον, ὡς οἱ πλεῖστοι λέγουσι, Μεζέντιος ὁ Τυρρηνῶν στρατηγὸς ἔπεμψε πρὸς Αἰνείαν σπενδόμενος ἐπὶ τῷ λαβεῖν τὸν ἐπέτειον οἶνον; ἀρνησαμένου δ' ἐκείνου, τοῖς Τυρρηνοῖς ὑπέσχετο κρατήσας μάχῃ δώσειν τὸν οἶνον. Αἰνείας δὲ τὴν ὑπόσχεσιν αὐτοῦ πυθόμενος τοῖς θεοῖς τὸν οἶνον καθιέρωσε, καὶ μετὰ τὸ νικῆσαι συναγα-

γὼν τὸ καρπευθὲν ἐξέχεε πρὸ τοῦ ἱεροῦ τῆς Ἀφροδίτης. [Weshalb schütten sie am 'Weinfest' so viel Wein vor dem Heiligtum der Aphrodite aus? Etwa, wie meist behauptet wird, weil der Feldherr der Etrusker, Mezentius, Aeneas einen Friedensschluß anbot, falls dieser ihm die jährliche Weinernte übergebe? Als jener sich weigerte, versprach Mezentius den Etruskern, er werde ihnen nach siegreicher Schlacht den Wein schenken. Als Aeneas von dieser Zusicherung erfuhr, weihte er den Wein den Göttern; nach dem Sieg brachte er die Ernte zusammen und schüttete sie vor dem Heiligtum der Aphrodite aus.] Ovid., Fast. 4, 877—895: *cur igitur Veneris festum Vinalia dicant, quaeritis, et quare sit Iovis ista dies? Turnus an Aeneas Latiae gener esset Amatae, bellum erat: Etruscas Turnus adoptat opes. clarus erat sumptisque ferox Mezentius armis ... quem Rutuli Turnusque suis adsciscere temptant partibus; haec contra dux ita Tuscus ait: ..... qui petis auxilium, non grandia, divide mecum praemia, de lacubus proxima musta tuis! ....'adnuerant Rutuli, Mezentius induit arma; induit Aeneas adloquiturque Iovem: 'hostica Tyrrheno vota est vindemia regi; Iuppiter, e Latio palmite musta feres!' vota valent meliora; cadit Mezentius ingens*, etc. [Aber ihr fraget, warum man Vinalien nenne der Venus / Festlichen Tag und warum Jupiter heilig er sei. / Eben entbrannte der Krieg, ob Aeneas, ob Turnus Amatas Eidam würd'; es umbuhlt Turnus die tuskische Macht / Ruhmvoll war und gewaltig Mezentius, wenn er die Waffen / Nahm ... / Ihn auf der Rutuler Seite zu ziehn, war Turnus beflissen; / Doch es entgegnete drauf dieses der tuskische Fürst: / ... Drum, wenn Hilfe du willst, dann laß mich als kleine Belohnung / Haben zur Hälfte den Most, welcher die Kufen dir füllt! / ... Kaum ist gewährt der Beding, da 'Waffen!' gebeut der Etrusker, 'Waffen!' Aeneas und fleht also den Jupiter an: / „Jupiter, schenkte des heurigen Weins Austrag dem Tyrrhener / könig der Feind, dir sei Latiums Ernte gelobt!" / Wirksam zeigt sich das bessre Gelübd, und der Held der Etrusker / sinkt usw. (E. Klußmann, Langenscheidt-Verlag 1882).] DH I 65, 1—5: Αἰνείου δ'ἐξ ἀνθρώπων μεταστάντος .... παρέλαβε τὴν Λατίνων ἡγεμονίαν ὁ ...... Ἀσκάνιος ... τοῦ δὲ βασιλέως τῶν Τυρρηνῶν τά τε ἄλλα ὡς δεδουλωμένοις ἀφόρητα ἐπιτάσσοντος καὶ τὸν οἶνον ὅσον ἂν ἡ Λατίνων γῆ φέρῃ Τυρρηνοῖς ἀπάγειν ἀνὰ πᾶν ἔτος, οὐκ ἀνασχετὸν ἡγησάμενοι τὸ πρᾶγμα τῆς μὲν ἀμπέλου τὸν καρπὸν ἱερὸν ἐψηφίσαντο τοῦ Διὸς εἶναι γνώμην ἀγορεύσαντος Ἀσκανίου, αὐτοὶ δὲ ... ἐξῆλθον ἐκ τῆς πόλεως ... καὶ αἱροῦσιν εὐπετῶς τὸ ὀχύρωμα ... Μεσέντιος δὲ .. ἀπῆλθεν ὑπόσπονδος ... καὶ .. πρὸς τοὺς Λατίνους βέβαιος φίλος ἦν. [Nachdem Aeneas das menschliche Leben verlassen hatte ..., übernahm ... Askanius ... die Führung der Latiner ... Als aber der Etruskerkönig ihnen in jeder Hinsicht erniedrigende Belastungen auferlegte, als ob sie Versklavte seien, und ihnen befahl, den im Latinerland erzeugten Wein alljährlich den Etruskern zu übergeben, hielten sie die Verhältnisse für unerträglich und beschlossen auf Anraten des Askanius, die Weinernte dem Juppiter zu weihen; sie ... stießen aus der Stadt vor ... und nahmen mühelos die Befestigungen ein ... Mezentius aber ... zog unter dem Schutz eines Waffenstillstandes ab ... und ... blieb ein zuverlässiger Freund der Latiner.] Dieselbe Version *Origo gentis Rom.* 15, 1—4 mit dem Zusatz: *ut docet Lucius Caesar libro primo, itemque Aulus Postumius in eo volumine, quod de adventu Aeneae conscripsit atque edidit* [wie Lucius Caesar in seinem ersten Buch berichtet und ebenso Aulus Postumius in jenem Werk, welches er über die Ankunft des Aeneas verfaßte und herausgab]. Der Kampf des Aeneas und der Latiner mit Mezentius, dem König von Caere, ist auch erwähnt bei Cato, Orig. fr. 9 (Serv., *Aen.* 1, 267). fr. 10 (Serv., *Aen.* 4, 620). fr. 11 (Serv. *Aen.* 6, 760; vgl. Serv., *Aen.* 9, 742). Er ist die ursprüngliche Quelle von Liv. I 2, 3; 3, 4. Fest., p. 212 15 L. *Origo gentis Rom.* 14, 1—2 Schol. Veron., *Aen.* 7, 485. Iustin., *Epit.* XLIII 1, 12—13. Verg., *Aen.* 8, 1 ff. 478 ff. App., *Basil.* 1, 2. Tzetz., ad Lycophr. 1232. Vgl. A. Schwegler, RG 1, 288. 329 ff. K. O. Müller-W. Deecke 1, 343. J. Carcopino, D.-S. 5, 893 f. M. Sordi, I rapporti romano-ceriti e l'origine della civitas sine suffragio, Roma 1960, 13, macht einige gute Bemerkungen zur Version Vergils über Mezentius; aber die Verbindung des Mezentius mit Caere (und nicht mit Veii) kann nicht weginterpretiert werden; auch das Ursprungsdatum dieser Tradition kann nicht vom 6. auf das 4. Jahrhundert herabgesetzt werden.

[137] Verg., *Aen.* 11, 539 ff. Serv., *Aen.* 11, 567.

[138] Eingehende Behandlung bei G. Wissowa, RuK², 289. F. Bömer, Rh. Mus. n. F. 90, 1941, 30 ff. R. Schilling, La religion romaine de Vénus (BEFAR 178) 1954, 100 ff., 137 f. G. Dumézil, Latomus 20, 1961, 524 ff. Idem, R. Et. Lat. 39, 1961, 261 ff. K. Latte, Römische Religionsgeschichte, München 1960, 74 ff.

[139] Plut., *Quaest. Rom.* 18: Διὰ τί τῷ Ἡρακλεῖ πολλοὶ τῶν πλουσίων ἐδεκάτευον τὰς οὐσίας; Πότερον ὅτι ... Ῥωμαίους ὑπὸ Τυρρηνῶν δεκατευομένους ἀπήλλαξεν; [Weswegen weihten viele reiche Leute dem Herakles ein Zehntel ihres Vermögens? Etwa weil ... er die Römer von der Ablieferung des Zehnten an die Etrusker befreite?]

[140] Ps.-Aristot., Oecon. VI 1, 4 (1345 b 31 ff.).

[141] Vgl. z. B. W. Ensslin, Rom und Karthago, Leipzig 1943, 266 f. K. F. Stroheker, Dionysios I., Wiesbaden 1958, 166 (mit Einzelheiten).

[142] Diod. V 13, 4.

[143] G. De Sanctis, St. d. R. I², 327 f. T. J. Dunbabin, The Western

Greeks, Oxford 1948, 342 ff. J. Bérard, La colonisation grecque de l'Italie méridionale², 1957, 67, 222.

[144] Herod. 1, 166 ff. Thucyd. I 13, 5. Vgl. H. Meltzer, Geschichte der Karthager 1, Berlin 1879, 170 ff.

[145] Strab. V 2, 3 (p. 220 C.). Serv., Aen. 10, 184.

[146] L. Pareti, in: Idea 1950, Nr. 6, 4.

[147] Vgl. für den allgemeinen Rahmen L. Pareti, La tomba Regolini-Galassi, Roma 1947, 5 ff., 24 f., 39 f., 48 f., 52 ff. B. Schweitzer, RM 62, 1955, 95 ff. O. W. v. Vacano, Die Etrusker, Hamburg 1957, 120. M. Pallottino, Etruscologia³, Milano 1955, 129 f., 134 ff., 136 ff., 144 ff., 145 f., 179 ff. M. Guarducci, Archeologia classica 4, 1952, 241 ff. A. Andrén, Rend. Pont. Acc. 32, 1960, 41 etc.

[148] Solin. 2, 7, vermengt Pelasger und Etrusker, wie dies oft geschieht: *Agyllam* (sc. nominatam esse) *a Pelasgis, qui primi in Latium litteras intulerunt*. [Agylla (sei sie genannt worden) von den Pelasgern, die als erste die Schrift nach Latium brachten.]

[149] K. O. Müller-W. Deecke 1, 110 ff. A. Schwegler, RG 1, 506 ff., 511 ff., 718 ff. M. Zöller, Latium und Rom, Leipzig 1878, 173 f. V. Gardthausen, Mastarna oder Servius Tullius, Leipzig 1882. G. Körte, JdI 12, 1897 (1898) 57 ff., 69 ff. E. Petersen, JdI 13, 1899, 128. F. Münzer, Rh. Mus. 53, 1898, 607 ff. G. De Sanctis, Klio 2, 1902, 96 ff. O. Gilbert, Topographie der Stadt Rom, Leipzig, 1886, 39 ff., 264 ff. E. Pais, St. crit. 1, Roma 1913, 511. F. Messerschmidt, Nekropolen von Vulci (JdI Ergänzungsheft 12) 1930. Idem, Die Antike 4, 1928, 103 und JdI 45, 1930, 62. I. G. Scott, Mem. Am. Ac. 7, 1929, 75 ff. L. Pareti, St. Etr. 5, 1931, 147 ff. A. Momigliano, L'opera dell'imperatore Claudio, Firenze 1932, 30 ff. M. Pallottino, St. Etr. 13, 1939, 456 ff. S. Mazzarino, Dalla mon., 184 ff. J. Heurgon, Rech. 68. J. Gagé, Huit recherches sur les origines italiques et romaines, Paris 1950, 135 ff. F. Altheim, RG 2, Frankfurt 1953, 109 f. F. Schachermeyr, RE 4A, 2362. J. Bayet, Tite-Live 5, Paris 1954, 126 ff. G. Giannelli, La repubblica romana² 1955, 49. E. St. Staveley, Historia 5, 1956, 101 ff. P. De Francisci, Primordia civitatis, Roma 1959, 639. G. Radke, RE 8A, 2454 ff., etc.

[149a] Zum folgenden vgl. jetzt A. Alföldi, Röm. Frühgeschichte, Heidelberg 1975, 72 ff., 175 ff.

[150] Orat. Claud. (CIL XIII 1668 = ILS 212) 1, 17 ff.: *Huic* (sc. Tarquinio Prisco) *quoque et filio nepotique eius (nam et hoc inter auctores discrepat) insertus Servius Tullius, si nostros sequimur, captiva natus Ocresiá, si Tuscos, Caeli quondam Vivennae sodalis fidelissimus omnisque eius casus comes, postquam variá fortuna exáctus cum omnibus reliquis Caeliáni exercitus Etruria excessit, montem Caelium occupavit et a duce*

suo Caelio ita appellita(vit), mutatóque nomine (nam Tusce Mastarna ei nomen erat) ita appellatus est, ut dixi, et regnum summa cum rei p. utilitate optinuit. [Zwischen diesem (i. e. Tarquinius Priscus) und seinem Sohn bzw. seinem Enkel (auch hierüber sind die Schriftsteller sich nämlich nicht einig) erscheint Servius Tullius in der Königsliste, der nach Auffassung unserer eigenen Autoren Sohn einer Gefangenen namens Ocresia, wenn wir hingegen etruskischen Schriftstellern folgen, einst der treueste Anhänger und Schicksalsgefährte des Caelius Vibenna war; er wurde nach wechselndem Kampfesglück mit dem Rest des Heeres des Caelius vertrieben, verließ Etrurien und besetzte den Hügel, den er nach seinem (früheren) Führer 'Caelius' nannte. Dann änderte er seinen Namen (auf etruskisch hieß er nämlich Mastarna) zu dem oben genannten und herrschte zum größten Nutzen des Staates.]

[151] Vgl. Liv. IV 3, 12, in einem entsprechenden Zusammenhang: *Servium Tullium ..., captiva Corniculana natum, patre nullo, matre serva, ingenio virtute regnum tenuisse.* [Servius Tullius ..., vaterloses Kind einer aus Corniculum stammenden Gefangenen, mithin Sohn einer Sklavin, habe mit großem politischem Geschick und mannhaftem Charakter die Königsherrschaft verwaltet.]

[152] Cic., *De re p.* II 21, 37. DH IV 1, 2 ff. Liv. I 39, 1 ff. Ovid., *Fast.* 6, 627 ff. Fest., pp. 182. 460. 467 L. (Vgl. Justin., *Epit.* XXXVIII 6, 7). Plin., *N.h.* XXXVI 27, 204. *Oratio Claudii, l.c.* (Anm. 150). Plut., *De fort. Rom.* 10. Id., *Quaest. Rom.* 100. Serv., *Aen.* 2, 683. *Vir. ill.* 7, 1. Zon. 7, 9.

[153] Vgl. z. B.: A. Schwegler, RG 1, 720. Mommsen, RG 1[8], 122. G. De Sanctis, Klio 2, 1902, 100 ff. Pl. Fraccaro, La storia romana arcaica, Milano 1952, 22. A. Momigliano, Secondo contributo alla storia degli studi classici, Roma 1960, 86 f. (mit weiterer Literatur). Idem, Riv. stor. Ital. 73, 1961, 803, etc.

[154] Suet., *Claud.* 42. Vgl. B. G. Niebuhr, RG I[2], Berlin 1827, 13 ff. A. Schwegler, RG 1, 719 ff. J. Heurgon, CRAI 1953, 92 ff. A. Momigliano, Claudius, the Emperor and his Achievement, New York 1961, 12 ff.

[155] G. De Sanctis, a. a. O. 102. Idem, St. d. R. 1[2], 387, 434 ff. P. Ducati, Etruria antica 2, Torino 1925, 7. L. Pareti, St. Etr. 5, 1931, 154 ff. G. Giannelli, La repubblica romana[2], 1955, 101.

[156] G. Herbig, Indog. Forsch. 37, 1917, 185 Anm. 2. P. Cortsen, Etruskische Standes- und Beamtentitel, Copenhagen 1925, 131. F. Messerschmidt, Nekropolen von Vulci (JdI, Ergänzungsheft 12) 1931, 149 f. S. Mazzarino, Dalla mon., *l.c.* M. Pallottino, Etruscologia[3], 187 ff. J. Heurgon, La vie quotid. 67.

[157] Vgl. A. Ernout, Philologica (Études et commentaires 1) Paris 1946, 29 ff.

[158] CIL XIII 5197, 11501. = Dessau, ILS 9272, 9272 a — dieselbe Person. Vgl. W. Schulze, ZGLEN 85 f., 94.

[159] DH III 65, 6. IV 1, 2 f., wo er auf den Ursprung des Königs Servius zurückkommt, erzählt er die römische Version von seiner Geburt.

[160] Varro, LL 5, 46: *In Suburanae regionis parte princeps est Caelius mons a Caele Vibenna, Tusco duce nobili, qui cum sua manu dicitur Romulo venisse auxilio contra Tatium regem. Hinc post Caelis obitum ... deducti dicuntur in planum. Ab eis dictus vicus Tuscus,* [Im Gebiet der Suburanischen Region befindet sich (das erste Heiligtum) auf dem Caelius-Hügel. Dieser hat seinen Namen von Caeles Vibenna, einem vornehmen etruskischen Heerführer, der mit seiner Schar dem Romulus gegen den König Tatius zu Hilfe gekommen sein soll. Von dort (vom Hügel) sollen sie (die Etrusker) nach dem Tod des Caeles ... in die Ebene übergesiedelt worden sein, und nach ihnen ist das 'etruskische' Viertel benannt.] etc. Cic., *De re p.* II 8, 14: *et Lucumonis, qui Romuli socius in Sabino bello occiderat* [und des Lucumo, der als Verbündeter des Romulus im Sabinerkrieg gefallen war]. (Vgl. DH II 37, 2.) DH II 36, 2 (über Romulus) διαγγελλούσης δὲ τῆς φήμης πολλαῖς πόλεσι τήν τε κατὰ πολέμους γενναιότητα τοῦ ἡγεμόνος καὶ πρὸς τοὺς κρατηθέντας ἐπιείκειαν ἄνδρες τε αὐτῷ προσετίθεντο πολλοὶ καὶ ἀγαθοὶ δυνάμεις ἀξιοχρέους πανοικίᾳ μετανισταμένας ἐπαγόμενοι, ὧν ἐφ'ἑνὸς ἡγεμόνος ἐκ Τυρρηνίας ἐλθόντος, ᾧ Καίλιος ὄνομα ἦν, τῶν λόφων τις, ἐν ᾧ καθιδρύθη, Καίλιος εἰς τόδε χρόνου καλεῖται. [Als aber die Tapferkeit des Feldherrn im Krieg und seine Milde gegenüber den Besiegten in vielen Städten gepriesen wurden, schlossen sich ihm viele tapfere Männer an, welche ihm ansehnliche Scharen zuführten, die mit ihrem ganzen Haushalt den Wohnsitz wechselten. Nach einem dieser Anführer mit Namen Caelius, der aus Etrurien kam, wird ein Hügel, auf dem er sich niederließ, noch jetzt Caelius genannt.] Vgl. auch II 42, 2; 43, 2. Properz. IV 1, 29 ff. 2, 51 f. Paul. Fest., p. 38 L.: *Caelius mons dictus est a Caele quodam ex Etruria, qui Romulo auxilium adversum Sabinos praebuit, eo quod in eo domicilium habuit.* [Der Caelius-Hügel hat seinen Namen von einem aus Etrurien stammenden Mann namens Caeles, der Romulus gegen die Sabiner half; der Grund für diese Bezeichnung des Hügels ist darin zu sehen, daß Caeles auf ihm seinen Wohnsitz aufgeschlagen hatte.] Serv., *Aen.* 5, 560.

[161] Tac., *Ann.* IV 65, 1—2: *Haud fuerit absurdum tradere montem eum antiquitus Querquetulanum cognomento fuisse, quod talis silvae frequens fecundusque erat. Mox Caelium appellitatum a Caele Vibenna, qui dux*

468   Anmerkungen zum 5. Kapitel

gentis Etruscae cum auxilium portavisset, sedem eam acceperat a Tarquinio Prisco, seu quis alius regum dedit; nam scriptores in eo dissentiunt. Cetera non ambigua sunt, magnas eas copias per plana etiam ac foro propinqua habitavisse, unde Tuscum vicum e vocabulo advenarum dictum. [Die Überlieferung, der Hügel habe in uralter Zeit den Namen Querquetulanus gehabt, dürfte wohl einen richtigen Kern enthalten, da auf ihm ein sehr dichter Wald von Eichenbäumen wuchs. Später wurde er gewöhnlich Caelius genannt nach Caeles Vibenna, der als Feldherr des Etruskervolkes den Römern zu Hilfe geeilt war und dem zum Dank dafür Tarquinius Priscus oder ein anderer König (die Autoren sind hierüber uneins) einen Wohnsitz zugewiesen hatte. Sicher ist aber, daß die große Schar seiner Anhänger auch in der Ebene und dem nahe dem Forum gelegenen Gebiet wohnte, weshalb dieses Viertel nach jenen Einwanderern das 'etruskische' genannt wurde.] Orat. Claud., *l. c.* Fest., p. 486, 12 mit den Ergänzungen von R. Garrucci und C. O. Müller: *Tuscum vicum con(plures scrip)tores dictum aiunt ab(iis, qui Porsenna rege)decedente ab obsi(dione e Tuscis remanserint)Romae, locoque his dato(habitaverint, aut quod Volci)entes fratres Caeles et(A.)Vibenn(ae, quos dicunt ad regem)Tarquinium Romam se cum Max(tarna contulisse colue)rint. M. Varro quod ex Cael(io in eum locum deducti) sint.* [Mehrere Schriftsteller berichten, das etruskische Viertel sei nach jenen Etruskern benannt worden, welche nach Aufhebung der Belagerung seitens des Königs Porsenna in Rom blieben und sich in der ihnen zugewiesenen Gegend niederließen; eine andere Version lautet, es habe diesen Namen erhalten, weil die aus Vulci stammenden Brüder Caeles und Aulus Vibenna, welche angeblich gemeinsam mit Maxtarna zum König Tarquinius nach Rom gekommen sind, dort gewohnt hätten. M. Varro aber erklärt den Namen des Stadtviertels daraus, daß diese Etrusker vom Caelius-Hügel an jenen Ort umgesiedelt wurden.]

[162] Fab. Pict. fr. 12 (H. R. Rel. 1², p. 23 f. Peter = F. Gr. Hist. 809 F 11 = Arnob. 6, 7) *Regnatoris in populi Capitolio qui est hominum qui ignoret Oli esse sepulchrum Vulcentani? quis est, inquam, qui non sciat ex fundaminum sedibus caput hominis evolutum non ante plurimum temporis aut solum sine partibus ceteris (hoc enim quidam ferunt) aut cum membris omnibus humationis officia sortitum? quod si planum fieri testimoniis postulatis auctorum, Sammonicus, Granius, Valerius Antias et Fabius indicabunt, cuius Aulus fuerit filius, gentis et nationis cuius, cur manu servuli vita fuerit spoliatus et lumine, quid de suis commeruerit civibus, ut ei sit abnegata telluris paternae sepultura. condiscetis etiam, quamvis nolle istud publicare se fingant, quid sit capite retecto factum, vel in parte qua area curiosa fuerit obscuritate conclusum, ut immobilis videlicet atque*

fixa obsignati ominis perpetuitas staret. quod cum opprimi par esset et vetustatis oblitteratione celari, conpositio nominis iecit in medium; et cum suis causis per data sibi tempora inextinguibili fecit testificatione procedere, nec erubuit civitas maxima et numinum cunctorum cultrix cum vocabulum templo daret, ex Oli capite Capitolium quam ex nomine Iovis nuncupare. [Wer wüßte nicht, daß sich im Kapitol des (römischen) Herrschervolkes das Grab des Vulcentaners Olus befindet? Wer wüßte nicht, daß bei der Aushebung der Fundamente (für den Tempel) der Kopf eines Mannes hervorgeholt wurde, der vor nicht allzu langer Zeit entweder ohne die übrigen Körperteile — wie einige überliefern — oder mit ihnen dort seine Begräbnisstätte erhalten hatte? Sollte jemand Quellenzeugnisse als Beweis für dieses Ereignis fordern, so können ihn Sammonicus, Granius, Valerius Antias und Fabius darüber unterrichten, wessen Sohn Aulus war, welchem Geschlecht und Volk er angehörte, warum er durch die Hand eines Sklaven dem Licht des Lebens entrissen wurde und welcher Vergehen er sich gegenüber seinen Mitbürgern schuldig gemacht hat, so daß ihm ein Begräbnis in heimischer Erde verweigert wurde. Man kann von diesen Autoren auch erfahren — obwohl sie vorgeben, dies nicht der Öffentlichkeit kundgeben zu wollen —, was nach der Entdeckung des Kopfes geschah, z. B. in welchem Teil des Baugeländes er mit sorgfältiger Geheimnistuerei eingemauert wurde, damit nämlich dieses günstige Vorzeichen nicht von seinem Platz fortbewegt werden könne und auf ewig versiegelt in alle Zukunft fortbestünde. Als das Vorzeichen infolge der inzwischen verstrichenen großen Zeitspanne in Vergessenheit hätte geraten sollen, brachte die Zusammensetzung des Wortes 'Kapitol' es wieder zum Vorschein. Aus 'inneren' Gründen blieb diese Erzählung somit die Zeiten hindurch aufgrund eines unauslöschlichen Zeugnisses bewahrt; und die mächtigste aller Städte und Verehrerin aller Götter schämte sich nicht, bei der Benennung des Tempels diesen statt nach dem Namen Juppiters nach dem Kopf des Olus 'Kapitol' zu nennen.] Aulus ist im selben Zusammenhang auch anderswo erwähnt, nämlich: Serv., Aen. 8, 345: *Quidam dicunt, cum Capitolii ubi nunc est, fundamenta iacerentur, caput humanum, quod Oli diceretur, inventum.* [Manche behaupten, daß beim Legen der Fundamente an der Stelle des jetzigen Kapitols ein menschlicher Kopf gefunden wurde, welchen man als den des Olus bezeichnete.] Chron. Vindob. (Chron. min., ed. Mommsen 1, 144): *invenit caput humanum, litteris Tuscis scriptum 'caput Oli regis'.* [Er fand einen menschlichen Kopf mit der in etruskischen Buchstaben gehaltenen Aufschrift 'Kopf des Königs Olus'.] Isid., Orig. XV 2, 31: ... *alii aiunt, cum Tarquinius Priscus Capitolii fundamenta Romae aperiret, in loco fundamenti caput hominis litteris Tuscis notatum invenit, et proinde Capitolium appellavit.*

[... andere behaupten, Tarquinius Priscus habe, als er die Fundamente für das Kapitol in Rom ausschachten ließ, an dem Ort, wo man diese Arbeit durchführte, den mit etruskischen Schriftzeichen gekennzeichneten Kopf eines Mannes gefunden und danach das Kapitol benannt.] Der Rest der Überlieferung beruht auf Varro und erwähnt das Wunder des Kopfes, aber ohne den Namen des *Olus Vibenna*. Cass. Dio ed. Boiss. 1, p. 29 f. = Zon. VII 11, 5—8: Τὸν δὲ νεὼν τὸν ἐν τῷ Ταρπείῳ ὄρει κατὰ τὴν τοῦ πατρὸς εὐχὴν ᾠκοδόμει. τῆς δὲ γῆς εἰς τὴν τῶν θεμελίων καταβολὴν ἀναρρηγνυμένης, ἀνδρὸς νεοθνῆτος κεφαλὴ ἀνεφάνη ἔναιμος ἔτι. ... ἐλπὶς οὖν κἀκ τούτου αὐτοῖς προσεγένετο. κἀντεῦθεν τὸ ὄρος μετωνομάσθη παρ' αὐτῶν Καπιτώλιον, καπίτα γὰρ τῇ Ῥωμαίων διαλέκτῳ ἡ κεφαλὴ ὀνομάζεται. [Entsprechend dem Gelübde seines Vaters erbaute er den Tempel auf dem Tarpeischen Hügel. Als man dort ausschachtete, um die Fundamente zu legen, wurde der noch blutige Kopf eines jüngst verstorbenen Mannes zutage gefördert ... Dies weckte große Hoffnungen bei ihnen, und seitdem nannten sie den Hügel Capitolium; *caput* nämlich heißt in der Sprache der Römer der Kopf.] DH IV 61, 2: ἐξ ἐκείνου καλεῖται τοῦ χρόνου Καπιτωλῖνος ὁ λόφος ἐπὶ τῆς εὑρεθείσης ἐν αὐτῷ κεφαλῆς, κάπιτα γὰρ οἱ Ῥωμαῖοι καλοῦσι τὰς κεφαλάς. [Seit jener Zeit heißt der Hügel wegen des auf ihm gefundenen Kopfes der Kapitolinische, denn *capita* nennen die Römer die Köpfe.] Varro, *LL* 5, 41: *e quis Capitolinum (sc. montem) dictum, quod hic, cum fundamenta foderentur aedis Iovis, caput humanum dicitur inventum.* [(der Hügel) werde deshalb der 'Kapitolinische' genannt, weil hier beim Ausschachten der Fundamente des Juppitertempels ein Menschenkopf gefunden worden sein soll.] Liv. I 55, 5. V 54, 7: *hic Capitolium est, ubi quondam capite humano invento responsum est eo loco caput rerum summamque imperii fore.* [Hier liegt das Kapitol, wo einst nach der Auffindung eines menschlichen Hauptes die Weissagung erging, an diesem Ort werde das Haupt und die Herrscherin der Welt erstehen.] Livius benutzte auch Pictor I 55, 8). Plin., *N.h.* XXVIII 2, 15. Flor. I 1, 9. Plut., *Camill.* 31, 4. *Vir. ill.* 8, 4. Lact., *Instit.*, I 11, 49. Isid., *Orig.* XV 2, 31. Mart. Cap. 3, 223. Suda, s. v. Καπιτώλιον. Diese Zitate sind schon gesammelt bei A. Schwegler, RG 1, 771 Anm. 3, 5; 722 Anm. 3.

163 Vgl. S. 129 ff.

164 Man hat angenommen, daß schon Timaios die Geschichte der römischen Könige schrieb; vgl. die Bemerkungen von F. Jacoby zu F. Gr. Hist. 566 F 58—61 (S. 565 im Kommentar). Aber diese Annahme ist irrig, wie ich RM 68, 1961, 64 ff. gezeigt habe. Zum Mythos von der wunderbaren Geburt des Servius Tullius vgl. Verf., Die Struktur des voretruskischen Römerstaates 182 ff. Die rationalisierende Behandlung dieser mythischen

Gestalt durch Pictor, der ihm die fundamentalen Einrichtungen der Republik zuschrieb, wurde in unserem dritten und vierten Kapitel beleuchtet.

[165] Antike Quellen und ihre modernen Behandlungen mit einem gelehrten Kommentar bei St. Weinstock, RE 17, 2445 ff. Er erkannte jedoch nicht die Identität des Königs Olus mit Aulus Vibenna.

[166] Ad. Furtwängler, Die antiken Gemmen, Leipzig-Berlin 1900, 246 ff., 451 f. Zum Stil dieser Gemmen vgl. ibid. 216 ff. und 223. Vgl. auch St. Weinstock, a. a. O. 2447 f.

[167] Vgl. die attische Vase, die bei Furtwängler reproduziert ist, a. a. O. 3, 248, Fig. 139.

[168] Das Pallium des Wahrsagers zeigt, daß auch sein Stab zur Ausrüstung des griechischen Philosophen gehört; er stammt aus demselben Inventar von Kunstmotiven. Vgl. z. B. O. Brendel, RM 51, 1936, 1 ff. mit Fig. 1—5 und Taf. 1 und 10. Zum Stab des Wahrsagers vgl. die Wandmalerei der Katakombe an der Via Latina, abgebildet z. B. bei P. Testini, Le catacombe e gli antichi cimiteri cristiani in Roma, Rom 1966, 300 f. und Abb. 183. Er beschreibt die Darstellung als « Aristotele e l'esperienza dell'anima estratta e reinserita per mezzo di una verga dal corpo di un fanciullo ».

[169] Ad. Furtwängler, Beschreibung der geschnittenen Steine im Antiquarium der k. Museen zu Berlin, 1896, Nr. 403 = Id., Antike Gemmen, Taf. 22, 7.

[170] Ad. Furtwängler, Beschreibung Nr. 405 ff. Idem, Antike Gemmen, Taf. 22, 8—9. H. B. Walters, BMC Engraved Gems², London 1926, Taf. 15, Nr. 995—97.

[171] Vgl. Verf., in: Mus. Helv. 7, 1950, 1 ff. Die beiden bäuerlichen Gestalten, die über das Geschick eines Kopfes nachsinnen, den sie gefunden haben (Ad. Furtwängler, Beschreibung, Nr. 410. H. B. Walters, a. a. O. Nr. 998), gehören nicht zu der Gruppe, mit der wir uns befassen; auch nicht der alte Bauer, der einen Schädel betrachtet, auf dem ein Schmetterling der Psyche sitzt (Ad. Furtwängler, Die antiken Gemmen, Taf. 22, 12).

[172] E. Babelon, Collection Pauvert de la Chapelle. Intailles et Camées. Catalogue ..., Paris 1899, 44 f. Nr. 111 mit einer Zeichnung und der fotografischen Wiedergabe auf Taf. 7. Unsere Interpretation weicht von seiner in Einzelheiten ab.

[173] Keiner der beiden nackten jungen Männer kann *Iuventas* (Hebe, Göttin der Jugend) sein, die immer als weibliche Gestalt dargestellt wurde. Augustin, *De civ. Dei* 4, 23 und 29 erwähnt auch Mars zusammen mit *Terminus* und *Iuventas*, aber das scheint eine spätere Hinzufügung zu sein, wie auch schon *Iuventas*. Vgl. G. Wissowa in Roschers Lex. II 1, 764 ff.

W. Kroll, RE 10, 1360 ff. K. Latte, Röm. Religionsgeschichte, 256 Anm. 1.

[174] S. Weinstock, RE 17, 2448.

[175] Die detaillierteste Publikation ist die von F. Messerschmidt, Nekropolen von Vulci (12. Ergänzungsheft des JdI) Berlin 1930, 62 ff. (Bemerkungen zur Architektur von A. v. Gerkan), 92 ff. (Funde und Malereien). Die Grundlagen der historischen Interpretation wurden gelegt von G. Körte, JdI 12, 1897 (1898), 74 ff. Neben den Abhandlungen, die oben zitiert sind, vgl. auch E. Petersen, JdI 14, 1899 (1900) 46. J. Heurgon, Rech. 69.

[176] J. Heurgon, La vie quotid. 66, dachte an Falerii; S. Accame, in seinen Vorlesungen über die römischen Könige, an Salpinum.

[177] Das italische Praenomen *Marce, Mamerce (Marcus, Mamercus)* kommt ziemlich oft in Etrurien vor. Vgl. M. Pallottino, Testimonia linguae Etruscae, Firenze 1954, Index s. v.

[178] Der Name Rom ist auf einem archaischen Meilenstein von Vulci ebenfalls mit *u* geschrieben, also *Ruma*; vgl. A. Degrassi, Hommages à A. Grenier (Coll. Latomus 58) 1962, 509.

[179] F. Messerschmidt, a. a. O. 138 f., wollte diese Szene von den vorangehenden trennen, aber dieser Versuch wurde von der späteren Forschung verworfen.

[180] Vgl. A. Alföldi, Der frührömische Reiteradel, Baden-Baden, 1952. Soviel ich weiß, gibt es einen Fall, der unserer Behauptung zu widersprechen scheint; d. i. der Schreiber des Königs Porsenna bei Liv. II 12, 7: *scriba cum rege sedens pari fere ornatu* [der neben dem König sitzende und mit ganz ähnlicher Tracht bekleidete Schreiber]. Aber das Privileg, neben dem Herrscher zu sitzen — der sog. *consessus* in Rom —, beweist, daß der Schreiber entweder ein Abkömmling der Nobilität oder ein Staatsbeamter war — wie in späterer Zeit der römische *quaestor*.

[181] F. Messerschmidt, a. a. O. 151, bezieht sich auf die Ansicht von O. Danielsen.

[182] Vgl. meine Abhandlung, Die trojanischen Urahnen der Römer (Rektoratsprogramm Basel 1956) 1957, und S. 249 ff.

[183] I. Scott Ryberg, Mem. Am. Ac. 7, 1929, 75 f., 77 ff.

[184] Mrs. Ryberg erwägt die Möglichkeit, daß die Thronbesteigung der Führer von Vulci in Rom dem Maler unbekannt war; wir schließen diese Möglichkeit aus.

[185] G. Körte. JdI 12, 1897 (1898) 64 f. Zuletzt: L. Pareti, St. R. 1, 1952, 310 ff.

[186] R. A. L. Fell, Etruria and Rome, Cambridge 1924, 45. I. Scott, Mem. Am. Ac. 7, 1929, 74. L. Pareti, Rend. Pont. Acc. 3. ser. 7, 1929—31,

96. Idem, Atene e Roma n.s. 12, 1931, 215 Anm. 3. F. Messerschmidt, Nekropolen von Vulci, Berlin 1930, 118 f. Weitere Literatur bei H. und I. Jucker, Kunst und Leben der Etrusker, Ausstellungskatalog Köln 1956, 179. Vgl. auch F. Schachermeyr, RE 4 A, 2362 ff.

[187] A. v. Gerkan, RM 47, 1942, 146 ff. M. Pallottino, La peinture étrusque, Genève 1952, 153 f. Idem. Etruscologia[3], Milano 1955, 115 ff. Ohne Entscheidung: R. Herbig, Gnomon 26, 1954, 324. Dagegen: C. C. van Essen, Bibliotheca Orientalis 12, 1955, 215 f.

[188] F. Messerschmidt, a. a. O. 112 ff., 118 f., und Abbildungen 66, 67, 90, 93. A. Rumpf, Handbuch der Archäologie (6. Lieferung) 4, München 1953, 136 ff. H. u. I. Jucker, a. a. O. 178 nehmen aus gutem Grund an, daß ein späterer Zeitpunkt auch deshalb unwahrscheinlich ist, weil es mit dem Wohlstand Vulcis zu Beginn des 3. Jahrhunderts v. Chr. für immer vorbei war.

[189] F. Messerschmidt, a. a. O. 120 ff. W. L. Brown, The Etruscan Lion, Oxford 1960, 158 f., 160 Anm. 1.

[190] H. B. Walters, BMC Engraved Gems[2] 1926, no. 623.

[191] Ad. Furtwängler, Beschreibung der geschnittenen Steine im Antiquarium, Berlin 1896, 42 Nr. 483. Idem, Antike Gemmen Taf. 21, 49. A. Sambon, Corolla B. V. Head, London 1906, 283 und Taf. 14, 23.

[192] Ad. Furtwängler, Beschreibung Nr. 484.

[193] Ad. Furtwängler, Beschreibung Nr. 488—489; idem, Antike Gemmen, Taf. 21, 51.

[194] G. Körte, a. a. O. 67 f. F. Messerschmidt, JdI 45, 1930, 64 ff.

[195] B. G. Niebuhr, RG I[2], 1827, 582.

[196] Wenn Appian (Lib. 195 f., vgl. 184, 187 f.) die abschließenden Kämpfe im Zweiten Punischen Krieg in Form eines beabsichtigten Zweikampfes zwischen Massinissa und Hannibal darzustellen sucht, so ist dies zusammen mit vielen anderen Fällen ähnlicher Art ein gutes Beispiel für den späten Widerhall des alten epischen Stils.

[197] Polyb. VI 54, 4.

[198] Vgl. die Münztypen von C. Serveilius, M. Serveilius, Man. Fonteius, Q. Minucius Thermus, BMC Rep. Taf. 30, 5; 32, 4; 48, 6; 95, 14.

[199] Cn. Gellius, Ann. fr. 7 (H. R. Rel. 1[2] p. 149 f. = Solin. 1, 8): *hic* (sc. Cacus), *ut Gellius tradidit, cum a Tarchone Tyrrheno, ad quem legatus venerat missu Marsyae regis, socio Megale Phryge, custodiae foret datus, frustratus vincula et unde venerat redux, praesidiis amplioribus occupato circa Vulturnum et Campaniam regno, dum adtrectare etiam ea audet, quae concesserant in Arcadum iura, duce Hercule qui tunc forte aderat, oppressus est.* [Gellius überlieferte folgende Geschichte: Als dieser (i. e. Cacus) von dem Etrusker Tarchon, zu dem er im Auftrag des Königs

Marsyas in Begleitung des Phrygers Megales als Gesandter gekommen war, gefangengesetzt wurde, gelang es ihm, aus dem Gefängnis zu entkommen und in seine Heimat zurückzukehren. Danach nahm er mit einer ziemlich starken Streitmacht einen in der Gegend von Vulturnum und Kampanien gelegenen Herrschaftsbereich in Besitz; als er aber auch das den Arkadern gehörende Gebiet an sich zu reißen suchte, wurde er (von diesen) unter Führung des zufällig in jener Gegend anwesenden Herkules vernichtet.] Zur Interpretation dieses Abschnitts wie zu den Kunstdenkmälern, die in der folgenden Anmerkung erwähnt sind, vgl. E. Petersen, JdI 14, 1899 (1900) 43 ff. G. De Sanctis, Klio 2, 1902, 104. J. Bayet, vgl. o. Anm. 103. P. Ducati, Etruria antica 1, 1925, 115. F. Messerschmidt, JdI 45, 1930, 76 f. J. Heurgon, La vie quotid. 64, 283, und andere.

[200] G. Körte in: E. Gerhard, Etruskische Spiegel 5, Berlin 1897, 166 ff. und Taf. 127. H. B. Walters, BMC Bronzes, Greek, Roman an Etruscan, 1899, 99 f., Anm. 633. F. Messerschmidt, a. a. O. Abb. 12. *Artile* liest nicht die Weissagung des Cacus, sondern schreibt sie auf, wie Cacus es auf dem andern Spiegel in Paris selbst tut, F. Messerschmidt, ibid. Abb. 3, wo der Kopf des Orpheus spricht. Vgl. o. Anm. 167.

[201] G. Körte, Rilievi delle urne etrusche 2, Rom-Berlin, 1890, 254 ff. mit Taf. 119. E. Petersen, l. c. F. Messerschmidt, a. a. O. Abb. 14—20. G. Q. Giglioli, Arte Etrusca, Milano 1935, Taf. 398, 1; 404, 3. J. Heurgon, l. c.

[202] Zur Urne von Città della Pieve in Florenz vgl. F. Messerschmidt, a. a. O. Abb. 15. Die Gestalt mit porträtähnlichen Zügen und in bürgerlicher Kleidung, die auf dem Boden liegt, hat einen Gürtel hoch unter der Brust. Ist auch das phrygische *effeminatio* [Verweichlichung]? *Alte cinctus* [hoch gegürtet] war eine Mode, über die man sich in Rom aus ähnlichen Gründen lustig machte. Ist er der *Tarchon Tyrrhenus* des Cn. Gellius?

[203] Es ist durchaus nicht unmöglich, daß die beiden Vibennae in Etrurien ebenso wie Aeneas als Hereon verehrt wurden (vgl. S. 228 ff.). J. Heurgon, La vie quotid. 64 lenkte unsere Aufmerksamkeit auf einen etruskischen, rotfigurigen Becher, dessen Herkunftsort unbekannt ist und der aller Wahrscheinlichkeit nach um 450 v. Chr. in Vulci hergestellt wurde; er befindet sich jetzt im Musée Rodin in Paris (CVA France 16, Taf. 28—30. J. D. Beazley, Etruscan Vase Painting, Oxford 1947, 3 und 26. E. Fiesel, JHS 50, 1930, 24); er trägt die Inschrift *Avles V(i)pinas,* wobei der Genetiv eine Widmung an ihn bedeuten könnte, wie J. Heurgon annimmt.

[204] M. Pallottino, St. Etr. 13, 1939, 455 ff. Idem, Etruscologia⁶, Milano 1968, 152. J. Heurgon, l. c. Ein Fragment der Praetexta *Lupus* (d. h.: *lupus femina,* die Wölfin, die die Zwillinge säugte) des Naevius (Fest.

p. 334, 9 L. Vgl. K. Meister, Lateinisch-griechische Eigennamen, Leipzig 1916, 76 ff. O. Skutsch, Cl. Rev. n.s. 1, 1951, 176) enthält den Namen des *Vel Vibe*, Königs von Veii, der König Amulius in Alba Longa besucht. *Vel Vibe* klingt wie eine Abkürzung von *Avile Vibenna* (vgl. CIL XI 1994), obwohl beide Namen in der etruskischen Namengebung reichlich bezeugt sind.

[204a] Vgl. zum folgenden Alföldi, Röm. Frühgesch. 176 ff.

[205] Liv. V 4, 12.

[206] Die Quellen bei A. Bormann, Altlatinische Chorographie und Städtegeschichte, Halle 1852, 239 ff. Vgl. O. Richter, Hermes 17, 1882, 437 ff. L. A. Holland, TAPA 80, 1949, 289 ff.

[207] Das Quellenmaterial bei K. O. Müller-W. Deecke, 1, 106 ff. G. Dennis, The Cities and Cemeteries of Etruria³, London 1888, 1 f. H. Nissen, It. Lk. II 2, Berlin 1902, 490 ff. J. B. Ward Perkins, Veii, The Hitorical Geography of the Ancient City (PBSR 29) 1961. Vgl. S. 301.

[208] Strab. V 2, 6 (p. 223 C.) beobachtete das schon.

[209] Vgl. S. 257 ff. mit detaillierten Argumenten.

[210] Vgl. die *tabula Peutingeriana* und L. A. Holland, a. a. O. 308 ff. J. B. Ward Perkins, PBSR 23, 1955, 45 ff.

[211] L. A. Holland, a. a. O. 283, 287.

[212] Ibid. 303 f. und S. 260 f.

[213] M. Fluss, RE 3 A, 981 f. und Anm. 53 zu Kap. 7.

[214] Liv. I 14, 2; 15, 1. IV 17, 1. DH II 54, 3. Plut., Rom. 25, 2. Strab. V 2, 9 (226 C.).

[215] Plin., *n.h.* III 5, 52. Paul. Fest. p. 48, 12 L.

[216] Strab., l.c. Plin., *n.h.* III 5, 51. Serv., Aen. 7, 607. Falerii hielt bis zuletzt auf der Seite der Veienter aus; Zeugnisse z. B. bei Chr. Hülsen, RE 6, 1969 f.

[217] Cato, Orig. fr. 48 (H. R. Rel. 1², p. 68 = F. Gr. Hist. 706 F 9 = Serv. auct., *Aen.* 7, 697 und die Anmerkung von H. Peter zu seinem fr. 30. Liv. V 8, 4 ff.

[218] Liv. VI 9, 4. IX 32, 1.

[219] Vgl. S. 345 ff.

[220] Vgl. Anm. 204.

[221] A. Rumpf, RE 9A, 1223 f.

[222] M. Pallottino, La scuola di Vulca², Roma 1948.

[223] Vgl. G. Marchetti-Longhi, Arch. cl. 11, 1959, 50 ff.

[223a] Vgl. jetzt Alföldi, Röm. Frühgesch. 178 ff.

[224] Wir erinnern an Plin., *N.h.* XXXIV 14, 139: *in foedere, quod expulsis regibus populo Romano dedit Porsina, nominatim comprehensum inveniemus, ne ferro nisi in agri cultu uteretur.* [In dem Friedensvertrag,

den Porsenna nach der Vertreibung der Könige den Römern diktierte, steht ausdrücklich, daß letztere nur beim Ackerbau Eisen verwenden dürften.] Tac., *Hist.* 3, 72: *dedita urbe* [nach Übergabe der Stadt]. Vgl. auch L. Pareti, St. Etr. 5, 1931, 147 ff.
[225] Liv. II 14, 9. DH V 36, 3.

Sechstes Kapitel

[1] Vgl. zum folgenden Alföldi, Röm. Frühgesch. 131 ff.
[1a] Platon, *Leg.* 3, 680 B ff.
[2] B. G. Niebuhr, RG[2], Berlin 1827, 205 entwarf ein reizvolles Bild von seiner Lage: „... auf den Abhang des Monte Cavo, von dessen Gipfel der Blick weiter reicht, als Roms Herrschaft vor den Samniterkriegen, — in der letzten Erleuchtung der Sonne Corsica und Sardinia erreichen kann —, und den Berg, welchen Circes Name noch verherrlicht, in den ersten Strahlen ihres göttlichen Vaters als Insel sieht."
[3] Darauf hat zu Recht L. Homo, L'Italie primitive, Paris 1925, 90 hingewiesen. Zur Topographie vgl. G. Tomasetti, La campagna romana 2, 1910, 101 ff. Th. Ashby, Journ. of Philol. 27, 1901, 37 ff., 42. H. Nissen, It. Lk. 2, 583. G. De Sanctis, St. d. R. 1[2], 178. Einen neuen Versuch, die alte Hauptstadt zu lokalisieren, unternahm Fr. Dionisi, La scoperta topografica di Alba Longa (Quaderni dell'Alma Roma 3), Rom 1961. Zur historischen Überlieferung vgl. M. Gelzer, RE 12, 949.
[4] Vgl. z. B. Menand., *Exc. de leg.*, ed. De Boor, pp. 193 und 207. Theophyl. Simm. VII 8, 11—12. Ed. Chavannes, Documents sur les T'ou-Kioue occidentaux, Paris 1900, 236 f., 248 Anm. 1. J. Marquart, Über das Volkstum der Komanen, Abh. Gött. ph.-h. Kl., n. F. 13, 1914 Nr. 1, 63, 69, 84. V. Thomsen, Zeitschr. d. Deutschen Morgenländischen Gesellschaft 77, 1924, 131, 141. J. J. M. De Groot, Die asiatischen Hunnen der vorchristlichen Zeit, Berlin-Leipzig 1, 1921, 59. R. Hennig, Rh. Mus. n. F. 79, 1930, 388 ff. P. Pelliot, T'oung pao 26, 1929, 212 ff. B. Munkácsi, Vogul népköltési gyüjtemény 1, Budapest 1892, pp. CXLV, CCXLII f. W. Radloff, Aus Sibirien 1, Leipzig 1884, 529. G. M. Potanin, Ethnographia 11, Budapest 1900, 260 ff. F. v. Andrian, Höhenkultus asiatischer und europäischer Völker, Wien 1891 etc.
[5] Walde-Hoffmann, Etym. Wörterbuch 1, 27, erklärt den Namen als „Bergstadt".
[6] Alcimus, F. Gr. Hist. 560 F 4 (= Fest., p. 326, 35 L.) Vgl. DH I 72, 6. Euseb., *Chron.* I 45, 3. Syncell. p. 363 Bonn. A. Schwegler, RG 1, 400 Anm. 1.

[7] Vgl. A. Schwegler, RG 1, 426 ff. G. De Sanctis, St. d. R. 1², 202. A. Rosenberg, RE 1 A, 343.

[8] A. Schwegler, RG 1, 457, stellt jedoch zutreffend fest: „Es ist eine Grundvorstellung der römischen Sage, daß die ursprüngliche Bewohnerschaft des Palatin Hirtenvolk war, nicht troischer Adel, nicht ausgewandertes albanisches Patriziat."

[9] Fest., p. 128, 5 L., etc.

[10] Diese 30 *populi* sind o. S. 15 ff. behandelt.

[11] Hesiod, *Theog.* 1011—6 = F. Gr. Hist. 706 F 15; vgl. Jacoby, ibid. Kommentar 3 B, 1955, 520 (zu 560 F 4). Zur Deutung dieser Verse s. jetzt auch A. Alföldi, Röm. Frühgesch., Heidelberg 1975, 111.

[12] Dieser von mir in meiner Abhandlung ›Die trojanischen Urahnen der Römer‹ (Rektoratsprogramm der Universität Basel 1956), 1957, 24 ff., vorgeschlagenen Gleichsetzung wurde von S. Weinstock, JRS 49, 1959, 170 f. widersprochen; seine Argumente sind jedoch nicht überzeugend. Ich weiß natürlich, daß Silvius in DH I 70, 2 (vgl. Lyd. De mag. 21) *verbatim* mit Ὑλαῖος übersetzt wird. Es ist jedoch offensichtlich, daß zur Zeit der späten Republik, als das Wort so übersetzt wurde, die Kenntnis des eigentlichen Charakters des Ursprungsmythos bereits verblaßt war. Dieser Ursprungsmythos ist ausführlich behandelt in meinem Buch über ›Die Struktur des voretruskischen Römerstaates‹, 1974, bes. 74. 110. 115. 126. 165. Ἄγριος, 'auf dem Felde lebend', 'wild lebend' ist eine treffende Umschreibung des mythischen Vorbilds jener Hirtenvölker. *Silvius . . regnat, . . . casu quodam in silvis natus* [Silvius . . ., der zufällig im Wald geboren wurde . . ., herrschte], schreibt Liv. I 3, 6. Vgl. DH I 70, 2: καὶ τὸ παιδίον ... Σιλούιον ὀνομάσας ἀπὸ τῆς ὕλης [Und das Kind ... nannte sie nach dem Wald (wo es geboren wurde) Silvius]. Cato, Orig. fr. 11 Peter (= Serv., *Aen.* 6, 760): *Lavinia timens insidias gravida confugit ad silvas et latuit in casa pastoris Tyrrhi . . . . . et illic enixa est Silvium . . . . . . qui (Ascanius) quoniam sine liberis periit, Silvio . . . . . suum reliquit imperium.* [Die schwangere Lavinia flüchtete aus Furcht vor Mordanschlägen in die Wälder und verbarg sich in der Hütte des Hirten Tyrrhus ..., und dort gebar sie den Silvius... Weil dieser (Askanius) kinderlos starb, hinterließ er dem Silvius ... seine Herrschaft.] Verg., *Aen.* 6, 760 f. Gell. II 16, 3. Ovid., *Fast.* 4, 41. Origo gent. R. 16, 1—5. Weinstock verneint, daß der Kopf auf dem einzigartigen *denarius* des Cornelius Cethegus (Taf. VII, 5) die trojanische Mutter der Latiner darstellt und daß das Kind auf der Rückseite, das eine phrygische Mütze trägt und auf einer Ziege reitet, Silvius ist, wie ich annahm (ibid). Der „trojanische" Kopfschmuck bei beiden, Mutter und Sohn, der ihren gemeinsamen Ursprung betont, spricht sicher entschieden für meine Ansicht

(hierzu mehr in meiner kommenden Abhandlung über königliche Attribute und agonistische Symbolik). „Und warum sollte Silvius als Kind dargestellt werden?" fragt Weinstock. Die Antwort ist sehr einfach: In den Ursprungsmythen des hier behandelten Typs sind einzig und allein Kindheit und Jugend des Helden von Bedeutung. Ich habe gezeigt, daß sogar die Einsetzung der persischen Könige einen „mystischen" Einweihungsritus einbegriff, in dem der Herrscher die Rolle des ersten Königs Kyros spielte, der auch *natus in silvis* [in den Wäldern geboren] war (Schweiz. Archiv für Volkskunde 47, 1951, 11 ff.). Vgl. I. Widengren, Iranisch-semitische Kulturbegegnung in parthischer Zeit, Köln-Opladen 1960, 77 ff. Das ist auch die eigentliche Atmosphäre der echten römischen Ursprungslegende in Fabius Pictors Beschreibung vom Heranwachsen der Zwillinge: βίος δ'αὐτοῖς ἦν βουκολικὸς καὶ δίαιτα αὐτουργὸς ἐν ὄρεσι τὰ πολλὰ πηξαμένοις διὰ ξύλων καὶ καλάμων σκηνὰς αὐτοροφούς [Sie führten das Leben von Hirten, sorgten in den Bergen meist selbst für ihren Lebensunterhalt und bauten Hütten aus Holz und mit Schilfdächern] (DH I 79, 11) *Adultis inter pastores de virtute cotidiana certamina et vires et pernicitatem auxere* [Tägliche Wettkämpfe, welche ihre Manneskraft auf die Probe stellten, stärkten die körperlichen Kräfte und die Behendigkeit der unter Hirten Aufgewachsenen] (Justin. XLIII 2, 8 ff.). Vgl. auch Cic., *Cael.* 26: *quorum* (sc. germanorum Lupercorum) *coitio illa silvestris ante est instituta quam humanitas atque leges.* [Deren (der Luperkerbrüderschaft) wilde Gemeinschaft existierte früher als Gesetze und menschenwürdiges Miteinanderleben.] Aber Weinstock erinnert uns sehr richtig daran, daß schon M. Durante, La parola del passato 5, 1950, 216 f. die Gleichsetzung Ἄγριος—*Silvius*, vornahm, wenn auch aus anderen Gründen. Diese Ansicht wird ferner vertreten von O. Gigon in: Sprachgeschichte und Wortdeutung. Festschrift für A. Debrunner, Bern 1954, 155. Das ist sowohl Weinstock wie mir selbst entgangen. Ganz verschieden ist der Ursprung der *silvicolae homines bellique inertes* [in den Wäldern lebende und im Kriegshandwerk ungeübte Menschen] des Naevius, *Bell. Poenicum* fr. 15 Marm. S. Mariotti, Il Bellum Poenicum e l'arte di Naevio, Roma 1955, 34 ff. hat überzeugend nachgewiesen, daß dies die unschuldigen Menschen des Goldenen Zeitalters sind, die ohne Schweiß und Mühe in der Natur leben.

[13] Das wurde schon erkannt von B. G. Niebuhr, RG 1², Berlin 1927, 209, und ist seitdem oft wiederholt worden, z. B. von G. De Sanctis, St. d. R. 1¹, 205; 1², 201. Vgl. auch O. Leuze, Die römische Jahrzählung, Tübingen 1909, 88 ff. W. Schur, RE 12, 1004 ff.

[14] Die Liste dieser Priester bei G. Howe, Fasti sacerdotum populi Romani publicorum aetatis imperatoriae (Diss. Leipzig 1904) 75; Zusätze

bei G. Wissowa, Hermes 50, 1915, 2 ff. und K. Latte, Römische Religionsgeschichte, München 1960, 404 ff. Die Annalen führen die Besorgung der albanischen Kulte durch Rom auf König Tullus zurück (Liv. I 29, 6; 31, 1. V 52, 8. DH III 29, 5. Cic., *Pro Mil.* 31, 85: *Albanorum* ... *arae, sacrorum populi Romani sociae et aequales* [die Altäre ... von Alba, Gefährten der römischen Heiligtümer und ihnen gleichgestellt]. Tibull. I 7, 58. Strab. V 3, 4 (C. 231). Fest., p. 186, 11 L.

[15] CIL XIV 2228, vgl. 2174 ff. G. Wissowa, Hermes 50, 1915, 3. Die *sacerdotes Caeninenses* [die für Caenina zuständigen Priester] wurden nicht für die *feriae Latinae* eingesetzt, wie K. Latte, a. a. O. annimmt, sondern zur Pflege des Kultes von Caenina; das Opfer des jungen Romulus in Caenina beschreibt Fabius Pictor fr. 5 b Peter (H. R. Rel. 1², p. 12): Ῥωμύλος μὲν οὖν ... ἐτύγχανεν ἅμα τοῖς ἐπιφανεστάτοις τῶν κομητῶν πεπορευμένος εἴς τι χωρίον Καίνιναν ὀνομαζόμενον ἱερὰ ποιήσων ὑπὲρ τοῦ κοινοῦ πάτρια [Romulus war ... gemeinsam mit den vornehmsten Mitgliedern des Gemeinwesens zu einem Ort namens Caenina aufgebrochen, um dort althergebrachte Opfer für das gemeinsame Wohl zu vollziehen]. Das ist natürlich in Kenntnis der bestehenden Praxis geschildert. Aber K. Latte hat recht, wenn er annimmt, daß diese Funktionäre auch das verfallene Caenina beim *Latiar* vertraten. G. Wissowa, a. a. O. übersetzte ὕπατος Καινείνησις ἱερῶν δήμου Ῥωμαίων [der für die Heiligtümer des römischen Volkes in Caenina zuständige Konsul] IG III 623, 7 = 624, 4 mit *sacerdos Caeninensis maximus* [der oberste Priester für Caenina]. Ich glaube, daß er eher ein Quasi-Magistrat, *consul Caeninensis*, war, *ad sacra* [zum Vollzug der Riten] eingesetzt, genauso wie die Pflichten des *dictator Albanus* in historischer Zeit ausschließlich religiös waren. S. oben S. 222.

[16] Liv. I 20, 3: *Virginesque Vestales legit (Numa), Alba oriundum sacerdotium* [Und er (Numa) wählte vestalische Jungfrauen aus, ein aus Alba stammendes Priesterkollegium]. Dasselbe DH II 65, 1. Weitere Einzelheiten bei G. Wissowa, a. a. O. Dieser Tempel stand nicht in Bovillae, wie z. B. von Beloch, RG 162 angenommen wurde. Vgl. Iuven. 4, 60 ff.: *Utque lacus suberant, ubi quamquam diruta servat/Ignem Troianum et Vestam colit Alba minorem* [Und als die Seen zu seinen Füßen lagen, wo Alba, obwohl zerstört, das trojanische Feuer und den an Rang zweiten Kult der Vesta hütet] und G. Lugli, I sanctuarii celebri del Lazio antico, Roma 1932, 26. Dieser Tempel erscheint in der legendären Erzählung von den Anfängen DH I 76, 4. II 65, 1. Liv. I 20, 3, etc.

[17] G. Wissowa, a. a. O. 4, bemerkte, daß der *pontifex Albanus minor* [der an Rang niedrigere Priester für Alba] CIL IX 1595 „geringer" ist im Vergleich zu den *pontifices* [Priestern] der Stadt Rom; die *Vesta*

minor [rangniedere Vesta] von Alba in Iuven. 4, 60 ff. steht im selben Verhältnis zur römischen Vesta.

[18] H. Nissen, It. Lk. II 2, 585 ff. K. J. Beloch, RG 152 und 162 ff. H. Dessau, CIL XIV p. 231 und ibid. 2405, 2406, 2409, 2411.

[19] CIL XIV 2387 = Dess. 2988 = A. Degrassi, *Inscr. lib. rei publ.* 270. Liv. I 30, 2. Tac., *Ann.* 2, 41. 15, 23. Über den *ritus Albanus*: Liv. I 7, 3; 31, 1 f. Vgl. G. De Sanctis, St. d. R. 1¹, 386 = 1², 375. A. Rosenberg, Hermes 54, 1919, 151. Weitere Einzelheiten bei P. De Francisci, Primordia civitatis, Roma 1960, 166. Ich glaube nicht, daß die Iulii, die zu Beginn der Republik in Rom eine der führenden Sippen waren, von Bovillae kamen. Es ist viel wahrscheinlicher, daß sie ihren Familienaltar in jener Stadt errichteten, um den albanischen Ursprung ihrer Familie zu unterstreichen — einige Zeit nachdem sie politische Bedeutung erlangt hatten.

[20] G. De Sanctis, a. a. O. Wir müssen seine Feststellung in einer Hinsicht korrigieren: weder Alba noch Bovillae waren in der archaischen Epoche Bestandteile des römischen Staates; vgl. S. 269 ff.

[21] Die Erwähnung der ἱερὰ κοινὰ τὰ ἐν Ἄλβᾳ καὶ ἄλλα δίκαια πολιτικὰ [die gemeinsamen Heiligtümer in Alba und andere öffentliche Rechte] bei Strabo V 3, 4 (C. 231), verlegt die *communio sacrorum* [die gemeinsamen Rituale und Heiligtümer] des Latinerbundes in die älteste Zeit.

[22] Vgl. Th. Mommsen, St. R. 2³, 1887, 171 Nr. 1 und 3. K. J. Beloch, RG 230 ff. A. Rosenberg, Der Staat der alten Italiker, Berlin 1913, 75 und Hermes 54, 1919, 153. H. Rudolph, Stadt und Staat im römischen Italien, Leipzig 1935, 9 ff. M. Gelzer, RE 12, 949 ff. mit Literatur.

[23] CIL XIV 2413 mit einer Anmerkung von H. Dessau gegen Th. Mommsen (ad CIL VI 2125). G. Wissowa, Ruk², 520 Anm. 6.

[24] CIL VI 2161 = ILS 4955. Cato, *Orig.* 1. fr. 22 Peter hat *Cloelius praetor Albanus*. Licinius Macer fr. 10 Peter: *dictator*; vgl. DH III 2, 1 über Cloelius: τῆς μεγίστης ἀρχῆς ἀξιωθείς [mit dem höchsten Amt geehrt]. Mettius Fufetius ist στρατηγὸς αὐτοκράτωρ [Feldherr mit unumschränkter Vollmacht] in DH III 5, 3; vgl. 28, 6. Livius I 23, 4; 27, 1 nennt ihn *dictator*, aber den Cluilius *rex* (I 23, 4). Vgl. Plut., *Romul.* 27, 1: die Diktatur in Alba von Romulus eingesetzt.

[25] Vgl. meine Bemerkungen in: Studien über Caesars Monarchie 1, Lund 1953, 21 f. und auch in Mus. Helv. 8, 1951, 210.

[26] Vgl. z. B., Cato in: *Orig. g. Rom.* 12, 5. DH III 31, 4; 34, 1. Liv. I 52, 2. Fest., p. 276, 18 L. Verg., *Aen.* 1, 270; 8, 48, etc.

[27] A. Pinza, Bull. Com. 28, 1900, 219. Vgl. auch Th. Ashby, in: Journal of Philology 27, 1901, 37 ff. Papers of the Brit. School at Rome 5, 1910, 278 ff.

[28] M. Pallottino, Archeol. 12, 1960, 27 und 34.

[29] Einzelheiten bei A. Schwegler, RG 1, 1857, 583, 587 f. M. Gelzer, RE 12, 949. F. Schachermeyr, RE 4 A, 2364, und sonst.

[30] Ennius übernahm es (Ann. fr. 140 Vahlen² = 143 Warm.), wie ich glaube, von ihm. DH III 31, 4: καθαιρεθεῖσα ἔρημος εἰς τόδε χρόνου διαμένει. [Nach seiner Zerstörung blieb es (Alba) unbewohnt bis auf den heutigen Tag.] Vgl. ibid. VI 20, 3. Liv. I 29, 6. Serv., Aen. 1, 282. Cincius (der Antiquar) in Fest., p. 276 L. Vgl. Diod. VIII 25, 1 ff.

[31] Plin., N.h. III 5, 63.

[32] Vgl. E. Fabricius, Athen. Mitt. 9, 1884, 165 ff. besonders 170 ff. Diesen Vergleich hat mir H. Nesselhauf vorgeschlagen.

[33] Censorin., *De die nat.* 22, 5—6 (p. 66 Jahn). *At civitatium menses vel magis numero dierum inter se discrepant, sed dies ubique habent totos. Apud Albanos Martius est sex et triginta, Maius viginti et duum, Sextilis duodeviginti, September sedecim. Tusculanorum Quintilis dies habet XXXVI, October XXXII, idem October apud Aricinos XXXVIII.* [Dagegen unterscheiden sich die Monate der einzelnen Gemeinwesen wohl eher in der Zahl ihrer Tage, aber sie haben stets ganze Tage. In Alba hat der März 36, der Mai 22, der August 18, der September 16 Tage. In Tusculum hat der Juli 36 Tage, der Oktober 32, während letzterer in Aricia 38 Tage aufweist.] Verrius Flaccus in den *Fasti Praenestini* (CIL I² p. 233) schreibt: *Martius ab Latinorum (Marte appel) landi. itaque apud Albanos et plerosque (po)pulos Lat(in)os idem fuit ante conditam Romam, ut a(u)tem alii cre(du)nt quod et sacra* (sc. Martis) *fiunt hoc mense.* [Der März ist nach dem Mars der Latiner benannt. Daher war dieser Monat in Alba und den meisten anderen latinischen Gemeinden schon vor der Gründung Roms einheitlich festgesetzt, wie aber einige glauben, weil auch die Riten (zu Ehren des Mars) in diesem Monat vollzogen werden.] Ov., *Fast.* 3, 89. Vgl. Fest., p. 306, 2 L.

[34] Zu Rom vgl. A. Kirsopp-Lake Michels, TAPA 80, 1949, 320 ff.

[35] K. J. Beloch, RG 169. Mommsen, RG 1¹, 45. H. Nissen, It. Lk. II 2, Berlin 1902, 498, 585. Vgl. S. 266.

[36] K. J. Beloch, RG 183 und S. 34 ff.

[37] Darauf hat schon B. G. Niebuhr RG 1², Berlin 1827 hingewiesen; er zog die nötigen Konsequenzen aus dieser Beobachtung: „aber ... um zu bezweifeln, daß Alba von den Römern zerstört ward, scheinen sehr erhebliche Gründe obzuwalten. Nach dem Völkerrecht Italiens, welches in diesem Fall einer gänzlichen Zerstörung auch Naturrecht gewesen sein würde, müßte das Eigentum der albanischen Feldmark an Rom übergegangen sein. Allein nicht Rom, sondern die Latiner waren in ihrem Besitz; hier, am Quell der Ferentina ... hielten sie ihre Landesgemeinden. Danach dürfte eine ganz andere historische Wahrheit im Grund der Erzählung

liegen: Alba von den Latinern und nicht von Rom zerstört sein." Die gegenteilige Ansicht vertritt Beloch, RG 172, aber vgl. ibid. 183.

[38] Vgl. S. 336 f., 347.
[39] Vgl. S. 32.
[40] Liv. V 15, 4 ff.
[41] L. R. Taylor, Vot. Distr. (Papers and Monogr. Am. Ac. in Rome 20) 1960, 43 und S. 276, 282 ff.
[41a] Zum folgenden vgl. A. Alföldi, Röm. Frühgesch. 135 ff.
[42] Liv. V 52, 8 (Rede des Camillus).
[43] Literaturverweise bei A. Schwegler, RG 1, 283 ff., 305, 317 ff., 324 ff. W. Ehlers, Mus. Helv. 6, 1949, 166 ff. behandelte von neuem die Gründungslegenden von Alba und Lavinium; das ganze Quellenmaterial ist bei ihm sorgfältig gesammelt und analysiert, aber er hatte lediglich am literarischen Typus dieser Erzählungen Interesse, nicht an ihrer historischen Auswertung, worauf die vorliegende Untersuchung abzielt.

[44] Der mit der Materie nicht vertraute Leser mag dadurch verwirrt werden, daß die Quellen die Stadt Lavinium manchmal auch *Laurentum* nennen, und Ausdrücke wie *terra Laurens, ager Laurens* [Gebiet von Laurentum), *populus Laurens* [die Gemeinde Laurentum] kommen ziemlich häufig vor. Die doppelte Benennung wird entweder durch die Annahme erklärt, daß das Volk selbst den Namen *Laurentes* trug, wohingegen *Lavinium* der Name für sein städtisches Zentrum war (z. B. K. J. Beloch, RG 148, 153, 158. R. Lanciani, Mon. ant. 13, 1903, 142 ff. J. Carcopino, Virgile et les origines d'Ostie 1919, 171 ff. G. Bendz, Sur la question de la ville Laurentum, (Opuscula archeol. [Skrifter Inst. R. Regni Suec. 4] 1935, 47 ff.), oder dadurch, daß man Laurentum und Lavinium als verschiedene Städte ansieht (A. Boëthius in der Zeitschrift Roma 9, 1931, 55 ff. B. Tilly, Vergil's Latium, Oxford 1947, 83 ff. Vgl. auch H. Boas, Aeneas' Arrival in Latium, Amsterdam 1938. 123 ff.). Wir hoffen gezeigt zu haben (Die Struktur des voretr. Römerstaates 151 ff., bes. 162 ff.), daß in Latium das Strukturschema eines Doppelstaates vorkommt und daß der Zusammenschluß der beiden Dörfer auf dem Palatin und dem Quirinal zu einer politischen Einheit nicht Ergebnis eines mechanischen Wachstums war, sondern auf einer strukturellen Basis zustande kam. *Laurentum—Lavinium* könnte deshalb vielleicht eine solche Doppelorganisation sein. Aber die Vermutung, daß das Volk selbst *Laurentes* und seine Stadt Lavinium genannt wurde, kann man nicht einfach als falsch zurückweisen.

[45] Verg., *Aen.* 1, 270 ff.
[46] Lucan. 7, 394.
[47] Th. Mommsen, RF 2, 1879, 268 Anm. 62 und S. 232 ff.

[48] Vgl. Perizonius (*ad* Aelian., Var. hist. 7 p. 510 ff.), zitiert von B. G. Niebuhr, RG 1², Berlin 1827, 214 Anm. 536.

[49] DH II 65, 1. Ovid., *Fast.* 3, 11. Lucan. 5, 400 und S. 221.

[50] DH II 52, 3. V 12, 3 (Vgl. Liv. II 2, 10). DH II 52, 3. VIII 49, 6. Varro, *LL* 5, 144. Plut., *Coriol.* 29, 2. Val. Max. I 8, 8. Serv., *Aen.* 7, 661. *Orig. g. R.* 13, 7, etc. G. Wissowa, in: Roschers Lex. 3, 1894. Idem. Hermes 50, 1915, 29 ff.

[51] Einzelheiten zuletzt bei W. Ehlers, Mus. Helv. 6, 1949, 166 ff. und S. 243 ff.

[52] Vgl. F. Boemer, Rom und Troja, Baden-Baden 1951, 93 ff. Ich wiederhole auf den folgenden Seiten in überarbeiteter Form einige Feststellungen aus meinem Aufsatz im 'Rektoratsprogramm' der Universität Basel 1956 (Basel 1957); seit dieser Zeit sind meine Ergebnisse durch die sehr bedeutenden Ausgrabungen von Prof. F. Castagnoli und Dr. L. Cozza in Lavinium gestützt worden. Ich möchte meinen aufrichtigen Dank diesen beiden Gelehrten gegenüber ausdrücken, daß sie mich über einige entscheidende Funde informiert haben. Prof. Castagnoli erlaubte mir freundlicherweise, hier seine zeichnerische Rekonstruktion der großen Altäre zu reproduzieren: Taf. XVI.

[53] F. Gr. Hist. 566 F 59—61. Lycophron v. 1253—56 hat seine Erzählung abgeschrieben. Vgl. S. 255. Auch Eratosthenes F. Gr. Hist. 24 F 45 identifiziert den Gründer Roms mit dem Enkel des Aeneas; es ist jedoch nicht klar, ob — in seiner Sicht — die erste trojanische Gründung in Latium Lavinium oder Alba war; die erstgenannte Möglichkeit ist die wahrscheinlichere.

[54] F. Gr. Hist. 809 F. 2.

[55] Cato, *Orig.* fr. 4 ff. Peter: *Orig. g. R.* 12, 5; vgl. W. Ehlers, Mus. Helv. 6, 1949, 170 ff.

[56] Varro, *RR* II 4, 17—18; id., *LL* 5, 144.

[57] Liv. I 2, 4; 3, 3—4; 23, 1 (über den Krieg zwischen Rom und Alba) *civili simillimum bello, prope inter parentes natosque, Troianam utramque prolem, cum Lavinium ab Troia, ab Lavinio Alba, ab Albanorum stirpe regum oriundi Romani essent.* [sehr ähnlich einem Bürgerkrieg, fast ein Kampf zwischen Eltern und Kindern, da beide Gemeinwesen zur Nachkommenschaft der Trojaner gehörten, indem Lavinium von Troja, Alba von Lavinium aus gegründet worden waren und die Römer vom Geschlecht der Könige von Alba abstammten.] DH I 45, 2; 56, 2 ff.; 63, 3; 66, 1; 73, 3. III 11, 2—3. VI 80, 1. Justin. XLIII 1, 12 ff. Strabo V 3, 2 (C. 229). Verg., *Aen.* 1, 254 ff. 258 f. 267 f. Vell. I 8, 5. Val. Max. I 8, 7 ff. Cass. Dio 1, p. 2 ff. Boiss. Tzetzes *ad* Lycophr. v. 1232. Serv., *Aen.* 1, 270; 3, 12. Aug., *Civ. Dei* 10, 16. Plut. *Rom.* 3, 2. Solin. 2, 16. Isid. XV 1, 52 ff.

[58] F. Jacoby, F. Gr. Hist. 3 B Noten zum Komm., 1955, 332 Anm. 319 bemerkte, daß die Geschichte nach dem Muster der Erzählung über die Statue des Diomedes (Timaios F 53) geformt sei. Aber Timaios erfand sie gewiß nicht, er gab nur weiter, was ihm selbst erzählt worden war.

[59] Vgl. J. Rubino, Beiträge zur Vorgeschichte Italiens, Leipzig 1868, 128 ff.

[60] Auf Timaios zurückgeführt von F. Jacoby, F. Gr. Hist., Notenband zum Komm. 3 B, 332 Anm. 319. Vgl. DH I 67, 1—3. Cato, *Orig. fr.* 11 (vgl. H. Peter, H. R. Rel. 1², 58). Serv., Aen. 1, 270. Val. Max. Cass. Dio., Augustin, Tzetzes *llcc.* (vgl. Anm. 57). Serv., Aen. 3, 12 (er ersetzt Alba durch Rom). *Orig. g. R.* 17, 2.

[61] Er ist der erste Autor, der den Namen des Romulus erwähnt, F. Gr. Hist. 560 F 4 (= Fest. 326, 35 L.): *Alcimus ait Tyrrhenia Aeneae natum filium Romulum fuisse atque eo ortam Albam Aeneae neptem, cuius filius nomine Rhomus condiderit urbem Romam.* [Alcimus berichtet, Romulus sei ein Sohn des Aeneas von der Tyrrhenia gewesen, und er selbst habe Alba, mithin eine Enkelin des Aeneas, gezeugt, deren Sohn wiederum Rhomus geheißen und die Stadt Rom gegründet habe.] Vgl. W. Hoffmann, Rom und die griechische Welt im IV. Jahrhundert v. Chr. Philol. Suppl. XXVII 1, 1934, 113 f. F. Jacoby, F. Gr. Hist. 3 B 305. mit weiteren Einzelheiten und Literatur.

[62] Dagegen: W. Ehlers, a. a. O. 169 Anm. 16.

[63] Leukaria (Alba) als Mutter von Rhomus (DH I 72, 6) oder von Rhome (Plut., *Rom.* 2, 1) zeigt weitere spielerische Kombinationen über den Ursprung des personifizierten Alba Longa.

[64] Wie Fr. Leo, Geschichte der römischen Literatur 1, Leipzig 1913, 166 ff. annahm. Enn., *Ann.* fr. 33 Vahlen³ = 31 Warm.: *Olli respondit rex Albai Longai* [Jenem antwortete der König von Alba Longa] könnte sich auf andere Gesprächsteilnehmer beziehen; vgl. das Zitat aus dem *Lupus* des Naevius bei Fest., p. 334, 9 L., wo die Könige von Veii und Alba einander grüßen. Ich würde diese Möglichkeit der Vermutung von E. M. Stewart vorziehen, der an Ilia denkt, wenn er Porphyrio ad Hor., *Carm.* I 2, 17 zitiert.

[65] F. Gr. Hist. 26 F 1 (XLVI 5).

[66] Frg. 4 Peter = F. Gr. Hist. 809 F 2. Vgl. K. J. Beloch, RG 180 und S. 243 ff.

[67] Liv. I 52, 2. Vgl. DH III 31, 4.

[68] Über die Liste bei Plinius vgl. H. Nissen, It. Lk. II 2, 557. F. Ribezzo, Onomastica 2, 1948, 29 ff., 34 ff. und S. 15 ff.

[69] Aber diese Bindungen zwischen Rom und Alba spiegeln nicht den

Stolz der *gentes Albanae* [Geschlechter aus Alba] wider; sie sind religiöse Überbleibsel einer einst wirklich vorhandenen politischen Abhängigkeit, wie wir immer wieder betonen müssen. Vgl. z. B. G. De Sanctis, St. d. R. 1¹, 194 ff., 202 ff. G. Wissowa, Ruk², 164 ff. F. Münzer, Adelsparteien und Adelsfamilien, Stuttgart 1921, 133 Anm. 1. P. De Francisci, Primordia civitatis, Roma 1960, 182 f. etc.

⁷⁰ Licin. Macer fr. 10 Peter (= DH V 74, 4). Liv. I 20, 3.

⁷¹ Liv. I 29, 6. DH I 65, 1. Serv., *Aen.* 1, 259. 268. 282. Vgl. auch Cincius bei Fest. p. 276, 17 L.

⁷² B. G. Niebuhr, RG 1², Berlin 1827, 84.

⁷³ F. Gr. Hist. 564 F 5.

⁷⁴ Vgl. B. G. Niebuhr, RG 1², 201. R. H. Klausen, Aeneas und die Penaten 2, 1840, 572. Mehr bei H. Boas, a. a. O. 79 ff. W. Ehlers, a. a. O. 173 ff. F. Gr. Hist. 840 F. 38.

⁷⁵ Aristoteles hat diese Geschichte. Wir müssen sicherlich das Λατίνιον in DH I 72, 3 mit Kiessling in Λαουίνιον verbessern.

⁷⁶ Einzelheiten und Literaturhinweise bei R. H. Klausen, a. a. O. 2, 1840, 620 ff. A. Schwegler, RG 1, 279 ff. Friedr. Cauer, *De fabulis Graecis ad Romam conditam pertinentibus*, Diss., Berlin 1884, 26 ff. G. De Sanctis, St. d. R. 1², 196 ff. J. Carcopino, Virgile et les origines d'Ostie (BEFAR 116) 1919, 171 ff. E. Pais, St. d. R. 1³, 212 ff., 259 ff. H. Boas, Aeneas' Arrival in Latium (Allard Pierson Stichting, Arch.-hist. Bijdr. 6) Amsterdam 1938, 53 ff., 221 ff. J. Perret, Les origines de la légende troyenne à Rome, Thesis, Paris 1945; vgl. dagegen Momigliano, JRS 35, 1945, 101 ff. B. Tilly, Vergil's Latium, Oxford 1947, 54 ff. F. Bömer, Rom und Troja, Baden-Baden 1951, 57 ff. 93 Anm. 13. A. Boëthius, Gnomon 28, 1956, 256. S. Mazzarino, Stud. Rom. 8, 1960, 385 ff.

⁷⁷ A. Alföldi, Die trojanischen Urahnen der Römer (Rektoratsprogramm der Univ. Basel 1956), 1957. Vgl. A. Momigliano, Riv. Stor. Ital. 70, 1958, 129 ff. A. Brelich, SMSR 29, 1958, 255 ff. C. Vermeule, Schweizer Münzblätter 1958, 87 ff. H. Mattingly, N. Chron. 17, 1957, 286 ff. J. Perret, R. Et. Lat. 36, 1958, 375 f. wollte die Entscheidung zurückstellen, bis neues archäologisches Material ans Licht käme. Seitdem ist dieses vorgelegt worden. M. van den Bruwaene, Ant. cl. 27, 1958, 513 ff. hat meine Beweisführung mißverstanden, als er annahm, daß ich den echten trojanischen Ursprung der Latiner verteidige und ihre Einwanderung aus dem Norden verneine. Zu den Einwänden von S. Weinstock, JRS 49, 1959, 170 ff. vgl. Anm. 12.

⁷⁸ Lycophr. v. 1250 ff.

⁷⁹ P. Kretschmer, Glotta 20, 1932, 189 ff. W. Ehlers, Mus. Helv. 6, 1949, 167 ff., 171 f., mit allen Einzelheiten.

[80] Verg., *Aen.* 12, 794, mit den *scholia.* Serv. auct. 1, 260; Ovid., *Metam.* 14, 581 ff. Vgl. CIL I² p. 189 Anm. 1. Festus, p. 94, 19 L.

[81] Tibull. II 5, 39 ff.

[82] Cass. Hemina fr. 7 Peter (= Solin. 2, 14). *Orig. g. R.* 14, 2.

[83] F. Gr. Hist. 840 F 39a = DH I 64, 5. Vgl. C. Koch, Gestirnverehrung im alten Italien (Frankfurter Studien zur Altertumswissenschaft 3) 1933, 74.

[84] F. Gr. Hist. 840 F 39 b = Liv. I 2, 6. Serv., *Aen.* 1, 259.

[85] C. Koch, a. a. O. 107 ff. K. Latte, Röm. Religionsgeschichte, München 1960, 44 Anm. 1.

[86] Plin., *N.h.* III 5, 56; vgl. C. Koch, a. a. O. 105 und DH I 64, 5: ἔστι δὲ χωμάτιον οὐ μέγα καὶ περὶ αὐτὸ δένδρα στοιχηδὸν πεφυκότα θέας ἄξια. [Es gibt ein kleines Grabmal (des Aeneas), und um es herum stehen in Reih und Glied gewachsene, sehenswerte Bäume.]

[87] DH I 55, 2 = F. Gr. Hist. 840 F. 34.

[88] C. Koch, a. a. O. 107 ff.

[89] *Fasti Vallenses,* Inscr. It. XIII 1, 1947, p. 318. *Fasti Amit.,* CIL I² p. 244.

[90] Quintil. I 7, 12.

[91] *Fasti Antiat. ministr. dom. Aug.* (Inscr. It. XIII 1, 1947, p. 330).

[92] CIL XIV 4547.

[93] Lyd., *De mens.* 4, 155, zitiert bei C. Koch, a. a. O. 65 f., 71.

[94] Diod. 37, 11. Vgl. C. Koch, a. a. O. H. J. Rose, Harv. Theol. Rev. 30, 1937, 165 ff., stellte außer Frage, daß die stilistische Form dieses Eides griechisch ist; aber dieses Ergebnis ändert nichts an der Gleichsetzung von *Sol Indiges* und Γενάρχης Ἥλιος, die er falsch einschätzt (S. 178 ff.).

[95] F. Gr. Hist. 840 F 30 a (= DH I 64, 4—5), b (= Liv. I 2, 6), c (= Serv. *Aen.* 4, 620). Cato, *Orig.* fr. 10 Peter. Diod. VII 5, 2. Serv., *Aen.* 1, 259; 7, 150. Tibull. II 5, 43. Fest., p. 94, 19 L. Ovid., *Metam.* 14, 597 ff. Arnob. 1, 36. Wir möchten den Leser daran erinnern, daß die Flußgottheiten des italischen Volkes komplexe Gottheiten waren; solch ein stiergestaltiger Gott war, wie ich glaube, einst auch *Liber pater.* Vgl. L. Malten, JdI 1928, 90 ff. F. Altheim, Römische Religionsgeschichte, Frankfurt 1951, 22 f.

[96] Vgl. auch DH I 71, 2. Liv. I 16, 1. Enn., *Ann.* 1, 54 Vahlen. Serv., *Aen.* 1, 273; 6, 788, etc.

[97] R. H. Klausen, a. a. O. 2, 1840, 595 Anm. 1088. E. Pais, St. d. R. 1³, Roma 1926, 214 Anm. 1; 262 ff. C. Koch, a. a. O. 112 f. St. Borzsák, Hermes 78, 1943 (1944), 248 ff. Idem., Acta antiqua 1, Budapest 1951 bis 1952, 201 ff., 209 ff.

[98] Vgl. R. H. Klausen, a. a. O. 2, 901 ff. A. Schwegler, RG 1, 327 ff.

G. Wissowa, *De dis Romanorum indigetibus et novensidibus* (Ind. lect. Marburg. 1892), 3 ff. B. Tilly, a. a. O. 78 ff.

[99] C. Koch, a. a. O. 11, 39, 54, 63 ff., 74 ff., 84 ff., 98 ff., 101, 105 ff., 111. Idem, Der römische Iuppiter (Frankfurter Studien zur Altertumswissenschaft 14) 1937, 39 ff. H. Wagenvoort, Roman Dynamism, Oxford 1947, 83 ff. ist wichtig, obwohl meistens übersehen. L. Deubner, Archiv f. Rel.-Wiss. 33, 1936, 112 f. Die Ergebnisse von C. Koch werden von St. Weinstock, JRS 50, 1960, 117 f. völlig akzeptiert. Dagegen: H. J. Rose, a. a. O. 165 ff. F. Bömer, Ahnenkult und Ahnenglaube bei den Römern, Leipzig 1943, 53 ff. Vgl. Gnomon 21, 1949, 355.

[100] Eine interessante Variante findet sich in dem Fragment des Cornificius bei Fest., p. 212, 16 L.: *... Latinus rex, qui proelio, quod ei fuit adversus Mezentium, Caeritum regem, nusquam apparuerit, iudicatusque sit Juppiter factus Latiaris.* [... über König Latinus, der nach einem Kampf gegen Mezentius, den König von Caere, nicht mehr auftauchte, habe man das Urteil gefällt, er sei Juppiter Latiaris geworden.] J. Carcopino, a. a. O. 597 f. sieht hinter Tiberis-Vulcanus solch eine komplexe Gottheit. *Semo Sancus Dius Fidius* (von K. Latte a. a. O. 126 ff. in zwei Gottheiten geteilt; aber vgl. Ael. Stilo und Varro, LL 5, 66. Ovid., *Fast.* 6, 213—16. Fest. 276, 11 L.) wurde in Reate als erster König und Himmelsgott verehrt. Vgl. Cato, *Orig.* fr. 50 Peter. Augustin., *Civ. Dei* 18, 19. A. Schwegler, RG 1, 365 Anm. 5—7. G. Wissowa, Ruk² 130 ff. Ed. Norden, Aus altrömischen Priesterbüchern, Lund 1939, 177 ff., 203 ff., 209 ff. Die *Semones* des *carmen Arvale* könnten sehr wohl *Semo Sancus* und *Salus Semonia* sein. L. Preller, Röm. Mythologie 1³, 1881, 95 ff. Bedeutend ist Pallottinos Beobachtung, St. Etr. 2. ser. 26, 1958, 49 ff. bes. 60 ff., daß der Ahnenkult auch in Etrurien mit dem des *Tinia-Juppiter* verknüpft war.

[101] Die mythische Genealogie, die Helios und Kirke mit den Latinern verknüpft, ist, wenigstens nach meiner Meinung, eine sekundäre Deutung, auch wenn sie schon in der Theogonie Hesiods begegnet. Die entgegengesetzte Meinung bei St. Weinstock, a. a. O.

[102] Vgl. meine Abhandlung in: Jahrbuch d. Schweizerischen Gesellschaft für Urgeschichte 40, 1949—50, 17 ff.

[103] Vgl. meine Bemerkung in: Schweizer Archiv f. Volkskunde 47, 1951, 11 ff., und Arch. Anz., 1931, 393 ff. Vgl. jetzt Verf., Die Struktur des voretrusk. Römerstaates 86 ff. 107 ff., bes. 134 ff.

[104] Serv., Aen. 7, 150. C. Koch, Gestirnverehrung 101 ff.

[105] Von M. Guarducci, Bull. del Museo della Civiltà Rom. 19 (in: Bull. Com. 76, 1956—58) 1959, 3 ff. veröffentlicht und von S. Weinstock, JRS 50, 1960, 114 ff. detailliert besprochen.

[106] S. Weinstock, a. a. O. 116.

[107] Zu der Frage, ob römisch *Lar* und etruskisch *Lars* miteinander in Zusammenhang stehen (wie W. Schulze, ZGLEN 84 annahm) oder nicht (vgl. S. Weinstock a. a. O.), müssen die wichtigen Angaben, die M. Pallottino, St. Etr. 2. ser. 26, 1958, 49 ff., 58 ff., über den Ahnenkult in Etrurien bringt, berücksichtigt werden. Eine Trennung scheint mir unmöglich.

[108] Vgl. Verf., Die trojanischen Urahnen der Römer, 1957.

[109] S. Weinstock, JRS 50, 1960, 118.

[110] Z. B., Ennius in: Cic., *De divinatione* I 20, 40. Diod. VII 5, 2: Αἰνείας ... ἐξ ἀνθρώπων ἠφανίσθη καὶ τιμῶν ἔτυχεν ἀθανάτων. [Aeneas ... verschwand aus der Mitte der Menschen und erlangte göttliche Ehren.] Gell. II 16, 9: *Anchises enim, qui haec ad filium dicit, sciebat eum, cum hominum vita discessisset, immortalem atque indigetem futurum.* [Anchises nämlich, der dies zu seinem Sohn sagte, wußte, daß dieser nach seinem Ausscheiden aus dem menschlichen Leben unsterblich und eine einheimische Gottheit sein werde.] Verg., *Aen.* 1, 259 ff.: *sublimemque feres ad sidera coeli magnanimum Aenean.* [Und hoch in die Lüfte zu den Gestirnen des Himmels wirst du den hochherzigen Aeneas tragen.]

[111] Vgl. auch Serv., *Aen.* 6, 777: *Secundum Ennium* (Romulus) *referetur inter deos cum Aenea.* Gemäß Ennius wird er (Romulus) gemeinsam mit Aeneas unter die Götter aufgenommen werden.]

[112] Ovid., *Met.* 14, 607 ff.

[113] DH I 49, 3: Τῆς δ' εἰς Ἰταλίαν Αἰνείου καὶ Τρώων ἀφίξεως Ῥωμαῖοί τε πάντες βεβαιωταὶ καὶ τὰ δρώμενα ὑπ' αὐτῶν ἔν τε θυσίαις καὶ ἑορταῖς μηνύματα Σιβύλλης τε λόγια καὶ χρησμοὶ Πυθικοὶ καὶ ἄλλα πολλά, ὧν οὐκ ἄν τις ὡς εὐπρεπείας ἕνεκα συγκειμένων ὑπερίδοι. [Die Ankunft des Aeneas und der Trojaner in Italien verbürgen alle Römer, ferner die von ihnen vollzogenen Opfer- und Festrituale, die Orakelsprüche der Sibylle und der Pythia sowie viele andere Dinge, die man wohl nicht als nur um der Ausschmückung willen ersonnen verachten darf.] Liv. I 2, 6 schreibt von ihm: *quemcumque eum dici ius fasque est* [wie auch immer man ihn nach menschlichem und göttlichem Recht nennen darf]. Obwohl er die Bemerkung *Iovem Indigetem appellant* [sie nennen (ihn) Juppiter Indiges] hinzufügt, erinnert uns die Beschreibung an die *Indigetes di, quorum nomina vulgari non licet* [die einheimischen Götter, deren Namen man nicht öffentlich nennen darf] (Fest., exc. Paul. S. 94, 13 L. Vgl. auch Strab. V 3, 5 (p. 232 C.) und R. Schilling, La religion romaine de Vénus, BEFAR 178, 1954, 67 ff.

[114] Vgl. S. 235 ff.

[115] Serv. auct., *Aen.* 1, 260: *Ascanius hostibus devictis in loco quo pater apparuerat, Aeneae Indigiti templum dicavit, ad quod pontifices quo-*

tannis cum consulibus veniunt sacrificaturi. [Askanius weihte nach der völligen Besiegung der Feinde an dem Ort, wo sein Vater erschienen war, dem Aeneas Indiges einen Tempel, zu dem alljährlich das Priesterkollegium mit den Konsuln hingeht, um dort zu opfern.]

[116] Die Verehrung der Venus, der *Aeneadum genetrix* [Mutter der Aeneaden] in Lavinium (vgl. S. Weinstock, RE 19, 434. R. Schilling, a. a. O. 83 ff.), ist auch älter als der Einfluß der 'trojanischen' Familien Roms in Latium, die sie begünstigt haben könnten. Ihr Name *Frutis* (Cass. Hemina fr. 7 Peter), die etruskische Wiedergabe von *Aphrodite*, genügt, um das Alter ihrer Verehrung zu demonstrieren (S. Ferri, Studi or. e class. 9, 1960, 167 ff. erklärt ihn als lateinisches Wort, das 'die phrygische Dame' bedeute; vgl. auch S. Mazzarino, Stud. Rom. 8, 1960, 386 ff.); aber mir ist nicht klar, wann sie Bundesgöttin der Latiner wurde, da sie ja nicht zu der ursprünglichen Gruppe *Indiges-Vesta-Penates* gehört. Strabo V 3, 5 (C. 232) spricht von zwei Bundesheiligtümern der Venus in Latium, von einem in Lavinium, für dessen Kult die Stadt Ardea seit altersher Sorge trug (ἐπιμελοῦνται δ' αὐτοῦ διὰ προπόλων Ἀρδεᾶται [Diesen Kult lassen die Ardeaten durch Gottesdiener besorgen]), und von einem zweiten im Randgebiet von Ardea (ἔστι δὲ καὶ ταύτης πλησίον Ἀφροδίσιον, ὅπου πανηγυρίζουσι Λατῖνοι [Nahe bei dieser Stadt liegt auch ein Heiligtum der Aphrodite, in dem die Latiner ein Fest feiern]). Da die Koexistenz von zwei derartigen Bundesheiligtümern unwahrscheinlich ist, besonders weil Ardea mit der Pflege beider Kulte beauftragt gewesen sein soll, nehme ich an, daß Strabo irrtümlich den Tempel der *Frutis* verdoppelt hat, indem er zwei verschiedene literarische Quellen benutzte. Plinius, *N.h.* III 5, 56 und Mela, II 4, 71 erwähnen richtig ein einziges Heiligtum der Aphrodite und lokalisieren es zwischen Antium und Ardea. Die letztere Stadt wetteiferte mit Lavinium, als Landeplatz des Aeneas zu gelten. Die einzelnen Züge der ruhmreichen trojanischen Vergangenheit dieser Städte wurden später oft miteinander vertauscht; vgl. Sil. Ital., *Pun.* 1, 658 ff.; 8, 357 ff., etc. Vgl. K. J. Beloch, RG 176. J. Carcopino, a. a. O. 402 ff. A. Boëthius, «Roma» 12, 1934, 297 ff. 305.

[117] Wir zitierten schon Festus, p. 212, 18 L., wo von einer volkstümlichen Überlieferung berichtet wird, die aus ihm *Juppiter Latiaris* machte.

[118] Mit einem vorzüglichen Kommentar herausgegeben von H. Brunn, Annali dell'Ist. di corr. arch. 1864, 356 ff. Monumenti inediti 8, Taf. 7—8. Die Authentizität dieser Cista ist von einem Experten wie C. Robert, Archälogische Hermeneutik, Berlin 1919, 327 f. aus Gründen, die seither ihre Gültigkeit verloren haben, geleugnet worden. Erstens waren die alten Wurzeln der trojanischen Legende in Latium zu seiner Zeit noch nicht bekannt. Zweitens ist das spätrepublikanische Datum einer bedeutenden

Gruppe praenestinischer Cistae erst jüngst von R. Herbig, St. Etr. 24, 1955—56, 205 gesichert worden; weitere Einzelheiten wurden von L. Bonfante Warren in AJA 68, 1964, 35 ff., veröffentlicht. Die Zeichnung, die wir auf Taf. XVII bringen, zeigt, daß die Cista Pasinati einwandfrei zu jener späthellenistischen Gruppe gehört und daß der Einfluß des Ennius auf diese Komposition sehr wohl in Betracht gezogen werden kann. Dankbar kann ich den wichtigen Bericht in einem Brief von R. A. Higgins, British Museum, vom 25. April 1963 einfügen: "I have looked at the Pasinati Cista. Of course, as Walters saw, the upper part of the body is missing; and the handle is probably alien, but to my untutored eye it looks absolutely all right." Hellenistische Details wie der königliche Kranz, der vom Helm des Turnus gefallen ist und zu Aeneas gebracht wird, und der Waffenhaufen etc. werden wohl schwerlich von einem Fälscher ersonnen sein. Der Efeukranz des *Liber pater* um den Hals der mittleren Figur könnte wohl eine Anspielung auf die Hochzeit von Aeneas und Lavinia sein (vgl. Augustin. civ. dei 7, 21); er kommt in diesem Motivkreis auch sonst vor.

[119] Vgl. die Personifikation der Landschaft Ätolien, die auf einem Waffenhaufen sitzt, BMC Thessaly to Aetolia, London 1883, Taf. 30, 3—5. 7; Caligula steht auf einem ähnlichen Waffenhaufen auf der *phalera* von Neuwied, Germania Romana², Bamberg o. J., Taf. 36, 5. Dieses Motiv hat nichts zu tun mit dem Akt der *devotio*, wie H. Brunn, a. a. O. 361, annahm.

[119a] H. Brunn, a. a. O. interpretierte die Geste als die eines Schwures. Vgl. Verg., Aen. 8, 12, 196.

[120] Serv., Aen. 7, 150: *Vestae enim libari non nisi de hoc fluvio (sc. Numicio) licebat* [Der Vesta durfte nämlich nur von dem Wasser dieses Flusses (des Numicius) ein Trankopfer dargebracht werden]. Vgl. S. Weinstock, RE 19, 440. C. Koch, RE 8 A, 1720 f. Idem, Studies D. M. Robinson 2, 1953, 1077 ff. P. Lambrechts, Latomus 5, 1946, 321 ff. A. Brelich, Vesta (Albae Vigiliae n.s. 7) 1949. F. Bömer, Rom und Troja, Baden-Baden 1951, 50 ff. etc.

[121] Einzelheiten bei S. Weinstock, RE 19, 427. Vgl. G. Wissowa, Gesammelte Abhandlungen, München 1904, 111 ff. Idem, Roschers Lex. 3, 1888 ff. S. Weinstock, RE 19, 436 f. F. Bömer, a. a. O. 53 f. C. Koch, RE 8 A, 1772 ff., 1729 ff. Abweichend davon A. Brelich, a. a. O. 75 ff.

[122] Vgl. G. Wissowa, Ges. Abhandlungen 95 ff. F. Bömer und S. Weinstock *ll.cc*. P. Kretschmer, Glotta 8, 1917, 79 ff. W. Ehlers, Mus. Helv. 6, 1949, 167 Anm. 10. K. Latte, Röm. Religionsgesch. 89 ff., 108.

[123] C. Koch, RE 8 A, 1729. 1741. 1772 ff. S. Weinstock, RE 19, 441.

[124] A. Bartoli, Mon. ant. 45, 1961, 19 ff.

[125] AJA 63, 1959, Taf. 33, Abb. 12.

[126] Vgl. S. 221.

[127] Serv., *Aen.* 2, 296. Macrob. III 4, 11. CIL X 797 unten zitiert. B. Tilly, a. a. O. 64, zitiert den *Liber coloniarum* s. v. *Lavinium* (Lachmann-Rudorff, Die römischen Feldmesser, I, Berlin 1848, 234); für die Privilegien, die den Kulten von Lavinium vom römischen Staat verliehen wurden, vgl. CIL XIV 2065, 2070. Cod. Theod. VIII 5, 46. Die Güter der Vestalinnen sind jedoch in dem *lib. col.* in Lanuvium, nicht in Lavinium lokalisiert.

[128] G. Wissowa, in Roschers Lex. 3, 1891.

[129] Varro, *LL* 5, 144.

[130] Plut., *Coriol.* 29, 2: ὅπου καὶ θεῶν ἱερὰ Ῥωμαίοις πατρῴων ἀπέκειτο [wo sich auch die den Römern heiligen Symbole der vaterländischen Götter befanden]. Serv., *Aen.* 3, 12: ... *magnis diis potest tamen hoc pro honore dici; nam dii magni sunt Iuppiter Juno Minerva Mercurius, qui Romae colebantur, Penates vero apud Laurolavinium.* [... den 'Großen Göttern': diese Bezeichnung kann man jedoch als Ehrenprädikat verwenden; denn 'Große Götter' sind Juppiter, Iuno, Minerva, Mercurius, die alle in Rom verehrt wurden, ferner die Penaten, die aber ihr Heiligtum bei Laurolavinium hatten.]

[131] CIL X 797, unten behandelt.

[132] Zur Rolle der *Penates* vgl. ihr Erscheinen im Traum des Aeneas und dazu W. Ehlers, Mus. Helv. 6, 1949, 170 ff.

[133] E. J. Häberlin, Aes grave, Frankfurt 1910, Taf. 31, 1—4; 38, 1—6. Dieselbe Doppelherme auf den schweren Assen von Volterrae (ibid. Taf. 82 ff. stellt natürlich die Dioskuren dar, und nicht die römischen *Penates*; ähnlich der Doppelkopf aus Terracotta von Tarquinia, Taf. III 2 (nach San Giovenale, Stockholm 1959, Abb. 240), oder derjenige auf den Bronzemünzen des gegen Rom revoltierenden Capua, Taf. III 4 (A. Sambon, Les monnaies antiques de l'Italie, Paris 1906, 395 Anm. 1023). Derselbe Doppelkopf stellt freilich wiederum die *Penates* dar auf einigen Assen des L. Piso und des C. Vibius Pansa, Anhänger des Marius (BMC Rep. Taf. 36, 19 etc.), und auf den Denaren der beiden Fontei (ibid. Taf. 114, 12—13; vgl. Taf. 30, 16—18), die aus Tusculum kamen, wo die Dioskuren eine große Rolle spielten. Vgl. auch R. Thomsen, Early Roman Coinage 1, Copenhague 1957, 158 ff. K. Latte, a. a. O. Abb. 15.

[134] Vgl. AJA 63, 1959, 20 ff.

[135] Lavinium war nicht der einzige derartige Fall: vgl. Cic., *Pro L. Murena* 41, 90: *date hoc ... etiam Lanuvio municipio honestissimo ... nolite a sacris patriis Iunonis Sospitae, cui omnes consules facere necesse est, domesticum et suum consulem potissimum avellere.* [Gesteht dies ...

auch dem altehrwürdigen Municipium Lavinium zu … Entreißt den von den Vorfahren ererbten und von allen unseren Konsuln zu vollziehenden Riten der Juno Sospita nicht ausgerechnet den aus dieser Stadt stammenden, den aus ihr hervorgegangenen Konsul.] Vgl. Liv. VIII 14, 2.

[136] Wie G. Wissowa, Hermes 50, 1915, 1 ff., 21 ff. annahm; Latte, a. a. O. 295 Anm. 5 folgte ihm.

[137] Liv. V 52, 8.

[138] Cic., *De domo sua* 57, 144.

[139] G. Wissowa, Ges. Abh. 102 ff.

[140] Schol. Veron., *Aen.* 1, 239: *Aeneae Indigeti templum dicavit, ad quod pontifices quotannis cum consulibus (ire solent sacrificaturi).* [Er weihte dem Aeneas Indiges einen Tempel, zu dem alljährlich das Priesterkollegium mit den Konsuln (hinzugehen pflegt, um dort zu opfern.)] Serv., *Aen.* 8, 664: *flamines in capite habebant pilleum, in quo erat brevis virga … alii dicunt … hoc factum, … quia cum sacrificarent apud Laurolavinium et eis exta frequenter aves de vicinis venientes lucis abriperent, eminentia virgarum eas terrere voluerunt.* [Die Sonderpriester (bestimmter Götter) trugen eine Filzkappe auf dem Kopf, auf der ein kurzer Stab befestigt war … Einige erklären … diesen Stab damit, daß diese Priester die Vögel, die bei ihren Opfern nahe Laurolavinium aus den benachbarten Hainen herbeiflogen und ihnen des öfteren die Eingeweide (der Opfertiere) wegrissen, durch die emporragenden Stäbe erschrecken wollten.]

[141] Serv. auct., *Aen.* 3, 12: *quos* (sc. Penates) *inter cetera ideo magnos appellant, quod de Lavinio translati Romam bis in locum suum redierint: quod imperatores in provincias ituri apud eos primum immolarint.* [Diese (die Penaten) nennen sie u. a. deshalb 'Große' (Götter), weil sie nach ihrer Überführung aus Lavinium nach Rom zweimal an ihren alten Ort zurückkehrten, ferner weil die Imperiumsträger vor ihrem Aufbruch in die Provinzen zuerst ihnen Opfer dargebracht haben.] Macrob. III 4, 11: *eodem nomine appellavit* (sc. Vergilius) *et Vestam, quam de numero Penatium certe comitem eorum esse manifestum est adeo, ut et consules et praetores seu dictatores, cum adeunt magistratum, Lavini rem divinam faciant Penatibus pariter et Vestae.* [Dieselbe Bezeichnung gab Vergil auch der Vesta, welche zu den Penaten gehört oder jedenfalls ihnen zugeordnet ist; dies geht ganz klar daraus hervor, daß die Konsuln, Praetoren oder Diktatoren bei ihrem Amtsantritt in Lavinium den Penaten und der Vesta zugleich opfern.] Serv., *Aen.* 2, 296: *hic ergo quaeritur, utrum Vesta etiam de numero Penatium sit, an comes eorum accipiatur, quod cum consules et praetores sive dicator adeunt magistratum, Lavini sacra Penatibus simul et Vestae faciunt.* [Hier wird also gefragt, ob Vesta zu

den Penaten gehört oder als ihre 'Begleiterin' angesehen wird, weil die Konsuln, Praetoren oder Diktatoren bei ihrem Amtsantritt in Lavinium den Penaten und der Vesta zugleich opfern.] Die enge Zusammengehörigkeit dieses Textes mit den vorhergehenden läßt es sicher erscheinen, daß *abeunt magistratu* [sie beenden ihre Amtszeit] statt *adeunt magistratum* [sie treten ihr Amt an] in den Handschrifen ein Irrtum eines Exzerptors oder Abschreibers ist, wie schon Th. Mommsen, St. R. I³, 619. Anm. 3, H. Dessau, CIL XIV, S. 187, Anm. 2 und andere annehmen. Der Vorschlag von K. Latte, a. a. O. 295, Anm. 5, diese Emendation rückgängig zu machen und statt dessen auch in den früheren Texten *abeunt* zu lesen, ist nicht durchführbar, wie wir im Falle des C. Hostilius Mancinus sehen werden. Es gibt kein zuverlässiges Zeugnis für Opfer der Magistrate in Lavinium am Ende ihrer Amtszeit; *vita Marci* 27, 4, zitiert von S. Weinstock, RE 19, 428, ist nicht klar und nicht hinreichend zuverlässig.

[142] Th. Mommsen, St. R. I³, 1887, 619 Anm. 1; vgl. 618 f.

[143] Val. Max. I 6, 7: .... *C. Hostilius Mancinus ... cui consuli in Hispaniam ituro haec prodigia acciderunt: cum Lavinii sacrificium facere vellet, pulli cavea emissi in proximam silvam fugerunt summaque diligentia quaesiti reperiri nequiverunt.* [... C. Hostilius Mancinus ..., der folgende Vorzeichen erhielt, als er in Bekleidung des Konsulats im Begriff war, nach Spanien hinüberzugehen: als er in Lavinium opfern wollte, flohen die jungen Hühner, sobald man sie aus ihrem Käfig herausgelassen hatte, in den benachbarten Wald und konnten trotz intensiven Suchens nicht wieder aufgefunden werden.] Vgl. Obsequens (24) 73. Augustin., *Civ. Dei* 3, 21.

[144] Ascon., *In Scaurianam* 18—19 (p. 21 Cl.): „*Subiit etiam populi iudicium (sc. pater Scauri) inquirente Cn. Domitio tribuno plebis". Cn. Domitius qui consul fuit cum C. Cassio cum esset tribunus plebis, iratus Scauro quod eum in augurum collegium non cooptaverat, diem ei dixit apud populum et multam irrogavit, quod eius opera sacra populi Romani deminuta esse diceret. Crimini dabat sacra publica populi Romani deum Penatium quae Lavini fierent opera eius minus recte casteque fieri. Quo crimine absolutus est Scaurus quidem,* etc. [„Über ihn (den Vater des Scaurus) erging auch ein Urteil der Volksversammlung, wobei der Volkstribun Cn. Domitius die Untersuchung leitete." Cn. Domitius, der gemeinsam mit C. Cassius das Konsulat bekleidete, zürnte, als er noch Volkstribun war, dem Scaurus, weil dieser ihn bei der Wahl zur Ergänzung des Augurenkollegiums nicht als neues Mitglied nominiert hatte; er zitierte ihn zu einer gerichtlichen Untersuchung vor die Volksversammlung und beantragte eine Geldstrafe gegen ihn, da durch einen Verstoß seinerseits der ordnungsgemäße Vollzug der heiligen Riten des römischen Volkes

beeinträchtigt worden sei. Er warf ihm vor, durch sein Verschulden seien die staatlichen Riten des römischen Volkes zu Ehren der Penaten in Lavinium nicht fehlerlos und ohne Makel vollzogen worden. Von dieser Beschuldigung wurde Scaurus freilich freigesprochen usw.] Vgl. T. R. S. Broughton, MRR 1, 1951, 562 Anm. 7.

[145] Cato, Orig. fr. 55 Peter (= Serv. auct., Aen. 10, 541): *Immolari proprie dicuntur hostiae non cum caeduntur, sed cum accipiunt molam salsam: Cato in Originibus ita ait: Lavini boves immolatos, prius quam caederentur, profugisse in silvam.* [Man spricht beim Darbringen von Opfertieren von *immolare* eigentlich nicht in dem Augenblick, wo sie getötet werden, sondern wenn sie mit gesalzenem Opferschrot bestreut werden. Cato äußert sich in seinen Origines folgendermaßen: In Lavinium seien die Opfertiere nach Vollzug des als *immolare* bezeichneten Rituals und bevor sie abgeschlachtet wurden, in den Wald geflüchtet.]

[146] Vgl. z. B., R. H. Klausen, Aeneas und die Penaten 2, Hamburg 1840, 620 ff. J. Marquardt, St. V. 3² Leipzig 1885, 252, 478. Th. Mommsen, St. R. a. a. O. G. Wissowa, Hermes 50, 1915, 28 ff. Idem, RuK² 164 Anm. 6, 520 Anm. 2. E. Pais, St. d. R. I³, Roma 1926, 277 ff. C. Koch, Gestirnverehrung im alten Italien, Frankfurt 1937, 100. S. Weinstock, RE 19, 429 ff. Der Versuch von K. Latte, a. a. O. 295, die Aussagen der Quellen abzuwerten, ist unhaltbar: 1. Wir können nicht einfach Liv. VIII 11, 15 verwerfen, der das Datum für die jährliche Erneuerung des *foedus* [Vertrags] zwischen Rom und Lavinium mit 338 v. Chr. angibt. 2. Die Vermutung, daß der Kaiser Claudius diese Sitte einführte, wird durch Livius a. a. O. widerlegt, da dieser Autor vor Claudius lebte; DH I 67, 2 (über die alten μελεδωνοὶ τῶν ἱερῶν [Aufseher über die heiligen Riten] in Lavinium) schließt die Möglichkeit einer augusteischen Reform aus. 3. Die Zeugnisse für die Feierlichkeiten in Lavinium stammen nicht lediglich aus dem letzten Jahrhundert der Republik, sondern eine Nachricht ist, wie wir gesehen haben, früher als 150 v. Chr. (Cato, Orig. fr. 55 P.), die anderen betreffen die Jahre 137 und 104 v. Chr. 4. Hostilius Mancinus liefert nicht nur einen Beweis für das *augurium pullarium* [Hühnervorzeichen], sondern er bringt auch ein Opfer dar: *cum Lavini sacrificium facere vellet* [als er in Lavinium opfern wollte]. 5. Diese Opfer werden von den Römern nicht für eine verfallene latinische Gemeinde verrichtet; vgl. oben. 6. Die Riten der Vesta und der Penaten stützen sich nicht primär auf die Legende von Aeneas; jedoch beginnt der Einfluß dieser Legende auf die öffentlichen Riten nicht erst am Ende des 3. Jahrhunderts, sondern im 6. Jahrhundert v. Chr. (vgl. meine Abhandlung ›Die trojanischen Urahnen der Römer‹, passim).

[147] CIL X 797; vgl. S. 237 f.

[148] DH I 59, 1—2. Verg., *Aen.* 12, 161 ff. W. Schur, RE 12, 928 ff. Dies ist auch dargestellt auf dem *aureus* auf Taf. III 5—6. Vgl. AJA 63, 1959, 21 ff. Vgl. auch G. Wissowa, Hermes 50, 1915, 29.

[149] Varro, *LL* 5, 152. Liv. I 14, 3. DH I 51, 1—52, 5. Strab. V 3, 2 (C. 230). Plut., *Rom.* 23, 3.

[150] Schol. Veron., *Aen.* 1, 239.

[151] Lucan. 7, 395 ff.

[152] DH II 52, 3:. . . παραγενόμενος εἰς τὸ Λαουίνιον ἕνεκα θυσίας, ἣν ἔδει τοῖς πατρῴοις θεοῖς ὑπὲρ τῆς πόλεως θῦσαι τοὺς βασιλεῖς, κτλ. [. . . als er nach Lavinium gekommen war, um dort das Opfer zu vollziehen, welches die Könige den vaterländischen Göttern für das Wohl der Stadt darbringen mußten usw.]

[153] Liv. VIII 14, 10: *Ceteris Latinis populis conubia commerciaque et concilia inter se ademerunt.* [Den übrigen latinischen Gemeinden nahmen sie das Recht auf Heirats- und Handelsbeziehungen sowie auf gemeinsame Versammlungen.]

[154] Liv. VIII 11, 15 (nach dem römischen Sieg) *extra poenam fuere Latinorum Laurentes . . . quia non desciverant; cum Laurentibus renovari foedus iussum renovaturque ex eo quotannis post diem decimum Latinarum* (sc. feriarum). [Unbestraft blieben von den Latinern die Laurenter . . ., weil sie nicht abgefallen waren; man bestimmte, daß der Vertrag mit den Laurentern erneuert werde, und seitdem wird er alljährlich am zehnten Tag nach dem Latinerfest neu geschlossen.]

[155] Wie schon H. Dessau, CIL XIV p. 187 Anm. 3 bemerkte.

[156] Liv. a. a. O. Die Emendationen des Textes, die auf eine Beseitigung der Diskrepanz zwischen diesen Nachrichten und den Angaben der Fasti hinzielen (z. B. die von S. Weinstock, RE 19, 429 f. und R. Schilling, La religion romaine de Vénus [BEFAR 178] 1954, 81 ff. H. Dessau, CIL XIV p. 187), sind nach meiner Meinung unzulässig. Fasti triumph. p. 69 Degrassi: *C. Maenius P. f. P. n. cos. de Antiatibus Lavinieis, Veliterneis pridie K. Oct. an. CDXV* [C. Maenius, Sohn des Publius, Enkel des Publius, siegte als Konsul über Antium, Lavinium, Velitrae am 30. September des 415. Jahres nach der Gründung der Stadt]. Vgl. auch G. Bendz, Opusc. arch. 1, 1935, 47 ff. Dieser Triumph über Lavinium ist gut belegt; vgl. Liv. VIII 11, 3—4: *Latinis quoque ab Lavinio auxilium, dum deliberando terunt tempus, victis demum ferri coeptum. Et cum iam portis prima signa et pars agminis esset egressa, nuntio allato de clade Latinorum cum conversis signis retro in urbem rediretur, praetorem eorum nomine Milionium dixisse ferunt pro paulula via magnam mercedem esse Romanis solvendam.* [Lavinium, wo man die Zeit mit Abwägen der Lage vertrödelte, begann schließlich auch erst den Latinern Hilfe zu leisten, als diese bereits besiegt waren. Als

schon die ersten Feldzeichen und ein Teil des Heereszuges das Stadttor passiert hatten, traf die Nachricht von der Niederlage der Latiner ein. Da machte man sofort kehrt und marschierte zurück in die Stadt; einer ihrer Praetoren namens Milionius soll daraufhin geäußert haben, man werde für diese kleine Wegstrecke den Römern einen hohen Preis zahlen müssen.]

[157] Liv. VIII 14, 2: *Lanuvinis civitas data sacraque sua reddita, cum eo ut aedes locusque Sospitae Iunonis communis Lanuvinis municipibus cum populo Romano esset.* [Den Bewohnern von Lanuvium wurde das Bürgerrecht verliehen und die Verrichtung ihrer heiligen Riten wieder gestattet, mit der Auflage, daß Tempel und Bezirk der Juno Sospita nunmehr den Bürgern von Lanuvium und dem römischen Volk gemeinsam zur Verfügung stehen sollten.] Vgl. G. Wissowa, Hermes 50, 1915, 21 (über Tusculum).

[158] Liv. a. a. O. *Fasti triumph.* a. a. O. H. Dessau, a. a. O. G. Wissowa, a. a. O. 29.

[159] CIL X 797, unten zitiert. G. Wissowa, a. a. O. 31. Idem, RuK², 520.

[160] H. Dessau, CIL XIV p. 187 übersah Lucan. 7, 393 ff., der, über die Verödung Latiums klagend, schreibt: *Pulvere vix tectae poterunt monstrare ruinae Albanosque Lares Laurentinosque Penates, rus vacuum; quod non habitet nisi nocte coacta, invitus questusque Numam iussisse, senator.* [Staubbedeckte Ruinen werden kaum die Häuser von Alba und die Heimstätten der Laurenter erkennen lassen, ein entvölkertes Land, wo niemand sich aufhält außer dem Senator, der gezwungenermaßen, Numas Gesetz verwünschend, eine Nacht dort verbringt.] Natürlich ordnete Numa die Durchführung der fraglichen Riten an — nach der spätrepublikanischen römischen Fiktion.

[161] H. Dessau, a. a. O. G. Wissowa, Hermes 50, 1915, 28 ff. A. Rosenberg, ibid. 416 ff. K. Latte, a. a. O. 295 Anm. 5, 407.

[162] Der Gedanke, daß in Lavinium μελεδωνοὶ τῶν ἱερῶν [Aufseher über die heiligen Riten] notwendig waren (DH I 67, 1—2), mag im Zusammenhang mit dieser Reorganisation entstanden sein.

[163] Die Gründe dafür, daß ich *sacra principiorum* [die geheiligten Gegenstände der Ursprünge (des römischen Volkes)] und nicht *sacra principia* [geheiligte Ursprünge] lese, legte ich dar in ›Die trojanischen Urahnen der Römer‹, 46 Anm. 124—125. *Sacer* [heilig] wird aber im 1. Jahrhundert n. Chr. sehr selten in bezug auf den Staat und den Kaiser gebraucht (z. B. Prop. IV 1, 3 *sacra palatia* [das heilige kaiserliche Haus]); das Wort wird erst im 3. Jahrhundert n. Chr. zu einem regelrechten Attribut für alles, was mit dem Herrscher zu tun hat. (O. Hirschfeld, Die kaiserlichen Verwaltungsbeamten², Berlin 1905, 284 Anm. 3). Die *sacra*

principiorum [die geheiligten Gegenstände der Ursprünge (des römischen Volkes)] in Lavinium sind identisch mit den bei Plutarch, *Coriol.* 29, 2 erwähnten: Λαουίνιον, ... ὅπου καὶ θεῶν ἱερὰ Ῥωμαίοις πατρῴων ἀπέκειτο καὶ τοῦ γένους ἦσαν αὐτοῖς ἀρχαὶ διὰ τὸ πρώτην πόλιν ἐκείνην κτίσαι τὸν Αἰνείαν. [Lavinium ..., wo sich auch die den Römern heiligen Symbole der vaterländischen Götter befanden und wo die Ursprünge ihres Volkes lagen, da Aeneas jene Stadt als erste gegründet hatte.] Vgl. auch DH VIII 21, 1. Die zitierte Inschrift lautet folgendermaßen: *Sp. Turranius L. f. Sp. n. L. pron. Fab. Proculus Gellianus ... praif. pro pr. i.d. in urbe Lavinio pater patratus populi Laurentis foederis ex libris Sibullinis percutiendi cum p. R., sacrorum principiorum p. R. Quirit. nominisque Latini, quai apud Laurentis coluntur, flam. Dialis, flam. Martial., salius praisul, augur, pont.*, etc. [Sp. Turranius Proculus Gellianus, Sohn des Lucius, Enkel des Spurius, Urenkel des Lucius, aus der Tribus Fabia ..., den Praetor vertretender, für die Rechtsprechung in der Stadt Lavinium zuständiger Präfekt, für den gemäß den Sibyllinischen Büchern zu vollstreckenden Bündnisschluß zwischen der laurentischen Gemeinde und dem römischen Volk sowie für die bei Lavinium zu vollziehenden Ursprungsriten der römischen Bürgergemeinde und des Latinerstammes zuständiger oberster Bundespriester, Sonderpriester des Juppiter, Sonderpriester des Mars, Mitglied und Vorsteher der salischen Priesterschaft, Mitglied des Augurenkollegiums sowie des Priesterkollegiums usw.] (ILS 5004). Vgl. auch Sil. Ital. 1, 658 ff.: *per vos culta diu Rutulae primordia gentis Laurentemque larem et genetricis pignora Troiae.* [die von euch lange kultisch verehrten Ursprünge des Rutulerstammes, die lavinische Heimstatt und die heiligen Unterpfänder der Vaterstadt Troja.]

[164] A. Kirsopp Michels, TAPA 80, 1949, 320 ff.

[165] Vgl. meine Abhandlung ›Die trojanischen Urahnen der Römer‹, Rektoratsprogramm 1956, Basel 1957.

[166] Die ersten Berichte mit einigen Abbildungen wurden sofort der Presse zugänglich gemacht; vgl. New York Times (13. 5. 1959) und New York Herald Tribune (17. 5. 1959). Die Entdecker berichteten über ihre Funde an die Pont. Accademia Rom. di Archeologia am 2. April 1959. Die archaische, an die Dioskuren gerichtete Weihinschrift, die unten noch erwähnt wird, wurde von Prof. F. Castagnoli mit einem ausgezeichneten Kommentar veröffentlicht; vgl. Anm. 168. Beiden Gelehrten verdanke ich wichtige Informationen und wertvolle Hilfe. Ich möchte ihnen auch hier meinen aufrichtigen Dank ausdrücken. Ihre Veröffentlichung folgt bald. B. Tilly (a. a. O. 100 ff.) nahm schon 1947 an, daß man „den Schauplatz für die Riten des Indiges" hier suchen müsse.

[167] Eine detaillierte Analyse ihrer Formen durch F. Castagnoli erschien

schon im Bull. Com. 77, 1959—60 (1961) 3 ff. Vgl. L. Shoe, Year Book of the Amer. Philosophical Soc., Philadelphia 1962, 624 ff. über die Profile der architektonischen Reliefs in Mittelitalien. Freundlicherweise erlaubte sie mir, als ihre Meinung anzuführen, daß die Profile dieser Altäre nicht griechisch, sondern etruskisch seien.

[168] F. Castagnoli, SMSR 30, 1959, 109 ff.

[169] DH I 55, 1—2.

[170] Idem, II 52, 3. Vgl. auch Varro, LL 5, 152. Liv. I 14, 3. Plut., Rom. 23, 1—4. Solin. 1, 21. Zon. 7, 4 (2, p. 95 Dind.). A. Schwegler, RG 1, 516 Anm. 2 verknüpfte den Vers des Ennius, Ann. 1, 109 V.² *o Tite tute Tati, tibi tanta tyranne tulisti* [O Titus Tatius, du Tyrann hast dir so große (Übel) bereitet] mit diesem Bericht.

[171] Cato, Orig. fr. 55 Peter, oben zitiert. Vgl. auch F. Bömer, Gymnasium 68, 1961, 190 f.

[172] Liv. XXII 1, 19 (217 v. Chr.): *decemviri Ardeae in foro maioribus hostiis sacrificarunt* [Die Dezemvirn brachten auf dem Marktplatz von Ardea ausgewachsene Opfertiere dar]. Es ist wahrscheinlich, daß das Opfer für die Stammesgottheit *Venus-Frutis* ausgerichtet wurde, mit deren Bundeskult die Ardeaten διὰ προπόλων [durch Gottesdiener] (Strabo V 3, 5. C 232) betraut waren.

[173] Woran mich mein Freund K. Meuli, Basel, erinnerte.

[174] Vgl. S. 85 f., 94.

[175] Vgl. meine Bemerkungen in: Gymnasium 67, 1960, 193 ff.

[176] M. Guarducci, Arch. cl. 3, 1951, 99 ff., und ibid. 11, 1959, 206 ff. S. Weinstock, JRS 42, 1952, 34 ff. R. Bloch, CRAI 1954, 203 ff. Le Bonniec, Le culte de Cérès à Rome, Paris 1958, 463 ff. H. Wagenvoort, Mnemosyne 4. ser. 14, 1961, 217 ff.

[177] Q. F. Maule-H. R. W. Smith, Votive Religion at Caere (Univ. of Calif. Publ. in Class. Arch. 4, 1) Berkeley-Los Angeles 1959.

[178] AJA 64, 1960, 294.

[179] Vgl. S. 233.

[180] M. Albert, Le culte de Castor et Pollux en Italie, Thèse, Paris 1883. E. Petersen, RM 15, 1900, 309 ff. W. Helbig, Hermes 40, 1905, 101 ff. K. Meister, Lateinisch-griechische Eigennamen, Leipzig 1916, 113. F. Altheim, Griechische Götter im alten Rom, Gießen 1930, 4 ff. Ch. Picard, R. Ét. Lat. 17, 1939, 367 f. S. Weinstock, RE 19, 451 ff., und die in den folgenden Anmerkungen zitierten Untersuchungen.

[181] Die Meinung von F. Boemer, Rom und Troja, Baden-Baden 1951, 95 ff., daß die Tonfiguren, die im Albanergebiet zusammen mit den Hausurnen vorkommen, die Vorläufer der Kultobjekte des *penus Vestae* [Allerheiligstes des Vestatempels] sind, verdient es, ernsthaft in Betracht ge-

zogen zu werden. Vgl. A. Andrén, Rend. Pont. Acc. 32, 1960, 48 Abb. 17 und Anm. 67 (Lit.). G. Pugliese Carratelli, La parola del passato 82, 1962, 15 ff.

[182] Einzelheiten z. B. bei S. Weinstock, RE 19, 449 ff. Vgl. idem, JRS 50, 1960, 56 ff.

[183] S. Weinstock, JRS 50, 1960, 113. Kr. Hanell, Opusc. Rom. 2 (Skrifter Svensk. Inst. i Rom 4⁰, 20) 1960, 91 f. erinnert (mit G. Wissowa, RuK², 165 Anm. 3) daran, daß die beiden sitzenden Jünglinge in diesem Falle bärtig sind, was sonst in Latium ungebräuchlich ist.

[184] F. Castagnoli, SMSR 30, 1959, 109 ff. Vgl. S. Weinstock, JRS 50, 1960, 112 ff. R. Bloch, Revue de philol. 3. sér. 34, 1960, 182 ff. R. Schilling, Hommages à G. Dumézil (Coll. Latomus 45) 1960, 177 ff.

[185] Diese Möglichkeit wurde schon von F. Castagnoli, a. a. O. ins Auge gefaßt und von S. Weinstock, a. a. O. 114 akzeptiert.

[186] E. Fiesel, Namen des griechischen Mythos im Etruskischen, Göttingen 1928, 83, 288. S. Weinstock, a. a. O. R. Enking, RE 23, 1975.

[187] CIL XIV 4094 und 4095. Vgl. Serv., *Aen.* 7, 678 über Praeneste, wo *duo fratres qui divi apellabantur* [zwei Brüder, welche als Götter bezeichnet wurden] einen Kult für sich hatten. Vgl. Solin. 2, 9.

[188] Serv., *Aen.* 1, 44.

[189] Eine vollständige Publikation der Statuen wäre willkommen und wird von E. Paribeni erwartet. Die Palmstämme unter den Pferden sind eine späte Zutat aus andersartigem Stein, wie ich feststellen konnte.

[190] Wie R. Schilling, a. a. O. 182 betonte.

[191] R. Bloch, a. a. O. 186 ff.

[192] H. Waagenvoort, Mnemosyne 44, ser. 13, 1960, 121 ff. S. Weinstock, a. a. O. 114.

[193] Wie R. Schilling, a. a. O. 178 gezeigt hat. Die beiden sitzenden Jünglinge mit den Speeren sind meiner Meinung nach dieselben Reitergötter. Dagegen: S. Weinstock, a. a. O. 114.

[194] W. Helbig, a. a. O. und meine Abhandlung ›Der frühromische Reiteradel‹, Baden-Baden 1952.

[195] S. Weinstock, a. a. O. 112.

[196] Serv., *Aen.* 12, 139. E. Petersen, RM 15, 1900, 338 ff. F. Altheim, a. a. O. 14 f., 29 ff. R. Schilling, a. a. O. 185 ff. und unsere Taf. XVII.

[197] K. Latte, RE 10, 1348, nimmt in seiner Röm. Religionsgeschichte 78, Anm. 1 den gegenteiligen Standpunkt ein, worin man ihm nicht folgen kann.

[198] Serv., *Aen.* 12, 139: *de hoc autem fonte Romam ad omnia sacrificia aqua adferri consueverat* [Von dieser Quelle aber pflegte man das Wasser für alle Opfer nach Rom zu bringen]. Vgl. G. Boni, Not. Scav. 1900, 591.

Für andere Quellen, die im Vestakult verwendet wurden, s. E. Petersen, a. a. O. 341 Anm. 3. K. Latte, a. a. O. 77.

[199] Vgl. S. 84 f. Über die *Penates-Dioscuri* in Rom und Mittelitalien vgl. S. 241 ff.

[200] F. Jacoby, F. Gr. Hist. III b Kommentar 532 f. glaubt, daß Timaios sich mit diesem Problem gegen Ende seines langen Lebens „in den Pyrrhosbüchern" befaßte. Aber wenn wir annehmen, daß sein Excerptor Lycophron am Hofe Ptolemaios' II. lebte (vgl. A. Momigliano, Riv. Stor. Ital. 71, 1959, 551 ff. mit den literarischen Zeugnissen), wird es klar, daß er über Lavinium früher, in seinem umfassenderen Werk, schrieb. Ich sehe keinen Grund, mit Jacoby zu leugnen (ibid. 566), daß Timaios mit den ἐπιχώριοι [Einheimischen] Laviniums selbst in Berührung kam; das war viel leichter, als Informationen über Ligurien und über die Kelten in Norditalien zu liefern (Polyb. XII 28 a 3).

[201] Wir haben nicht den Originaltext des Timaios, nur eine absichtlich rätselhafte poetische Wiedergabe bei Lycophr., *Alex.* 1253 ff. (über Aeneas): κτίσει δὲ χώραν ἐν τόποις Βορειγόνων ὑπὲρ Λατίνους Δαυνίους τ' ᾠκισμένην, πύργους τριάκοντ' ἐξαριθμήσας γονὰς συὸς κελαινῆς, ἣν ἀπ' Ἰδαίων λόφων καὶ Δαρδανείων ἐκ τόπων ναυσθλώσεται, ἰσηρίθμων θρέπτειραν ἐν τόκοις κάπρων. ἧς καὶ πόλει δείκηλον ἀνθήσει μιᾷ χαλκῷ τυπώσας καὶ τέκνων γλαγοτρόφων. [Und er wird im Gebiet der Aborigines ein besiedeltes Land schaffen, jenseits der Latiner und Daunier, und dreißig Türme wird er gründen, nachdem er die Nachkommenschaft einer schwarzen Sau gezählt hat, welche er in seinem Schiff von den Hügeln des Ida und dem Gebiet des Dardanos mitbringen und die eben jene Zahl an Jungen werfen wird. Und in *einer* Stadt wird er ein bronzenes Abbild dieser Sau und ihrer säugenden Ferkel schaffen.] Die Herkunft aus Timaios ist gewiß; vgl. auch F. Jacoby, F. Gr. Hist. 3 B, Notenband zum Kommentare 332 Anm. 318.

[202] U. v. Wilamowitz, Kl. Schriften, Berlin 1883, 23 (zitiert bei W. Ehlers, Mus. Helv. 6, 1949, 167): *perspexit* (Timaeus) *melius quam Romani ad unum omnes scriptores triginta porcellis dici triginta foederis Latini urbes* [(Timaeus) erkannte besser als alle römischen Schriftsteller — mit einer einzigen Ausnahme —, daß die dreißig Frischlinge die dreißig Städte des Latinerbundes symbolisieren]. Die Gründung der 30 Städte ist nicht mit dem Tisch-*prodigium* verknüpft, wie Ehlers, a. a. O. annimmt, sondern mit der Bache, und sie ist nicht zu trennen von den *populi Albenses* [die Gemeinden um Alba] des Pictor (ibid. 169).

[203] Varro, *RR* II 4, 17 ff.: (scrofa) *si plures* (quam quot mammas habeat) *pariat, portentum, in quo illud antiquissimum fuisse scribitur, quod sus Aeneae Lavini triginta porcos peperit albos. Itaque quod porten-*

derit factum, ⟨post⟩ tricesimum ut Lavinienses condiderint oppidum Albam. huius suis ac porcorum etiam nunc vestigia apparent, quod et simulacrum eorum ahenea etiam nunc in publico posita, et corpus matris ab sacerdotibus, quod in salsura fuerit, demonstratur. [(Eine Sau), welche mehr Ferkel wirft (als sie Euter besitzt), ist eine Wundererscheinung. Als das älteste Beispiel dieser Art wird die Sau des Aeneas genannt, welche in Lavinium dreißig weiße Frischlinge geworfen haben soll. Es sei denn auch eingetreten, was dieses Vorzeichen ankündigte, indem nämlich später die Bewohner von Lavinium als dreißigste Siedlung Alba gründeten. Diese Geschichte von der Sau und ihren Frischlingen hat bis in unsere Zeit Spuren hinterlassen, denn die Tiere sind noch jetzt in einer bronzenen Statuengruppe öffentlich dargestellt, und der Körper der Muttersau, der angeblich eingesalzen wurde, wird noch von den Priestern vorgezeigt.]

[204] Vgl. RM 68, 1961, 71 ff.

[205] A. Sambon, Les monnaies antiques de l'Italie, Paris 1903, 89, Nr. 156.

[206] Th. Mommsen, Römisches Münzwesen², Berlin 1860, 329 (auf Grund von L. Cornel. Sisenna fr. 119 Peter). L. R. Taylor, Vot. Distr. 83 Anm. 13; 85; 107; 113 Anm. 31; 114.

[207] Mehrere Gelehrte haben angenommen, daß auch in Mailand ein Standbild der Bache stand. Aber die Stellen, auf denen diese Annahme fußt, zeigen nur eine kindische Etymologie des Namens Mediolanum: Isid. XV 1, 57: *Vocatum autem Mediolanum ab eo quod ibi sus medio lanea perhibetur inventa.* [Der Name Mediolanum aber rührt daher, daß dort angeblich eine zur Hälfte mit Wolle bewachsene Sau gefunden wurde.] Claud. Claudian., *Epithal. de nupt. Honorii Aug.* 182 ff.: *... ad moenia Gallis condita lanigeri suis ostentantia pellem pervenit.* [... Er kam zu den Mauern der von Kelten gegründeten Stadt, welche sich des Felles einer wolletragenden Sau rühmt.] Sidon., *Epist.* VII 17, 2 v. 20: *et quae lanigero de sue nomen habet.* [... und deren Name von einer wolletragenden Sau abgeleitet ist.] Hier ist keine Anspielung auf eine Statue.

[208] CIL II 2126. Vgl. Ad. Schulten, RE 17, 1750 f. Ich übersah dieses bedeutende Dokument, auf das T. R. S. Broughton meine Aufmerksamkeit lenkte.

[209] W. Amelung, Die Skulpturen des Vatikanischen Museums 2, Berlin 1908, 373 Nr. 194 und Taf. 40 (mit älterer Literatur).

[210] Script. hist. Aug., *v. Pii* 1, 8: *natus est ... in villa Lanuvina* [Er wurde ... in einem lanuvinischen Landhaus geboren]. Vict., *Caes.* 15, 2: *vir veterrimae familiae, e Lanuvino municipio* [ein Mann aus einer sehr alten Familie, die aus dem Municipium Lanuvium stammt]. Aber der

Codex Oxoniensis hat *Lavinio* statt *Lanuvino*. Da die beiden Städte von den Alten oft verwechselt wurden (wie auch von F. Jacoby, F. Gr. Hist.), ist die letztere Lesart möglicherweise richtig. Über das Gut seiner Eltern in Lorium an der *via Aurelia* vgl. H. Phillip, RE, s. v.

[211] Vgl. z. B., J. Rubino, Beiträge zur Vorgeschichte Italiens, Leipzig 1868, 150 ff. Fr. Cauer, Jahrb. f. Philol., Suppl. 15, 1887, 107. Joh. Geffcken, Timaios' Geographie des Westens, Berlin 1892, 45 f. W. Schur, Klio 17, 1921, 140. B. Rehm, Das geographische Bild des alten Italien in Vergils Aeneis, Philol. Suppl. 24/2, 1932, 47 ff. W. Hoffmann, Rom und die griechische Welt, Leipzig 1934, 115 ff. J. Carcopino, Virgile, etc. 438 ff. W. Ehlers, Mus. Helv. 6, 1949, 166 ff. F. Bömer, Rom und Troja, Baden-Baden 1951, 20 ff.; vgl. meine Schrift ›Die trojanischen Urahnen der Römer‹. E. Bickel, Rh. Mus. n.F. 100, 1957, 225 ff.

[212] E. Studniczka, Jahreshefte d. Österr. Arch. Inst. 6, 1903, Taf. 5, 9. E. Rizzo, RM 21, 1906, 289 ff. C. Robert, Antike Sarkophagenreliefs III 3, Berlin 1919, 564 ff. G. Q. Giglioli, Bull. Com. 67, 1939, 109 ff. J. Le Gall, Recherches sur le culte du Tibre, Paris 1953, 7 ff.

[213] F. Gnecchi, I medaglioni romani, Milano 1912, Taf. 54, 9; 55, 8. J. M. C. Toynbee, Roman Medaillons, New York 1944, Taf. 25, 4. J. Carcopino, Virgile, etc. 719 ff. I. Scott Ryberg, Mem. Am. Ac. 19, 1949, 81. J. M. C. Toynbee, Proceed. Br. Ac. 39, 1953, 67 ff. S. Weinstock, JRS 1960, 56 ff.

[214] F. Gr. Hist. 840 F 34 = DH I 55, 2. Vgl. S. Weinstock, JRS 50, 1960, 117. Verg., Aen. 7, 136 ff. Vitruv. 4, 9. P. Lambrechts, Med. Vlaam. Akad. Lett. XII 7, 1950, 10 ff.

[215] DH I 57, 1.

[216] A. Schwegler, RG 1, 394. B. Tilly, Vergil's Latium, Oxford 1947, 58 f. S. Weinstock, RG 19, 441 (über die ältesten Tempel der Vesta).

[217] Wir brauchen nicht ausführlich auf die ungeschickten Versuche, die Rolle der beiden Hauptstädte zu koordinieren, einzugehen; vgl. z. B. die Zitate bei W. Ehlers, a. a. O. 168 ff.

[218] F. Gr. Hist. 809 F 2 (= fr. 4 Peter). μέλλοντος δ' αὐτοῦ θύειν ὗν ἔγκυον τῷ χρώματι λευκὴν ἐκφυγεῖν ἐκ τῶν χειρῶν καὶ διωχθῆναι πρός τινα λόφον, πρὸς ᾧ κομισθεῖσαν τεκεῖν λ' χοίρους. [Als er eine trächtige weiße Sau habe opfern wollen, sei diese ihm aus den Händen entwischt und bei der anschließenden Verfolgungsjagd bis zu einem Hügel gelangt, wo sie dreißig Frischlinge geworfen habe.]

[219] Pictor, a. a. O. (zitiert in der vorigen Anmerkung). Varro, LL 5, 144. Idem, RR II 4, 18. Verg., Aen. 8, 42 ff. Serv., Aen. 1, 270. Aen. 3, 392. Propert. IV 1, 35. Iuven. 12, 70 ff. *Origo gent. Rom.* 17, 1. Isid. XV 1, 53. Cass. Dio 1, p. 2 Boiss. (= Zon. 7, 1). Tzetz., ad Lycophr. 1232.

[220] E. Pais, St. d. R. 1³, 1926, 263. A. Alföldi, Arch. Anz. 1931, 393 ff.

[221] Lycophr. 1255 f.: γονὰς / συὸς κελαινῆς [Frischlinge einer schwarzen Sau] mit dem Kommentar von Tzetzes: ταύτην οὗτος μέλαιναν λέγει [diese nennt er eine schwarze (Sau)]. Lycophr. 1258: ἐν τόκοις κάπρων [bei der Geburt von Frischlingen].

[222] Verg., Aen. 3, 389 ff.; vgl. 8, 4 f. Sus bedeutete auch „Eber"; vgl. Enn., Ann. fr. 105 Vahlen³. Dasselbe Wort wurde für die weiblichen Tiere gebraucht, wie auch der lupus femina [weibliche Wolf] bei Enn., Ann. fr. 68 Vahlen³ zeigt. Eine ähnliche Doppeldeutigkeit bestand für porca: vgl. Varro, LL 5, 97: porcus, quod Sabini dicunt aprunu(m) porcu(m) [porcus, das Schwein, weil die Sabiner aprunus porcus, 'Eber', sagen].

[223] Vgl. z. B. A. Bergaigne, La religion védique 2, Paris 1883, 159 ff. H. S. Nyberg, Die Religionen des alten Iran, Uppsala 1938, 69 f. G. Dumézil, Mél. Grégoire 1, Bruxelles 1949, 223 ff.

[224] U. Holmberg, The Shaman Costume, Helsinki 1922, 27.

[225] J. J. Mikkola, Journ. de la Soc. Finno-Ougrienne 30, 1933, 12.

[226] A. Salmony, Sammlung J. F. H. Menten, Chinesische Grabfunde und Bronzen. Hrsg. vom Kunstgewerbemuseum der Stadt Zürich, Zürich 1948.

[227] Beowulf 303 f. 1111. 1285 f. 1448 f. Vgl. auch die Sage von Hrolf Kraki (Thule 21, 1926, 221 ff.) in Snorri, Skaldsk c. 41 (Thule 20, 1925, 197 ff.). Saxo gramm., 52 ff. ed. Holder. Weitere Einzelheiten bei O. Höfler, Brauch und Sinnbild. E. Fehrle gew. 1940, 124. M. Ninck, Wodan und germanischer Schicksalsglaube, Jena 1935, 46 ff. K. Meuli, Handwörterbuch des deutschen Aberglaubens 5, 1932—33, 1847. Vgl. den frühmittelalterlichen Helm von Benty Grange im Städtischen Museum in Sheffield, Yorkshire.

[228] Z. B. Dorothy Hill, Catalogue of the Class. Bronze Sculptures in the Walters Art Gallery, Baltimore 1949, no. 90, 94, 95.

[229] Creophylus in Athen. 8, 62 (361 ff. C.), schon zitiert von W. Ehlers, a. a. O. 172.

[230] J. Bayet, Les origines de l'Hercule romain, Paris 1926, 42, 63. Joh. Geffcken, a. a. O. 9 Anm. 1 (Diomedes).

[231] A. Sambon, a. a. O. Nr. 19.

[232] E. J. Haeberlin, Aes grave, Berlin 1910, Taf. 56, 11—12, 14, 24—30; Taf. 94, 12.

[233] A. Stenico, Athen, n.s. 25, 1947, 55 ff. mit Taf. 2, 8.

[234] Ovid., Fast. 2, 231 f. Vgl. Verg., Aen. 10, 707 ff.

[235] Hor., Sat. II 4, 40 ff. Mart. IX 48, 5 ff. X 45, 3 ff. Verg., a. a. O.

[236] Ich hoffe, an anderer Stelle zeigen zu können, daß der theriomorphe

Vorgänger des Quirinus in Rom der Eber war, ebenso wie Mars in früherer Zeit ein Wolf gewesen ist. Vgl. meine Bemerkung in Germania 30, 1952, 188 Anm. 11. S. ferner Verf., Die Struktur des voretruskischen Römerstaates 169 f.

[237] Cass. Hemina fr. 11 (H. R. Rel. 1², 101 ff.) berichtet: (Nach der Wahl des Romulus und Remus zu Führern der Hirten) *monstrum fit: sus parit porcos triginta, cuius rei fanum fecerunt Laribus Grundulibus.* [trat ein widernatürliches Ereignis ein: eine Sau warf dreißig Ferkel; daher errichteten sie den *Lares Grundules* ein Heiligtum.] Vgl. Non. s.v. (p. 114 K): *Grundules Lares dicuntur Romae constituti ob honorem porcae, quae triginta pepererat.* [Die Verehrung der Lares Grundules soll zu Ehren einer Sau, welche dreißig Ferkel geworfen hatte, in Rom eingeführt worden sein.] Vgl. auch A. Schwegler, RG 1, 323. H. Peter, a. a. O. J. Rubino, Beiträge zur Vorgeschichte Italiens, Leipzig 1868, 222 ff. J. Carcopino, Virgile, etc. 102 ff. W. Ehlers, a. a. O. 169 Anm. 22 betrachtet dies irrtümlicherweise als literarische Fiktion. Die Hunde und die Kleider aus Hundefell der *Lares Praestites* beweisen hinreichend, daß solche prähistorischen Überbleibsel im Kult der *Lares* vorhanden waren.

[238] DH I 59, 2 ff.

[239] DH I 59, 5: ἔστιν αὐτῶν μνημεῖα ἐν τῇ Λαουινιατῶν ἀγορᾷ χαλκᾶ εἴδωλα τῶν ζῴων ἐκ πολλοῦ πάνυ χρόνου διατηρούμενα. [Daran erinnert ein Denkmal auf dem Marktplatz von Lavinium in Gestalt einer seit alters her dort aufbewahrten, bronzenen Statuengruppe, welche jene Tiere darstellt.]

[240] In der Version des römischen Gründungsmythos bei DH I 84, 4 heißt die Frau des Faustulus *Laurentia* statt *Larentia*.

[241] A. Alföldi, Die trojanischen Urahnen der Römer, 14 ff. mit Einzelheiten. Eine Einführung in die Probleme bei B. G. Niebuhr, RG 1², Berlin 1827, 191 ff. R. H. Klausen, Aeneas und die Penaten: Die italischen Volksreligionen unter dem Einfluß der griechischen 2, Hamburg-Gotha 1840, 566 ff. Fr. Cauer, De fabulis Graecis ad Romam conditam pertinentibus, Diss. Berlin 1882. E. Pais, Storia della Sicilia e della Magna Graecia 1, Torino 1894, 451 ff., 470. Fr. Kampf, Die Quellen der römischen Gründungssage, Diss. Leipzig 1913. W. Schur, Klio 17, 1921, 139, 141. L. Malten, Archiv f. Religionswissenschaft 29, 1931, 48 ff. E. Wikén, Die Kunde der Hellenen von dem Lande und den Völkern der Appenninenhalbinsel bis 300 v. Chr., Diss. Lund 1937. E. D. Phillips, JHS 73, 1953, 53 ff. F. Altheim, A History of Roman Religion, London 1938, 297 ff. J. Bérard, R. Et. Gr. 57, 1944, 71 ff. J. Perret, Les origines de la légende troyenne à Rome, Paris 1942. A. Enking, RE 9 A, 1189 ff. Rhys Carpenter, Folk Tale, Fiction and Saga in the Homeric Epics (Sather

Lectures 20) 1946, 63 ff. F. Bömer, Rom und Troja, Baden-Baden 1951, 23 ff. M. Guarducci, Bull. Mus. Civ. Rom. 19, 1959, 10 ff. M. Pallottino, St. Etr. 26, 1958, 336 ff. S. Mazzarino, Stud. Rom. 8, 1960. 387. K. Schauenburg, Gymnasium 67, 1960, 176 ff. S. Ferri, Hommages à L. Herrmann (Coll. Latomus 44) 1960, 352. Idem, Studi in onore di L. Castiglioni, Firenze 1960, 293 ff. J. Gagé, Mél. 1961, 69 ff. A. Momigliano, Riv. stor. Ital. 70, 1958, 129 ff. und die Abhandlungen, die in den folgenden Anmerkungen zitiert sind. G. Pugliese Carratelli, La parola del passato fasc. 82, 1962, 22.

[242] W. Christ, Griechische Nachrichten über Italien (SBBayr. Ak. 1905, I) 106 f. W. Hoffmann, Rom und die griechische Welt im IV. Jahrhundert v. Chr. (Philol., Suppl. 27, 1) 1934, 111. Dagegen: J. Perret, a. a. O. 111, 307.

[243] Lycophr. 1238 ff. J. Geffcken, Timaios' Geographie des Westens (Philol. Unters. 13) 1892, 39 ff. C. von Holzinger, Lykophrons Alexandra, Leipzig 1895, 339. L. Malten, a. a. O. 48 ff. J. Perret, a. a. O. 408 f. F. Jacoby, F. Gr. Hist. 3 B Komm. 566 f. (ad 566 F 62).

[244] Verg., Aen. 8, 475 ff. Vgl. J. Gagé, Mél. 1961, 76 ff. R. Enking, RM 66, 1959, 65 ff. E. D. Phillips, a. a. O. 61.

[245] F. Jacoby, F. Gr. Hist. 3 B, Komm. 1955, 517 f.

[246] F. Gr. Hist. 560 F 4 (= Fest., p. 326, 35 L.). Vgl. ibid., Komm. 520 ff.

[247] Plut., Rom. 2, 1. Vgl. DH I 28, 1. F. Schachermeyr, Wiener Studien 47, 1929, 154 ff. A. Rosenberg, RE 1 A, 1082. J. Bayet, Mél. 38, 1920, 75 ff.

[248] A. Sambon, Les monnaies antiques de l'Italie 1, Paris 1903, 403 Nr. 1046; vgl. Nr. 1049.

[249] Plut., Rom. 2, 4 ff. Das Alter dieses Autors ist ungewiß; vgl. S. Mazzarino, Stud. Rom. 8, 1960, 387.

[250] Cato, Orig. fr. 11 Peter. DH I 70, 2.

[251] R. Schilling, La religion de Vénus, 75 ff.

[252] G. Q. Giglioli, St. Etr. 3, 1929, 111 ff. Id., Bull. Mus. Imp. Rom. 12, 1941, 4 ff.

[253] Vgl. M. Cagiano de Azevedo, Saggio sul labirinto, Milano 1958, Taf. 1.

[254] E. Fiesel, in: Roschers Lex. 6, 177 ff. M. Buffa, Nuova raccolta di iscrizioni etrusche, Firenze 1935, no. 892. M. Pallottino, *Testimonia linguae Etruscae*, Firenze 1954, no. 74; vgl. 104, 150, 169, 170, 329, 768, u. a. mehr.

[255] Vgl. W. Helbig, Bull. dell'Instituto 1881, 65 ff. Idem. Annali dell' Instituto 1881, 160 ff. Idem, Abh. Bayr. Ak. XXIII 2, 1905, 300 ff. O. Benndorf, in: Reichel, Über homerische Waffen, Wien 1894, 133 ff., etc.

Dagegen: G. Q. Giglioli, St. Etr. 8, 1929, 124 ff. J. L. Heller, Class. Journ. 42, 1946—47, 123 ff., 137.

[256] J. Heurgon, La vie quotid., 249.

[257] Vgl. meine Abhandlung ›Der frührömische Reiteradel‹, Baden-Baden 1952.

[258] A. v. Premerstein, Festschrift für O. Benndorf, Wien 1898, 261 ff.

[259] Ein Überblick über die reiche Spezialliteratur zum Labyrinth und zum Trojaspiel findet sich in den folgenden Werken: H. Jeanmaire, Couroi et Courètes, Lille 1939. C. Sachs, Weltgeschichte des Tanzes, Berlin 1933, 107 ff. K. Kerényi, Labyrinth-Studien², Zürich 1950. A. Brelich, Gli eroi greci, Roma 1958, 170. A. B. Cook, Zeus 1, Cambridge 1914, 467 ff. E. Mehl, RE Suppl. 8, 888 f., 904 f. H. v. Petrikovits, Festschr. f. R. Egger, Klagenfurt 1952, 126 ff. M. Cagiano de Azevedo, Saggio sul labirinto, Milano 1958.

[260] G. Q. Giglioli, a. a. O.

[261] Verg., *Aen.* 5, 588 ff.

[262] Vgl. J. Heurgon, La vie quotid. 147 ff. M. Pallottino, *Testimonia linguae Etruscae* no. 811.

[263] G. Dennis, The Cities and Cemeteries of Etruria 1³, London 1883, 34.

[264] Joh. Sundwall, Die älteren italischen Fibeln, Berlin 1943, 256.

[265] Piccola guida della preistoria italiana, Firenze 1962, Taf. 43, 12.

[266] O. Höfler, Siegfried, Arminius und die Symbolik, Heidelberg 1961 11 f. Über mykenische Berührungen mit den germanischen Stämmen vgl. E. Sprockhoff, Germania 39, 1961, 11 ff.

[267] K. Schauenburg, Gymnasium 67, 1960, 177 f.

[268] Vgl. Verf., Die trojanischen Urahnen der Römer, 28.

[269] K. Schauenburg, a. a. O. 186 ff.

[270] Für die Erlaubnis, dies zu veröffentlichen, bin ich C. C. Vermeule dankbar. Vgl. seine Veröffentlichung in den Ill. London News, 10. Oct. 1959, 398.

[271] B. Segall, die mir das Bild sandte und mir erlaubte, es zu reproduzieren, muß ich hier meinen Dank aussprechen.

[272] M. Pallottino, St. Etr. 26, 1958, 338. Vgl. Verf., Die trojanischen Urahnen der Römer, 18.

[273] St. Etr. 26, 1958, 337.

[274] C. Praschniker, Parthenonstudien, Wien 1928, 107 ff. (Vgl. F. Studniczka, Neue Jahrbücher 5, 1929, 645) nahm ihre Existenz in seiner Rekonstruktion einer Metope (108 Abb. 78) des Parthenon an, aber die tatsächlich erhaltenen Reste (21 Abb. 13) zeigen deutlich, daß auf dem fraglichen Relief kein freier Raum für solche Objekte bleibt. Die nächste

Metope (*ibid.* 109, Abb. 79) zeigt die Flucht des Aeneas mit Vater, Weib und Sohn, aber ohne die trojanischen *sacra* [Heiligtümer].

[275] Einzelheiten in: Die trojanischen Urahnen der Römer, 16 ff.

[276] Auch wenn es Stoff wäre, könnte es nur die Hülle für die heiligen Objekte sein (vgl. Lycophr. 1266 πατρῷα ἀγάλματα πέπλοις περισχὼν [nachdem er die vaterländischen Kultobjekte in Decken eingehüllt hatte]; mehr darüber in dem Artikel von S. Weinstock, RE 19, 435). K. Schauenburg, a. a. O. 191 und andere akzeptieren meine Interpretation.

[277] F. Gr. Hist. 566 F 59 (= DH I 67, 4).

[278] S. Weinstock, RE 19, 438 interpretiert diese *caducei* [Heroldsstäbe] als ein „Abbild des Szepters (bzw. der Lanze), das in der Hand des Herrschers Symbol der Macht ist". Aber eine derartig absurde Verquickung zweier verschiedener Arten von Insignien bzw. Attributen gab es nicht. Die *caducei* gehörten in der religiösen Symbolik ausschließlich zu Merkur. Verkleinerte *caducei* kommen auf den als Weihgeschenke verwendeten Terrakottascheiben mit Reliefschmuck in Tarent vor (P. Wuilleumier, Rev. arch. 5, ser. 35, 1932, 26 ff. K. Kerényi, Archiv f. Religionswiss. 30, 1933, 271 ff. S. Weinstock, JRS 50, 1960, Taf. 13, 3), aber auch auf Münzen von Populonia (A. Sambon, a. a. O. Nr. 52, 115 und 118), wo zwei von ihnen zusammen mit dem Kopf des Merkur erscheinen. In der Tat ist dieser Gott in der Legende mit der Ankunft des Aeneas in Italien eng verbunden. Er begleitet Aeneas auf einer *tabula Iliaca*; im *Bellum Punicum* des Naevius (Serv. Dan., Aen. 1, 170) baut er für Aeneas ein Schiff; vgl. K. Büchner, Humanitas Romana, Heidelberg 1957, 13 ff., 26 ff. Ferner scheint mir die Verbindung des Merkurkopfes mit dem Doppelkopf der Penaten auf den schweren Assen (Taf. III 7) eine Anspielung auf die lavinische Aeneaslegende zu sein. Natürlich waren diese Heroldstäbe (anscheinend Weihgaben des Aeneas für seine sichere Ankunft in der versprochenen Heimat) keine Gegenstände, die aus Troja mitgebracht worden waren; es ist nicht klar, wieso sie mit diesen verwechselt wurden.

[279] Einzelheiten bei A. Schwegler, RG 3, 1858, 250 Anm. 2. S. Weinstock, RE 19, 439 und auf S. 16 meiner Anm. 275 zitierten Abhandlung.

[280] S. Weinstock, JRS 50, 1960, 113 f. vergleicht das *doliolum* [kleine Faß], das die trojanischen Reliquien enthielt, und das gemeinsam mit ihm erwähnte Gefäß mit den beiden *amphorae* auf spartanischen Münzen. Aber letztere sind beide heilige Gefäße der Dioskuren und manchmal durch den über ihnen abgebildeten Stern der göttlichen Jünglinge gekennzeichnet (vgl. J. Babelon, Catalogue de la coll. du Duc de Luynes 1, Paris 1924, Taf. 12 Nr. 243; M. Albert, Dict. d. ant. 2, 255); in diesem Fall haben also *beide* Gefäße religiösen und symbolischen Wert, während

von den *doliola* nur eines wichtig ist. Auch die mit Nahrung gefüllten *ollae* [Töpfe] der *Mater Larum* [Larenmutter] (ILS 9522, 22) sind nicht mit unserem *doliolum* vergleichbar (S. Weinstock, a. a. O. 114 Anm. 33).
[281] Plut., *Camill.* 20, 3 ff.: ἐν πρώτοις δὲ τῶν ἱερῶν ἃ μὲν εἰς τὸ Καπιτώλιον ἀνεσκευάσαντο, τὰ δὲ τῆς Ἑστίας αἱ παρθένοι μετὰ τῶν ἱερέων ἔφευγον ἁρπασάμεναι ... καὶ πλεῖστος μὲν λόγος κατέχει τὸ Τρωϊκὸν ἐκεῖ Παλλάδιον ἀποκεῖσθαι δι' Αἰνείου κομισθὲν εἰς Ἰταλίαν ... οἱ δὲ ... δύο φασὶν οὐ μεγάλους ἀποκεῖσθαι πίθους, τὸν μὲν ἀνεῳγότα καὶ κενόν, τὸν δὲ πλήρη καὶ κατασεσημασμένον, ἀμφοτέρους δὲ ταῖς παναγέσι μόναις παρθένοις ὁρατούς. ἄλλοι δὲ τούτους διεψεῦσθαι νομίζουσι τῷ τὰ πλεῖστα τῶν ἱερῶν τότε τὰς κόρας ἐμβαλούσας εἰς πίθους δύο κρύψαι κατὰ γῆς ὑπὸ τὸν νεὼν τοῦ Κυρίνου, καὶ τὸν τόπον ἐκεῖνον ἔτι καὶ νῦν τῶν Πιθ⟨ίσκ⟩ων φέρεσθαι τὴν ἐπωνυμίαν. [Vor allem aber wurde von den heiligen Gegenständen ein Teil ins Kapitol geschafft, diejenigen der Vesta aber rafften die (vestalischen) Jungfrauen zusammen und flohen mit den Priestern ... Und die verbreitetste Version ist die, daß das trojanische Palladium, welches Aeneas nach Italien gebracht habe, dort aufbewahrt sei ... Andere wiederum ... behaupten, es würden dort zwei kleine Fässer aufbewahrt, von denen das eine offen und leer, das andere aber gefüllt und versiegelt sei; beide dürften nur von den geweihten Jungfrauen angeschaut werden. Wieder andere meinen, diese Auffassung beruhe auf einem Irrtum, der dadurch entstanden sei, daß die Jungfrauen damals den größten Teil der heiligen Gegenstände in zwei Fässern verstaut und diese beim Tempel des Quirinus in der Erde vergraben hätten; daher werde jener Ort heute noch *Doliola* ('die Fäßchen') genannt.] Paul. Fest. p. 60, 26 L.: *Doliola locus in urbe sic vocatus, quia invadentibus Gallis Senonibus Urbem sacra in eodem loco doliolis reposita fuerunt. Qua de causa in eodem loco ne despuere alicui licebat.* [*Doliola* wird ein Ort in Rom genannt, weil bei der Einnahme der Stadt durch die senonischen Kelten heilige Gegenstände in kleine Fässer gesteckt und an eben jenem Ort vergraben worden waren. Daher war es sogar verboten, dort auszuspucken.] Liv. V 40, 7—8: *flamen interim Quirinalis virginesque Vestales omissa rerum suarum cura, quae sacrorum secum ferenda essent, quae quia vires ad omnia ferenda deerant, relinquenda essent, consultantes, quisve ea locus fideli adservaturus custodia esset, optimum ducunt condita in doliolis sacello proximo aedibus flaminis Quirinalis, ubi nunc despui religio est, defodere; cetera inter se onere partito ferunt via quae sublicio ponte ducit ad Ianiculum.* [Der Sonderpriester des Quirinus und die vestalischen Jungfrauen kümmerten sich nicht um ihr eigenes Wohl, sondern berieten, welche heiligen Gegenstände sie mitnehmen, welche sie — da ihre Kräfte nicht ausreichten, alle zu tragen —

zurücklassen sollten, und an welchem Ort man letztere am sichersten aufbewahren könnte; sie hielten es für das beste, sie in Fäßchen zu bergen und in einem kleinen Heiligtum gleich neben dem Haus des Sonderpriesters des Quirinus zu vergraben; dort auszuspucken, gilt noch zu unserer Zeit als Religionsfrevel. Die Last der restlichen heiligen Objekte teilten sie unter sich auf und trugen sie fort, auf jenem Weg, der über die Pfahlbrücke zum Ianiculum führt.] Val. Max. I 1,10. Flor. I 7, 11—12. Varro, LL 5, 157: *locus qui vocatur doliola ad cluacam maxumam, ubi non licet despuere, a doliolis sub terra. eorum duae traditae historiae, quod alii inesse aiunt ossa cadaverum, alii Numae Pompilii religiosa quaedam post mortem eius infossa.* [Der *Doliola* genannte Ort, wo man nicht ausspucken darf, liegt nahe dem großen Abzugskanal; der Name ist von in der Erde vergrabenen kleinen Fässern abgeleitet. Es gibt zwei diesbezügliche historische Überlieferungen: die eine besagt, die Fässer enthielten Gebeine von Leichnamen, die andere behauptet, hier seien gewisse heilige Gegenstände des Numa Pompilius nach dessen Tod vergraben worden.]

[282] Einzelheiten in: Die trojanischen Urahnen der Römer, 16.

[283] M. Pallottino, a. a. O. 337.

[284] Einzelheiten in: Die trojanischen Urahnen, 17 ff. Dagegen: M. Pallottino, a. a. O. 337. Ich verweise noch auf die Untersuchung von D. Rebuffat-Emmanuel, Latomus 20, 1961, 469 ff.

[285] Die glänzende Veröffentlichung von M. Pallottino, Arch. cl. 2, 1950, 122 ff. mit Taf. 30 ff. liefert eine solide Basis für alle künftigen Beobachtungen zu Stil und Ausführung.

[286] H. und I. Jucker, Kunst und Leben der Etrusker (Ausstellungskatalog) Köln 1956, 139, Nr. 359. K. Schauenburg, Gymnasium 67, 1960, 177.

[287] Vgl. Die trojanischen Urahnen ... 17. Der Import der Gußformen für diese Figuren aus dem faliskischen oder latinischen Gebiet wird von M. Pallottino, a. a. O. 338 erwogen; das scheint mir unmöglich zu sein.

[288] J. Gagé, Mél. 1961, 71 ff. K. Schauenburg, a. a. O.

Siebtes Kapitel

[1] Liv. I 33, 9 (unter König Ancus) *silva Mesia Veientibus adempta, usque ad mare imperium prolatum* [der Maesische Wald wurde den Veientern entrissen, der römische Herrschaftsbereich bis zum Meer ausgedehnt]. Schwegler 1, 601 Anm. 5, hat diese Stelle mit Cicero, *De re p.* II 18, 33 (Ancus) *silvas maritumas omnes publicavit quas ceperat* [(Ancus)

machte alle von ihm eroberten Wälder entlang der Meeresküste zu Staatsbesitz] und *Vir. ill.* 5, 2: *silvas ad usum navium publicavit* [die Wälder machte er zwecks Schiffsbau zu Staatsbesitz] verknüpft. Wie mir scheint, sind diese Behauptungen in Kenntnis der Werke griechischer Autoren geschrieben, die mitteilten, daß die Etrusker — und nicht die Römer — das Bauholz Latiums zum Bau von Schiffen verwendeten. Vgl. Theophrast., *Hist. plant.* V 8, 3: Ἡ δὲ τῶν Λατίνων ἔφυδρος πᾶσα. καὶ ἡ μὲν πεδεινὴ δάφνην ἔχει καὶ μυρρίνους καὶ ὀξύην θαυμαστήν. τηλικαῦτα γὰρ τὰ μήκη τέμνουσι ὥστ' εἶναι διανεκῶς τῶν Τυρρηνίδων ὑπὸ τὴν τρόπιν. [Das Land der Latiner ist überall bewässert. In der Ebene wachsen Lorbeer- und Myrtenbäume sowie bewundernswerte Buchenwälder; sie schneiden daraus Balken von solcher Länge, daß ein einzelner von ihnen bis zum Kiel eines etruskischen Schiffes reicht.] Die *silva Maesia* [der Maesische Wald] mag vielleicht dem Μαίκιον ὄρος [Maekisches Gebirge] entsprechen, das zu 389 v. Chr. bei Plut. Camill. 33, 2 und 34, 2 erwähnt ist, womit Liv. VI 2, 8 *ad Mecium is locus dicitur nec procul a Lanuvio* ['Am Maecius' wird diese Gegend genannt, und sie liegt nicht weit von Lanuvium] zu vergleichen ist. Das Gebiet von Lanuvium mag wohl den Tiber erreicht haben, weil auch Solonium zu ihm gehörte; aber eine Verwechslung mit Lavinium ist wahrscheinlich.

[2] Eine der Bedingungen, unter denen Romulus mit den Veientern Frieden geschlossen haben soll, war χώραν τε παραδοῦναι Ῥωμαίοις τὴν προσεχῆ τῷ Τεβέρει, τοὺς καλουμένους Ἑπτὰ πάγους [daß sie den Römern das direkt an den Tiber grenzende Gebiet, die sogenannten 'Sieben Gaue', übergäben] in DH II 55, 5; χώραν τε πολλὴν ... ἣν Σεπτεμπάγιον καλοῦσιν [und ein großes Gebiet ..., welches sie die 'Sieben Gaue' nennen] bei Plutarch, *Rom.* 25, 5 f. De Sanctis 2², 118 verknüpft diese Angaben sehr richtig mit Paul. Fest. p. 331, 1 L.: *Romulia tribus dicta, quod ex eo agro censebantur, quem Romulus ceperat ex Veientibus.* [Die Tribus wurde *Romilia* genannt, weil in ihre Bürgerliste die Einwohner jenes Gebietes eingetragen wurden, welches Romulus den Veientern weggenommen hatte.] Wir werden S. 274 f. sehen, daß die *tribus Romilia* im vatikanischen Gebiet lag und im Süden bis nach Magliana reichte. Diese Tatsache macht es uns möglich, die Lage der 'Sieben Bezirke' genauer zu bestimmen.

[3] Liv. 1 15, 5. DH II 55, 5—6. Vgl. Liv. II 13, 4. Plut., *Rom.* 25, 5.

[4] DH III 41, 1—3. Eine andere Version sagt, daß Ancus mit der Ausbeutung der *salinae* [Salzvorkommen] nach der Gründung von Ostia begann: Liv. I 33, 9. Plin., *N.h.* XXXI 7, 89.

[5] Liv. II 6, 3—4; 13, 4; 15, 6. DH V 31, 4; 32, 1—2; 36, 4; 65, 3.

[6] Liv. V 45, 8.

⁷ Liv. VII 17, 6—9: *concitatur deinde omne nomen Etruscum et Tarquiniensibus Faliscisque ducibus ad salinas perveniunt. adversus eum terrorem dictator C. Marcius Rutilus primus de plebe dictus ... profectus ab urbe utraque parte Tiberis ratibus exercitu, quocumque fama hostium ducebat, traiecto multos populatores agrorum vagos palantes oppressit; castra quoque necopinato adgressus cepit et octo milibus hostium captis ceteris aut caesis aut ex agro Romano fugatis sine auctoritate patrum populi iussu triumphavit.* [Daraufhin wurde der ganze Etruskerbund zu den Waffen gerufen, und unter Führung von Tarquinii und Falerii drangen die Etrusker zu den Salinen vor. Gegen diese Bedrohung wurde C. Marcius Rutilus als erster Diktator plebejischer Herkunft gewählt ... Er brach von der Stadt auf und ließ sein Heer mit Flößen auf beide Ufer des Tibers übersetzen, je nachdem, wo gerade die Feinde gesichtet wurden. Auf diese Weise vernichtete er zahlreiche ungeordnet umherschweifende und die Felder verwüstende Feinde. Durch einen Überraschungsangriff eroberte er das feindliche Lager, nahm 8000 Feinde gefangen, tötete die übrigen oder vertrieb sie vom römischen Gebiet und feierte ohne Bewilligung durch Senatsbeschluß, nur auf Geheiß des Volkes, einen Triumph.] Diod. XVI 36, 4.

⁸ H. Nissen, It. Lk. II 2, 490 f. G. De Sanctis, St. d. R. 2, 1907, 125 f. Th. Ashby, JRS 2, 1912, 153 f. Idem, The Campagna in Classical Times, London, 1927, 29. K. J. Beloch, RG 146. J. Carcopino, Virgile et les origines d'Ostie, Paris, 1919, 18 f. T. Frank, Cl. Phil. 14, 1919, 317 f. R. Meiggs, Roman Ostia, Oxford 1960, 16 f., 479 f., u. a. mehr.

⁹ Liv. I 33, 2. DH III 38, 3—4. Es ist nicht unmöglich, daß Pictor in diesem Zusammenhang die *Puilia saxa* [die Puilischen Felsen] erwähnte. Vgl. Fest., p. 298, 6 L.: *Puilia saxa esse ad portum, qui sit secundum Tiberim, ait Fabius Pictor; quem locum putat Labeo dici, ubi fuerit Ficana via Ostiensi ad lapidem undecimum.* [Die Puilischen Felsen befänden sich an dem nahe beim Tiber gelegenen Hafen, behauptet Fabius Pictor; Labeo glaubt, daß der Name jenen Ort bezeichne, wo Ficana gelegen habe, nämlich am elften Meilenstein an der Straße nach Ostia.]

¹⁰ Enn., *Ann.* 2, 22 v. 144 f. Vahlen. Cic., *De re p.* II 3, 5; 18, 33. Liv. I 33, 9. DH III 44, 4. Strab. V 3, 5 (C. 232). Fest., p. 214, 20 f.; 304, 18 L. Plin., *N.h.* III 5, 56 (vgl. XXXI 7, 89). Flor. I 4, 2. *Vir. ill.* 5, 3. Eutr. 1, 5. Serv., *Aen.* 6, 815. Isid. XV 1, 56. CIL XIV 4338. Zusätzliche, bisher übersehene Zeugnisse für die angebliche Gründung Ostias durch König Ancus bieten zwei Reverstypen der Asse des C. Marcius Censorinus, eines Anhängers des Marius, Sydenham, R. Rep. Coinage, 1952, Nr. 715—16. Man mißverstand diese Darstellungen. Eine von ihnen zeigt zwei Bögen; unter dem einen fährt ein Kriegsschiff hindurch, während unter dem

zweiten eine Säule mit einer Statue der Siegesgöttin steht. Es ist mir unverständlich, wie man in dieser Szene ein Aquädukt sehen konnte. Offensichtlich handelt es sich um die Darstellung eines Hafens, und der Kopf des Ancus Marcius (verbunden mit dem des Numa, vgl. Polyb. VI 11 a, 6) auf der Vorderseite zeigt, daß der fragliche Hafen Ostia ist. Da die Säule mit der Siegesgöttin zusammen mit zwei Kriegsschiffen auf dem parallelen Typus wiederkehrt, ist die Identität der Szenerie mit jenem Hafen auch hier handgreiflich. Das Denkmal mag wohl auf den Sieg der Partei des Marius bei Ostia Bezug nehmen.

[11] K. J. Beloch, RG 158 glaubt ebenso an eine frühe Gründung wie R. Meiggs, a. a. O., der vermutet, daß das Ostia der Könige in der Nachbarschaft der späteren Stadt gesucht werden müsse, und der versucht, die Evidenz des archäologischen Sachverhaltes beiseite zu schieben. Aber der Ortsname Ostia ist an die Lage des späteren Hafens an der Mündung des Tiber gebunden; es gibt überhaupt keinen Grund, eine Verlegung der Siedlung anzunehmen, es sei denn, man sucht mit aller Gewalt eine *ad maiorem Romae gloriam* erfundene Überlieferung zu retten. Es ist etwas anderes, daß die Veienter irgendwo in der Nähe eine kleinere Niederlassung zum Schutz und zur Kontrolle der Salzwerke gehabt haben könnten.

[12] G. De Sanctis, St. d. R. 1, 1907, 370 und 2, 1907, 126. T. Frank, Cl. Philol. 14, 1919, 316, 317. J. Carcopino, a. a. O. E. Pais, St. crit. 1, 1918, 470 und *idem*, Mem. Lincei, ser. 5, 17, 1924, 314 f. G. Calza, RE 18, 1655, 61 und 1657, 29 f. (die Behauptung in Sp. 1656, 63 f. fußt auf einer falschen Übersetzung). L. Pareti, Atene e Roma, n.s. 12, 1931, 213 f. G. Becatti, JRS 51, 1961, 199 f. Vgl. S. 280 f.

[13] L. A. Holland, TAPA 80, 1949, 302. Vgl. auch Strab. V 3, 5 (p. 231 C.). Plut., *Caes*. 58, 10. Iustin. XLIII 3, 4 ist nicht historisch. Mrs. Holland weist mit Recht darauf hin (ibid. 316 f.), daß „für eine Straße nach Ostia in früher Zeit kein Zeugnis vorliegt. Und in der Tat hatte man vor dem vierten Jahrhundert v. Chr. dafür keinen Bedarf, da nämlich erst dann der militärische Außenposten Roms an der Tibermündung in enger Verbindung mit der Stadt bleiben mußte"; und ferner „war der Seehandel Roms auch im 4. Jahrhundert v. Chr. noch geringfügig" (ibid. 301).

[14] Liv. I 3, 5: *pax ita convenerat, ut Etruscis Latinisque fluvius Albula, quem nunc Tiberim vocant, finis esset* [Im Friedensschluß hatte man vereinbart, daß der Fluß Albula, den man jetzt Tiber nennt, die Grenze zwischen Etruskern und Latinern bilden solle]. Isid. XIV 4, 22. Hor., *Carm.* I 2, 13 f. nennt das Ufer gegenüber der Stadt *litus Etruscum* [das etruskische Gestade]; vgl. Chr. Hülsen, RM 4, 1889, 287 Anm. 2 und H. Nissen, It. Lk. II 2, 490 f. L. A. Holland, Ianus and the Bridge, Roma

1961, 141 ff. Fest., p. 232, 23 L.: *Pectuscum Palati dicta est ea regio urbis quam Romulus obversam posuit ea parte, in qua plurimum erat agri Romani ad mare versus ..., cum Etruscorum agrum a Romano Tiberis discluderet* ['Brust' des palatinischen Hügels wurde jenes von Romulus (besiedelte, den Feinden Roms) entgegengewandte Gebiet der Stadt benannt, welches ... zu der Zeit, als der Tiber das etruskische vom römischen Territorium abgrenzte ..., auf jener Seite lag, wo sich der größte Teil des römischen Gebiets zum Meer hin erstreckte.] Vell. I 8, 5 denkt an die Gefahren, die Romulus *tam vicinis Veientibus* [angesichts der so engen Nachbarschaft von Veii] bedrohten. Vgl. auch Liv. III 13, 8—10. DH III 45, 1. X 8, 4. Iuven. 8, 264. Serv., *Aen.* 11, 598. Stat., *Silv.* IV 4, 4. Die Behauptung bei Livius III 25, 8 und bei Plin., *N.h.* XVIII 3, 20, daß Cincinnatus 458 v. Chr. auf dem vatikanischen Gebiet ein kleines Gut besaß, ist eine aus dem Namen *Quinctia prata* [die Quinctischen Wiesen] herausgesponnene Fiktion; vgl. G. D. Sanctis, St. d. R. 2², 111.

[15] CIL VI 31547 (ILS 5928). 31548 a—c. 31555 (ILS 5943). Vgl. Chr. Hülsen, RM 4, 1889, 287 Anm. 1. J. Le Gall, Le Tibre, Paris 1953, 157 f. 163. 165.

[16] Plin., *N.h.* III 5, 53 sagt, daß der Tiber *Latinum (sc. agrum) a Vaticano* [das latinische (Gebiet) vom Vatikan] trennt. Paul. Fest., p. 519, 24 f. L.: *Vaticanus collis appellatus est, quod eo potitus sit populus Romanus vatum responso, expulsis Etruscis.* [Der vatikanische Hügel ist so benannt worden, weil das römische Volk auf den Spruch von Sehern *(vates)* hin die Etrusker vertrieben und sich des Hügels bemächtigt haben soll.] Vgl. Gell. XVI 17, 1. Plin., *N.h.* XVI 44, 237: *Vetustior autem urbe in Vaticano ilex, in qua titulus aereis litteris Etruscis religione arborem iam tum dignam fuisse significat.* [Älter als die Stadt ist eine Steineiche auf dem Vatikan, an der eine in bronzenen etruskischen Buchstaben gehaltene Inschrift bezeugt, daß dieser Baum schon damals als heilig geachtet worden ist.] Paul. Fest. p. 93, 1 L.: *Ianiculum dictum, quod per eum Romanus populus primitus transierit in agrum Etruscum.* [Der Name Ianiculum rührte daher, daß über diesen Hügel das römische Volk zum erstenmal auf etruskisches Gebiet vordrang.]

[17] Paul. Fest., p. 331, 1 L: *Romulia tribus dicta quod ex eo agro censebantur, quem Romulus ceperat ex Veientibus.* [Die Tribus wurde *Romilia* genannt, weil in ihre Bürgerlisten die Bewohner des von Romulus den Veientern entrissenen Gebietes eingetragen wurden.] K. J. Beloch hat gezeigt, daß diese *tribus* den *ager Vaticanus* umfaßte (K. J. Beloch, Der italische Bund, 29). Vgl. L. R. Taylor, Vot. Distr. (Mem. Am. Ac. Rome 20), 1960, 38, 41, 70 und Anm. 53 über den *ager Solonius*.

[18] K. J. Beloch, RG 173.

19 Liv. II 51, 2 (476 v. Chr.): *tum quoque male pugnatum est et Ianiculum hostes occupavere obsessaque urbs foret* . . . . .—*transierant enim Etrusci Tiberim—ni Horatius consul ex Volscis esset revocatus, adeoque id bellum ipsis institit moenibus, ut primo pugnatum ad Spei sit aequo Marte, iterum ad portam Collinam. ibi quamquam parvo momento superior Romana res fuit, etc.* [Damals wurde auch unglücklich gekämpft, die Feinde besetzten das Ianiculum, und die Stadt wäre belagert worden . . . — die Etrusker hatten nämlich den Tiber überquert —, wenn man nicht den Konsul Horatius aus dem Volskergebiet zurückberufen hätte. So nahe an den Mauern der Stadt tobte der Kampf, daß mit zunächst unentschiedenem Ausgang beim Tempel der 'Hoffnung', ein weiteres Mal am Collinischen Tor gekämpft wurde. Obwohl in letzterer Schlacht die Römer ein wenig überlegen waren, usw.] DH IX 25 f.

20 V. Hehn-O. Schrader, Das Salz, eine kulturhistorische Studie[2], Berlin 1901. M. Besnier, D.-S. 4, 1009 ff. H. Blümner, RE 1 A, 2075 f. Müller-Deecke, 1, 231. H. Nissen, It. Lk. 1, 107 ff. L. Pareti, La tomba Regolini-Galassi, Città Vaticano 1947, 56. Th. Ashby, The Roman Campagna in Classical Times, New York 1927, 31. L. A. Holland, TAPA 80, 1949, 281 ff. Meiggs, Roman Ostia, Oxford 1960, 19 f. 294.

21 DH II 55, 5. Plut., *Rom.* 25, 5. Vgl. Liv. I 15, 5.

22 Liv. I 33, 9. DH III 41, 3. Plin., *N.h.* XXXI 7, 89. *Vir. ill.* 5, 2.

23 L. A. Holland, TAPA 80, 1949, 284 f.

24 Ibid. 285.

25 Plin., *N.h.* XXXI 7, 89. Fest., p. 436, 8 L. Paul. Fest., p. 437, 4 L.

26 Th. Ashby, The Roman Campagna in Classical Times, New York 1927, 30 f., 227. L. A. Holland, a. a. O. 313.

27 J. B. Ward Perkins, PBSR 23, 1955, 44 ff. Idem, JRS 47, 1957, 140. Vgl. seine letzte Übersicht: PBSR 29, 1961.

28 L. A. Holland, a. a. O. 282 und 291.

29 Gell. XX 1, 47. Vgl. Mommsen, Gesammelte Schriften 3, 4. Etwas ganz anderes ist die Deportation aufrührerischer oder verdächtiger Elemente *trans Tiberim* [über den Tiber] 338 und 329 v. Chr. oder sogar noch später, die von J. Le Gall, Le Tibre, Paris 1953, 47 angeführt wird.

30 L. R. Taylor, Vot. Distr. (Mem. Am. Ac. Rome 20) 1960, 38, 75, 250, 283, und S. 310 f.

31 Verg., *Aen.* 8, 31. Serv., *Aen.* 7, 661. H. Nissen, a. a. O. 571. K. J. Beloch, RG 1, 158.

32 Plin., *N.h.* XXXI 7, 89: . . . *nomine Salariae viae, quoniam illa salem in Sabinos portare convenerat.* [. . . mit dem Namen 'Salzstraße', weil man auf ihr das Salz zu den Sabinern zu transportieren pflegte.] Vgl.

J. Le Gall, Le Tibre, Paris 1953, 48 f. L. A. Holland, TAPA 80, 1949, 281 ff., und S. 259.

[33] H. Nissen, a. a. O. II 482.

[34] Liv. I 56, 5—6.

[35] K. J. Beloch, RG 169, dem wir überaus wichtige Bemerkungen zu diesem Problem verdanken, spricht von der „ältesten Gebietsgrenze", die die „ursprüngliche" gewesen sein soll. Das hat keine Grundlage in den Quellen. Er weist jedoch richtig darauf hin, daß das römische Gebiet an Ausdehnung die Territorien der anderen Latinerstädte in jenen frühen Zeiten übertraf. Th. Ashby, The Roman Campagna in Classical Times, 29 glaubte, daß das Territorium Roms, der *ager Romanus*, mit einem Radius von 4—6 Meilen, 16 *tribus rusticae* [Landtribus] umfaßte. Aber das ist aus geographischen und chronologischen Gründen unmöglich. Vgl. S. 269 ff. L. R. Taylor, Rend. Pont. Acc. 27, 1952—54, 236 vertrat die Ansicht, daß diese Grenze diejenige der ältesten ländlichen *tribus* war, wie auch wir zu zeigen hoffen; aber sie zog diese Behauptung in ihrem letzten Buch (vgl. Anm. 30), S. 75 zurück.

[35a] Vgl. jetzt Alföldi, Röm. Frühgesch. 202 ff.

[36] G. Wissowa, Religion und Kultus der Römer², München 1912, 142 f., 561 f.

[36a] Ebd. 562, Anm. 4; im selben Sinne K. Latte, Römische Religionsgeschichte, München 1960, 165, und andere.

[37] Strabo V 3, 2 (C. 230) in der Erzählung des Gründungsmythos: μεταξὺ γοῦν τοῦ πέμπτου καὶ τοῦ ἕκτου λίθου τῶν τὰ μίλια διασημαινόντων τῆς Ῥώμης καλεῖται τόπος Φῆστοι. τοῦτον δ'ὅριον ἀποφαίνουσι τῆς τότε Ῥωμαίων γῆς, οἱ δ'ἱερομνήμονες θυσίαν ἐπιτελοῦσιν ἐνταῦθά τε καὶ ἐν ἄλλοις τόποις πλείοσιν ὡς ὁρίοις αὐθημερόν, ἣν καλοῦσιν Ἀμβαρουίαν. [Zwischen dem fünften und sechsten Meilenstein vor der Stadt Rom liegt ein Ort namens *Festi*. Dieser — so legen sie dar — war ein Grenzort des damaligen römischen Territoriums; die Priester aber bringen an ein und demselben Tag dort und an mehreren anderen angeblichen Grenzmarkierungen ein Opfer dar, welches sie *Ambarv(al)ia* nennen.] Vgl. G. Wissowa, RE 1, 1796.

[38] Lucan. 1, 592 ff. (der befragte *haruspex*): *mox iubet et totam pavidis a civibus urbem ambiri et festo purgantes moenia lustro longa per extremos pomeria cingere fines pontifices, sacri quibus est permissa potestas*. [Dann befahl er den erschreckten Bürgern, um die ganze Stadt herumzugehen, und die Priester, deren Amt den Vollzug des heiligen Rituals beinhaltete, hieß er, die Mauern mit festlichem Sühneopfer zu reinigen und die äußersten Punkte der langgestreckten heiligen Stadtgrenze abzuschreiten.] Obwohl das nicht die erwähnte jährliche Feier ist, ist es ebenso eine *lustratio*

urbis et agrorum [Entsühnung der Stadt und der Felder] wie das amburbium und die ambarvalia, und diese wurden zweifellos von derselben Priesterschaft ausgerichtet.

[39] Große Gelehrte haben wertlose Vermutungen über die Bedeutung des Wortes geäußert: F. Münzer, RE 4, 1832. W. Schulze, ZGLEN 564 Anm. 3. Ed. Norden, Aus altrömischen Priesterbüchern, Lund 1939, 175 f.

[40] Wie K. Latte a. a. O. richtig bemerkte.

[41] G. B. Rossi, Annali dell'Ist. 1858, 62 ff. Vorher herrschte die gegenteilige Meinung; vgl. A. Schwegler, RG 1, 434 Anm. 2.

[42] Serv., Buc. 3, 77: *dicitur autem hoc sacrificium ambarvale, quod arva ambiat victima: hinc ipse* (sc. Vergilius) *in Georgicis* (1, 345) *'terque novas circum felix eat hostia fruges'*. [Dieser Opferritus nun wird 'der um die Flur herumgehende' genannt, weil das Opfertier die Feldflur umschreiten soll; daher sagt er (i. e. Vergil) selbst in den Georgica (1, 345): 'dreimal soll das glückbringende Opfertier die neue Saat umschreiten'.] Vgl. auch ibid. 5, 75. Strabo, a. a. O. (Anm. 37). Lucan., a. a. O. Paul. Fest., p. 5, 1 L.: *Ambarvales hostiae appellabantur, quae pro arvis a duobus fratribus sacrificabantur.* ['Um die Fluren herumgehende' wurden jene Opfertiere genannt, welche die beiden Brüder für das Gedeihen des Saatlandes darbrachten.] Die meisten Gelehrten akzeptieren die Emendation der Ausgabe des Augustinus (1559), der *duodecim* statt *duobus* schrieb. Aber natürlich sind die *duo fratres* [zwei Brüder] Romulus und Remus; auch Strabo beschreibt die Ambarvalia im Zusammenhang mit der Tätigkeit des Gründers, und der Auszug des Paulus Diaconus muß aus demselben Zusammenhang stammen. Diese willkürliche Änderung trug viel zu dem Glauben bei, daß die zwölf *fratres Arvales* bei den fraglichen Riten agierten. Macrob., Sat. III 5, 7: *ambarvalis hostia est, ut ait Pompeius Festus, quae rei divinae causa circum arva ducitur ab his, qui pro frugibus faciunt.* ['Das um die Fluren herumgehende Opfertier' ist', wie Pompeius Festus sagt, jenes Schlachtopfer, welches zum Vollzug der heiligen Handlung von den für das Gedeihen der Feldfrucht Opfernden um die Flur herumgeführt wird.]

[43] G. Wissowa, a. a. O. 143.

[44] Guil. Henzen, *Acta Fratrum Arvalium*, Berlin 1874, p. CCVIII f. Vgl. A. Pasoli, *Acta Fratrum Arvalium* (Studi e ricerche, Univ. di Bologna, Fac. Lett. 7), Bologna 1950, 57 f.

[45] Die gegenteilige Meinung vertritt K. Latte, a. a. O. 65. Varro LL 5, 85: *Fratres Arvales dicti, qui sacra publica faciunt* (das bedeutet, daß es keine Unterbrechung am Ende der Republik gab!) *propterea ut fruges ferant arva* [Arvalbrüder werden jene genannt, welche staatliche Opfer darbringen, damit die Feldflur Früchte trägt.]. Masurius Sabinus bei

Gell. VII 7, 8. Plin., *N.h.* XVIII 2, 6. Die Ansicht Wissowas (a. a. O. 561 Anm. 7), daß die Einsetzung der Arvalen durch Romulus und ihre mythische Verknüpfung mit Acca Larentia von Masurius erfunden sei, um den augusteischen Arvales mehr Ansehen zu verleihen, erscheint zumindest mir merkwürdig. Diese uralte Priesterschaft brauchte keinen neuen Heiligenschein.

[46] Chr. Hülsen, RE 3, 1434.

[47] W. Warde Fowler, The Religious Experience of the Roman People, Oxford 1933, 131, zitiert von Ed. Norden, Aus altrömischen Priesterbüchern, Lund 1939, 140. Vgl. G. Wissowa, 143, 561 f., und Ed. Norden, a. a. O. 114 ff., 120 ff.

[48] Ovid., *Fast.* 2, 679—82: *Est via, quae populum Laurentes ducit in agros, ... illa lanigeri pecoris, tibi, Termine, fibris, sacra videt fieri sextus ab urbe lapis.* [Da, wo die Straße den Wanderer führt ins Gebiet der Laurenter / ... Siehet man, wo von den Steinen der sechste sich hebt von der Stadt aus, / Wolliger Herden Geweide opfern, o Terminus, dir (E. Klüßmann, Langenscheidt-Verlag, 1882).] Vgl. G. Wissowa, a. a. O. 137 und E. Marbach, RE 5A, 782, zur weiteren Orientierung.

[49] DH VIII 36, 3 (Coriolanus) σταδίους ἀποσχὼν τῆς πόλεως ὀλίγῳ πλείους τῶν τριάκοντα παρὰ τὴν ἐπὶ Τυσκλανοὺς φέρουσαν ὁδὸν κατεστρατοπέδευσεν. [Coriolanus machte wenig mehr als dreißig Stadien vor der Stadt an der Straße nach Tusculum halt und ließ dort ein Lager aufschlagen.] Ibid. 55, 3 (im Heiligtum der Fortuna, an der Stelle, wo die Matronen den Coriolanus besänftigt hatten) ἐν ᾧ τὰς περὶ τῆς πόλεως ἐποιήσαντο λιτὰς χωρίῳ, θυσίας τε καθ' ἕκαστον ἔτος αὐτῇ συνιούσας ἐπιτελεῖν ἐν ᾗ τὸν πόλεμον ἔλυσαν ἡμέρᾳ. [wo sie die Gebete für die Stadt gesprochen hatten, dort sollten sie alljährlich an eben jenem Tag zusammenkommen und Opfer darbringen, an dem sie auch den Krieg beendet hatten.] (Vgl. ibid. 55, 4—5). Fest., p. 282, 18: *Pudicitiae signum in Foro Boario est ... eam quidam Fortunae esse existimant. Item via Latina ad milliarium IIII Fortunae Muliebris, nefas est attingi, nisi ab ea, quae semel nupsit.* [Eine Statue der 'Sittsamkeit' steht auf dem Rindermarkt ... Manche freilich halten sie für ein Standbild der Fortuna. Ebenso steht am vierten Meilenstein der Latinerstraße eine Statue der 'Weiblichen' Fortuna, welche ausschließlich von nur einmal verheirateten Frauen berührt werden darf.] Val. Max. I 8, 4: *Fortunae etiam Muliebris simulacrum, quod est Latina via ad quartum miliarium, eo tempore cum aede sua consecratum, quo Coriolanum ab excidio urbis maternae preces reppulerunt, non semel sed bis locutum constitit etc.* [Auch das Standbild der 'Weiblichen' Fortuna am vierten Meilenstein der Latinerstraße, welches zusammen mit dem dazugehörigen Tempel zu jener Zeit geweiht worden

518 Anmerkungen zum 7. Kapitel

ist, als die Bitten seiner Mutter den Coriolan von der Vernichtung der Stadt abhielten, hat nach allgemeiner Überzeugung nicht nur einmal, sondern zweimal gesprochen usw.] Vgl. ibid. V 2, 1. Plut., *Coriol.* 37, 4. Idem, *De fortuna Rom.* 5. Über die Fossa Cluilia Liv. I 23, 3 und II 40, 5 *(quinque ab urbe milia passuum* [fünf Meilen von der Stadt entfernt]), etc. Das ganze Quellenmaterial bei A. Schwegler, RG 1, 584 ff.; 2, 362 ff., 382 ff. Vgl. Mommsen, RG 1, 45. K. J. Beloch, RG 169 f. W. F. Otto, Philol., n. F. 18,1905, 192 ff. G. Wissowa, a. a. O. 257 f. und Gesammelte Abh. 1904, 272.

⁵⁰ Verr. Flacc. in den *Fasti Praenestini* (CIL I² p. 316 Mommsen): *Feriae Robigo via Claudia ad milliarium V, ne robigo frumentis noceat. Sacrificium et ludi cursoribus maioribus minoribusque fiunt.* [Das Fest zu Ehren der Gottheit *Robigus* ('Mehltau') wird beim fünften Meilenstein der Claudischen Straße begangen, um den schädlichen Mehltau vom Getreide fernzuhalten. Es werden dabei Opfer und Festspiele mit Wettläufen von Erwachsenen und Knaben veranstaltet.] Varro, *LL* 6, 16: *Robigalia dicta ab Robigo; secundum segetes huic deo sacrificatur, ne robigo occupet segetes.* [Das Fest *Robigalia* hat seinen Namen von der Gottheit *Robigus*; gleich nach der Aussaat bringt man dieser Gottheit Opfer dar, damit nicht der Mehltau die Saat befällt.] Paul. Fest., p. 325, 7 L.: *Robigalia dies festus septimo Kalendas Maias, quo Robigo deo suo, quem putabant robiginem avertere, sacrificabant.* [Die *Robigalia* waren ein Fest am 25. April, an dem sie ihrer Gottheit *Robigus* opferten, die — wie sie glaubten — den Mehltau fernhielt.] Serv. auct., *Georg.* 1, 151: *inde et Robigus deus et sacra eius decimo Kal. Maias Robiginalia appellantur.* [Daher nennen sie die Gottheit *Robigus* und ihr Festritual am 22. April *Robig(in)alia.*] Plin., *N.h.* XVIII 29, 285: *Robigalia Numa constituit anno regni sui XI, quae nunc aguntur a.d. VII Kal. Mai., quoniam tunc fere segetes robigo occupat.* [Numa richtete im elften Jahr seiner Herrschaft das jetzt noch am 25. April gefeierte Fest der *Robigalia* ein, weil zu jener Jahreszeit meist der Mehltau die Saat befällt.] Gell. V 12, 14. Tertull., *De spect.* 5: *post hunc Numa Pompilius Marti et Robigini (sc. ludos) fecit (nam et Robiginis deam finxerunt).* [Nach diesem veranstaltete Numa Pompilius Festspiele für Mars und Robigo (denn sie erfanden auch eine Göttin des Mehltaus).] Ovid., *Fast.* 4, 901 ff.: *Sex ubi, quae restant, luces Aprilis habebit, / in medio cursu tempora veris erunt, / et frustra pecudem quaeres Athamantidos Helles, / signaque dant imbres, exoriturque canis. / Hac mihi Nomento Romam cum luce redirem, / obstitit in media candida turba via. / flamen in antiquae lucum Robiginis ibat, / exta canis flammis, exta daturus ovis. / protinus accessi, ritus ne nescius essem: / edidit haec flamen verba, Quirine tuus, etc.* [Wenn bis zum Schluß der April sechs

Tage noch hat zu durchlaufen, / Dann ist des Frühlings Zeit schon bis zur Hälfte dahin. / Dein Tier glänzt nicht mehr, Athamantische Helle; auf Regen / Stehen die Zeichen, und auf gehet des Hundes Gestirn. / Wieder nach Rom ging einst ich am heutigen Tag von Nomentum; / Weißen Gewands einen Zug traf ich inmitten des Wegs: / Pilgernd zum Haine begab sich der alten Robigo ein Flamen, / Opfern des Hundes Geweid wollt' und des Schafs er am Herd. / Eiligst trat ich heran, um den heiligen Brauch zu erkunden. / Dieses Gebet sprach dein Flamen, Quirinus, am Ort usw. (E. Klüßmann, Langenscheidt-Verlag, 1882).] Die topographische Angabe Ovids, die mit der des Verrius nicht übereinstimmt, darf nicht ernst genommen werden. Vgl. Mommsen, CIL I² p. 316. H. Usener, Das Weihnachtsfest² , Bonn 1911, 306 ff. G. Wissowa, RuK², 196. Sir James Frazer, P. Ovid. *Fastorum libri VI*, vol. 3, 1929, 408 f. K. Latte, a. a. O. 67.

[51] DH II 53, 2: τὴν Φιδηναίων ... πόλιν, ἀπὸ τετταράκοντα σταδίων τῆς Ῥώμης κειμένην. [die Stadt ... Fidenae, welche vierzig Stadien von Rom entfernt liegt.] Dieselbe Nachricht III 27, 1 und X 22, 3.

[52] Vgl. DH V 37, 4. Plin., *N.h.* III 5, 54. O. Richter, Hermes 17, 1882, 431 ff.

[53] Im Südwesten dieser Grenzlinie, ungefähr am zwölften Meilenstein nach Ostia, stand ein anderes ländliches Heiligtum des römischen Staates, Fest., p. 296, 15 L.: *Pomonal est in agro Solonio, via Ostiensi ad duodecimum lapidem, diverticulo a miliario octavo.* [Der Tempel der Pomona (Göttin des Obstes) liegt auf dem Solonischen Gebiet, auf der Höhe des zwölften Meilensteins der Straße nach Ostia, an einem Seitenweg, der vom achten Meilenstein abgeht.] Zweifellos erfüllte der *flamen Pomonalis* [der Sonderpriester der Pomona] (Varro, *LL* 7, 45. Fest., p. 144, 13 L. CIL III 12732. G. Wissowa RuK², 189 f. W. Ehlers, RE 21, 1876 ff.) dort seine heiligen Pflichten.

[54] Varro, *LL* 5, 33: *Ut nostri augures publici disserunt, agrorum sunt genera quinque: Romanus, Gabinus, peregrinus, hosticus, incertus. Romanus dictus unde Roma ab Romo; Gabinus ab oppido Gabi[i]s; peregrinus ager pacatus, qui extra Romanum et Gabinum, quod uno modo in his servantur auspicia*, etc. [Nach den Darlegungen unserer staatlichen Auguren gibt es fünf Arten von Territorium: römisches, gabinisches, fremdes, feindliches und nicht sicher einzuordnendes. 'Römisches' Gebiet ist wie 'Roma' nach *Romus* benannt, das 'gabinische' nach der Stadt Gabii; 'fremdes' Gebiet ist befriedetes Territorium, das außerhalb des römischen und gabinischen liegt, weil in den beiden letzteren die Vogelschau einheitlich durchgeführt wird usw.]

[55] Liv. XXII 1, 12: *Romae signum Martis Appia via ac simulacra luporum sudasse.* [In Rom sollen eine an der Appischen Straße stehende

Statue des Mars und die Standbilder der Wölfe geschwitzt haben.] Vgl. idem X 23, 12; 47, 4; XXXVIII 28, 3. Vgl. auch Dessau, CIL XIV S. 230 über die Entfernung nach Bovillae. Die kreisförmige Gestalt des römischen Territoriums, das von dieser alten Grenze umschlossen wurde, ist auch zu beachten.

[56] K. J. Beloch, RG 170.

[57] Liv. V 24, 5: *cum ... ager .... Veientanus in conspectu sit, uberior ampliorque Romano agro.* [da doch ... das Gebiet ... von Veii direkt vor ihrer Nase liege, fruchtbarer und größer als das römische Territorium.]

[58] Liv. VI 5, 8: *eo anno ... tribus quattuor ex novis civibus additae: Stellatina, Tromentina, Sabatina, Arniensis; eaeque viginti quinque tribuum numerum explevere.* [In diesem Jahr ... wurden aus den Neubürgern vier zusätzliche Tribus gebildet: die Stellatina, die Tromentina, die Sabatina, die Arniensis; damit stieg die Zahl der Tribus auf fünfundzwanzig.]

[59] Liv. V 24, 5 und VI 5, 8.

[60] Diese Zahl ergibt sich, wenn wir — zusätzlich zu den vier veientischen *tribus* — die vier *tribus urbanae* [städtische Bezirke] abziehen, die Livius VI 5, 8 in die 25 einbezieht.

[61] A. Kirsopp Lake Michels, TAPA 80, 1949, 320 ff. Vgl. A. Alföldi, Studi e Materiali 32, 1961, 21 ff.

[62] Dies wurde z. B. von Mommsen, St. R. 3, 824 f. erfaßt. W. Kubitschek, RE 1, 780 f. K. J. Beloch, Der italische Bund, Leipzig 1880, 43 ff., usw.

[63] Einzelheiten bei M. Fluss, RE 3 A, 981 ff.

[64] Cic., *De lege agr.* 2, 66. Liv. I 23, 4. VII 11, 3 etc.

[65] Cic., *Pro Flacco* 71. Liv. XLI 9, 4 etc.

[66] Cic., *Pro Sex. Rosc.* 47. Liv. IV 19, 6; 21, 1. V 24, 5; 30, 8; 45, 4. XLI 21, 12. XLIV 18, 6; u. a. m.

[67] Vgl. Mommsen, St. R. 3, 824 f. K. J. Beloch, Der ital. Bund 43. W. Kubitschek, RE 1, 780 f. P. Catalano, Atti Accad. Torino 96, 1961—62, 1 ff.

[68] Zum Gebrauch des Wortes *ager* in diesem Sinn: *A. Albanus:* Cic., *De lege agr.* II 25, 66. Liv. I 23, 4. VI 42, 6. VII 11, 3. *A. Antias:* Liv. V 45, 3. VIII 12, 3. *A. Ardeas:* Liv. VIII 12, 2. *A. Bolanus:* Liv. IV 49, 11. *A. Coranus:* Liv. VIII 19, 5. *A. Castrimoeni:* Gromat. 1, 233. *A. Circeiensis:* Plin., *N.h.* XIX 8, 134. *A. Crustuminus:* Cic., *Flacc.* 29, 71. *A. Gabinus:* Varro, *LL* 5, 33. Liv. III 8, 6. VI 27, 10. *A. Labicanus:* Liv. III 7, 3; 25, 6. IV 47, 6; 49, 4. VII 11, 3. XXVI 9, 11. *A. Lanuvinus:* Cic., *De div.* I 36, 79. *A. Latiniensis:* Cic., *De harusp. resp.* 10, 20. *A. Laurens:* Varro, *RR* III 13, 2. Liv. I 1, 4. 7. Cf. Verg., *Aen.*, 11, 431. *A. Norbanus:*

Liv. VIII 19, 5. *A. Ostiensis:* Liv. VIII 12, 2. *A. Praenestinus:* Cic., *De lege agr.* II 28, 78. Liv. III 8, 6. *A. Romanus:* Varro, *RR* I 10, 1. *LL* 5, 55. Liv. I 10, 3; 23, 3. II 6, 5; 11, 3; 13, 4; 39, 5; 40, 10. 12; 43, 1; 49, 9; 51, 4. III 5, 2. 10; 6, 7; 30, 4; 38, 3. IV 17, 11; 21, 7—8; 30, 5. V 24, 5; 31, 5; 45, 4. VI 31, 3. VII 17, 9. XXVIII 11, 4. XLI 9, 5. XLIV 18, 6. *A. Setinus:* Liv. XXXII 26, 7. *A. Tusculanus:* Varro, *RR* I 14, 4. Cic. *De off.* I 7, 21. Liv. II 19, 3. III 7, 3; 25, 6; 31, 3; 38, 5. IV 45, 6. VII 11, 3. *A. Veiens:* Cic., *S. Rosc.* 47. Liv. IV 19, 6; 21, 1. V 24, 5; 30, 8; 45, 4. XLI 21, 12. XLIV 18, 6.

[69] L. R. Taylor, Vot. Distr. (Papers and Monographs of the Am. Acad. Rome 20) 1960.

[70] Die Handschriften haben *una et triginta* [31], aber die *periochae* geben *una et viginti* [21]. Vgl. Mommsen, St. R. 3, 166 Anm. 3. W. Kubitschek, De Romanorum tribuum origine et propagatione, Wien 1882, 17. Idem, RE 6 A, 2496 ff. A. Bernardi, Athen. 1952, 20 Anm. 2. L. R. Taylor, Vot. Distr. 6 und 36.

[71] Mommsen, St. R. 3, 153, 166, 170 ff.

[72] De Sanctis, St. d. R. 2, 1907, 18 ff.

[73] K. J. Beloch, RG 264 ff., 271 f.

[74] L. R. Taylor, Vot. Distr. 6. Dagegen: E. Meyer, Gnomon 33, 1961, 603.

[75] Vgl. S. 154 f.

[76] Mommsen, RG 1[7], 1881, 35, vertrat als erster diese Ansicht.

[77] E. Meyer, a. a. O. 603 sucht auf anderen Wegen als wir eine ähnliche Lösung des Problems.

[78] Paulus Fest., p. 102, 20 L. — L. R. Taylor, a. a. O. 38.

[79] CIL VI 33992—6; vgl. 37846 a. 37945. 38126. 38460.

[80] L. R. Taylor, Vot. Distr. 39. Was die Ausdehnung der *Pollia* nach Norden und ihren geographischen Zusammenhang mit der *Claudia* und der *Sergia* angeht, so stimmen wir nicht mit ihr überein. Vgl. S. 275 f.

[81] Fest., p. 264, 9 L. W. Kubitschek, *De Rom. trib. orig.* 12. Vgl. Paul. Fest., p. 265, 1 L.: *Pupinia tribus ab agro Popinio.* [Die Tribus Pupinia ist nach dem popinischen Gebiet benannt.] Weitere Einzelheiten bei L. R. Taylor, a. a. O. 38 f.

[82] Liv. XXVI 9, 12: *inde* (sc. a Labicano agro) *Algido Tusculum petiit, nec receptus moenibus infra Tusculum dextrorsus Gabios descendit. inde ad Pupiniam exercitu demisso octo milia passuum ab Roma posuit castra.* [Von dort (d. h. vom Territorium von Labici) wandte er sich über den Algidus nach Tusculum, und als diese Stadt ihn nicht in ihre Mauern aufnahm, zog er mit seinem Heer unterhalb von Tusculum rechter Hand nach Gabii hinab. Von dort führte er sein Heer ins Gebiet der pupinischen Tribus und schlug sein Lager acht Meilen vor Rom auf.]

[83] Sein nächster Schritt war, sein Lager bis auf einen Abstand von drei Meilen an Rom heranzurücken. Liv. XXVI 10, 3; vgl. 13, 11 und Polyb. IX 5, 9. Dabei hat ihn die Tribusgrenze ebensowenig beeinflußt wie bei seinem vorherigen Entschluß, acht Meilen von Rom seine Stellung zu beziehen.

[84] Cic., *De lege agr.* II 35, 96 (zum Plan einer Koloniegründung in Capua): *quos illorum animos, quos impetus, quam ferociam putatis? Romam in montibus positam et convallibus, cenaculis sublatam atque suspensam, non optimis viis, angustissimis semitis, prae sua Capua planissimo in loco explicata ac praeclarissimis viis irrid[d]ebunt atque contemnent. agros vero Vaticanum ac Pupiniam cum suis opimis atque uberibus campis conferendos scilicet non putabunt: oppidorum autem finitimorum illam copiam cum hac per risum et iocum contendent.* [Welche Gesinnung, glaubt ihr, werden sie an den Tag legen, welches Ungestüm und welchen Übermut? Das auf Hügeln und in Tälern gelegene Rom, das mit seinen hohen Häusern und ihren vielen Stockwerken gleichsam in der Luft schwebt, das keine schönen Straßen, sondern überaus enge Gassen besitzt, dieses Rom werden sie mit ihrem in der platten Ebene breit angelegten, von herrlichen Straßen durchzogenen Capua vergleichen, es verspotten und verachten. Natürlich werden sie der Meinung sein, daß das vatikanische und das pupinische Gebiet nicht mit ihren fetten, fruchtbaren Feldern vergleichbar ist; und auch am Reichtum der Nachbarstädte werden sie Rom mit übermütigem Spott messen.] Die Nähe der *Pupinia* zur Hauptstadt ist auch ohne eine ausdrückliche geographische Angabe in den idyllischen Schilderungen über M. Atilius Regulus (cos. 267 v. Chr.) vorausgesetzt, der im Gebiet der *Pupinia* ein kleines Bauerngut bewirtschaftete. Val. Max. IV 4, 6. Columella I 4, 2 ff.

[85] Liv. IX 41, 10: *quod inceptum eorum ubi ad Decium consulem perlatum est, ad urbem ex Etruria magnis itineribus pergit et in agro Pupiniensi ad famam intentus hostium consedit.* [Sobald dieses ihr Unterfangen dem Konsul Decius gemeldet worden war, begab er sich in Eilmärschen von Etrurien nach Rom, schlug auf dem pupinischen Gebiet sein Lager auf und wartete auf Nachricht über das Verhalten der Feinde.]

[86] L. R. Taylor, a. a. O. 44 f., 69. Vgl. W. Kubitschek, RE 6 A, 2500.

[87] W. Schulze, ZGLEN 140. Th. L. L., Onom. C, 116. 120.

[88] L. R. Taylor, a. a. O. 43 f. bringt keine schlüssigen Argumente.

[89] C. Pietrangeli, Bull. Com. 69, 1941, 168. A. Degrassi, ILLRP 488. L. R. Taylor, a. a. O. 14.

[90] Paul. Fest., p. 331, 1 L.: *Romulia tribus dicta quod ex eo agro censebant, quem Romulus ceperat ex Veientibus.* [Romilia wurde die Tribus genannt, weil in ihre Bürgerlisten die Bewohner jenes Gebietes einge-

schrieben wurden, das Romulus den Veientern entrissen hatte.] Ibid. 519, 24 L.: *Vaticanus collis appellatus est, quod eo potitus sit populus Romanus vatum responso expulsis Etruscis.* [Der Hügel wurde Vatikan genannt, weil das römische Volk auf den Spruch von Sehern *(vates)* hin die Etrusker (von dort) vertrieben und sich seiner bemächtigt haben soll.] Plin., *N.h.* III 5, 53: *Tiberis ... Etruriam ab Umbris ac Sabinis, mox citra XVI p. urbis Veientem agrum a Crustumino, dein Fidenatem Latinumque a Vaticano dirimens.* [Der Tiber ... trennt Etrurien vom Umbrer- und Sabinerland, dann — diesseits des 16. Meilensteins von der Stadt — das veientische vom crustuminischen Gebiet, anschließend das fidenatische und latinische vom vatikanischen.] Varro, *LL* 5, 56: *quinta (sc. tribus), quod sub Roma, Romilia.* [die fünfte (Tribus) heißt *Romilia,* weil sie gleich bei der Stadt Rom liegt.] W. Kubitschek, De Rom. trib. orig. 10. K. J. Beloch, RG 169. L. R. Taylor, a. a. O. 38. Der *Ponte Galeria* über den Tiber am südlichen Ende des Fosso Galeria zeigt, daß die *tribus Galeria* (vgl. S. 280 f.) westlich der *Romilia* lag.

[91] Vgl. meine Bemerkungen in der Festschrift für E. Salin, Tübingen 1961, und o. S. 154 ff.

[92] Einzelheiten bei L. R. Taylor, a. a. O. 35 f. In Übereinstimmung mit A. Bernardi, Athen., n.s. 30, 1952, 20 Anm. 2 und anderen Gelehrten hält sie das Datum für authentisch.

[93] DH V 40, 5. A. Bormann, Altlatinische Chorographie, Halle 1852, 251 Anm. 508 liest (Φ)ιϰ(ολνέ)ας statt Πιϰετίας; W. Kubitschek, De Rom. trib. orig. 14 und ders., RE 6 A 2501, L. R. Taylor, a. a. O. und andere stimmen ihm zu. Aber C. Jacoby akzeptierte diese gewagte Emendation nicht. Auch paläographisch können wir sie nicht rechtfertigen.

[94] Liv. II 16, 4—5. Plut., *Poplic.* 21, 10 hat χώραν ... περὶ τὸν Ἀνίωνα ποταμόν [das Gebiet ... in der Nähe des Flusses Anio].

[95] Dagegen: L. R. Taylor, a. a. O., die bemerkte, daß ein *dictator Fidenas* [Diktator für Fidenae] zur *Claudia* gehörte, aber sie nahm an, daß dieses Gebiet erst später jener *tribus* angegliedert wurde.

[96] W. Kubitschek, De Rom. trib. orig. 12. L. R. Taylor, a. a. O. 40 ff.

[97] W. Kubitschek, a. a. O. 13. L. R. Taylor, a. a. O. 43.

[98] L. R. Taylor, a. a. O. 78 f.

[99] Vgl. S. 272 f. und L. R. Taylor, a. a. O. 43.

[100] L. R. Taylor, a. a. O. 44.

[101] Vgl. S. 334 f.

[102] K. J. Beloch, RG 155 f., 163, 320.

[103] Or. Rom. Fr. ed. H. Malcovati², 1955, 34 f. Nr. 72 ff. Pl. Fraccaro, Athen., n.s., 2, 1924, 54 ff. (Opusc. 2, 1 ff.). L. R. Taylor, a. a. O. 42.

[104] L. R. Taylor, a. a. O. 40 nimmt an, daß L. Sergius und Q. Servilius

das Cognomen *Fidenas* auf Grund ihrer erfolgreichen Diplomatie nach den Überfällen der Fidenaten 428 v. Chr. erhielten, aber sie glaubt, daß die beiden nicht — wie F. Münzer (RE 2 A, 1711 Nr. 25 und ibid. 1803 ff. Nr. 75) dachte — zu eben jener Zeit Güter auf dem Territorium von Fidenae erwarben, sondern diese Besitzungen schon zur Zeit jener Einfälle innehatten. Das würde bedeuten, daß Fidenae schon vor seiner Eroberung 426 v. Chr. zur *Sergia tribus* gehörte. Diese Vermutung können wir nicht akzeptieren; wir haben schon gesehen, daß Fidenae zur *Claudia* gehörte und vor 426 nicht römisch gewesen ist.

[105] L. R. Taylor, ibid. 44 f.

[106] Ibid. 43 ff., 80.

[107] Ibid. 43 f.

[108] Ibid. gegenüber S. 35.

[109] Ich hoffe, die Gründe hierfür an anderer Stelle vortragen zu können.

[110] Paul. Fest., p. 289, 1 L.: *Patres senatores ideo appellati sunt, quia agrorum partes adtribuerant tenuioribus ac si liberis propriis.* [Die Senatoren wurden deshalb 'Väter' genannt, weil sie den Leuten niedrigeren Standes gleichsam wie ihren leiblichen Kindern Teile ihrer eigenen Äcker zugewiesen hatten.] Ibid. p. 262, 22: *Patrocinia appellari coepta sunt, cum plebs distributa est inter patres, ut eorum opibus tuta esset.* [Man fing an, von 'Schutzverhältnissen' zu reden, als die Plebs unter den 'Vätern' aufgeteilt wurde, damit sie unter deren machtvollem Schutz stünde.] Cic., *De re p.* II 9, 16: (Romulus) *habuit plebem in clientelas principum discriptam.* [(Romulus) ließ die Plebs in die Klientelen der führenden Männer der Gemeinde einschreiben.] Liv. V 32, 8 (über Camillus): *accitis domum tribulibus clientibusque, quae magna pars plebis erat,* etc. [als er seine Tribusgenossen und Schutzbefohlenen, die einen großen Teil der Plebs ausmachten, in seinem Haus versammelt hatte usw.] DH XIII 5, 1, erwähnt οἱ πελάται τε καὶ συγγενεῖς αὐτοῦ [seine Schutzbefohlenen und Tribusgenossen]. Die zumindest teilweise Identität von *tribules* [Tribusgenossen] und *clientes* [Schutzbefohlenen] wird durch die Geschichte von *Attius Clausus* gut beleuchtet; obwohl das Datum der Einwanderung eine tendenziöse Fälschung ist, ist die geschilderte Sozialstruktur authentisch: die fürstliche Sippe wird mit Tausenden von Abhängigen in einem ländlichen Bezirk angesiedelt.

[111] Die neueste Literatur bei P. De Francisci, Primordia civitatis, Roma 1959, 185 f. Vgl. auch S. Mazzarino, Iura 12, 1961, 24 ff.

[112] Nach DH X 14, 1 Appius Herdonius συνήθροιζε τοὺς πελάτας καὶ τῶν θεραπόντων οὓς εἶχεν εὐτολμοτάτους [versammelte er seine Schutzbefohlenen und die Wagemutigsten aus seiner Dienerschaft]. Liv. III 15, 5 hat im selben Zusammenhang *exules servique* [Verbannte und Sklaven].

[112a] DH IX 5, 4 und die wichtigen Bemerkungen von J. Heurgon, Latomus 18, 1959, 713 ff.

[113] Die *tribus Poblilia* scheint nicht den Namen der plebejischen *Poblilii* zu tragen, sondern ist eher der volskische Ortsname des Gebietes, in dem die römische *tribus* eingerichtet wurde. Das löst die Schwierigkeiten. Vgl. W. Hoffmann, RE 23, 1908 ff.

[114] A. Nibby, Analisi storico-topografico-antiquaria della carta de' dintorni di Roma, Roma 1837, 97 f. W. Kubitschek, *De Rom. trib. orig.* 13. H. Nissen, It. Lk. II 2, 564 ff. L. R. Taylor, a. a. O. 39.

[115] L. A. Holland, TAPA 80, 1949, 290 ff. Vgl. B. J. Ward Perkins, PBSR 23, 1955, 68 f., und seinen S. 260 f. zitierten Brief. L. R. Taylor, a. a. O. glaubt, daß der Flecken, wo heute S. M. di Galeria liegt, noch vor dem Fall von Veii zur *tribus Galeria* hinzugekommen war, aber nach meiner Meinung gehörte er zum ursprünglichen Gebiet dieser *tribus*, wie der Name nahelegt. Vgl. S. 274.

[116] Liv. VI 5, 8: *tribus quattuor ex novis civibus additae: Stellatina, Tromentina, Sabatina Arniensis: eaeque viginti quinque tribuum numerum explevere.* [Vier zusätzliche Tribus wurden aus den Neubürgern gebildet: die Stellatina, die Tromentina, die Sabatina, die Arniensis; dies brachte die Zahl der Tribus auf fünfundzwanzig.]

[117] K. J. Beloch, RG 159 (vgl. 264 ff., 270 ff., 301, 317.). Dagegen: L. R. Taylor, a. a. O. 36 f. Vgl. auch H. Nissen, It. Lk. II 2, 561.

[118] Varro, LL 5, 56. Liv. I 43, 13: *quadrifariam enim urbe divisa regionibus collibusque, qui habitabantur, partes eas tribus appellavit, ut ego arbitror, ab tributo; nam eius quoque aequaliter ex censu conferendi ab eodem* (sc. Servio Tullio) *inita ratio est; neque eae tribus ad centuriarum distributionem numerumque quicquam pertinuere.* [Nachdem er die Stadt, ihre bewohnten Bezirke und Hügel in vier Teile gegliedert hatte, nannte er diese 'Tribus', und zwar, wie ich glaube, nach dem 'Tribut'; denn von demselben (d. h. von Servius Tullius) stammt auch der Plan einer Berechnung des zu erbringenden Tributs nach Maßgabe der Vermögensschätzung; und diese Tribuseinteilung nahm überhaupt keinen Bezug auf die Verteilung und Zahl der Hundertschaften.] Die letzte Behandlung dieser Stelle ist m. W. die von J. J. Nichols, AJP 77, 1956, 225 ff.

[119] Fest., p. 508, 27 L.

[120] L. R. Taylor, a. a. O. 75 f.

[120a] Vgl. jetzt Alföldi, Röm. Frühgesch. 111 ff.

[121] G. Pasquali, La nuova antologia 386, 1936, 405 ff. G. Lugli, Eranos 41, 1943, 18 ff. Die Folgerungen, die Pasquali aus dem neuen archäologischen Material zog, konnten um so einleuchtender erscheinen als gleichzeitig die extremen Ansichten von Pais sich als unhaltbar erwiesen und

die anderen Historiker den Annalen darin folgten, daß sie die römische Hegemonie über Latium unter den Königen als bewiesen ansahen; vgl. z. B. Ed. Meyer, Geschichte des Altertums 5, 1902, 136 f. Idem, Kleine Schriften, Halle 1924, 297. M. Gelzer, RE 12, 950 f. K. J. Beloch, RG 227. A. N. Sherwin-White, R. Citiz., Oxford 1939, 14 ff., etc. L. Homo, L'Italie primitive, Paris 1925, 140 f., 146 f., erkennt die Verdrehungen der Annalisten, aber nichtsdestoweniger rühmt er das frühe Rom als die Herrin Latiums. Er schreibt, ibid. 162: « Les Étrusques avaient fait de Rome la base de leur domination dans le Latium et la ville avait exercé à ce titre une véritable hégémonie au sein du pays latin » und im selben Sinne S. 141: « Rome, grâce à sa situation exceptionnelle, va devenir la clef de voûte de l'Empire étrusque tout entier et pour la première fois dans l'histoire, s'essayer à son glorieux rôle de capitale d'une Italie unifiée. » Der Gedanke, daß die Etrusker die Früchte ihrer eigenen blutigen Eroberungszüge Rom überlassen und dieses anstatt sich selber zur herrschenden Macht in Italien gemacht hätten, ist äußerst sonderbar.

[122] B. G. Niebuhr, RG 1², Berlin 1827, 410.

[123] B. G. Niebuhr, RG 1², 410; vgl. A. Schwegler, RG 1, 730.

[124] Die literarischen Quellen sind gesammelt bei A. Schwegler, RG 1, 727 f.

[125] K. J. Beloch, Der italische Bund, Leipzig 1880, 92. Idem, RG 230.

[126] Ed. Meyer, GdA 5, 1902, 134 ff. Idem, Kleine Schriften 2, Halle 1924, 298 ff. Vgl. auch: I. G. Scott, Mem. Am. Acad. Rome 7, 1929, 81 ff. L. Wickert, Klio 31, 1938, 350. B. Combet-Farnoux, Mél. 69, 1957 (1958), 11 ff. Es gab aber auch Gelehrte, die die annalistische Fiktion bereits verwarfen, bevor die archäologische Forschung die wirkliche Lage aufklärte, z. B. G. De Sanctis, St. d. R. 1¹, 1907, 392 ff. = 1², 380 ff.; vgl. 2², 161. J. Binder, Die Plebs, 1909, 81. A. Piganiol, Essai sur les origines de Rome, Paris 1916, 303 f.

[127] Vgl. jetzt Alföldi, Röm. Frühgesch. 112 ff. Grundlegend ist das Werk von G. Saeflund, Le mura di Roma repubblicana (Acta Inst. Rom. Regni Sueciae 1), Lund 1932. Vgl. G. Lugli, Historia (Milano-Roma) 7, 1933, 3 ff. Idem, Roma antica, il centro monumentale, Roma 1946, 11 f. F. Castagnoli, Topografia e urbanistica (Storia di Roma, vol. 22) 1958, 66. P. Quoniam, Mél. 59, 1947, 41 ff., bemerkte, daß die untersten Schichten der servianischen Mauer auf dem Aventin aus weichem, cappellaccio genannten Tuffstein bestehen; dagegen sind die oberen mit der festeren Sorte desselben Steines erbaut, die man *grotta oscura* nennt und die aus den Steinbrüchen von Veii geholt wurde. Dies betrachtete er als Beweis für zwei aufeinanderfolgende Bauabschnitte; A. Piganiol, Journal des Savants 1960, 23 schloß sich ihm an. Aber die besten Sachkenner akzeptieren das nicht.

Vgl. G. Lugli, La tecnica edilizia 1, Roma 1957, 22. 186 ff., 191, 204, 230 f., 248, 250, 255 f., 258 f., 268, 274, 277, 297. A. Boëthius, Palladio (Riv. Stor. Architett.) 1958, Nr. 1, 3. — E. Gjerstad, Studies Robinson 1, 1951, 412 ff. Idem, Bull. Com. 73, 1949—50, 29 ff. Idem, Opuscula Romana 1 (Acta Inst. Rom. Regni Sueciae 18) 1954, 50 ff. und 3, 1960, 69 ff. möchte den Erdwall hinter der Mauer auf Grund einer attischen Scherbe, die in ihm gefunden wurde, und wegen des steinernen Mauerwerkes aus den Jahrzehnten nach dem Keltensturm in das 5. Jahrhundert v. Chr. datieren. Zur Datierung der fraglichen Scherbe darf ich die Meinung eines Kenners wie E. Paribeni zitieren: „Die Scherbe vom *agger* [Wall] ist so klein, und die Schale muß so armselig gewesen sein, daß man die ungewöhnlich vage Datierung Beazleys zwischen 520 und 470 v. Chr. rechtfertigen kann. Ich möchte es wagen, mich für 490 v. Chr. zu entscheiden, was auch J. D. Beazley für die wahrscheinlichere Möglichkeit hält. Soweit ich das von der Abbildung her beurteilen kann, muß die Schale ein ungewöhnlich schlechtes Exemplar jener sehr großen und äußerst dürftigen Gruppe des 'Pithos-Malers' und seiner Mitarbeiter gewesen sein." Wie A. v. Gerkan, Rh. Mus. n. F. 100, 1957, 92 ff. zeigte, war die Scherbe im Boden eingegraben, bevor die Mauer gebaut wurde, und sie kann lediglich einen ganz allgemeinen *terminus post quem* liefern. Vgl. auch F. Castagnoli, Bull. Com. 77, 1959—60 (1961), 7 (des Sonderdruckes). E. Gjerstad, Early Rome 3, Lund 1960, 27 ff. A. v. Gerkan, Rh. Mus. n. F. 104, 1961, 135 ff.

[128] DH III 67, 4 teilt mit, daß die Steinblöcke der Mauer, die er Tarquinius Priscus zuschreibt, aus λίθοις ἁμαξιαίοις εἰργασμένοις πρὸς κανόνα [nach Maß behauenen Steinen, die groß genug waren, um einen Frachtwagen zu füllen] gefertigt waren; aber diese regelmäßig behauenen Blöcke sind gerade diejenigen der Mauer des 4. Jahrhunderts, welche *saxo quadrato* [aus Quadersteinen] gebaut war; vgl. Liv. VI 32, 1—2; VII 20, 9.

[129] G. Saeflund, a. a. O. 105, Abb. 41. G. Lugli, La tecn. edil. 204. Die Größe der Fläche, die von der neuen Mauer umschlossen wurde, mag sich zum Teil aus der in Kriegszeiten üblichen Vorsichtsmaßregel erklären, die Rinderherden in die Stadt zu treiben, wenn plündernde feindliche Banden erschienen; vgl. Liv. III 6, 2: *terrore populationis pecora agrestesque in urbem accepti* [Aus Furcht vor Plünderung und Verwüstung wurden Vieh und Landleute in die Stadt aufgenommen].

[130] Vgl. S. 86 ff.

[131] Paul. Fest., 102, 11 L.: *Lapidem silicem tenebant iuraturi per Iovem, haec verba dicentes: „Si sciens fallo, tum me Dispiter salva urbe arceque bonis eiciat, ut ego hunc lapidem."* [Sie hielten einen Kieselstein in der

Hand, wenn sie beim Juppiter schwören wollten, und sprachen folgende Worte: „Wenn ich wissentlich mein Wort breche, dann soll mich *Dispiter*, unter Wahrung des Wohls der Stadt und der Burg, ebenso aus meinem Besitz hinauswerfen, wie ich jetzt diesen Kieselstein wegwerfe."] Vgl. U. Coli, Il diritto pubblico degli Umbri, Milano 1959, 81, 83 ff.

[132] Wie schon A. v. Gerkan, a. a. O. bemerkte.

[133] Vgl. J. B. Carter, Proc. Amer. Philos. Soc. 48, 1909, 130 ff.

[134] Fr. Schachermeyr, Klio 23, 1930, 300 ff. Fabius Pictor und die Annalisten, die ihm folgten, priesen die etruskischen Könige wegen der technischen Großtat ihrer Mauerbauten und konnten somit nicht zugeben, daß ihre Stadt bis zum Keltensturm unbefestigt blieb. Aber sie lassen die Wahrheit durchscheinen, wenn sie berichten, daß die Tore bei der Ankunft der Gallier in dem Durcheinander offen geblieben waren (Liv. V 38, 10; 41, 4. Plut. Camill. 22, 1. Flor. I 7, 14. Serv. Aen. 8, 652. Oros. 2, 19, 7. Zonar. 7, 23 p. 154 Dind.) oder daß die Kelten ohne Widerstand die Tore aufbrachen (Diod. XIV 115).

[135] Plin., *N.h.* III 5, 67 nennt die Mauer *agger Tarquinii Superbi* [Wall des Tarquinius Superbus].

[135a] Vgl. zum folgenden A. Alföldi, Röm. Frühgesch., Heidelberg 1975, 97 ff.

[136] Liv. V 24, 6.

[137] R. Paribeni, N. Sc. 1921, 38 ff. G. Lugli, Roma antica, il centro monumentale, 19 f. M. Cagiano de Azevedo, in Mem. Pont. Acc.. 5, 1940, 1 ff. A. Boëthius, Gnomon 25, 1953, 407 ff. A. Andrén, Rend. Pont. Acc. 32, 1959—60, 21 ff., 45, 56. E. Gjerstad, Early Rome 3, 1960, 27 f., 168 ff., 177 ff. (zur Größe).

[138] Quellenmaterial bei A. Schwegler, RG 1, 674 Anm. 6; 771 ff. Anm. 1 ff.

[139] Vgl. S. 134. Die Rolle Pictors tritt bei Liv. I 55, 7—9 hervor.

[140] Cic., *De re publ.* II 20, 36; 24, 44. Idem, *Verr.* V 19, 48. DH III 69, 1—2; IV 50, 2—5; 59, 1—2; V 35, 3. Liv. I 53, 1—3; 55, 1. 7—9. Strab. V 3, 4 (C. 231). Plin., *N.h.* III 5, 70; VIII 42, 161. Tac., *Hist.* 3, 72. Plut., *Poplic.* 14, 1 ff. Cass. Dio *fr.* 11, 5 Boiss. Serv., *Aen.* 9, 446.

[141] Plin., *N.h.* XXXV 12, 157; XXVIII 2, 16. Fest., p. 340, 31 L. Serv., *Aen.* 7, 188. Liv. I 56, 1. Plut., *Poplic.* 13, 1—3.

[142] I. Scott Ryberg, Mem. Am. Ac. 7, 1929, 14 machte schon auf die systematischen Wiederholungen in den Annalen aufmerksam, die zu doppelten Berichten von der Erbauung bedeutender Tempel führten.

[143] Die Volskerstadt, aus deren Beute Tarquinius d. Ä. die Mittel für sein Bauprojekt genommen haben soll, heißt Apiola (Plin., *N.h.* III 5, 70. Strabo, a. a. O.). E. Pais erkannte in diesem Namen eine griechische

Übersetzung von *Pometia*. Die Übertragung ins Griechische zeigt, daß der Autor dieser Erfindung griechisch schrieb, und allein Pictor kommt ernsthaft dafür in Frage. Vgl. o. S. 134.

[144] Liv. VII 3, 4—8: *ea religione adductus senatus dictatorem clavi figendi causa dici iussit ..... lex vetusta est, priscis litteris verbisque dicta, ut qui praetor maximus sit, idibus Septembribus clavum pangat; fixa fuit dextro lateri aedis Iovis optimi maximi, ex qua parte Minervae templum est. eum clavum, quia rarae per ea tempora litterae erant, notam numeri annorum fuisse ferunt eoque Minervae templo dicatam legem, quia numerus Minervae inventum sit. Volsiniis quoque clavos indices numeri annorum fixos in templo Nortiae, Etruscae deae, comparere diligens talium monumentorum auctor Cincius adfirmat. Horatius consul ea lege templum Iovis optimi maximi dedicavit,* etc. [Diese religiösen Gründe bewogen den Senat zu dem Befehl, einen Diktator zum Einschlagen eines Nagels zu ernennen ... Es gibt ein in altertümlichen Buchstaben und Worten verfaßtes, altehrwürdiges Gesetz, wonach der jeweilige höchste Amtsträger am 13. September einen Nagel einschlagen soll; und zwar wurde der Nagel in die rechte Wand des Tempels des Juppiter Optimus Maximus eingeschlagen, dort, wo der Minerva-Tempel angrenzt. Es wird berichtet, daß dieser Nagel die Jahreszahl festhalten sollte, denn zu jener Zeit gab es kaum schriftliche Aufzeichnungen; das Gesetz soll dem Tempel der Minerva geweiht worden sein, weil diese Göttin die Zahl erfunden habe. Auch in Volsinii sollen zur Kennzeichnung der Jahreszahl im Tempel der Nortia, einer etruskischen Göttin, eingeschlagene Nägel zu sehen sein, wie der in solchen antiquarischen Dingen sorgfältige Schriftsteller Cincius versichert. Der Konsul Horatius weihte gemäß jenem Gesetz den Tempel des Juppiter Optimus Maximus usw.] Vgl. S. 76 f. Alföldi, Röm. Frühgesch., 97 ff.

[145] P. Romanelli, Bollettino d'Arte 33, 1948, 54 ff. Idem, N. Sc. 1948, 193 ff. A. Andrén, Rend. Pont. Acc. 321, 1960, 30 ff.

[146] Vgl. z. B. Claud. Quadrig. fr. 7 (vol. 1², 206 Peter). Liv. I 53, 9; VI 40, 17. Ovid., *Fasti* 1, 453 ff. Tac., *Hist.* 3, 72. Aug., *Civ. Dei* 3, 29, u. a. m.

[147] O. Skutsch, JRS 43, 1953, 76 ff. Sein Ergebnis wurde von J. Wolski, Historia 5, 1956, 44 ff. voreilig verworfen.

[148] Enn., *Ann*. fr. 164 Vahlen: *qua Galli furtim noctu summa arcis adorti / moenia concubia vigilesque repente cruentant.* [Als die Kelten kurz vor Mitternacht unbemerkt die obersten Mauern der Burg angriffen, lagen die Wachen plötzlich in ihrem Blut.] Verg., *Aen*. 8, 657: *Galli per dumos aderant arcemque tenebant.* [Die Kelten schlichen sich durchs Gestrüpp heran und besetzten die Burg.] Sil. Ital., *Pun*. 1, 625 ff.: *Gallis-*

que ex arce fugatis / arma revertentis pompa gestata Camilli. [Nach Vertreibung der Kelten von der Burg wurden die Waffen des Heimkehrers Camillus im Triumphzug getragen.] 4, 150 f.: *ipse tumens atavis Brenni se stirpe ferebat / Crixus et in titulos Capitolia capta trahebat*. [Crixus selbst, mit seinen Ahnen prahlend, leitete seine Herkunft vom Geschlecht des Brennus ab und führte die Einnahme des Kapitols unter den Ruhmestiteln seiner Vorfahren auf.] 6, 555 f.: *Allia et infandi Senones captaeque recursat / attonitis arcis facies*. [Die Allia, die unaussprechlichen Senonen und das Bild der eroberten Burg tritt den wie vom Donner Gerührten vor Augen.]

[149] Vgl. z. B. DH XIII 7, 3. Plut., *De fort. Rom.* 12. Die Quellen für die volkstümliche Prozession bei A. Schwegler, RG 3, 1858, 259 Anm. 3.

[150] Quellennachweise bei A. Schwegler, RG 3, 253.

[151] Plut., *Camill*. 31, 1: χαλεπῶς μὲν οὖν καὶ μόλις αἱ τῶν ἱερῶν ἀνεκαλύπτοντο χῶραι φιλοτιμίᾳ τοῦ Καμίλλου καὶ πόνῳ πολλῷ τῶν ἱεροφαντῶν. [Nur dank der großen Mühe der Priester und dem Eifer des Camillus konnten unter beachtlichen Schwierigkeiten gerade noch die Standorte der Heiligtümer unter den Trümmern wiederentdeckt werden.] Liv. V 50, 1—2: *omnium primum ... quae ad deos immortalis pertinebant, rettulit et senatus consultum facit* (Camillus), *fana omnia, quoad ea hostis possedisset, restituerentur, terminarentur expiarenturque, expiatioque eorum in libris per duumviros quaereretur*. [Als erstes ... brachte er (Camillus) Anträge hinsichtlich der Götterkulte ein und führte einen Senatsbeschluß herbei, daß alle Heiligtümer, soweit sie vom Feind besetzt gewesen seien, wiederhergestellt, abgegrenzt und entsühnt würden und daß zwecks ihrer Reinigung das Zweimännerkollegium die (Sibyllinischen) Bücher einsehen solle.] Es gibt auch archäologische Spuren: E. Gjerstad, a. a. O. 1, 75, 78; 3, 220, 294, 354.

[152] Liv. VI 4, 12 (388 v. Chr): *Eodem anno ... Capitolium quoque saxo quadrato substructum est, opus vel in hac magnificentia urbis conspiciendum*. [Im selben Jahr ... erhielt auch das Kapitol einen Unterbau aus Quadersteinen, ein selbst in der jetzigen, prachtvoll geschmückten Stadt noch sehenswertes Bauwerk.] Plin., *N.h.* XXXVI 15, 104: *sed tum senes ... substructiones Capitolii mirabantur*. [Aber damals bewunderten die Alten ... den Unterbau des Kapitols.] Vgl. E. Gjerstad, a. a. O. 3, 27 ff.

[153] DH III 69, 1—2: Ἐνεχείρησε δὲ καὶ τὸν νεὼν κατασκευάζειν τοῦ τε Διὸς καὶ τῆς Ἥρας καὶ τῆς Ἀθηνᾶς ὁ βασιλεὺς οὗτος ... τὸν μὲν ... λόφον, ἐφ' οὗ τὸ ἱερὸν ἔμελλεν ἱδρύεσθαι, πολλῆς δεόμενον πραγματείας .... ἀναλήμμασιν ὑψηλοῖς πολλαχόθεν περιλαβὼν καὶ πολὺν χοῦν εἰς

τὸ μεταξὺ τῶν τε ἀναλημμάτων καὶ τῆς κορυφῆς ἐμφορήσας, ὁμαλὸν γενέσθαι παρεσκεύασε καὶ πρὸς ἱερῶν ὑποδοχὴν ἐπιτηδειότατον. [Dieser König übernahm auch die Errichtung des Tempels von Juppiter, Juno und Minerva... Da aber der... Hügel, auf dem er das Heiligtum erbauen wollte, erst mit großem Aufwand für diesen Zweck hergerichtet werden mußte..., ließ er ihn von vielen Seiten mit hohen Stützmauern umgeben, eine große Menge Geröll zwischen den Stützmauern und der Hügelspitze aufschütten und schuf so eine ebene Fläche, welche sich vorzüglich zur Aufnahme von Heiligtümern eignete.] Vgl. auch Liv. I 38, 7: *et aream ad aedem in Capitolio Iovis, quam voverat bello Sabino, iam praesagiente animo futuram olim amplitudinem loci occupat fundamentis.* [Und auf dem ebenen Platz des Kapitolinischen Hügels ließ er für den von ihm im Sabinerkrieg gelobten Juppitertempel die Fundamente legen, da er schon den künftigen Glanz dieses Ortes voraussahnte.] Was Livius *saxo quadrato* [aus Quadersteinen] nennt, entspricht den λίθοις ... εἰργασμένοις πρὸς κανόνα [mit maßgerecht behauenen ... Steinen] der von König Priscus gebauten Mauer bei DH III 67, 4; es handelt sich offenkundig um dieselbe Sache, wie wir bereits im Zusammenhang mit der 'servianischen' Mauer sahen.

154 Liv. V 50, 4 erwähnt dies zu früh, nämlich zum Jahr 390 v. Chr.: *(Rettulit Camillus et senatus consultum facit, ut) ludi Capitolini fierent, quod Iuppiter optimus maximus suam sedem atque arcem populi Romani in re trepida tutatus esset collegiumque ad eam rem M. Furius dictator constitueret ex eis, qui in Capitolio atque arce habitarent.* [(Camillus brachte den Antrag ein und führte einen Senatsbeschluß herbei, daß) kapitolinische Spiele stattfinden sollten, weil Juppiter Optimus Maximus seinen Wohnsitz und die Burg des römischen Volkes in einer bedrohlichen Lage beschützt habe; ferner solle der Diktator M. Furius zu diesem Zweck ein Kollegium aus den Bewohnern des Kapitolinischen Hügels und der Burg bilden.] 52, 11: *Capitolinos ludos sollemnibus aliis addidimus collegiumque ad id novum auctore senatu condidimus.* [Den anderen feierlichen Festen haben wir die kapitolinischen Spiele hinzugefügt und zu ihrer Organisation auf Veranlassung des Senats ein neues Kollegium geschaffen.] Vgl. Tert., *De spect.* 5, wo diese Spiele in die mythische Zeit zurückverlegt werden: *Romulus Iovi Feretrio ludos instituit in Tarpeio, quos Tarpeios dictos et Capitolinos Piso tradidit.* [Romulus schuf Spiele für Juppiter Feretrius auf dem Tarpeischen Hügel, welche — wie Piso überlieferte — tarpeische und kapitolinische genannt wurden.] Das vom Staat zu diesem Zweck eingesetzte *collegium* wurde in der Zeit der späten Republik bedeutungslos; aber der Staat behielt es aus religiöser Ehrfurcht für die Organisation der kapitolinischen Spiele bei und gab ihm sowie den gleich-

artigen Vereinigungen der *pagani Aventinenses et Mercuriales* [Bewohner des Aventinischen und des Merkurischen Gaus] einen gemeinsamen Vorsitzenden; vgl. auch die Vorsteher der Bruderschaft der *luperci*: Cic., *Ad Q. fr.* II 5, 2. CIL I² 1004 (mit scharfsinnigen Bemerkungen von Mommsen). XIV 2105. Das Wagenrennen auf dem Kapitol während der Tage der *feriae Latinae* [Latinerfest], von dem Plin., *N.h.* XXVII 7, 45 berichtet, wurde natürlich ebenfalls auf der *area Capitolina* [Fläche auf dem Kapitolinischen Hügel] abgehalten; *pace* K. Latte, Röm. Religionsgeschichte 146 Anm. 1.

[155] Belege bei A. Schwegler, RG 2, 51. Fr. Münzer, RE 8, 2401 ff., hat unrecht, wenn er glaubt, daß der Name des M. Horatius aus den ursprünglichen *fasti* genommen ist. O. Leuze, Die römische Jahrzählung, Tübingen 1909, 325 ff. K. J. Beloch, RG 35 ff., u. a. m.

[156] Mommsen, RF 2, 28 (ihm folgt Fr. Münzer, RE 7, 928 und 8, 2327, 5) hielt die Namen des M. Horatius und L. Geganius für unecht, da Diodor XV 57, 1 sie für 378 nicht mit den vier anderen Konsulartribunen, die auch bei Livius VI 31, 1 verzeichnet sind, erwähnt. Das ist jedoch ungerechtfertigt: Später kommt kein Horatius mehr in den *fasti* vor und nur ein einziger Geganius zum Jahr 367. Folglich gab es aus diesen Familien im 3. und 2. Jahrhundert niemanden mehr, der daran interessiert gewesen wäre, zusätzliche Namen seiner Sippe in die Listen einzuschmuggeln. Deshalb müssen wir mit T. S. Broughton, MRR 1, 107 an ihren Namen festhalten; vgl. A. Degrassi, Inscr. It. XIII, 1, 102.

[157] Vgl. Anm. 151.

[158] H. Jordan, Topographie d. Stadt Rom I 2, 9. G. Wissowa, RuK², 39 f., 124 f. J. Vogt, Die römische Republik², Freiburg 1951, 29 f. und andere.

[159] R. Bloch, R. Et. Lat. 37, 1959, 121, 123 f. P. J. Riis-E. Gjerstad, Op. Rom. 3, 1960, 88 f. Manche Datierungen sind noch in der Schwebe; die Kontinuität im 5. Jahrhundert ist jedoch sicher.

[160] I. Scott Ryberg, An Archaeological Record of Rome from the seventh to the second century B. C. (Studies and Documents ed. K. Lake und S. Lake XIII 1), London-Philadelphia 1940, 202 ff. Außer dieser bedeutenden Übersicht s. auch ihren vorhergehenden Bericht in Mem. Am. Ac. 7, 1929, 21 ff., wo die literarische Evidenz anhand der archäologischen Funde überprüft wird. Seit 1940 ist das archäologische Material ständig gewachsen, aber das von Frau Ryberg gezeichnete umfassende Bild bleibt in seinen Grundzügen gültig. Die neueste Registrierung und Erörterung aller Funde bietet das umfangreiche Werk von E. Gjerstad, Early Rome 1, 1953; 2, 1956; 3, 1960.

[161] I. Scott Ryberg, An Archaeol. Record 203. Die letzte allgemeine

Übersicht über die architektonischen Reste bei G. Lugli, La tecnica edilizia 1957, 245 ff.

[162] I. Scott Ryberg, ibid. 5.

[163] Ibid. 49 ff.

[164] DH I 84, 5. Plut., *Rom.* 6, 2. Idem, *De fort. Rom.* 8. *Origo gentis Rom.* 21, 3 Steph. Byz. *s.v.* Τάβιοι *(sic!)*.

[165] Es genügt, die Meinung einiger hervorragender Gelehrter zu zitieren: A. Schwegler, RG 2, 203. M. Gelzer, RE 12, 952. G. Wissowa, RuK² 51. L. Homo, L'Italie primitive, Paris 1925, 163. G. Pasquali, La nuova antologia 386, 1936, 416, und andere.

[166] A. Blakeway, JRS 25, 1935, 136 Anm. 26. I. Scott Ryberg, An Archaeol. Record, 51 ff., 74 ff., 79.

[167] E. Paribeni, Bull. Com. 76, 1959, 3 ff. E. Gjerstad, Early Rome 3, Abb. 88 und S. 130 inventarisiert attische rotfigurige Scherben vom Palatin. Vgl. jetzt A. Alföldi, Röm. Frühgesch. 104 ff.

[168] Vgl. R. Bloch, R. Et. Lat. 37, 1959, 121, 123 ff.

[169] Flor. I 5, 5—10.

Achtes Kapitel

[1] DH V 36, 1 ff. Liv. II 14, 5 ff. Vgl. o. S. 44 ff.

[2] Zitate und moderne Literatur bei T. R. S. Broughton, MRR 1, 1951, 6 f., 9. Vgl. auch W. Schulze, ZGLEN 75, 83, 89, 173, 278, 335 *(Herminius)*; 83, 109 *(Larcius)*.

[3] Liv. II 34, 5: *ex Tuscis frumentum Tiberi venit, eo sustentata est plebs*. [Von den Etruskern gelangte Getreide auf dem Tiber (nach Rom); damit wurde die Plebs am Leben erhalten.]

[4] O. Richter, Hermes 17, 1882, 425 ff. G. De Sanctis, St. d. R. 2², 1960, 121 ff. Eine echte Überlieferung zum Kampf Roms gegen Veii und Fidenae im 5. Jahrhundert v. Chr. findet man bei Macrob., *Sat.* III 9, 13: *in antiquitatibus autem haec oppida inveni devota: [Hi]stonios Fregellas Gavios Veios Fidenas.* [In der Frühzeit wurden nach meiner Kenntnis folgende Städte (den unterirdischen Göttern) geweiht: Histonii, Fregellae, Gabii, Veii, Fidenae.]

[5] Vgl. S. 258 ff. A. Schwegler, RG 2, 1856, 735 ff. G. De Sanctis, St. d. R. 2¹, 1907, 121 f., 125 ff. A. Klotz, Livius und seine Vorgänger, Berlin 1941, 250. A. Momigliano, Cl. Q. 36, 1942, 111 ff. R. M. Ogilvie, JRS 48, 1958, 41. M. Sordi, I rapporti Romano-Ceriti, Roma 1960, 1 ff., u. a. m.

[6] Liv. IV 24, 2; 25, 7—8.

[7] Wertvolle und reichhaltige bibliographische Angaben über Nord-

etrurien bei M. Bollini in: Mostra dell' Etruria Padana e della città di Spina 2, Bologna 1960, 19—34. Vgl. R. Chevalier, R. Et. Lat. 37, 1959 (1960), 132 ff.

[8] Diod. V 13, 4; 20, 4; 40, 1; XI 51, 1. Vgl. T. J. Dunbabin, The Western Greeks, Oxford 1948, 346 ff. und 499 (Index). Strab. V 4, 9 (C. 248).

[9] DH VII 6, 1.

[10] Strab. V 3, 5 (C. 232): (die Antiaten) πρότερον δὲ ναῦς ἐκέκτηντο καὶ ἐκοινώνουν τῶν ληστηρίων τοῖς Τυρρηνοῖς, καίπερ ἤδη Ῥωμαίοις ὑπακούοντες. [Zuvor aber besaßen sie Schiffe und nahmen an den Piratenfahrten der Etrusker teil, obwohl sie bereits den Römern untertan waren.]

[11] Pindar, Pyth. 1, 72 ff. Diod. XI 51, 1—2. IGA 150 (ein aus der Beute dieser Schlacht stammender etruskischer Helm, der dem Zeus in Olympia geweiht ist). Ad. Holm, Geschichte Siciliens im Altertum 1, Leipzig 1870, 275 und 419 ff. G. Busolt, Griechische Geschichte 2², Gotha 1895, 804.

[12] Diod. XI 88, 4 ff. Vgl. K. F. Stroheker, Dionysios I., Wiesbaden 1958, 2 Anm. 6.

[13] Diod. XII 31, 1 (mit einem früheren Datum). Liv. IV 37, 1—2. Serv., Aen. 10, 145. J. Heurgon, Rech. (BEFAR 154) 1942, 85 ff., bespricht alle Einzelheiten.

[14] Thucyd. VI 88, 6: καὶ ἔπεμψαν μὲν (οἱ Ἀθηναῖοι) ἐς Καρχηδόνα τριήρη περὶ φιλίας, εἰ δύναιντό τι ὠφελεῖσθαι, ἔπεμψαν δὲ καὶ ἐς Τυρσηνίαν, ἔστιν ὧν πόλεων ἐπαγγελλομένων καὶ αὐτῶν ξυμπολεμεῖν. [Und sie (die Athener) schickten auch eine Triere nach Karthago, um dort einen Freundschaftsvertrag zu schließen und vielleicht einen Vorteil herauszuschlagen; ferner schickten sie eine Gesandtschaft nach Etrurien, wo einige Städte sogar eigene Beteiligung am Krieg versprachen.] VI, 103, 2: ἦλθον δὲ καὶ τῶν Σικελῶν πολλοὶ ξύμμαχοι τοῖς Ἀθηναίοις, οἳ πρότερον περιεωρῶντο, καὶ ἐκ τῆς Τυρσηνίας νῆες πεντηκόντοροι τρεῖς. [Auch viele Sikeler, welche vorher noch abgewartet hatten, traten als Bundesgenossen auf die Seite der Athener, und aus Etrurien kamen drei Fünfzigruderer.] VII 53, 1—2. 54: ὁ δὲ Γύλιππος ... παρεβοήθει ἐπὶ τὴν χηλὴν μέρος τι ἔχων τῆς στρατιᾶς καὶ αὐτοὺς οἱ Τυρσηνοὶ (οὗτοι γὰρ ἐφύλασσον τοῖς Ἀθηναίοις ταύτῃ) ὁρῶντες ἀτάκτως προσφερομένους ἐπεκβοηθήσαντες καὶ προσπεσόντες τοῖς πρώτοις τρέπουσι καὶ ἐσβάλλουσιν ἐς τὴν λίμνην τὴν Λυσιμέλειαν καλουμένην ... μετὰ δὲ τοῦτο Συρακόσιοι μὲν τῆς τε ναυμαχίας τροπαῖον ἔστησαν, ... Ἀθηναῖοι δὲ ἧς τε οἱ Τυρσηνοὶ τροπῆς ἐποιήσαντο τῶν πεζῶν ἐς τὴν λίμνην καὶ ἧς αὐτοὶ τῷ ἄλλῳ στρατοπέδῳ. [Gylippos ... eilte mit einem Teil seines Heeres zwecks Hilfeleistung zum Hafendamm, und als die Etrusker, welche dort für die Athener Wache hielten, sie ungeordnet heranstürmen sahen, eilten

sie ihnen entgegen, fielen über ihre vordersten Reihen her, schlugen sie in die Flucht und trieben sie in den 'Lysimeleia' genannten Sumpf ... Danach errichteten die Syrakusaner ein Siegeszeichen für die gewonnene Seeschlacht ..., die Athener ihrerseits wegen des Sieges der Etrusker, welche das (syrakusanische) Fußvolk in den Sumpf getrieben hatten, und wegen ihres eigenen mit dem Rest ihres Heeres errungenen Sieges.] 57, 11: ξυνεστράτευον ... Τυρσηνῶν τέ τινες κατὰ διαφορὰν Συρακοσίων .... τοσάδε μὲν μετὰ 'Αθηναίων ἔθνη ἐστράτευον. [Am Feldzug ... beteiligten sich aber auch einige Etrusker wegen ihrer Auseinandersetzungen mit Syrakus ... So viele Völkerschaften nahmen also auf athenischer Seite am Feldzug teil.] R. A. L. Fell, Etruria and Rome, Cambridge 1924, 105 ff. M. Treu, Historia 3, 1954—1955, 41 ff. K. F. Stroheker, ibid. 163 ff.

[15] R. A. L. Fell, a. a. O. bringt die wichtigen Stellen. Weiteres S. 304 ff.

[16] Herod. 1, 167. Ed. Meyer, GdA 5, 1902, 123. Strab. V 2, 3 (C. 220). Bei Cic., De re publ. II 4, 9 identifiziere ich die *maritimi* [Küstenbewohner], die *mercandi causa* [zu Handelszwecken] zur See fahren, mit den Etruskern, und diejenigen, die es *latrocinandi causa* [um der Piraterie willen] tun, mit den Karthagern; in Wahrheit aber trieben beide sowohl Handel als auch Seeräuberei, wie die Griechen bei Homer.

[17] P. J. Riis-E. Gjerstad, Opusc. Rom. 3, 1960, 88 ff. R. Bloch, R. Et. Lat. 37, 1959, 118 ff., 124 ff., 130. Vgl. auch T. Frank, Mem. Am. Ac. Rome 5, 1925, 79—102 über den Tempel der Dioskuren.

[18] Die neueste Übersicht über diese Beziehungen bei Marta Sordi, I rapporti romano-ceriti Roma 1960, 22 f. 32 ff.

[19] Alle diesbezüglichen Stellen sind bei A. Schwegler, RG 3, 1858, 249 ff. zu finden.

[20] Dieser Sieg Caeres über die Kelten war sicherlich kein so überwältigender Erfolg, wie die Quellen ihn beschreiben. Vgl. Diod. XIV 117, 7 (nach der Keltenkatastrophe): οἱ δ'εἰς τὴν Ἰαπυγίαν τῶν Κελτῶν ἐληλυθότες ἀνέστρεψαν διὰ τῆς τῶν Ῥωμαίων χώρας καὶ μετ' ὀλίγον ὑπὸ Κερίων ἐπιβουλευθέντες νυκτὸς ἅπαντες κατεκόπησαν ἐν τῷ Τραυσίῳ πεδίῳ. [Die bis zu den Japygern vorgedrungenen Kelten kehrten durch das römische Gebiet zurück; sie gerieten aber kurz danach nachts in einen Hinterhalt der Cäretaner und wurden in der Trausischen Ebene bis auf den letzten Mann niedergemetzelt.] Strab. V 2, 3 (220 C.): Περὶ μὲν τῆς ἐπιφανείας τῶν Τυρρηνῶν ταῦτα καὶ ἔτι τὰ τοῖς Καιρετανοῖς πραχθέντα ... καὶ γὰρ τοὺς ἑλόντας τὴν Ῥώμην Γαλάτας κατεπολέμησαν ἀπιοῦσιν ἐπιθέμενοι κατὰ Σαβίνους καὶ ἃ παρ' ἑκόντων ἔλαβον Ῥωμαίων ἐκεῖνοι λάφυρα ἄκοντας ἀφείλοντο. [Soweit über das Auftreten der Etrusker und nun noch zu einer Tat der Cäretaner ... Sie bezwangen nämlich auch in einer Schlacht die Kelten, welche Rom er-

obert hatten, indem sie diese bei ihrem Rückzug durchs Sabinerland angriffen und sie zur unfreiwilligen Herausgabe jenes Beutegutes zwangen, welches die Römer jenen ohne Widerstand überlassen hatten.]

[21] Vgl. die Bemerkungen von E. Kornemann, RG 1³, Stuttgart 1954, 103 ff. und die vorzügliche Übersicht bei K. F. Stroheker, Dionysios I., Wiesbaden 1958, 120 ff., 126 ff., 128 ff., dem wir uns in dieser kurzen Skizze anschließen.

[22] K. F. Stroheker, a. a. O. 122 f.

[23] Ed. Meyer, GdA 5, 1902, 148 f. A. Momigliano, SDHI 5, 1939, 393 ff. Dagegen: K. F. Stroheker, a. a. O. 230 f. Anm. 141. M. Sordi, a. a. O. 68 ff.

[24] DH VII 1, 4—6.

[25] Diod. XV 14, 3—4: Διονύσιος δὲ χρημάτων ἀπορούμενος — diese Motivation spiegelt die feindliche Haltung des Timaios, der Quelle Diodors, gegenüber den Herrschern von Syrakus wider, vgl. K. F. Stroheker, a. a. O. — ἐστράτευσεν ἐπὶ Τυρρηνίαν, ἔχων τριήρεις ἑξήκοντα, πρόφασιν μὲν φέρων τὴν τῶν λῃστῶν κατάλυσιν, τῇ δ'ἀληθείᾳ συλήσων ἱερὸν ἅγιον, γέμον μὲν ἀναθημάτων πολλῶν, καθιδρυμένον δ'ἐν ἐπινείῳ πόλεως Ἀγύλλης Τυρρηνίδος. τὸ δ'ἐπίνειον ὠνομάζετο Πύργοι. Καταπλεύσας δὲ νυκτὸς καὶ τὴν δύναμιν ἐκβιβάσας, ἅμ'ἡμέρᾳ προσπεσὼν ἐκράτησε τῆς ἐπιβολῆς. ὀλίγων γὰρ ὄντων ἕν τῷ χωρίῳ φυλάκων βιασάμενος αὐτοὺς ἐσύλησε τὸ ἱερὸν καὶ συνήθροισεν οὐκ ἔλαττον ταλάντων χιλίων. τῶν δὲ Ἀγυλλαίων ἐκβοηθησάντων, μάχῃ τε ἐκράτησεν αὐτῶν καὶ πολλοὺς αἰχμαλώτους λαβὼν καὶ τὴν χώραν πορθήσας ἐπανῆλθεν εἰς τὰς Συρακούσας. ἀποδόμενος δὲ τὰ λάφυρα συνήγαγεν οὐκ ἐλάττω ταλάντων πεντακοσίων. εὐπορήσας δὲ χρημάτων ἐμισθοῦτο στρατιωτῶν παντοδαπῶν πλῆθος καὶ δύναμιν ἀξιόλογον συστησάμενος φανερὸς ἦν πολεμήσων Καρχηδονίοις. [Dionysios, dem es an Geld mangelte, unternahm mit sechzig Trieren einen Feldzug nach Etrurien, unter dem Vorwand der Vernichtung der Piraterie, in Wahrheit aber, um ein in der Hafensiedlung der etruskischen Stadt Agylla gelegenes, von Weihgeschenken geradezu überfließendes, ehrwürdiges Heiligtum zu plündern. Diese Hafensiedlung hieß Pyrgi. Er segelte des Nachts heran, setzte seine Truppen an Land, und als er bei Tagesanbruch den Angriff eröffnete, hatte er einen über Erwarten großen Erfolg. Denn er überwältigte die an Zahl geringen Wachtruppen jenes Ortes, plünderte das Heiligtum und raffte dabei nicht weniger als tausend Talente zusammen. Als die Agylläer gegen ihn ausrückten, besiegte er sie in einer Schlacht, nahm viele von ihnen gefangen, verwüstete ihr Land und kehrte nach Syrakus zurück. Durch den Verkauf der Beutestücke erzielte er einen Gewinn von nicht weniger als 500 Talenten. Mit diesen reichen Geldmitteln warb

er viele Söldner aus allen möglichen Gegenden an, stellte eine ansehnliche Streitmacht auf und beabsichtigte offensichtlich, einen Krieg gegen die Karthager zu führen.] Aelian., Var. hist. 1, 20 sagt, daß der in Pyrgi geplünderte Tempel dem Apollo und der Leukothea gehörte. Polyaen. V 2, 21 spricht auch von einem Heiligtum der Leukothea. Dieser Autor benutzte dieselbe Quelle wie Ps.-Arist., Oecon. 2, 1349 b—1350 a. Strab. V 2, 8 (C. 226): ἔχει δὲ Εἰλειθυίας ἱερόν, Πελασγῶν ἵδρυμα, πλούσιόν ποτε γενόμενον. ἐσύλησε δ'αὐτὸ Διονύσιος ὁ τῶν Σικελιωτῶν τύραννος κατὰ τὸν πλοῦν τὸν ἐπὶ Κύρνον. [Es gibt dort ein von den Pelasgern gegründetes, einst reiches Heiligtum der Eileithyia. Dieses plünderte Dionysios, der Tyrann von Syrakus, bei seiner Fahrt nach Korsika.] Vgl. K. O. Müller-W. Deecke, 1, 189 f. 190 Anm. 33. Ad. Holm, Geschichte Siciliens 2, Leipzig 1874, 135 f., und R. A. L. Fell, a. a. O. 105 f. K. F. Stroheker, a. a. O. 127 f. M. Sordi, a. a. O. 66 f. Über die neuen Ausgrabungen in Pyrgi vgl. M. Pallottino, Arch. cl. 9, 1957, 206 ff.; 10, 1958, 315 ff. Idem, mit G. Colonna, G. Garbini, L. Vl. Dorelli, Arch. cl. 16, 1964, 191 ff. Idem, Acc. naz. dei Lincei, Quaderno 87, 1966, 13 ff. G. Colonna, St. Etr. 33, 1965, 191 ff.

[26] Diod. V 13, 4 (über die beiden wichtigsten Städte von Korsika): τούτων δὲ τὴν μὲν Κάλαριν Φωκαεῖς ἔκτισαν, καὶ χρόνον τινὰ κατοικήσαντες ὑπὸ Τυρρηνῶν ἐξεβλήθησαν ἐκ τῆς νήσου. τὴν δὲ Νίκαιαν ἔκτισαν Τυρρηνοὶ θαλαττοκρατοῦντες καὶ τὰς κατὰ τὴν Τυρρηνίαν κειμένας νήσους ἰδιοποιούμενοι. ἐπὶ δέ τινας χρόνους τῶν ἐν τῇ Κύρνῳ πόλεων κυριεύοντες ἐλάμβανον παρὰ τῶν ἐγχωρίων φόρους ῥητίνην καὶ κηρὸν καὶ μέλι, φυομένων τούτων δαψιλῶν ἐν τῇ νήσῳ. [Von diesen (Städten) gründeten die Phokäer Calaris und bewohnten es eine Zeitlang, wurden aber dann von den Etruskern von der Insel vertrieben. Nicaea aber gründeten die Etrusker während der Zeit ihrer Seeherrschaft, als sie die vor der etruskischen Küste gelegenen Inseln in ihren Besitz brachten. Solange sie über die korsischen Städte herrschten, nahmen sie von den Einheimischen als Tribut Harz, Wachs und Honig, da die Insel diese Produkte im Überfluß besitzt.] Ptolem., Geogr. III 2, 4: Συρακουσανὸς λιμὴν [der syrakusanische Hafen]. Vgl. E. Pais, Studi Storici 2 (Pisa 1893) 315 f. 348 Anm. G. De Sanctis, St. d. R. 2^2, 1960, 179.

[27] Arist., Pol. I 11, 12 (p. 1259 a), von G. De Sanctis, St. d. R. 2^2, 1960, 179 ausgewertet. R. A. L. Fell, a. a. O. 105 f.

[28] E. Pais, Studi storici 2, 1893, 348 Anm. A. Momigliano, SDHI 5, 1939, 389 f.

[29] Diod. XVI 10, 2: κατὰ δὲ τοῦτον τὸν καιρὸν ὁ μὲν τύραννος περὶ τὰς νεοκτίστους πόλεις κατὰ τὸν Ἀδρίαν διέτριβε μετὰ πολλῶν δυνάμεων. [Zu jener Zeit besuchte der Tyrann mit einer großen Streitmacht

seine neugegründeten Städte in der Adria.] Plut., *Dion.* 26, 1: Μάλιστα δ'αὐτοὺς ἐθάρρυνε τὸ συμβεβηκὸς αὐτομάτως περὶ τὴν ἀποδημίαν τοῦ Διονυσίου· νεωστὶ γὰρ ἐκπεπλευκὼς ἐτύγχανεν ὀδγοήκοντα ναυσὶν εἰς τὴν Ἰταλίαν. [Ganz besonders ermutigte sie jenes zufällige Ereignis, welches sich bei der Abreise des Dionysios zugetragen hatte; soeben nämlich war er mit achtzig Schiffen nach Italien ausgesegelt.] Vgl. 26, 4. Corn. Nepos, *Dion* 5, 4: *eo tempore aberat Dionysius et in Italia classem opperiebatur adversariorum, ratus neminem sine magnis copiis ad se venturum.* [Zu jener Zeit war Dionysios abwesend und erwartete in Italien die Flotte seiner Gegner, im Glauben, niemand werde ohne eine bedeutende Streitmacht gegen ihn ziehen.]

[30] Liv. VII 25, 3—4: *Galli ex Albanis montibus, quia hiemis vim pati nequiverant, per campos maritumaque loca vagi populabantur; mare infestum classibus Graecorum erat oraque litoris Antiatis Laurensque tractus et Tiberis ostia, ut praedones maritimi cum terrestribus congressi ancipiti semel proelio decertarint dubiique discesserint in castra Galli, Graeci retro ad naves, victos se an victores putarent.* [Die Kelten kamen wegen des unerträglich harten Winters von den Albanerbergen herab und durchzogen unter Verwüstungen die Ebenen und die Küstengegenden; das Meer hingegen wurde von griechischen Flotten unsicher gemacht, ebenso die Küstengestade bei Antium, das Gebiet von Lavinium und die Tibermündung; einmal kam es zwischen den See- und den Landräubern zu einem Kampf auf Leben und Tod mit unentschiedenem Ausgang; die Kelten kehrten in ihr Lager, die Griechen zu ihren Schiffen zurück, und beide Parteien waren im Zweifel, ob sie sich für besiegt oder für die Sieger halten sollten.] 7—9: *inter duo simul bella externa defectione etiam sociorum senatus anxius ... contendere omnes imperii vires consules dilectu habendo iussit; ... decem legiones scriptae dicuntur quaternum milium et ducenorum peditum equitumque trecenorum quem nunc novum exercitum, si qua externa vis ingruat, hae vires populi Romani, quas vix terrarum capit orbis contractae in unum haud facile efficiant.* [In jenem Zweifrontenkrieg bereitete es dem Senat zusätzliche Sorge, daß sogar die Bundesgenossen abfielen ..., und er trug den Konsuln auf, in einer Aushebung ihre unumschränkten Amtsvollmachten voll auszuschöpfen; ... zehn Legionen von je 4200 Fußsoldaten und je 300 Reitern sollen aufgestellt worden sein, eine auch jetzt noch beim Angriff einer auswärtigen Macht unerhört große Streitmacht, welcher kaum die heutigen, beinahe den Erdkreis überschreitenden Streitkräfte des römischen Volkes gleichkämen, wenn man sie an einem Ort zusammenzöge.] 12—13: *consul duabus legionibus urbi praepositis, octo cum L. Pinario praetore divisis, ... Gallicum sibi bellum extra sortem sumit, praetorem*

maritimam oram tutari Graecosque arcere litoribus iussit. [Der Konsul ließ zwei Legionen zum Schutz der Stadt zurück, teilte die übrigen acht mit dem Praetor L. Pinarius ... und beanspruchte ohne Losverfahren für sich den Oberbefehl gegen die Kelten, während er dem Praetor befahl, die Küste zu schützen und die Griechen an der Landung zu hindern.] 26, 10—11 (nachdem Camillus die Gallier besiegt hatte): *consul .... iussus ab senatu bellum maritimum curare cum praetore iunxit castra. ibi quia res trahi segnitia Graecorum non committentium se in aciem videbantur ...* [Der Konsul ... erhielt vom Senat den Auftrag, sich um den Seekrieg zu kümmern und ließ sein Lager neben dem des Praetors aufschlagen. Weil dort infolge der laschen Kriegsführung der Griechen, welche sich auf keine offene Schlacht einließen, die Auseinandersetzung sich hinzuziehen schien ...] 13—15: *cum Graecis a Camillo nulla memorabilis gesta res; nec illi terra, nec Romanus mari bellator erat. postremo cum litoribus arcerentur, aqua etiam praeter cetera necessaria usui deficiente Italiam reliquere. cuius populi ea cuiusque gentis classis fuerit, nihil certi est. maxime Siciliae fuisse tyrannos crediderim; nam ulterior Graecia ea tempestate intestino fessa bello iam Macedonum opes horrebat.* [Gegen die Griechen gelang dem Camillus kein erwähnenswerter Erfolg; diese waren unerfahren im Kampf zu Lande, die Römer in dem zur See. Als ihnen schließlich das Landen an der Küste verwehrt wurde und ihnen das Wasser sowie die übrigen lebensnotwendigen Mittel ausgingen, verließen sie Italien. Von welchem Gemeinwesen und Volk diese Flotte kam, ist nicht sicher überliefert; m. E. waren es höchstwahrscheinlich die Tyrannen von Sizilien, (welche die Flotte entsandt hatten); denn das griechische Mutterland war zu jener Zeit vom Bürgerkrieg erschöpft und schwebte bereits in Angst und Schrecken vor der makedonischen Macht.]

[31] Vgl. E. Pais, Studi storici (Pisa) 2, 1893, 350 ff., 429 ff. G. De Sanctis, St. d. R. 2^2, 1960, 251.

[32] Vgl. J. Beloch, Griechische Geschichte III 2^2, Berlin-Leipzig 1923, 380 f. H. E. Stier, RE 6A, 1278. E. Sjöquist, Kokalos 4, 1958, 3 ff.

[33] Fabius Pictor wußte Bescheid, weil das Werk des Zeitgenossen Athanis (oder Athanas) von Syrakus, der die Geschichte dieser Jahre schrieb (F. Jacoby, F. Gr. Hist. 3 B, Kommentar 1955, 522), von Pictors Quelle Timaios benutzt wurde. Aber er konnte kaum zugeben, daß Rom in der Mitte des 4. Jahrhunderts ein Feind der Griechen Siziliens und ein Verbündeter Karthagos war.

[34] Diod. XVI 82, 3. Vgl. E. Pais, Studi storici 2, 1893, 441 f u. a.

[35] Plin., N.h. XXXIV 6, 26: *Invenio et Pythagorae et Alcibiadi in cornibus comitii positas, cum bello Samniti Apollo Pythius iussisset fortissimo Graiae gentis et alteri sapientissimo simulacra celebri loco dicari.*

eae stetere, donec Sulla dictator ibi curiam faceret. mirumque est, illos patres Socrati cunctis ab eodem deo sapientia praelato Pythagoram praetulisse aut tot aliis virtute Alcibiadem et quemquam utroque Themistocli. [Mir liegt auch die Überlieferung vor, daß an den äußersten Ecken des Volksversammlungsplatzes (Statuen) des Pythagoras und des Alkibiades aufgestellt worden sind, als im Samniterkrieg der pythische Apollon empfohlen hatte, dem kraftvollsten und dem weisesten Griechen an einem besonders prominenten Ort je eine Statue zu weihen. Diese Statuen befanden sich dort, bis der Diktator Sulla an jener Stelle das Rathaus errichtete. Und es ist erstaunlich, daß die Senatoren damals dem Sokrates, den doch eben jener Gott für weiser hielt als alle übrigen, den Pythagoras vorzogen und bezüglich der männlichen Tatkraft den Alkibiades über so viele andere stellten bzw. überhaupt in beiden Fällen irgend jemanden gegenüber dem Themistokles bevorzugten.] Plutarch, *Numa* 8, 20 erzählt dieselbe Geschichte, wenn in ihr auch gerade die wertvollen Nachrichten des Plinius fehlen. Soweit ich sehe, wurde die hinter dieser ostentativen Auszeichnung des Alkibiades stehende Tendenz bis jetzt nicht erkannt.

[36] Vgl. S. 258 ff.

[37] Eine detaillierte Übersicht bei J. H. Thiel, A History of the Roman Sea-Power before the Second Punic War, Amsterdam 1954, 3 ff.

[38] Diod. XIV 93, 3—5. Liv. V 25, 10; 28, 2—5. Plut., *Camill.* 8, 3—8. App., *Ital.* 8, 1. Vgl. G. De Sanctis, St. d. R. 2², 138. A. Klotz, Rh. Mus. n. F. 86, 1937, 213. H. Ormerod, Piracy in the Ancient World, Liverpool-London 1924, 157. J. H. Thiel, a. a. O. 6 ff. M. Sordi, I rapporti 92.

[39] Vgl. A. Momigliano, SDHI 5, 1939, 394 ff. G. Nenci, Rivista di Studi Liguri 24, 1958, 24 ff., 80 ff. M. Sordi, I rapporti 94 ff. Justin. XLIII 5, 10 schreibt: *immunitas illis decreta et locus spectaculorum in senatu datus* [Jenen wurde Befreiung von Abgaben gewährt und bei den Spielen ein Ehrenplatz unter den Senatoren zugewiesen], aber erst Scipio der Ältere trennte im Jahre seines Konsulats die Sitze der Senatoren bei den Spielen von denen der andern Bürger, und deshalb können solche Klauseln nicht vor 205 v. Chr. in offiziellen Dokumenten enthalten gewesen sein (Eine abweichende Meinung bei G. Nenci, a. a. O. 91 Anm. 220). Ebensowenig kann Massilia, wenigstens meiner Meinung nach, Rom finanzielle Unterstützung in Form eines den Kelten für den Abbruch der Belagerung gezahlten Lösegeldes gewährt haben; wenn jemals eine Beihilfe gewährt wurde, dann später.

[40] Diod. XV 27, 4 (378—77 v. Chr.): Ἅμα δὲ τούτοις πραττομένοις Ῥωμαῖοι μὲν ἐπὶ ἀτελείᾳ πεντακοσίους ἀποίκους εἰς Σαρδονίαν ἀπέστειλαν. [Gleichzeitig mit diesen Ereignissen entsandten die Römer 500 Kolonisten, denen Befreiung von Abgaben gewährt wurde, nach Sardinien.]

Die neueren Ansichten zu diesem Thema werden in dem Buch von M. Sordi, a. a. O. 94 ff. diskutiert. Vgl. auch O. Meltzer, Geschichte der Karthager 1, Berlin 1879, 339 ff. Ed. Meyer, GdA 5, 820. 826.
[41] Fr. Gr. Hist. 840 Anhang 24 b (= Theophrast., *Hist. plant.* V 8, 2). Das vorgeschlagene Datum stammt von F. Jacoby. Vgl. M. Sordi, a. a. O., welche die modernen Werke zu diesem Problem zitiert.
[42] Diod. XVI 36, 4. Liv. VII 19, 6—20, 8: *In bellum Etruscum intentam civitatem, quia Caeritem populum misericordia consanguinitatis Tarquiniensibus adiunctum fama ferebatur, legati Latini ad Volscos convertere ..... inclinavit deinde pars maior curae in Etruscum bellum, postquam ... cognitum est depopulatum agrum circa Romanas salinas praedaeque partem in Caeritum fines avectam et haud dubie iuventutem eius populi inter praedatores fuisse ... is ..* (T. Manlius L. f. dictator) *Caeritibus bellum indixit. tum primum Caerites ... verus belli terror invasit, et ... pro se quisque legatos mitti iubebat ad petendam erroris veniam .... movit populum non tam causa praesens quam vetus meritum ... itaque pax populo Caeriti data, indutiasque in centum annos factas in aes referri placuit.* [Die Aufmerksamkeit des (römischen) Staates war (zu jener Zeit) auf einen Krieg mit den Etruskern gerichtet, denn es ging das Gerücht um, daß Caere aus Mitleid mit den Stammesverwandten ein Bündnis mit Tarquinii eingegangen sei; latinische Gesandten aber lenkten den Blick der Bürgerschaft auf die Volskergefahr ... Die Hauptsorge galt danach dem Krieg mit den Etruskern, nachdem ... die Kunde eingetroffen war, daß das Gebiet um die römischen Salinen verwüstet, ein Teil der Beute in das Gebiet von Caere geschleppt worden und zweifellos die Jungmannschaft jener Gemeinde an dem Beutezug beteiligt gewesen sei ... Dieser ... (der Diktator T. Manlius, Sohn des Lucius) erklärte Caere den Krieg. Da erst packte die Caeretaner ... echter Schrecken vor dem Krieg, und ... einstimmig beschlossen sie, Gesandte zu schicken und um Verzeihung für ihren Irrtum zu bitten ... Das (römische) Volk ließ sich weniger von der gegenwärtigen Situation als von den früheren Verdiensten (Caeres) in seiner Meinung beeinflussen ... Daher wurde Caere ein Friedensvertrag gewährt, und man beschloß, den für 100 Jahre vereinbarten Waffenstillstand in Bronze einzumeißeln.] Die Ablehnung der Quellenaussagen durch E. Ferenczy, Acta Antiqua 1, 1951—52, 154 ff. scheint zu radikal. Vgl. G. De Sanctis, St. d. R. 2², 1960, 24 ff. Über die *civitas sine suffragio* [Bürgerrecht ohne Stimmrecht] von Caere vgl. Gell. XVI 13, 7. Strabo V 2, 3 (C. 220), und die Stellen, die von A. Bernardi, Athen., n.s. 16, 1938, 239 ff. besprochen wurden. A. N. Sherwin-White, R. Citiz., Oxford 1939, 37 ff. J. Pinsent, Cl. Q. 48, 1954, 158 ff. und 51, 1957, 89 ff. De Visscher, Studi in onore di U. E. Paoli, Firenze 1955, 249.

E. Badian, Foreign Clientelae, Oxford 1958, 16 ff. M. Sordi, a. a. O. 107 ff. und die vorgeschlagenen Änderungen ihrer Schlußfolgerungen bei A. Bernardi, Athen., n.s. 39, 1961, 178 ff. und L. R. Taylor, A. J. Ph. 82, 1961, 449 f.

[43] Strabo V 3, 5 (C. 232); vgl. meine Abhandlung: Die trojanischen Urahnen der Römer, Basel 1957, 28 mit Anm. 187.

[44] Diese Tatsachen wurden von J. H. Thiel, a. a. O. 8 f., 48 hervorgehoben.

[45] A. N. Sherwin-White, R. Citiz. 73. Ch. J. Starr, Am. J. Ph. 64, 1943, 56 ff. J. H. Thiel, a. a. O. 12. E. T. Salmon, Phönix 9, 1955, 65 f.

[46] Polyb. III 22, 5. 11; 24, 3. 9.

[47] Polyb. I 20, 8; vgl. I 5, 1 ff.; 12, 5. V 104, 3.

[48] A. Alföldi, RM 68, 1961, 64 ff.

[49] Lykophr., *Alex.* 1229. Vgl. A. Momigliano, JRS 32, 1942, 53. P. Lévèque, R. Et. Anc. 57, 1957, 36.

[49a] Zum folgenden vgl. jetzt Alföldi, Röm. Frühgesch. 119 ff.

[50] Polyb. III 22, 1.

[51] Die folgenden Literaturangaben zu dieser endlosen Debatte erheben keinen Anspruch auf Vollständigkeit. *a)* Das erste Jahr der Republik als Datum für den ersten Karthagervertrag wird von folgenden Gelehrten akzeptiert: A. Schwegler, RG 1, 1858, 791. H. Nissen, Fleckeisens Jahrb. f. Philol. 1867, 321 ff. K. Neumann, Das Zeitalter der Punischen Kriege, Breslau 1883, 33 f. O. Meltzer, Geschichte der Karthager 1, Leipzig 1879, 173 f. Ed. Meyer, GdA 2, 1902, 500. Idem, Kleine Schriften 2, 1924, 296. St. Gsell, Histoire ancienne de l'Afrique du Nord 3, 1918, 67 ff. L. E. W. Adams, A Study in the Commerce of Latium, Northampton, Mass. 1921, 66. L. R. Taylor, Papers and Monogr. Am. Ac. Rome 2, 1923, 10. H. Last, CAH 7, 1928, 859 ff. V. Ehrenberg, Karthago (Morgenland, Heft 14) 1927, 5. F. Altheim, Griechische Götter im alten Rom, Gießen 1930, 32. H. Horn, Foederati, Diss. Frankfurt 1930, 88 f. M. Gelzer, RE 12, 951. E. Ciaceri, Atti Acc. di Archeol. Napoli n.s. 12, 1931—32, 295 ff. G. Pasquali, La nuova antologia 386, 1936, 414. L. Wickert, Klio 31, 1938, 349 ff. Idem, Rh. Mus. 100, 1958, 96. A. N. Sherwin-White, R. Citiz., Oxford 1939, 15 ff. B. L. Beaumont, JRS 29, 1939, 74 ff. A. Schulten, Tartessos, Hamburg 1950, 67. H. H. Scullard, A History of the Roman World from 753 to 146 B.C.², London 1951, 425. E. Ferenczy, Acta Ant. Acad. Sci. Hung. 1, 1951, 136 ff. L. Pareti, St. d. R. 1, 1952, 330 ff. E. Colozier, Mél. 65, 1953, 90 ff. G. Devoto, Historia mundi 3, Bern 1954, 385 f. Pl. Fraccaro, Rendiconti dell'Istituto Lombardo di Scienze e Lett. 85, 1952, 85 f. = Opuscula 1, Pavia 1956, 8. G. Giannelli, Trattato di storia romana 1, 1953, 137 ff. R. Paribeni, Storia di Roma 1, 1954, 133 f.

J. H. Thiel, A History of the Roman Sea-Power, Amsterdam 1954, 6 Anm. 10. J. Vogt, Die römische Republik³, 1955, 32 f. G. Picard, Le monde de Carthage, Paris 1956, 193. M. Hoffmann, RE Suppl. 8, 1956, 1147. F. W. Walbank, A Historical Commentary on Polybius 1, Oxford 1957, 338. F. Hampl, Rh. Mus. 101, 1958, 58 ff. M. Sordi, I rapporti romanoceriti, Roma 1960, 91, 100 f. *b)* An 348 v. Chr. als Datum für den ersten Karthagervertrag glauben: Mommsen, R. Chron.² Berlin 1859, 320 f., 375. W. Ihne, RG 1, 1868, 58. G. F. Unger, Rh. Mus. 37, 1882, 153 f. W. Soltau, Philol. 48, 1889, 131 f., 276 f. K. J. Neumann, Hermes 31, 1896, 519 ff. A. Klotz, Berliner Philol. Wochenschrift 1908, 446 ff. G. De Sanctis, St. d. R. 2¹ 1907, 251 f. = 2², 240. E. Täubler, Imp. R. 1, 1913, 254 f., 268. T. Frank, Cl. Phil. 14, 1919, 318. M. Cary, JRS 9, 1919, 69, A. Rosenberg, Hermes 54, 1919, 164. U. Kahrstedt, Göttinger Gel. Nachr. 1923, 100. Joh. Hasebroek, Staat und Handel im alten Griechenland, Tübingen 1928, 126 f., 136. F. Schachermeyr, Rh. Mus. n.F. 86, 1930, 350 f. A. Stein, Römische Inschriften in der antiken Literatur, Prag 1930, 19 f. W. Schur, RE Suppl. 5, 1931, 364. E. Kornemann, Hist. Zeitschr. 145, 1932, 298 Anm. 3. E. Pais, Storia di Roma durante le guerre Puniche 1² 1935, 77 f. A. Piganiol, Histoire de Rome³ 1949, 60. J. Le Gall, Le Tibre, Paris 1953, 60 f. A. Aymard, R. Et. Anc. 59, 1957, 292 f. *c)* Der erste Vertrag wird auf 400 v. Chr. datiert von: B. Niese-E. Hohl, Grundriß der römischen Geschichte⁵, München 1923, 102. V. Constanzi, Rivista di filol. n.s. 3, 1925, 381 ff. K. J. Beloch, RG 298, 309. W. Hoffmann, Rom und die griechische Welt im IV. Jahrhundert (Philol., Suppl. 27, 1) 1935, 14 Anm. 24.

⁵² Das Cognomen wurde zur Zeit der frühen Republik in offiziellen Dokumenten nicht zur Benennung von Personen verwendet. Vgl. Mommsen, RF 1, 45 ff. C. Cichorius, De fastis consularibus antiquissimis (Leipziger Studien 9) 188, 177 ff. K. J. Neumann, Straßburger Festschrift zur 46. Versammlung deutscher Philologen 1901, 314 ff. Aber die Einführung von Geldwertangaben in den Text der Zwölf Tafeln bietet ein gutes Beispiel für die literarische Überarbeitung archaischer Texte, so daß nicht so sehr die *tria nomina* [drei Namen] als vielmehr die historische Unmöglichkeit der unechten Konsulate des Horatius und Brutus uns Sicherheit über die Tatsache der Fälschung gibt. Vgl. auch Mommsen, Röm. Chronol.², 1859, 322.

⁵³ In diesem Sinne K. Hanell, Histoire et historiens dans l'antiquité, Genève 1956, 166. Zu einer möglichen Beziehung zu den *Origines* des Cato: G. Nenci, Historia 7, 1958, 263 ff. (mit einer ausführlichen Übersicht über die moderne Literatur).

⁵⁴ Polyb. III 26, 1—5. Vgl. M. Cary, JRS 9, 1919, 67 ff. P. Bung, Quintus Fabius Pictor, Diss. Köln 1950, 143 f. Dagegen: G. Nenci, a. a. O.

⁵⁵ Vgl. Mommsen, CIL X p. 660, 663 f. W. Soltau, Philol. 48, 1889, 282 f. Der sehr alte Name *Tarracina* (vgl. Schachermeyr, Rh. Mus. n. F. 86, 1930, 357 Anm. 2) bestand in der Zeit der frühen Republik natürlich weiterhin neben dem volskischen *Anxur*. Diejenigen, die an den Wortlaut der Annalen glauben, müssen auch an der Erwähnung von Ardea im ersten Vertrag Anstoß nehmen, da gemäß der Geschichte von der Vertreibung des letzten Tarquiniers Ardea von ihm *nicht* erobert worden war.

⁵⁶ Diod. XVI 69, 1: ... Ῥωμαῖοι κατέστησαν ὑπάτους Μάρκον Οὐαλέριον καὶ Μάρκον Ποπίλιον, .. ἐπὶ δὲ τούτων Ῥωμαίοις μὲν πρὸς Καρχηδονίους πρῶτον συνθῆκαι ἐγένοντο. [... Die Römer wählten M. Valerius und M. Popilius zu Konsuln ... Unter deren Konsulat schlossen die Römer erstmals einen Vertrag mit den Karthagern.] Seine Quelle ist nicht Pictor, sondern ein späterer Annalist; vgl. A. Klotz, Rh. Mus. n.F. 86, 1937, 206 ff. Die neuesten Erörterungen bei G. Perl, Kritische Untersuchungen zu Diodors römischer Jahrzählung, Berlin 1957.

⁵⁷ Liv. VII 27, 2: *et cum Carthaginiensibus legatis Romae foedus ictum, cum amicitiam ac societatem petentes venissent.* [Und in Rom wurde ein Vertrag mit den karthagischen Gesandten geschlossen, die zwecks Abschluß eines Freundschafts- und Bündnisvertrages gekommen waren.] Vgl. Oros. III, 7, 1—2: *numerandum etiam inter mala censeo primum illud ictum cum Carthaginiensibus foedus, quod isdem temporibus fuit ... anno siquidem ab urbe condita CCCCII legati a Carthagine Romam missi sunt foedusque pepigerunt.* [Unter die Übel ist m. E. auch jener erste, eben zu jener Zeit geschlossene Vertrag mit den Karthagern zu rechnen ... Denn im 402. Jahr nach Gründung der Stadt wurden Gesandte von Karthago nach Rom geschickt und schlossen ein Bündnis.] (Zum Datum des Orosius vgl. O. Leuze, Die römische Jahrzählung, Tübingen 1909, 94 ff. Livius scheint der Auffassung von einem frühen Vertrag mit Karthago an den folgenden Stellen zu widersprechen: (I 56, 5—6) (Tarquinius Superbus) ... *hoc velut domestico exterritus visu Delphos ad maxime inclitum in terris oraculum mittere statuit; neque responsa sortium ulli alii committere ausus duos filios per ignotas ea tempestate terras, ignotiora maria in Graeciam misit.* [(Tarquinius Superbus) ..., von dieser ihm gleichsam persönlich zuteil gewordenen Erscheinung in Schrecken versetzt, beschloß, das berühmteste Orakel der Erde, dasjenige von Delphi, zu befragen; und da er es nicht wagte, die Überbringung der Antwort des Orakels irgend jemand anderem anzuvertrauen, entsandte er zwei Söhne, welche durch zu jener Zeit noch unbekannte Länder und über noch unerforschtere Meere nach Griechenland reisen mußten.] IV 29, 8 (431 v. Chr.): *insigni magnis rebus anno additur nihil tum ad rem Romanam pertinere visum, quod Carthaginienses, tanti hostes futuri, tum primum ... in Siciliam exercitum*

traiecere. [Dem Bericht über jenes an bedeutenden Ereignissen reiche Jahr ist noch ein Vorkommnis hinzuzufügen, welches damals die Interessen Roms nicht zu berühren schien: die Karthager, welche sich später als furchtbare Feinde erweisen sollten, setzten damals erstmals ... mit einem Heer nach Sizilien über.] VII 26, 13 (über den Zusammenstoß der griechischen Flotte mit dem römischen Heer): *nec illi terra, nec Romanus mari bellator erat* [Und jene waren im Kampf zu Lande, die Römer aber zur See unerfahren]. Vgl. G. De Sanctis, St. d. R. 2², 239 f. A. Aymard, R. Et. Anc. 59, 1957, 292 f. u. a. m.

[58] Liv. IX 19, 13 (über die Chancen eines möglichen Zusammenstoßes zwischen Alexander dem Großen und den Römern): *et forsitan, cum et foederibus vetustis iuncta res Punica Romanae esset et timor par adversus communem hostem duas potentissimas armis virisque urbes armaret, simul Punico Romanoque obrutus bello esset.* [Und da Karthago und Rom durch einen alten Vertrag miteinander verbündet waren und die bei beiden in gleichem Maße vorhandene Furcht zwei bezüglich Kriegs- und Menschenmaterial überaus machtvolle Städte gegen einen gemeinsamen Feind wappnete, wäre er in einem gleichzeitigen Krieg gegen Punier und Römer vielleicht vernichtet worden.]

[59] F. Schachermeyr, Rh. Mus. n. F. 86, 1930, 356 ff. W. Hoffmann, a. a. O. 14. G. De Sanctis, Rivista di filol. n.s. 13, 1935, 401. L. Wickert, Klio 31, 1938, 352 ff., 361, etc.

[60] F. Hampl, Rh. Mus. n. F. 100, 1958, 58 ff. A. Aymard, R. Et. Anc. 59, 1957, 277 ff.

[61] Ed. Meyer, Kleine Schriften 2, Halle 1924, 296 ff. K. J. Beloch, RG 309.

[62] Liv. VII 38, 2.

[63] Vgl. S. 312 f. Ed. Meyer, a. a. O. 259 ff. E. Ferenczy, Acta Antiqua 1, 1951—52, 136 ff.

[63a] Vgl. jetzt A. Alföldi, Röm. Frühgesch. 201.

[64] Polyb. I 6, 1 f. Vgl. W. F. Unger, SBBayr. Ak. 1876, 533 ff. O. Leuze, a. a. O. 115 f. F. W. Walbank, A Historical Commentary on Polybios 1, Oxford 1957, 46 f. K. F. Stroheker, Dionysios I., Wiesbaden 1958, 221 Anm. 52.

[65] Mommsen, Hermes 13, 1878, 515 ff. (mit Ergänzungen neu gedruckt in RF 2, 297 ff. Die literarischen Angaben bei A. Schwegler, RG 3, 1858, 234 ff. O. Clason, RG 1, Berlin 1873, 265 ff. Vgl. auch B. Niese, Hermes 13, 1878, 401 ff. G. Thouret, in: Fleckeisens Jahrb. f. class. Philol., Suppl. 11, 1880, 93 ff. O. Leuze, Die römische Jahrzählung, Tübingen 1909, 120 ff. J. Kromayer, AbhSächs Ak., ph.-h. Kl. 34 Nr. 5, 1921. K. J. Beloch, RG 132 ff. Ed. Meyer, Kleine Schriften 2, Halle 1924, 307 ff. F. Schacher-

meyr, Klio 23, 1930, 277 ff. L. Homo, CAH 7, 554 ff. G. De Sanctis, St. d. R. 2², 147 ff., 245 ff. J. Bayet, Tite-Live 5, Paris 1954, 156 ff. J. Wolski, Historia 5, 1956, 24 ff. Verweise auf andere moderne Behandlungen finden sich in diesen Werken.

⁶⁶ Diod. XIV 114, 4—7. Liv. V 38, 6. Plut., *Camill.* 18, 8, usw.

⁶⁷ Diod. XIV 115, 2; 116, 1—2. Liv. V 38, 5; 43, 4; 45, 4—8; 46, 4 ff. 11; 48, 5; VII 13, 5. Plut., *Camill.* 18, 9; 29, 1 f.

⁶⁸ Polyb. I 6, 2—3; II 18, 2. Diod. XIV 115, 3—4. Liv. V 38, 10; 39, 9—10. 12; 41, 1; 42, 3; 44, 5; 46, 2—3. 9—10; 47, 1 ff.; 48, 1 f.; 51, 9. Plut. *Camill.* 20, 3; 22, 5—7; 23, 1; 24, 1 f.; 27, 1 f. 28, 2—3. App., *Celt.* 1. Cass. Dio fr. 25, 5—6 (1, p. 80 Boiss.). Eutr. 1, 20. *Vir. ill.* 23, 9; 24, 1. 3, usw.

⁶⁹ Liddel, Scott und Jones geben in ihrem großartigen Wörterbuch die im Text erwähnte Wortbedeutung. A. Mauersberger, Polybios-Lexikon 1, Berlin 1956, 140 hat „anderseitige (militärische) Inanspruchnahme". G. Thouret, a. a. O. 108 Anm. 45 benutzt das Wort im selben Sinn: „als ihre Aufmerksamkeit abgelenkt wurde, — nämlich durch den Einfall der Veneter". W. R. Paton übersetzt die Stelle mit "being diverted by an invasion of their own country by the Veneti" und beachtet das καί [und] nicht; usw.

⁷⁰ Plut., *Cam.* 22, 4: Ἀριστοτέλης δ' ὁ φιλόσοφος τὸ μὲν ἁλῶναι τὴν πόλιν ὑπὸ Κελτῶν ἀκριβῶς δῆλός ἐστιν ἀκηκοώς, τὸν δὲ σώσαντα Λεύκιον εἶναί φησιν. ἦν δὲ Μᾶρκος, οὐ Λεύκιος, ὁ Κάμιλλος. [Der Philosoph Aristoteles war offenkundig genau darüber informiert, daß die Stadt von den Kelten erobert wurde, aber er nennt ihren Retter 'Lucius'. Camillus hieß jedoch Marcus, nicht Lucius.]

⁷¹ Vgl. A. Momigliano, Secondo Contributo alla storia degli studi classici, Roma 1960, 89 ff. J. Bayet, Tite-Live 5, Paris 1954, 140 ff.

⁷² Polyb. I 6, 3: Ῥωμαῖοι ... γενόμενοι πάλιν ἀνελπίστως τῆς πατρίδος ἐγκρατεῖς, καὶ λαβόντες οἷον ἀρχὴν τῆς συναυξήσεως, ἐπολέμουν ἐν τοῖς ἑξῆς χρόνοις πρὸς τοὺς ἀστυγείτονας. [Die Römer ... waren unerwartet wieder Herren ihrer Heimatstadt geworden, und wie wenn sie dies gleichsam als Ausgangspunkt für ihre künftige Größe aufgefaßt hätten, führten sie in den folgenden Jahren Kriege gegen ihre Nachbarn.]

⁷³ Polyb. II 18, 5: ἐν ᾧ καιρῷ Ῥωμαῖοι τήν τε σφετέραν δύναμιν ἀνέλαβον καὶ τὰ κατὰ τοὺς Λατίνους αὖθις πράγματα συνεστήσαντο. [Unterdessen gewannen die Römer ihre Stärke zurück und stellten das alte Verhältnis zu den Latinern wieder her.]

⁷⁴ Polyb. II 18, 3. Vgl. Mommsen, RF 2, 336 f.

⁷⁵ Vgl. A. Wienicke, Keltisches Söldnertum in der Mittelmeerwelt bis zur Herrschaft der Römer. Breslau 1927.

⁷⁶ Iustin., *Epit.* XX 5, 1—6: *Igitur Dionysius tyrannus, quem supra a Sicilia exercitum in Italiam traiecisse bellumque Graecis intulisse memoravimus, expugnatis Locris Crotonienses ... adgreditur, qui fortius cum paucis tanto exercitui eius quam antea cum tot milibus Locrensium paucitati restiterunt ... Sed Dionysium gerentem bellum legati Gallorum, qui ante menses Romam incenderant, societatem amicitiamque petentes adeunt, gentem suam inter hostes eius positam esse magnoque usui ei futuram vel in acie bellanti vel de tergo intentis in proelium hostibus adfirmant. Grata legatio Dionysio fuit. Itaque pacta societate et auxiliis Gallorum auctus bellum velut ex integro restaurat.* [Der Tyrann Dionysios, der — wie wir oben berichteten — von Sizilien mit einem Heer nach Italien übergesetzt war und einen Krieg mit den (dortigen) Griechen begonnen hatte, griff ... nach der Eroberung von Lokri auch Kroton an. Die Bewohner dieser Stadt leisteten mit einer geringen Zahl von Verteidigern dem gewaltigen Heer des Tyrannen stärkeren Widerstand als zuvor mit so vielen Tausenden von Soldaten einer geringen Zahl von Lokrern... Aber während dieses Krieges kamen Gesandte der Kelten, welche einige Monate zuvor Rom niedergebrannt hatten, zu Dionysios, baten um einen Freundschafts- und Bündnisvertrag und versicherten ihm, daß ihr zwischen seinen Feinden stehender Stamm ihm von großem Nutzen sein könne, sei es durch Kampf in offener Feldschlacht, sei es, indem er die kampfbereiten Feinde vom Rücken her bedrohe. Diese Gesandtschaft kam dem Dionysios gerade recht. Daher nahm er nach dem Abschluß eines Bündnisses mit den Kelten und durch keltische Hilfstruppen verstärkt den Kampf gleichsam mit neuer Frische wieder auf.]

⁷⁷ K. F. Stroheker, Dionysios I. Wiesbaden 1958, 119.

⁷⁸ Ibid. 125 ff.

⁷⁹ Diod. XIV 117, 7: οἱ δ'εἰς τὴν Ἰαπυγίαν τῶν Κελτῶν ἐληλυθότες ἀνέστρεψαν διὰ τῆς τῶν Ῥωμαίων χώρας. καὶ μετ' ὀλίγον ὑπὸ Κερίων ἐπιβουλευθέντες νυκτὸς ἅπαντες κατεκόπησαν ἐν τῷ Τραυσίῳ πεδίῳ. [Die bis zu den Japygern vorgedrungenen Kelten kehrten durch das römische Gebiet zurück; sie gerieten aber kurz danach nachts in einen Hinterhalt der Caeretaner und wurden in der Trausischen Ebene bis auf den letzten Mann niedergemetzelt.] Strab. V 2, 3 (C. 220): καὶ γὰρ τοὺς ἑλόντας τὴν Ῥώμην Γαλάτας κατεπολέμησαν ἀπιοῦσιν ἐπιθέμενοι κατὰ Σαβίνους, καὶ ἃ παρ' ἑκόντων ἔλαβον Ῥωμαίων ἐκεῖνοι λάφυρα ἄκοντας ἀφείλοντο. [Sie bezwangen auch in einer Schlacht die Kelten, welche Rom erobert hatten, indem sie diese bei ihrem Rückzug durchs Sabinerland angriffen und sie zur unfreiwilligen Herausgabe jenes Beutegutes zwangen, welches die Römer jenen ohne Widerstand überlassen hatten.] Vgl. auch Frontin., *Stratag.* II 6, 1.

[80] Bei M. Sordi, a. a. O. S. 67 ff.

[81] Ibid. 67 f.: «Attacchi combinati greco-gallici dalla terra e dal mare si verificarono effettivamente negli anni successivi: nel 350 e nel 349, in particolare, i Galli che venivano dall' Apulia ma che avevano le loro basi alle porte stesse di Roma, sui colli Albani, agivano in corrispondenza con le forze navali greche che incrociavano tra Anzio e la foce del Tevere, e quando furono battuti dai Romani si rifiugarano in parte, come al solito, in Apulia (Liv. VII 26, 9), in parte sulle navi greche (Liv. VII 32, 9) ... Nel 350 e 349 i Galli che attaccavano Roma erano dunque, con ogni probabilità, mercenari al servizio di Siracusa ...» Frl. Sordi hat unglücklicherweise Liv. VII 25, 3—4 übersehen; die Stelle bezeugt, daß die Gallier nicht nur keine Verbindungen mit der griechischen Flotte hatten, sondern daß sie sogar eine große Schlacht gegeneinander schlugen: *Galli ex Albanis montibus quia hiemis vim pati nequiverant, per campos maritimaque loca vagi populabantur; mare infestum classibus Graecorum erat oraque litoris Antiatis Laurensque tractus et Tiberis ostia, ut praedones maritimi cum terrestribus congressi ancipiti semel proelio decertarint dubiique discesserint in castra Galli, Graeci retro ad naves, victos se an victores putarent.* [Die Kelten kamen wegen des unerträglich harten Winters von den Albanerbergen herab und durchzogen unter Verwüstungen die Ebenen und die Küstengegenden; das Meer hingegen wurde von griechischen Flotten unsicher gemacht, ebenso das Küstengebiet bei Antium, das Gebiet von Lavinium und die Tibermündung; einmal kam es zwischen den See- und den Landräubern zu einem Kampf auf Leben und Tod mit unentschiedenem Ausgang; die Kelten kehrten in ihr Lager, die Griechen zu ihren Schiffen zurück, und beide Parteien waren im Zweifel, ob sie sich für besiegt oder für die Sieger halten sollten.] Andererseits stimmen wir mit ihr in der allgemeinen Einschätzung der Beziehungen zwischen Rom und Dionysius I. überein, gegen A. Momigliano, SDHI 5, 1939, 393 f.

[82] B. Niese, Hermes 13, 1878, 401 ff., 411 f. Mommsen, Hermes 13, 1878, 551 ff.: RF 2, 362 f. G. De Sanctis, St. d. R. 2², 245 f., u. a. m.

[83] Claud. Quadrigarius fr. 10 a (H. R. Rel. 1², 207 Peter). Plut., *Camill.* 40, 1 ff. und Polyaenus VIII 7, 2 (Sie geben das dreizehnte Jahr nach der Einnahme Roms als Datum an; ihre gemeinsame Quelle vermengte diesen zweiten Einfall mit dem dritten, genau wie Appian., *Celt.* 1, der diese Invasion die „dritte" nennt. DH XIV 8 (12) hat richtig ἐκ δευτέρου ἐπιστρατεύσαντες [als sie zum zweiten Mal heranzogen]. Zon. VII 24, 11 (Cass Dio, ed. Boiss. 1, 86).

[84] Oros. III 6, 1—3.

[85] Licin. Macer in: Liv. VII 9, 4; vgl. T. R. S. Broughton, MRR 1, 120.

Cic., *De off.* III 31, 112. Liv. VII 9, 3—10, 14 (nach Cl. Quadrigarius, vgl. H. Peter, H. R. Rel. 1² 207 f.). Eutr. 2, 5.

[86] *Vir. ill.* 28.

[87] Liv. VI 42, 5—6: *bellatum cum Gallis eo anno* (367 v. Chr.) *circa Anienem flumen auctor est Claudius inclitamque in ponte pugnam, qua T. Manlius Gallum, cum quo provocatus manus conseruit, ... tum pugnatam. pluribus auctoribus magis adducor, ut credam decem haud minus post annos ea acta.* [Claudius überliefert, daß in jenem Jahr (367 v. Chr.) beim Fluß Anio mit den Kelten gekämpft worden sei und das berühmte Gefecht auf der Brücke stattgefunden habe, in dem T. Manlius den Kelten (tötete), dessen Herausforderung zum Zweikampf er angenommen hatte. Ich möchte mich aber eher auf die Mehrzahl der Autoren stützen und annehmen, daß dies mindestens zehn Jahre später geschah.] Das wäre in der griechischen Chronologie das dreißigste Jahr nach der Schlacht an der Allia.

[88] Liv. VI 42, 6, DH XIV 8 (12) f. App., *Celt.* 1. Zon. VII 24, 10—12 (Cass. Dio, ed. Boiss., a. a. O.). Mommsen, RF 2, 362 Anm. 112 geht zu weit.

[89] Liv. VII 11, 3.

[90] Liv. VI 42, 8.

[91] Claud. Quadrig. fr. 11 (H. R. Rel. 1², 210 Peter). Liv. VII 1, 3; 11, 1. 3.

[92] Liv. VII 11, 3.

[93] Claud. Quadrig. fr. 11: *Quadrigarius Annali: ita per sexennium vagati Apuliam atque agrum Campanum, quod his per militem licebat, spoliabantur (sic).* [Quadrigarius berichtet in seinen Annalen: So durchzogen sie sechs Jahre lang Apulien und das kampanische Gebiet und plünderten, was ihrem Heer in die Hände fiel.] Liv. VI 42, 8 folgt ihm (trotz seiner eigenen Zweifel) beim Bericht über die Niederlage der Kelten im Jahre 367 v. Chr. *in Albano agro* (*ibid.* 42, 6): *palati alii Apuliam maxime petentes cum fuga se longinqua, tum quod passim eos simul pavor terrorque distulerant, ab hoste tutati sunt.* [im Albanergebiet (ebd. 42, 6): andere schweiften umher, vor allem in Richtung Apulien, und brachten sich durch Flucht in weit entlegene Gebiete und weil zugleich Furcht und Schrecken sie in alle Winde zerstreut hatten, vor dem Feind in Sicherheit.] Weiter berichtet er zu 366 v. Chr. (VII 1, 3): *principio anni et de Gallis, quos primo palatos per Apuliam congregari iam fama erat, ... agitata mentio.* [Zu Beginn des Jahres bildeten die Kelten ... ein ständiges Gesprächsthema; von ihnen ging das Gerücht, sie seien, nachdem sie zunächst Apulien durchschweift hatten, im Begriff, sich zu sammeln.] Vgl. Eutrop. 2, 5 und Oros. III 6, 3 (über den Krieg von 358 v. Chr.).

Ein anderer typischer Zug des unter verschiedenen Jahren erzählten keltischen Angriffs ist der, daß der römische Feldherr die Schlacht aufschiebt, weil er weiß, daß der Feind binnen kurzem Disziplin und Kampfeseifer verliert. Vgl. DH 14, 8 (12). Zonaras VII 24, 10 f. Oros. III 6, 1. Liv. VII 12, 10 ff.

[94] T. Quinctius Poenus wird zum *dictator belli Gallici causa* [Diktator für den Krieg gegen die Kelten] gewählt: Liv. VII 9, 5. Im selben Jahr begann der Krieg gegen Tibur: ibid. VII 9, 1—2.

[95] Das Bündnis gegen Rom, ibid. VII 11, 1—2: *ut Gallorum exercitus, proxima nocte relictis trepide castris in Tiburtem agrum atque inde societate belli facta commeatuque benigne ab Tiburtibus adiutus, mox in Campaniam transierit. ea fuit causa, cur proximo anno C. Poetelius Balbus consul ... adversus Tiburtes ... exercitum duceret. ad quorum auxilium cum Galli ex Campania redissent*, etc. [so daß das keltische Heer in der folgenden Nacht hastig sein Lager in Richtung auf das Gebiet von Tibur hin verließ, mit Tibur ein Kampfbündnis schloß, von dieser Stadt reichlich mit Lebensmitteln versorgt wurde und dann nach Kampanien hinüberging. Deshalb führte im folgenden Jahr der Konsul C. Poetelius Balbus ... ein Heer ... gegen Tibur. Als zur Unterstützung dieser Stadt die Kelten aus Kampanien zurückgekehrt waren, usw.]

[96] Liv. VII 12, 8.

[97] Liv. VII 11, 6.

[98] *Ibid.* VII 11, 7; vgl. 11, 10.

[99] *Ibid.* VII 12, 9 und 15, 8.

[100] Liv. VII 11, 9. *Acta triumph.* ed. A. Degrassi 68 f., 540.

[101] Liv. VII 11, 3: *Tiburtes ... ad quorum auxilium cum Galli ex Campania redissent, foedae populationes in Labicano Tusculanoque et Albano agro haud dubie Tiiburtibus ducibus sunt factae.* [Als die Kelten aus Kampanien zurückgekommen waren, um den Bewohnern von Tibur Hilfe zu leisten, wurden in den Gebieten von Labici, Tusculum und Alba grauenhafte Verwüstungen angerichtet, und zwar zweifellos unter der Führung von Feldherren aus Tibur.]

[102] Liv. VII 12, 7: *Gallici quoque belli fama increbrescebat. Sed inter multos terrores solacio fuit pax Latinis petentibus data, et magna vis militum ab iis ex foedere vetusto, quod multis intermiserant annis, accepta.* [Auch die Gerüchte von einem bevorstehenden Krieg mit den Kelten nahmen zu. Aber neben vielen Schreckensmeldungen stellte der den Latinern auf deren Bitten hin gewährte Friedensvertrag einen Trost dar, ebenso das Eintreffen eines starken Truppenkontingents, welches sie entsprechend dem alten, aber lange Jahre von ihnen nicht beachteten Bündnisvertrag zu stellen hatten.] 8: *quo praesidio cum fulta res Romana esset,*

levius fuit, quod Gallos ..., etc. [Angesichts der durch diese Hilfstruppen gestärkten römischen Position war es von ziemlich geringer Bedeutung, daß ... die Kelten ... usw.] Vgl. Polybius II 18.

[103] Polyb. II 18, 5—6: ἐν ᾧ καιρῷ (in den 30 Jahren nach der Schlacht an der Allia) Ῥωμαῖοι τήν τε σφετέραν δύναμιν ἀνέλαβον καὶ τὰ κατὰ τοὺς Λατίνους αὖθις πράγματα συνεστήσαντο. παραγενομένων δὲ πάλιν τῶν Κελτῶν εἰς Ἄλβαν στρατεύματι μεγάλῳ μετὰ τὴν τῆς πόλεως κατάληψιν ἔτει τριακόστῳ, τότε μὲν οὐκ ἐτόλμησαν ἀντεξαγαγεῖν Ῥωμαῖοι τὰ στρατόπεδα, διὰ τὸ παραδόξου γενομένης τῆς ἐφόδου προκαταληφθῆναι καὶ μὴ καταταχῆσαι τὰς τῶν συμμάχων ἀθροίσαντας δυνάμεις. [Unterdessen gewannen die Römer ihre Stärke zurück und stellten das alte Verhältnis zu den Latinern wieder her. Als die Kelten nun im dreißigsten Jahr nach Einnahme der Stadt wiederum mit einem großen Heer in das Gebiet von Alba vordrangen, wagten die Römer zwar nicht, ihnen mit einem Heer entgegenzuziehen, weil der unerwartete Angriff sie überrascht hatte und sie nicht in der Lage gewesen waren, die Truppen ihrer Verbündeten zu sammeln und ins Feld zu stellen ...]

[104] B. Niese, a. a. O. Mommsen, RF 2, 364. G. De Sanctis, St. d. R. 2², 246 ff. K. J. Beloch, RG 137 f.

[105] Liv. VII 23, 1 ff. Die anderen Zeugnisse spiegeln dasselbe Bild wider: Claud. Quadrig. fr. 12 (H. R. Rel. 1² 211 Peter). DH 15, 1. Val. Max. III 2, 6. Flor. I 8, 20. Zon. VII 25, 7—8. Eutr. 2, 6. Oros. III 6, 4—5. App., Celt. 2. *Fasti triumph.* (Inscr. Ital. XIII 1, p. 39 und die Anmerkung von Degrassi, ibid. 540).

[106] Liv. VII 25, 5—6: *inter hos longe maximus extitit terror concilia populorum Latinorum ad lucum Ferentinae habita responsumque haud ambiguum imperantibus milites Romanis datum, absisterent imperare iis, quorum auxilio egerent; Latinos pro sua libertate potius quam alieno imperio laturos arma.* [Die bei weitem schlimmste Schreckensmeldung kam von der Bundesversammlung der latinischen Gemeinwesen beim Hain an der Ferentinaquelle; auf den römischen Befehl, Truppen zu stellen, antworteten die Latiner unzweideutig, die Römer sollten aufhören, jenen Befehle zu erteilen, deren Hilfe sie bedürften; die Latiner zögen es vor, für ihre eigene Freiheit anstatt für eine Fremdherrschaft ins Feld zu ziehen.]

[107] Liv. VII 25, 7—8.

[108] Liv. VII 23, 2 will das mit *Gallorum exercitum in agro Latino castra posuisse* [das keltische Heer habe im latinischen Gebiet sein Lager aufgeschlagen] sagen, weil sich das römische Heer *extra portam Capenam* [außerhalb des Capena-Tores] (23, 3) versammelt.

[109] Liv. VII 24, 8: *fusique per campos ..... quod editissimum inter aequales tumulos occurrebat oculis, arcem Albanam petunt.* [Über die Ebene zerstreut ... strebten sie zum Albanerberg hin, weil dieser als die höchste unter ansonsten gleichmäßigen Erhebungen ins Auge sprang.]

[110] Liv. VII 25, 3: *Galli ex Albanis montibus, quia hiemis vim pati nequiverant, per campos maritumaque loca vagi populabantur.* [Die Kelten stiegen wegen des unerträglich harten Winters von den Albanerbergen herab und durchzogen unter Verwüstungen die Ebenen und Küstengegenden.]

[111] Claud. Quadr., fr. 12. Liv. VII 26, 13.

[112] Liv. VII 26, 9: *primo per Volscos Falernumque agrum dissipati sunt, inde Apuliam ac mare superum petierunt.* [Zunächst wurden sie über das volskische und faliskische Gebiet hin zerstreut; von dort wandten sie sich nach Apulien und zur Adria.] Vgl. 32, 9 (mit einer rhetorischen Übertreibung).

[113] Es erhebt sich die Frage: Wer war der Historiker, dem die Quellen des Livius diese wertvolle Information zusammen mit der Geschichte über die griechische Flotte, die die Küste Latiums blockierte, verdankten und dessen Darstellung besser ist als die des Polybios? Vielleicht fand irgendein früher Annalist sie in den *annales maximi*; das Verhalten der Latiner ist den Griechen wohl kaum bekannt gewesen.

[113a] Vgl. zum folgenden A. Alföldi, Röm. Frühgeschichte 198 ff.

[114] Der letzte Überblick über die literarischen Angaben und das archäologische Material bei G. Radke, RE 9 A, 773 ff., 807 ff.

[115] Cato, Orig. fr. 62 (H. R. Rel. 1² p. 73 Peter = Serv., Aen. 11, 567): *Licet* (sc. Metabus) *Privernas esset, tamen quia in Tuscorum iure paene omnis Italia fuerat, generaliter in Metabum omnium odia ferebantur. Nam pulsus fuerat a gente Volscorum, quae etiam ipsa Etruscorum potestate regebatur, quod Cato plenissime exsecutus est.* [Obwohl er (i. e. Metabus) ein Privernate war, traf dennoch allenthalben der ganze Haß den Metabus, weil fast ganz Italien unter etruskischer Herrschaft gestanden hatte. Denn er war vom Volskerstamm, der gleichfalls zum etruskischen Machtbereich gehörte, vertrieben worden; dies hat Cato mit wünschenswerter Ausführlichkeit behandelt.] Vgl. Ed. Meyer, GdA 2², 1893, 706 und 5, 1902, 132 f.

[116] M. Hoffmann, RE Suppl. 8, 1153 f. gibt die Zeugnisse; in ihrer Auswertung stimmen wir nicht mit ihm überein.

[117] Vgl. S. 167 ff.

[118] Die literarischen Quellen bei A. Schwegler, RG 2, 1856, 691 ff. Vgl. Mommsen, RG 1⁷, 343 ff. G. De Sanctis, St. R. 2², 93 ff. K. J. Beloch, RG, 295 ff. läßt das ganze Material über die Volskerkriege des 5. Jahr-

hunderts v. Chr. als legendär oder fiktiv beiseite. Das ist jedoch unverantwortlich und willkürlich.

[119] Liv. VI 12, 2—5: *Non dubito, praeter satietatem tot iam libris adsidua bella cum Volscis gesta legentibus illud quoque succursurum, quod mihi percensenti propiores temporibus harum rerum auctores miraculo fuit, unde totiens victis Volscis et Aequis suffecerint milites, quod cum ab antiquis tacitum praetermissum sit, cuius tandem ego rei praeter opinionem, quae sua cuique coniectanti esse potest, auctor sim? simile veri est aut intervallis bellorum, sicut nunc in dilectibus fit Romanis, alia atque alia subole iuniorum ad bella instauranda totiens usos esse, aut non ex isdem semper populis exercitus scriptos, quamquam eadem semper gens bellum intulerit, aut innumerabilem multitudinem liberorum capitum in eis fuisse locis, quae nunc vix seminario exiguo militum relicto servitia Romana ab solitudine vindicant.* [Zweifellos wird den Lesern — außer dem Überdruß, in derart vielen Büchern über dieses Thema zu lesen — bei der Lektüre andauernder Volskerkriege auch noch etwas auffallen, worüber ich mich jedenfalls bei der genauen Durchforschung der jenen Zeiten näher stehenden Autoren gewundert habe, nämlich, woher die Volsker und Aequer angesichts so vieler Niederlagen ihre Krieger genommen haben. Da die älteren Autoren dieses Problem stillschweigend übergangen haben, welche Version sollte ich da geben außer einer bloßen Vermutung, wie sie im Belieben eines jeden steht? Wahrscheinlich haben sie entweder immer wieder — wie es heute noch bei den römischen Aushebungen der Fall ist — eine während der Kriegspausen neu herangewachsene Jungmannschaft zur ständigen Wiederaufnahme der Kämpfe verwendet, oder sie haben — obwohl stets derselbe Stamm Krieg führte — ihr Heer nicht immer aus denselben Gemeinwesen ausgehoben, oder aber es lebte damals in ihrem Gebiet, welches heute eine ziemlich sterile Brutstätte für Nachwuchs an Kriegern darstellt und nur durch römische Sklaven vor völliger Menschenleere bewahrt wird, eine an Zahl ungeheuer starke freie Bevölkerung.] Der wahre Charakter dieser Kriege wird in den Berichten des Livius über die Angriffe der Volsker und Aequer offenbar: Sie sind meistens nur Beutezüge.

[120] Vgl. S. 134, 287, 324.

[121] DH III 41, 5.

[122] DH III 49, 1—3. Liv. I 35, 7. Vgl. S. 134.

[123] Liv. I 53, 2: *is* (sc. Superbus) *primus Volscis bellum in ducentos amplius post suam aetatem annos movit; Suessamque Pometiam ex iis vi cepit.* [Dieser (i. e. Superbus) eröffnete den Krieg mit den Volskern, der noch 200 Jahre nach seiner Zeit andauern sollte, und er nahm ihnen mit Gewalt Suessa Pometia.]

[124] DH IV 49, 1.

[125] DH IV 63, 1. Liv. I 56, 3. Aber vgl. Liv. II 21, 7 und 39, 2 ferner DH V 20, 1 und 58, 4. Plut., *Poplic.* 16, 3. — Circei wird 487 von Coriolanus für die Volsker zurückerobert: DH VIII 14, 1—2. Liv. II 39, 2. Es erhielt in Wirklichkeit erst 393 eine römische Besatzung (Diod. XIV 102, 4), erhob sich aber 385 (Liv. VI 12, 6; 13, 8; 17, 7) und 383 v. Chr. (Liv. VI 21, 2) gegen Rom.

[126] Strab. V 3, 4 (C. 231). Liv. I 55, 1.

[127] *Signuria* bei DH V 20, 1 und Plut., Popl. 16, 2 (vgl. DH V 58, 4) kann kaum etwas anderes sein als *Signia*; vgl. H. Nissen, It. Lk. 2, 650 Anm. 4.

[128] Liv. II 16, 8—17, 7. 495 v. Chr. waren die Volsker jedoch im Besitz beider Städte: Liv. II 22, 2.

[129] DH V 20, 1; VI 32, 1; Liv. II 21, 7.

[130] DH VI 29, 4 f. Liv. II 25, 5 f. Vgl. G. De Sanctis, St. d. R. 2^2, 98 f.

[131] Liv. II 25, 6. DH VI 32, 1, vgl. 34, 4. Aber 487 erscheint Ecetra in den Händen der Volsker (DH VIII 4, 4), wie auch 464 (Liv. III 4, 2—3); es erhebt sich 461 (Liv. III 10, 8) und wieder 459 (DH X 28, 3) gegen Rom.

[132] Liv. II 31, 4. DH VI 43, 1. Verstärkt: Liv. II 34, 6. DH VII 12, 5; 13, 1.

[133] DH VII 13, 5. Liv. II 34, 6. Cass. Dio fr. 18, 3.

[134] Liv. II 39, 3: *Satricum Longulam Poluscam Coriolos, novella haec Romanis oppida* [Satricum, Longula, Polusca, Corioli, diese erst seit kurzem den Römern gehörenden Städte]; aber ibid. 33, 5 werden nur Longula und Polusca erwähnt.

[135] DH IX 59, 1—2. Liv. III 1, 4—7. In Wahrheit wurde Antiums Widerstand erst in der Mitte des 4. Jahrhunderts von Rom gebrochen, und 338 v. Chr. wurde es Kolonie (Liv. VIII 14, 8. Strab. V 3, 5). Zu den Quellen: A. Klotz, Livius und seine Vorgänger, Berlin 1941, 253 f. Soltau, Philol. 48, 1889, 282 f.

[136] Liv. VI 2, 13 (eine Notiz zum Jahr 389 v. Chr.): *Camillus ... ad deditionem Volscos septuagesimo demum anno subegit.* [Camillus ... brachte schließlich im 70. Jahr die Volsker zur Kapitulation.] VI 5, 2: *Pomptinus ager, tum primum post accisas a Camillo Volscorum res possessionis haud ambiguae* [das pomptinische Gebiet, welches erst damals, nach der entscheidenden Schwächung der volskischen Macht durch Camillus, sicherer Besitz (der Römer) wurde]. Eutr. 2, 1 (nochmals über die Ereignisse von 389): *Nam Camillus eo anno Volscorum civitatem, quae per septuaginta annos bellum gesserat, vicit.* [Denn in jenem Jahr besiegte Camillus die Volsker, die 70 Jahre lang (mit den Römern) Krieg geführt hatten.] Oros. III 3, 4: *Interea Romani, qui per septuaginta annos ab urbe Vols-*

corum, praeterea Faliscorum Aequorum et Sutrinorum subacti et adtriti adsiduis bellis conficiebantur, tandem in suprascriptis diebus Camillo duce easdem cepere civitates et redivivo finem dedere certamini. [Mittlerweile konnten die Römer, welche 70 Jahre lang von den Volskern, ferner von den Faliskern, Aequern und von Sutrium in ständigen Kriegen mürbe gemacht und hart mitgenommen worden waren, in der oben genannten Zeitspanne unter Führung des Camillus schließlich doch eben jene Staaten erobern und den wieder aufgeflackerten Kampf beenden.] Diod. XIV 117, 3: .... εἰς μέσον ἀποληφθέντες οἱ Οὐόλσκοι σχεδὸν ἅπαντες κατεκόπησαν. διόπερ τὸν ἔμπροσθεν χρόνον ἰσχυροὶ δοκοῦντες εἶναι διὰ τὴν συμφορὰν ταύτην ἀσθενέστατοι τῶν περιοικούντων ἐθνῶν ἐγενήθησαν. [Die von allen Seiten umzingelten Volsker wurden fast bis zum letzten Mann niedergemetzelt. Während sie zuvor ein starker Stamm gewesen zu sein scheinen, wurden sie infolge dieser Katastrophe die schwächste der in jener Gegend lebenden Völkerschaften.] Der glänzende Sieg des Camillus ist eine Fälschung, die den katastrophalen Zusammenbruch Roms im Vorjahr als einen schnell überwundenen Unfall hinstellen soll. Fabius Pictor scheint ihr Urheber zu sein, und Polybios' ἀντίσπασμα [Gegenschlag] scheint, wie schon erwähnt, ein absichtlich dämpfender Ausdruck für das überraschend schnelle Wiedererstarken Roms zu sein, das ihm unglaublich erschien. Die Fortsetzung der Volskerkriege in den nächsten Jahren zeigt, daß die Kraft der Volsker noch keineswegs gebrochen war; ihre Angriffslust nahm eher zu, als die Römer von den Galliern völlig geschlagen worden waren: ταπεινῶν δ'ὄντων τῶν Ῥωμαίων διὰ τὴν προειρημένην συμφοράν, οἱ Οὐόλσκοι πρὸς αὐτοὺς πόλεμον ἐξήνεγκαν [Während die Römer infolge der vorhin erwähnten Katastrophe geschwächt waren, begannen die Volsker einen Krieg gegen sie.] (Diod. XIV 117, 1). Die *fasti triumphales* [Triumphalfasten] haben im vierten Jahrhundert vor 346 v. Chr. keinen Triumph über die Volsker!

[137] O. Clason, RG 1, Berlin 1873, 72 ff.

[138] Degrassi, Inscr. It. XIII 1, p. 67 f.

[139] Liv. II 40, 14. Dasselbe Ereignis wird bei DH VIII 64, 3; 67, 1—10 als römischer Sieg gebucht.

[140] DH VIII 84, 1—86, 2.

[141] DH IX 16, 1. 4. 5; 17, 4. 5; 18, 4.

[142] DH IX 50, 1—7; 53, 5. Liv. II 58, 3—60, 3.

[143] DH IX 57, 3 ff. Liv. II 64, 5—65, 7. III 1. 4; 8, 7—15.

[144] DH IX 62, 1—66, 4. Liv. III 4, 2 ff.

[145] DH IX 67, 1 ff. Liv. III 6, 4 ff.

[146] Vgl. E. T. Salmon, Cl. Q. 24, 1930, 96 ff. und S. 150 ff.

[147] Vgl. A. Piganiol, Mél. 38, 1920, 302 Anm. 2.

[148] DH IX 69, 2 ff. Liv. III 8, 3 ff., besonders ibid. 10: *ibi Volscum nomen prope deletum est*. [Dort wurde der Volskerstamm fast gänzlich vernichtet.]

[149] Hesiod, Theog. 1011 ff. Vgl. meine Erläuterungen in der Abhandlung ›Die trojanischen Urahnen der Römer‹, Basel 1957, 24 f.

[150] Vgl. S. 46 ff.

[151] DH VII 37, 3—5.

[152] DH VIII 1, 3; 2, 2. Liv. II 34, 4. Die Zuverlässigkeit dieser Angaben ist teils durch die Tatsache garantiert, daß die Nachrichten über die *annona cara* [Lebensmittelteuerung] und die Pest zum ältesten Kern der *annales maximi* gehörten, teils durch die Verknüpfung der fraglichen Ereignisse mit der kymäischen Geschichte, die in unserem zweiten Kapitel analysiert ist.

[153] Liv. IV 35, 4.

[154] Die Quellenbelege sind zuletzt bei M. Hoffmann, RE Suppl. 8, 1155 ff. aufgeführt.

[155] Liv. VI 5, 2; vgl. 6, 4.

[156] Liv. VII 15, 11.

[157] Die Quellen sind gesammelt bei A. Schwegler, RG 2, 691 ff. und gedeutet bei G. De Sanctis, St. d. R. 2^1, 1907, 104 ff. Vgl. auch K. J. Beloch, RG 302. E. T. Salmon, Phönix 7, 1953, 126 etc.

[158] Diod. XII 64, 1—3. Liv. IV 26, 1 ff.; 30, 1—2. Plut., *Camill.* 2, 1. Ovid., Fast. 6, 721 ff. G. De Sanctis, St. d. R. 2^2, 114.

[159] Liv. IV 36, 4; 37, 4 ff.; 42, 10.

[160] Diod. XIII 6, 8. Liv. IV 45, 3 ff.; 47, 1 ff. V 16, 2. E. T. Salmon, Phönix 7, 1953, 93 ff. hat nachgewiesen, daß alle Kolonien bis 338 v. Chr. Gründungen des Latinerbundes waren, und keine römischen, wie die Annalen behaupten; vgl. auch S. 345 ff.

[161] Diod. XIII 42, 6. Liv. IV 49, 3 ff.

[162] Liv. IV 51, 7 f.; 56, 6. Vgl. K. J. Beloch, RG 200.

[163] Liv. IV 53, 1 ff.; 55, 4. 8.

[164] Liv. IV 55, 8. Diod. XIV 11, 6. Liv. IV 58, 3. Diod. XIV 98, 5.

[165] Liv. IV 56, 4 ff. 57, 7; 61, 6 ff.

[166] Liv. IV 61, 6 ff.

[167] Liv. V 29, 3. Diod. XIV 102, 4.

[168] Diod. XIV 16, 5. Liv. IV 59, 2 ff. V 8, 2—3; 10, 2; 12, 6; 13, 1; 16, 2. Vell. I 14, 4.

[169] Diod. XIV 102, 4; vgl. Liv. V, 24, 4.

[170] Wenn ich mich nicht irre, ist dies zuerst für 488 v. Chr. bei DH VIII 16, 3; 4—6 erwähnt. Quellenbelege über die Aequer bei A. Schwegler, RG 2, 700 ff. Vgl. G. De Sanctis, St. d. R. 2^2, 109 ff., 112 f. A. Klotz,

Livius und seine Vorgänger, Berlin 1941, 284 ff. R. M. Ogilvie, JRS 48, 1958, 42.

[171] Diod. XI 40, 5.

[172] Z. B. G. De Sanctis, St. d. R. 2¹, 1907, 105. F. Altheim, Epochen der römischen Geschichte 1, Frankfurt/M. 1934, 104. A. N. Sherwin-White, R. Citiz., Oxford 1939, 20 ff.

[173] Die Quellenbelege über die Herniker bei A. Schwegler, RG 2, 1856, 330 ff.

[174] DH VIII 68, 4; 69, 2. Liv. II 41, 1; III 22, 4. Val. Max. VI 3, 1 b. *Fasti triumph. ad a.* 486 mit den Bemerkungen von A. Degrassi, Inscr. It. XIII 1, 1947, 537.

[175] Mommsen, RF 2, Berlin 1879, 160 ff. Ed. Meyer, GdA 5, Stuttgart 1902, 134. K. J. Beloch, RG 197 ff. G. De Sanctis, St. d. R. 2², 1960, 96 ff. F. Altheim, Epochen der röm. Gesch. 1, Frankfurt/M. 1934, 104 Anm. 33.

[176] A. N. Sherwin-White, R. Citiz., 24 ff. vertritt die entgegengesetzte Meinung.

[177] A. Piganiol, Mél. 38, 1920, 300 ff.

[178] Wie G. De Sanctis, St. d. R. 2², 233, bemerkte.

[179] Diod. XIV 117, 1—4. Liv. VI 2, 2. 8—14; 5, 2; 12, 6.

[180] Liv. VI 4, 8.

[181] Liv. VI 6, 1.

[182] Vgl. auch J. H. Thiel, A History of Roman Sea-Power, Amsterdam 1954, 50.

[183] Liv. VI 6, 4—5. 10; 7, 1 ff.; 9, 6; 10, 7—8. *Fasti triumph.*, Inscr. It. XIII 1, 61. Frontin. *Stratag.* II 8, 4.

[184] Liv. VI 11, 2. 9; 12, 1—13, 8; 15, 7; 16, 5; 17, 7—8.

[185] Liv. VI 21, 2.

[186] Liv. VI 30, 3—8.

[187] Liv. VI 31, 3—8.

[188] Liv. VI 32, 4—11; 33, 1—3.

[189] Liv. VI 36, 1—6; 37, 12; 38, 1.

[190] Liv. VII 15, 10—11.

[191] Liv. VII 16, 3—6. *Acta triumph.*, Inscr. It. XIII 1, 68 f., 540.

[192] Liv. VII 15, 11.

[193] Liv. VII 19, 6—9.

[194] Liv. VII 27, 2.

[195] Liv. VII 27, 5—8.

[196] Liv. VIII 1, 1—6.

[197] Liv. VIII 3, 9 ff.; 11, 9—10. 13—14.

[198] Liv. VIII 12, 7; 13, 4. 12; 14, 5—8.

199 Liv. VIII 19, 4 ff.; 20, 1 ff.; 37, 8. *Acta triumph.*, ed. Degrassi 68 ff., 541. Val. Max. VI 2, 1; IX 10, 1.

200 Liv. IX 12, 5; 16, 3. Vgl. T. R. S. Broughton, MRR 1, 154.

201 Diod. XX 101, 5. *Acta triumph.*, ed. Degrassi 541. Liv. IX 45, 5 ff.

202 Vgl. G. De Sanctis, St. d. R. 2², 241, der mit Recht betont, daß erfundene Details in der annalistischen Erzählung nicht die Geschichtlichkeit der Grundtatsachen ausschließen.

203 Liv. VI 6, 2. 13; 7, 1; 8. 8.

204 Liv. VI 12, 6; 13, 7.

205 Liv. VII 6, 7; 7, 1—8, 7.

206 Liv. VII 9, 1. *Fasti triumph.*, ed. Degrassi p. 540. Vgl. K. J. Beloch, RG 200.

207 Liv. VII 11, 8—9. *Fasti triumph., l.c.*

208 Liv. VII 15, 8—9. *Fasti triumph., l.c.*

209 Cic., *Phil.* VI 5, 13. Liv. IX 43, 22. *Fasti triumph.*, ed. Degrassi p. 542. Vgl. L. R. Taylor, Vot. Distr. 52

209ᵃ Vgl. jetzt Alföldi, Röm. Frühgesch. 196 ff.

210 Liv. VI 21, 2: *Hostes novi praeter Volscos* ..... *Circeiosque et Velitras colonias* (sie waren Kolonien des Latinerbundes, wie wir sehen werden) .... *et suspectum Latium Lanuvini etiam* .... *subito exorti.* [Außer den Volskern ..., den Kolonien Circei und Velitrae sowie den argwöhnisch beobachteten Latinern trat plötzlich ... sogar Lanuvium als neuer Feind in Erscheinung.]

211 Liv. VI 27, 7: *Latinis, Hernicis, Praenestinis iam intentari arma* [den Latinern, Hernikern und Praeneste stünde bereits der Krieg ins Haus].

212 Liv. VI 28, 7: werden Praenestiner als *Latinus hostis* [latinischer Feind] verflucht.

213 Liv. VI 29, 2: *di testes foederis* [die Götter als Schwurzeugen des Bündnisvertrags] werden gegen sie angerufen.

214 Polyb. II 18, 5.

215 Liv. VII 12, 7.

216 Liv. VII 11, 2; 12, 8.

217 Liv. VIII 19, 4 ff. (zum Fall Fundi).

217ᵃ Vgl. Alföldi, Röm. Frühgesch. 198.

218 Macrob., *Sat.* III 9, 13: *in antiquitatibus autem haec oppida inveni devota: (Hi)stonios Fregellas Gavios Veios Fidenas.* [Nach meiner Kenntnis wurden in der Frühzeit folgende Städte (den unterirdischen Göttern) geweiht: Histonii, Fregellae, Gabii, Veii, Fidenae].

219 Fest. p. 402, 5 ff.: *Suburam Verrius* ... *a pago Succusano dictam ait: hoc vero maxime probat eorum auctoritatem, qui aiunt, ita appellatam*

et regionem Urbis et tribum a stativo praesidio, quod solitum sit succurrere Esquilis, infestantibus eam partem Urbis Gabinis. [Verrius behauptet, die Subura ... sei nach dem Succusanischen Gau benannt; dies aber stützt ganz besonders jene Überlieferung, die sowohl den Namen der Stadtregion als auch der Tribus von einer dort fest stationierten Schutztruppe herleitet, die gewöhnlich den Bewohnern des Esquilin zu Hilfe geeilt sei, als Gabii diesen Teil der Stadt bedrohte.]

[220] DH IV 53, 1: νῦν μὲν οὐκέτι συνοικουμένη πᾶσα, πλὴν ὅσα μέρη πανδοκεύεται κατὰ τὴν δίοδον, τότε δὲ πολυάνθρωπος εἰ καί τις ἄλλη καὶ μεγάλη. τεκμήραιτο δ'ἄν τις αὐτῆς τὸ μέγεθος καὶ τὴν ἀξίωσιν ἐρείπια θεασάμενος οἰκιῶν πολλαχῇ καὶ τείχους κύκλον. ἔτι γὰρ ἕστηκεν αὐτοῦ τὰ πλεῖστα. [Jetzt aber ist sie nicht mehr vollständig bewohnt, außer den Stadtteilen, welche am Paß liegen; damals aber war (Gabii) eine bedeutende Stadt und dicht bevölkert wie kaum eine andere. Größe und Ansehen der Siedlung bezeugen wohl noch die an vielen Stellen erkennbaren Häuserruinen und der Mauerkreis, von dem der größte Teil noch steht.] Propert. IV 1, 34, über Städte in alter Zeit: *Et qui nunc nulli, maxima turba Gabi* [Und das (einst) volkreiche Gabii, wo jetzt niemand mehr wohnt].

[221] Das läßt sich aus der erfundenen Geschichte herleiten, wonach Romulus und Remus in Gabii eine höhere Erziehung genossen: DH I 84, 5. Plut., *Rom.* 6, 2 und *De fort. Rom.* 8. *Origo gentis Rom.* 21, 3 (von Valerius Antias). Steph. Byz., s. v. Τάβιοι (statt Γάβιοι). Über *cinctus Gabinus* [die nach gabinischem Brauch gegürtete Toga]: Mau, RE 3, 2558 ff.

[222] DH IV 53, 2 ff. Liv. I 53, 2 ff. Ovid., *Fast.* 2, 690 ff. Zonaras VII 10, 6 ff. (Cass. Dio vol. 1, 27 f. Boiss.). Florus I 1, 5—7.

[223] DH IV 58, 4: τούτων ἐστὶ τῶν ὁρκίων μνημεῖον ἐν Ῥώμῃ κείμενον ἐν ἱερῷ Διὸς Πιστίου, ὃν Ῥωμαῖοι Σάγκον καλοῦσιν, ἀσπὶς ξυλίνη βύρσῃ βοείᾳ περίτονος τοῦ σφαγιασθέντος ἐπὶ τῶν ὁρκίων τότε βοός, γράμμασιν ἀρχαϊκοῖς ἐπιγεγραμμένη τὰς γενομένας αὐτοῖς ὁμολογίας. [Ein Denkmal jener Eide befindet sich in Rom im Tempel des Dius Fidius, den die Römer *Sancus* nennen; es handelt sich um einen hölzernen, mit der Haut des anläßlich der damaligen Eidesleistung geschlachteten Rindes überzogenen Schild, auf dem in altertümlicher Schrift die von ihnen getroffenen Vereinbarungen festgehalten sind.] Paul. Fest. p. 48, 19 L.: *Clipeum antiqui ob rotunditatem etiam corium bovis appellarunt, in quo foedus Gabinorum cum Romanis fuerat descriptum.* [Einen 'Schild' nannten die Alten wegen ihrer runden Gestalt auch jene Rinderhaut, auf welcher der Bündnisvertrag zwischen Gabii und Rom schriftlich festgehalten worden war.] Hor., *Epist.* II 1, 24 f.: *foedera regum vel Gabiis vel cum*

rigidis aequata Sabinis [die auf der Grundlage der Gleichberechtigung geschlossenen Bündnisverträge der Könige mit Gabii und den rauhen Sabinern]. Vgl. die augusteischen Münztypen des C. Antistius Vetus und des C. Antistius Reginus, H. Mattingly, BMC Emp. 1, 1923, 19 und 24 mit Taf. 3, 16 und 4, 10.

[224] DH IX 60, 8. Ovid., *Fast.* 6, 213 ff. E. Pais, St. d. R. I 1, 357. Dagegen: G. De Sanctis, St. d. R. 1², 355 Anm. 73; vgl. ibid. 377 f. Mommsen, St. R. 3, 598 Anm. 4. Ed. Meyer, GdA 5, 1902, 136.

[225] Vgl. S. 275 f.

[226] Liv. III 8, 6.

[227] Liv. VI 21, 9.

[228] Vgl. S. 44 ff.

[229] Vgl. S. 270. Diod. XI 40, 5 (zum Jahr Ol. 75, 4): Ἅμα δὲ τούτοις πραττομένοις Ῥωμαίοις πρὸς Αἰκολανοὺς καὶ τοὺς τὸ Τοῦσκλον κατοικοῦντας συνέστη πόλεμος, καὶ πρὸς μὲν Αἰκολανοὺς μάχην συνάψαντες ἐνίκησαν καὶ πολλοὺς τῶν πολεμίων ἀνεῖλον, μετὰ δὲ ταῦτα τὸ Τοῦσκλον ἐξεπολιόρκησαν καὶ τὴν τῶν Αἰκολανῶν πόλιν ἐχειρώσαντο. [Gleichzeitig mit diesen Ereignissen brach ein Krieg zwischen den Römern einerseits und den Aequern sowie den Bewohnern von Tusculum andererseits aus; die Römer besiegten die Aequer in einer Schlacht und töteten viele Feinde; danach eroberten sie Tusculum und unterwarfen das Gemeinwesen der Aequer.] Es wird nicht angedeutet, wer die Verbündeten Roms zu dieser Zeit waren. Vgl. E. Pais, St. crit. 2, 165 Anm. 3. A. Klotz, Livius und seine Vorgänger, Berlin 1941, 275. A. Piganiol, Mél. 38, 1920, 297 ff.

[230] DH IX 16, 3. Liv. III 8, 1—11; 19, 7—8. Die Geschichte war Cato d. Ä., einem gebürtigen Tusculaner, bekannt; vgl. Fr. Münzer, Adelsp. 65 f. und idem, RE 8, 618 ff.

[231] Liv. IV 11, 1—7.

[232] Liv. III 23, 3—5. DH X 20, 1—21, 1.

[233] Liv. III 31, 3—4. DH X 43, 1 ff.

[234] Liv. III 38, 5; 40, 13—14; 42, 3—7. DH XI 3, 3; 4, 3; 23, 2. 4—6.

[235] Liv. IV 10, 4—5.

[236] Liv. IV 45, 3 ff.; 46, 6, 12; 47, 4—7; 49, 4—5.

[237] Liv. V 28, 11—13.

[238] Liv. VI 21, 9: *De Praenestinorum quoque defectione eo anno primum fama exorta; arguentibusque eos Tusculanis et Gabinis et Labicanis, quorum in fines incursatum erat, ita placide ab senatu responsum est, ut minus credi de criminibus, quia nollent ea vera esse, appareret.* [In diesem Jahr ging auch erstmals das Gerücht vom Abfall Praenestes um. Als Tusculum, Gabii und Labici, in deren Gebiete die Praenestiner eingefallen

waren, letztere beschuldigten, gab der Senat eine so friedfertige Antwort, daß es schien, als ob er den Beschuldigungen möglichst wenig Glauben schenke, weil er nicht wolle, daß sie zuträfen.]

[239] Plut., *Camill.* 38, 5. DH XIV 6, 2—3. Cass. Dio fr. 28, 1—2 (vol. 1, 84 Boiss.). Val. Max. VII 3, *ext.* 9. Liv. VI 25, 1 ff.; 26, 8. Vgl. Cic., *Pro Balbo* 13, 31: *Itaque et ex Latio multi, ut Tusculani, ut Lanuvini* ..... *in civitatem sunt receptae* [Daher erhielten auch viele Latiner, so die Bürger von Tusculum, Lanuvium ..., das römische Bürgerrecht] (der Zeitpunkt der Bürgerrechtsverleihung an Lanuvium ist unbekannt). Die Unterwerfung von Tusculum war sicherlich nicht so idyllisch wie Livius sie geschildert hat; vgl. A. Momigliano, Secondo contributo 91.

[240] G. De Sanctis, St. d. R. 2^1, 244 Anm. 3 = 2^2, 231 f. mit Anm. 5 bis 6, 8. A. N. Sherwin-White, R. Citiz. 27, 29, 31, 32 f., 56, 60 f.

[241] Vgl. S. 269 ff.

[242] G. De Sanctis, St. d. R. 2^2, 231 f.

[243] K. J. Beloch, RG 421 f. A. N. Sherwin-White, a. a. O. 39. Über die Praenestiner: Liv. XXIII 20, 2.

[244] Mommsen, St. R. 3, 635 ff.; vgl. ibid. 48 f. L. M. Hartmann, *De exilio apud Romanos*, Berlin 1887, 1 ff. A. N. Sherwin-White, a. a. O. 57. E. T. Salmon, Phönix 7, 1953, 125.

[245] Vgl. meine Abhandlung ›Der frühromische Reiteradel‹, Baden-Baden 1952.

[246] Plin., N.h. VII 42, 136 (mit Einzelheiten, die um des rhetorischen Effekts willen entstellt sind, aber einen gesunden Kern haben): *fuit et Balbus Cornelius maior consul, ... primus externorum ... usus illo honore, quem maiores Latio quoque negaverint. est et L. Fulvius inter insignia exempla, Tusculanorum rebellantium consul, eodemque honore, cum transisset, exornatus confestim a populo Romano, qui solus eodem anno, quo fuerat hostis, Romae triumphavit ex iis quorum consul fuerat.* [Auch Balbus Cornelius der Ältere war Konsul ...; als erster Auswärtiger ... bekleidete er dieses Amt, was unsere Vorfahren (bis dahin) auch den Latinern verweigert haben. Ein sehr berühmtes Beispiel ist auch der Fall des L. Fulvius, der erst Konsul im rebellierenden Tusculum war und dann nach seinem Übertritt vom römischen Volk sofort mit demselben Amt ausgezeichnet wurde, der einzige, der im selben Jahr, in dem er ein Feind (der Römer) gewesen war, in Rom einen Triumph über jene feierte, bei denen er zuvor das Konsulat bekleidet hatte.] Cic., *Pro Planc.* 8, 19: *Tu es e municipio antiquissimo Tusculano, ex quo sunt plurimae familiae consulares, ... tot, quot ex reliquis municipiis omnibus non sunt.* [Du kommst aus dem altehrwürdigen Municipium Tusculum, aus dem überaus viele konsularische Familien stammen ..., so viele wie die übrigen Municipien

zusammengenommen nicht aufzuweisen haben.] Vgl. G. De Sanctis, St. d. R. 2², 231 f. Vgl. Fr. Münzer, Adelsp. 64 f., 72, 209. Idem, RE 7, 231. 236 (Nr. 46). Nicht nur die Fulvii, sondern auch die Mamilii, Nachkommen der alten Könige von Tusculum, verlegten in derselben Zeit ihren Wohnsitz nach Rom; vgl. Fr. Münzer, Adelsp. a. a. O.

[247] Wie A. Piganiol, Mél. 38, 1920, 304 f. gezeigt hat.

[248] Liv. VI 33, 6—12.

[249] Liv. VI 36, 1—6.

[250] Liv. VII 11, 2.

[251] Liv. VIII 7, 2.

[252] Liv. VIII 37, 8—12.

[253] A. N. Sherwin-White, R. Citiz. 29 f.

[254] Liv. VI 29, 6. Vgl. K. J. Beloch, RG 168.

[255] Liv. VII 18, 2; 19, 1.

[256] Beloch, RG 178. G. De Sanctis, St. d. R. 1², 376 Anm. 158. St. Weinstock, RE 6 A, 821.

[257] Th. Ashby, PBSR 3, 1905, 132 f.

[258] Plaut., *Bacch.* 18. Verg., Aen. 7, 630 und dazu die Notiz des Servius. Liv. XLII 1, 7.

[259] Liv. XXIII 20, 2.

[260] Polyb. VI 14, 8. Liv. III 58, 10; IX 30, 5; XLIII 2, 10. Suet., *Tib.* 4, 2. App., *B.C.* 5, 21, 82. Cass. Dio XLVIII 10, 3, etc. Vgl. Mommsen, St. R. 3, 48 f., 635 ff. L. M. Hartmann, *De exilio apud Romanos*, Berlin 1887, 1 ff. G. Crifò, Ricerche sull' 'exilium' nel periodo repubblicano, I, Milano 1961.

[261] Liv. IX 16, 17: *Praenestinus praetor ... ex subsidiis suos duxerat in primam aciem.* [Der Praetor von Praeneste ... hatte seine Truppen (etwas zu langsam) aus dem Hintertreffen in die vorderste Schlachtreihe geführt.] Plin., *N.h.* XVII 11, 81 und Cass. Dio, fr. 36, 24 (vol. 1, p. 103 Boiss.), wiederholen dieselbe Anekdote für 319 v. Chr. Was Tibur angeht, erfordern allgemeine Überlegungen für diesen Staat dieselbe Sonderstellung wie für Praeneste.

[262] Liv. II 19, 2: *Praeneste ab Latinis ad Romanos descivit. nec ultra bellum Latinum ... dilatum.* [Praeneste fiel von den Latinern ab und ging zu Rom über. Und der Latinerkrieg wurde nicht länger ... hinausgezögert.]

[263] DH VIII 65, 1—66, 3.

[264] Liv. III 8, 6—7.

[265] Serv., *Aen.* 8, 285: *salii sunt, qui tripudiantes aras circumibant. saltabant autem ritu veteri armati post victoriam Tiburtinorum de Volscis.* [Salier sind diejenigen (Priester), welche im Dreischritt um die Altäre

tanzten. Und sie tanzten nach altem Brauch in Waffen nach dem Sieg der Tiburtiner über die Volsker.]

266 B. G. Niebuhr, RG 2³, 1800, 650 f. Wie G. De Sanctis, St. d. R. 2², 113 f. richtig betont, rechtfertigt diese Situation es nicht, mit Niebuhr, O. Clason (RG 1, 79) und K. J. Beloch (RG 294 f.) anzunehmen, daß Praeneste und Tibur die Aequer beherrschten. Vgl. auch K. J. Beloch, a. a. O. 181. G. De Sanctis, a. a. O. 153 ff., 236 f., 275 f. A. Piganiol, Mél. 38, 1920, 297 ff. Eine verschiedene Meinung vertritt A. N. Sherwin-White, a. a. O. 26 ff.

267 Diod. XIV 117, 4 (Camillus): ἀκούσας ὁ αὐτοκράτωρ πορθεῖσθαι Βώλας ὑπὸ Αἰκουλανῶν, ... ἀγαγὼν τὴν δύναμιν τοὺς πλείστους τῶν πολιορκούντων ἀνεῖλεν. [Als der Feldherr erfuhr, daß Bola von den Aequern bestürmt werde, ... zog er mit seiner Streitmacht los und vernichtete den größten Teil der Belagerer.] Liv. VI 2, 14: *victor ex Volscis in Aequos transiit et ipsos bellum molientes; exercitus eorum ad Bolas oppressit, nec castra modo, sed urbem etiam adgressus impetu primo cepit.* [Der Sieger über die Volsker wandte sich nun gegen die Aequer, die ebenfalls kriegerische Unternehmungen eingeleitet hatten; er vernichtete ihr Heer vor Bola und nahm nicht nur ihr Lager, sondern auch die Stadt gleich beim ersten Ansturm ein.] Vgl. VI 4, 8. G. De Sanctis, St. d. R. 2², 236. Dieser Sieg scheint zum historischen Kern der Camillus-Legende zu gehören.

268 Liv. VI 21, 2—3.

269 Liv. VI 21, 9 (vgl. Anm. 238).

270 Liv. VI 22, 2—4; 27, 7. 9. Plut., *Camill.* 37, 2—6.

271 Liv. VI 28, 1 ff. Ibid. 29, 8—9. *T. Quinctius semel acie victor, binis castris hostium, novem oppidis vi captis, Praeneste in deditionem accepto Romam revertit triumphansque signum Praeneste devectum Iovis Imperatoris in Capitolium tulit. dedicatum est inter cellam Iovis ac Minervae tabulaque sub eo fixa, monumentum rerum gestarum, his ferme incisa litteris fuit: 'Iuppiter atque divi omnes hoc dederunt, ut T. Quinctius dictator oppida novem caperet.'* [T. Quinctius, der einmal in offener Feldschlacht gesiegt, zwei feindliche Lager und neun Städte erobert sowie Praeneste zur Kapitulation gezwungen hatte, kehrte nach Rom zurück und brachte im Triumphzug das aus Praeneste mitgeführte Kultbild des Juppiter Imperator auf das Kapitol. Es wurde zwischen den Tempeln des Juppiter und der Minerva geweiht (und aufgestellt) und eine Tafel an seinem Sockel befestigt, welche zum Andenken an seine Taten eine Inschrift mit ungefähr folgendem Wortlaut aufwies: 'Juppiter und alle (anderen) Götter gewährten dem T. Quinctius als Diktator die Gunst, neun Städte zu erobern.'] Festus, p. 498, 4 L.: *Trientem tertium pondo* coronam auream dedisse se Iovi donum scripsit T. Quinctius dictator cum per novem dies totidem urbes et decimam Praeneste cepisset. Id significare ait Cincius in Μυσταγωγικῶν lib. II. [T. Quinctius hat als Diktator schriftlich aufzeichnen lassen, daß er dem Juppiter einen Goldkranz von 2¹/₃ Pfund Gewicht geschenkt habe, da er an neun Tagen ebenso viele Städte und als zehnte Praeneste eingenommen habe. Cincius behauptet im zweiten Buch seiner *Mystagogici*, dies bedeute ...] Ich nehme an, daß auch der schon zitierte Text des Livius auf Cincius beruht. Vgl. G. De Sanctis, St. d. R. 2², 237 Anm. 31. A. Klotz, Livius und seine Vorgänger, 1941, 281. Diod. XV 47, 8: Ῥωμαῖοι πρὸς Πραινεστίνους παραταξάμενοι καὶ νικήσαντες τοὺς πλείστους τῶν ἀντιταξαμένων κατέκοψαν. [Die Römer zogen gegen Praeneste ins Feld, siegten und metzelten den größten Teil der Gegner nieder.] Eutrop. 2, 2. *Fasti triumph. Capit.* (zerstört), vgl. A. Degrassi, Inscr. It. XIII 1, 1947, 539.

[272] Liv. VI 30, 8.

[273] Vgl. o. S. 319 f.

[274] Liv. VII 9, 1—2: ... *cum C. Sulpicius et C. Licinius Calvus consules in Hernicos exercitum duxissent ... revertentibus inde eis Tiburtes portas clausere. ea ultima fuit causa, cum multae ante querimoniae ultro citroque iactatae essent, cur ... bellum Tiburti populo indiceretur.* [... als die Konsuln C. Sulpicius und C. Licinius Calvus gegen die Herniker zu Felde gezogen waren, ... verschloß Tibur ihnen bei ihrer Rückkehr aus jenem Krieg die Tore. Dies gab, nachdem viele gegenseitige Vorwürfe vorausgegangen waren, den Ausschlag ... für die Kriegserklärung an Tibur.] 11, 1: ... *ut Gallorum exercitus ... in Tiburtem agrum atque inde, societate belli facta commeatuque benigne ab Tiburtibus adiutus, mox in Campaniam transierit. Ea fuit causa, cur proximo anno C. Poetelius Balbus consul ... adversus Tiburtes iussu populi exercitum duceret. ad quorum auxilium cum Galli ex Campania redissent, foedae populationes in Labicano Tusculanoque et Albano agro haud dubie Tiburtibus ducibus sunt factae.* [... so daß das keltische Heer ... in das Gebiet von Tibur und von dort bald nach Kampanien weiterzog, nachdem es mit Tibur einen Kampfesbund geschlossen und reichliche Verpflegung von dieser Stadt erhalten hatte. Aus diesem Grund zog im folgenden Jahr der Konsul C. Poetelius Balbus ... auf Geheiß des Volkes mit einem Heer gegen Tibur. Als die Kelten aus Kampanien zurückgekehrt waren, um Tibur zu Hilfe zu eilen, wurden in den Gebieten von Labici, Tusculum und Alba grauenhafte Verwüstungen angerichtet, und zwar zweifellos unter Führung von Feldherren aus Tibur.] 6—7: *pugnatum haud procul porta Collina ... avertitur tandem acies Gallorum. fuga Tibur sicut arcem belli Gallici petunt; palati a consule Poetelio haud procul Tibure excepti, egressis ad opem*

ferendam Tiburtibus simul cum iis intra portas conpelluntur. [Der Kampf entbrannte nicht weit vom Collinischen Tor ... Schließlich wich die Schlachtreihe der Kelten; letztere flüchteten nach Tibur, das gleichsam die Hauptfestung für ihre kriegerischen Unternehmungen war; diese Umherirrenden wurden kurz vor Tibur vom Konsul Poetelius in Empfang genommen, und als die Tiburtiner einen Ausfall aus der Stadt wagten, um ihnen zu helfen, trieb er sie zusammen mit den Kelten hinter die Mauern zurück.] 9: *Poetelius de Gallis Tiburtibusque geminum triumphum egit.* [Poetelius feierte einen doppelten Triumph über Kelten und Tiburtiner.] 12,1—4: *Itaque insequenti anno ... primo silentio noctis ab Tibure agmine infesto profecti ad urbem Romam venerunt .... duabus portis egressi consules utrimque aciem subeuntium iam muros adgrediuntur ...., vix primum impetum Romanorum sustinuere.* [Daher brach im folgenden Jahr ... bei Beginn der Nachtruhe das feindliche Heer von Tibur auf und gelangte vor Rom ... Die Konsuln führten ihre Truppen aus zwei Toren hinaus und griffen auf beiden Flanken die Schlachtreihe der bereits auf die Mauern zustürmenden Feinde an. ... Diese hielten nur mit Mühe dem ersten Ansturm der Römer stand.] Acta triumph. a. 360 a. Chr. n.: *De Gallis et Tiburtibus* [(Triumph) über die Kelten und Tibur].

275 Liv. VII 12, 8: *quod Gallos mox Praeneste venisse atque inde circa Pedum consedisse auditum est* [... weil man erfuhr, daß die Kelten bald darauf nach Praeneste gezogen und dann in der Gegend von Pedum ihr Lager aufgeschlagen hätten]. Liv. VIII 14, 9: *Tiburtes Praenestinique agro multati, neque ob recens tantum rebellionis ... crimen, sed quod taedio imperii Romani cum Gallis, gente efferata, arma quondam consociassent.* [Tibur und Praeneste wurden mit Gebietsverlusten bestraft, und zwar nicht nur wegen des jüngst gegen sie ergangenen ... Vorwurfs der Rebellion, sondern weil sie, der römischen Herrschaft überdrüssig, einst mit einem wilden Keltenstamm ein Waffenbündnis eingegangen seien.]

276 Liv. VII 18, 2: *Empulum eo anno ex Tiburtibus ... captum.* [Den Tiburtinern wurde in jenem Jahr Empulum ... genommen.]

277 Liv. VII 19, 1—2: *cum Tiburtibus usque ad deditionem pugnatum. Sassula ex his urbs capta; ceteraque oppida eandem fortunam habuissent, ni universa gens positis armis in fidem consulis venisset. Triumphatum de Tiburtibus.* [Mit Tibur kämpfte man bis zur Kapitulation dieser Stadt, und man entriß ihr Sassula. Die übrigen Städte hätten dasselbe Schicksal erlitten, wenn nicht der ganze Stamm die Waffen gestreckt und sich dem Konsul auf Gnade und Ungnade ergeben hätte. Man feierte einen Triumph über Tibur.] Vgl. *Fasti triumph. ad a.* 354 a. Chr. n. Chron. Oxyrh. ad Ol. 106, 3 (F. Gr. Hist. 255 = 2 B, p. 1153): κατὰ δὲ τὸν ⟨τρί⟩τον Τιβουρτεῖνοι ὑπὸ ⟨'Ρωμαίων⟩ καταπολεμηθέ⟨ντες ἑαυτο⟩ὺς παρέδοσαν.

[Im dritten Jahr (dieser Olympiade) wurden die Tiburtiner von den Römern besiegt und kapitulierten.]

[278] Diod. XVI 45, 8: Ῥωμαῖοι πρὸς μὲν Πραινεστίνους ἀνοχάς, πρὸς δὲ Σαυνίτας συνθήκας ἐποιήσαντο. [Die Römer schlossen mit Praeneste einen Waffenstillstand, mit den Samniten einen Bündnisvertrag.]

[279] Offensichtlich handelt es sich um das moderne Gallicano, wie Cluver und Nibby vermuteten; H. Dessau, CIL XIV p. 288 Anm. 6 folgte ihnen darin.

[280] Liv. VIII 12, 6—8: *Aemilius ad Pedum exercitus duxit. Pedanos tuebatur Tiburs, Praenestinus Veliternusque populus; venerant et ab Lanuvio Antioque auxilia. ubi cum proeliis quidem superior Romanus esset, ad urbem ipsam Pedum castraque sociorum populorum, quae urbi adiuncta erant, integer labor restaret, bello infecto repente omisso consul ... Romam rediit.* [Aemilius zog mit einem Heer vor Pedum. Letzterer Stadt gewährten Tibur, Praeneste und Velitrae Schutz; von Lanuvium und Antium waren Hilfskontingente eingetroffen. Als dort die Römer zwar in den Gefechten die Oberhand behielten, gegen die Stadt Pedum selbst und die sich an diese gleich anschließenden Lager der Truppen aus den verbündeten Gemeinwesen nichts ausrichten konnten, brach der Konsul den Feldzug unverrichteter Dinge ab und ... kehrte nach Rom zurück.]

[281] Liv. VIII 13, 4—7: *neque tamen nisi admodum a paucis populis Pedani adiuti sunt, Tiburtes Praenestinique, quorum ager proprior erat, Pedum pervenere; Aricinos, Lanuvinosque et Veliternos Antiatibus Volscis se coniungentes ad Asturae flumen Maenius ... adortus fudit. Camillus ad Pedum cum Tiburtibus, maxime valido exercitu, maiore mole, quamquam aeque prospero eventu pugnat. Tumultum maxime repentina inter proelium eruptio oppidanorum fecit, in quos parte exercitus conversa Camillus non compulit solum eos intra moenia, sed eodem etiam die, cum ipsos auxiliaque eorum perculisset, oppidum scalis cepit.* [Und dennoch erhielt Pedum nur von sehr wenigen Gemeinwesen Hilfe; die Tiburtiner und Praenestiner, deren Gebiete sich in ziemlicher Nähe desjenigen von Pedum befanden, zogen zu dieser Stadt; die Ariciner, Lanuviner und Veliterner, die sich mit den volskischen Antiaten vereinigten, griff Maenius beim Fluß Astura an und schlug sie in die Flucht. Camillus kämpfte vor Pedum mit einem sehr starken Heer der Tiburtiner und hatte zwar mehr Mühe, aber dennoch einen ebenso großen Erfolg zu verzeichnen. Verwirrung brachte vor allem ein plötzlicher Ausfall der Stadtbewohner während des Gefechts; Camillus stellte ihnen einen Teil seines Heeres entgegen und trieb sie nicht nur hinter ihre Mauern zurück, sondern eroberte noch am selben Tag, nachdem er sie selbst und ihre Hilfstruppen vernichtend geschlagen hatte, die Stadt mit Sturmleitern.] 14, 9: *Tiburtes Praenestinique*

agro multati. [Tibur und Praeneste wurden mit Gebietsverlusten bestraft.] Vgl. A. Rosenberg, Hermes 54, 1919, 125 ff. *Acta triumph. Capit.* ad a. 338 a. Chr. n.: *de Pedaneis et Tiburtibus* [(Triumph) über Pedum und Tibur]. Eutr. 2, 7.

[282] Fr. Münzer, *Adelsp.* 36 f., 44 f.

[283] Plin., N.h. XXXIII 1, 17: *ut aedilis curulis crearetur cum Q. Anicio Praenestino, qui paucis ante annis hostis fuisset* [daß er zum kurulischen Aedil gewählt wurde, gemeinsam mit Q. Anicius Praenestinus, der doch wenige Jahre zuvor noch zu den Feinden Roms gehört hatte]. Das *pauci anni* [wenige Jahre] ist eine rhetorische Untertreibung, die „wenigen" Jahre sind 34! Dennoch besteht kein Grund, die Historizität dieser Bekleidung des Aedilenamtes zu leugnen, *pace* H. Dessau, CIL XIV p. 288 Anm. 8.

[283a] Vgl. jetzt Alföldi, Röm. Frühgesch. 194 ff.

[284] B. G. Niebuhr, RG 2^2, 42 hat erkannt, daß der römische Triumph auf dem Albanerberg keine neue Einrichtung, sondern die Wiederbelebung eines alten Brauches war. Obwohl seine Meinung von ausgezeichneten Gelehrten (Mommsen, St. R. 1^3, 134. Aust, in Roschers Lex. 2, 693 f. etc.) verworfen oder übergangen wurde, erweist sie sich dadurch als richtig, daß der albanische Triumph auch in Rom rechtsgültig war (Mommsen, a. a. O.), was ohne solche Voraussetzungen nicht möglich gewesen wäre. Vgl. auch G. Wissowa, RuK 2^2, 125. H. Müller-Karpe, Vom Anfang Roms, Heidelberg 1959, 40.

[285] E. Pais, Mem. Acc. Lincei, sc. mor. 5. ser., 17, 1924, 323.

[286] Von diesen alten Kolonien prägten Signia und Cora Münzen; vgl. A. Sambon, Les monnaies antiques de l'Italie 1, Paris 1903, 100, Nr. 164 bis 165. Der Grund dafür, daß solche Gründungen sonst keine eigenen Münzen haben, ist der späte Beginn der Münzprägung in Latium (Im 5. und 4. Jahrhundert v. Chr. gibt es dort noch keine Geldwirtschaft).

[287] E. T. Salmon, Phoenix 7, 1953, 98 ff.

[288] Liv. VII 42, 8. VIII 3, 9; 5, 3. XXVII 9, 7.

[289] Wie z. B. M. Gelzer, RE 12, 958 f.

[290] Wie z. B. K. J. Beloch, Der ital. Bund 135 f. J. Marquardt, St.-V. 1^2, 48. E. Kornemann, RE 4, 514. H. Nissen, It. Lk. 2, 26. E. Pais, St. crit. 3, 361 (alle diese Historiker glauben, daß der Bund und Rom je die Hälfte der Kolonisten für die neuen Gründungen stellten; diese Annahme beruht auf dem Bemühen der römischen Annalen, die römische Hegemonie älter zu machen als sie faktisch gewesen ist). A. Piganiol, Mél. 38, 1920, 297 f., 301 f. Idem, La conquête romaine, Paris 1927, 82. E. Pais, a. a. O. (Anm. 285) 318 f. A. N. Sherwin-White, R. Citiz. 22 f., 34 f.

[291] Liv. XXXIV 42, 5. A. N. Sherwin-White, a. a. O.

[292] G. De Sanctis, St. d. R. 2¹, 1907, 248: 2², 233.

[293] A. Rosenberg, Hermes 54, 1919, 161 ff.

[294] E. T. Salmon, Phoenix 7, 1953, 93 ff., 123 ff.; vgl. ibid. 9, 1955, 63 ff. Ich konnte weder P. Frezza, Studi U. Paoli, Roma 1956, 305 f., noch A. Degrassi, Guida allo studio della civiltà Romana antica 1², Napoli 1959, 301 f. heranziehen.

[295] E. T. Salmon, Phoenix 9, 1955, 64 f.

[296] DH XIII 5, 3. Plut., *Camill.* 23, 2. Liv. IV 11, 4 (die *Rutuli* werden zugelassen), XXVII 9, 7. XXIX 15, 5. App., Ital. 8, 5.

[297] Diod. XII 34, 5.

[298] Liv. IV 47, 1 ff. Vgl. Diod. XIII 6, 8.

[299] Liv. V 16, 2 (397 v. Chr.). Ibid. V 28, 6 ff. (394 v. Chr.). Labici stand 383 und 360 v. Chr. treu zu Rom: Liv. VI 21, 9. VII 11, 3.

[300] Liv. IV 49, 7 ff. Diod. XIII 42, 6. XIV 117, 4. Liv. VI 2, 14; 5, 2.

[301] Liv. V 29, 3—5. Vgl. Suet., *Vitell.* 1, 3. Liv. II 39, 4.

[302] Zu diesem Datum berichtet Diod. XIV 34, 7 eine Verstärkung der Kolonisten durch Neuhinzugekommene. DH VI 4, 2; 43, 1 und Liv. II 31, 4 nennen die Stadt, wie auch die meisten anderen, eine römische Kolonie. Ihre lateinischen Kolonisten und volskischen Einwohner kämpften von 385 bis 338 v. Chr. erbittert gegen Rom. Liv. VI 12, 6; 13, 8; 17, 7; 21, 2—3; 30, 6; 36, 1—6; 37, 12; 38, 1. VII 15, 10—11. VIII 3, 9; 12, 7; 13, 5; 14, 5. In Wirklichkeit entstand hier erst 338 v. Chr. eine römische Kolonie: Liv. VIII 14, 7.

[303] Liv. II 16, 8—17, 7: *duae coloniae Latinae, Pometia et Cora* [zwei lateinische Kolonien, Pometia und Cora]. Die schöne frühe Didrachme von Cora in Paris (A. Sambon, Les monnaies antiques de l'Italie 1, Paris 1903, 100 Nr. 165) ist das einzige erhaltene Exemplar; wie viele ähnliche Münzen aus anderen Bundeskolonien mögen für uns verloren sein!

[304] DH VII 13, 5 (Latinerkolonie). Liv. VII 42, 8 (342 v. Chr.)

[305] Liv. VIII 3, 9 erwähnt es als „römische" Kolonie zum Jahr 340, aber die Münzen (A. Sambon, a. a. O. 100 Nr. 164) beweisen, daß es ein souveräner Stadtstaat war, also eine Bundeskolonie.

[306] R. Delbrück, Das Kapitolium von Signia, Rom 1903. A. Rosenberg, Hermes 54, 1919, 158.

[307] Verg. Aen. 7, 410 ff.

[308] Diod. XIV 102, 4. Latinerkolonie: Liv. VIII 3, 9. XXVII 9, 7. XXIX 15, 5.

[309] Vgl. E. T. Salmon, Phoenix 7, 1953, 130.

[310] Liv. VI 5, 1; 6, 1.

[311] Liv. VII 15, 11. Schon 383 v. Chr. *quinqueviros Pomptino agro dividendo ... creaverunt* [Sie wählten ... ein Fünfmännerkollegium zur

Aufteilung des pomptinischen Gebiets]. Liv. VI 21, 4. L. R. Taylor, Vot. Distr. 51 ff. übernahm aus gutem Grund die Meinung von E. Pais, daß die *Poblilia* auf dem Gebiet der Herniker eingerichtet wurde; glücklicherweise gibt es keinen Zweifel an der Lage der *Pomptina*.

[312] Liv. VI 16, 6. Die volskische Bevölkerung wurde nicht vertrieben: Liv. VI 32, 4—10. Um den Besitz von Satricum wurde lange erbittert gekämpft (Liv. VI 22, 5; 32, 4—10; 33, 4. VII 27, 7—8); es erhob sich sogar noch 320—19 gegen Rom (Liv. IX 12, 5; 16, 3).

[313] Vell. I 14, 2. Liv. VI 30, 9. VII 42, 8. VIII 1, 1; 5, 7; 19, 4—5. Latinisch: Liv. VIII 3, 9.

[314] Mommsen, CIL X p. 640. Neben den vom ihm zitierten Stellen ist auch Martial IV 64, 31 ff. erwähnenswert: *Vos nunc omnia parva qui putatis, centeno gelidum ligone Tibur, vel Praeneste domate pendulamque uni dedite Setiam colono: dum me iudice praeferantur istis Iuli iugera pauca Martialis.* [Ihr nun, die ihr das alles wenig achtet, / baut im eisigen Tibur, in Praeneste / nur den Boden mit hundert Hacken, gebt nur / einem Setias hangend Land als Siedler, / stets nach meinem Geschmack verdient den Vorzug / meines Iulius Martialis Gütchen. (Helm. — Die Übersetzung wurde mit freundlicher Genehmigung des Artemis-Verlages entnommen aus: Martial, Epigramme. Eingeleitet und im antiken Versmaß übertragen von Rudolf Helm, Zürich 1957.)]

[315] Vgl. Ed. Meyer, Kleine Schriften 2, Halle 1924, 311.

[316] Vell. I 14, 2. Diod. XIV 98, 5; 117, 4. XX 35, 1. Liv. VI 3, 2. IX 32, 1. Beide, Sutrium und Nepet, sind *coloniae Latinae* [latinische Kolonien]: Liv. XXVII 9, 7; 10, 7. Über abweichende Meinungen zum Gründungsdatum vgl. K. J. Beloch, RG 305 f. E. Pais, Mem. Acc. Linc. cl. mor. 5 ser. 17, 1924, 321 f.

[317] Liv. VI 21, 4. Vell. I 14, 2.

[318] E. T. Salmon, Phoenix 7, 1953, 131 f.

[319] Ibid. 104. Vgl. seinen kurzen Bericht 123 ff.

[320] A. N. Sherwin-White, R. Citiz. 22 f., 34 f. E. T. Salmon, a. a. O. 129.

[321] A. N. Sherwin-White, a. a. O. 20 f.

[322] F. Altheim, RG 2, Frankfurt 1953, 112 betont mit Recht, daß Ostia, wenn es zur Zeit der ersten Karthagerverträge bereits bestanden hätte, in ihnen gewiß genannt worden wäre, genau wie die anderen Latinerstädte an der Küste, Ardea, Antium, Circei und Tarracina, die in jenen Vereinbarungen ausdrücklich gegen Überfälle seitens der Karthager geschützt wurden. Dieser Umstand liefert ein wichtiges Datum: die Gründung von Ostia ist später als 343 v. Chr. Dies bestätigten auch die Ausgrabungen.

[323] A. Piganiol, Histoire de Rome¹, Paris 1939, 48 f. Vgl. meine Abhandlung, Der frührömische Reiteradel, passim.

[324] Fr. Münzer, Adelsp. 66, glaubt an die Geschichtlichkeit der Verwandtschaft zwischen den Mamilii aus Tusculum und den Tarquiniern aus Rom. Das kann nicht bewiesen werden, ist aber auch nicht unmöglich. Zur Schlacht am See Regillus: A. Schwegler, RG 2, 60 ff. M. Zoeller, Latium und Rom. Forschungen über ihre gemeinsame Geschichte und gegenseitigen Beziehungen bis zum Jahr 338 v. Chr., Leipzig 1878, 208 ff. Ed. Schwartz, RE 5, 950 (zur Quellenüberlieferung). K. J. Beloch, RG 292 f. G. De Sanctis, St. d. R. 2¹, 96 f., u. a. m.

[325] Die Ungewißheit über das genaue Datum, die von Livius II 21, 4 betont wird, ändert nichts an der generellen Zuverlässigkeit der Chronologie. Vgl. jetzt aber Alföldi, Röm. Frühgesch. 198 f.

[326] T. Frank, Mem. Am. Ac. 5, 1925, 79 f. Th. Ashby, JRS 19, 1929, 161 f. G. Lugli, Roma antica, il centro monumentale, Roma 1940, 179 ff.

[327] W. Amelung, Neue Jahrbücher 5, 1902, 379 Anm. 1. G. Lugli, a. a. O. 184. E. Nash, Arch. cl. 11, 1959, 227 ff. Die Palmstämme unter den Körpern der Pferde sind spätere Zusätze.

[328] Vgl. A. Oldfather, RE 13, 1326 f.

[329] Vgl. S. 82 ff.

[330] Liv. III 71, 2—72, 7. IV 1, 4; 7, 1—12; 9, 1—14; 10, 1—7; 11, 1—7. DH XI 54, 1 f. K. J. Beloch, RG 164 f.

[331] Vgl. Mommsen, Hermes 13, 1878, 306 ff.

[332] Vgl. S. 274 ff.

[333] Liv. IV 45, 3 f.; 46, 6. 9. 12; 47, 4—7; vgl. 49, 8—9. Diod. XIII 42, 6. Als Bundeskolonie war Labici — entgegen der herkömmlichen Meinung — nicht dem *ager Romanus* [römischen Gebiet] einverleibt; vgl. unsere Karte, S. 264.

[334] Vgl. A. Momigliano, Cl. Q. 36, 1942, 111 ff.

[335] Liv. IV 59, 3 ff.

[336] E. T. Salmon, Phoenix 7, 1953, 128.

[337] Liv. V 23, 12.

[338] Die Statistiken von K. J. Beloch, RG 178, müssen für Rom überprüft werden (vgl. unsere Karte, S. 264), aber wir haben keine neueren Bearbeitungen.

[339] H. Nissen, It. Lk. II 2, 502 f.

[340] R. Bloch, R. Et. Lat. 37, 1959, 121.

[341] Vgl. S. 295 f.

[342] Antiochos von Syracus, Fr. G. Hist. 555 F 6 (III B, P 546 Jac.). Wir folgen H. Nissen, a. a. O. 495.

[343] Varro, LL 6, 18: *dies Poplifugia videtur nominatus, quod eo die*

tumultu repente fugerit populus: non multo enim post hic dies quam decessus Gallorum ex urbe, et qui tum sub urbe populi, ut Ficuleates ac Fidenates et finitimi alii, contra nos coniurarunt. aliquot huius d(i)ei vestigia fugae ex sacris apparent, de quibus rebus antiquitatum libri plura referunt. [Der Tag scheint 'Volksfluchttag' genannt worden zu sein, weil an ihm plötzlich ein Tumult ausgebrochen und das Volk geflohen sein soll; dieser Tag lag nämlich nicht lange nach dem Abzug der Kelten aus der Stadt, und die damals nahe bei der Stadt gelegenen Gemeinden, wie Ficulea, Fidenae und andere Nachbarn, verschworen sich gegen uns. Einige Spuren der an jenem Tag erfolgten Flucht findet man noch im Ritual, worauf die Bücher über die 'Altertümer' näher eingehen.] Plut., *Rom.* 29, 4 ff. Idem, *Camill.* 33, 3 ff. Macrob., *Sat.* I 11, 35 ff. Polyaen. 8, 30. Auson., *De fer.* 9. Vgl. G. De Sanctis, St. d. R. 2^2, 229 f.

[344] Liv. VI 6, 11.

[345] Flor. I 9, 1.

[346] Liv. VI 2, 3: *novus quoque terror accesserat defectione Latinorum Hernicorumque, qui post pugnam ad lacum Regillum factam per annos prope centum nunquam ambigua fide in amicitia populi Romani fuerant.* [Neuen Schrecken rief auch die Abtrünnigkeit der Latiner und Herniker hervor, die nach der Schlacht am See Regillus beinahe 100 Jahre lang mit unverbrüchlicher Treue in freundschaftlichem Verhältnis zum römischen Volk gestanden hatten.] Der idyllische Zug der unverbrüchlichen Treue ist Ergebnis der in unserem zweiten und dritten Kapitel aufgezeigten Tendenz.

[347] Liv. VI 6, 2: *et de Latino Hernicoque bello mentio facta in senatu maioris belli cura, quod Etruria in armis erat, dilata est.* [Ein im Senat eingebrachter Antrag über den Krieg gegen Latiner und Herniker wurde aufgeschoben wegen der Dringlichkeit eines noch bedeutenderen Krieges, denn Etrurien hatte zu den Waffen gegriffen.]

[348] Liv. VI 6, 4—5 (386 v. Chr.): *Principio anni aversae curae hominum sunt a bello Etrusco, quod fugientium ex agro Pomptino agmen repente inlatum in urbem attulit Antiates in armis esse Latinorumque populos iuventutem suam misisse ad id bellum, eo abnuentis publicum fuisse consilium, quod non prohibitos tantummodo voluntarios dicerent militare, ubi vellent.* [Zu Beginn des Jahres wurde die Aufmerksamkeit der Leute vom Etruskerkrieg abgelenkt, weil ein plötzlich in der Stadt eingetroffener Flüchtlingstreck aus dem pomptinischen Gebiet die Nachricht brachte, daß die Antiaten zu den Waffen gegriffen und die latinischen Gemeinden ihre Jungmannschaft zu diesem Krieg ausgesandt hätten, wobei sie aber zu leugnen suchten, daß es sich dabei um einen öffentlichen Beschluß handele, und behaupteten, sie hinderten diese nur nicht daran, sich freiwillig und

wo auch immer sie wollten, als Söldner zu verdingen.] Vgl. VI 6, 13. VI 7, 1: ... *Furius ac Valerius ad Satricum profecti, quo non Volscorum modo iuventutem Antiates ex nova subole lectam sed ingentem (vim) Latinorum Hernicorumque conciverant ex integerrimis diutina pace populis.* [... Furius und Valerius marschierten nach Satricum, wo die Antiaten nicht nur die aus dem frischen Nachwuchs ausgewählte Jungmannschaft der Volsker, sondern außerdem eine riesige (Streitmacht) von Latinern und Hernikern, deren Kräfte infolge des langen Friedenszustandes ungebrochen waren, versammelt hatten.] 8, 8: *Signo deinde receptui dato nox insecuta quietis Romanis perfecit bellum. Latini namque et Hernici relictis Volscis domos profecti sunt malis consiliis pares adepti eventus,* etc. [Nachdem hierauf das Zeichen zum Rückzug gegeben worden war, folgte eine ruhige Nacht, welche den Krieg zugunsten der Römer beendete. Denn die Latiner und Herniker ließen die Volsker im Stich und brachen nach Hause auf, nachdem sie den gebührenden Lohn für ihre üblen Beschlüsse empfangen hatten.] Vgl. 11, 2. 9. Plut., *Camill.* 33, 1—2 spricht schon für 389 v. Chr. davon, daß sich die Latiner mit den Volskern und Aequern verbünden: ... ἐπιπίπτει πόλεμος, Αἰκανῶν μὲν ἅμα καὶ Οὐλούσκων καὶ Λατίνων εἰς τὴν χώραν ἐπιβαλόντων, Τυρρηνῶν δὲ πολιορκούντων Σούτριον, συμμαχίδα Ῥωμαίων πόλιν. ἐπειδὴ δ' οἱ τὴν ἡγεμονίαν ἔχοντες χιλίαρχοι στρατοπεδευσάμενοι περὶ τὸ Μαίκιον ὄρος ὑπὸ τῶν Λατίνων ἐπολιορκοῦντο καὶ κινδυνεύοντες ἀποβαλεῖν τὸ στρατόπεδον εἰς Ῥώμην ἔπεμψαν, ἀποδείκνυται τὸ τρίτον Κάμιλλος δικτάτωρ. [Ein Krieg brach aus, als die Aequer zugleich mit den Volskern und Latinern in das Land einfielen und die Etrusker Sutrium, eine mit Rom verbündete Stadt, belagerten. Als die Konsulartribunen, welche ihr Lager am maekischen Gebirge aufgeschlagen hatten, von den Latinern belagert wurden und, in Gefahr, ihr Heer zu verlieren, nach Rom sandten, wurde Camillus zum dritten Mal zum Diktator ernannt.] Aber Livius, VI 2, 5 ff., der dieselben Ereignisse aus derselben Quelle berichtet (2, 8 *nec procul a Lanuvio, ad Mecium is locus dicitur* [nicht weit von Lanuvium, 'beim Maecius' wird diese Gegend genannt] ist das Μαίκιον ὄρος [maekische Gebirge] bei Plut.), schließt die Latiner nicht ein; auch Frontinus II 4, 15, Eutr. 2, 1, Oros. III 3, 4 tun es nicht; nur Zon. 7, 24 hat ebenfalls diese Version: πόλεμοι προσέπεσον διαφόρων ἐθνῶν, Αἰκουῶν τε καὶ Οὐλούσκων καὶ Λατίνων. [Kriege brachen aus mit verschiedenen Stämmen, den Aequern, Volskern und Latinern.] Wir müssen dies als unhistorisch zurückweisen.

[349] Liv. VI 10, 6—9: *Eodem anno ab Latinis Hernicisque res repetitae quaesitumque, cur per eos annos militem ex instituto non dedissent. responsum frequenti utriusque gentis concilio est nec culpam in eo publicam nec consilium fuisse, quod suae iuventutis aliqui apud Volscos militaverint;*

eos tamen ipsos pravi consilii poenam habere, nec quemquam ex iis reducem esse; militis autem non dati causam terrorem adsiduum a Volscis fuisse, quam pestem adhaerentem lateri suo tot super alia aliis bellis exhauriri nequisse. quae relata patribus magis tempus quam causam non visa belli habere. [Im selben Jahr wurde von den Latinern und Hernikern Rechenschaft gefordert und nachgefragt, warum sie in jenen Jahren nicht gemäß den Vereinbarungen Truppen entsandt hätten. Zahlreich besuchte Versammlungen beider Stämme einigten sich auf die Antwort, daß kein öffentlicher Beschluß gefaßt worden sei und daher auch keine Schuld der Gesamtheit vorliege, wenn einige aus ihrer Jungmannschaft bei den Volskern Kriegsdienst geleistet hätten. Die Täter selbst hätten ihren üblen Entschluß gebüßt, denn keiner von ihnen sei in die Heimat zurückgekehrt. Der Grund für die fehlende Entsendung von Truppen aber sei die ständige Bedrohung seitens der Volsker gewesen; diese Geißel in ihrem Nacken hätten sie trotz ständiger ununterbrochener Feldzüge nicht ausrotten können. Die vorgebrachten Entschuldigungen schienen dem Senat weniger den Grund für eine Kriegserklärung auszuräumen, als daß sie den Zeitpunkt dafür ungünstig erscheinen ließen.] Die Vorstellung, daß die Latiner gezwungen seien, *ex formula togatorum* [entsprechend den für die römischen Bürger geltenden Vorschriften] Soldaten zu senden, ist natürlich vor 338 v. Chr. anachronistisch. Zur der mißbräuchlichen Verwendung des Begriffes *Latini* vgl. S. 332 f.

[350] Liv. VI 21, 9.

[351] G. De Sanctis, St. d. R. 2^2, 232 f.

[352] Liv. VI 12, 6: *ingens certe, quod inter omnes auctores conveniat, ... Volscorum exercitus fuit. Ad hoc Latini Hernicique accesserant Cerceiensium quidam et coloni etiam a Velitris Romani.* [Das Volskerheer war jedenfalls ... — darin stimmen wohl alle Schriftsteller überein — außerordentlich stark. Ferner waren Latiner und Herniker, einige Leute aus Circei und sogar römische Kolonisten aus Velitrae zu ihnen gestoßen.] 13, 7—8: *pars maxima captivorum ex Latinis Hernicisque fuit, nec hominum de plebe, ut credi posset mercede militasse, sed principes quidam iuventutis inventi, manifesta fides publica ope Volscos hostes adiutos. Cerceiensium quoque quidam cogniti et coloni a Velitris; Romamque omnes missi percunctantibus primoribus patrum eadem, quae dictatori, defectionem sui quisque populi, haud perplexe indicavere.* [Ein sehr großer Teil der Gefangenen setzte sich aus Latinern und Hernikern zusammen, und zwar waren es nicht nur Leute niedrigen Standes, so daß man an Verdingung als Söldner hätte denken können, sondern es befanden sich etliche vornehme Anführer ihrer Jungmannschaft unter ihnen; dies bestärkte die Überzeugung, daß es sich um eine offizielle Unterstützung

der volskischen Feinde handelte. Auch einige Leute aus Circei und Kolonisten aus Velitrae wurden registriert. Sie wurden alle nach Rom geschickt, und auf die Nachforschungen führender Senatoren hin gestanden sie ihnen — wie bereits dem Diktator — unverhüllt den Abfall ihres jeweiligen Gemeinwesens (von den Römern).] Vgl. 14, 1.

[353] Liv. VI 17, 7—8: *Per eosdem dies Latinis et Hernicis, simul colonis Circeiensibus et a Velitris, purgantibus se Volsci crimine belli captivosque repetentibus ... tristia responsa reddita ... non negatum itaque tantum de captivis*, etc. [Zur selben Zeit erhielten die Latiner und Herniker und mit ihnen die Kolonisten von Circei und Velitrae, welche sich vom Vorwurf der Teilnahme an den volskischen Kriegsunternehmungen zu reinigen suchten und die Gefangenen zurückerbaten, ... eine harte Antwort ... Nur hinsichtlich der Gefangenen kam man daher ihren Wünschen nach usw.] Vgl. *ibid*. 21, 3.

[354] Liv. VI 21, 2 (Lanuvium); 21, 9 (Praeneste); 21, 1—3, 6—8 (Circei und Velitrae); 22, 1—4 (Zerstörung von Satricum). K. J. Beloch, RG 316 f. mag recht haben mit seiner Auffassung, daß der Tempel der Mater Matuta in Satricum nur einmal vor der Zerstörung gerettet worden ist; aber der Volskerkrieg von 385 v. Chr. kann nichtsdestoweniger historisch sein.

[355] Liv. VI 25, 1 ff.

[356] Liv. VI 22, 4. 7; 27, 10; 28, 1—29, 6. Weitere Nachrichten und Details o. S. 340 f.

[357] Liv. VI 5, 8. Über die Lage von *Arniensis, Tromentina, Sabatina, Stellatina* vgl. L. R. Taylor, Vot. Distr. 48 ff.

[358] Liv. VI 5, 2; 6, 1; 21, 4.

[359] Liv. VI 30, 4.

[360] Liv. VI 30, 8.

[361] Liv. VI 32, 4—33, 12.

[362] Liv. VI 33, 6: *Incensos ea rabie impetus Tusculum tulit ob iram, quod deserto communi concilio Latinorum non in societatem modo Romanam, sed etiam in civitatem se dedissent.* [Mit solch ingrimmiger Wut richteten sie ihre Angriffe gegen Tusculum, weil dessen Bewohner der Bundesversammlung der Latiner ferngeblieben waren und nicht nur ein Bündnis mit Rom geschlossen, sondern sogar das römische Bürgerrecht angenommen hatten.]

[363] Liv. VI 36, 1—6; 37, 12.

[364] Liv. VII 6, 7—8, 7.

[365] Liv. VII 9, 1—2; 11, 2 ff.

[366] Liv. VII 12, 7: *Sed inter multos terrores solacio fuit pax Latinis petentibus data et magna vis militum ab his ex foedere vetusto, quod multis intermiserant annis, accepta.* [Aber angesichts dieser zahlreichen Schrek-

kensmeldungen wirkte es tröstlich, daß den Latinern auf deren Bitten hin ein Friedensschluß gewährt werden konnte und gemäß den alten, während langer Jahre nicht befolgten, vertraglichen Vereinbarungen eine beachtliche Streitmacht von ihnen eintraf.] Einzelheiten o. S. 319 ff. Gegenteilige Ansichten bei G. De Sanctis, St. d. R. 2², 238 ff., und E. T. Salmon, Phoenix 7, 1953, 131 f.

[367] Polyb. II 18, 5: ἐν ᾧ καιρῷ Ῥωμαῖοι τήν τε σφετέραν δύναμιν ἀνέλαβον καὶ τὰ κατὰ τοὺς Λατίνους αὖθις πράγματα συνεστήσαντο. [Unterdessen gewannen die Römer ihre Stärke zurück und stellten das alte Verhältnis zu den Latinern wieder her.]

[368] Liv. VII 9, 1—2; 11, 1 ff.; 12, 1 ff.; 17, 1—2; 18, 2; 19, 1. *Acta triumph. Capit.* ad a. 360 a. Chr. n. = Inscr. It. XIII 1, 68 f. und 540. Chronicle of Oxyrh., F. Gr. Hist. 255, 1 (2B, p. 1153 Jac.).

[369] Dio. XVI 45, 8.

[370] Liv. VII 11, 2. 8—9. *Acta triumph.* p. 68 f. 540 Degrassi. Liv. VII 12, 6; 15, 9.

[371] Liv. VII 15, 11; 16, 6. *Acta triumph.* Vgl. a. a. O.

[372] Liv. VII 20, 8; 22, 5. Vgl. G. De Sanctis, St. d. R. 2², 243.

[373] Liv. VII 19, 4. Diod. XVI 45, 8.

[374] Vgl. S. 321 f.

[375] Vgl. S. 306 ff.

[376] Der Triumph des M. Popillius Laenas, der in das Jahr 350 v. Chr. gesetzt wird (Liv. VII 25, 1. *Acta triumph.*, p. 68 ff. Degrassi. App., *Celt.* 1, 4), muß auf einen lokal begrenzten Erfolg gegen eine keltische Schar zurückgehen.

[377] Liv. VII 25, 5—6: *inter hos longe maximus extitit terror concilia populorum Latinorum ad lucum Ferentinae habita responsumque haud ambiguum imperantibus milites Romanis datum, absisterent imperare iis, quorum auxilio egerent; Latinos pro sua libertate potius quam pro alieno imperio laturos arma.* [Die bei weitem schlimmste Schreckensmeldung kam von der Bundesversammlung der Latiner beim Hain an der Ferentinischen Quelle; auf den römischen Befehl, Truppen zu stellen, antworteten die Latiner unzweideutig, die Römer sollten aufhören, jenen Befehle zu erteilen, deren Hilfe sie bedürften; die Latiner zögen es vor, für ihre eigene Freiheit anstatt für eine Fremdherrschaft ins Feld zu ziehen.]

[378] Vgl. S. 350 ff.

[379] M. Gelzer, RE 13, 960 wies zu Recht darauf hin, daß die Sonderverträge, durch die Latinerstaaten von Rom abhängig wurden (ὑπήκοοι), von der Art waren, wie sie Proculus, Dig. XLIX 15, 7 beschreibt: *liber autem populus est is, qui nullius alterius populi potestati est subiectus: is foederatus est item, sive aequo foedere in amicitiam venit sive foedere*

comprehensum est, ut is populus alterius populi maiestatem comiter conservaret. hoc enim adicitur, ut intellegatur alterum populum superiorem esse, non ut intellegatur alterum non esse liberum. [Ein Gemeinwesen ist frei, wenn es der Gewalt keines anderen Gemeinwesens unterworfen ist; ebenso ist jenes Gemeinwesen ein verbündetes, ob es nun durch einen zu gleichem Recht geschlossenen Vertrag in ein Freundschaftverhältnis eingetreten oder durch einen Bündnisvertrag verpflichtet worden ist, die Ehre und Würde des anderen Volkes höflich zu respektieren. Letzteres wird nämlich hinzugefügt, damit die Überlegenheit des einen Gemeinwesens klar zum Ausdruck kommt, nicht aber, damit das andere unfrei erscheint.] M. Gelzer zitiert dafür auch Cic., *Pro Balbo* 16, 35 über das *foedus* zwischen Rom und Gades: *Adiunctum illud etiam est, quod non est in omnibus foederibus: 'maiestatem populi Romani comiter conservanto'. Id habet hanc vim ut sint illi in foedere inferiores.* [Auch jene, keineswegs in allen Bündnisverträgen auftauchende Formel wurde hinzugefügt: 'Ehre und Würde des römischen Volkes sollen sie höflich respektieren'. Dies bedeutet, daß jene der unterlegene Partner im Bündnis sind.] Der erste Karthagervertrag zählt zu dieser Kategorie auch das damals aufständische Antium, offenbar in der Annahme, daß die Revolte binnen kurzem beigelegt sein würde, und in der Absicht, den wichtigen Hafen nicht von den Küstenstädten auszuschließen, die gegen Überfälle der Karthager vertraglich geschützt waren.

[380] Liv. VII 27, 5: *Tertio anno post Satricum restitutum a Volscis M. Valerius Corvus iterum consul cum C. Poetelio factus, cum ex Latio nuntiatum esset legatos ab Antio circumire populos Latinorum ad concitandum bellum, priusquam plus hostium fieret, Volscis arma inferre iussus ad Satricum exercitu infesto pergit.* [Im dritten Jahr nach der Rückgabe von Satricum seitens der Volsker traf aus Latium die Nachricht ein, daß Gesandte von Antium die latinischen Gemeinden bereisten, um sie zum Krieg aufzustacheln. Um die Zahl der Feinde nicht anwachsen zu lassen, gab man dem zum zweiten Mal gemeinsam mit C. Poetelius das Konsulat bekleidenden M. Valerius Corvus den Auftrag, die Volsker zu bekriegen; dieser zog mit einem kampfbereiten Heer nach Satricum.]

[381] Liv. VII 28, 2: *Auruncum inde bellum ab repentina populatione coeptum, metuque, ne id factum populi unius, consilium omnis nominis Latini esset, dictator velut adversus armatum iam Latium L. Furius creatus magistrum equitum Cn. Manlium Capitolinum dixit; et cum, quod per magnos tumultus fieri solitum erat, iustitio indicto dilectus sine vacationibus habitus esset, legiones, quantum maturari potuit, in Auruncos ductae.* [Danach führte ein unvermuteter Plünderungszug der Aurunker zum Krieg gegen diesen Stamm, und da man befürchtete, daß es sich hierbei

zwar um das Vorgehen eines einzelnen Gemeinwesens handele, aber ein Beschluß des gesamten Latinerbundes dahinterstehe, wurde, als ob die Latiner bereits zu den Waffen gegriffen hätten, L. Furius zum Diktator für den Krieg gegen sie gewählt; er ernannte den Cn. Manlius Capitolinus zu seinem Reiterobersten. Und nachdem die in besonders brenzligen Situationen übliche Unterbrechung der Gerichtsverhandlungen ausgerufen worden und eine Aushebung ohne Möglichkeit des Dispenses erfolgt war, zogen die Legionen in größtmöglicher Eile gegen die Aurunker.]

[382] Vgl. jetzt Alföldi, Röm. Frühgesch. 202. Mommsen RG 1^8, 356 Anm. fand es widersinnig und unmöglich, daß die Antiaten trotz ihrer früheren Kapitulation rebellierten, daß der Latinerbund auf eigene Faust Krieg gegen die Paeligner führte, daß das römische Heer 340 durch marsisch-paelignisches Gebiet nach Kampanien marschierte, indem es die feindlichen Latiner an deren Flanke umging, und endlich, daß 342 eine Militärrevolte in Rom ausbrach. Aber alle diese Dinge sind um so glaubhafter, je unwahrscheinlicher sie aussehen; man versteht sie leicht als logische Folge einer komplizierten und schwierigen Situation. Vgl. auch G. De Sanctis, St. d. R. 2^2, 255 ff. W. Schur, Hermes 59, 1924, 460. B. Niese-E. Hohl, Grundl. d. r. G.^{5}, 1923, 55. G. Wissowa, Hermes 50, 1915, 5 ff. K. J. Beloch, RG 369 ff. A. Klotz, RhM 1937, 211 f. A. Afzelius, Die römische Eroberung Italiens (Acta Jutland. 14, 3), Aarhus-København 1942, 136 ff. E. T. Salmon, Phönix 7, 1953, 132 ff. E. Ferenczy, Acta Antiqua 1, 1951—52, 145.

[383] Liv. VII 38, 1: *Huius certaminis fortuna ..... Latinos iam exercitibus comparatis ab Romano in Paelignum vertit bellum.* [Der Ausgang dieses Kampfes ... veranlaßte die Latiner, deren Heere schon bereitstanden, anstelle der Römer die Paeligner zu bekriegen.] Vgl. VIII 4, 8. DH XV 3, 2. *Vir. ill.* 26, 1—3.

[384] Liv. VII 38, 4 ff. DH XV 3, 2 ff. App., *Samn.* 1, 1—3.

[385] Liv. VII 42, 8: *Et huius fama seditionis et susceptum cum Samnitibus grave bellum aliquot populos ab Romana societate avertit, et praeter Latinorum infidum iam diu foedus Privernates etiam Norbam et Setiam, finitimas colonias Romanas, incursione subita depopulati sunt.* [Das Gerücht von dieser Meuterei und die schweren kriegerischen Auseinandersetzungen mit den Samniten veranlaßten einige Gemeinwesen zum Abfall vom Bündnis mit den Römern. Abgesehen von der schon lange offenkundigen Unzuverlässigkeit der latinischen Verbündeten plünderten nun sogar die Privernaten in einem überraschenden Angriff die in ihrer Nachbarschaft liegenden römischen Kolonien Norba und Setia.] Vgl. G. Radke, RE 23, 15.

[386] Liv. VIII 1, 1—6.

[387] Liv. VIII 1, 7 ff.; 2, 13; 4, 9; 5, 2. Cic., *De div.* I 24, 51. Frontin., *Strat.* I 5, 14; IV 5, 9.

[388] Liv. VIII 2, 5—8: *Samnites copiis iisdem, quibus usi adversus Romanum bellum fuerant, contra Sidicinos profecti* ...; *tum ab Sidicinis deditio prius ad Romanos coepta fieri est; dein, postquam patres ut seram eam* ...... *aspernabantur, ad Latinos iam sua sponte in arma motos facta est. ne Campani quidem* ... *his se armis abstinuere. ex his tot populis unus ingens exercitus duce Latino fines Samnitium ingressus plus populationibus quam proeliis cladium fecit; et quamquam superiores certaminibus Latini erant, haud inviti, ne saepius dimicandum foret, agro hostium excessere.* [Die Samniten marschierten mit denselben Streitkräften, die sie im Krieg gegen die Römer eingesetzt hatten, gegen die Sidikiner ...; da wollten die Sidikiner sich zunächst lieber vorher den Römern unterwerfen; dann aber, als der Senat dieses Angebot als verspätet ... ablehnte, trugen sie dasselbe den Latinern an, die bereits selbst den Entschluß gefaßt hatten, zu den Waffen zu greifen. Nicht einmal die Kampaner ... hielten sich von diesem Waffengang fern. Ein aus derart vielen Völkerschaften zusammengesetzes, riesiges Heer drang unter einem latinischen Oberbefehlshaber in das samnitische Gebiet ein, konnte aber den Samniten weniger in Schlachten als durch Verwüstungen und Plünderungen Schaden zufügen; und obwohl die Latiner sich im Kampf als überlegen erwiesen, zogen sie nicht ungern, der ständigen Kämpfe überdrüssig, wieder aus dem feindlichen Gebiet ab.]

[389] Liv. VIII 2, 13: *itaque Campanos, seu velint seu nolint, quieturos; in foedere Latino nihil esse, quo bellare, cum quibus ipsi velint, prohibeantur.* [Daher würden die Kampaner, ob sie wollten oder nicht, Ruhe bewahren; der Bündnisvertrag mit den Latinern aber enthalte keine Klausel, die ihnen verbiete, Krieg zu führen, mit wem sie wollten.] Vgl. ibid. 2, 9—12.

[390] Liv. VIII 3, 1—3: *Quod responsum* ..... *Latinos, velut nihil iam non concedentibus Romanis, ferociores fecit. itaque per speciem adversus Samnites belli parandi crebra concilia indicentes omnibus consultationibus inter se principes occulte Romanum coquebant bellum. Huic quoque* .... *bello Campanus aderat.* [Diese Antwort ... machte die Latiner dreister, da nach ihrer Meinung die Römer in allen Punkten nachgaben. Unter dem Schein von Kriegsvorbereitungen gegen die Samniten setzten daher ihre Führer häufig Versammlungen an, brüteten aber insgeheim bei allen ihren Beratungen nur Kriegspläne gegen die Römer aus. Auch an diesem ... Krieg nahmen die Kampaner teil.]

[391] Liv. VIII 3, 3: *priusquam moverentur Romani, tolli ab tergo Samnitem hostem volebant.* [Bevor die Römer zum Eingreifen veranlaßt

würden, wollten sie den samnitischen Feind in ihrem Rücken beseitigen.]

[392] Liv. VIII 6, 4. 7—8.

[393] Auch E. T. Salmon, Phönix 7, 1953, 133.

[394] Liv. VIII 3, 9; 5, 3; 11, 9. 10.

[395] Liv. VIII 7, 2.

[396] Liv. VIII 11, 3. *Acta triumph.* ad a. 338 v. Chr. Vgl. A. Degrassi, Inscr. It. XIII 2, p. 541, und meine Bemerkungen in: Die trojanischen Urahnen der Römer (Rektoratsprogramm, Basel 1956), 1957, 47 Anm. 131.

[397] Liv. VIII 6, 8. Flor. I 9, 1.

[398] Chron. Oxyrh. Fr. Gr. Hist. 255 (II B, p. 1154 Jac.) ad Olymp. 110: τούτων κατὰ τὸν πρῶτον (Σα)υνεῖται ('Ρωμα)ί(οι)ς π(αρ)ε(τά)ξαντο.— κατὰ δὲ τὸν δεύτερον Λατεῖ(νοι ἐπὶ τοὺ)ς Ῥωμαίους συν(στάντες ἐ)πέβησαν.—κατὰ δὲ τὸν τρίτον ... καὶ Ῥωμαῖοι ἐπὶ Λατείνους ἐστράτευσαν. [Im ersten Jahr (dieser Olympiade) kam es zum Kampf zwischen Samniten und Römern. — Im zweiten Jahr erhoben sich die Latiner gegen die Römer und griffen sie an. — Im dritten Jahr ... unternahmen die Römer auch einen Feldzug gegen die Latiner.] Vgl. A. Afzelius, a. a. O. 150 ff.

[399] DH XV 7, 2—3. Liv. VIII 10, 7; 11, 2.

[400] Liv. VIII 8, 19.

[401] Diod. XVI 90, 2. Liv. VIII 11, 10—12.

[402] Liv. VIII 11, 13; 12, 5.

[403] Liv. VIII 12, 2—3.

[404] Liv. VIII 12, 5. *Acta triumph.* a 339 a. Chr. n.

[405] Liv. VIII 12, 6.

[406] Liv. VIII 12, 6—9; 13, 6—7. *Acta triumph.* a 338 a. Chr. n.

[407] Liv. VIII 13, 2: *ad bellum opes deerant; pacem ob agri adempti dolorem aspernabantur.* [Die Mittel zur Kriegführung fehlten ihnen; einen Friedensschluß aber lehnten sie aus Schmerz über den Gebietsverlust ab.] VIII 14, 9.

[408] Liv. VIII 13, 3—5.

[409] Liv. VIII 13, 8—9. 12.

[410] Vgl. A. Heuss, Römische Geschichte, Braunschweig 1960, 45.

[411] Liv. VIII 4, 5.

[412] Vgl. E. Diehl, Rh. Mus. 53, 1934, 255 ff. L. R. Taylor, A. J. Ph. 55, 1934, 108 ff. E. Norden, Aus altrömischen Priesterbüchern, Lund 1939, 104 ff.

[413] Vgl. A. N. Sherwin-White, a. a. O. 22, 24 f., und S. 36, 115 f.

[414] Liv. XL 37, 4.

[415] E. T. Salmon, Phönix 7, 1953, 129.

⁴¹⁶ Mommsen, RG 1⁸, 1888, 101 f. A. N. Sherwin-White, R. Citiz. 32 f. Wir konnten das Buch von G. Crifò über *exilium*, das 1962 veröffentlicht wurde, nicht heranziehen.

⁴¹⁷ Liv. VIII 14, 10: *ceteris Latinis populis conubia commerciaque et concilia inter se ademerunt.* [Den übrigen latinischen Gemeinden nahmen sie das Recht auf eheliche und geschäftliche Verbindungen sowie auf gemeinsame politische Versammlungen.] Zur selben Zeit wurde den Gemeinden der Herniker, die nicht gegen Rom rebellierten, erlaubt, ihre Autonomie und das Recht auf gesetzliche Heirat untereinander zu bewahren, Liv. IX 43, 23.

⁴¹⁸ Liv. VI 4, 4: *Eo anno in civitatem accepti qui Veientium Capenatiumque ac Faliscorum per ea bella transfugerant ad Romanos, agerque his novis civibus adsignatus.* [In diesem Jahr wurden diejenigen Bewohner von Veii, Capena und Falerii, die während jener Kriege zu den Römern übergelaufen waren, in die Bürgerschaft aufgenommen, und diesen Neubürgern wurde Ackerland zugewiesen.]

⁴¹⁹ Liv. VIII 14, 8.

⁴²⁰ Liv. VI 25, 1 ff.

⁴²¹ Liv. VIII 14, 2—4. Vgl. K. J. Beloch, RG 377 (gegen Mommsen).

⁴²² Vgl. K. J. Beloch, RG 380 f.

⁴²³ Liv. VIII 21, 1 ff. (Privernum 328 v. Chr.).

⁴²⁴ Liv. IX 45, 5—8: *Ad Aequos inde ... versa arma Romana, quod .... post Hernicos subactos universa prope gens sine dissimulatione consilii publici ad hostes desciverat; et postquam icto Romae cum Samnitibus foedere fetiales venerant res repetitum, temptationem aiebant esse, ut terrore incusso belli Romanos se fieri paterentur, quod quanto opere optandum foret Hernicos docuisse, cum, quibus licuerit, suas leges Romanae civitati praeoptaverint; quibus legendi, quid mallent, copia non fuerit, pro poena necessariam civitatem fore. ob haec vulgo in conciliis iactata populus Romanus bellum fieri Aequis iussit.* [Danach wandten die Römer ihre Streitmacht ... gegen die Aequer, da ... fast deren gesamter Stamm nach der Unterwerfung der Herniker unverhohlen und offiziell den Abfall zu den Feinden Roms beschlossen hatte. Und als nach dem Bündnisschluß Roms mit den Samniten die Fetialen zu ihnen gekommen waren, um Genugtuung zu fordern, behaupteten sie, dies solle sie nur auf die Probe stellen, ob sie sich unter dem Eindruck der Schrecken eines Krieges zu Römern machen ließen. Wie begehrenswert dieses (römische) Bürgerrecht sei, habe der Fall der Herniker gezeigt, die, solange es ihnen möglich gewesen sei, dem römischen Bürgerrecht ein Leben nach ihren eigenen Gesetzen vorgezogen hätten. Wer nicht genügend Macht besäße, um selbst entscheiden zu können, was er bevorzuge, dem werde das römische Bürger-

recht als Strafmaßnahme aufgezwungen. Weil derartige Ansichten in ihren Versammlungen allenthalben vorgebracht wurden, beschloß das römische Volk den Krieg gegen die Aequer.] Liv. IX 43, 22—24 (306 v. Chr.): *Marcius de Hernicis triumphans in urbem rediit, ... Hernicorum tribus populis, Aletrinati, Verulano, Ferentinati, quia maluerunt quam civitatem, suae leges redditae, conubiumque inter ipsos, quod aliquamdiu soli Hernicorum habuerunt, permissum. Anagninis quique (alii) arma Romanis intulerant civitas sine suffragii latione data, concilia conubiaque adempta.* [Marcius kehrte mit einem Triumph über die Herniker in die Stadt zurück ... Drei hernikischen Gemeinden, nämlich Aletrium, Verulanum und Ferentinum, wurde die Erlaubnis gegeben, wieder nach ihren eigenen Gesetzen zu leben, da sie dies dem römischen Bürgerrecht vorzogen, und es wurde ihnen auch das Recht auf eheliche Verbindung untereinander gewährt, welches sie eine Zeitlang als einzige Herniker besaßen. Anagnia und den (anderen) Gemeinden, welche die Waffen gegen Rom ergriffen hatten, wurde das Bürgerrecht ohne Stimmrecht gewährt; das Recht auf gemeinsame politische Versammlungen und eheliche Verbindungen untereinander wurde ihnen genommen.] Mehr bei K. J. Beloch, RG 421 f. A. N. Sherwin-White, R. Citiz. 46 f.

[425] Liv. IX 20, 10. Eine andere Erklärung bei A. N. Sherwin-White, R. Citiz. 77. Aber die *ipsius coloniae patroni* [die Schutzherren selbiger Kolonie] sind — wenigstens für mich — keine lokalen, sondern römische Adlige.

[426] A. N. Sherwin-White, R. Citiz. 67.

LITERATURVERZEICHNIS*

1. Allgemeine Abhandlungen zur römischen Geschichte

Altheim, F., Römische Geschichte 2, Frankfurt 1953.
Beloch, K. J., Römische Geschichte bis zum Beginn der Punischen Kriege, Berlin/Leipzig 1926.
Bloch, G., La république romaine, Paris 1913.
Giannelli, G., La repubblica romana, Milano 1955².
Giannelli, G./Mazzarino, S., Trattato di storia romana, 2 Bde., Roma 1953².
Heuss, A., Römische Geschichte, Braunschweig 1960.
Ihne, W., Römische Geschichte 1, Leipzig 1868.
Kornemann, E., Römische Geschichte 1³, bearb. v. H. Bengtson, München 1954.
Last, H., in: Cambridge Ancient History Bd. 7, 1928, 333 ff.
Meyer, Ed., Geschichte des Altertums 5, Stuttgart 1902.
Mommsen, Th., Römische Geschichte 1⁷, Berlin 1888.
Niebuhr, B. G., Römische Geschichte 1², Berlin 1823.
Pais, E., Storia critica di Roma 1, Roma 1913.
—, Storia di Roma 1³, Roma 1926.
Pareti, L., Storia di Roma e del mondo romano 1, Torino 1952.
Piganiol, A., Histoire de Rome 1³, Paris 1949.
Rosenberg, A., Einleitung und Quellenkunde zur römischen Geschichte, Berlin 1921.
De Sanctis, G., Storia dei Romani 1 u. 2, Firenze 1907; 4, 2, 1953; 1² u. 2², 1956.
Schwegler, A., Römische Geschichte 1, Tübingen 1853; 2, 1856; 3, 1858.
Täubler, E., Imperium Romanum 1, Leipzig 1913.
Vogt, J., Die römische Republik, Tübingen 1951².

---

* Nur häufiger zitierte Werke sind aufgeführt.

2. Spezialabhandlungen zur römischen Geschichte

Binder, J., Die Plebs, Leipzig 1909.
Cichorius, C., Römische Studien, Leipzig 1922.
Frank, T., An Economic History of Rome, Baltimore 1927.
Mommsen, Th., Römische Forschungen 1 u. 2, Leipzig 1864 u. 1879.
—, Gesammelte Schriften, 8 Bde., Berlin 1905 ff.
Münzer, F., Adelsparteien und Adelsfamilien, Stuttgart 1920.
Niccolini, G., Il tribunato della plebe, Milano 1932.
Piganiol, A., La conquête romaine, Paris 1927.
Scullard, H. H., Roman Politics 220—150 B. C., Oxford 1951.
Thiel, J. H., A History of the Roman Sea-Power before the Second Punic War, Amsterdam 1954.

3. Frühe römisch-latinische Geschichte

Alföldi, A., Die Struktur des voretruskischen Römerstaates, Heidelberg 1974.
—, Römische Frühgeschichte. Kritik und Forschung seit 1964, Heidelberg 1975.
—, Der frühwömische Reiteradel und seine Ehrenabzeichen, Baden-Baden 1952.
Cornelius, Fr., Untersuchungen zur frühen römischen Geschichte, München 1940.
Fraccaro, Pl., La storia romana arcaica, Milano 1952.
Gjerstad, E., Legends and Facts of Early Roman History, Lund 1962.
—, Early Rome 1, Lund 1953; 2, 1956; 3, 1960.
Mazzarino, S., Dalla monarchia allo stato repubblicano, Catania 1945.
Müller-Karpe, H., Vom Anfang Roms (Röm. Mitt., 15. Erg.-Heft) 1959.
Les Origines de la république romaine. Entretiens sur l'antiquité classique 13 (Fondation Hardt) Genève 1966 (1967).
Piganiol, A., Essai sur les origines de Rome, Paris 1916.
Salmon, E. T., Rome and the Latins, Phoenix 7, 1953, 93—104. 128—135.
Zoeller, M., Latium und Rom, Leipzig 1879.

4. Rom — Italiker

Beloch, K. J., Der italische Bund unter Roms Hegemonie, Leipzig 1880.
Devoto, G., Gli antichi italici, Firenze 1931.

Gagé, J., Huit recherches sur les origines italiques et romaines, Paris 1950.

Heurgon, J., Recherches sur l'histoire, la religion et la civilisation de Capoue préromaine, dès origines à 211 av. J.-C., Paris 1942.

Homo, L., L'Italie primitive et les débuts de l'impérialisme romain, Paris 1925.

Horn, H., Foederati, Diss. Frankfurt/M. 1930.

Pais, E., Italia antica 1, Bologna 1922.

Rosenberg, A., Der Staat der alten Italiker, Berlin 1913.

Rudolph, H., Stadt und Staat im alten Italien, Leipzig 1935.

5. Rom — Etrusker

Altheim, F., Der Ursprung der Etrusker, Baden-Baden 1950.

Boëthius, A., Etruscan Culture, Land, and People, Malmö 1962.

Dennis, G., The Cities and Cemeteries of Etruria 1^3, London 1883.

Ducati, P., Etruria antica, 2 Bde., Torino 1925.

Fell, R. A., Etruria and Rome, Cambridge 1924.

Heurgon, J., La vie quotidienne chez les Étrusques, Paris 1961.

Hubaux, J., Rome et Véies, Paris 1958.

Lambrechts, R., Essai sur les magistratures des républiques étrusques (Études de philol., d'arch. et d'hist. anc. publ. par l'Inst. Hist. Belge de Rome 7) 1959.

MacIver, D. Randall, Villanovans and Early Etruscans, Oxford 1924.

Müller, K. O./Deecke, W., Die Etrusker, 2 Bde., Stuttgart 1877.

Pallottino, M., Le origini degli Etruschi, Roma 1947.

—, Etruscologia, Milano 1955^3.

Schachermeyr, F., Etruskische Frühgeschichte, Berlin 1929.

Sordi, M., Le rapporti romano-ceriti e l'origine della civitas sine suffragio, Roma 1960.

v. Vacano, O. W., Die Etrusker, Hamburg 1957.

6. Rom — Griechentum — Karthago

Bérard, J., La colonisation grecque de l'Italie méridionale et de la Sicile dans l'antiquité. L'histoire et la légende, Paris 1957^2.

Ciaceri, E., Storia della Magna Grecia 2, Milano/Roma/Napoli 1927.

Dunbabin, T. J., The Western Greeks, Oxford 1948.

Hoffmann, W., Rom und die griechische Welt im 4. Jahrhundert v. Chr. (Philol. Suppl. 27, 1) 1934.

Meltzer, O./Kahrstedt, U., Geschichte der Karthager, 3 Bde., Berlin 1879/1913.
Rom und Karthago, hrsg. v. J. Vogt, Leipzig 1943.
Stroheker, K. F., Dionysios I, Wiesbaden 1958.

7. Verfassung, Recht

Coli, U., Regnum, Roma 1951.
—, Il diritto pubblico degli Umbri, Milano 1958.
De Francisci, P., Primordia civitatis, Roma 1959.
—, Storia del diritto romano 1, Milano 1943; 2, 1, 1944.
Hanell, Kr., Das altrömische eponyme Amt, Lund 1946.
v. Lübtow, U., Das römische Volk, sein Staat und sein Recht, Frankfurt 1955.
Marquardt, J., Die römische Staatsverwaltung, 3 Bde., Leipzig 1884/1885².
De Martino, F., Storia della costituzione romana 1², Napoli 1958; 2, 1960.
Meyer, Ernst, Römischer Staat und Staatsgedanke, Zürich/Stuttgart 1961².
Mommsen, Th., Das römische Staatsrecht 1—2³, Leipzig 1887; 3, 1888.
Sherwin-White, A. N., Roman Citizenship, Oxford 1939.
Täubler, E., Untersuchungen zur Geschichte des Dezemvirats und der Zwölftafeln (Histor. Stud. Heft 148) Berlin 1921.

8. Religionsgeschichte, Mythologie

Alföldi, A., Diana Nemorensis, in: Amer. Journ. Arch. 64, 1960, 137 ff.
—, Die trojanischen Urahnen der Römer (Rektoratsprogramm Basel 1956) 1957.
Altheim, F., Griechische Götter im alten Rom (Religionsgesch. Vers. u. Vorarb. 22, 1) Gießen 1930.
—, Römische Religionsgeschichte, Frankfurt 1951.
—, Lex sacrata, Amsterdam 1940.
Bayet, J., Les origines d'Hercule romain, Paris 1926.
—, Histoire politique et psychologique de la religion romaine, Paris 1957.
Boas, H., Aeneas' arrival in Latium, Amsterdam 1938.
Bömer, F., Rom und Troja, Baden-Baden 1951.

—, Ahnenkult und Ahnenglaube bei den Römern, Leipzig 1943.
Brelich, A., Vesta (Albae Vigiliae N. F. 7) Zürich 1949 (aus dem Italien. übers. von V. v. Gonzenbach).
Bruhl, A., Liber pater, Paris 1953.
Castagnoli, F., Dedica arcaica Lavinate a Castore e Polluce, SMSR 30, 1959, 109—136.
Clemen, C., Die Religion der Etrusker, Bonn 1936.
Gagé, J., Apollon romain (BEFAR 190) Paris 1955.
Gordon, A. E., The cults of Aricia, Berkeley 1934.
Koch, C., Der römische Juppiter, Frankfurt 1937.
Latte, K., Römische Religionsgeschichte (HAW 5, 4) München 1960.
Le Bonniec, H., Le culte de Cérès à Rome, Paris 1958.
Nilsson, M. P., Geschichte der griechischen Religion 1^2 (HAW 5, 2, 1) München 1955.
Norden, E., Aus altrömischen Priesterbüchern, Lund 1939.
Perret, J., Les origines de la légende troyenne à Rome (Thésis) Paris 1945.
Schilling, R., La religion romaine de Vénus (BEFAR 178) Paris 1954.
Taylor, L. R., Local Cults in Etruria (Pap. and Monogr. Amer. Acad. Rome 2) 1923.
Werner, Chr., De feriis Latinis, Diss. Leipzig 1888.
Wissowa, G., Gesammelte Abhandlungen, München 1904.
—, Religion und Kultus der Römer (HAW 5, 4) München 1912^2.

9. Bevölkerung, Geographie, Topographie, Urbanistik, Chronologie

Ashby, Th., The Roman Campagna in Classical Times, London 1927.
Beloch, K. J., Die Bevölkerung der griechisch-römischen Welt, Leipzig 1886.
Castagnoli, F., Topografia e urbanistica di Roma antica (Storia di Roma Bd. 22) 1958.
—, Ippodamo di Mileto e l'urbanistica a pianta ortogonale, Roma 1956.
Holland, L. A., Janus and the Bridge, Roma 1961.
Jordan, H./Hülsen, Chr., Topographie der Stadt Rom im Altertum, 4 Bde., Berlin 1878/1907.
Kubitschek, W., De Romanorum tribuum origine et propagatione, Wien 1882.
Le Gall, J., Le Tibre, Paris 1953.
Leuze, O., Die römische Jahrzählung, Tübingen 1909.
Lugli, G., I santuari celebri del Lazio antico, Roma 1932.
—, Roma antica, il centro monumentale, Roma 1946.

Meiggs, R., Roman Ostia, Oxford 1960.
Mommsen, Th., Römische Chronologie bis auf Caesar, Berlin 1859².
Nissen, H., Italische Landeskunde II 1. 2, Berlin 1903.
Perkins, J. B. Ward, Veii. The Historical Geography of the Ancient City (Pap. Brit. School Rome 29) 1961.
Platner, S. B./ Ashby, Th., A Topographical Dictionary of Ancient Rome, London 1929.
Taylor, L. R., The Voting Districts of the Roman Republic (Pap. and Monogr. Amer. Acad. Rome 20) 1960.

10. Archäologie, Kunstgeschichte, Numismatik

Andrén, A., Architectural Terracottas from Etrusco-Italic Temples, Lund 1939/40.
Beazley, J. D., Etruscan Vase Painting, Oxford 1947.
Furtwängler, Ad., Beschreibung der geschnittenen Steine im Antiquarium, Berlin 1896.
—, Die antiken Gemmen, Leipzig/Berlin 1900.
Gerhard, E./Klügemann, A./Körte, G., Etruskische Spiegel, Berlin 1840/1897.
Grueber, H. A., Coins of the Roman Republic in the British Museum 1, London 1910.
Haeberlin, E. J., Aes grave, Frankfurt 1910.
Körte, G., I rilievi delle urne etrusche 2, Rom/Berlin 1890.
Lugli, G., La tecnica edilizia romana, Roma 1957.
Messerschmidt, F., Nekropolen von Vulci (12. Erg.-Heft des Jahrb. d. Inst.) Berlin 1930.
Mommsen, Th., Geschichte des römischen Münzwesens, Berlin 1860².
Pareti, L., La tomba Regolini-Galassi, Città Vaticano 1947.
Ryberg, I. Scott, An Archeological Record of Rome from the 7th to the 2nd Century B. C. (Studies and Documents, ed. by K. and S. Lake 13) London/Philadelphia 1940.
Säflund, G., Le mura di Roma repubblicana (Acta Inst. Rom. Regni Sueciae 1) Lund 1932.
Sambon, A., Les monnaies antiques de l'Italie, Paris 1906.
Shoe, L. T., Etruscan and Republican Roman Moulding (Mem. Amer. Acad. 28) 1965.
Thomson, R., Early Roman Coinage 1, Kopenhagen 1957.

11. Prosopographie, Onomastik

Alföldi, A., Les cognomina des magistrats de la république romaine, in: Mélanges A. Piganiol, Paris 1965, 709 ff.

Broughton, T. R. S., The Magistrates of the Roman Republic 1, New York 1951.

Schulze, W., Zur Geschichte lateinischer Eigennamen (Abh. Ges. Wiss. Göttingen N. F. 5, 5) 1904.

12. Zu literarischen Quellen

Bayet, J., Tite-Live. Histoire romaine 1—5, Paris 1962 ff.

Brown, T. S., Timaeus of Tauromenium (Univ. Calif. Publ. in Hist. 55) Berkeley/Los Angeles 1958.

Bung, P., Q. Fabius Pictor, Diss. Köln 1950.

Burck, E., Die Erzählungskunst des Livius (Problemata 2) Berlin 1934.

Histoire et historiens dans l'antiquité. Sept exposés et discussions, par K. Latte. Entretiens sur l'antiquité classique 4 (Fondation Hardt) Genève 1956.

Hoch, H., Die Darstellung der politischen Sendung Roms bei Livius, Diss. Frankfurt/M. 1952.

Klotz, A., Livius und seine Vorgänger (Neue Wege zur Antike 2, 11) Stuttgart 1941.

Leo, Fr., Geschichte der römischen Literatur 1, Leipzig 1913.

Peter, H., Wahrheit und Kunst, Geschichtsschreibung und Plagiat im klassischen Altertum, Leipzig 1911.

Schanz, M./Hosius, C., Geschichte der römischen Literatur 1 (HAW 8, 1) München 1927.

Soltau, W., Die Anfänge der römischen Geschichtsschreibung, Leipzig 1909.

Walbank, F. W., A Historical Commentary on Polybius 1, Oxford 1957.

REGISTER*

Abolani 18
Aborigines 53
Accienses 18
Accius 79
Accoleius Lariscolus, P. 44
Achill 206. 207
Aefulae 18
Aemilia, tribus 277 f.
Aemilii 155
Aemilius Scaurus 235
Aeneas 23. 28. 53. 108. 121 f. 130. 153. 177. 188. 220. 226. 227. 229. 230 ff. 235 f. 240. 242. 244 f. 249 f. 252. 254 ff.
Aeneas Indiges 229
Affe 252 f.
Äquer 30. 102. 104 f. 112. 116. 133 f. 219. 270. 285. 297. 301. 322 ff. 326 ff. 335 ff. 339. 341 ff. 347 f. 350. 353 f. 356
Aequicoli 339. 368
Africanus d. Ä. s. *Scipio*
Agathokles 228
ager *Albanus* 224. 269 f. 320. 322; *Antias* 270; *Ardeas* 270; *Bolanus* 270; *Crustuminus* 269. 281; *Faliscus* 261; *Gabinus* 267. 269 f.; *hosticus* 261. 263; *Labicanus* 270; *Lanuvinus* 270; *Laurens* 270; *Pomptinus* 330; *Praenestinus* 270; *publicus* 279; *Pupinius* 272; *Romanus (antiquus)* 224. 263 ff. 267. 269 ff. 278. 281. 329. 338. 355. 367. 369; *Solonius* 269. 270; *Tusculanus* 270; *Vaticanus* 262. 268. 274. 276. 280 f. (s. a. Vatikanhügel); *Veiens (Veientanus)* 269. 287
Ag(onalia) 230
Agrios s. *Silvius*
Agylla s. *Caere*
Alalia, Seeschlacht von 177. 196
Alba Longa 10. 15 ff. 20. 22 f. 26 f. 31 f. 35. 41. 49. 96 ff. 107. 109. 122. 125. 130. 131. 134. 137. 141. 178. 216. 218 ff. 227. 235. 245 f. 248 ff. 276. 322. 368. Albaner (= Bewohner von Alba Longa) 95 ff.
Albanerberg, *mons Albanus* 7 ff. 16 f. 22 ff. 26. 30. 32 ff. 40. 96. 99 f. 114. 140. 218 ff. 221. 227. 233. 235. 291. 322. 326. 345
Albanerbund (s. a. 'dreißig Gemeinden') 12 f. 17. 20. 98
Albanersee 223
Albenses populi s. *populi Albenses*
Algidus 336 f. 339. 342. 345. 349. 353
Alkibiades 302. 307 f.
Alkimos 227. 249
Allia, Schlacht an der 255. 286. 308. 314 f. 319. 321. 338. 342 f.
Alsium 297
Amata 232

* Die Zahlenangaben beziehen sich auf den Textteil (S. 1—370).

Ambarvalia 263. 265
Amelesagoras 53
Amiternum 219
Amphiktyonie, delphische 8
Amulius 123
Anchises 245. 255. 256
Ancus s. *Marcius*
Anicius, Q. 344
Anio 175. 213 f. 267. 275. 319. 342
Ankon (Ancona) 305. 318
Annalen, Annalisten, Annalistik 3 f. 8. 16 f. 23. 26. 30 f. 46 f. 49. 54 f. 61 f. 70. 72. 75. 79 ff. 85. 95 ff. 100 f. 103. 107 ff. 113 ff. 120. 122 ff. 127 ff. 131 ff. 135. 138 ff. 142. 145. 147. 149 ff. 155 ff. 160. 164 ff. 182. 184. 190. 193. 195. 200. 211. 220. 223. 236 f. 245. 258 f. 270 f. 282. 285. 287. 290. 294. 296. 300. 303. 305. 308. 311 f. 314 ff. 320 f. 323 ff. 336 f. 340. 342 f. 345. 353 f. 356. 358 f. 362 f. 369; *annales maximi* 102. 129. 159 f. 161 ff. 325. 328; Pontifikalannalen 52. 110. 130. 161 f. 312
Antemnae 125
Antenor 253
Antias s. *Valerius Antias*
Antiochos von Syrakus 355
Antium, Antiaten 16 f. 57. 175. 297. 302. 304. 306. 309. 312. 322. 324. 327 f. 330 f. 344. 350 f. 356. 358 ff. 362 ff. 367. 369
Antoninus Pius 229. 244 f. 249
Anxur s. *Tarracina*
Aphrodite 188. 250
Apiolae s. *Pometia*
Apollo 53. 91. 160. 162. 303. 308
Appius Claudius s. *Claudius, Appius*
Apulien 317 f. 320

Aquilii 74
ara Dianae in Aventino 82; *maxima* 26. 157. 196. 279; *pacis* 242
Archidamos 306
Ardea 8 f. 19. 24. 46. 49. 50. 116. 135. 147. 178. 195. 224. 242. 336. 347 f. 354. 356. 360. 362. 368
area Capitolina 289 f.
Ariadne 250
Aricia 9. 19 f. 31. 35. 41. 44 ff. 48 f. 50 f. 55 ff. 63. 65 f. 70 f. 73. 76. 83 ff. 102. 110. 116. 128. 134. 181. 217. 224. 243. 276. 297. 299 ff. 323. 325 f. 336. 350. 353. 355 f. 364. 368
Aristodemos 46 f. 49. 51 f. 54 ff. 65 f. 70 f. 299. 301 f. 324
Aristokrates 60
Aristoteles 144. 145. 316
Arkader 53 f.
Arretium 194
Arruns, Sohn des Porsenna 56 f. 65. 70
Arruns von Clusium 151 f.
Artemis Ephesia 83
Artena 328
arx 184; *Albana* 238
Ascanius 227. 236
Astura (Fluß) 364
Ateste 252
Athenaios 52. 55
augurium 36. 42. 155
Augustus 44. 263. 265. 286
Aulus (Olus) s. *Vibenna, Aulus* u. *Caput Oli*
Aurunker 50. 102. 136. 324.
auspicium 36 f. 42. 77. 87. 115. 155. 351
Aventin 9. 82 ff. 94. 99. 115. 131. 135. 140. 284 f. 353

Bacchus 92
Bache, die (Ursprungsmythos von der Bache mit den dreißig Frischlingen) 10. 21 f. 226 f. 234. 243 ff.
Balbus d. J. 81
Bola 18. 328. 337. 348
Bovillae 19. 24. 221 f. 267. 276. 297
Brutus, Lucius Iunius 75. 79. 80. 81. 141. 311
Bubentani 18
Bucchero (Keramik) 173 f. 186. 212

Cabum 19. 221; *Cabenses sacerdotes* 221
Cacus 211 f.
Caecilii 344
Caeles s. *Vibenna*
Caeliushügel, *Caelius mons* 18. 185. 197
Caenina 19. 125. 127
Caere 168. 175. 189. 191. 194 ff. 212. 214. 249 f. 253. 281. 292. 303. 305. 309. 318. 359
Caesar, C. Iulius 14. 33. 81. 219. 248
Cales 174 f. 334
Calpurnius Piso Censorius 77. 124. 146
Cameria 125
Camilia, tribus 274. 281
Camillus, M. Furius 235. 317. 325. 327. 330
Camitlnas, Marce 205 f. 210
Campani s. Kampaner
Campi Fenectani 363
Cannae 162. 203
Capena, Capenaten 179. 215. 354. 357. 367

Capitolium vetus 187
Capua 15. 172 ff. 182. 189. 192. 250. 302. 334
Caput aquae Ferentinae 34 f. 37. 99 f. 224
Caput Oli (s. a. Kapitol) 166. 200 f. 202 f.
Carmen Arvale 265 f.
carnem petere 24
Carventum 18. 328
casa Romuli 245
Casilinum 341
Cassii 110
Cassius, Spurius 89. 110 ff.
Castor s. *Kastor*
Castrimoenium 18. 276
Catilina, L. Sergius 26
Cato, M. Porcius Censorius (d. Ä.) 45 f. 48. 70. 82. 123. 146. 152. 163. 166 f. 172 f. 195. 227. 236. 239. 277. 294. 323
Celsus, L. Papius 248
Census 37
Ceres 88 ff. 160. 240. 269
Chaireas 164
Chalkidier, chalkidisch 63. 174
Cicero, M. Tullius 49. 58. 110. 118. 131. 163. 273
Cincius 114. 115
Circeii 20. 134 f. 175. 220. 302. 324. 326. 328. 330 f. 346. 348. 351. 357. 360. 363. 368
circus maximus 93
Cispius 186
civitas (Romana) 339. 367
Claudia, tribus 154. 271. 275 ff. 279. 281
Claudian 5
Claudii, Appii s. a. *Claudia, tribus* 146. 148. 154 ff. 275
Claudius I. 197 ff. 208. 234

Claudius, Appius 70. 148 f. 154 ff.
Claudius Caecus, C. Appius 157 f.
Claudius, C. 156
Claudius Pulcher, P. 158
Clausus, Attius s. *Claudius, Appius*
Cloaca maxima 129. 284
Cloelia 72. 79. 145. 149
Clusium, Clusier 48. 55. 71. 73. 74 f. 152. 191. 198. 212. 217. 258. 299 f.
Clustumina, tribus 281. 354
Cocles s. *Horatius*
coëmptio 40
cognomina 79 f. 311
Collatinus s. *Tarquinius, L. Collatinus*
Collina, tribus 281
coloniae Albenses, Albanae s. a. *populi Albenses*, 'dreißig Gemeinden', *prisci Latini*, Latinerbund 96. 98. 109
coloniae Latinae 16. 19. 106. 109. 134. 244. 345 f. 347. 350. 358
comitia curiata 12. 37. 43
comitium 186
commercium s. *ius commercii*
communio sacrorum 235
concilium Latinorum 37. 39; *omnis Etruriae* 169
conubium s. *ius conubii*
Consualia 123
Cora 19. 46. 49. 297. 324. 326. 346. 348. 356. 362. 368
Coriolanus 149 f. 297. 326 f.
Corioli 18. 297
Corne 86
Cornelia, tribus 278
Cornelius Caeso, C. 244
Cornelius Cossus, A. 159
Corniculum 297

Cortona 249
Cossus, A. Cornelius 159
creatio 42
Cremera 128 f. 214. 259. 267. 276. 280. 301
Crustumerium 50. 127 f. 215. 271
Cunctator s. *Fabius, Q. Maximus*
curia 74
curiae 12. 21. 25 f. 125

Damophilos 91
Daunier 63
Dea Dia 263. 265 f.
Delphi 8. 13. 162. 166. 196. 262
Demaratos 54
Demó 53
Demonike 146
Deus Indiges 229
Decemvirat, Decemvirn 32. 78. 85. 90. 94. 130. 137. 148 f. 156 f. 224. 262. 269. 278. 285
Diana Aventinensis 9. 19. 46. 82 ff. 88. 90. 135. 160. 285. 353; *Nemorensis* 9. 19. 45 f. 50. 240. 243; *triformis* 44; *triplex* 44
dicator s. *dictator*
dictator 78; *Albanus* 222; *Latinus* 10. 41 f. 46. 49. 83. 114
Dido 153
dies religiosi 31
Diokles 166
Diokletian 286
Dion 305
Dionysios I. von Syrakus 304 f. 317 f.
Dionysios II. von Syrakus 227. 249. 304 ff.
Dionysios von *Halikarnassos* 10. 16 ff. 47. 49 ff. 54 ff. 58 f. 61 f. 67. 70. 72. 82. 89. 96 ff. 102 ff.

111 f. 124 ff. 131 ff. 136 f. 147 f. 151 f. 199 f. 232. 239. 245. 248. 255. 267. 271. 275. 305
Dioscuri, Dioskuren 88. 233 f. 239. 241 ff.
dodekapolis, Zwölf Städte 169. 172. 192. 301
doliola 255
Domitius, Cn. Ahenobarbus 235
'dreißig Gemeinden' (des Albanerbundes) s. a. *coloniae Albenses, populi Albenses, prisci Latini,* Latinerbund 12. 15. 17. 20 ff. 26 f. 49. 98. 101. 219. 227
duoviri navales 309
Drusus 230
Dyrrhachium 81

Ecetra 16. 324. 328
Egeria 83
Egerius Baebius s. *Manius Egerius Baebius*
Elba 302. 305
elogium, elogia 193 f.
Elymer 253. 256
Empulum 344
Ennius 15. 79. 122. 132. 139. 162. 227. 289
epulum Iovis 93
equites 77. 88
equus October 163
Esquilina, tribus 281
Eretrier 63
Etrusker, etruskisch, Etrurien 15. 17. 27 ff. 31. 36. 40 ff. 45. 47. 50 f. 55 ff. 59 ff. 63. 70 ff. 123. 125. 128. 131 ff. 136. 140. 161. 167. 169. 171 ff. 180. 182 ff. 187 ff. 193. 195 ff. 199. 205. 207 ff. 214. 216 f. 220. 223. 227. 231. 241 f. 249 f. 253. 256 f. 259 f. 285. 294. 297. 299 ff. 306. 323. 326. 351 f. 366
Euander 53
Eugubium 285
Eupalinos 223
Eutropius 125 f. 267

Fabiae (Schwestern) 142. 145. 147. 149
Fabia, tribus 276
Fabii, Fabier s. a. *Fabia, tribus* 43. 128 f. 146. 155. 275 f. 279 f. 300
Fabius 106
Fabius Ambustus, M. 142 f.
Fabius Maximus, Q. (Cunctator) 81
Fabius Rullianus, Q. 158
Fabius Q. Pictor 52. 69. 72. 77. 79. 81. 102. 108. 119 ff. 132. 134 f. 137. 139. 142 f. 145 ff. 158 f. 161 ff. 172 193. 195. 200. 202 f. 214. 220. 223. 227. 245. 258. 275. 283. 288. 290. 294. 312. 315. 317. 319. 320 f. 324 ff. 326. 330. 370
Faesulae 297
Falacer pater 192
Falerii, Falisker, faliskisch 179. 189. 215. 258. 292. 301. 309. 354. 357. 359. 367
fanum Voltumnae 28
Fas 118
fasces 29
fasti (consulares) 41. 71. 74. 76 ff. 111. 134. 160 f. 165. 224. 257. 300. 311
Faustulus 250
Felsina 171
Ferentia 100
Ferentina s. a. *caput aquae Ferentinae* 34 f. 37. 39. 99 ff. 224
feriae Latinae s. Latinerfest
Ferentinum 328. 332. 346. 358

Feronia 29. 30
Festi 265
Festus 46. 200. 271 f. 334
Ficana 258
Ficulea 128
Fidenae, Fidenaten 18. 125. 128 f. 179. 189. 213 ff. 262. 267. 275 f. 279. 281. 301. 303. 354
flamen 192. 235. 266
Flavius, Cn. 76. 90. 160. 201. 290. 311
Florus, A. Annaeus 297
foedus aequum 108; *Cassianum* 109 f. 341. 353; *Gabinum* 101. 277. 334 f.
Fontus 234
Forcti 18
Fortuna muliebris 266
Forum Romanum 184 f. 189. 199. 233. 239. 255; *Boarium* 186 f.
fossa Cluilia 224. 266
fratres Arvales, Arvalbrüder 263 ff. 267; *Atiedii* 25. 266
Fregenae 196 f. 259. 281
Frutis-Aphrodite 188. 250
Fucinersee 342
Fulvius Curvus, L. 338
Furius Camillus, M. s. *Camillus*
Furrina 192

Gabii 19. 24. 49. 101. 135. 176. 182. 267. 273 f. 277. 293. 334 f. 338. 342. 344. 356
Gabrici, E. 51
Galeria, tribus 261. 274. 278. 280 f.
Gallien, Gallier (s. a. Kelten) 63. 151 f. 160. 255. 284. 303 f. 314. 316 ff. 327. 330. 343. 349. 358
Gellius, Cn. 62. 211 f.
Gorgasos 91
Graecus ritus 90 ff.

Griechen, griechisch, Griechenland 15. 90 f. 99. 121 f. 130. 141. 147 f. 149 f. 162 ff. 167. 170. 174. 177 f. 181. 196. 209 ff. 212. 220. 242. 247. 254. 284. 293. 295. 303 f. 306 f. 312 ff. 314. 318. 333. 355. 359

Hadria 304. 318
Hadrian 229. 245
Hannibal 80 f. 162. 164. 166. 273. 341
Hekate 44. 45. 83
Herdonius, Appius 105. 336
Herkules, *Hercules, Hercle* 26. 138. 157. 163. 188. 196. 211 f. 247. 249 f. 279
Herminius, Titus 57. 74. 78. 300
Herniker 17. 30. 99. 102 ff. 140. 297. 326. 329 f. 332. 337. 339 f. 342. 345. 348. 356 ff. 368
Herodot 303
Hesiod 177. 179. 220. 228. 326
Hieron 302
Hippomedon 65
Hirpiner 246
Historia Augusta 164
Homer 210
Horatia, tribus 276
Horatius Cocles 79. 81
Horatius, M. cos. 509 72. 76 ff.; *M., tr. mil. cons. pot. 378* 290. 311
Hortenses 18
Hostilius, Tullus 34. 96 ff. 106 ff. 125. 128. 131 f. 136. 140; *C. Mancinus* 235
Hyperochos 52 f. 61

Ianiculum 72. 259. 268. 281
Jazyges 14

Iberer 318
Iguvium, Tafeln von 25. 27. 80
Ilia-Rhome 153. 226
imperium 10. 42. 77. 87. 115. 151. 155. 188. 351
Indiges (pater) s. a. *Sol Indiges* 28. 192. 229 ff. 240
Jonier, ionischer Bund 8. 28. 83
Iranier 230. 233
Isokrates 148
Italiker 167. 317
Iulia, gens 221
Iulius Proculus 203
Iunii (Bruti) 79. 110
Iuno 188. 289; *Regina* 91; *Quiritis* 21
Iuppiter 23. 33. 89. 93. 117 f. 187 f. 192. 195. 287 f. 291. 311; *Capitolinus* 32; *Indiges* 28. 32. 229 ff.; *Latiaris* 16. 23. 32. 34. 43; *Optimus Maximus* 71. 286 f.; *Terminus* 203
Ius 118
ius aequum 29; *commercii* 38 ff. 112; *conubii* 38 ff. 112; *exilii* 38; *Latii (Latinum)* 29. 244; *sedis mutandae* 38
Iuturna 243. 353; *(lacus)* 88. 242 f.

Kallias 228
Kallimachos 151
Kampaner, kampanisch, Kampanien 15. 28. 45. 50 f. 60. 64. 90. 133 ff. 138. 168. 170. 172. 174 ff. 177. 182. 186. 212. 214. 220. 249. 300. 302. 318. 320. 326 ff. 332. 337. 343. 349. 360 ff. 363
Kapitol, kapitolinischer Hügel, Kapitolinischer Tempel (s. a. *Caput Oli*) 33 f. 42. 58. 70. 76. 93. 100. 129. 134. 135 f. 146. 166. 184. 185. 187 f. 200. 202 f. 216. 238. 284 ff. 293. 297. 300. 311. 315 f. 324
Kapys 250
Karthago, Karthager (s. a. Vertrag) 108. 111. 116. 121 f. 153. 163. 177. 196. 293. 302. 304 ff. 310. 314. 360 f.
Kastor s. a. *Dioscuri* 242
Kelten 102. 137. 162. 282. 284 f. 289 f. 301. 304 ff. 314 ff. 327. 330. 333. 342 ff. 348 f. 355 ff. 367
Kephalon 53
Kimmerier 13 f.
Kirke 220
Konon 227
Korsika 177. 211. 302. 305. 308
Kremisus 306
Kreusa-Eurydike 254. 256
Kuroi 242
Kymä, Kymäer, kymäisch 47. 50 ff. 56 ff. 63 ff. 66 f. 69 f. 73. 77. 174. 177. 194. 213. 217. 302. 353
Kymäische Chronologie, Chronik 46 f. 51 ff. 61. 63. 67. 69. 71. 73. 76. 81. 311

Labici 19. 24. 50. 328. 337 f. 342. 348. 354. 356
Lanuvium 14. 24. 32. 46. 49. 235. 237. 292. 330. 332. 344. 357. 363 f. 368
lapis niger 189. 199. 239
Lar Aineias 231 f.; *Lares* 188. 231. 266; *Lares Grundules* 247
Larcii 74
Larcius, Spurius 57. 74. 78. 300; *Titus* 74. 78. 300

Larth Ulthes s. *Ulthes, Larth*
Latiar s. Latinerfest
Latinerbund s. a. *prisci Latini, nomen Latinum, Coloniae Albenses, populi Albenses,* 'dreißig Gemeinden' 7 ff. 13. 16 ff. 22. 25. 27. 36 f. 40 f. 43 ff. 48. 50. 73. 76. 84 f. 94. 99 f. 101. 111 f. 114 ff. 128. 134 f. 140. 142. 180. 216. 219. 224. 270. 324. 326. 329 f. 333. 342. 345 ff. 350. 352. 354. 356 ff. 362 ff. 367
Latinerfest 8. 16. 23 ff. 25 ff. 30 ff. 41. 221 f. 224. 238. 267. 333. 354. 365
Laurentes Lavinates 19. 22. 221. 227. 237
Laurentum s. *Lavinium*
Latinus 15. 23. 108. 220. 228. 232. 235 f. 240
Lavinia 228. 232
Lavinium 8 f. 17. 19 f. 22 ff. 31 ff. 35. 40 f. 46. 49. 86. 113. 130. 134. 163. 176 f. 180 f. 195. 214. 218 ff. 222. 225 ff. 231. 233 f. 236 f. 239 ff. 242. 245. 248 f. 256. 262. 276. 292. 332. 333. 353. 356 f. 360. 363
leges regiae 141; *Valeriae — Horatiae* 89
lex Icilia 90
Lemonia, tribus 271 f. 274. 281
Liber u. *Libera* 88 ff.
Licinius Stolo, C. 142
lictor 29
Liris 50. 134. 175. 329
Livius 43. 48. 50 f. 56. 58 f. 61 f. 82. 89 f. 96. 98 f. 102 ff. 109. 116. 120. 123 ff. 127. 131 ff. 136 f. 139. 142 ff. 147. 150. 157. 166 f. 210. 215. 235. 238. 257. 259. 262. 267 f. 271. 273. 275. 287. 290. 304. 306 f. 320 ff. 330. 332 f. 337. 346. 356. 359
Long[ul]a 18
Luceres 185
Lucilius 272
Lucius 316
Lucretia 79. 135. 145. 147 ff.
Lucumo 132. 151
lucumo 187; *lucumones* 169
lucus Ferentinae s. *caput Ferentinae; Solis Indigetis* 229
ludi Capitolini 290; *Ceriales* 93; *plebeii* 93; *Romani* 93. 150; *saeculares* 130
Lupercalia, Luperkalienfest 23. 26. 43. 231. 279
lusus Troiae 251 ff.

Macer 62. 77
Macnales 18
Macstarna s. *Mastarna*
magister equitum 41. 78. 80; *populi* 41 f. 78. 80. 198
Magna Graecia 88. 90. 153. 163. 242. 247. 308. 322
Magni Dii 241
Manios 180
Manius Egerius Baebius 46. 49. 82
Manlii 74. 155
Manlius Torquatus, T. 117. 319
Marcii 110. 149. 151
Marcius, Ancus 99. 125. 128 f. 131 ff. 138. 257. 258 f. 324
Marcius, Cnaeus s. *Coriolanus*
Mars 192. 265 ff.
Marsiliana 189
Marsyas 211
Marzabotto 170 f. 252
Massilia (Marseille) 308

Mastarna s. a. *Tullius, Servius* 129 f. 194. 197 ff. 204 ff. 208. 210. 213
Medusa 209
Melpum 253
Menenia, tribus 277 f.
mensae paniciae 229
Metabus 195
Mezentius von Caere 176. 196
Miltiades 63
Minerva 42. 188
Misenum 64
Mucius s. *Scaevola*

Naevius 122. 153. 158. 159. 162. 216. 227
Nanos — Nanas 249
Neapel 309
nemus Dianae s. *Diana*
Nepet 215. 349. 354. 362. 368
Nola 175. 253
nomen Etruscum 26 f. 169; *Hernicum* 27; *Latinum* (s. a. Latinerbund, *prisci Latini*) 9 f. 19. 26 f. 35. 37. 49. 100. 108. 115. 325. 333. 352. 365; *Volscum* 27
Nomentum 18. 50. 368
Norba 19. 324. 346. 348. 356. 368
Numa Pompilius 130. 141. 236
Numasios 180
Numic(i)us 230. 232
Numitor 95. 123. 226

Obulco 244
Ocresia 197
Octulani 18
Odysseus 220. 249
Octavian s. *Augustus* 44
Olliculani 18
Olus (Aulus) s. *Vibenna* u. *Caput Oli*

Orestes 45
Opiker 63
Orosius 313
Orpheus 202. 211
Ostia 49. 59. 196. 215. 230. 258. 260. 262. 280. 306. 351
Ovid 232. 247

Paeligner 362
Palatin 40. 53. 58. 80. 184 f. 188. 286
Palatina, tribus 154
Palatua diva 192
Palilia 123
Papathnas, Laris 204. 205. 210
Papiria, tribus 277
Paris 212
Patrizier, patrizisch, Patriziat 77 f. 86 f. 88. 93. 140. 142. 149. 154 f. 159 f. 279 f. 353
Pausanias 52
Pedum 18. 50. 320. 344. 363 f. 368
Penates (publici) 107. 225 ff. 231 ff. 238. 240 ff.
Perseus 209
Pesna tremsnas 205
Peter, H. 152. 158
Philinos 312
Phokäer 196
Picenum, Picenter 176. 246. 301
Pictor, Q. Fabius s. *Fabius Pictor*
Pinarii 279
Piso s. *Calpurnius*
Pithekusai (Ischia) 302
Pitigliano 189
Plautii 344
Platon 144. 218
plebs, Plebejer, plebejisch 78. 80 f. 86 ff. 94. 110. 142 f. 151. 156 f. 160 f. 285. 311. 352; *tribuni plebis* 87

Plinius d. Ä. 17. 18. 24. 71. 76. 126. 223
Plutarch 54 f. 60 f. 70. 95. 125 f. 166. 316
Poblilia, tribus 331
Poetelius 320
Politorium 18
Pollia, tribus 272 ff. 281
Pollux s. a. *Dioscuri* 242
Polybios 54. 67. 131. 145. 152. 211. 310 ff. 315 ff. 332. 349. 358. 360
Polydeukes 242
Polykrates von *Samos* 223
pomerium 90. 94. 240. 242. 272. 278. 285
Pometia 19. 46. 49. 123. 134. 287. 323. 326; *Pometini* 19
Pompeius 33. 81. 90
Pompilius s. *Numa Pompilius*
Pomptina, tribus 331. 349
Pomptinische(s) Gebiet, Ebene, Sümpfe 59 f. 179. 299. 323 f. 330 f. 340. 349. 353. 357
pontifex 121. 311
Poplicola, P. Valerius 79 f.
populares 89
populi Albenses s. a. *coloniae Albenses, prisci Latini*, 'dreißig Gemeinden', Latinerbund 17. 24. 48. 96. 219
Porsenna, Lars 19. 44. 47 ff. 55 ff. 65. 70 ff. 79. 88. 129. 132. 136. 142. 161. 175. 194. 198. 217. 257. 299 f. 303. 336. 353
porta Capena 272; *Collina* 320; *Querquetulana* 18; *Ratumena* 185
portiunculae 24
Portus 259
postliminium 367
Postumius (Pirat) 307
Postumius Albinus, A. 88. 111

Postumius Tubertus, A. 354
Poplicola, Valerius 79. 80
Poseidon 210
Praeneste, Praenestiner 40. 50. 175 f. 178. 180 ff. 214. 232. 242. 292 f. 297. 320 f. 328 f. 332 ff. 338 f. 340 ff. 352 f. 357 f. 361 ff. 368
praetor (Etruriae) 28. 41. 49. 169; *peregrinus* 112
princeps senatus 155
Priscian 45. 48. 49
prisci Latini, prisci casci populi Latini s. a. *coloniae Albenses, populi Albenses*, 'dreißig Gemeinden', Latinerbund 15 f. 96. 360
Privernum 179. 195. 331. 358. 362
Promathion 250
Properz 191
Punicum 196. 303
Punischer Krieg, Erster 108. 153. 163. 234; Zweiter 108
Pupinia, tribus 272 ff. 277. 281
Pyrgi 196. 302. 305. 318
Pyrrhos 121. 163. 244. 310
Pythagoras 307 f.

Querquetulani 18
Quinctii 43. 279
Quintilian 230
Quintius, T. 104
Quirina, tribus 154
Quirinal 40. 80. 184. 187. 244
Quirinus 192. 266

Rasce 204
regia 184. 233
Regillus (See, Schlacht am) 85. 88. 104. 107. 110. 111. 210. 242. 285. 300. 325. 336. 345. 353

Register 601

regio suburbana 278
Remus 219
rex 187. 199; sacrorum 222. 233
Rhea Silvia s. Silvia
Rio Galera 280 f.
ripa Etrusca 266; Veiens 262
Robigalia, Robigus 266 f.
Romilia, tribus 262. 273 f. 278. 280 f.
Romilius Rocus Vaticanus, T. 262. 274
Romulus 34. 95. 119. 123. 125 ff. 130. 132. 138 ff. 146. 164. 166. 178. 200. 203. 219. 225. 230. 236 f. 239. 257 ff.
Roxolani 14
Rutuli 19. 195. 248

Sabiner 29. 39. 123. 125. 127. 131 f. 134 ff. 140. 146. 182. 184 f. 214. 219. 260. 366
sacerdos (Etruriae) 28. 41. 49. 169
salinae, Salinen 257 ff. 266. 278. 301. 308
Samnium, Samniten 15. 138. 173. 246. 307. 332. 359. 361 ff.
Sanates 18
Sardinien 305. 308. 310
Sassula 18
Satriculum 297
Satricum 19. 178. 292 f. 324. 326. 328. 331 f. 343. 348 ff. 356 ff. 362
Scaeva 81
Scaevola, C. Mucius 72. 81
Scaurus s. Aemilius Scaurus
Scipio, P. Cornelius Africanus maior 81 169
Scrofa 247 f.
sellisternia 91
Semo Sancus Dius Fidius 334

Septem pagi, Sieben Gaue 72. 257 f. 268. 278. 280
Septimius Severus 286
Sergia, tribus 276. 278
Servianische Mauer 94. 181. 284 f. 355
Servilius 156
Servilius, P. 324
Servius Tullius s. Tullius, Servius
Setia 19. 331. 346. 348. 349 f. 358. 363. 368
Sextius, L. 143
Sibylle von Kymä 52 f.
Sibyllinische Bücher 91. 237
Sicani 18
Sidicini 362
Signia 134 f. 324. 331. 346. 350. 356. 363. 368
Sikeler 355
Silenos 164
Silvia 203. 219. 226. 230. 250
Silvii 122. 220
Silvius 23. 122. 220
Sizilien, sizilisch 59. 90. 167. 196. 256. 302. 304. 310. 313. 318
Skythen 13
Sol Indiges s. a. Indiges (pater) 230. 238
Solon 144
Solonium 178. 215
Somates 18
Soracte 215
Sosylos 164
Sovana (Svetimach) 205. 212
Sparta, spartanisch 146. 242
Spina 171. 253
Spolia opima 159
Spurius Cassius s. Cassius, Spurius
Spurius Larcius s. Larcius, Spurius
Statius 83
Stesichoros 249

Strabo 95. 263. 265
Suburana, tribus 281
Suessa s. *Pometia*
Sulla 221. 320
Sulpicius, C. 234
Sulpicius, Servius 142
sus alba s. Bache
Sutrium 215. 349. 354. 362. 368
Synoikismos 7
Syrakus, syrakusanisch 302. 304 f. 307 f. 313. 322. 351. 355. 359 f.

Tarchetios 178. 250
Tarchon 193. 211. 249
Tarchu(nies), Cneve Rumach (Cn. Tarquinius) 193. 195. 205 f. 213
Tarpeia 146
Tarquinia 175. 189 f.
Tarquinier 17. 50. 51. 55. 61. 71. 73. 74. 76. 87. 93. 101. 110. 113. 129. 184. 193. 195. 201. 212 f. 217. 268. 284. 292 ff. 299. 336. 352 f.
Tarquinii (Stadt) 75. 77. 191. 193 f. 195. 214. 252 f. 282 f. 288. 309. 359
Tarquinius, Cn. s. *Tarchu(nies)*
Tarquinius, L. Collatinus 75. 141
Tarquinius Priscus (d. Ä.) 16. 30. 34. 54. 72. 97. 99. 100. 107. 128. 129. 131 ff. 136. 139 f. 140. 142. 147 f. 155. 172. 186. 193. 195. 197. 199. 200. 203. 208. 288. 290. 324
Tarquinius, Sextus 336
Tarquinius Superbus, L. 3. 8. 17 f. 30 f. 34. 51. 55. 58 ff. 73. 75 ff. 97 ff. 100. 105. 132 ff. 139 f. 147 ff. 155. 172. 186. 193. 195. 224. 262. 287 f. 291. 300. 303. 311. 323 f. 353

Tarracina 175. 302. 312. 328. 354. 360
Tatius, Titus 141. 200. 236. 239
Telephos 249. 250
Tellus 92
Terminalia 266
Terentius Varro, M. 24. 97. 115. 131. 179. 191. 216. 227. 233. 235. 243. 306. 308. 319
Theophrast 308
Theseus 250
Thetis 250
Tiber 18. 59. 72. 128. 175. 182. 197. 213 ff. 257 ff. 272. 280. 292. 297. 301. 306. 308. 314. 334. 349
Tibur, Tiburtiner 19. 40. 46. 50. 175 f. 178. 182. 297. 320 f. 328 f. 333 ff. 340 ff. 352. 358. 361 ff. 368
Timaios 67. 69. 121 f. 130. 142. 151. 153. 163. 165. 226 f. 229. 243 ff. 249. 255
Timoleon 306 f.
Tinia 191
Tolerienses 18
Tolerus 18. 50. 134. 175. 348
tomba François 168. 204. 206. 208. 210 f. 251
Tragliatella, Tonkrug von 250 ff.
trasimenischer See 203
tribuni plebis 87
tribus s. a. unter den einzelnen Namen 269 ff.
Trifanum 363
Troja, Trojaner, trojanisch 54. 122. 163. 207. 210. 226 f. 228 f. 232 f. 244. 249 ff. 254 f.
Truials 251
Tubero 61
Tuder 244
Tullia 147

Tullius, Servius s. a. *Mastarna* 46. 82 ff. 99 f. 123 ff. 129 ff. 133. 136. 139. 141 f. 178. 197 ff. 201 285
Tullus s. *Hostilius, Tullus*
Turnus 178. 195. 232
Tusculum, Tusculani 19. 31. 35. 46. 49. 57. 73. 86. 110. 181. 224. 242. 272. 276 f. 300. 328 f. 331. 334 f. 336 ff. 340 ff. 347 ff. 355 f. 358. 363. 367 f.
Tuscus vicus s. *vicus Tuscus*
Tutia, Tutienses 18
Tutua-Philotis 356
Tyrrhener 63. 65 f. 151
Tyrrhenia 249
Tyrrhenus s. *Turnus*
Tyrrhus 250
Tyrsenos 249

Ulthes, Larth 204. 206 f.
Umbrer 63

Valentia 53 f.
Valeria 79
Valeria, gens; Valerii 76. 79. 155
Valerii Potiti 279
Valerius Antias 77. 79. 105. 123. 134
Valerius Poplicola s. *Poplicola, Valerius*
Varro s. *Terentius*
Vatikanhügel, *collis Vaticanus* s. a. *ager Vaticanus* 18. 257. 259. 273
Veii, Veienter, veientisch 58. 72. 75. 77. 91. 103. 123. 125. 127. 128 f. 136. 159 f. 179. 181 f. 189. 191. 194. 197. 212 ff. 252. 256 f. 260 ff. 267 f. 274 ff. 280 f. 286 f. 301. 303. 308. 314 ff. 328. 338. 349. 354. 356 f. 367

Veiovis 221
Velia 186. 233. 241
Velienses 18
Velitrae 19. 178. 292. 324. 328. 330 f. 338. 340. 343 f. 348. 350. 357 f. 363 f.
Velleius Paterculus 172 f.
Vel Vibe 216
Veneter 316 f.
Venetulani 18
Venthi Cau[le]s 205 f.
Venus 90. 195
Vergil 167. 225. 240. 246. 249. 252. 283. 348
Verginia 145. 148 f. 154. 157
Verrugo 328
Vertrag (erster und zweiter), zwischen Rom und Karthago 39. 258. 269. 307. 309. 310 ff. 359 ff.
Verulae 297
Vespasian 244
Vesperna 240
Vesta 221. 226. 231 ff. 240 ff.; vestalische Jungfrauen, Vestalinnen 228. 255. 303; *Vestalis maxima* 221
Vetulonia 190
Veturii 180. 277
Vetusia (Veturia) 180
vetus superstitio 24
via Appia 267; *Campana* 260. 265 f. 274; *Cassia* 261; *Claudia* 266. 274; *Latina* 266. 272; *Laurentina* 266; *Praenestina* 267; *Sacra* 186. 191; *Salaria* 215. 260. 272. 275; *Triumphalis* 261
Vibenna, Aulus (Olus) 135. 194. 200 ff. 205 ff.
Vibenna, Caeles 194. 197. 200 f. 205 ff.
vicus Tuscus 185. 191 f. 293. 300

Villanovakultur 174. 187. 260
Viminal 244
Vimitellari 18
Vipinas, Avle s. Vibenna Aulus
Vipinas, Caile s. Vibenna, Caeles
Viritanassignation 350. 366
Vitellia 18. 328. 348
Vivenna, Caelius s. Vibenna, Caeles
Volsinii (Velznach) 191 f. 204. 211. 225
Volsker 16 ff. 20. 30. 35. 38. 59 f. 102. 105. 112. 116. 131. 133 ff. 137. 140. 151. 176. 219 f. 270. 285. 287. 297. 299. 301. 304. 322 ff. 325 ff. 335 ff. 339. 341 ff. 347 f. 350. 353 f. 356 ff. 362 f. 366 f.

Voltinia, tribus 273 f. 281
Voltumna 28. 191 f.; Volturnus 192; Vortumnus (Vertumnus) 191 f.
votorum nuncupatio 33
Vulcanus 178. 249
Voturia, tribus 277
Vulci, Vulcenter 74. 91. 129. 135. 168. 189. 191. 194 f. 197 ff. 204 f. 207 f. 211. 213. 217. 251. 253 ff.

Xenokrite 54 f. 61. 70

Zeus 23. 210
Zeus Lykaios 26
Zwölf Städte s. dodekapolis
Zwölf Tafeln, Zwölftafelgesetz 18. 112. 261 f. 293

TAFEL I

Abb. *1—3*. Kultbild der Diana von Aricia auf Denaren des Jahres 43 v. Chr.
(1. 2. Wien. 3. Winterthur)

TAFEL II

Marmorgruppe der Dioskuren vom Lacus Iuturnae auf dem Forum Romanum

TAFEL III

Abb. *1.* Römische Silbermünze aus den letzten Jahrzehnten des 3. Jh.s v. Chr. (Coll. W. Niggeler, Baden/Zürich) *2.* Terrakotta-Herme aus Tarquinia (Museo nazionale) *3.* Römische Silbermünze (Privatsammlung, Italien) *4.* Bronzemünze, im hannibalischen Krieg zu Capua geprägt (Berlin) *5.* Goldmünze des Jahres 209 v. Chr. (Paris) *6.* Rückseite derselben Prägung (Florenz) *7.* Schwere gegossene Münze vom Lago di Nemi (nach Haeberlin)

TAFEL IV

Abb. 1/2. Denare des C. Sulpicius, um 100 v. Chr. 3. Bronzemünze aus Tuder in Umbrien,

TAFEL V

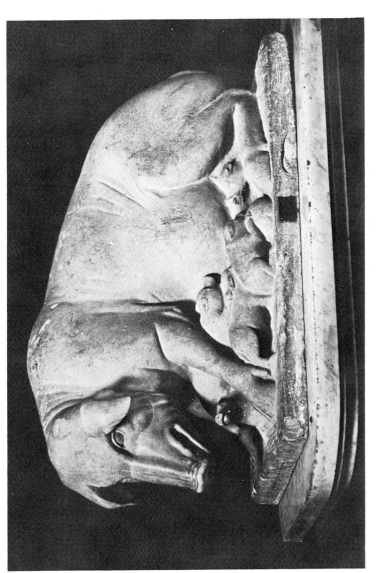

Marmorgruppe der Sau mit den dreißig Frischlingen (Vatikan)

TAFEL VI

Bronzemedaillons des Antoninus Pius (Paris)

TAFEL VII

Abb. *1.—4.* Bronzemünzen und -medaillons des Antoninus Pius (1. Mus. Capitol. 2. Berlin. 3. 4. Wien) *5.* Denar eines Cornelius Cetegus (Paris) *6.* Intaglio (Sammlung Arndt, München) *7.* Glasstein (Berlin) *8.* Bronzemünze (im Handel)

TAFEL VIII

Wandmalerei in der tomba François zu Vulci: Mastarna befreit Caeles Vibenna

TAFEL IX

Wandmalerei in der tomba François: Larth Ulthes erdolcht Laris Papathnas

TAFEL X

Wandmalerei in der tomba François: Rasce tötet Pesna Arcmsnas

TAFEL XI

Wandmalerei in der tomba François: Aulus Vibenna tötet Venthi Caules

TAFEL XII

Wandmalerei in der tomba François: Marce Camitlnas
tötet Cneve Tarchunies

TAFEL XIII

Abb. *1.—14.* Gemmen und Glassteine mit Eingravierungen (1. 2. 4. London. 5. 6. nach Ad. Furtwängler, Ant. Gemmen Taf. 22, 13—14; 7. Genf. 8.—11. 13. 14. Berlin. 12. Paris)   *15.—18.* Denare des L. Papius Celsus (15. Vatikan. 16.—18. nach Schweiz. Numism. Rundschau 36, 1954 Taf. 24)

TAFEL XIV

Abb. *1.—11.* Gemmen und Glassteine mit Eingravierungen (1. Paris. 2. Genf. 3. London. 4.—7. nach Ad. Furtwängler a. O. Taf. 21; 8.—11. nach Ad. Furtwängler, Beschreibung der geschnittenen Steine im Antiquarium, Berlin, Taf. 8)

TAFEL XV

Abb. *1.—4.* Karthagische Tetradrachmen, geprägt in Großgriechenland (1. A. Hess, Luzern. 2.—4. New York)   *5.—7.* Römische Didrachmen (Privatsammlung, Italien)

TAFEL XVI

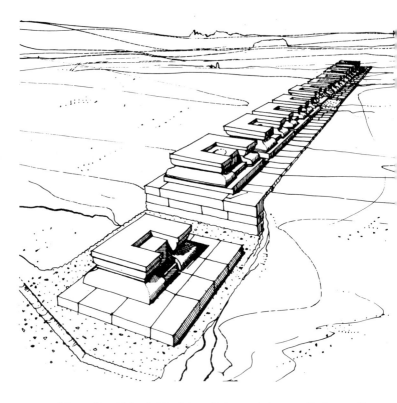

Die großen Altäre bei Lavinium. Rekonstruktion von F. Castagnoli

TAFEL XVII

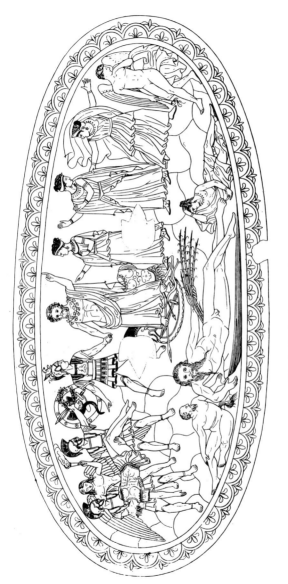

Die Pasinati-Cista (British Museum)

TAFEL XVIII

Abb. *1.* Römische Bronzemünze (Privatsammlung, Italien) *2.* Bronzemünze von Capua (nach L. Forrer, Weber Coll. 1, 1922 Nr. 300) *3.* Etruskische Silbermünze (Paris) *4.* Römisches Barrengeld (nach E. J. Haeberlin, Aes grave, 1910 Taf. 59, 2) *5.* Archaische lateinische Weihinschrift aus Lavinium

TAFEL XIX

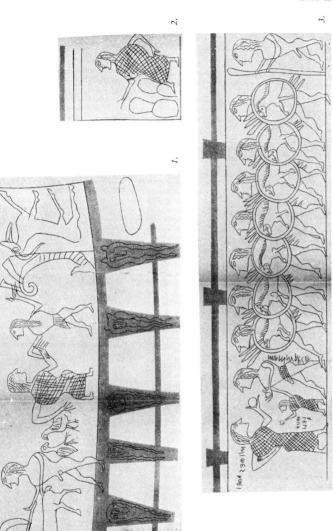

Zeichnungen auf einem caeretanischen Tonkrug (gefunden in Tragliatella bei Caere)

TAFEL XX

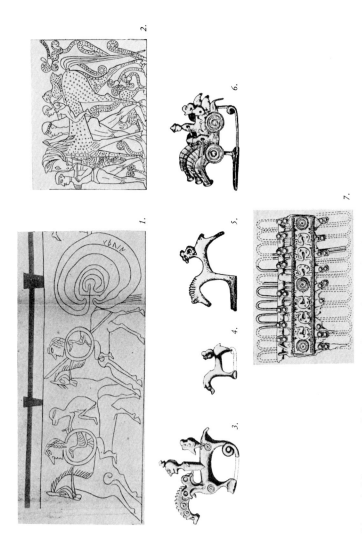

Abb. 1. Zeichnungen auf dem caeretanischen Tonkrug (vgl. Taf. XIX) 2. Wandmalerei der tomba Campana in Veii (nach G. Dennis) 3. Bronzefibel aus Marzabotto 4. Fibel aus Tarquinia 5. Bronzefibel aus Bologna 6. Bronzefibel aus Este 7. Goldschmuck aus Marsiliana

TAFEL XXI

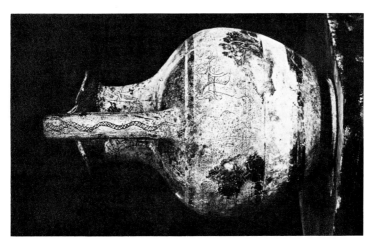

Der Krug von Tragliatella

TAFEL XXII

Der Krug von Tragliatella

TAFEL XXIII

Abb. 1. Attische rotfigurige Vase (Boston)

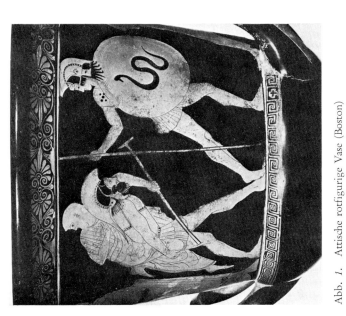

Abb. 2. Attische schwarzfigurige Vase (Hamburg)

TAFEL XXIV

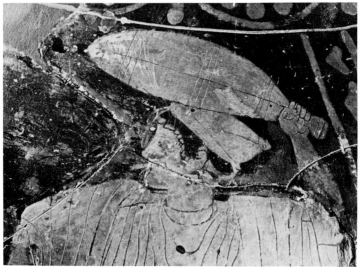

Etruskische rotfigurige Vase aus Vulci (München)